中国科学院科学出版基金资助出版

神华铁路 30t 轴重重载运输成套技术

贾晋中　薛继连　陈海滨　张格明　著

科学出版社

北京

内 容 简 介

本书以国家科技支撑计划项目"轴重30t以上煤炭运输重载铁路关键技术与核心装备研制"为基础,以朔黄铁路开行30t轴重货车强化改造的重大工程项目为依托,系统阐述了朔黄重载铁路在提高货车轴重、开行长大编组重载组合列车的最新研究成果。

本书重点为大轴重下基础设施强化技术措施,从大轴重货车对基础设施作用关系源头出发,研究提出了大轴重条件下基础设施强化技术措施。详细论述了如何根据既有朔黄重载铁路具体线路条件,通过30t以上大轴重对桥涵结构、隧道结构、路基结构和轨道结构作用特征的理论分析、状态检测和试验研究,开展了朔黄铁路实现大轴重重载运输基础设施强化改造技术研发,包括:桥涵结构、隧道结构、路基结构和轨道结构加固新技术和新工艺、新型重载轨道结构与部件设计与研制,以及示范工程应用,在我国重载铁路首次实现30t以上大轴重、牵引质量2万t以上重载列车开行。

本书拟主要面向铁路工务系统领域特别是重载铁路的科研人员、工程技术人员及管理人员,也可作为铁道工程专业的教学参考书。

图书在版编目(CIP)数据

神华铁路30t轴重重载运输成套技术/贾晋中等著.—北京:科学出版社,2016.1

ISBN 978-7-03-046618-1

Ⅰ.①神… Ⅱ.①贾… Ⅲ.①铁路运输-重载运输-成套技术 Ⅳ.①U296

中国版本图书馆CIP数据核字(2015)第287586号

责任编辑:刘宝莉 / 责任校对:郭瑞芝
责任印制:张 倩 / 封面设计:左 讯

科 学 出 版 社 出版
北京东黄城根北街16号
邮政编码:100717
http://www.sciencep.com

中国科学院印刷厂 印刷
科学出版社发行 各地新华书店经销

*

2016年1月第 一 版 开本:720×1000 1/16
2016年1月第一次印刷 印张:34 1/4 彩插:1
字数:688 000

定价:198.00元
(如有印装质量问题,我社负责调换)

序

　　神华重载铁路是我国西煤东运的第二大通道,在我国铁路路网中占据着特殊的地位。神华重载铁路运量自 2008 年的 2.35 亿 t 增加到 2012 年的 3.4 亿 t,保持了每年 8% 的稳定增长,连续五年实现 2000 万 t 的跨越式增长。随着黄万线、黄大线、准池铁路的建成开通以及朔黄铁路扩能技术改造的完成,神华铁路形成了以朔黄铁路为东西干线,黄大、黄万线南北纵贯环渤海经济区,"一路连多港"的铁路布局。"十二五"末神华铁路运营里程已达到 3380km,初步形成以煤运通道为骨干,集疏运系统相配套的煤运重载铁路网络构架,其战略价值更加凸显,发展前景广阔。

　　随着神华集团各煤炭基地建设步伐的加快和矿区开采规模的扩大,神华铁路骨干网络的运输能力已不能适应发展的需求,通过多种技术途径扩大神华铁路运输能力十分紧迫。经过近两年的广泛调研、咨询和论证,神华铁路提出了在既有铁路基础设施强化改造基础上,通过提高轴重、增加牵引质量,规模开行 2 万 t 及以上重载列车等技术途径,提高神华铁路的运输效率和能力,获得了国家科技支撑计划项目的支持。经过系统的理论研究和现场试验,神华铁路在既有铁路发展 30t 及以上轴重重载运输成套技术和核心装备研制方面取得重大突破,攻克了 30t 及以上轴重条件下既有重载铁路基础设施检测评估及强化关键技术;研制了载重 100t 级重载货车、大功率交流电力机车、新型无线通信等成套技术装备;依托朔黄铁路进行示范应用,率先开行了轴重 30t 及以上重载列车;逐步构建了我国既有重载铁路 30t 及以上轴重重载运输成套技术体系。

　　该书作者长期致力于我国重载铁路建设、运输管理和技术研究工作,具有深厚的理论基础和丰富的实践经验,主持并完成了多项国家级重大科研项目,是我国既有铁路 30t 及以上大轴重重载运输的开拓者,近年来作者采用产学研用模式,组建重载科研团队,艰苦奋战,大胆创新,持续攻关,取得了丰硕成果,推动了我国大轴重重载铁路的发展。该书以国家科技支撑计划项目"轴重 30t 以上煤炭运输重载铁路关键技术与核心装备研制"和朔黄铁路扩能改造工程为依托,理论联系实际,试验数据翔实,系统性强,创新成果丰富,具有很高的学术价值和应用价值,对提升我国重载铁路运输技术水平具有十分重要的指导意义,对从事重载铁路的研发、设计、施工和运营管理的技术人员有着重要的参考价值。

中国科学院院士

西南交通大学首席教授

2016 年 1 月 12 日

前　　言

　　神华铁路网主要包括包神铁路、神朔铁路、朔黄铁路、大准铁路、甘泉铁路等，截至 2013 年，营业里程共计 1765km。神华铁路作为我国重要的煤炭运输通道，承担着三西地区(山西、陕西、内蒙古西部)矿区煤炭至港口的运输任务。随着我国经济的发展，神华重载铁路运量逐年递增，2012 年煤炭运输已达 3.4 亿 t，连续五年实现 2000 万 t 的跨越式增长。神华铁路骨干网络的运输能力已不能适应神华集团快速发展的需求，通过多种技术途径大幅度提高神华铁路的运输能力已迫在眉睫。

　　长期以来，我国铁路线桥基础设施均按中活载设计，最大仅满足 25t 轴重车辆运行。2004 年铁道部通过大秦线扩能改造和技术引进，建立了我国 25t 轴重重载铁路运输技术体系，与国外重载铁路 30t 以上轴重相比，存在较大差距。神华集团经过科学论证、技术经济比选，结合神华铁路的运营特点，依靠重载技术自主创新，瞄准国际先进水平，提出了在既有铁路基础设施强化改造基础上，通过提高轴重至 30t 及以上、增加牵引质量，规模开行 2 万 t 及以上重载列车等技术途径，以提高神华铁路的运输效率和能力。这一研究计划获得了国家科技支撑计划的支持，神华集团联合中国铁道科学研究院等单位，组成研发团队，承担"轴重 30t 以上煤炭运输重载铁路关键技术与核心装备研制"(2013BAG20B00)项目，系统开展了低动力载重 100t 级重载货车、9600kW 八轴大功率电力机车、新型宽带移动通信技术与列车控制、基础设施状态检测与强化技术等自主创新工作，并在朔黄铁路建设了 30t 轴重基础设施强化示范段，先后组织了大轴重列车运行试验，大轴重货车型式试验，大轴重列车牵引、制动试验，新型重载铁路宽带移动通信系统(TD-LTE)试验，大轴重列车全程运行试验等。2014 年 9 月 29 日，成功在朔黄铁路开行了我国第一列轴重 30t、牵引质量 25200t，全球首列应用基于 4G 技术的铁路宽带移动通信系统的重载组合列车。

　　本书综合反映了上述研究成果和工程实践，全书共 8 章，分四个层次展开：一是立足神华铁路现状，在概括总结当今国内外重载铁路发展大轴重运输的研究基础上，对神华铁路发展大轴重运输的技术路线进行对比分析，提出神华既有铁路发展 30t 轴重重载运输面临的主要技术难题与关键技术；二是介绍神华铁路发展大轴重运输的主要技术装备，包括载重 100t 重载货车技术、大功率机车技术、重载列车控制技术、运输调度集中技术以及新型无线通信技术等；三是通过大轴重作用下基础设施的受力性能分析，结合 30t 轴重重载列车实车试验、移动加载试验等,研究提出基础设施强化改造技术措施,包括桥涵结构、隧道结构、路基结构和轨道结构加固新技术和新工艺、新型重载轨道结构与部件等,并应用于示范工程,取得良好效果;四是总结归纳了神华铁路 30t 轴重重载运输技术体系。

　　本书的编写凝聚着一大批研发和生产一线技术工作者的智慧和汗水,展示了神华铁路发展大轴重运输所取得的重要成果,期望对提升我国重载铁路运输技术水平能有所帮助。

　　由于作者水平有限,书中难免存在不足之处,敬请广大读者批评指正。

目 录

第1章 国内外铁路重载运输发展概论

1.1 重载铁路发展概况

1.1.1 概述

世界铁路重载运输是从20世纪50年代开始出现并发展起来的。第二次世界大战后的经济复苏以及工业化进程的加快,对原材料和矿产资源等大宗商品的需求量增加,导致这些货物的运输量增长,给铁路运输提出了新的要求,而大宗、直达的货源和货流又为货物运输实现重载化提供了必要的条件。铁路部门从扩大运能、提高运输效率和降低运输成本出发,也希望提高列车的重量。同时,铁路技术装备水平的不断提高,又为发展重载运输提供了技术保障。

从20世纪50年代起,一些国家铁路就有计划、有步骤地进行牵引动力的现代化改造,先后停止使用蒸汽机车,新型大功率内燃和电力机车逐步成为主要牵引动力。由于内燃、电力机车比蒸汽机车性能优越,操纵便捷,采用多机牵引能获得更大的牵引总功率,这为大幅度提高列车的重量提供了必需的牵引动力。从而,以开行长大列车为主要特征的重载运输开始出现。但这一时期的重载技术尚不配套,长大列车货车间的纵向冲动、车钩强度、机车的合理配置、同步操纵及制动等技术问题都没有得到很好的解决[1,2]。

20世纪60年代中后期,重载运输开始取得实质性进展,并逐步形成强大的生产力。美国、加拿大及澳大利亚等国铁路相继在运输大宗散装货物的主要方向上开创了固定车底单元列车循环运输方式,而且发展很快。美国1960年只有1条固定的重载单元列车运煤线路,年运量不过120万t;而到1969年,重载煤炭运输专线增加到293条,运量占铁路煤炭运量的近30%。苏联在20世纪60年代末为解决线路大修对运输的干扰,在通过能力紧张的限制区段组织开行了将两列普通货车连挂合并的组合列车,这种行车组织方式后来成为提高繁忙运输干线区段通过能力的重要措施。南非铁路在20世纪60年代末开始引进北美重载单元列车技术,并从70年代开始在其窄轨运煤和矿石的线路上,逐步把列车重量提高到5400t和7400t,并不定期开行总重11000t的重载列车。巴西铁路是从20世纪70年代中期开始,通过借鉴、引进北美和南非的技术,开行重载单元列车。

20世纪80年代以后,由于新材料、新工艺、电力电子、计算机控制和信息技术等现代高新技术在铁路上的广泛应用,铁路重载运输技术及装备水平又有了很大提高。特别是在大功率交流传动机车,大型化、轻量化车辆,同步操纵和制动技术等方面有了新的突破,极大地促进了重载运输的发展。

近 50 年来,重载运输技术的不断进步,推动了重载列车试验牵引重量的世界纪录不断被刷新。

(1) 1967 年 10 月,美国诺福克西方铁路公司在韦尔什—朴次茅斯间 250km 区段内,开行了 500 辆煤车编组的重载列车,由分布在列车头部和中部的 6 台内燃机车进行牵引。列车全长 6500m,总重达 44066t。

(2) 1989 年 8 月,南非铁路在锡申—萨尔达尼亚矿石运输专线上,试验开行了 660 辆货车编组的重载列车,由 16 台机车牵引,5 台电力机车＋470 辆货车＋4 台电力机车＋190 辆货车＋7 台内燃机车＋1 辆罐车＋1 辆制动车,列车总长 7200m,总重达 71600t。

(3) 1996 年 5 月 28 日,澳大利亚在纽曼山—海德兰铁路线上,开行了 540 辆货车编组的重载列车,由 10 台 Dash 8 型内燃机车牵引,3 台机车＋135 辆货车＋2 台机车＋135 辆货车＋2 台机车＋135 辆货车＋2 台机车＋135 辆货车＋1 台机车,列车总长 5892m,总重达 72191t,净载重 57309t,列车平均车速为 57.8km/h,最高达 75km/h;2001 年 6 月 21 日,又开行了 682 辆货车编组的重载列车,由 8 台 AC 6000 型机车牵引,列车总长 7353m,总重达 99734t,净载重 82000t,创造了最长、最重列车新的世界纪录,8 台机车分散布置,1 名司机通过 LOCOTOL 机车无线同步操纵系统操纵全部机车,该列车平均车速为 55km/h。

重载铁路运输是综合性系统工程,涉及线下基础设施、轨道结构配置、站场设置、牵引动力、机车车辆、通信、供电、列车操纵及养护维修等诸多方面。由于世界各国铁路运营条件、技术装备水平不同,采用的重载列车运输型式和组织方式也各有特点。对于重载列车的重量过去并没有规定统一的标准,都是开行重载列车的国家根据各自的具体技术条件和运营需要,按照相对于普通列车的重量和长度进行确定的。为推进国际铁路重载运输技术方面的合作与交流,1984 年,美国、加拿大、澳大利亚、中国和南非共同筹建国际重载协会(International Heavy Haul Association),并于 1985 年正式成立。1986 年 10 月在加拿大温哥华召开的第三届国际重载运输会议上讨论确定,将列车牵引重量、车辆轴重和年运量作为衡量铁路重载运输水平的标准,凡属重载铁路至少应满足下列三个条件的其中两项要求:①列车重量至少达到 5000t;②轴重 21t 及以上;③年运量 2000 万 t 及以上。

随着重载运输的发展,国际重载协会分别在 1994 年和 2005 年的年会上对重载铁路标准作了修订,见表 1.1.1。1993 年的标准与 1986 年相比,列车牵引重量和年运量没有变化,轴重由 21t 提高到 25t;2005 年与 1993 年相比,列车牵引重量由 5000t 提高到 8000t,轴重由 25t 提高到 27t,年运量由 2000 万 t 提高到 4000 万 t。

这些标准的变化,一方面说明了轴重和牵引重量的提高在重载铁路运输中的作用至关重要;另一方面也反映了这一时期大轴重货车、大功率牵引机车和长大列车同步控制及制动技术有了很大发展。

表 1.1.1　国际重载协会规定的重载铁路标准

年份	列车牵引重量/t	车辆轴重	年运量/万 t	备注
1986	5000	21t	2000	第三届会议(加拿大·蒙特利尔)
1993	5000	25t	2000	第五届会议(中国·北京)
2005	8000	27t	4000	第八届会议(巴西·里约热内卢)

1.1.2　国外重载铁路发展

重载铁路运输受到世界各国铁路的广泛重视,在一些幅员辽阔、资源丰富、煤炭和矿石等大宗货物运量占有较大比例的国家,如美国、加拿大、巴西、澳大利亚、南非等发展重载铁路,大量开行重载列车。目前重载铁路运输在世界范围内迅速发展,重载运输已被国际公认为铁路货运发展的方向,成为世界铁路发展的重要方向之一[1~4]。

1. 美国

美国的重载铁路几乎服务于所有行业,运行线路超过 14 万 mile[1),占据了43%的美国国内城际货运市场。一级铁路占到美国铁路里程的 67%、雇佣员工的90%以及货运收益的 93%。目前主要有 7 家一级铁路运营公司:伯灵顿北方圣达菲铁路(BNSF)公司、美国 CSX 运输公司、Grand Trunk 公司、堪萨斯城南铁路公司、诺福克南方铁路公司、Soo Line 铁路公司(加拿大太平洋铁路所有)和联合太平洋公司(UP)。

美国的大多数铁路线都可以归类为重载线,和中国的情况一样,煤炭运输量随着需求而大幅增加,促进了重载运输的发展,仅 UP 公司的年运量即从 1984 年的 1200 万 t 增长至 2007 年的 3 亿 t。运能的增长主要通过既有线运能扩建改造来实现。重载运输的发展,不仅大大降低了美国铁路运输的成本,也为其带来了可观的经济效益。1981~2000 年,一级铁路总生产率提高了 173%;运价降低了29%,以不变价格计算则降低了 59%,相当于每年为货主减少运费支出 100 多亿美元;劳动生产率提高了 317%,每营业公里线路约 0.87 人;机车生产率提高了121%。在全球大多数国家铁路货运市场份额不断下降的情况下,美国铁路货运

---

1) 1mile=1.609 34km,下同。

市场份额近年来一直保持在 40% 左右，并呈上升趋势。例如，1993 年，美国铁路货运市场份额为 38.1%，2000 年上升到 41%，重载运输收入达历史最高水平（81 亿美元），劳动生产率提高到 271%，运行成本下降 65%，事故率降低 64%。重载运输使美国铁路在激烈的运输市场竞争中站稳了脚跟。为进一步开拓重载运输市场，美国在铁路和海运联合运输中开行了高效率的双层集装箱重载货物列车，重载运输前景更加看好。

考虑到线路条件等各方面因素的限制，为了进一步提高重载运输的效率，降低成本，美国铁路将重载运输发展的重点由增加车辆轴重转向加强交流内燃机车和轮轨界面两个领域的研发。

2. 加拿大

加拿大铁路重载运输方式与美国相似，是北美铁路重载运输的统一模式。加拿大铁路营业里程约 7 万 km，重载运输里程 4.7 万 km。主要有加拿大国铁（CN）和加拿大太平洋铁路（CP）两大公司，营业里程分别为 2.59 万 km 和 2.78 万 km。加拿大太平洋铁路（CP）的重载列车由 124 辆货车组成，列车载重 1.6 万 t。

CP 公司拥有 13600mile 的铁道线路里程，是北美最大的铁路公司之一，其业务网络从蒙特利尔到温哥华遍布加拿大以及美国中西部和东北部，乃至墨西哥，为大陆东部和西部海岸的各港口提供服务，CP 公司连接北美与欧洲和泛太平洋地区市场，同时也是全球领先的多式联运行业提供商。2007 年，CP 公司经营收入超过 40 亿美元，雇佣近 13000 名员工，运营着 1201 台机车、35368 辆货车。多式联运业务是 CP 公司增长最快的业务，主要是集装箱、粮食和煤等散货、整车和汽车零部件、森林产品和工业产品。CN 公司由加拿大政府创建于 1919 年，1995 年私有化，拥有 15346 名雇员、1393 台机车、超过 47000 辆货车。CN 公司的北美铁路网络超过 14304mile，横跨加拿大、美国中部，业务遍布从大西洋、太平洋到墨西哥湾的广大区域。

重载列车的开行，大大降低了加拿大铁路的运输成本，1997 年，CP 的运输成本为 1.6 美分/(t·km)，与美国铁路相当。1997 年，加拿大铁路完成货运量 3.6 亿 t，总收入 60 亿美元，纯利润高达 8 亿美元。

3. 澳大利亚

澳大利亚的矿产资源非常丰富，煤炭和铁矿石以及铝土、黄金的储量都位居世界前列。煤炭主要分布在东南部的新南威尔士州，这里的煤田面积达 55000km² 以上，储量占全国 75%。铁矿石主要分布在西澳大利亚西部的皮尔巴拉（Pilbara）地区。铝土矿分布在北部的约克角半岛等地。澳大利亚昆士兰煤矿是世界上最大的煤矿之一，煤产量逐年上升，1994 年为 0.85 亿 t，2005 年为 1.5

亿 t。澳大利亚必和必拓（BHP billiton）、力拓（RioTinto）与巴西的淡水河谷（CVRD）公司是世界三大矿业巨头，掌控全世界铁矿石海运量的 70%。此外，澳大利亚还是世界上主要的粮食输出国之一。这样的资源特点推动了澳大利亚铁路重载运输的发展。

澳大利亚最早的重载线路是由窄轨铁路改造而成的。20 世纪 60 年代初，昆士兰州对 1067mm 窄轨铁路进行了技术改造，实现以运煤为主的窄轨铁路的重载运输。到 20 世纪 60 年代中期，澳大利亚改建和新建的重载运输铁路已经达到约 4000km。其中 1067mm 轨距的铁路占很大比例。20 世纪 70 年代以后又新建了几条重载铁路。澳大利亚具有代表性的三条重载铁路是昆士兰电气化运煤铁路线、纽曼山铁矿铁路和哈默斯利铁矿铁路。

澳大利亚昆士兰铁路是从港口到科帕贝拉，长度为 145km 的双线铁路，科帕贝拉至不同方向的 8 个矿区均为单线铁路。轨距为 1067mm，钢轨重量 60kg/m，轴重 22.5t。最远的煤矿到港口的距离为 293km，运煤列车从矿区到港口往返循环运行。有的列车编挂 148 辆旋转车钩式货车，总重 10500t，由 5 台机车牵引；另一些列车编挂 120 辆底开门货车，总重 9500t，由 4 台机车牵引，采用动力分散布置方式，由头部机车司机一人操纵，通过 Locotrol 同步遥控装置控制其他所有的机车。在 2007～2008 年煤运量达到 1.84 亿 t。

澳大利亚最有特色的标准轨重载铁路是 BHP 铁矿铁路和哈默利斯铁矿铁路。BHP 铁矿铁路建于 1969 年，它包括：纽曼山（Mount Newman）铁路，全长 426km，单线，最小曲线半径 528m；亚利耶（Yarrie）铁路，全长 217km。铺设 68kg/m 的轨头硬化钢轨，列车编组 192～240 辆，列车质量 1.75 万～2.9 万 t，采用多机车分散动力牵引。最初的设计轴重为 30t，年运量为 800 万 t。车辆轴重从 1970 年的 28.5t 提高到 2000 年的 37.5t，部分 40t 轴重货车已完成试验投入运用，目前年运量超过亿吨，创造了显著的经济效益。哈默斯利铁路上的重载列车通常在 230 辆以上，每辆车载重 100t 以上，列车总重 2.95 万 t，长 2400m，哈默斯利铁路年运输能力在 1.3 亿 t 以上，目前年运量 1.1 亿 t。

由于世界范围内对铁矿石的需求强劲，在皮尔巴拉地区又成立了一家新的铁矿石开采和铁路运输经营者——Fortescue 金属集团。该公司与中国的钢铁企业合作共同开发皮尔巴拉地区的铁矿，并建设矿区与海德兰港之间长 260km 的铁路。2007 年年底建成投入运营，开行轴重 40t、长度 2500m、牵引重量为 30000t 的重载列车。

4. 南非

南非铁路约有 2.3 万 km，全部是窄轨铁路，绝大部分轨距为 1067mm。南非的重载技术比较先进，主要集中在两条重载线路上：一是理查兹湾运煤专线，二是斯申—萨尔达尼亚矿石运输专线,均为 1067mm 轨距电气化线路,长度分别为 580km 和 861km,虽然这两条线路里程只占 Transnet 铁路货物运输网络的 7%,但货物运输总量却占整个网络运量的 62%。

理查兹湾煤运线全程高度落差 1700m,埃尔莫洛以北线路限制坡度为 10‰,埃尔莫洛以南线路限制坡度为 6.25‰。运煤重载列车轴重 26t,牵引重量 22000t,采用电控空气制动(electronically controlled pneumatic,ECP)技术。2008 年该线共运输 6300 万 t 的出口煤炭和 1100 万 t 的普通货物。

斯申—萨尔达尼亚矿石运输专线,起源于海拔 1295m 的石山铁矿,终点为萨尔达尼亚港口,限制坡度为 4‰。铁矿运输列车重 41000t,有 342 节轴重 30t 的矿石车组成,全长 4.1km,是世界上最长的重载运输列车。列车由三列 114 节编组的子列车连接而成。牵引动力使用了 3 台 9E 型电力机车和 7 台 34-class GE 柴油机车。一个电动机车和两个柴油机车安装前两列子列车的头部,一台电力机车和一台柴油机车设置在第三列子列车头部,最后两台柴油机车安置在整列车的尾部,整列车由计算机通过无线控制。

5. 巴西

巴西铁路自从 1996 年开始私有化以来,铁路业务在税收增长、生产力和安全方面取得了很大的成就。在巴西有 3 条著名的重载铁路。

第一条为 MRS Logística S. A. 货运铁路,自从 1996 年以来就已经被投入运营,有 1674km 长的线路,轨距 1600mm,最大轴重 32.5t,98% 的轨枕间距为 540mm。该铁路连接着巴西的 4 个主要港口和 3 个最大的工业区。

第二条 EFVM 铁路位于巴西的东南部,轨距 1000mm,长度 898km,相当于巴西全部铁路网的 3.1%,其中 594km 为双线。该线于 1904 年 5 月 18 日开通,20 世纪 40 年代被淡水河谷公司(CVRD)收购,是巴西最现代化和运量最大的一条铁路,最繁忙区段平均每天开行列车 63 列,2004 年运量为 1.19 亿 t,2005 年达到 1.3 亿 t,占巴西全国铁路货运量的 32%,2009 年运量达到 1.77 亿 t,其货运量中 80% 是铁矿石,20% 是其他货物。拥有员工 2800 人,机车 207 台,货车 15376 辆。2001～2003 年,EFVM 铁路重载列车标准编组为 320 辆,平均总重 31000t,由 3 台机车分散布置牵引,机车总功率 8950kW 的列车。

第三条 EFC 铁路也属于淡水河谷矿业集团所拥有,位于巴西的北部,是一条把铁矿石从矿山运输到大西洋沿岸的蓬塔马代拉港(Ponta da Madeira)的重载运输铁路,建造于 1982～1985 年,线路长度 892km,轨距 1600mm,是一条单线宽轨铁路,重车方向最大坡度为 3‰。线路中 73% 是直线,27% 是曲线,共有 347 段曲线区段。该铁路是世界上生产效率最高的铁路之一。线路的最高允许速度:空车为 80km/h,重车为 75km/h。1985 年,EFC 铁路正式开通,开行 160 辆编组的列车,当年运量为 3500 万 t。1994 年,标准列车编组提高到 202 辆。2006 年,列车编组达到 208 辆,列车总重超过了 20000t,货车轴重达 30.5t,运量增加到 8940 万 t,其中 91% 是铁矿石。2007 年,EFC 铁路运量达到了 1.08 亿 t,成为世界上最繁忙的单线铁路。

6. 北欧国家

北欧重载铁路线主要是横穿瑞典和挪威的一条矿石运输线。该线起自挪威海沿岸的纳尔维克港,穿越挪威/瑞典边境,通过基律纳和 Malmberget 地区的矿山,到达波的尼亚湾的吕勒欧港。该线瑞典部分即是众所周知的 Malmbanan 线。Malmbanan 铁路横贯北极圈,由于其漫长的冬季,常常伴随极度的寒冷和频繁的严重降雪。线路贯穿非常崎岖的复杂地形,包括山脉、挪威峡湾的泥炭阶地、众多的桥梁、涵洞等。寒冷的天气、大雪和重载的等级要求给该线的运行提出了苛刻的挑战。该线 1902 年建成通车,最初仅运营 14t 轴重货车。在 1914 年实施了电气化改造并保留至今。

该线与大多数重载线路的运营方式相比,采用了不同方式,即线路基础设施和运营列车分离的运营方式。基础设施是由两家公司——瑞典的 Jernbaneverket 公司和挪威的 Banverket 公司管理,列车及其运营业务由铁矿石开采商 LKAB 公司的全资子公司负责。

1988 年该线开始升级改造工程,以将线路可承载轴重从 25t 提升至 30t,该工程 2010 年完工,线路的运输能力大大提高,每列货车牵引的车辆将由 52 节提升到 68 节,总运载量将由 5200t 提升到 8160t,目前该车的运营轴重和载重分别为 30t 和 100t。LKAB 公司与瑞典 K-Industrier 公司一起已经开发出一种新的、更大的矿石车,最高轴重 32.5t 和最大载重 108t。

1.1.3　我国重载铁路发展

在相当长的一段时间里,我国铁路运能与运量持续增长不相适应的矛盾十分突出,严重制约了国民经济的发展。从 20 世纪 80 年代起,我国铁路为扭转运输紧张和滞后的被动局面,瞄准世界铁路科技发展前沿,学习和借鉴国外经验,根据我国铁路运营特点和实际需要,在货物运输方面把发展重载运输作为主攻方向,把研究和采取开行不同类型的重载列车运输方式作为铁路扩能、提效的重要手段。经过 20 多年的努力,形成了以大秦线和朔黄线为代表的 25t 轴重重载运输技术体系[1,2]。近年来为提升我国重载运输水平,开始发展 30t 轴重重载运输技术。

1. 大秦线

大秦线是我国自行设计和新建的第一条双线电气化重载单元列车运煤专线,

全长 653km,是借鉴北美、加拿大、澳大利亚等国开行重载单元列车的经验而修建的。1990 年 6 月 5 日在大秦线上试验开行了第一列由两台 SS3 型电力机车牵引 120 辆煤车、全长 1630m、重量达 10404t 的重载列车。1992 年 12 月 21 日大秦线全线开通后,基本上采取开行重载单元列车模式,列车重量为 6000～10000t。2002 年大秦线达到了 1 亿 t 年运量的目标,全年完成煤炭运量 10340t。经过 2 年多的科研试验、扩能改造和系统集成创新,攻克了基于 GSM-R(global system for mobile communications-railway)的 Locotrol 机车无线同步操纵技术,研发了 9600kW 和谐型系列大功率电力机车,应用新型 C80 铝合金货车以及 C80B 不锈钢货车,将单车装载能力从 60t 提升到 80t。2006 年正式开行了 2 万 t 重载组合列车,大幅度提高了大秦线的运输能力,使大秦线仅用了 4 年时间就实现了运量从 2002 年的 1 亿 t 到 2007 年的 3 亿 t 的飞跃,2008 年总运量达到 3.4 亿 t,2010 年运量已超过 4.0 亿 t,创造了重载铁路年运量的世界纪录。

2. 神华重载铁路的发展

神华铁路始建于"八五"时期,神华集团为解决神东煤田煤炭外运问题,1986 年合资兴建包神铁路,1988 年开始修建神朔、朔黄铁路,构成我国西煤东运的新通道。2006 年建成黄万线,2010 年兴建黄大线、准池线,形成以朔黄线为东西干线,黄万、黄大线南北纵贯环渤海经济区、"一路连多港"的"鱼刺形"铁路布局。根据"十二五"规划,神华铁路加快"西煤东运"主通道扩能的同时,新建榆神矿区、新海、塔韩、榆神、黄大、宽沟、巴准和甘泉铁路。"十二五"末,神华铁路运营里程已达 3380km,形成西到银川,北到蒙古国,东到黄骅港、天津港、山东东营、龙口港,并连接大秦线、集通线的自有铁路网。

朔黄铁路是神华重载铁路唯一入海通道,也是我国西煤东运的重要通道,西起山西神池县,东至河北黄骅港,运营里程近 600km。国家 I 级干线,双线电气化重载铁路。1997 年 11 月 25 日正式开工,2002 年 11 月 1 日全线建成,总投资 150 亿元,是我国投资与建设规模最大的一条合资铁路。1998 年 2 月朔黄铁路公司成立以来坚持"源于国铁,优于国铁"的发展思路,形成了独具特色的"朔黄模式"。开行 23t 轴重万吨重载列车,并逐步增加开行数量,2010 年运量达到 1.8 亿 t。2011 年开始开行 25t 的 C80 万吨重载列车,2012 年运量突破 2 亿 t。近年来,随着神华集团各煤炭基地建设步伐的加快和矿区开采规模的扩大,神华煤炭产量逐年上升,铁路运能越来越成为制约神华集团发展的瓶颈。为扭转运输紧张的被动局面,瞄准世界铁路科技发展前沿,以大轴重重载运输作为主攻方向,开展了"十二五"国家科技支撑计划"轴重 30t 煤炭运输重点铁路关键技术与和新装备研制"项目,在既有重载铁路发展 30t 及以上重载运输。

1.2　重载铁路的主要技术特征

　　世界大多数发展重载运输的国家普遍认为,大轴重的单元或大宗货物列车具有很好的经济性,重载运输大多通过既有线的改造、运营模式的改变和养护维修新技术的应用来实现。其主要特点是在一定的铁路技术装备条件下,扩大列车编组长度,大幅度提高列车重量,充分利用运输设施的综合能力,采用大功率内燃或电力机车牵引达到一定质量标准的重载列车运输方式,发挥铁路集中、大宗、长距离、全天候的运输优势,达到增加运输能力、提高运输效率、降低运输成本的目的。综合近年来国际重载技术会议的文献资料分析,可以看到,当前国际重载运输的技术水平集中体现在先进的技术经济指标、工务设备的强化、移动装备水平的提高、轮轨关系和养护维修新技术的应用等方面。

1.2.1　技术经济指标

1. 重载列车轴重和牵引重量

　　国外重载铁路运输一般均通过增大车辆轴重和扩大列车编组数量来提高运输能力和运输效率,目前美国、加拿大、澳大利亚等重载铁路的轴重普遍达到 32.5～35.7t,澳大利亚有两条运输矿石的重载线,最大轴重达到 40t;瑞典、巴西的重载列车轴重已提高到 32.5t;南非重载列车轴重提高到了 30t(窄轨);俄罗斯正在将重载货车轴重提高到 27t,并加紧研究 35t 轴重的轨道部件。重载列车实际运营中的牵引重量一般为 1 万～3 万 t,美国重载列车编组通常为 108 辆货车,牵引重量为 13600t;加拿大典型单元重载列车编组为 124 辆货车,牵引重量为 16000t;南非重载列车的牵引重量一般为 20000t;澳大利亚纽曼山重载铁路列车的编制通常为 320 辆货车,牵引重量在 37500t;巴西维多利亚—米纳斯铁路标准列车编组为 320 辆,列车牵引重量 31000t。国外年运量超过 1 亿 t 的重载铁路主要有:巴西维多利亚·米纳斯铁路(898km),年运量为 1.3 亿 t;卡拉雅斯铁路(892km),年运量为 1.08 亿 t;澳大利亚纽曼山—海德兰铁路(426km),年运量为 1.09 亿 t。

2. 重载运输经济性

　　发展重载运输是增强铁路竞争力的一个非常有效的手段。在拥有大量煤、矿石和其他大宗商品的地方,重载铁路的优势非常明显,尤其是对于货运新线建设,大轴重重载列车的经济性十分突出,澳大利亚、南非和巴西的重载运输是成功的典范。但在设计荷载较低和维护较差的既有线路上,发展重载运输情况较为复杂,20 世纪 70 年代北美将车辆轴重从 22.8t 提高到 29.8t,加剧了轨道结构的破坏,还在设备和运营方面引发了许多没有预料到的问题。后经过大量研究和技术创新,采用钢轨打磨、轨道结构强化、检测和机械化养护维修等一系列新技术有效解决了上述问题。随后经过大量的进一步的研究和经济比较分析,北美铁路又将轴重提高到 32.5t。

美国 2002 年铁路重载运输中,煤炭运输周转量高达 3466 亿 t·mile,运煤收入高达 81.81 亿美元,创历史最高水平。北美铁道协会(Association of American Railroads)最新统计结果表明,自 1994 年至 2009 年,美国铁路直线和曲线上钢轨的使用寿命分别延长了 12%、24%～69%,商业运营的每"吨·公里"燃油消耗量降低了 25%。同时列车安全性也得到了大幅度提高,2008 年和 2009 年连续创造了美国铁路安全记录。

澳大利亚 BHP 公司拥有 2 条矿石运输专用铁路,自 20 世纪 70 年代开始发展铁路重载运输,通过采用先进技术提高列车牵引重量,降低运营成本;据统计,自 1980 年至 2000 年,BHP 公司每辆车运载的矿石重量提高了 36%,每吨矿石运输的燃油消耗量下降了 43%,运输每百万吨矿石人员配备降低为原来的 1/6,车轮与钢轨的寿命延长了 2～4 倍,同时机车和车辆的可靠性也大幅提高。由此可见,大轴重的重载运输经济效益十分显著。

1.2.2　工务工程技术

重载列车重量和长度的增加,机车和车辆轴重的提高,导致列车对线路、桥梁等工务工程技术装备的作用力大幅度提高,线路状态和轨道结构的工况及破坏特性相对一般传统的线路及建筑物也有十分明显的变化。具体表现在:重载运输线路年通过总重大,使轨道过早地丧失承载能力;在运营线路上,特别是在陡坡和小半径曲线地段,钢轨轨头侧面磨耗、轨头顶面波浪形磨损以及疲劳断裂严重;轨道的残余变形积累加速,基床病害增多,使线路的不平顺性加剧;列车在制动和启动时,会产生较大的作用于钢轨上的横向力和纵向力,对线路产生有害的轮轨动力响应也相应增加,造成钢轨轨头表面和车轮轮缘踏面的伤损;桥梁荷载及疲劳加剧导致梁体裂缝新生、扩展。为此,国外在重载线路、轨道结构,路基、桥梁等方面都采取了相应的措施。

1. 线路技术标准

为满足重载运输的需要,北美、澳大利亚、巴西、南非、俄罗斯等国都制定了线路技术标准[5,6]。改善线路的基本参数,特别是减缓线路的限制坡度、加大最小曲线半径,是各国改造重载运输线路、适应列车轴重提高的重要措施。从国外重载线路运营情况看,重载线路上小半径曲线地段的养护维修量大,如澳大利亚猎人谷运煤专线的钢轨打磨周期与曲线半径密切相关,在半径小于 450m 的曲线上,钢轨打磨周期仅为 1000 万 t,半径大于 1000m 后,打磨周期延长到 3000 万 t。一般年运量达到 1 亿 t 及以上的线路,为减少钢轨的打磨工作量,应避免曲线半径小于 500m,其最小曲线半径不宜小于 800m。重载线路限制坡度选择与列车牵引重量、列车速度和运营支出有直接关系,最适合的限制坡度应在保证运输要求的基础上,达到最佳的经济效益。选择限制坡度与线路所经地段的地形条件、牵引类型等因素有关,国外重载铁路的限制坡度一般为:重车方向 3‰~10‰,空车方向 10‰~20‰。

2. 轨道结构

采用高强度重型钢轨、铺设无缝线路、加强道床基础和改进轨枕结构是强化重载线路最主要的也是最有效的措施。美国、加拿大、澳大利亚、南非等国家的重载线路采用无缝线路来提高重载列车运行平稳性,减小其对线路的作用力。

重载铁路钢轨要求有较高的屈服强度和抗拉强度、良好的耐磨性能、很好的抗疲劳性能,同时易于焊接。国外重载线路除南非采用 UIC60 钢轨外,普遍采用 65~71kg/m、硬度 340BHN 的重型钢轨,并通过强化钢轨的材质来提高钢轨的强度、延长钢轨的使用寿命和减少维修工作量。美国一级铁路普遍铺设了 68kg/m 和 71kg/m 钢轨。为适应重载运输的发展,美国铁路还采用降低钢轨中碳含量,进行净化、去渣和杂质的加工处理,同时提高 Mn、Si、Ni 合金含量以加强其抗疲劳、耐腐蚀能力,使钢轨硬度达 500HB~550HB,较大幅度地提高了钢轨寿命。澳大利亚重载运输线也基本铺设了 68kg/m 钢轨,巴西重载铁路采用 68kg/m 钢轨。

重载线路均采用无缝线路来提高重载列车运行平稳性,减小其对线路的作用力。研究表明,采用无缝线路后,因钢轨接头大量减少,列车运行阻力约降低 6%,钢轨使用寿命延长 25% 以上,减少线路 25% 的维修工作量和材料消耗,并减少 20% 的机车维修费用。

美国重载铁路普遍采用新型 20 号道岔,减少过岔时的横向力以及由通过总重和行车密度增加而引起的养护维修。为了适应 96km/h 的过岔速度,在双线及三线末端安装了 30 号道岔,引进了可动心轨(MPF)来增加部件使用寿命,降低养护维修成本,采用优质弹性辙叉,可以降低 50% 的车轮冲击荷载作用。南非采用新型的 AVE 型 20 号可动心轨道岔,道岔区与正线焊接成无缝线路,道岔通过速度直向 130km/h,侧向 75km/h,道岔区无轨底坡,道岔区采用专用机械全断面打磨,尖轨、辙叉使用寿命为通过总重 5 亿 t。

美国重载铁路木枕的平均使用寿命为 15~40 年,通过总重 5 亿~30 亿 t;混凝土枕的平均使用寿命为 20~40 年,通过总重 10 亿~50 亿 t。为提高轨道结构的横向阻力,美国交通技术中心(Transportation Technology Center Incorporation,TTCI)在 FAST 试验环线上试铺半框架型和框架型轨枕,两种轨枕均配套采用 Vossloh 扣件，其轨道纵横向阻力显著提高，通过 2.25 亿 t 总重后半框架式轨枕下道砟未发生粉化，而普通标准枕下 15%～20% 发生了粉化。

各国重载线路还通过增加道砟厚度和密实度来改善轨道结构的整体承载能力，以提高线路的稳定性，使线路荷载较均匀地分布在路基上。例如，美国、加拿大、南非等国的重载线路道床厚度一般都在 300mm 以上，巴西更加厚到 400mm。大量采用优质道砟，FAST 的试验表明优质道砟不会因为轴重的增加而提前失效。在同样的条件下，优质道砟在通过 1.6 亿 t 累计通过总重后仍保持良好状态，而白云岩道砟在 0.4 亿 t、石灰石道砟在 0.7 亿 t 累计通过总重时就必须进行清筛作业。南非重载铁路隧道内采用无砟轨道，十分重视正线道砟的材质和级配，为提高道砟的强度、延长道床清筛周期，在重载线路上采用的道砟级配粒径范围比普通线路大 10mm。

3. 路基及过渡段

重载路基所受的动载强度及疲劳作用加大，轨道恶化加快，与此同时，由于列车运行间隔减小，难以保证有足够的时间进行养护。重载路基状况不良时，将对上部轨道以及行车造成严重影响，如较大的轮/轨作用力、不良的轨道几何形态、加速列车和轨道部件的磨耗和破坏、较高的养护维修和更换成本，严重时引起列车限速和脱轨等安全事故。因此，路基需有更高的质量要求，重载线路路基必须对基床、路堤的填筑、地基及排水条件等相应地采取一系列特殊的强化措施。

重载铁路强调路基整体稳定，同时，在运营期间路基包括地基的变形应不超过轨道结构运行安全和养护条件所允许的变形界限。基床部分需具备适宜的土质和足够的强度以及有效的排水系统，以确保在最不利水文、气候变化影响和列车动载的重复作用下，不发生道砟陷槽、翻浆冒泥、冻害、挤出等基床病害。在各种不同土质路基上的线路应具有相近的刚度，从而提高线路上部构件的效能和延长其使用寿命。

加拿大在重载线路上，采用土工纤维布根治道床与路基病害。在整治之前，线路几乎每三月就需维修一次，而铺设土工纤维布整治后，线路状态明显改善，维修周期延长到三年。可见，尽管当时一次性投资较大，但从长远观点看，由于病害得到了彻底整治，日常维修工作量减少，总的维修费用不会增加太多，而且由于线路的平顺性得到明显改善，轨道部件的伤损也会减少。

美国铁路非常重视重载路基的检测工作，用于路基合理设计和整治措施的制定。常用的检测方法包括：轨道几何状态动态检测；采用静力触探车，检测土的强度和刚度、软层深度、道砟厚度等；采用路基探测雷达，检测道砟污染、积水、道砟及底砟层的厚度等线下结构情况。常见的路基病害处置措施：一是合理设置底砟层，选用宽级配砂和碎石混合物或者碎骨料；二是采取横向排水措施，并在低于轨枕 12in[1) 的位置设置非渗透性隔水层以增强横向排水,同时将上部清洁道砟与底层污染的道砟分开;三是进行路基加固。

对于过渡段,美国 TTCI 总结出一套比较好的过渡段技术措施,包括:控制桥头附近区段轨道的变形、减小不均匀沉降、调节保持过渡段与明桥面相同的标高;建立真正的过渡段,不要使轨道特性产生突变;减小桥上轨道刚度、增加轨道结构的阻尼;改善桥上以及过渡段的轨道结构的排水;如果附近底基层软弱,进行换填处理;铺设砟下胶垫;改变垫板的阻尼;减小轨枕间距并增加枕底面积以减小道床和路基所受的压应力。

4. 桥梁

桥梁设计活载标准是桥梁设计最基本的核心参数,直接影响到运营阶段轴重的提高,各国历来十分重视设计活载标准制定工作。

美国目前采用的铁路桥梁活载标准是 1967 年修订的 Cooper E-80 活载标准,如图 1.2.1 所示。Cooper E 活载标准是 Theodore E Cooper 于 1894 年提出的,其轴重和轴距分布是根据当时的机车牵引煤水车车型和重量确定的,1886 年以前的活载等级为 E-30,1905 年美国铁路工程协会规定采用 E-40,1919 年改为 E-60,1935 提高到 E-72。1964 年在美国铁路工程协会年会上又一次展开了关于活载标准的讨论,并于 1967 年决定将钢桥设计活载等级提高到 E-80。1972 年在建立铁路建筑物统一的设计荷载的研究中,提出以 Cooper E-80 作为铁路建筑物统一的设计活载标准。另外,北美铁路工程和维修协会(the American Railway Engineering and Maintenance-of-way Association,AREMA)提出了特种活载图式,在 1895~1967 年,特种活载由两个集中力组成,比普通活载的集中力大 25%。在 1967~1995 年,AREMA 中不包含特种活载。在 1995 年之后将特种活载进行修正,重新开始使用。目前特种活载由 4 个轴组成,轴重比普通活载的集中力大 25%。设置特种活载的目的是解决小跨度桥梁的疲劳问题。

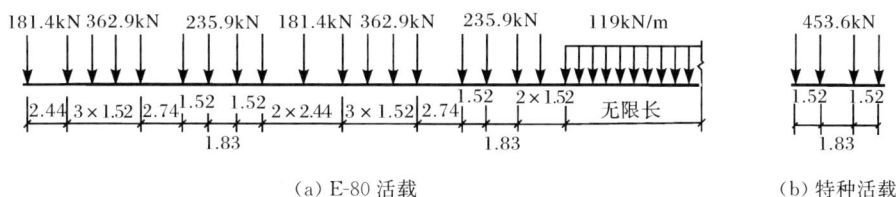

(a) E-80 活载　　　　(b) 特种活载

图 1.2.1　美国铁路桥梁 Cooper E-80 活载标准(单位:m)

1) 1in=2.54cm,下同。

国际铁路联盟（International Union of Railways，UIC）铁路桥梁设计基本活载图式为 UIC-LM71 活载图式，如图 1.2.2 所示。图中所给图式对于载重较大或载重较小的线路，应乘以一个分级系数 α，分级系数 α 取下列数值：0.75、0.83、0.91、1.00、1.10、1.21、1.33、1.46。在考虑铁路荷载远期发展时，国际线路上的铁路工程结构应采用 1.33LM71。

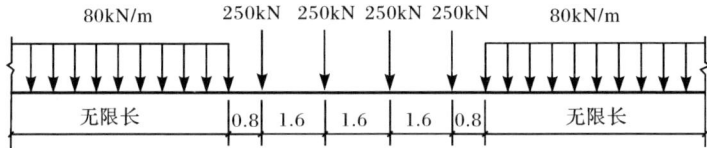

图 1.2.2　UIC 规范中 LM71 荷载标准（单位：m）

澳大利亚采用 300LA 铁路活载标准，由若干列轴重为 300kN 的货车组成，为了模拟机车，在货车前面增加一个 360kN 的集中荷载，货车中心线的间距根据运营车辆取为 12～20m。

南非目前采用的铁路桥梁活载标准是 1983 年修订的 NR 铁路活载[5]，由 4 个 280kN 的集中力和前后 100kN/m 的均布力组成，如图 1.2.3 所示。南非重载铁路桥梁设计活载标准的提高为后期轴重的增加带来了极大的便利。南非铁路桥梁大多为简支混凝土箱型梁，桥梁运营状况良好，除进行日常检查外，未进行大量的维修作业。

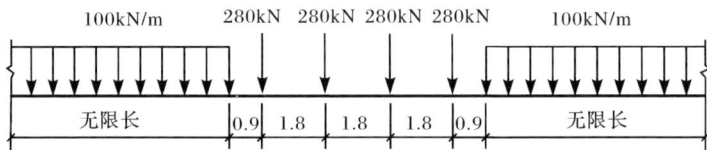

图 1.2.3　NR 铁路活载标准（单位：m）

我国既有重载铁路桥梁设计采用与客货共线铁路相同的中-活载标准，并于 2005 年进行了修订的研究工作。从各国设计活载图式 K(0.5)位置处（跨中或杆件中部）的静活载换算均布活载比较如图 1.2.4 所示。从世界各国铁路列车活载图式的特点来看，美国、苏联在 20 世纪 60 年代制订的活载标准着眼于发展，活载标准较高。其次为 UIC 规定的国际间铁路的设计活载图式 1.33LM71，然后为南非的 NR 活载和澳大利亚的 300LA 活载图式，我国的中-活载和中-活载（2005）均偏低，与 UIC 的 LM71 大致接近。

关于列车横向力的问题。美国 AREMA 规范规定，摇摆力的大小等于指定活载最大轴重的 25%。TTCI 研究成果表明，AREMA 上述的规定是合适的；根据路网道旁监测装置数据，99.95% 的列车轮轴横向力小于 68kN，实测最大的横向

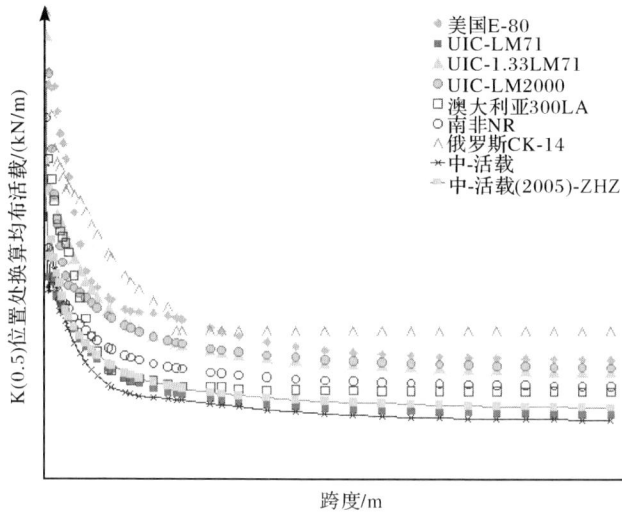

图 1.2.4　各国活载图式 K(0.5)位置处静活载换算均布活载比较

力为竖向轴重的 20%～25%；列车横向力随着车速的增加而加大。桥梁承受的最大横向力可能来自于相邻车辆叠加。在纵向，由于新型机车、列车同步制动技术的使用，桥梁承受的纵向力明显增加，需要重点关注。

对既有铁路发展重载运输而言，桥梁运营性能依然是运输瓶颈，对列车通过速度和载重都有一定限制。既有桥梁承载能力是一个涉及范围很广泛的问题，对于早期建造的桥梁，随着建造年代不同，当初的设计荷载、采用的材料、制造工艺水平、结构和构造细节设计，以及设计者取用的安全性概念等都是不同的。另外，在长期使用中，由于列车荷载作用、环境影响（温度变化、有害气体和酸雨的侵蚀等）及偶发事件（列车脱轨、地震、撞击、火灾等），桥梁的性能呈下降趋势。既有桥梁能否适应重载铁路运输的要求，应根据具体桥梁病害加以评定，其基本原则为结构和构件应力不超过材料的容许应力，接头的连接强度应大于构件强度。结构整体和局部变形（竖向、横向和扭转变位）应确保行车安全，并不引起局部产生过大次应力；同时避免产生疲劳裂纹，加固措施应能延长疲劳寿命。

在美国，众多桥梁承载的货车轴重和载重较运营初期已经翻倍，并已经接近桥梁的设计荷载，受到的冲击荷载也按比例逐渐增大。为保证安全并延长重载作用下桥梁寿命，美国一级铁路采取的主要措施包括：降低结构恒载、改善残余应力、降低冲击力、加强桥梁检测与加固等。降低结构恒载可以允许更大的活载；通过采用超声波冲击处理可以改善焊缝附近应力状态；通过减少车轮缺陷、降低横向载荷及货车超偏载等方法，特别是采用道旁监测系统进行车辆状态监控来降低桥梁和轨道冲击力，以及减少钢轨接头、保持过渡段轨道良好几何状态等方法来减少冲击;通过采取先进的桥梁检测方法,加大检测频率,加强焊缝和腐蚀等重点区域的检测等,来延长重载桥梁寿命;通过运营前合理的加固处理、选择性地更换地板系统和桁架吊杆等部件、在运营中进行螺栓拼接等方法,加固和修复桥梁。北美铁路正是通过对重载桥梁采取上述措施,一直保持着良好的桥梁安全记录。

加拿大 1915 年全国运营铁路总长已达 50000km,大部分桥梁仍在使用。例如,加拿大 CP 铁路公司共有桥梁约 4500 座,其中混凝土桥约 600 座,木桥约 1000座,其余 2900 座为钢桥。加拿大铁路桥梁设计荷载参照美国标准执行。CN 和 CP 总部均设有桥梁评定部门,有较精干的技术人员,并配备较先进的仪器设备,负责桥梁的静力和动力性能及疲劳剩余寿命评定等工作。每当提高载重等级时,总部要对所有旧桥进行评定,以便确定是否需要加固。

澳大利亚重载铁路通过专题研究,认为重载铁路实际的动力系数要比规范小得多,从实际动力系数、线路上桥梁的受力状况和承载能力出发,车辆的轴重已提高到 40t。澳大利亚重载矿石线上的桥梁(包括梁体和桥墩)及涵洞均为钢结构,主要是考虑环保,铁路线废弃后桥梁易于拆除。

1.2.3　重载装备技术

1. 重载机车技术

用于牵引重载列车的机车,美国、加拿大、澳大利亚、巴西等国家多采用内燃机车[3,4],而南非、俄罗斯等国多采用电力机车。原则上这两种机车都可以胜任重载列车的牵引,但是作为重载列车的牵引动力,机车的牵引功率要求尽量大,而电力机车的牵引功率远大于内燃机车。因此,电力机车相对更加适合牵引重载列车。采用内燃机车,可以通过适当增加机车数量来弥补牵引功率的不足。目前,美国、加拿大等重载运输发达的国家,重载机车主要采用了交流传动、径向转向架和微机控制防滑防空转系统等技术。

1) 大功率变流器的交流传动技术

20 世纪 90 年代以前,用于重载运输的机车主要采用直流传动方式。90 年代以后,大功率交流传动机车逐渐成为重载运输牵引动力的发展趋势。交流传动技术的优点是电动机结构简单,重量轻,尺寸紧凑,有利于加大机车功率。同时,交流异步电动机的防空转性能远比直流串励电动机优越,因此能提高机车的黏着性能,有利于机车产生更大的有效牵引力。此外,交流异步电机的转子由铜条和磁芯组成,它的抗过载能力较强。该特点对于牵引重载列车发生坡停事故以及在大坡道上启动时尤为重要。GE 公司制造的 AC6000 型机车主发电机输出功率达441kW,持续牵引力达 738kN,启动牵引力达 800kN,黏着系数利用值可达 0.37以上。德国西门子公司为欧洲制造的 BR186 型及 BR189 型重载交流传动电力机车的轴功率达 1400kW,已在欧洲批量投入运营;为满足中国铁路重载运输牵引动力需求,设计了 DJ4 型交流传动电力机车,其轴功率达 1200kW。

2) 径向转向架技术

大功率交流传动内燃机车和电力机车采用径向转向架已成为国际铁路重载机车发展趋势,尤其在美国、加拿大、澳大利亚等国家,径向转向架技术日臻成熟。经长期运营表明,美国 GM-EMD 公司生产的 HTCR 径向转向架可减小轮对与轨道的冲角,与传统转向架相比,轮轨冲角减小 75%,有效地降低了轮轨间的横向作用力,减少轮轨磨耗及阻力,提高了运行稳定性,机车车轮寿命延长 10%,在 0.35 黏着系数利用值条件下,转向架的轴重转移从 35% 减到 10%,从而增加了牵引力。

瑞典 LKAB 公司运输矿石的交流传动电力机车采用了原 Adtranz 公司的新型径向转向架。该转向架选用了大直径车轮和新型轮对导向装置。轮对纵向定位装置采用螺旋弹簧、刚度较低的弹性橡胶和导向杆定位,保证了曲线通过时处于径向位置,横向由螺旋弹簧定位。轮对和构架间的纵向拉杆使构架既能保持平直线路上的直线运行,又能保证通过曲线时具有较好的径向通过性能,使轮缘和踏面磨耗较小并且均匀。澳大利亚 EDI 铁路在其窄轨机车上采用了径向转向架,这种转向架采用了装配式构架,使得转向架在窄轨和准轨上都能运用,并且成本低。

3) 微机控制防滑技术

为了进一步提高机车的黏着性能,国外重载机车广泛采用车轮防滑系统。20世纪 90 年代以后,美国的 AC6000CW、SD90MAC 等新型重载机车开始采用了新型微机控制的防滑系统。微机控制防滑器是目前最先进的一种防滑器,比起机械式、电子式防滑器,它的突出优点在于能随着轮轨黏着系数的变化调节制动力。它可以对制动、即将滑行、缓解、再黏着的全过程进行动态检测与控制,信息采用脉冲处理,既简单又可靠,无零点漂移,因此无需调节和补偿。更重要的是,微处理器(MPU)控制的防滑器运算速度快,防滑判据丰富,可以建立复杂而精确的控制模型。从速度的检测、运算处理、运行部件监督到发出控制指令,一般均在0.1~0.2s 内完成,保证了实时跟踪黏着情况的变化。因此,可大大提高检测精度,即使微小而缓慢的滑行也能及早检测出来并采取措施加以防止。

微机控制的防滑器还有一个很大的优越性,即它可以利用软件随时提供有关信息,进行自我检查、诊断和监督,必要时可把有关信息随时存储、调用和显示。它还能根据新的情况和要求很方便地改变控制判据而不必改动软件。微机控制防滑器具有智能化特征,能够实现动态冗余技术、制动诊断技术、故障判断与定位技术。通过实施多项可靠性措施,防滑系统稳定性大幅度提高。

4) 重载列车网络控制技术

随着铁路重载运输的发展,新型重载机车越来越多地采用先进的列车网络控制系统,借助网络传递重联控制信息,逻辑顺序控制信息,牵引、制动和速度控制信息。在重载列车中,车辆或部件的工作状态也需要通过网络传送到主控机车上,便于进行状态监视和故障诊断。实际运用表明,基于计算机网络的列车控制与故障检测技术的运用,不仅可以提高重载列车系统的集成度、可靠性和可维修性,而且可以节省列车连线并减轻重量。国际上重载列车网络控制系统主要有欧洲和北美两种模式。欧洲模式的列车通信网络速度较高,实时性较强,具有代表性的是 TCN 网络,已形成 ICE61375 列车通信网络的国际标准。北美模式可以分为有线列车通信网络和无线列车通信网络。有线车载网络基于 LonWorks 现场总线,基础标准是 IEEE1473 列车通信网络协议。

5）重载机车故障遥测监控技术

2001 年,美国 GM-EMD 公司为重载机车开发了 IntelliTrain 机车故障遥测监控系统。该系统可对每台机车实施全寿命周期服务,大大提高了机车使用效率,降低了成本。2003 年,IntelliTrain 系统在机车上安装使用,无论机车在何处出现故障,传感装置可自动检测并通过无线通信系统将故障情况、机车车号等信息直接发送到服务中心。服务中心通知就近的维修工程师携带备件去现场更换并检测性能。在消除故障后,IntelliTrain 系统发出信息告知服务中心。两年多的使用证明,该系统可发现机车 80% 的潜在运行故障,比预期的修理期可提早发现故障 7~21 天,延长了机车使用周期。所有故障的 50% 是在乘务人员从未报告过的情况下发现的,机车的总故障率下降了 70%。

2. 重载车辆技术

大轴重、低自重、低动力作用是重载货车发展方向。在车体材料方面,国外普遍采用了低合金钢及铝合金、不锈钢,美国 90% 的重载货车采用了铝合金车体。北美采用交叉支撑转向架、摆式转向架、控制型转向架、Barber 型转向架。在货车车钩缓冲装置方面,国外车钩强度已提高到 3000kN 以上,缓冲器容量多在 50kJ 以上,美国 E 级钢车钩的破坏强度为 3342kN,Mark 50 型缓冲器的容量为 53.8kJ。部分国家重载货车还采用了牵引杆技术,制动采用了 ABDW 和 DB60 重载阀和高磨闸瓦等新技术。

1）新型转向架

（1）交叉支撑转向架。

交叉支撑转向架采用两个相互交叉的杆件和配套橡胶垫将两侧架弹性联结,关键技术为侧架交叉支撑弹性连接技术、轴箱弹性定位技术、中央悬挂系统技术、双作用弹性旁承技术,保证了转向架动力学性能的稳定可靠,适应了我国线路的实际情况,满足了我国货车提速重载的需要。

（2）摆动式转向架。

摆动式转向架是采用 1 个弹簧托板和 4 个摆动座将两侧架联系在一起,可实现侧架同步摆动的三大件货车转向架。应用摆动原理设计的 21t 轴重转 K4 型转向架、25t 轴重转 K5 型转向架车辆上应用近 3 万辆,约占我国货车保有量的 4%。摆动式转向架的关键技术为两侧架的同步摆动技术、摩擦副耐磨性和使用可靠性。

（3）副构架转向架。

副构架径向转向架采用两对副构架通过两根交叉连杆将前后两条轮对联系在一起,曲线通过时使轮对具有径向功能的三大件式货车转向架。应用 Scheffel 径向技术设计的 25t 轴重转 K7 型转向架配装 C80BF 敞车在大秦铁路投入了 400 辆进行运用考验。副构架径向转向架的关键技术为一系弹性悬挂技术、副构架径向技术、可靠性技术。

2）减振悬挂技术

减振悬挂技术直接影响车辆的垂向、横向性能,对减振系统进行了深入的研究及改进,关键技术为:两级刚度弹簧兼顾空、重车减振需要,摩擦减振器性能稳定性。

随着斜楔和磨耗板的磨耗,变摩擦减振器的减振性能下降,为了新造和磨耗到限车辆减振性能都能满足运用要求,通过增加减振弹簧高度留有一定的预压缩量的方法来保证车辆减振性能的稳定,根据空车挠度的大小和设计要求,一般增加 10~20mm;同时,摇枕弹簧采用两级刚度,摇枕外簧自由高高于摇枕内簧,提高弹簧的空车、重车挠度,空车挠度由 5~10mm 增加到 12~20mm,重车挠度由 35~45mm 增加到 50~60mm,提高减振系统减振性能的稳定性,运用表明消除了磨耗到限减振系统失效的问题。

我国货车主型转向架全部采用变摩擦减振器,研究采用了多种摩擦副结构,提高了减振系统使用寿命。为改变减振系统摩擦系数不稳定问题,在斜楔主摩擦面采用高分子复合材料主摩擦板,将原来斜楔主摩擦面与侧架立柱磨耗板由金属对金属摩擦副改为非金属材料对金属,试验研究表明,高分子材料主摩擦板与立柱磨耗板间的摩擦系数始终为 0.22~0.27,受环境变化因素影响很小,减振系统减振性能稳定,使用寿命提高,转 K6 型转向架厂修调研显示主摩擦板磨耗量在 0~2mm,平均磨耗为 0.18mm/a,有力地保证了我国提速重载车辆的垂向减振性能。

3）车体轻量化技术

结构的轻量化设计是涉及结构诸多性能的综合性任务,单纯从结构设计角度还无法解决。因此需要突破货车传统结构设计方法,引入车体轻量化设计理念,优化车体结构型式,采用整体承载结构设计方案,改善受力状态,提高结构的承载能力、力传递合理路径。此外,非主要受力结构使用铝合金等耐腐蚀材料,磨耗件、密封件和弹性承载件广泛采用高分子材料和橡胶等非金属轻量化材料代替金属件,从而突破轻量化车体设计技术关键。

美国的铝合金重载货车早在 1959～1960 年就开始制造。由于铝合金运煤敞车所具有的独特优势,从 20 世纪 90 年代开始,美国就已经停止生产钢制的运煤车辆,全部改为生产铝合金车辆。美国 ELKX 型双浴盆铝合金煤车载重 110.6t、自重 19.1t、总重 129.7t、轴重 32.43t、容积 124.7m³。加拿大 286 型铝合金双浴盆运煤敞车轴重 32.43t、载重 109.8t、自重 19.9t、总重 129.7t、容积 134.5m³。

4) 改进车轮材质,提高车轮耐剥离性能

重载车辆在运用中最突出的问题是车轮踏面剥离严重。由于轮轨接触应力的增加,车轮制动热负荷上升,引起车轮剥离失效。美国 TTCI 正在系统研究轨顶润滑和钢轨打磨、监测轮轨间动力作用、改进转向架附件和维修、心盘涂油润滑等方法,降低轮轨间应力,但关键问题是提高车轮材质的抗剥离性。美国研制成功了一种新合金材质的车轮,与传统车轮相比,在相同运量条件下,车轮踏面上的剥离长度可减少 59%、深度可减少 43%。

5) 高强度车钩及高性能缓冲器

开行重载列车的最大隐患是由于列车纵向力过大发生断钩、脱轨事故,这种事故占美国重载列车事故总数的 90% 左右,因此提高车钩强度及缓冲器的容量性能是保证重载列车安全的重要措施。

一般对普通货物列车纵向力的要求是 2000kN 以下,而国外重载列车的相应要求已提高到 3000kN 以上,美国 E 级车钩的破坏强度为 3342kN。为此采用了以下方法来提高车钩强度:一是采用高强度低合金钢,并通过热处理达到较高的破坏强度和屈服极限;二是优化车钩结构和纵向力传递过程的设计,特别是加强车钩装置中薄弱环节的零部件;三是尽可能减少车钩的纵向间隙,甚至采用无间隙牵引杆来代替车钩,以大幅度地减轻列车的纵向冲动,美国、加拿大第二代单元列车的车辆以及巴西重载列车的每两辆矿石车间采用了这种连接方式。

改善车钩纵向力,避免缓冲器"压死"造成的刚性冲击,关键在于提高缓冲器的容量,同时在允许弹性冲击范围内保持缓冲器良好的缓冲特性。对重载列车用货车缓冲装置的基本要求:一是能充分吸收车辆冲撞作用时产生的能量,设计时,根据货车车辆的重车质量和调车速度确定其最低容量,国外重载货车的缓冲器容量多在 50kJ 以上;二是增加行程,根据国外经验,重载货车的缓冲器行程多在 80mm 以上,比普通货车旧型缓冲器的行程增加 20mm;三是提高能量吸收率,即增大缓冲装置,将冲击动能转换为热能的吸收系数,重载货车缓冲器的吸收率一般应提高到 90% 左右。

6）新型单元货物列车

北美铁路的重载单元列车在 20 世纪 80 年代中期已发展为第二代,性能有了很大改进。美国开发的一种多单元运煤货车组,由 5 辆敞车通过铰接式转向架连接成为一个整体,每两辆车体间用一个铰接式转向架连接,只在每一车组的两端设立独立转向架和端墙,敞车车体之间取消端墙,以充分利用端部的空间,这样可使相同载重的列车长度缩短 30%,即在与普通列车长度相同的情况下,这种铰接式多单元列车可提高载重 30%。由于采用了铰接式转向架,车长减短,转向架中心距减小,从而提高了车辆的曲线通过能力。铰接式转向架实现车辆无间隙连接,减少了列车的纵向冲动。试验表明,这种设计构想可使单元列车间隙作用力大大减少。

加拿大采用“浴盆式”敞车的第一代重载单元列车在运煤专线上运营近 20 年后,在 20 世纪 80 年代末至 90 年代初又开发了第二代新型单元列车。第二代重载单元列车采用了多路机车遥控系统（MRLCS）,使机车功率能够相对地沿列车分散布置,其基本单元是由无间隙牵引杆将 10 辆车连接成车辆组,以消除列车纵向间隙、减小车辆间的纵向冲动。车辆组与车辆组间用传统的车钩和缓冲器相连,由一台可控制的机车连挂 3 个车辆组,形成一个单元列车,还可根据运输实际需要编成多单元列车。使用牵引杆可使车辆自重减轻 454kg。更重要的是,无间隙牵引杆的使用,使列车中的间隙减小 90%,从而大大减少了车辆间的相对运动,运行中的列车冲动也随之显著降低,并由此减轻了作用于牵引系统、轴承、悬挂装置和车体的冲击载荷。由于列车中节省了 90% 的缓冲器、车钩和钩舌,大大减少了维修费用和能源消耗,经济效益显著。这种货车还采用了自导向径向转向架,降低了轮轨作用力和轮轨磨耗,改进了车辆的动力学性能,减少了横向作用力造成的转向架和心盘的磨耗,使列车通过曲线时的阻力降低了约 30%。为减少空气阻力,车辆外形采用了流线型设计。

美国、加拿大还采用第二代新型单元列车技术,开发了开行双层集装箱货车,使重载运输技术不仅可用于大宗散装货物运输,也可以用于杂货件运输。这种新型双层集装箱货车采用 5 连挂和 10 连挂车组,减少了列车在加减速时车辆之间的冲击。车组内车与车之间通过铰接式转向架或无间隙牵引杆连接成一个整体,提高了集装箱列车的运行稳定性。

3. 重载机车同步操纵与制动技术

1）机车无线同步操纵

近年来,GETS Global Signaling 开发了第四代动力分散式控制的 Locotrol 并在铁路上应用。它采用最先进的微处理器和固态电子技术,使用更少的元件,工作更加可靠,并且更容易与现代机车相配合。第四代产品中,Locotrol LSI 或

MVB 把所有向司机显示的信息都集中反映在司机台的显示屏上。Locotrol 处理器模块和双重无线电通信模块通过与 LSI 或 MVB 的接口控制和监视从控机车。处理器模块将信息经由机车计算机控制系统传送到机车的司机控制器、空气制动系统、列车尾部装置和司机台的通用显示器。Locotrol LSI 或 MVB 的主要特点是体积比 Locotrol Ⅲ 小 80%，标准的司机台显示屏，标准成套的处理器模块，与车载电子和空气制动设备的接口简化了，具有更高的可靠性。

另外，GE 与 NYAB（纽约空气制动机公司）还共同开发了一个很独特的 Locotrol EB(LEB) 系统，它把两个独立的、以前互不相干的机车系统——动力分散式控制和电子空气制动机结合起来，从而减少了在功能及设备方面的重叠。在减少寿命周期成本的同时，改善系统的可靠性。

随着重载运输的发展，铁路市场对 Locotrol 系统的需求有所增加，已有约 7000 套 Locotrol 系统安装在美国、加拿大、澳大利亚、巴西、中国等国家和地区铁路的电力机车和内燃机车上。Locotrol 机车无线同步操纵系统的优点和效果见表 1.2.1。

表 1.2.1　Locotrol 的主要操作优点和效果

优点	效果
最佳的动力分配和制动操作	增加总吨位牵引能力（列车长度加长） 改善设备利用率 减少列车内部纵向受力 减少乘务员的数量需求
减少列车在陡坡运行时的车钩受力	不需要有人驾驶的补机
更快的加速和减速	改善铁路通过能力 减小列车间隔 更快的循环周期 缩短停车距离（30%） 减少停车时间（22%）
增加牵引效率和减少滚动阻力	改善燃油的经济性（平均 5%） 减少轮缘和铁轨的磨耗
更快的制动缓解动作	有效地减少制动管充风时间（60%），从而减少循环时间 改善对低速列车的控制 更平稳的制动动作 改善对列车间隙效应的控制，减少货物的损失
可以将多个短列车连接成一个长列车	增加线路通过能力 简化调度场对列车分解的后勤支持

2) 电控空气制动技术

20 世纪 90 年代，美国和欧洲一些国家的铁路开始研究用于货物列车的电控空气制动系统,这是一种电子控制的直通式空气制动系统。这种系统采用了先进的信息技术,直接用计算机控制列车中每辆货车的制动缸的制动和缓解,取消了传统的空气制动阀系统,保证了长大重载列车中各节车辆的制动、缓解动作的一致,大大加快了制动速度,缩短了制动距离,降低了车辆间的纵向冲动力,优越性非常明显。

按信号传递方式分,电控空气制动系统又有两种型式:一种是通过列车上贯通全长的电缆(列车总线)来传递制动控制信号及后面车辆向机车的反馈信息(称有线方式);另一种是利用每节车辆两端的无线电装置在相邻的两节车辆之间接收和发送制动控制信号及反馈信息(无线方式)。电缆(有线)方式的优点是结构比较简单而且工作也比较可靠,但是不适用于需要经常解编的普通货物列车,而适用于像旅客列车那样的固定编组的货物列车(单元列车)。无线方式的优点是比较灵活,适用于列车编组不固定,需要经常解编的列车。但是它要求在每节车辆上安装无线电装置的电源,还要在车辆的两端安放无线电接收和发送装置,以便与相邻的车辆交换、传递及反馈信息。而无线电信号容易受干扰,工作可靠性不如有线方式。美国铁路于 1997 年开始对这两种方式都进行了试验,最后在固定编组的单元重载列车上首先使用了有线方式的电子控制空气制动系统。目前,美国、加拿大、澳大利亚、南非等国已在重载铁路上采用了该项技术。

美国铁路试验表明,重载列车采用电空制动的主要优点为:一是保证前后车辆制动和缓解的同步作用,使纵向冲动大为改善;二是减少空气压力波传播需要的制动空走时间,缩短列车制动距离 30%~70%,在闭塞区间长度不变的情况下,可提高列车速度 18~30km/h,增加线路的通过能力;三是具有良好的阶段制动和阶段缓解作用,便于司机操纵;四是列车管充气加快,装、卸载时间也加快,缩短了列车停留时间,使列车周转时间缩短,节约能源 5%,降低车辆维修成本,手制动控制更精确,减少车轮损伤;五是电控空气制动系统装置具有监测车辆制动系统的功能,有利于车辆维护,并可取消守车。此外,这种新型的货车电空制动还具有检测折角塞门关闭、ECD 芯片损坏报警等安全保障功能,因此是重载列车技术装备的一大突破。

4. 重载列车列控技术

1) 调度集中(centralized traffic control,CTC)控制中心

调度集中是利用遥信和远动技术实现行车调度远程控制的系统技术,是铁路运输生产指挥现代化的重要手段。调度集中具有减员增效的显著作用,可以有效提高铁路运输的生产效率,因此调度集中系统在世界发达国家得到了广泛的应用。美国伯灵顿北方圣太菲铁路公司(BNSF)和联合太平洋铁路公司(UP)等都有先进的调度集中控制中心,指挥约 5 万 km 线路上的重载列车运营。CTC 设备

先进,设有指挥中心、车站系统、数据传输系统、监测维护系统等,可保证重载线路的高效率和安全性。

2)基于无线通信的列车控制系统(communication based train control system,CBTC)

CBTC 这一思想的萌芽出现在 20 世纪 60 年代,20 世纪 80 年代初国外开始系统地展开研究并进行阶段性测试,90 年代开始进入试验段测试阶段。1999 年 9 月,IEEE 将 CBTC 定义为:"利用高精度的列车定位(不依赖于轨道电路)、双向连续、大容量的车-地数据通信、车载地面的安全功能处理器实现的一种连续制动列车控制系统"。目前,对于基于通信的列控系统的研究已经形成欧洲、美国、日本三大体系。

与传统的基于轨道电路的列车控制系统比较,CBTC 的优势主要表现在以下几点:

第一,更简洁。从硬件结构看,系统以控制中心设备为核心,车载和车站设备为执行机构,车、地列车控制设备一体化。从功能上看,联锁、闭塞、超速防护等功能通过软件统一设计实现,不再分隔。因此,整个系统摆脱了积木堆叠式结构,而是一个统一的整体,系统结构更简洁。

第二,更灵活。系统不需要新增任何设备,自然支持双向运行,而且不因为列车的反方向运行,系统的性能和安全性降低。所以,CBTC 在运营时,可以根据需要使用不同的调度策略。更灵活还表现在 CBTC 可以处理多条线路交叉、咽喉区段列车运行极其复杂的情况。另外 CBTC 内可以同时运行不同编组长度、不同性能的列车。

第三,更高效。系统可以实现移动闭塞,控制列车按移动闭塞模式运行,进一步缩短列车运行间隔。另外,CBTC 可以进一步优化列车驾驶的节能算法,提高节能效果。

1.2.4　重载安全监测

1. 集成型路旁安全监测系统

美国研发的集成型路旁安全监测系统采用远程信息服务系统进行管理,系统包括路旁轴承声学探测系统(ABD)、转向架性能监测系统(TPD)、车轮扁疤检测系统(SWD)、车轮冲击载荷测试系统(WILD)、车轮外形监测系统(WPD)、车轮温度测试系统(WTD)、红外轴承温度探测系统(HBD)。路旁轴承声学探测系统采用拾音器采集列车通过的噪声,应用高频共振原理,分辨出轴承的工作状态,其正确判别率达 90%,可有效防止轴承故障。

2. 先进的轨检车及钢轨探伤车技术

美国、加拿大、澳大利亚、巴西、南非等国家采用先进的轨检车技术,应用惯性制导系统、矢量化计算方法、自行标定与自检,对轨道的各种几何形状参量、线路不平顺及钢轨断面磨耗进行检测,提高重载线路的安全性和使用效率。在超声波探伤工作原理的基础上,美国开发研制了新型低频涡流钢轨探伤车,探伤速度可达 80km/h 以上。

3. 地面探测雷达路基状态检测评估技术

路基是重载线路的承载基础,发生病害不易检测。美国采用了新型地质探测雷达装置,将其安装在车辆上,采集的数据可直接对路基横断面图像进行处理,确认道砟囊、软黏土、底砟深度及湿土区等病害,可及时处理路基病害。

4. 接触网状态监测

南非、澳大利亚、巴西等国家对重载线路牵引供电接触网系统进行状态监测,采用力测量原理,测量弓网之间的垂直、纵向、横向三维接触力和接触导线相对轨面的高度、拉出值、磨耗等参数,保证接触网处于正常工作状态。

5. 货车横向力监测技术

在轨道 11m 长度范围内连续布设应变计阵列,设置道旁监测站,用于记录车辆振动产生的钢轨动态荷载,用来识别车辆横向振动对轨道的作用。当列车运行经过该检测设备时,监测站能够对所有重载和空载货车进行自动记录和分析,所得数据被处理为每一车辆的跟踪指数,最终形成车辆指标数据库,并可通过该数据库对影响车辆响应的各种参数进行检测,包括车辆方位、速度、负载状态、使用时间、轨道和车辆养护。

6. 测力货车

测力货车是在一节重载车辆上安装各类传感器,测量车辆悬挂系统变形(测量由长波不平顺引起的动荷载)、侧架垂向加速度(测量由钢轨表面不平顺引起的高频垂向轮轨力)、侧架横向加速度(测量车体稳定性)、车钩力、制动管压力、车间分离以及纵向车体加速度、轴承和车体的温度、车体倾斜度、关键点的车体应力水平。通过测力货车上的自动报告系统,每日自动报告轨道状态。数据被轨道养护工作人员用来识别不良的钢轨和轨道状态,作为轨道养护计划程序的重要部分。

IOC 测力货车(图 1.2.5),每隔 24～30h 提供一次关于轨道状况以及车辆运行的基本信息。通过大量数据分析及验证表明,车体加速度等参数与轨道状态关系密切,IOC 具备监控轨道伤损的能力,并可评价养护维修的效果。例如,侧架加速度受钢轨表面不平顺的影响比较大,如钢轨剥落、波形磨耗和绝缘接头等;车辆侧壁的加速度计能够及时发现钢轨的波形磨耗。

图 1.2.5　第一辆 IOC 测力货车

1.2.5　养护维修

　　国外重载铁路均采用预防性维修,而不是定期维修。采用预防性打磨、大机养护保持线路的良好状态,同时也对车辆进行维护,采用轨承式润滑器改善轮轨的相互作用,减少磨耗。总之,预防性维修就是要保证轮轴和轨道同时处于良好状态,改善轮轨接触。这样既可以保证重载运输的安全和效率,又可以延长轮轨的使用寿命。钢轨使用寿命在直线上一般能达到 20 亿 t,曲线上也能达到 12 亿 t 左右。利用大型养路机械对线路进行高效率、高质量的维修作业是重载铁路发展的必然趋势[7~11]。

　　重载线路的养护维修是保证重载列车安全运行的基础,开行重载列车的国家是以大型养路机械保证重载线路达到技术标准,并配备了多元化、专业化的大型养路机械。各种大型养路机械采用全新的技术与工艺,效率和性能更高,包括捣固车、道砟清筛车、线路稳定车、边坡整形车、道岔捣固车、线路大修列车等。普拉塞公司最新型的 09-3X 型连续走行式三枕捣固车集连续捣固、轨道稳定、道床整形三种功能为一体,作业速度为 2200m/h,比双枕捣固车效率提高 47%。RM900 型道砟清筛车具有 1000m³/h 的道砟处理能力,比 RM80 型效率提高 54%,1 年可铺砟 35 万 m³、60 万 t。

　　预防性钢轨打磨技术已成为线路养护技术的重要组成部分。对钢轨进行打磨不仅能够及时消除重载列车所产生的波浪形磨耗,而且能使钢轨头部恢复到原来设计的形状。为了分析钢轨断面变化在轨头产生或诱发的高接触应力,美国运输技术中心研发了 WRTOL 软件,根据轨头形状进行计算分析,发现存在着 3 个高应力区域,而据此可以制订钢轨打磨的计划。而且 CSXT 铁路 2002 年的试验研究表明,使用预防性打磨相对修理性打磨,钢轨年伤损率可降低 65%。澳大利亚采用了预防性钢轨打磨技术,半径小于 450m 的曲线区段,每通过 8MGT 总重打磨一次,半径大于 4000m 的直线区段,每通过 30MGT 总重打磨一次,打磨支出费用是每公里 10000 澳元,而钢轨寿命延长 50%~58%。巴西 MRS 采用了预防性循环打磨技术,在 1674km 的线路上,节油 3%,钢轨寿命延长 1 倍,断轨率降低 45%。南非对道岔采用定期预防性打磨,改善了道岔接触应力状态,打磨前接触应力为 3300MPa,打磨后为 2376MPa,打磨前横向力为 43.86kN,打磨后为 42.54kN。据加拿大铁路统计,采用钢轨打磨技术能延长曲线区段钢轨寿命 2.2 倍,在直线区段上能延长 3~4 倍。

美国铁路采用道旁润滑装置和机车润滑装置润滑轨顶。通过试验,道旁润滑装置每 1000 辆车喷油 0.35L,可使轮轨横向力下降 32%~38%;无润滑时,机车轮轨横向力为 90kN,车载润滑装置采用 1 个喷嘴润滑,轮轨横向力降至 60kN,采用 5 个喷嘴润滑,轮轨横向力降至 40kN。美国铁路运营实践表明,钢轨采用涂油润滑技术后,机车能量消耗减少 7.5%,最大可达 30%,并且使重载列车的货车和机车轮对磨削或更换数量分别减少 30% 和 50%,线路(特别是曲线区段)钢轨的使用年限延长 50%。

加拿大 QCM 铁路公司有 418.4km 线路是曲线,其开行的铁矿石重载列车经常在曲线区段发生脱轨事故,采用轨顶润滑的技术后,没有发生脱轨事故。加拿大 CP 铁路公司采用轨顶润滑装置 5 年,曲线区段钢轨磨耗下降 43%~58%,轮轨横向力降低 40%~45%,并节省燃油 1%~3%。

澳大利亚在重载运输线路都为设备修理提供了天窗,而且单个天窗时间比较长,即 3~5h,这样有利于施工、维护效率的提高;桥梁护轨安装与线路钢轨间距较大,在大型养路机械作业时不需要拆装护轨,方便线路的大机维修。墨尔本和昆士兰铁路管理人员都强调了越是繁忙运输的线路,越应给足给好修理天窗,所以澳大利亚铁路对万吨级以上的重载行车线采用大型养路机械作业。

1.2.6　重载轮轨技术

轮轨关系涉及机车车辆运行的安全性、经济性和环境控制问题,因此,重载轮轨关系从 20 世纪 70 年代以来一直是重载技术发展过程中的重要研究领域,并被认为是解决重载运输问题的技术关键。重视轮轨系统研究、对轮轨进行协调管理已成为国际重载运输的成功经验,尤以北美重载铁路、澳大利亚、南非等重载运输发达国家或组织所取得的研究成果最为显著,其主要特点是从轮轨接触关系入手,通过轮轨相互作用规律的细致研究,充分考虑决定轮轨系统性能的 4 个因素间相互关系,即摩擦管理、接触机理、物理冶金和车辆动力学,不断细微调整某个因素或所有 4 个因素,优化轮轨相互作用过程。例如,从车轮断面设计开始入手,通过对车轮断面进行改进,对曲线钢轨进行调整,并结合摩擦管理,从而改善轮轨性能[12~14]。

在重载轮轨技术研究方面的一个共同特点就是将车辆、车轮、钢轨和轨道作为一个大系统进行研究,针对需要解决的不同具体问题,优选最佳解决方案。国际重载铁路协会(International Heavy Haul Association, IHHA)于 2009 年出版了《国际重载铁路最佳应用指南——轮轨关系》,对重载轮轨关系的含义、涉及的技术领域、轮轨相互作用特征等进行了详细描述,并将世界各国在重载轮轨关系方面取得的研究成果和典型案例进行系统归纳、整理,特别强调重载轮轨问题解决方案没有一种是完全适合各种运输条件的,为实现某一特定目的,必须依据具体运输环境对各种可能技术方案进行比选。

比较而言,北美铁路协会(AAR)在战略研究计划中对重载轮轨关系的研究代表了重载轮轨技术发展方向,该战略研究计划主要研究通过采用新技术降低重载轮轨应力的途径来解决北美重载铁路增加轴重所带来的负面影响,其具体研究工作由 AAR 下属 TTCI 实施。TTCI 研究表明,采取以下措施可降低轮轨接触应力、改善重载轮轨接触关系。

1) 采用具有优良悬挂特性的转向架

2001 年,美国 TTCI 对 4 种在曲线轨道上通过控制轮轨横向作用力而降低轮轨接触应力的新型悬挂转向架样机进行了研究和评估。TTCI 在不同线路上对配装于货车上通过提高导向能力以降低车辆曲线通过轮轨横向力的 4 种转向架样机进行了试验。

2) 运用轨顶润滑技术

TTCI 对 CSX 运输公司配属的 10 台被试机车中的 5 台装有 TOR 润滑系统的机车运用状况进行了跟踪调查。2002 年初,在使用现有轨道润滑器的线路上,对作用于线路的轮轨力和摩擦力进行标定,以测试该供货商的润滑剂在 5 台被试机车上的使用效果。测试数据表明,装有 TOR 装置的机车可显著降低曲线通过时的轮轨横向力。此外,安装在伯灵顿北方圣菲铁路道旁的 TOR 系统在 FAST 试验线也成功地进行了试验,试验数据表明,适当设置道旁 TOR 润滑系统,车辆通过曲线的平均轮轨横向力可降低 20% 左右,性能很差的转向架的轮轨横向力降低了一半还多。TTCI 对 UP 铁路和加拿大铁路(CN)的 TOR 系统使用情况进行了跟踪,仅一试验段出现了轨面接触疲劳,线路试验没有出现列车操纵或车轮打滑方面的问题。

3) 改进钢轨外形维修方法

TTCI 的轮轨外形偏差分析软件(WRTOL)可对不同工况下的轮轨关系进行分析。分析表明,钢轨轨头断面形状误差可导致轮轨接触应力和轮轨横向力的增大。因此,必须对轨头外形偏差进行矫正。目前针对钢轨打磨开展的调查为WRTOL 提供了非常有价值的数据。该软件包含一系列测量所得的典型车轮外形数据库。当轨头断面轮廓测定后,软件将用不同外形的车轮依次与之配合,并计算轮对所有可能横移位置的轮轨接触应力。计算完成后,把计算出的轮轨接触应力最大值和许用接触应力(如轮轨临界滚动接触疲劳应力)相比较,以决定是否需要采取措施矫正轨头外形。此外,该软件还可计算出接触角和车轮滚动圆半径。研究表明,不适当的滚动圆半径差也将造成轮轨系统接触应力的增大。TTCI 的WRTOL 软件已被用于确定钢轨外形是否会导致钢轨滚动接触疲劳危险性的增加,已被用于判断打磨后的钢轨外形是否成功,并被用于解释因过大横向力导致钢轨侧倾从而导致车辆脱轨的现象。

4) 改进车轮外形维修方法

车轮磨耗凹陷将影响车辆导向性能,引起轨距扩大并恶化曲线内轨的受力状态。车轮磨耗凹陷或轮缘厚薄不均的车辆在磨耗的曲线钢轨上运行时,由于没有良好的轮轨配合,将引起很高的轮轨接触应力。此外,车轮踏面缺陷也对轨道结构带来很高的冲击载荷。测试和仿真计算结果都表明,磨耗凹陷车轮对曲线钢轨上车辆的导向产生不良影响。车轮的冲击载荷对混凝土轨枕的寿命有重要影响,较大的冲击将增加机车车辆和线路的维修工作量,增加列车运行阻力。1989~1993 年所进行的研究表明,利用车轮冲击载荷传感器测量车轮踏面伤损引起的冲击载荷变化,并据此剔除在用缺陷车轮是完全可行的。基于不同轮轨配合状态下的测量数据和理论分析成果,以及根据车轮冲击载荷传感器编制的数据库,针对剔除冲击载荷车轮的成本进行了详细的经济性分析。结果表明,经过经济指标优化后的剔除冲击载荷车轮的载荷门槛值为 386kN,静态轮重约为 15t。1993 年AAR 机械管理委员会规定,当车轮冲击载荷高于 446kN 时必须弃用。2001 年,该委员会又将冲击载荷门槛值降低为 402kN,并要求无论踏面存在何种缺陷,引起高冲击力都一律弃用。

5) 加强重载货车动力学性能监测

AAR 开发了 4 种不同的方案来构建道旁车辆运行监控系统,以确保列车运行的安全性并提高运输效率。第 1 种方案是开发道旁探测系统。在 AAR 的 SRI项目中,TTCI 对车轮外形状态监测系统的性能进行评估,为北美铁路装备该系统提供技术支持,该项目还包括新一代探测技术的开发,如道旁车轮裂纹探测器等。第 2 种方案是研制区别于现有产品和技术的新型探测系统,如道旁声学探测系统(TADS)等。第 3 种方案是建设铁路综合信息服务系统(InteRRIS),该系统实时监测车辆运行状态,并将分散监测系统的检测数据利用互联网进行通信,通过综合评判分析,来提高北美铁路运输的安全性和效率。第 4 种方案是与 FRA 签订技术合同,构建全国范围的探测网络,该项目始于 2002 年 9 月,项目建设初期包括 4 套车辆状态监测仪(TPD),分别安装在 4 条美国重载线路,TTCI 同步完成监测数据综合管理的数据库 InteRRIS 建设。同时,TTCI 安装了 3 套道旁声学探测系统(TADS)用于货车滚动轴承缺陷探测,其中一套安装在澳大利亚铁路上,另外 2 套安装在南非铁路上。此外,4 套车轮外形状态探测系统(WPM)用于自动识别出磨耗凹陷车轮、轮缘特薄和轮缘特厚的车轮,来控制车辆在特定线路上运行或通过曲线时内轨的轮轨接触应力。

6) 开发运用基于车辆运行状态的轨道几何形位检测系统

研发基于车辆运行状态的轨道几何形位检测仪的目的是能够利用轨检车测量的几何形位数据,及时预测车辆在该特定线路状态和运行速度下的动力学性能。TTCI 已掌握了该项技术,运用实践表明,该系统具有较好的应用前景。TTCI 开发的这套实时检测方法成功应用神经网络技术,预测多种货车在已知轨道几何形位状态下的响应。该神经网络技术以大量的车辆线路试验结果和轨道几何测试结果为基础,已被证明可以很好地处理轨道几何状态与车辆动力学响应之间的关系。基于车辆运行状态的轨道几何形位检测系统已用来改进现有的轨道几何形位测量装置,并被用于开发基于轨道几何状态测试数据的车辆动力学响应预测。该系统对轨道几何形位状态的预测是建立在铁道车辆与轨道相互作用的基础上的,有别于 FRA 仅从轨道几何方面制订的相应标准。因此,运用该系统进一步降低了铁道车辆与轨道的动力作用,优化了维修工作的顺序。

7) 改善车辆的维修

TTCI 在对 4 辆货车线路试验结果和 10 辆货车仿真结果深入分析基础上,研究提出大行程常接触旁承(大行程 CCSB)可改善车辆的综合性能,即曲线通过性能、垂向载荷均载性和高速运行稳定性。TTCI 代表 EEC 和 AAR 机械研究委员会组织了一系列旨在降低北美铁路轮轨接触应力的试验。试验结果表明,装有大行程常接触旁承的每种车辆,其动力学性能测试项目中至少有一项或几项指标得到改善。和预期的一样,大行程 CCSB 可显著改善车辆的高速运行稳定性,将车辆的临界速度提高 24～32km/h,同样,车辆的抗侧滚能力也得到了明显的改善。大多数工况下,使用大行程 CCSB 的车辆和使用其他形式 CCSB 的车辆相比,重车工况下通过曲线时车轮的动态载荷仅在静态载荷的基础上变化 10%,但车辆的侧滚角略有增加。TTCI 进行前述试验的另一目的是评价使用 CCSB 的车辆曲线通过时对车体回转阻力的影响。在 CCSB 安装和维修都正确的情况下,其对车辆产生的附加回转阻力可降到最小,误用 CCSB 或检修不及时,可能造成车体回转阻力的增加,但使用大行程 CCSB,回转阻力增加值可控制在最低水平。

　　总体而言,TTCI 为减小北美铁路接触应力和轮轨相互作用力而采取的几项措施,至少有 4 种降低轮轨接触应力状态的基本方法:降低稳态轮轨横向力、降低轮轨垂向力、降低轮轨接触应力、降低车辆动力作用。以上任何一种或几种方法均可减小轮轨接触斑的能量输入,减轻轨道系统的磨耗。当然,不同技术方案的经济性将决定其在重载线路上降低轮轨接触应力中的应用前景。

　　目前,TTCI 在轮轨相互作用方面主要开发了轮/轨接触自动检测系统(WRCI)、轮/轨接触面管理模块(WRIM)、新的车轮踏面形状、钢轨的打磨形状及打磨原则、新的道床尖轨型面。轮/轨接触面管理模块如图 1.2.6 所示。

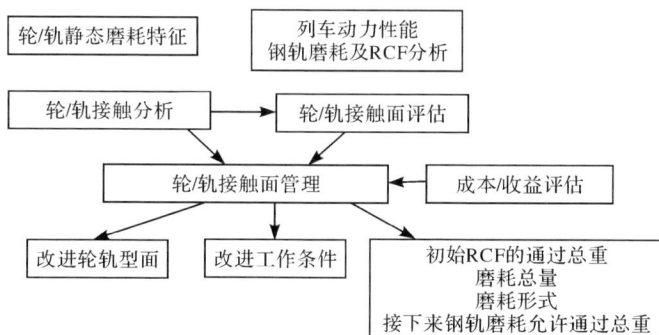

图 1.2.6　轮/轨接触面管理模块(WRIM)

参 考 文 献

[1] 中国铁道科学研究院.世界铁路技术水平与发展趋势研究研究报告.北京,1999:1—12.

[2] 钱立新.国际铁路重载运输发展概况.铁路运输与经济,2002,24(12):55—56.

[3] 钱立新.国际铁路重载技术发展水平.铁路运输与经济,2003,25(8):58—59.

[4] 钱立新.世界铁路重载运输技术.中国铁路,2007,(6):49—53.

[5] 中国铁道科学研究院.澳大利亚重载铁路工务技术考察报告.北京,2005:1—10.

[6] 中国铁道科学研究院.发展 25 吨轴重货车研究项目——赴加拿大考察报告.北京,1996:1—8.

[7] Marich S. Some facts and myths about rail grinding—the Australian experience//The 8th International Heavy Haul Conference. Rio de Janeiro,2005:1—3.

[8] Marich S,Mackie S,Hill I. The management of wheel/rail interaction in the high axle load coal lines of the Hunter Valley//The 7th International Heavy Haul Conference. Brisbane,2001:429—436.

[9] Ebersohn W,Trosino M,Magel E,et al. Managing wheel/rail performance on Amtrack's northeast corridor. AREMA,2002:1131—1145.

[10] Roney M. Common elements of successful heavy haul railways:a worldwide perspective//

The 8th International Heavy Haul Conference. Rio de Janeiro, 2005：14—16.

[11] Donnelly R, Stevens A, Lynch M. Wayside monitoring to drive vehicle maintenance//The 8th International Heavy Haul Conference. Rio de Janeiro, 2005：511—518.

[12] Darby M, Alvarez E, McLeod J, et al. Track condition monitoring：the next generation//The 8th International Heavy Haul Conference. Rio de Janeiro, 2005：1.

[13] Irani F D, Anderson G B, Urban C L. Development and deployment of advanced wayside condition monitoring systems. Foreign Rolling Stock, 2002, 39(2)：39—45.

[14] English G W, Moynihan T W. Realizing performance-based track geometry standards//The 8th International Heavy Haul Conference. Rio de Janeiro, 2005：539—546.

第2章　神华铁路30t轴重重载运输技术体系

2.1　神华重载铁路网

神华集团有限责任公司(简称神华集团公司)起源于1985年开发建设的神华工程,是1995年10月经国务院批准设立的国有独资公司,是以煤炭为基础,集煤矿、电力、铁路、港口、航运、煤制油煤化工一体化发展、产运销一条龙经营,跨地区、跨行业、多元化经营的综合能源企业集团,在国家能源产业和国民经济中占有重要地位。

神华集团作为我国最大的煤炭企业,其煤源主要集中在三西地区(山西、陕西和内蒙古西部),而消费市场主要是华东、华南等电力企业,因此,煤炭的外运在集团中的地位至关重要。神华运输板块包括铁路、港口、航运三大行业,其中铁路主要承担矿区煤炭至港口运输任务,在神华集团"一体化"产业格局中占据着十分重要的战略地位,是神华自产煤炭运输的经济命脉,是集团一体化竞争优势的核心环节。

神华重载铁路肩负着三西地区煤炭外运的重要任务[1],主要以外运神华自产煤为主,神华铁路网主要有包神铁路192km、神朔铁路270km、朔黄铁路662km、大准铁路306km、甘泉铁路335km,截至2013年,营业里程共计1765km,其中,朔黄铁路除大秦线外,是我国西煤东运的第二大通道,神华铁路集疏系统示意图如图2.1.1所示。在线运用机车628台,拥有铁路货车41305辆,大型养路机械80台。神华重载铁路运量自2008年2.35亿t增加到2012年3.4亿t,保持了每年8%的稳定增长,连续五年实现2000万t增长。

神华铁路网始建于"八五"时期,当时的铁路成为制约国民经济发展的"瓶颈",国家为了吸引更多的社会性投资,加快铁路发展,开始出台政策鼓励企业和地方出资修建合资铁路。正是在这一背景下,神华集团为解决神东煤田煤炭外运问题,于1986年开始与铁道部、地方政府合资兴建包神铁路,拉开了神华铁路发展的序幕。随着神府东胜矿区开发规模的扩大,1988年开始修建神朔铁路,达到了利用北同蒲、大秦线的富余能力,将神府东胜地区煤炭部分外运的目的。但随着煤炭产量急剧扩大,神华集团开始新建由神朔—朔黄构成的西煤东运的新通道。截至2004年年底,神华集团投入运营的有包神、神朔、朔黄和大准4条铁路线,线路总长度为1293km。神华集团的路港发展不仅有力地支持了神府东胜煤

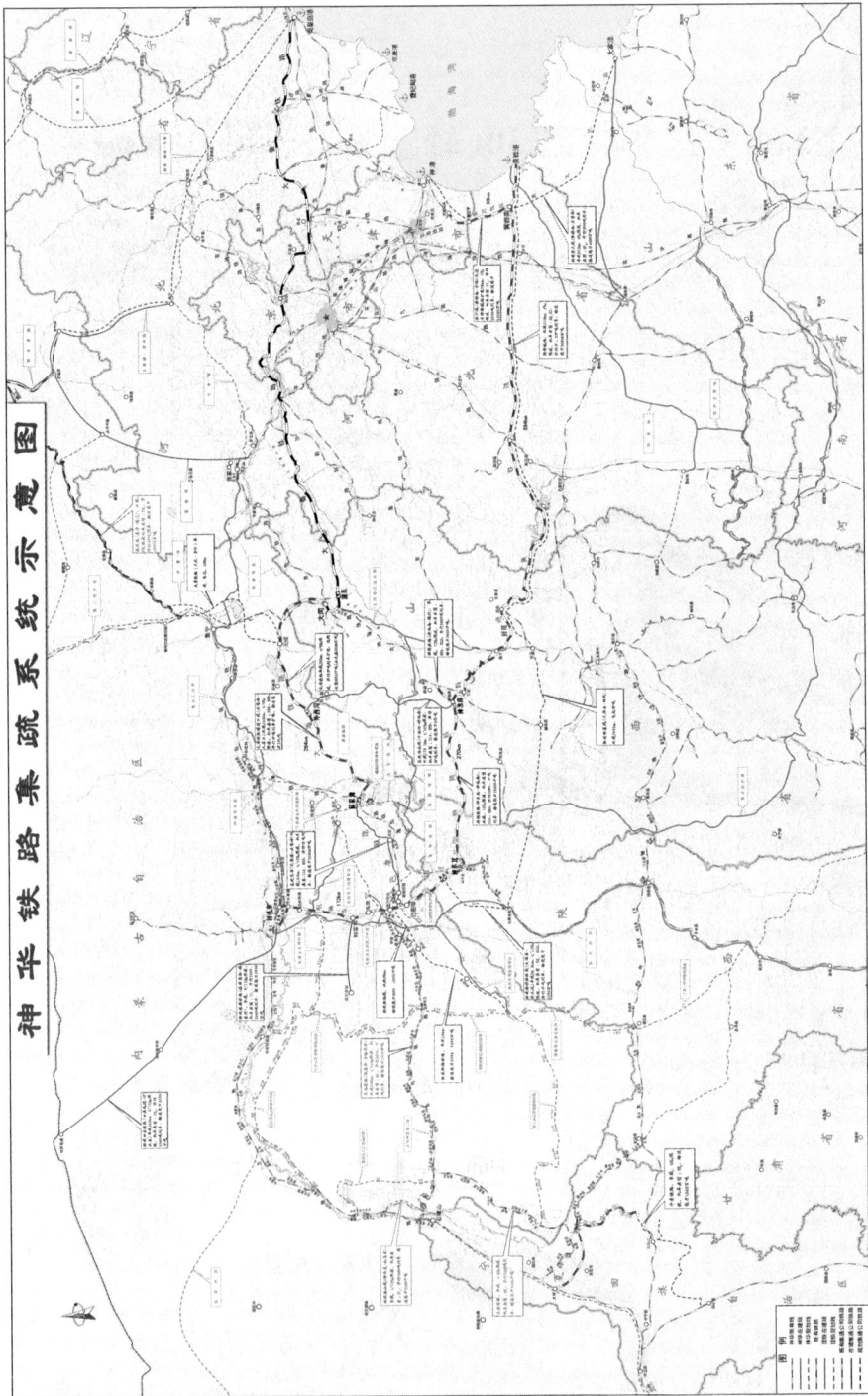

图 2.1.1　神华铁路集疏系统示意图(见彩图 2.1.1)

田的开发和煤炭外运,而且在促进地区的物资流通和经济发展方面也发挥了重要的作用。

　　神华铁路网在"十一五"期间取得跨越式发展。在国家正式实施《中长期铁路网规划》、铁路建设大规模展开的重要战略机遇下,神华集团按照公司《"十一五"规划和 2020 年远景目标》的部署,积极推进"北上南下"战略,2006 年 10 月打通北与天津万家码头的联络线(黄万线),2010 年 8 月完成南与山东大家洼的运输通道设计(黄大线)并开始兴建,推动形成以朔黄线为东西干线,黄万、黄大线南北纵贯环渤海经济区,"一路连多港"的"鱼刺形"铁路布局。完善环渤海地区出海口的布局和与大通道联络线的修建,规划和建设西部煤炭生产基地的铁路集疏运系统。此外,随着"西煤东运"和"北煤南运"的形势变化,从 2005 年开始,对朔黄线实施扩能技术改造,使其通过能力由 6800 万 t 提高到 1.7 亿 t;2008 年又启动第二轮 3.5 亿 t 以上扩能改造,工程建设 2009 年 9 月正式开始。2010 年 12 月,为进一步解决朔黄铁路东、西段能力不匹配的问题,神华铁路又新建大准至朔黄铁路联络线(准池铁路),年设计运输能力 2 亿 t,成为朔黄铁路上游第二条煤源集运通路,该项目的建成将有效增强煤炭运输的机动灵活性,有助于充分发挥朔黄铁路扩能改造后的运能。

　　2011 年,根据神华集团"十二五"规划,神华铁路加快了包神、神朔、朔黄"西煤东运"这一主通道的扩能建设。铁路建成投运后,控制段神朔铁路运输能力达到 2.2 亿 t。同时陆续新建了榆神矿区专用线、新海铁路、塔韩铁路、榆神联络线、黄大铁路、宽沟铁路、巴准铁路和甘泉铁路。规划到"十二五"末,神华集团铁路运营里程达到 3380km,新增 1738km,基本形成西到银川,北到蒙古国,东到黄骅港、天津港、山东东营、龙口港,并连接大秦线、集通线的自有铁路网,初步形成以煤运通道为骨干,集疏运系统相配套的煤运重载铁路网络架构。开行万吨和 2 万 t 以上的重载列车,保证神华多个亿吨级煤炭基地的投产使用。到"十二五"末,经过充分扩能改造后,神朔铁路运输能力提升至 2.2 亿 t;朔黄铁路运输能力达到 3.5 亿 t 以上;大准铁路复线改造后运输能力达到 2 亿 t 以上,神华重载铁路网运营线路和在建线路汇总见表 2.1.1。

表 2.1.1　神华重载铁路网运营线路和在建线路汇总

	线路名称	长度/km	线别	牵引类型	闭塞类型	运能
营业里程 1369 km	包神铁路	172	部分双线	电气化	半自动闭塞	—
	神朔铁路	271	双线	电气化	自动闭塞	—
	朔黄铁路	594	双线	电气化	自动闭塞	—
	黄万铁路	68	单线	内燃牵引	半自动闭塞	—
	大准铁路	264	单线	电气化	半自动闭塞	—

续表

线路名称		长度/km	线别	牵引类型	闭塞类型	运能
在建里程 870 km	准池铁路	179	Ⅰ级双线	电气化	—	近期1亿t,远期2亿t
	甘泉铁路	345	Ⅰ级单线	电气化	—	近期0.3亿t,远期0.5亿t
	黄大铁路	212	Ⅰ级单线（预留复线）	内燃牵引（预留电化）	—	—
	巴准铁路	134	Ⅰ级双线	电气化	—	近期2.5亿t

2.2 提高运量的技术途径及经济比较

铁路运输能力主要取决于单位时间内通过列车的列数及每次列车所能载运货物吨数,即列车的密度与列车的重量,而列车速度又是影响单位时间内通过列车对数的主要因素,所以,列车重量、速度、密度是体现运输质量、构成运输能力的主要因素[2]。

较高的运输速度可以缩短货物送达时间,满足运输时效性要求,而较大的行车密度可提高货物运量,满足铁路货运量的需求。但重载运输线路由于自身的线路条件、对相邻线路运量需求、社会总体运输能力的平衡等因素,需对运量进行合理的限定,并确定相应情况下列车速度与密度的合理搭配。行车密度随行车速度的提高而不断增大,但增大的速度逐渐趋缓,超过某一临界点,继续提高列车运行速度对通过能力的影响已不大,或已达不到因提高速度而能提高的行车量的预想值。由于重载列车牵引重量大,其运行速度通常不可能很高,所以对于重载运输线路,其列车开行数量随速度的增长率是较为有限的。但由于社会对运输质量的要求,其运输速度不可能很低,当列车运行速度达到一定的水平后,应考虑调整其他相关因素。此外,在机车轮周功率一定的情况下,列车的重量与运行速度为反比关系。随着速度的提高,列车牵引重量逐渐下降,但下降的趋势趋于平缓。由于重载列车牵引重量通常较大时,不可因为其重量大而认为需尽量降低其运行速度,或因社会需求的时效性和多样性而尽可能降低重量来提高列车运行速度,因此应考虑给出合理范围,在此范围内合理调整列车速度和重量及牵引方式。

从运输能力需求来看,随着神华集团各煤炭基地建设步伐的加快和矿区开采规模的扩大,"十二五"期间已建成多个亿吨级煤炭基地,同时将建成配套的疏运港口,而神华铁路骨干网络的输送能力已不能适应神华集团快速发展的需求,通过多种技术途径扩大神华铁路运输能力十分紧迫。神华集团根据国内外重载铁路运输的发展现状和我国国民经济快速发展对重载铁路运输的需求,经过近两年广泛调研、咨询和论证,提出了神华铁路主通道——朔黄铁路年运输能力需达到 4

亿 t 以上。

从通过运输能力技术途径上来看,提高重载铁路运输能力可采用增建新线、增加列车行车密度、提高牵引重量和加大轴重等主要技术措施来实现。

增建新线,一方面投资大、建设周期长、见效慢,另一方面占用大量土地资源、破坏环境、征地难度大;而既有铁路扩能改造,可在对既有线基础设施强化改造基础上实现,总体投资规模小,建成投产速度快。显然,增建新线不是扩能的主要发展方向。

再看增加行车密度。行车密度主要由追踪列车间隔时间和必要的空费时间决定,再加上设备临时故障和列车运行出现的随机干扰等原因,也会影响区段的行车密度。按照朔黄铁路目前 1 万 t 重载列车最小追踪间隔时间 12min 计算,考虑 240min 的综合维修天窗时间,理论上通过能力可达到 100 对,即使全部按 C80 计,年最大输送能力也不超过 3 亿 t,不满足 4 亿 t 以上扩能的要求。因此,单纯依靠增加行车密度,运输能力提高有限,难以实现线路扩能目标,同时,行车密度的增加、间隔时间缩短,加大了调度指挥和行车作业工作量,始发终到站作业量都要相应增加,相应增加了行车人员的作业频次,职工劳动强度增大,不利于行车安全。需要指出的是,提高列车运行速度对缩短追踪间隔时间的影响不大。经过检算,朔黄铁路追踪列车间隔时间主要受出发和到达追踪间隔时间的限制。列车在区间运行速度再高,到了停车站都要提前将速度减到道岔侧向允许速度(45km/h)范围内(一般是在进站信号机前将速度降到道岔侧向允许速度以下);列车出站时,在列车尾部没有越过最外方道岔前,都必须按道岔侧向允许速度运行。由于停车列车进出站都必须限速运行,所以重载列车提速与否,对进出站出发和到达追踪间隔时间的影响不大。

不难看出,单纯依靠增加行车密度,提高运输能力有限,因此,提高列车重量就成为必然选择。根据国外实践经验,采取增加车辆轴重,提高牵引重量,大量开行 2 万 t 及以上重载列车,可使既有线路运能在较短时间内获得大幅度提升。为此,参考国外先进经验,朔黄铁路首先考虑将列车重量提高到 2 万 t,同时考虑目前维修天窗类型,按 V 形天窗占用运行图时间 260min、垂直型天窗占用运行图时间 341min 计,每周一个垂直型天窗,其他时间开设 V 形天窗,则开设 V 形天窗时的通过能力为 98 对,开设垂直型天窗时的通过能力为 95 对。考虑开设垂直型天窗时,造成一定程度的不均衡运输,往往会波及其他时间,平行运行图平均每天的通过能力为 96 对。按预留 10% 的运行线供运行调整,在保证运营维修天窗的前提下,朔黄铁路线路能力可满足 84 对行车量需要。若全部按 C80 编组的 2 万 t 列车计算,朔黄铁路年输送能力可达到 4 亿 t 以上。由此可见,提高牵引重量,大量开行 2 万 t 及以上重载列车,可使朔黄铁路运能在较短时间内获得大幅度提升。

综上所述,从列车重量、密度、速度三者关系来说,为实现朔黄铁路重载扩能,采取提高列车重量,以规模开行 2 万 t 和 1 万 t 重载列车为主,辅以压缩追踪列车间隔时间的技术途径,可实现朔黄铁路 4 亿 t 扩能目标。

提高列车重量,可通过增加货车编组数量、提高货车轴重两方面来考虑。增加货车编组数量,必然增加重载列车长度,从而导致大量站场改造,需将到发线有效长度延长到 2800m;同时,长大编组重载列车对分散牵引的动力控制要求极高,这也就对无线同步控制的传输通道、通信距离提出更高要求。考虑到朔黄铁路在西部主要以山区线路特征为主,相当比例的站场受地理环境限制改造难度极大,其次,山区无线通信场强受弯道、隧道群、路堑等地形遮挡,衰减较大,需采取升高天线、采取低损耗馈线和高增益天线、漏泄电缆加射频直放中继设备,同时大量增设区间中继电台、区间遥控台、光纤直放站等设备。因此,结合朔黄铁路实际情况,除适当考虑部分站场到发线延长改造,提高无线场强全覆盖、消除弱场强区和盲区外,应进一步考虑通过提高货车轴重方式增加列车重量。

从国外发展重载运输的实践来看,大轴重重载运输具有很好的经济性,一方面其运能大、效率高、运输成本低,另一方面大轴重、高牵引重量重载运输可显著提高机车车辆运转效率,减少机车车辆数量,同时降低牵引能耗,降低机车车辆维护费用和设备占用时间等,实现绿色运输。所以,大轴重重载运输已成为大宗货物最为经济有效的运输方式,国外重载运输货车轴重大多集中在 28～32.5t,最大达 40t。而神华铁路目前主要开行 23～25t 轴重、牵引重量 6000 万 t 和部分万吨重载列车,显然增大货车轴重、规模化开行 2 万 t 重载列车是扩大神华铁路运输能力的最佳途径。

此外,从经济角度来看,开行 2 个 1 万 t 列车在运行图上需要占用 2 条运行线,所有的技术作业过程都要做 2 遍,用 1 个 2 万 t 列车代替,在运行图上只占用 1 条运行线,大部分技术作业时间可以得到节省,有利于提高作业效率,降低运营成本。所以从技术经济角度,朔黄铁路扩能优先选择提高列车重量,规模开行 2 万 t 重载列车,实现年运量 4 亿 t 是可行的。

2.3　发展 30t 轴重重载运输的关键技术

经过全方位技术比选,结合神华铁路实际情况,神华铁路决定通过既有路网扩能改造来实现运能提升,扩能主要技术途径是自主研发 30t 轴重重载运输成套技术和装备,目标是以神华铁路主通道——朔黄铁路为创新平台,实现朔黄铁路规模化开行 2 万 t 重载列车、年运量到达 4 亿 t 及以上的生产目标[3~9]。

鉴于我国既有重载运输技术体系建立在 25t 轴重基础上,30t 及以上大轴重重载运输技术尚属空白,技术难度大、涉及面广,且国内也没有成熟的大轴重研究与试验经验,相关技术开发及引进消化尚需一定过程,为此,神华铁路立足自主创新和原始创新,在全面梳理国内外重载运输技术基础上,充分利用已有重载技术研究成果,立志攻克轴重 30t 及以上重载铁路运输发展的关键技术、研制轴重 30t 以上煤炭运输重载铁路核心装备,建立具有我国自主知识产权的既有重载铁路 30t 及以上轴重条件下成套技术体系,使朔黄重载铁路具备开行 30t 及以上轴重重载列车、年运量翻一番达到 4 亿 t 以上的条件。并在以下方面开展攻关:研制载重 100t 级重载货车、大功率重载交流传动电力机车;研发重载列车智能化运行状态监测装备,提出状态评估与预警体系;研发新型宽带移动通信技术装备,提出相关技术标准;研发重载列车动力分布无线重联控制与列车智能化协同操控的融合技术、重载铁路列车智能化操控安全防护与辅助自动控制技术;研发重载铁路运输调度优化系统,提出整体解决方案;研发 30t 及以上轴重条件下既有重载铁路基础设施强化关键技术,形成具有我国自主知识产权的既有重载铁路大轴重条件下强化改造技术体系;依托我国西煤东运的第二大通道朔黄铁路进行示范应用,使基础设施具备开行大轴重(载重 100t 级)、牵引重量不低于 2 万 t 的重载列车,达到年运量 4 亿 t 以上的条件;整体提升我国重载铁路建设和运营技术,达到国际领先水平。

为实现上述目标,神华铁路依托朔黄铁路扩能改造工程,通过全方位技术梳理,确定了重点突破的关键技术。

(1)载重 100t 级重载货车:高纵向承载能力和高可靠性的铸造牵引梁与型钢组焊中梁技术;集成(单元)制动及电控空气制动技术;重载车钩缓冲装置,包括 E+级钢 17 型车钩,17 型锻造钩尾框,与 16、17 型车钩互换的 RFC 型牵引杆装置、HM-1 型缓冲器;具有"低动力、准径向、无焊接、无磨耗"四大技术特点的交叉支撑转向架。

(2)大功率重载交流机车:新型牵引变流及控制系统平台集成技术,远程无线重联同步控制系统集成技术,微机网络控制技术,基于 DK-2 型制动机新型电空制动系统,电机轴控技术,高强度大容量钩缓技术,机车外形及车体结构强度优化设计、司机室操纵台功能性及美观性优化设计技术。

(3)重载列车运行状态监测:重载列车运行状态智能监测技术,包括各类传感器布局和算法分析技术,传感数据的重构、建模与预警技术,列车级的运行状态趋势分析和故障诊断专家系统构建;动力分布重联系统智能化决策技术,包括动力分布重联控制系统状态的智能化分析和反馈、制动系统故障点的精确判断、机车关键部件的实时监测和预警。

(4)重载铁路新型宽带移动通信系统:新型宽带移动通信技术与重载铁路列车控制、调度指挥等铁路运输专用业务的移植与融合技术;宽带无线技术平台选型、通信系统设计、网络功能构建、基础平台建设、业务功能实现技术。

(5)智能化协同操控系统:重载铁路动力分布无线重联控制系统与列车智能

化安全防护系统的协同融合技术；智能化协同操控安全防护技术、辅助自动控制技术；重载安全防护系统的车载设备控制技术，轨旁系统设备控制技术以及辅助自动控制的设计实现技术。

(6) 重载铁路调度优化系统：重载铁路运输系统实时优化技术；多个智能寻优模块协调工作技术；重载铁路调度优化性能仿真评估技术；基于闭环控制的运营调度方案与现场状态信息反馈调整技术；基于生产、运营调度与决策一体化技术。

(7) 基础设施状态检测与强化：30t 及以上轴重重载列车对轨道、桥涵和路基结构作用特征，既有桥涵结构承载能力精确评估技术和强化改造技术；30t 及以上轴重条件下少干扰行车的既有隧道检测技术、使用性能评估技术和加固技术；既有路基床状态关键参数的量化表征；既有重载铁路 30t 及以上轴重条件下轨道结构评估和强化技术；既有重载铁路 30t 及以上轴重条件下新型轨道结构研制。

经过长达四年的探索研究和试验，神华铁路在重载铁路基础设施强化与维护技术、载重 100t 级大轴重货车、大功率交流传动电力机车、重载列车同步操纵、第四代铁路移动通信技术(time division long term ecological，TD-LTE)、重载运输调度优化等方面取得重大技术突破，先后攻克了"高效率、大轴重、低自重、低动力、无焊接、轻磨耗"30t 轴重煤炭漏斗车、集"大功率、交流传动、异步牵引、网络控制、准径向"于一体的 9600kW 神华号电力机车、基于"TD-LTE、宽带、高速率、低延时、高可靠"的铁路新型移动宽带通信、列车智能化操控与辅助自动控制融合、调度集中与调度优化融合等重载移动装备、通信系统和运输组织关键技术，在国内首次系统开展了 30t 以上轴重重载实车综合试验，形成了既有线 30t 以上轴重条件下线路基础设施评估和强化改造关键技术。这些创新技术成果已成功应用于朔黄铁路扩能改造，使基础设施具备开行大轴重(载重 100t 级)、牵引重量不低于 2 万 t 的重载列车，达到年运量 4 亿 t 以上的条件，并在国际上首次实现了基于 TD-LTE、牵引重量 25200t 的重载列车开行。

2.4　30t 轴重重载运输技术体系

神华铁路 30t 轴重重载运输技术伴随着朔黄铁路扩能改造进行了全方位的系统自主创新和集成创新，通过 30t 轴重重载铁路新型运输装备的研制，网络化机车同步操纵控制和新一代基于 LTE-R(long term evolution-railway)新型宽带移动通信的技术攻关，线路基础设施的强化改造，牵引供电能力增强，运输组织方式不断改进，系统掌握了 30t 轴重、规模化开行万吨和 2 万 t 长大编组重载列车技术，形成了具有中国铁路特色的 30t 轴重重载运输技术体系[3~9]。

神华铁路 30t 轴重重载运输是一项庞大的系统工程，涉及机车车辆、工务工程、通信信号、运输组织及其系统集成等多方面内容，十分复杂。围绕朔黄铁路规模化开行 30t 轴重、2 万 t 级重载组合列车的目标,神华铁路提出了"系统规划、工程依托、同步实施、国际合作"的技术创新思路,以攻克关键技术为目标,系统开展科研、试验、技术改造和工程实践工作,在 30t 轴重重载货车技术、大功率交流传动电力机车技术、重载列车动力分散牵引同步操纵、新型移动宽带无线数据传输、牵引、制动技术、基础设施强化技术、牵引供电强化技术、重载运输组织技术、重载组合列车优化操纵、综合维修技术等方面进行了一系列技术创新,形成了神华铁路 30t 轴重重载运输成套技术体系。

神华铁路 30t 轴重重载技术体系主要包括:30t 轴重重载货车及主要配套关键部件技术、大功率机车系统集成技术、机车同步操纵控制技术、新型移动宽带通信技术、牵引供电、线路基础设施强化改造技术、重载列车智能化辅助操控技术、重载列车运行状态智能监控技术以及运输组织与调度优化技术等,如图 2.4.1 所示。

概括地讲,神华铁路 30t 轴重重载技术体系主要特点如下:

(1) 网络化无线同步操纵系统。机车同步操纵控制无线通信技术主要包括基于两个通信平台的无线数据传输技术:一是基于 LTE-R 数字移动通信系统平台,在世界上首次实现了网络化机车同步操纵命令无线传输,可实现列车编组内机车台数、主控和从控机车距离以及控制的列车对数不受限制;二是基于 800MHz+400kHz 无线通信系统平台,延长了传统无线数据传输的通信距离。网络化无线同步操纵系统成功应用于 2×10000t 重载组合列车,实现了列车编组内机车台数、主控和从控机车距离以及控制的列车对数不受限制。

(2) 研制采用神华号大功率交流传动电力机车。创新设计和系统集成了机车无线同步操纵技术、DK-2 制动技术、自动过分项技术、E 级钢车钩、大容量弹性胶泥缓冲器、自动过分相等装置的系统集成技术,满足了 2 万 t 重载列车在长大坡道牵引、电制动、空气循环制动和紧急制动需求。

(3) 研制采用 30t 轴重、载重 98t 的 KM98/KM98H 型铝合金底开门自卸式运煤货车。研制了 30t 轴重新型低动力转向架,同时研制采用 120-1 制动阀、中间牵引杆、E 级钢车钩和大容量弹性胶泥缓冲器等配套技术装备,使列车纵向冲击力减少了 35%。

(4) 采用可控列尾装置,可节省 1 台尾部机车,提高了制动效能,减少了列车纵向冲动。对机车、无线同步操纵系统装置、制动机的控制保护进行优化,大幅减少紧急/惩罚制动保护数量。

(5) 研制采用大容量牵引变压器、重载电气化铁路 150mm² 承力索、接触线及 16 种配套的接触网零件。

(6) 制订了桥涵改造活载标准,研发了重载铁路桥梁预张碳纤维板加固、主动调配恒载和分配活载的辅助钢梁加固、基于"速度锁定器"桥梁下部结构加固技

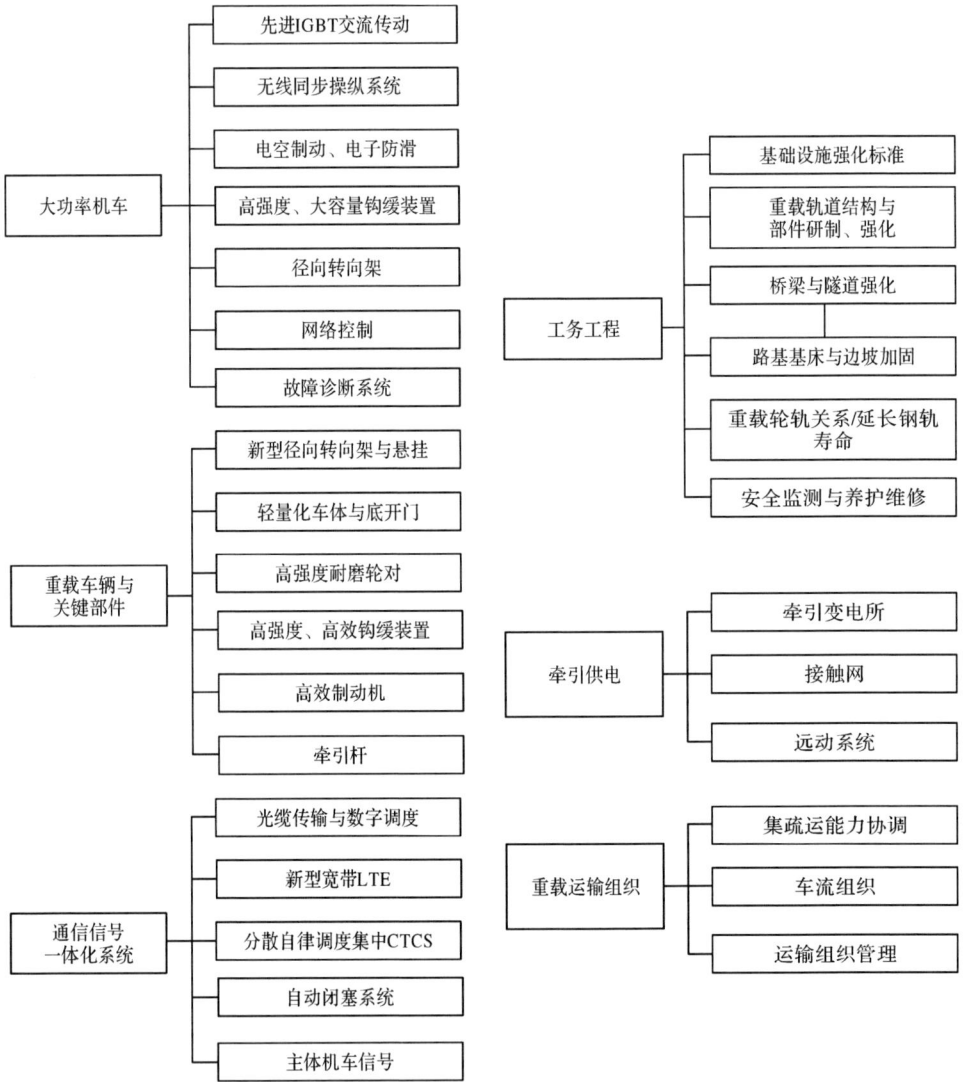

图 2.4.1　神华铁路 30t 轴重重载运输技术体系

术;基于移动加载、探地雷达与原位检测相结合的路基状态检测评估技术、路基
"加筋混凝土桩"加固技术;隧道结构无损检测与移动加载相结合的检测评估技
术、基底"树根桩＋注浆""高分子树脂锚注排水法""井点降水＋注浆法"加固技
术;长大坡道与小半径曲线轨道强化技术、钢轨移动闪光焊技术,研制新型 75kg/m
钢轨重载道岔、轨枕和配套扣件系统。

（7）对站场、牵引供电、信号设备进行了必要的技术改造,通信信号改造方面

重点建设了朔黄铁路 LTE-R 网络系统，开发了光缆传输及数字调度通信技术、主体机信号车载系统、分散自律调度集中系统以及 ZPW-2000A 自动闭塞系统等，确保运输安全，提高运输效率。牵引供电改造方面研究并改造了牵引变电所、接触网、远动系统等。站场改造方面主要是延长主要技术作业站到发线长度达到 2800m。

　　（8）研制采用 5T 车辆运行安全监控系统，利用红外测温、力学检测、声学诊断、图像检测等检测手段和信息化技术，对运行中的车辆进行动态检查，确保安全，提高运输效率。

　　（9）在运输组织方面，通过研究集疏运能力协调技术、车流组织技术及运输组织管理技术等，创新运输组织，实现了集、疏、运一体化，形成重载列车以 80km/h 运行、日均开行 100 对以上、日均运量 100 万 t 的运输组织模式。

参 考 文 献

[1] 国家发改委. 中长期铁路网规划（2008 年调整）（发改基础［2008］2901 号）. 北京，2008：5—15.

[2] 耿志修. 大秦重载铁路运输技术. 北京：中国铁道出版社，2009：32.

[3] 薛继连. 神华重载铁路技术创新与实践. 中国工程科学，2011，13(8)：43—49.

[4] 薛继连. 30t 轴重神华重载铁路核心装备与关键技术创新. 2013 年世界轨道交通年会. 北京，中国香港，2013：3—10.

[5] 张曙光. HXD1 型电力机车. 北京：中国铁道出版社，2009：27—30.

[6] 雷恩强，于跃斌，魏洪亮，等. 我国重载货车相关技术研究. 铁道车辆，2011，49(8)：21—23.

[7] 曹彦平. TD-LTE 技术构建朔黄铁路宽带移动通信系统可行性研究. 铁道通信信号，2014，50(4)：68—72.

[8] 郭其一，陈琳芝，黄世泽，等. 基于无线通信的重载列车同步控制技术研究. 同济大学学报：自然科学版，2013，41(2)：223—227.

[9] 朔黄铁路研发有限责任公司，中国铁道科学研究院，等. 30t 轴重神华重载铁路核心装备与关键技术研究报告. 北京，2013：5—8.

第3章　30t 轴重重载运输主要技术装备

3.1　重载机车技术

3.1.1　系统集成技术

神华号大功率交流传动电力机车(简称神华号机车)是为适应神华铁路重载运输需求,在南车株洲电力机车有限公司现有大功率交流传动电力机车平台的基础上,通过进一步优化机车性能而研制的。总体设计方案中对机车设备布置、电气系统、制动系统、控制系统、车体及转向架等各个系统进行了系统集成设计,并在设计时采用各部件的标准化及模块化,且对设计全周期进行 RAMS(reliability,availability,maintainability,safety)分析,确保设计的可维护性与可靠性。

神华号机车是高度系统化的技术集成装备,由总成技术、车体技术、转向架技术、牵引电气传动技术、网络控制技术以及空气制动技术等子系统组成,涵盖了机械工程、材料科学与工程、信息与通信工程、电气工程、电子科学及工程、控制科学与工程、计算机科学与工程以及交通运输工程等学科和领域。系统集成技术是电力机车的核心技术,直接关系着电力机车整体性能的优劣。

神华号机车的系统集成主要解决了电力机车在整个运用体系中的适应性、匹配性问题,提出了不同车型的总体技术条件,同时解决了电力机车总体及各子系统之间的协同、整合问题,此外还实现了各子系统自身系统集成。具体而言,在神华号机车研制中,主要涉及的系统集成技术包括以下几个方面:

(1) 综合考虑供电、牵引重量、线路条件、运输组织和环境条件,创建以大功率交流传动电力机车为核心的仿真数学模型,通过牵引计算、运行模拟仿真,确定了机车总体技术要求,如机车功率、牵引力、速度、轴式等。

(2) 构建了大功率交流传动电力机车的轮轨耦合模型,对轮轨关系和蠕滑机理进行系统研究,最大程度上利用轮轨黏着系数,发挥最大的牵引力,以适应重载需求(黏着系数提高到 15%~20%)。

(3) 建立弓网供电、牵引变压器、牵引变流器、牵引电机的系统动态数学模型,研究确定了牵引变流器、牵引电机、牵引变压器等系统和部件的主要技术参数和接口要求。在满足大功率要求条件下,实现了体积和重量最小化,协同最优。

(4) 创建重载大功率交流传动电力机车的动态受力仿真模型,对电力机车在列车级动态受力、纵向冲击和振动进行了全方位仿真计算,提出和确定了机车及各子系统的机械结构强度要求和基本参数。

(5) 创建大功率交流传动电力机车动力学仿真模型,对电力机车在运行过程中的动力学性能进行仿真分析,以提高和验证机车运行稳定性和可靠性。

(6) 基于人机交互、智能诊断、精准控制的设计理念,完成安全监控、牵引网络控制、智能化能量管理、多机远程同步控制、机车远程监测及诊断、机车状态实时监测、车载设备在线管控,实现了整车与各子系统之间的信息化控制,创建了大功率交流传动电力机车信息化平台。

通过系统集成技术,神华号机车实现了各系统之间的接口、协议、系统平台、应用软件等复杂界面耦合,攻克了系统最优匹配、最优利用、宽域适应性等关键技术难题。

此外,在神华号机车系统集成技术中还综合考虑和运用了以下技术:

1) 标准化、模块化、系列化

借鉴国外一些主要公司已建立的完整产品技术平台,如牵引变流器平台、牵引电机驱动系统平台、列车控制系统平台等,采用产品标准化、模块化、系列化设计,极大地缩短了研发周期,降低了研发费用,减少了用户备件数量,降低了产品的寿命周期成本,使产品技术标准化、模块化、通用化,以一种产品系列满足不同轨道车辆的不同牵引传动要求,不仅性能完全达到轨道牵引的全部要求,而且产品覆盖了所有功率等级和电压等级。

2) 节能降耗

通过提高机车的效率和功率因数,减少谐波含量,有效减少机车和电网上的能耗;提高再生制动的利用率和反馈电能的质量,降低能源消耗,减少闸瓦及轮轨的损耗;降低机车运行时的噪声,减小对环境的噪声污染;采用环境可降解的材料,实现运营过程的污染物零排放;加强机车电磁兼容性能,减小机车对环境的电磁干扰;通过机车司机操控环境工程学研究改善司机工作条件。

3) RAMS 技术

通过开展机车-列车-线路-接触网-气候环境等多系统耦合研究、RAMS[1]研究、系统及部件的初步危险分析、故障模式及效果分析以及故障树分析工作,降低机车及其部件故障率及平均修理时间(mean time to restoration,MTTR),全面提高机车运行中的安全性和可靠性。

可靠性分析技术:通过机车可靠性指标论证、可靠性建模与预计等方法,评估机车 RAMS 指标,提出供应商产品 RAMS 要求。通过可靠性验证、可靠性增长及FRACAS(故障报告、分析及纠正措施系统)管理,确保机车满足 RAMS 目标要求。

FMECA 分析技术:通过 FMECA(故障模式、影响及危害性分析)分析,从产品功能入手,寻找设计薄弱环节,提出改进措施,将产品潜在的故障和危险风险控制在可接受水平。

危险分析技术:通过 FMECA、故障树分析、事件树分析(ETA)等方法,进行机车危险分析,查找危险源,实施机车安全风险管理与评估,保证机车安全运行。

RCM 研究:建立以可靠性为中心的维修技术平台。通过以可靠性为中心的维修(RCM)研究,以最少的维修资源消耗保持机车固有可靠性水平和安全性,应用逻辑决断的方法确定产品预防性维修要求。

神华号机车主要技术参数:

海拔:不超过 2500m

环境温度(遮荫处):$-40 \sim +40$℃

电流制:单相 AC 25kV/50Hz

轴式:$2(B_0\text{-}B_0)$

轴重:25t

电传动方式:交-直-交

机车最高运营速度:120km/h

机车轮周牵引功率(持续制):9600kW

机车启动牵引力:760kN

机车持续牵引力:532kN

持续速度:65km/h

牵引恒功率速度范围:$65 \sim 120$km/h

电制动方式:再生制动

最大再生制动力:461kN

3.1.2　电传动技术

1. 变压器技术

(1) 铁心技术。变压器铁心的两柱、心柱采用整体包扎,铁心两旁设置钢夹板,心柱和钢板用玻璃纤维带绑扎,然后在干燥炉中进行硬化处理。全包扎铁心结构技术适用于大容量、小体积、轻量化的心式牵引变压器产品的设计要求。其技术特点为:采用整体心柱可控张力包扎;采用动态加热烘干固化技术,保证铁心整体性好,刚度大;可缩小变压器整体尺寸,减轻变压器重量,提高单位重量变压器容量;抗振动机械冲击性能好[2]。

(2) 线圈技术。线圈采用整体式结构设计和可控性张力一体化绕制技术,具有结构紧凑、线圈刚度大、稳定性好、整体尺寸小、质量轻、抗振动机械冲击性能好、简化线圈套装工序等优点。采用量化压紧力整形技术,保证线圈轴向尺寸及机械强度。

(3) 引线技术。引线连接主要采用纸包圆铜棒和圆铜绞线,引线制作主要采用冷压接工艺,执行 DIN46235 标准。

(4) 保护技术。为确保主变压器的安全运行,主变压器上装有压力释放阀、防爆玻璃和呼吸器等保护装置,同时,装有温度传感器、油流继电器和油位表等监视装置。

神华号机车牵引主变压器和谐振电抗器主要技术参数:

原边绕组额定容量:5280kV•A

额定电压:25kV

额定电流:211A

牵引绕组额定容量:4×1320kV•A

额定电压:4×970V

额定电流:4×1361A

短路阻抗:36%

短路损耗:119kW

谐振电抗器电感值:2×0.27mH

额定电流:1080A

最大电流:1200A

频率:100Hz

额定效率:97%

变压器重量(包括谐振电抗器):8230kg

其中油重量:1650kg

2. 牵引电机技术

(1) 异步牵引电动机电磁计算技术。电传动系统中电动机与逆变器必须很好匹配才能达到系统最优,逆变器需要有电动机的精确数学模型,电动机需要了解逆变器的控制,此外,产品出来后还需进行两者的综合试验,并需分析和判断试验结果,从而调整、优化两者的参数。为此,南车株洲电力机车有限公司在 30 多年对异步牵引电动机研究基础上,通过大量电传动系统综合试验结果分析,在国内率先开发出异步牵引电动机专用电磁计算程序,并不断调整、优化程序,可精确计算异步牵引电动机的参数和各项性能,实现异步牵引电动机与逆变器良好匹配、电传动系统最优化。

(2) 小型化、轻量化技术。大功率机车异步牵引电机采用无机壳结构,使电机质量更轻、功率更大、转速更高、可靠性更高。通过合理利用 V/f(变频电压)控制,优化电机内部磁场分布、电机绕组结构、通风冷却,通过优化铁心、线圈的设计,减小电机有效体积、重量,增加输出功率。通过这一系列小型化、轻量化技术的实施,实现了异步牵引电动机功率密度更高、体积更小、质量更轻的目的。

(3)200 级耐电晕绝缘技术。大功率异步牵引电机绝缘结构方面,主绝缘采用 200 级热弹性有机硅无溶剂 VPI 浸渍绝缘系统,与少胶云母带和高性能聚酰亚胺薄膜组合成电压等级为 1~3.3kV 的无气隙 200 级绝缘结构;定子绕组匝间绝缘采用抗高频脉冲能力优异的 kapton-FCR 薄膜并烧结,在减薄绕组匝间绝缘厚度、提高电机绕组槽部空间利用系数的前提下,能有效抵抗逆变器供电下高频脉冲电压的冲击。200 级耐电晕绝缘结构具有优异的长期耐高温性能、抗短时过载能力以及抗机械振动、冲击能力,并能有效提高异步牵引电机的出力系数,提高异步牵引电机绝缘结构的长期耐电晕寿命,从而提高异步牵引电机整体性能指标、提高绝缘系统运行可靠性。

(4)低振动设计技术。为有效控制并降低异步牵引电机振动,合理选择了定转子槽配合、电磁参数;采用有限元的方法对机座、端盖、转轴等关键承载零部件的强度、刚度、变形进行计算、分析、优化;合理控制零部件制造精度和装配质量;提高转子动平衡等级。

(5)高强度铜条鼠笼转子结构。开发并采用专用高强度铜合金导条、端环、护环与高强度高热膨胀系数合金护环,优化鼠笼转子铜导条端部结构,使鼠笼转子结构强度高,提高其可靠性。

(6)轴承结构。考虑到异步牵引电机轴承常常需承受高转速、高负荷、高温升(80K)、强振动等苛刻运行条件的特殊性,为此,针对性地设计了轴承结构,包括选择合适的轴承、设计正确的润滑系统和可靠的密封结构。根据传动方式,合理选择轴承类型(如尺寸较小的中、轻系列轴承)及其布置;为防止轴承电蚀,采用绝缘轴承以阻隔轴承电流;采用合理的润滑系统及密封结构,改善轴承的润滑性能和密封效果;选择轴承与轴和端盖合适的配合,以提高异步牵引电动机的运行可靠性。

(7)高强度铝合金端盖。为同时满足异步牵引电机质量轻、强度高的要求,开发并采用高强度、高延伸率的铝合金铸造端盖,经过大量试验研究,解决了铝合金配方和铸造工艺的问题。

(8)高强度转轴设计技术。为满足异步牵引电动机转轴传递的力矩大,承受的冲击、振动大,机械强度要求高等要求,采用优质合金钢,优化结构(特别是轴径变化、过渡台阶处),经优化的工艺锻造、热处理、机加工而成,转轴具有高机械强度以及抗疲劳、耐冲击性能好的特点,大大提高了异步牵引电动机的使用寿命和运行可靠性。

(9)高温高强度接线座设计技术。采用高耐热等级材料合成的接线座,具有结构紧凑、耐温性能好、机械强度好与绝缘性能突出等特点,便于减小异步牵引电动机占用空间和缩短制造周期。

(10) 高效率的风扇设计。采用优化设计的风扇结构,具有通风损耗小、噪声低的特点。

神华号机车牵引电机主要参数:

绝缘等级(一体化真空浸无溶剂漆):200 级

额定功率:1224kW

重量:2580kg

极数:4

温度传感器安装位置:电机定子铁心齿槽靠近线圈处

最高电压:1420V

额定转速:1720r/min

额定电流:598A

额定频率:58.1Hz

额定转矩:6798N·m

恒功率转速范围:1720～3452r/min

最大电流(启动时):814A

启动转矩:9717N·m

最高转速:3452r/min

超速试验(2min)(IEC 60349-2):4140r/min

额定效率(持续点):94.5%

工作频率范围:0～117Hz

冷却方式:强迫风冷

3. 牵引变流器技术

(1) 采用自主设计的网侧变流控制、电机控制、黏着利用控制等控制技术体系,更好地解决了大功率轨道牵引系统电网匹配性、动态响应、鲁棒性、轮轨黏着利用等世界级共性技术难题,满足大跨度应用需求。对于网侧变流器控制,提出了基于自适应参数镇定的功率因数闭环控制的四象限控制算法,实现快速网压变化适应性控制,整车等效干扰电流≤1.5A,功率因数≥0.98;电机控制采用直接转矩控制,基于滑模变结构、高性能定向控制理论的电机控制策略,不受定子和转子参数变化的影响,转矩响应时间最高能够达到 1.7ms,优于国内外同类型控制策略转矩响应时间(3～5ms)。黏着利用控制软件提出了基于模糊自寻优理论的黏着控制方法,解决复杂气候和路面工况下的空转/滑行问题,黏着利用率最高能够达到 0.39。

（2）自主设计的变流器功率模块平台，攻克了复合低感母排设计、IGBT 驱动及均流设计、高压隔离、状态检测与故障诊断、冷却散热、预布线设计等关键的设计及工程化技术。整流、逆变模块能够互换，更好地实现主要部件简统，有利于检修维护管理。

（3）自主设计的变流器产品平台，解决了电磁兼容、强度、散热、维护等复杂工程难题。针对有限使用空间、宽温湿度范围、持续振动冲击等工作环境条件，创建电磁兼容、高效冷却、轻量化高强度结构设计技术。功率密度达到 0.7kg/kW。

神华号机车牵引变流器（图 3.1.1）主要技术参数：

额定输入电压：970V/50Hz

最大输入电流：4×1640A

额定输入频率：50Hz

中间电压：DC 1800V

额定输出电压：3AC 1375V

额定输出电流：3AC 598A

最大输出电流：3AC 814A

控制电压：DC 110V

图 3.1.1　牵引变流器

3.1.3　网络控制技术

神华号机车采用分布式网络控制技术平台。针对八轴大功率交流传动电力机车牵引长大列车对列车控制及牵引传动控制的特殊要求，大跨度的恶劣运行环境、弓网关系和轮轨作用等非线性因素对电力机车控制系统的影响，基于国际先进的分布式微机网络控制理论、TCN 国际网络标准[3]，采用了模块式结构，便于安装维护，能够满足机车通信实时性、确定性等要求，采用 IEC 61131-3 标准图形化编程，构建了集通信管理、过程控制、逻辑控制、故障诊断和信息显示等为一体的车载网络系统。故障记录最大支持 8GB 容量,可通过以太网及 USB 下载,高于西门子同类型系统的 16MB 和阿尔斯通的 512MB 容量。

机车内部的各电子控制装置或系统,通过总线方式进行信息交换,重联机车之间采用通信网络实现本务机车与重联机车的信息传递,采用人性化智能人机界面显示,能够实时向车辆驾驶人员和维护人员提供本务机车及重联机车的综合信息、各设备的工作状态、故障信息的综合与处理及故障信息转储功能等,提高整车系统可用性,并便于检修维护。

对于固定重联机车,内、外重联均采用 WTB 列车总线,应用自适应组网理论及列车初运行技术,能够实现安全可靠的列车级通信控制、重联控制和动态编组等功能。

神华号机车网络控制系统(图 3.1.2)由符合 IEC 61375 标准的 TCN 产品组成[4],性能成熟、稳定可靠。采用微机控制系统,实现网络化、模块化,使机车控制系统具有控制、诊断、监测、传输、显示和存储功能。

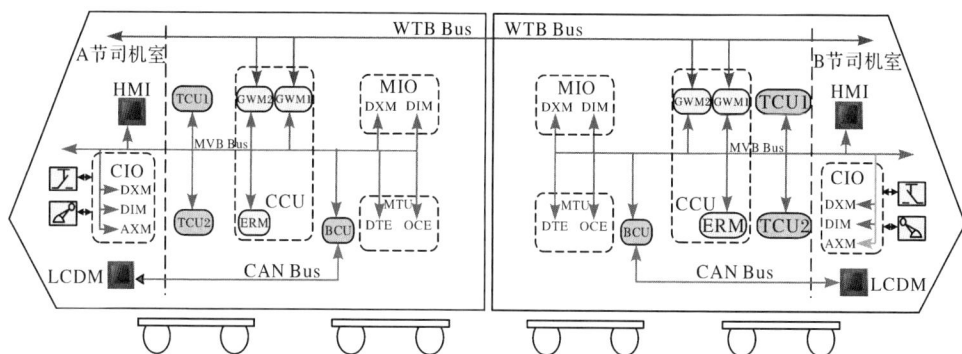

图 3.1.2　网络拓扑图

3.1.4　无线重联同步控制技术

1) 无线同步控制网络的通信控制策略

根据数字电台的发送/接收特性,结合组合列车同步控制需要,发明了一套列车级无线重联通信协议和无线路由管理机制,实现了在无需地面补强设备的情况下,进行多机无线重联。

基于空间波方式远程机车间无线路由中机车节点广播及接力转发交互环节的处理基本原理如图 3.1.3 所示。

2) 融合有线、无线网络的机车同步控制网络系统

以 TCN 网络技术为主,结合多种实时通信技术,发明了将有线控制网络融合远程机车电台通信、接触网感应载波以及 G 网通信的全新平台,如图 3.1.4 所示。

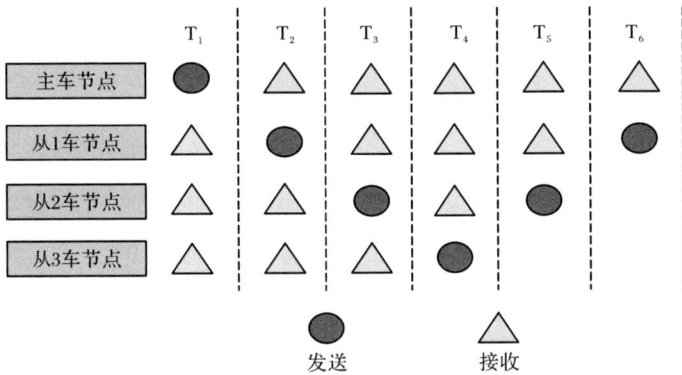

图 3.1.3　基于空间波方式传输原理

实现了列车控制系统中不同通信网络数据的可靠有效交换。

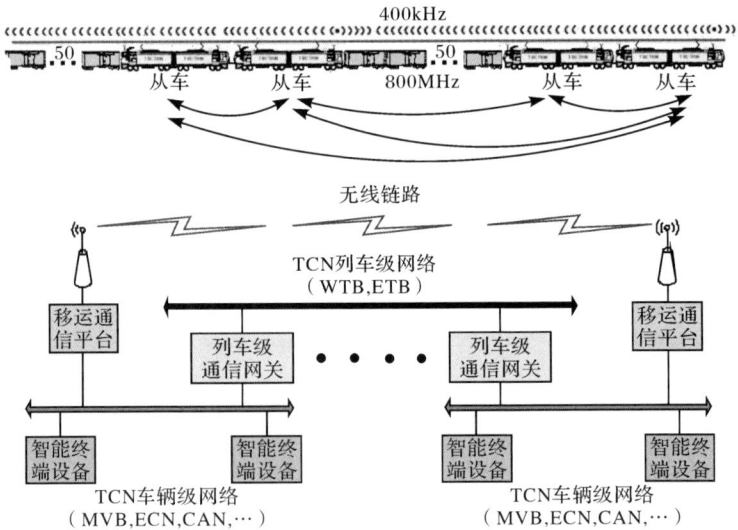

图 3.1.4　融合有线、无线网络的机车同步控制网络系统

3）减小重载列车车钩纵向冲击力的实时控制策略

运用长大组合列车纵向动力学算法模型,研发了一套无线重联同步牵引/制动特性控制措施,能有效减小单元组合重载列车车钩纵向冲击力,使得列车运行平稳。车钩受力比普通重载列车降低近 26%。

运用单元列车编组及动力分布同步控制技术,有效减小车钩受力和纵向冲击力,使全列车的车钩受力更均匀。

　4) 重载组合列车无线重联同步控制策略

　基于 Petri 网理论,提出无线同步控制数学模型(图 3.1.5),发明了一套重载组合列车无线重联同步控制策略及牵引/制动力分配技术,能够保证重联机车的同步性能,并实现无线重联机车的故障诊断和预警。列车的制动停车距离减小 30%,制动时间缩短 22%,列车管充/排风时间缩短 60%。大幅降低列车出现颠覆、脱线和断钩的风险。

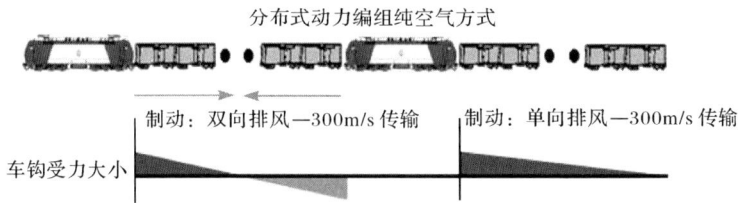

图 3.1.5　重载组合列车无线重联同步控制

3.1.5　车体及钩缓技术

1. 车体主要技术特点

(1) 采用整体式承载。底架采用贯通式中央纵梁的框架结构,并采用司机室三维曲面蒙皮成型方法及模具,使车体的制造与设计完全吻合。首次将模块设计应用到车体设计中,采用世界最先进的 EN 12663 标准,通过有限元对力流传递进行分析,对承载部件结构进行优化设计,对车体静强度、模态、车体疲劳强度、排障器强度、设备安装座强度、机车连挂速度等进行仿真分析计算,使得所设计车体能够承受 3000kN 纵向压缩载荷、2500kN 纵向拉伸载荷而不会产生永久变形。

(2) 采用防碰撞安全技术。基于冲击碰撞理论、弹(塑)性力学理论,提出了机车冲击碰撞时三级吸能技术,其结构由缓冲器、变形单元、冲击座能量吸收结构(螺栓安装)、车钩、钩尾框、从板等连接结构组成。当车钩压缩位移为 0~73mm 时,缓冲器为系统的能量吸收单元,缓冲器行程为 73mm 时,其吸能为 100kJ;当车钩发生纵向压缩位移为 73~102mm 时,缓冲器转换为刚体,变形元件发生塑性变形吸收能量;当车钩发生纵向压缩位移为 102~253mm 时,冲击座与变形元件同时发生塑性变形吸收能量。当三级吸能结构共同发生作用时,可吸收 665kJ 能量,而不损坏车体。

(3) 车体各部件主要由钢板和钢板压型件组成,其中司机室、底架、侧构、隔墙及后端墙等主要钢结构部件组焊成一个箱形壳体结构,顶盖设计成可拆卸的形式,以便于车内设备吊装。车体外形设计成大气的圆弧结构,并设置有车钩缓冲装置、排障器、连挂风挡、车体各室门和司机室侧窗等附属部件。

（4）车内采用中央走廊方式,走廊地板采用平整、具有防滑功能的多层复合地板,车内设备安装骨架主要采用导轨式安装结构,便于实现车内设备的模块化设计及安装。

（5）后墙与司机室组焊为一体,有效地控制了司机室变形及提高司机室整体刚度。

（6）车体钢结构设计的刚度能够满足车体整备状态最低弯曲自振频率大于10Hz 的要求;通过结构的强度计算分析及结构优化,使结构强度、变形、频率和疲劳强度及寿命等各项指标满足要求。

（7）车体焊接结构设计全部采用 EN 15085 标准进行设计,进一步细化焊接结构设计及设计图纸上的标注方法和技术要求,使车体焊接结构设计及质量控制水平达到国际先进企业水平。

（8）车体司机室下方装有排障器,排障器采用板式结构,结构强度设计能承受140kN 的静压力,排障器能进行上下调节,以保证其距轨面高度为(110+10)mm。车体前端结构设计能在不拆除排障器的情况下方便地更换车钩及缓冲器。

（9）两节机车车体连接处设有带自动闭门器的门以及连通两节车体间的连挂风挡。

2. 车体结构优化

传统机车底架结构中,底架地板搭于边梁之上,通过上下两条角焊缝焊接在一起,如图 3.1.6 所示。这种结构对整个底架的刚度有贡献,但对整个底架的强度及力流的传递贡献很小,同时,对在底架上平面的设备安装以及侧墙与底架的焊接不利。神华号机车底架地板与边梁高度一致,底架地板边缘上下两面开坡口,通过两条带钝边单边 V 形焊缝与边梁连接,如图 3.1.7 所示。这样,底架地板与底架框架形成一个完整的箱形结构,对整车力流的传递也十分有利;同时,底架上平面成为一个全范围的平面,对设备安装及侧墙组织非常便利。

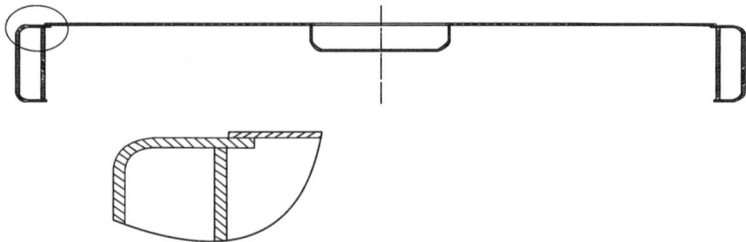

图 3.1.6 传统机车底架截面

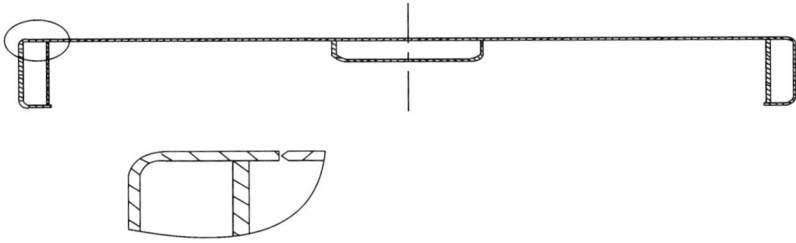

图 3.1.7 神华机车底架截面

在结构和接口不变的情况下,底架边梁高度增高 20mm,提高了边梁以及整个底架的强度和抗弯强度。

3. 钩缓系统改进

在机车设计及其应用过程中,考虑重载牵引及其组合列车运用模式做了大量调研和计算分析优化工作,针对钩缓选型进行反复比较。通过《重载电力机车钩缓特性及车体动态运行特性研究》科研项目攻关,在钩缓特性研究方面取得了突破性进展,主要包括以下方面:

(1) 机车的非线性临界速度大于 150km/h,动力学性能优良。

(2) 对于 ND 车钩/QKX-100 钩缓装置,承压时车钩力显示为非常平稳的增长;承压后车钩转角随时间推移逐渐增大,由于钩尾摩擦面的稳钩作用,偏转速度与幅值都非常小;承压时摩擦力矩并不大,这说明车钩的初始稳定作用十分重要。如果在车钩扰动初期就施加一个摩擦力矩,能起到很好的稳钩作用且需要的摩擦力矩并不大。钩尾摩擦面的稳钩能力可以大大减小由于车钩偏转所产生的轮轨横向附加力。

(3) 承压时,不同钩缓装置车钩力平稳程度由高至低依次为:ND 车钩、DFC-E100 车钩、102 车钩。承压时不同车钩偏转速度由大至小依次为:102 车钩、DFC-E100 车钩、ND 车钩。

(4) 机车装备 ND 型车钩和 QKX-100 型缓冲钩缓装置时具有非常强的稳钩能力,平直道上可承受 2500kN 以上的纵向压钩力。

(5) ND 车钩受压时车钩并不是不发生偏转,只是在承压初期车钩偏转角速度极小,但偏转角速度是一个加速过程,且大致呈指数增长。当承压超过一定时间后,车钩也会发生大角度的偏转,因此不会对曲线通过形成约束。

(6) 对于采用 ND 车钩的机车,平直道上承受纵向力时车钩转角非常小,车体及转向架的运动可认为主要在 XZ 平面。

(7) 采用 ND/QKX-100 钩缓装置的中间机车配备有摩擦稳钩作用的钩缓系统时的承压能力大于 2500kN。

3.1.6　重载转向架技术

神华号机车所采用的 ZEC120-B0 型转向架主要由轮对、传动装置、轴箱、构架、悬挂装置、牵引装置撒砂装置、轮缘润滑装置、弹性止挡、整体起吊、空气管路以及辅助装置组成,如图 3.1.8 所示。

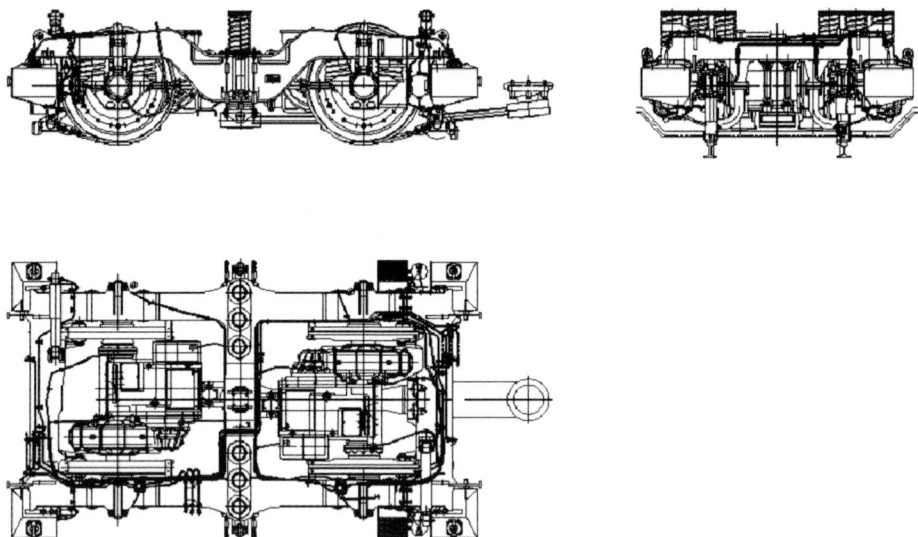

图 3.1.8　转向架总体结构图

该转向架技术特点如下:

(1)采用结构简单、垂纵横三向刚度解耦、独立性强、维修方便、无磨耗和调整方便的单轴箱拉杆式一系悬挂系统技术。

(2)二系弹簧采用横向布置,改善了弹簧的受力状态。

(3)采用含有起吊功能的一系垂向减振器,简化了转向架整体起吊结构,简化了现场操作,便于现场运用。

(4)采用测试与标记左右侧钢弹簧"零点漂移"对置的技术,保证了一、二系悬挂系统的对中性能,提高了动力学性能并确保了各车动力学性能的一致性。

(5)采用等刚度设计的日字型焊接构架。在构架设计、焊接工艺、焊接材料、焊缝检验、焊接资质方面,全面执行 EN 15085 焊接标准。各梁连接采用圆弧自然过渡,无明显的应力集中部位,使整个构架的受力均匀。对各板的焊接坡口、接头形式、焊缝尺寸进行设计。对各重要的对接焊缝采用引弧板,消除焊缝引弧与收弧处的焊接缺陷。在构架各梁焊接上,按照工艺确定的焊缝焊接顺序对构架进行施焊,同时所有重要焊缝都在水平状态下施焊,以减小焊接变形、焊接残余应力,保证焊缝质量。

（6）首次在国内货运电力机车上采用轮盘制动技术,提高了机车空气制动效率,减少了对车轮的损伤。

（7）车轮采用直径为 1250mm 的整体碾钢车轮,材料为 ER8,并满足 EN 13262 标准要求;在车轮两侧装有制动盘,制动盘与车轮之间通过螺栓连接;车轮踏面采用符合 TB/T 449 的 JM3 磨耗型踏面;车轴满足 EN 13104 标准;其材料采用 EA4T(25CrMo4V),并满足 EN 13261 标准的要求;车轴轮座采用喷钼处理,并满足 BN 918260 的要求。

（8）轴箱采用整体式圆锥滚动轴承,便于控制轴箱横动量和保证轴承油脂不泄漏,实现 120 万 km 免维护;轴箱安装有接地装置、速度传感器、防滑速度传感器。

（9）齿轮箱体采用铝合金材料,大大减小了传动装置的重量。车轮侧采用变径轴向动密封,电机侧采用径向迷宫密封并采用球墨铸件,其结构既保证齿轮箱的密封,又保证齿轮润滑油不进入抱轴箱;箱体两边的迷宫密封均设置了合理的回油孔,实现了润滑油的合理回流。

（10）抱轴箱主要由抱轴箱体、圆锥滚子轴承以及轴承间隙调整垫、非传动端密封环及轴领等组成,是驱动单元的一个关键部件,也是牵引电机抱轴式悬挂驱动的悬挂点所在。抱轴箱轴承采用的圆锥滚子轴承具有陶瓷绝缘性能,这种绝缘性能是目前世界上最新的轴承技术,也是国内机车行业首次采用轴承本身绝缘技术,能够防止轴承产生电腐蚀,确保轴承的安全运用,延长轴承的维护使用周期。

3.1.7　制动技术

机车空气制动系统直接关系到机车的运行安全,是机车的重要组成部分。神华号机车空气管路与制动系统主要由风源系统、制动机系统和其他气动辅助装置组成。风源系统主要由主压缩机、主干燥器、微油过滤器、主风缸等部件组成,风源系统压缩空气质量达到固体颗粒 2 级、湿度等级 2 级、含油量 2 级的要求。机车空气管路的中央管排连接设计采用焊接连接技术,以达到免维护的目的,其他分管路的连接设计采用卡套式接头连接,以达到装配、检修方便可靠,整机的空气管路采用不锈钢无缝钢管,保证了空气管道系统的清洁度,降低制动机因管路堵塞造成的各种故障。

机车制动系统 DK-2 型制动机采用的主要技术如下。

1）制动系统集成技术

以国内成熟制动机技术为基础,消化吸收国外先进制动技术,在充分试验验证的前提下,完成制动系统的系统方案设计。制动系统在保持国内制动机车长阀、紧急制动按钮、电动放风阀等紧急制动功能部件的同时,按现代国际制动通用方式,增设制动控制器在紧急位时直排列车管等多重紧急制动措施以确保列车行车安全。

制动机采用微机控制、网络通信、空电联合等技术,实现列车自动制动和机车单独制动控制、断钩保护、流量检测、多机重联、与监控装置配合、故障诊断及记录、安全导向等功能。制动机的压力控制采用冗余功能设计,除正常情况下采用微机模拟控制外,还考虑了冗余和后备方案。制动机功能采用模块化设计,综合考虑了制动机制造、检修、维护、保养和美观等因素。

2) 网络通信接口技术

在国内外制动机的网络通信方式研究基础上,结合目前和谐系列机车部件之间的通信方式,DK-2 制动机采用 MVB 总线与机车控制系统 CCU 之间进行网络通信。为了适应与不同机车控制系统之间的 MVB 总线通信,DK-2 制动机采用与之匹配的 ESD+或 EMD 物理介质的 MVB 网卡与不同型号机车总线进行通信。同时 DK-2 制动机 MVB 通信协议和接口数据完全与其他制动机保证一致。

在对国内外制动机内部总线通信方式分析基础上,选用适用于制动机系统部件分布比较分散、实时性要求高、现场环境抗干扰较大的 CAN 总线作为制动机内部总线通信方式。

3) 制动模块技术

根据制动系统功能需求,设计相应制动功能模块,包括均衡风缸控制模块、列车管模块、制动缸预控制模块、停放制动模块、轮盘制动装置、制动控制单元、制动控制器、制动显示屏等,如图 3.1.9 和图 3.1.10 所示;同时,实现制动系统关键模块的标准化和通用化设计,从而方便了制动系统流水化作业制造,提高制造质量及效率;此外,模块设计可实现单个功能模块整体拆卸和试验,方便检修、维护、保养,使制动机整体更加美观。

图 3.1.9 制动缸控制模块动柜实物

4) 制动控制、故障智能诊断及安全导向技术

DK-2 制动机的控制采用集中式控制方式,制动机的部件以及网络通信由制

图 3.1.10　DK-2 制动机停放模块

动控制单元 BCU 进行控制。BCU 选用已在国内铁路应用成熟的 PC104 构架的高性能 X86 工控主机,用来实时、快速地处理制动机模拟量、网络通信数据以及制动机信息化数据。制动控制单元 BCU 控制软件采用广泛应用于过程控制、数据通信等多个领域、业界公认最好的嵌入式操作系统之一的 QNX 实时操作系统。应用层软件采用符合 IEC 61131-3 国际标准,包括逻辑控制软件模型、数据模型、图形化编程和文本语言结合的开关量逻辑处理软件开发平台——ISaGRAF 软件平台,它是目前国内外广泛应用的开发平台。DK-2 制动机的控制软件于 2013 年 6 月 6 日获得了中国工业与信息化部电子第五研究所(中国赛宝实验室)软件安全认证证书,确认 DK-2 制动系统控制软件产品的开发过程按照欧洲标准 EN 50128 的要求进行,是对软件产品安全性和可靠性的权威肯定。

DK-2 制动机的故障诊断专家系统可实时监测制动机的各项参数,同时对制动机的故障进行自动诊断,如图 3.1.11 所示。诊断完成后按故障的严重程度进行分级,根据不同级别采用不同的处理策略,这些策略包括数据记录、信息提示,见表 3.1.1。当出现制动机不能缓解、制动失控等可能导致机车或车辆重大破坏等故障时,自动实施常用制动或紧急制动等处理机制。

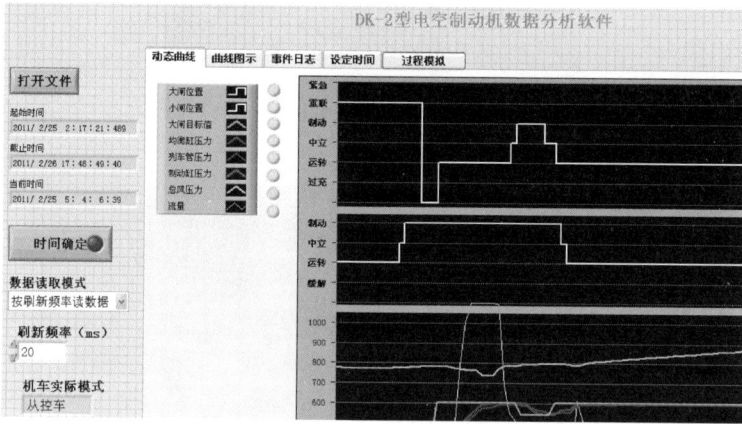

图 3.1.11 DK-2 制动机单机自检数据

表 3.1.1 DK-2 制动机故障等级的定义以及故障处理方式表

故障等级	类别	说明	定义	故障处理	
				开机解锁前	开机解锁后
A	I	灾难性的	可能导致人员死亡或制动机严重破坏,严重出轨或相撞,丧失制动机控制和停止列车的能力。如制动机完全失控	不能开机	人工紧急制动
	II	严重的	可能导致对公众、列车乘务人员、或使用人员/维护人员的严重创伤,可能导致铁路系统的破坏、列车机车或车辆重大破坏。如制动机不能缓解,常用制动失控	制动机被锁定	制动机能控制时,自动减压 100kPa;制动机不能控制时,自动减压至 0kPa 或人工紧急制动
B	III	主要的	可能导致对公众、列车乘务人员、用户或维护人员的可报告的伤害,可能导致铁路系统、列车机车或车辆的可报告的损失。如常用制动减压量与制动实际指令差异大,总风压力低	提示司机	提示司机有故障出现
C	IV	边缘的	可能导致对公众、列车乘务人员、用户或维护人员的轻微伤害,可能导致铁路系统、列车机车或车辆的轻微损失。如泄漏超标	不提示司机,正常开机解锁	不提示司机,只做故障记录
	V	可忽略的	不会导致铁路系统、机车或车辆的破坏,或环境的破坏,但会导致非铁路财产(货物)的损坏。如压力整定值不准		

5）制动摩擦材料技术

通过对国外先进技术吸收、消化和再创新，完成了铸铁制动盘结构设计、材料确定以及合成闸片的选型，并通过检测、试验，不断提升铸铁制动盘铸造、热处理、机加工艺水平。

6）制动系统联调技术

DK-2 制动系统 1∶1 地面联调试验可完全模拟制动系统在整车的电气、网络和布管等接口方式，为制动系统功能试验提供了真实的仿真平台，保证 DK-2 制动系统功能完整及可靠性，如图 3.1.12 所示。

图 3.1.12 DK-2 机车制动系统联调试验

3.2 重载货车技术

神华铁路研发的 30t 轴重重载货车，充分借鉴了国外重载运输发展经验，突破多项关键核心技术，包括车体轻量化技术、结构可靠性技术、车辆主要结构优化技术、低动力转向架技术、大能力纵向承载技术、车体大容积优化技术、车辆低磨耗与易维修技术、集成（单元）制动技术、车体制造工艺技术，为神华铁路 30t 轴重重载运输打下坚实的运载装备基础。该车型适应轴重 30t 及以上、电气化区段、标准轨距重载线路的煤炭运输，实现车辆正反向行驶边走边卸、底门自动开闭。

3.2.1 技术特点

1）车体轻量化技术

随着铁路货车技术水平的进步，为了实现更大的单车载重能力，对车辆的自重提出了越来越高的要求，因此结构的轻量化设计就成为现在铁路货车产品设计追求的目标。但结构的轻量化设计是涉及结构诸多性能的综合性任务,单纯从结构设计角度还无法解决。因此,神华铁路 30t 轴重煤炭漏斗车突破货车传统结构设计方法,引入车体轻量化设计理念,优化车体结构型式,采用整体承载结构设计方案,改善受力状态,提高结构的承载能力、优化力传递路径。此外,非主要受力结构使用铝合金等耐腐蚀材料,磨耗件、密封件和弹性承载件广泛采用高分子材料和橡胶等非金属轻量化材料代替金属件,从而突破轻量化车体设计技术关键。

2) 结构可靠性技术

随着货车轴重、列车编组吨位和运行速度的提高,车体承受的纵向和垂向载荷明显增大,车辆自重系数也不断降低,运用中车体承载结构及焊接在承载结构上的附属件出现疲劳裂纹的现象也逐渐增多。为此,在神华铁路 30t 轴重煤炭漏斗车研制中,应用疲劳与振动试验台、大部件疲劳试验台,采用大秦线实测载荷谱及 AAR 载荷谱进行整车及大部件疲劳试验,并与疲劳分析结果进行对比验证,整体提升了货车结构可靠性,进而建立了我国铁路货车疲劳可靠性评价标准体系。

采用铸造牵引梁,减少牵引梁部位的焊缝数量,提高牵引梁可靠性。漏斗车车体采用铝合金铆接结构或搅拌摩擦焊结构,提高车体可靠性。采用仿真分析系统对车体、轮轴、摇枕、侧架、车钩、钩尾框等主要承载结构及零部件进行强度、刚度、模态等仿真分析,对车辆的动力学性能进行模拟计算,实现了对铁路重载货车产品及其关键零部件的可靠性评估,达到优化结构、提高性能的目的,从源头上提高产品可靠性。

3) 车辆主要结构优化技术

通过神华集团线路配套装卸货设备与车辆间的匹配性分析,特别是漏仓、传送带、装载机、翻车机、地坑,漏斗车与地面碰头等的关系,确定合理的车辆外形尺寸及结构型式,保证装卸货设备与车辆间相互适应;优化底门机构,提高底门操作和组装的可靠性;采用不锈钢或铝合金材料底门,提高车体耐腐蚀性能,延长车辆的使用寿命;内部考虑防冻煤、利于煤炭卸净、防止撑杆砸断和敞车翻转超限的措施,提高 30t 轴重运煤货车的适应性。

4) 低动力转向架技术

考虑车辆、列车和线桥相互作用为一整体大系统,开展车桥耦合技术及轮轨低动力技术研究,在转向架速度、运行稳定性及可靠性等常规性能研究的基础上,通过车桥耦合技术,对比分析不同转向架悬挂系统参数下车辆对桥梁的影响,从而优化悬挂系统,提高转向架低动力性能,兼顾直线稳定性和曲线通过性能,实现准径向功能,在速度、轴重双提升的条件下,使既有线桥改造量最小。

应用车辆-轨道耦合动力学作用理论,研发新型轴箱弹性定位技术,实现了转向架低动力作用及轮轨低磨耗,保证车辆长期运行动力学性能稳定可靠;在曲线上转向架具有径向功能,提高曲线通过能力,降低轮轨横向力及车轮磨耗。

采用支撑座、横跨梁托座与侧架铸造一体结构,实现侧架无焊接组装,提高交叉支撑装置组装精度,简化制造工艺,方便检修。

采用复合材料主、副摩擦板组合式斜楔,实现斜楔体无磨耗;摇枕斜面磨耗板采用折头螺栓和防松螺母紧固,无焊接,提高组装质量,方便制造检修。

采用防脱防盗结构,提高运用可靠性。转向架制动梁、交叉杆、横跨梁均设有防脱安全索和安全链,各紧固件采用防脱措施提高转向架运用安全性和可靠性。采用人性化设计理念,转向架结构力求简单,方便制造检修。

标识设计智能化,摇枕、侧架、承载鞍、下心盘等重要部件均设有制造厂代号、制造年月及铸造顺序号等标志,字体标准、位置统一、大小协调。

5) 大能力纵向承载技术

在重载列车载荷谱测试及重载列车纵向动力学仿真分析的基础上,从整个列车系统对列车纵向作用力、钩缓系统特性、制动系统特性、列车编组和操纵等方面的深入研究,提出了提高和改善车体承载部件、车钩缓冲装置、制动系统性能的方法措施,从而提高列车运行可靠性、平稳性和稳定性,满足增加列车编组重量的需要,保障重载货车运行安全。

6) 车体大容积优化技术

C80(H)、C80B(H)等大秦线既有运煤专用敞车结构已较充分地利用了车辆限界高度、宽度尺寸,30t 轴重铁路运煤货车如果按车辆限界进行断面设计,车辆长度、高度均将增加,每延米重降低,限制运能的提高。神华铁路既有线路绝大部分为电气化铁路,列车采用电力机车牵引,机车断面符合电力机车限界的规定,由于电力机车限界轮廓大于车辆限界,因此,30t 轴重煤炭漏斗车采用电力机车限界,缩短车辆长度,增大车辆每延米重,提高列车运输能力。

7) 车辆低磨耗与易维修技术

通过车辆实际运用、检修条件,优化车体、转向架、车钩缓冲装置主要磨耗部位磨耗件材质及连接结构调研,提出并采用了减小磨耗及损伤技术措施,提高车辆可维修性、检修方便性,降低检修维护工作量,缩短车辆维护时间,提高车辆利用率和综合经济效益。

8) 集成(单元)制动技术

转向架集成(单元)制动技术相对于传统的杠杆制动技术,可减轻车辆自重,提高车辆制动效率,且闸瓦压力均匀,尤其适用于底架下部空间较小的车型。在C80B 型运煤专用敞车上装用 105 辆运用考验基础上,30t 轴重煤炭漏斗车采用集成(单元)制动,以降低车辆自重,提高车辆综合技术性能及运行的安全性。

9) 车体制造工艺技术

通过优化铝合金、不锈钢、高强度耐候钢材质车体制造工艺、工艺工程化相关技术研究,逐步实施了精益制造,包括铸造牵引梁制造技术、铸造牵引梁与型钢中梁焊接、探伤技术,保证结构可靠性。通过底门机构制造、组装、调试技术研究和应用,保证底门灵活、可靠。

通过对以上技术的研究和应用,结合神华铁路站场条件、列车编组长度及运输组织特点,考虑年运输能力发展需要和环境温度、装卸货条件等,研制出"自重小于22t、载重大于98t、速度100km/h、编组重量2万t"四大指标有机集成的30t轴重运煤专用车辆。

3.2.2 主要技术参数

根据上述研究结果,提出30t轴重KM98(H)货车主要性能和主要尺寸分别见表3.2.1和表3.2.2。

表 3.2.1 主要性能

序号	项目		KM98	KM98H
1	载重/t		100(98)	100(98)
2	自重/t		约22	22
3	轴重/t		30.5(30)	30.5(30)
4	容积/m³		110	112
5	比容/(m³/t)		1.12	1.12
6	自重系数		0.23	0.23
7	每延米重 /(t/m)	载重100t	8.71	8.71
8		载重98t	8.57	8.57
9	最高运行速度/(km/h)		100	100
10	通过的最小曲线半径/m		145	145
11	制动距离(重车、紧急)/m		≤1400	≤1400
12	全车制动倍率		4.85	
13	全车制动率 (常用制动位)	空车 定压500kPa	19.6%	23.2%
14		定压600kPa	25.1%	
15		重车	12.3%	12.6%
16	限界:符合《标准轨距铁路机车车辆限界》(GB 146.1—1983)规定			

表 3.2.2 主要尺寸

序号	项目	KM98	KM98H
1	单车车辆长度/mm	14352	14330
2	平均车辆长度(5辆一组短牵引杆)/mm	14000	13978
3	车辆定距/mm	10552	10530

续表

序号	项目	KM98	KM98H
4	车辆最大高度(空车,上侧梁)/mm	3980	3990
5	车辆最大宽度/mm	3334	3368
6	车钩中心线高(空车)/mm	880	880
7	固定轴距/mm	1860	1860
8	车轮直径/mm	915	915

3.2.3　KM98 漏斗车

KM98 漏斗车主要由车体、转向架、制动装置、车钩缓冲装置等组成,如图 3.2.1 所示。

图 3.2.1　KM98 型煤炭漏斗车

1) 车体组成

车体为铝合金铆接结构,主要由底架、侧墙、端墙、撑杆等组成。端梁、枕梁及中梁中部等主要承载结构采用 Q450NQR1 高强度耐候钢;下侧梁、底门板、侧墙和端墙等与煤接触的部位均采用 5083-H321 铝合金板材及 6061-T6 铝合金挤压型材,漏斗脊背采用 T4003 不锈钢。

底架中梁两端采用材质为组焊牵引梁或 B+级铸钢的铸造牵引梁、中部槽钢组焊或 C 型冷弯中梁、中梁脊背等组焊而成;下侧梁为专用挤压铝型材;枕梁采用变断面的双腹板箱型组焊结构;大横梁由上、下盖板及腹板等组成,外侧为不锈钢材质的盖板;漏斗脊背为专用挤压铝型材,通过专用拉铆钉与中梁及大横梁等连接。枕梁、大横梁等与下侧梁间均采用专用拉铆钉连接,如图 3.2.2 所示。

侧墙由上侧梁、侧柱和侧板等组成。上侧梁、侧柱采用专用挤压铝型材,侧板为铝合金板材。侧板与侧柱之间,侧柱与上、下侧梁之间采用专用拉铆钉或铝铆

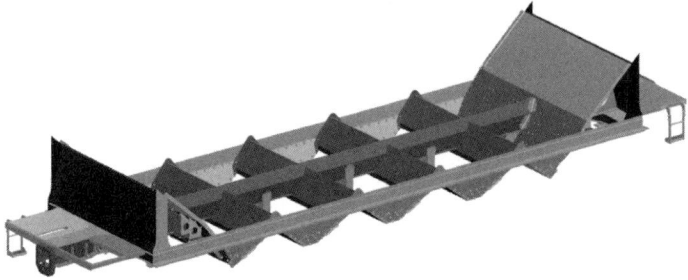

图 3.2.2　底架

钉连接,如图 3.2.3 所示。

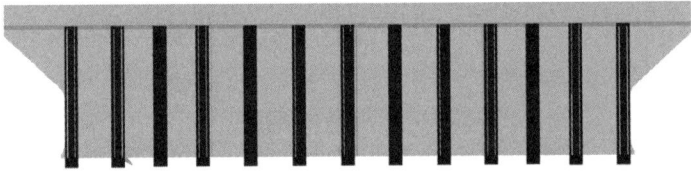

图 3.2.3　侧墙

端墙由上端梁、端柱、端板、端立板和支撑梁等组成。上端梁、端柱采用专用挤压铝型材,端板为铝合金板材,端立板和支撑梁为 Q450NQR1 高强度耐候钢。端板与上端梁之间、端柱和端立板之间采用专用拉铆钉或铝铆钉连接,如图 3.2.4 所示。

图 3.2.4　端墙

为增强两侧墙之间的连结刚度,车内设有四组撑杆。两端为水平撑杆结构,中间两组为铝合金水平撑杆与不锈钢隔板结构。水平撑杆、撑杆座采用铝合金挤压型材,撑杆与撑杆座间采用螺栓连接,撑杆座与侧墙间采用专用拉铆钉连接;斜撑、隔板及立隔板为 T4003 不锈钢,与底架大横梁组焊,立隔板与侧墙间用专用拉铆钉连接,如图 3.2.5 所示。

图 3.2.5　撑杆

2) 底门及底门机构

底门通过折页安装在车辆底架上,底门为铝合金挤压型材与板材的焊接结构。

底门采用满足车辆正、反向行驶均能够实现底门自动开、闭的四连杆开闭机构,通过连杆机构的过轴偏心距将门锁闭。在车辆的关门臂侧布置有二级锁闭装置。全车共设有四组底门及底门开闭机构,如图 3.2.6 所示。

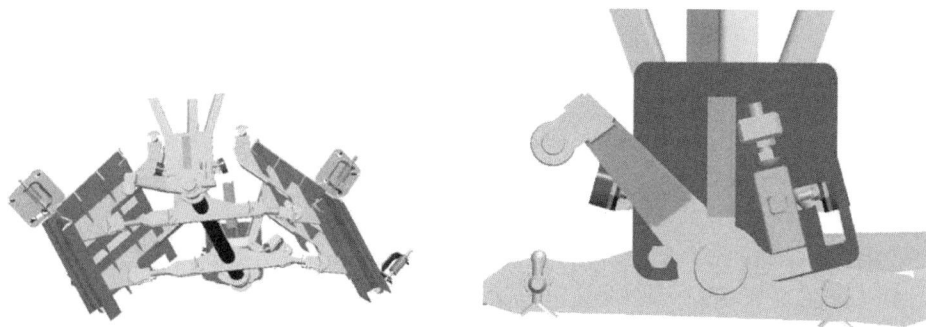

图 3.2.6　底门及底门机构

3）制动装置

制动装置采用既有货车广泛应用的成熟制动配件及技术，主要包括 120-1 型空气控制阀、适用于 30t 轴重的新型空重车自动调整装置，采用 B 级钢手把的 A 型不锈钢球芯折角塞门和组合式集尘器；采用编织制动软管总成、E 形密封圈、具有防盗功能的制动管吊、高摩擦系数合成闸瓦，其摩擦系数适应 30t 轴重铁路货车的使用要求；采用缸体上有永久性标志的不锈钢嵌入式储风缸、不锈钢制动管系及压紧式快装接头；装用 BAB-1 型转向架集成制动装置，并预留电空制动安装空间。风缸安装螺栓端部、折角塞门吊卡端部夹扁处理。制动杠杆装用奥-贝球铁衬套，采用金属护套橡胶软管；手制动装置采用 NSW 型手制动机。

4）牵引缓冲装置

车组两端采用 E 级钢 17 型车钩、17 型锻造钩尾框，采用 HM-1 型缓冲器，主要配件采用加厚型钩舌、合金钢钩尾销、含油尼龙钩尾框托板磨耗板、防跳插销等。当采用两辆或多辆车一组时，车组内车辆间采用 FD-1 型牵引杆连接，采用 HM-1 型缓冲器、合金钢钩尾销、含油尼龙钩尾框托板磨耗板等。

5）转向架

采用 30t 轴重 DZ4 型交叉支撑转向架，如图 3.2.7 所示。

图 3.2.7　DZ4 型转向架

摇枕、侧架采用 B+级铸钢，采用自动化下芯工艺制造，侧架实现无选配组装；采用下交叉支撑装置、一系 TJC-1 型八字形轴箱橡胶垫，采用具有垂向压缩限位、纵向消除间隙功能的 CJC-3 型双作用弹性旁承；采用结构紧凑、作用可靠的 BAB 型集成制动装置，瓦托及闸瓦具有防误装功能。组合式斜楔的主摩擦板采用高分子复合材料，斜楔体为贝氏体球墨铸铁；侧架立柱磨耗板材质采用 45 号钢材质；滑槽磨耗板材质采用 T10；中央悬挂采用两级刚度弹簧；采用直径为 419mm 的下心盘,下心盘内装用导电型心盘磨耗盘;装用新研制开发的材质为辗钢的 352132A 型 30t 轴重货车轴承。采用 RF2 型 50 钢或 LZ45CrV 材质的车轴、LM 磨耗型踏面的 HFS 型辗钢或铸钢车轮。

6) 油漆与标记

铝合金煤炭漏斗车铝合金表面不涂漆。车位 2 位端的侧墙端部和端墙面漆颜色为 Y08 深黄色。车辆标记符合产品图样、TB/T 1.1～1.2－1995 和 TB/T 2435－1993 的规定及用户要求。

3.2.4　KM98H 漏斗车

KM98H 漏斗车主要由车体、底门及开闭机构、空气制动装置、手制动装置或驻车自动制动、车钩缓冲装置及短牵引杆装置、转向架等组成,如图 3.2.8 所示。

(a) KM98H 型煤炭漏斗车　　　　　(b) KM98AH 型煤炭漏斗车
(装 APB-1 型驻车自动制动装置)　　　(装 NSW 型手制动装置)

图 3.2.8　KM98H/AH 型煤炭漏斗车

1) 车体组成

车体主要由底架、侧墙、端墙、漏斗等组成,如图 3.2.9 所示。车体主要材料为铝合金、Q450NQR1 高强度耐候钢和 T4003 不锈钢,其中与货物接触的零件均采用铝合金和不锈钢材料。

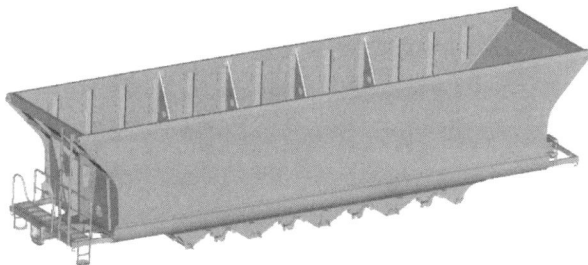

图 3.2.9　车体

（1）底架。底架由牵引梁、中梁、枕梁、端梁、地板、漏斗端板、扶梯、走板及栏杆等组成，如图 3.2.10 所示。牵引梁采用组焊结构，主要由牵引梁腹板、牵引梁下盖板、整体冲击座、组焊式心盘座、直径为 400mm 的嵌入式锻钢上心盘等组成。中梁组成为组焊封闭箱形结构，由中梁、中梁下盖板、上包板、下包板、连接板等组成。中梁材质为 Q450NQR1 高强度耐大气腐蚀钢，上包板、下包板、连接板等采用 T4003 不锈钢。枕梁为变截面结构，主要由腹板、下盖板、隔板等组成。

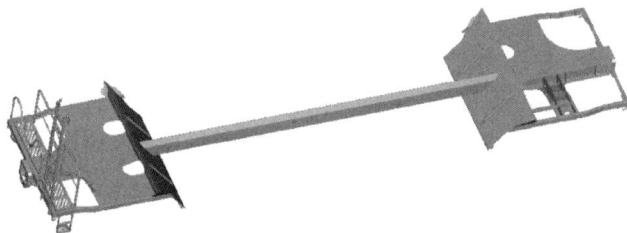

图 3.2.10　底架

（2）侧墙。侧墙为内置侧柱的板柱式结构，由上侧梁、侧墙板、下侧梁和漏斗侧板等铆接而成。侧墙板采用挤压铝合金型材，板材与侧柱整体挤压成形，再经过搅拌摩擦焊形成整体结构。上、下侧梁为铝合金挤压型材。侧墙型材材质为 6061-T6 铝合金。

（3）端墙。端墙由端墙板、上端梁、斜撑板、竖柱和支撑板等组成。采用搅拌摩擦焊工艺制作的铝合金整体端墙，端墙倾角以横向中间位置分为 50°～45°～50°，如图 3.2.11 所示。

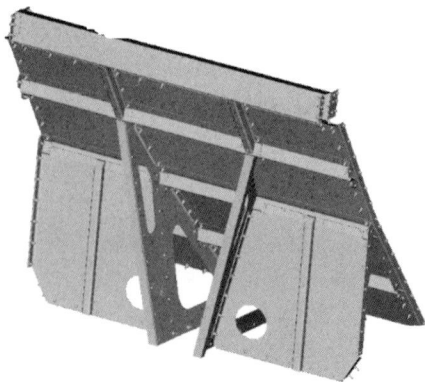

图 3.2.11　端墙

（4）漏斗。漏斗由 4 组上漏斗脊和 3 组下漏斗脊组成，如图 3.2.12 所示。上漏斗脊由侧墙支撑板、上漏斗板、底门吊座、开闭机构吊座、筋板和加强板等组成。下漏斗脊由下漏斗板、盖板、加强梁和筋板等组成。板材材质为 T4003 不锈钢。

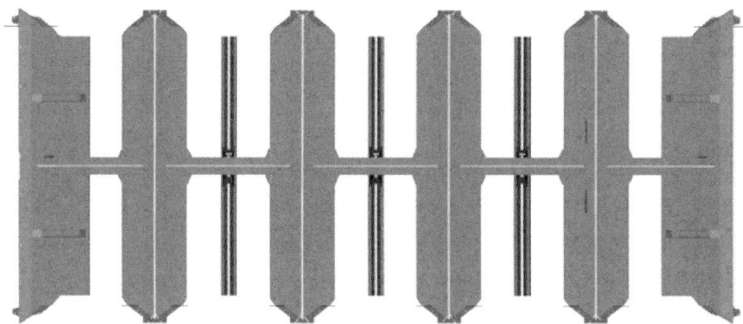

图 3.2.12　漏斗

（5）斜撑。全车设有 4 组斜撑，斜撑由斜撑板、支撑管等组成。斜撑板材质为 T4003 不锈钢。斜撑与上漏斗脊焊接，与铝合金侧墙采用拉铆钉连接。

2）底门及开闭机构

采用可双向运行、自动连续卸货的机械碰撞式底门开闭机构，主要由开关门臂、预紧弹簧、底门、连杆、主轴、轴承及轴承座、底门吊座和二级锁闭装置等组成。

为防止运行过程中车辆振动或人为因素导致机构意外过"死点"而异常开门，设置自动二级锁闭机构。中梁下方主轴组成安装二级锁闭装置，主要由上轴座、下轴座、弹簧、轴套、防脱座、内六角螺栓、钢珠和施封锁等组成，如图 3.2.13 所示。

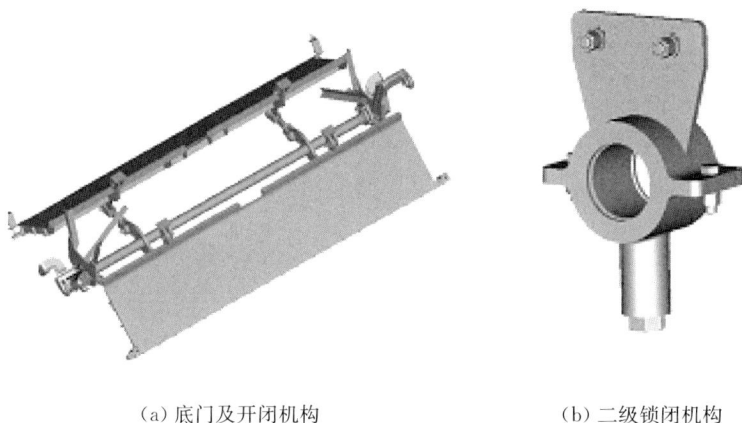

（a）底门及开闭机构　　　　　　　　（b）二级锁闭机构

图 3.2.13　底门机构与锁闭机构

3）制动装置

（1）空气制动装置。空气制动装置满足主管压力 500kPa 和 600kPa 的工作要求，采用 120-1 型空气控制阀的空气制动系统、DAB-1 型集成制动装置、KZW-B 型空重车自动调整装置、适用大轴重货车的 TZD-1 型货车脱轨自动制动装置、不锈钢嵌入式储风缸、不锈钢制动管系等，预留电空制动安装空间，如图 3.2.14 所示。为避免主管折弯，大轴重货车装用脱轨自动制动装置时，拉环中心距车辆纵向中心线的距离应由脱轨自动制动装置装车技术条件（CAT313ZT）中规定的 ≥420mm 调整为≥450mm。为满足大轴重货车运用要求，经计算，脱轨自动制动装置拉环、顶梁与车轴的间隙 ΔX、ΔY_1、ΔY_2 的取值如图 3.2.14 所示。

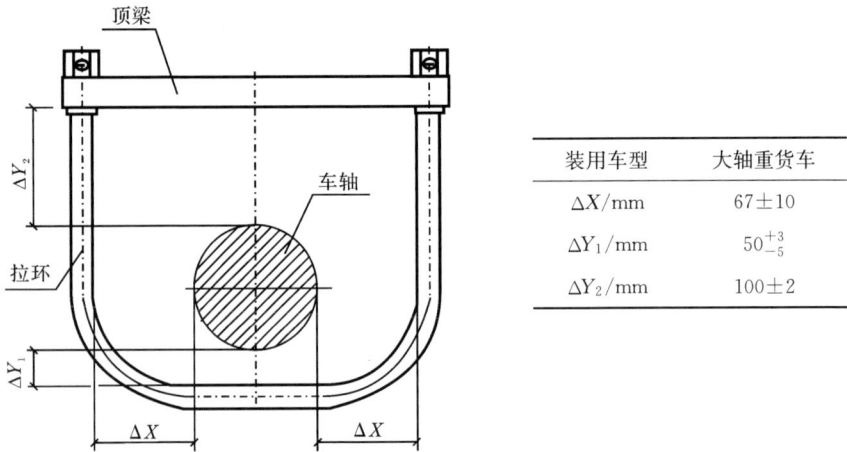

装用车型	大轴重货车
ΔX/mm	67 ± 10
ΔY_1/mm	50^{+3}_{-5}
ΔY_2/mm	100 ± 2

图 3.2.14　TZD-1 型脱轨自动制动装置

针对大轴重货车车轴直径加大，根据拉环、顶梁与车轴的间隙取值，拉环需增加规格Ⅳ，长度 L 值为 392mm，为防止拉环误装，相应的顶梁组成增加规格Ⅳ，规格Ⅳ的拉环及顶梁组成采用 45°斜销孔，拉环外表面涂蓝色油漆。为方便调整拉环、顶梁与车轴的间隙，大轴重货车装用脱轨自动制动装置时，采用旋转内套调整的 TZD-1 型脱轨自动制动装置，以避免顶梁旋转时与车体干涉，如图 3.2.15 和图 3.2.16 所示。

（2）手制动装置或驻车自动制动装置。采用 NSW 型手制动机或 APB-1 型驻车自动制动装置，如图 3.2.17 所示。APB-1 型驻车自动制动装置由驻车制动器、组合式驻车自动制动控制阀、组合式集尘器、杠杆、链条、拉杆及不锈钢管系等组成。

4）车钩缓冲装置

单车连挂编组时，车辆两端采用 17 型车钩；多辆车编为单元车组时，车组两端采用 17 型车钩，中部采用与 17 型车钩可互换的 SDB-1 型牵引杆。车钩缓冲装

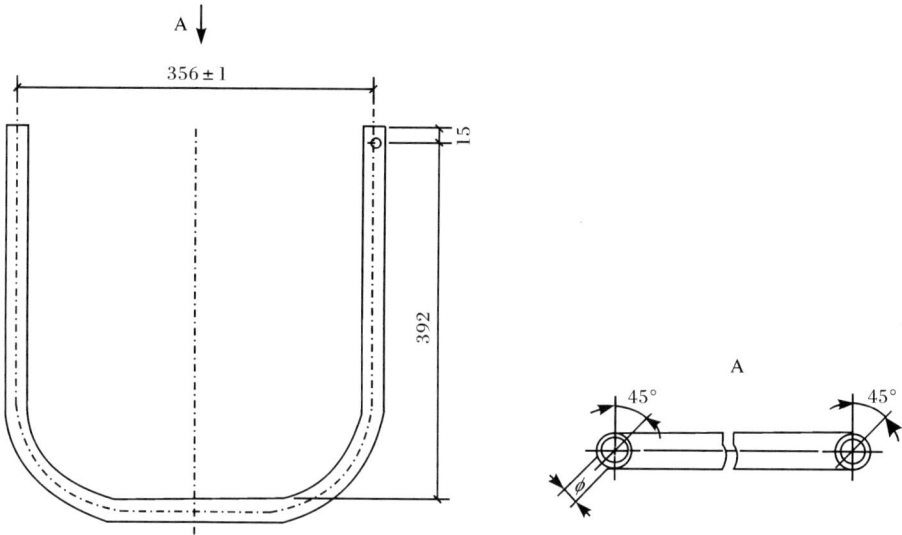

图 3.2.15　规格 IV 的拉环

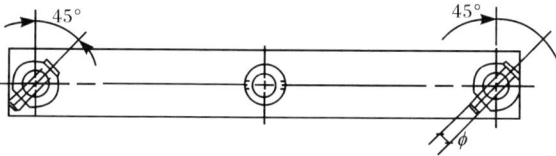

图 3.2.16　规格 IV 的顶梁组成

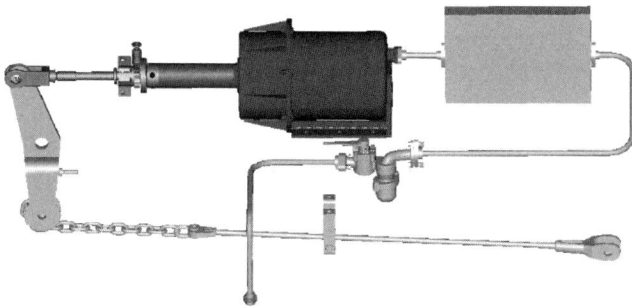

图 3.2.17　APB-1 型驻车自动制动装置

置由 E 级钢 17 型车钩、17 型锻造钩尾框、加厚型钩舌、HM-1 或 MT-2 型缓冲器、合金钢钩尾销、16(17) 型车钩支撑座、防跳插销和止挡铁等组成。

　　5) 转向架

　　采用 DZ5 型转向架。DZ5 型转向架主要由轮对组成、轴承、摇枕组成、侧架组成、轴箱悬挂装置、中央悬挂装置、下摆动装置、转向架制动装置、长行程弹性旁承等组成,如图 3.2.18 所示。

图 3.2.18　DZ5 型摆式转向架

6) 油漆及标记

铝合金材料表面不涂漆;不锈钢材料表面涂不锈钢用溶剂型厚浆醇酸面漆;高强度耐候钢材料表面喷涂环氧云铁厚浆底漆和聚氨酯面漆,油漆颜色为黑色。车辆标记符合产品图样、TB/T 1.1~1.2－1995 和 TB/T 2435－1993 的规定及用户要求。

3.3　新型无线通信技术

目前中国铁路和世界铁路的无线通信系统,调度语音通信和数据传输一般采用 450MHz 无线列调系统和 GSM-R 系统。机车同步操控系统数据传输一般采用 800MHz 数传电台和 GSM-R 系统,列尾信息一般通过无线列调系统或 800MHz 数传电台传输。450MHz 无线列调系统是模拟系统,一般采用同频单工或四频组异频双工模式,用于列车调度语音和数据通信。800MHz 数传电台主要采用单频点广播和接力转发相结合的方式,用于提供万吨及以上列车机车同步操控传输通道,实现主控与从控机车之间的数据交换。GSM-R 是一种基于公众移动通信系统 GSM 平台上专门为满足铁路应用而开发的数字综合无线通信系统,主要用于承载安全数据、非安全数据和语音业务等。我国大秦重载铁路采用 GSM-R 系统为 2 万 t 重载组合列车提供机车同步操控信息承载通道以及其他语音及数据业务,欧洲 ETCS-2 以及中国的 CTCS3 列控数据由 GSM-R 系统传输。

鉴于神华铁路已申请获得河北等 4 省铁路沿线 1.8GHz 频段 10MHz 带宽(1785~1795MHz)的铁路专用移动通信频率资源,因此,神华铁路决策采用基于新一代无线宽带通信 LTE(long term evolution)技术,来研究和开发满足神华重载铁路实际无线通信业务需求的 1.8GHz 新型宽带移动通信系统,承载 2 万 t 重载列车机车无线重联、可控列尾等业务,同时预留今后进一步满足其他运输业务车地通信的条件。

3.3.1　系统总体架构

神华铁路宽带移动通信系统主要承载业务[5]见表 3.3.1。

表 3.3.1　带移动通信系统承载业务

类别	业务类型	具体业务
第一类	实时安全数据信息	机车无线重联 可控列尾业务 移动闭塞（预留）
第二类	非实时文本数据信息	调度命令无线传送 无线车次号校验 其他车地通用数据业务
第三类	语音通信	调度通信 其他铁路公务通信
第四类	图像数据信息	车地移动视频监控

根据业务需求，重载铁路宽带移动通信系统由 LTE 系统、应用业务系统、运行与支持系统和终端设备四部分组成。其中，应用业务系统主要包括机车无线重联信息传送系统、车地通用数据传送系统、列车调度集群语音系统等。系统总体结构如图 3.3.1 所示。

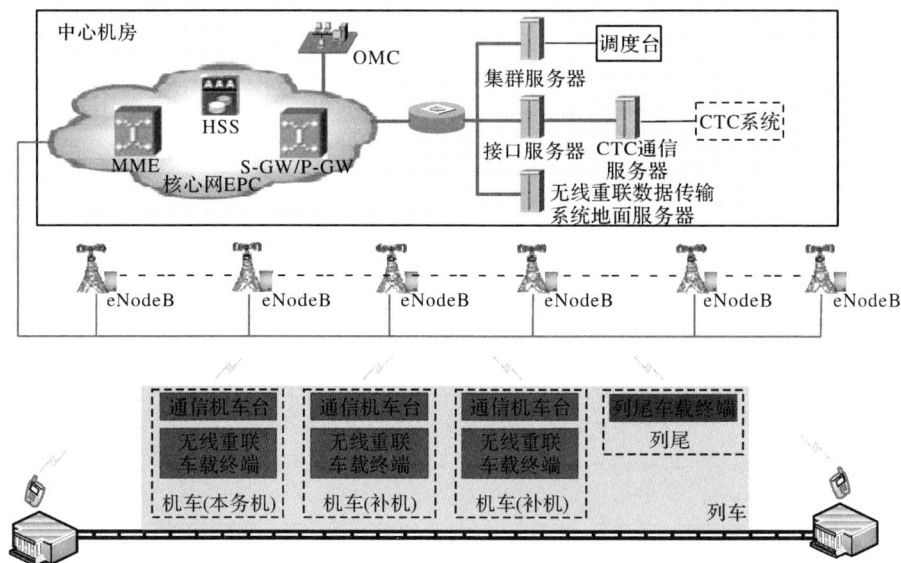

图 3.3.1　重载铁路宽带移动通信系统总体结构示意

3.3.2　系统技术指标

由于 LTE 系统在铁路应用的开创性,服务质量指标的制定会随着研究的不断深入、数据的不断积累逐步完善和修正。神华铁路宽带移动通信系统指标见表 3.3.2~表 3.3.6。

表 3.3.2　LTE 无线覆盖质量设计指标

网络覆盖指标	指标要求(空载测试)
RSRP	RSRP>−105dBm(95%的时间、地点概率) SINR>0dB(暂定)

表 3.3.3　无线重联业务网络服务质量设计指标

指标名称	指标定义	指标要求(空载条件下)
连接建立时延	E-RAB 建立时延:专用承载建立 AT 命令(AT+CGACT=1)发出,到接收到反馈"OK"之间的时延	<600ms(95%) <900ms(100%)
连接建立失败概率	利用专用承载建立 AT 命令进行连接建立,建立成功次数与建立尝试总次数的比值	$<10^{-2}$
连接丢失概率	连接丢失指 ERAB 建立完成后,发生异常释放,而非用户主动释放	$\leqslant10^{-2}h^{-1}$
最大端到端数据传输时延(70B用户数据帧)	应用数据报文环回时延除以2(70B用户数据帧)	<180ms(95%) <300ms(99%)
网络注册时延	附着 AT 命令(AT+CGATT=1)发出,到接收到反馈"OK"之间的时延	≤25s(95%) ≤30s(99%) ≤35s(100%)
丢包率	未收到的数据包和错误数据包个数占总发送数据包的比值	≤0.8%

表 3.3.4　LTE 非列控数据类传输业务网络服务质量设计指标

指标名称	指标定义	指标要求
端到端时延	用开始传送用户数据帧(发送数据帧的第一比特)到接收完从固定测试端返回来的同一数据帧(接收完数据帧最后一个比特)的时间间隔的一半作为用户数据帧的传送时延	≤0.3s(95%) ≤1.0s(99%)

续表

指标名称	指标定义	指标要求
调度命令发送成功率	①"调度命令发送成功"以 GRIS 收到 CIR 发送的"人工确认消息"为标志 ②调度命令发送成功率＝GRIS 收到 CIR 发送的"人工确认消息"总条数/CTC 或 TDCS 发送调度命令总条数×100％	≥99％
进路预告发送成功率	①"进路预告发送成功"以 GRIS 收到 CIR 发送的"自动确认消息"为标志 ②进路预告信息发送成功率＝GRIS 收到 CIR 发送的"自动确认消息"总条数/CTC 或 TDCS 发送"进路预告信息"总条数×100％	≥99％
车次号接收成功率（含列车停稳信息）		≥99％

表 3.3.5　语音服务质量设计指标

指标名称		指标定义	指标要求
呼叫建立时延	铁路紧急呼叫	移动终端发起 299 紧急呼叫,从发起紧急呼叫请求 SIP 信令到呼叫成功建立 SIP 信令之间的时间间隔,Time(SIP 200 OK)−Time(SIP INVITE)	<2s(95％) <3s(99％)
	同一区域内 MS 组呼	移动终端发起 220 组呼,从发起组呼请求 SIP 信令到组呼成功建立 SIP 信令之间的时间间隔,Time(SIP 200 OK)−Time(SIP INVITE)	<5s(95％) <7.5s(99％)
	MS-FT 的运营呼叫	移动终端从发起呼叫请求 SIP 信令到收到被叫 FT(固定台)应答的 SIP 信令之间的时间间隔,Time(SIP 200 OK)−Time(SIP INVITE)	<5s(95％) <7.5s(99％)
	FT-MS 的运营呼叫	FT(固定台)从发起呼叫请求 SIP 信令到收到被叫 MS 应答的 SIP 信令之间的时间间隔,Time(SIP 200 OK)−Time(SIP INVITE)	<7s(95％) <10.5s(99％)
	MS 之间的运营呼叫	移动终端从发起呼叫请求 SIP 信令到收到被叫 MS 应答的 SIP 信令之间的时间间隔,Time(SIP 200 OK)−Time(SIP INVITE)	<10s(95％) <15s(99％)
呼叫(连接)建立失败概率(点呼)		不成功的呼叫建立次数与呼叫尝试总次数的比值:呼叫建立失败的总次数与总呼叫次数之比	$<10^{-2}$

表 3.3.6　网络切换质量设计指标

指标名称	指标定义	指标要求
越区切换中断时间	越区切换中断时间指在越区切换时移动台由原小区通信链路切换至新小区通信链路所需的通信中断的时间	<0.25s(99%)
越区切换成功率	切换成功率是成功切换的次数与总的切换尝试次数的比值	≥99.5%

3.3.3　LTE 网络技术

1. 系统构成

LTE 系统采用 SAE(system architecture evolution)网络体系结构,包括核心网(NSS EPC)、无线接入网(BSS eRAN)、运行与支持子系统(OMS)和终端设备四个部分。该系统结构具有以下几个特性[6]:一是网络架构全面分组化,网络全 IP 化,电路域不再被定义,只有分组域,语音业务由分组域配合 IMS 域提供,提升网络效率和性能;二是网络架构扁平化,网络结构趋于简单,通过 S-GW 和 P-GW 的可选合设达到网络扁平化的目的,简化了网络部署,同时大大缩短了时延;三是支持多接入技术,支持与现有 3GPP 系统的互通,同时支持非 3GPP 网络的接入,支持用户在 3GPP 及非 3GPP 网络间的漫游和切换。

LTE 系统结构及主要接口如图 3.3.2 所示。

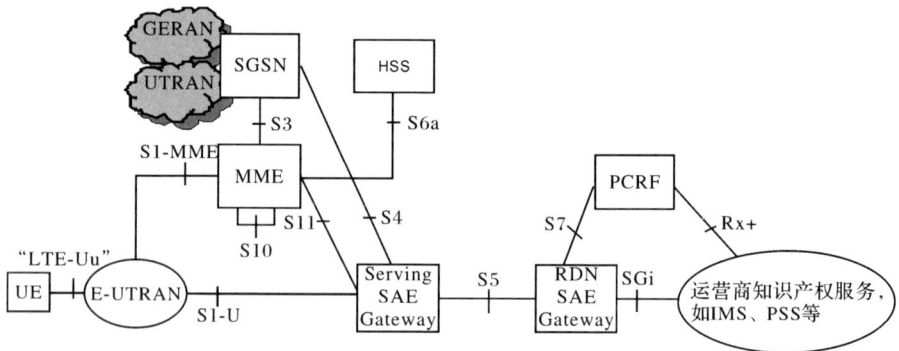

图 3.3.2　LTE 系统结构及主要接口

eNB 之间由 X2 接口互连,每个 eNB 又和演进型分组核心网 EPC 通过 S1 接口相连。S1 接口的用户面终止在服务网关 S-GW 上,S1 接口的控制面终止在移动性管理实体 MME 上。控制面和用户面的另一端终止在 eNodeB 上。

(1)核心网架构。如图 3.3.3 所示,核心网由移动管理实体(MME)、归属签约用户服务器(HSS)、服务网关(S-GW)、分组数据网网关(P-GW)等网元组成。

MME 的主要功能包括支持 NAS 信令及其安全、跟踪区域(tracking area)列表的管理、P-GW 和 S-GW 的选择、跨 MME 切换时 MME 的选择、用户的鉴权、漫游控制以及承载管理,以及终端在 ECM-IDLE 状态下可达性管理等。S-GW 是终止于E-UTRAN 接口的网关,该设备的主要功能包括 eNodeB 间切换时的本地锚定点、执行合法侦听功能、数据包的路由和前转、上下行传输层的分组标记、ECM-IDLE状态下分组缓存及寻呼触发等。P-GW 是面向 PDN 终结于 SGi 接口的网关,该设备的主要功能包括终端的 IP 地址分配功能、上下行传输层的分组标记、QoS 控制、承载控制等。HSS 是用于存储用户签约信息的数据库,主要功能包括存储用户签约信息、用户鉴权、位置信息管理等。EPC 网络各实体之间接口均基于 IP传输。

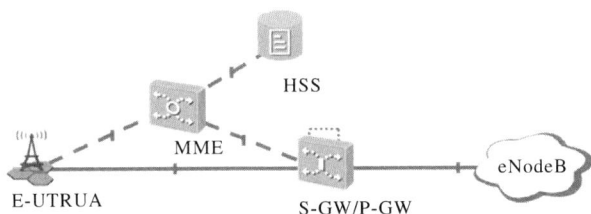

图 3.3.3　核心网结构示意图

　　(2) 无线接入网架构。如图 3.3.4 所示,eNodeB(E-UTRAN NodeB)是 LTE系统的无线接入设备,主要完成无线接入功能,包括管理空中接口、接入控制、移动性控制、用户资源分配等无线资源管理功能。LTE 接入网仅由演进后的节点eNodeB 组成,提供到 UE 的 E-UTRA 控制面与用户面的协议终止点。eNodeB之间通过 X2 接口连接,多个 eNodeB 可组成 E-UTRAN(Evolved Universal Terrestrial Radio Access Network)系统。

　　2. 系统制式

　　神华铁路采用 1.8GHz 频段(1785~1795MHz)10MHz 带宽的铁路专用移动通信频率资源用于构建重载铁路的宽带移动通信系统。根据频段带宽,LTE 采用TDD 时分双工模式,上下行信道使用同样的频率。系统按照 5M 异频进行组网,将 10MHz 分为上 5MHz 和下 5MHz,两层网络(A 网和 B 网)各分配一个频率。

　　3. 系统关键技术

　　1) 冗余组网技术

　　基于 3GPP TDD-LTE 网络架构,神华铁路 LTE 系统创新应用了双网负荷分担和基站 CPRI 接口冗余热备等冗余组网技术,充分保障神华铁路机车同步操控

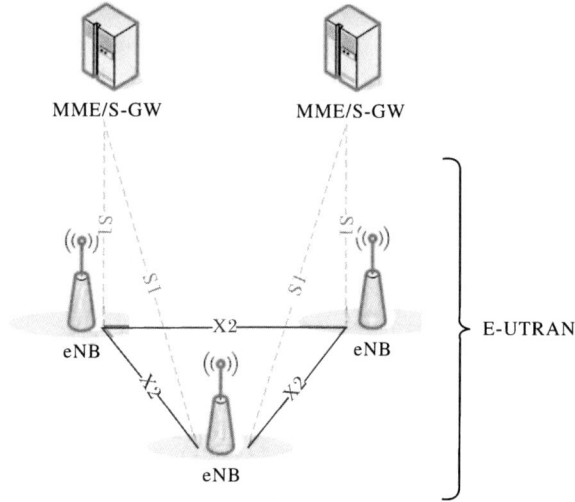

图 3.3.4　无线接入网架构

等安全业务在出现单点故障时获得不间断的可靠数据传输。

　　双网负荷分担是指设置两套 LTE 核心网组成 A 和 B 双层网络,两套核心网采用负荷分担方式工作。根据事先确定的分配方案,将指定的终端业务分配到其中一个核心网。当一层网络的核心网或所属基站出现故障时,终端可通过接入另一层网络将业务转移到另外一个核心网。组网结构如图 3.3.5 所示。负荷分担技术中主要工作策略主要有:非固定网络终端通过优选列表优先驻留在 A 核心网或 B 核心网,固定网络终端通过 IMSI 固定分配到指定的核心网中。在一层网络下的 eNodeB 监测到网络负荷过重时,可根据内部算法控制非固定网络终端切换到另一层网络下。非固定网络终端驻留一层网络后,在该层网络核心网故障或服务小区故障时可重新进行网络选择进入另一层网络。非固定网络终端驻留一层网络后,在满足一定控制条件下可通过正常切换流程切换至另一层网络。同层网络下或不同层网络下的终端均可进行数据互通。

　　基站 CPRI 接口冗余热备是指基站 eNodeB 由分布式基带处理单元(BBU)和射频拉远单元(RRU)组成,BBU 与 RRU 之间采取冗余连接方式(图 3.3.6)。每个 RRU 配置 2 个 CPRI 端口,分别与 BBU 的 2 个互为冗余的基带单板连接,当 1 路 CPRI 端口故障或者光纤故障时,将自动倒接到另一路冗余热备的 CPRI 接口连接上,业务中断时间小于 1s。

　　2) 多业务 QoS 保障

　　服务质量(quality of service,QoS)是一组服务要求,网络必须满足这些要求才能确保数据传输的适当服务级别。QoS 方案的目的是在网络拥塞时,优先保障

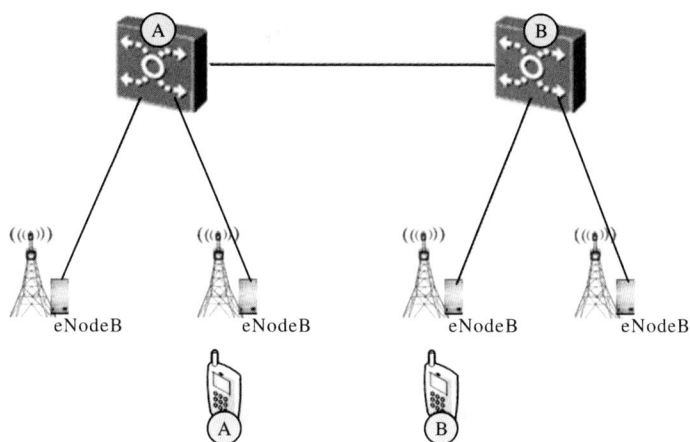

图 3.3.5　LTE 核心网组成 A 和 B 双层网络

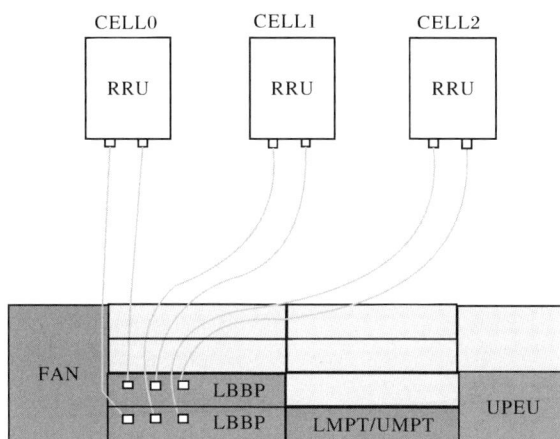

图 3.3.6　BBU 与 RRU 间冗余连接方案示意图

高优先级用户和业务的服务质量,衡量 QoS 的几个基本要素主要包括带宽/吞吐量(网络的两个节点之间特定应用业务流的平均速率)、时延(数据包在网络的两个节点之间传送的平均往返时间)、抖动(时延的变化)、丢包率(在网络传输过程中丢失报文的百分比,用来衡量网络正确转发用户数据的能力)。

　　由于无线网络与固网的调度模式不同,无线网络需要根据承载的类型和业务需求量进行动态调度,随着业务的增加,分配更多的资源,随着业务量的减少,降低承载的带宽,无业务时则拆除承载回收资源。QoS 保障方案通常是端到端 QoS 保障。业务流量在网络中传输时,经过的网络往往比较复杂,除 LTE 无线网络之外,还需要经过中间的承载网络,网络中的任何一个环节的行为都会直接影响业务的 QoS,需要 E2E 网络根据流量的优先级进行差分调度,且定义和实施统一的调度规则。

根据 LTE 网络承载业务的特性和优先级,网络 QoS 配置见表 3.3.7,QCI 和 QoS 指标对比见表 3.3.8。

表 3.3.7　LTE 网络 QoS 配置

业务	业务流量模型	优先级	能抢别人	能被抢	QCI 值	QCI 类型
机车同步操控	UL/DL:32Kbps	1	Y	N	1	GBR
可控列尾	UL/DL:2Kbps	1	Y	N	1	GBR
紧急呼叫语音	UL/DL:30Kbps	1	Y	N	1	GBR
机车台调度语音	UL/DL:30Kbps	2	Y	Y	3	GBR
机车台调度命令、无线车次号校核	UL:0.8Kbps/DL:0.4Kbps	2	Y	Y	3	GBR
手持台普通语音	UL/DL:30Kbps	3	N	Y	2	GBR
车地移动视频监控等（控制命令/业务流）	控制:0.1Kbps业务:512Kbps	4	N	Y	7	Non GBR

表 3.3.8　QCI 和 QoS 指标对照表

类型	QCI 值	优先级	传输时延	丢包率
3GPP 定义的比特率保障业务的 QCI	1	2	100ms	10^{-2}
	2	4	150ms	10^{-3}
	3	3	50ms	10^{-3}
	4	5	300ms	10^{-6}
3GPP 定义的非比特率保障业务的 QCI	5	1	100ms	10^{-6}
	6	6	300ms	10^{-6}
	7	7	100ms	10^{-3}
	8	8	300ms	10^{-6}
	9	9		

3）多天线技术应用方案

MIMO(multiple input multiple output)是一种能成倍提升系统频谱效率的技术。MIMO 是对单发单收 SISO(single input single output)的扩展,泛指在发送端或/和接收端采用多根天线,并辅助一定的信号处理技术完成通信的一种技术,一般称为 MxN 的 MIMO 系统,其中 M 表示发射天线数,N 表示接收天线数。多输入多输出原理如图 3.3.7 所示。

神华铁路 MIMO 应用方案主要根据不同场景分为两类:一类是空旷区域场

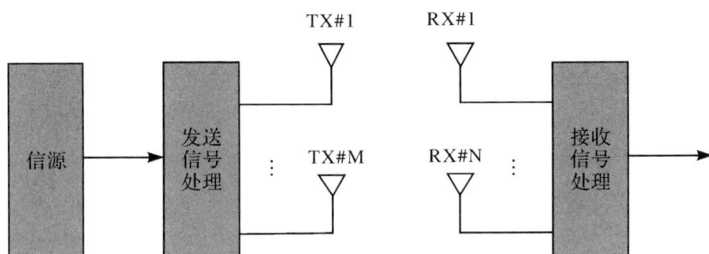

图 3.3.7　多输入多输出原理图

景。终端天馈配置为 1T2R,基站天馈配置为 2T2R。基站 2 端口输出分别连接到双极化天线的 2 个端口,如果是需要覆盖基站两侧的情况,则每端口功分后,连接两个方向天线的端口。天馈配置示意如图 3.3.8 所示。这种场景下,下行使用 2×2 的 MIMO 配置,MIMO 方式为自适应模式。即在载干比理想情况下,下行使用空分复用,得到接近 2 倍的吞吐率。在载干比不理想情况下,自动切换到发射分集的模式,获得下行分集增益,提高下行载干比。另一类是隧道口和隧道内覆盖场景。由于隧道漏缆只有一条,不具备空分复用/空间分集的条件,故终端天馈配置为 1T2R,基站天馈配置为 1T1R。天馈配置示意如图 3.3.9 所示。这种场景下,下行使用单发单收,没有 MIMO 增益。

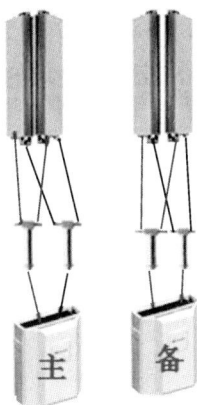

图 3.3.8　基站天馈配置示意

4) TDD 上下行子帧配比方案

eNodeB 支持 3GPP TS 36.211 定义的不同上下行子帧配比,包括 SA0(上下行子帧配比 3∶1,小区的上行吞吐量达到最大)、SA1(上下行子帧配比 2∶2,上下行传输资源平均分配)、SA2(上下行子帧配比 1∶3,下行流量吞吐量大于上行流量吞吐量)、SA5(上下行子帧配比 1∶8,大部分资源分配给下行)。根据神华铁路

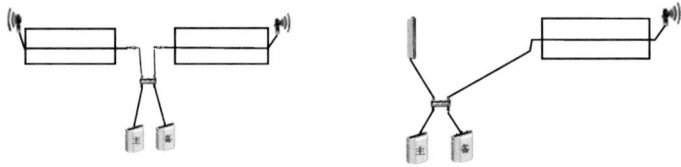

图 3.3.9　终端天馈配置示意

的实际需求,并考虑到目前实际应用中大部分项目均配置为 SA1 配比,各方面测试较为充分,优先选择 SA1 的子帧配比来满足项目目前的业务需要,根据后期的实际业务发展,可以根据实际测试需要来调整上下行子帧配比满足业务发展需求。

5) 调制编码方案

LTE 支持 DL/UL QPSK、DL/UL 16QAM 以及 DL 64QAM,并采用自适应调制与编码(AMC)技术。该技术根据当前信道条件为系统自适应选择最优的调制和编码方案(MCS),提高整个系统的频谱效率。当信道条件较差时选择较小的调制和编码方案,而当信道条件较好时选择较大的调制和编码方案,从而提高系统传输速率。这其中包括下行链路根据 UE 上报的 CQI 选择最优的 MCS,上行链路根据 eNodeB 测量的 SINR 选择最优的 MCS。

4. 运行与支持系统

OMC 是移动网元管理解决方案中的集中操作维护部分,系统采用组件化设计思想,各组件间通过 CORBA 软件总线进行通信;系统采用开放式的体系结构,通过网元适配层接入各种类型的网元。提供配置管理、性能管理、故障管理、安全管理、日志管理、拓扑管理、软件管理、系统管理等网管功能。OMC 采用客户端/服务器的工作方式,OMC 软件分为客户端软件、服务器软件和网元适配软件。客户端软件运行在客户端,服务器软件和网元适配软件运行在 OMC 服务器。

5. 系统设备主要技术指标

(1) 系统设备整体技术指标。通过在基站射频单元设置支持 5MHz 的滤波器,基带处理单元上配置 5MHz 带宽处理功能,保证了全网 5MHz 同频组网和双网冗余覆盖的实现。通过在基站射频单元设置支持 10MHz 的滤波器,基带处理单元上配置 10MHz 带宽处理功能,保证了全网 10MHz 同频组网和单网冗余覆盖的实现。基站射频单元设置的滤波器同时支持 10MHz 和 5MHz,基带处理单元上带宽处理功能同时支持 10MHz 和 5MHz 处理功能,系统设备同时支持单载扇 10MHz 和 5MHz 组网。根据系统参数配置,系统可任意选择 10MHz 或 5MHz 组网。基站设备具有工信部无线电发射设备型号核准证,频段为 1785～1795MHz。
(2) LTE 核心网设备技术指标见表 3.3.9～表 3.3.11。

表 3.3.9　具体物理接口

接口名	物理特性	承载协议	最大端口数目
S1-MME/S11/	GE(gigabit ethernet)	IP/MAC	8
	FE(fast ethernet)	IP/MAC	8
O&M	FE	IP	2

表 3.3.10　容量指标

指标名称	指标值
系统能支持的用户数量	2 万
系统能支持的承载数量	4 万
系统能支持的 eNodeB 数量	500
系统同时支持的 S-GW/P-GW 数量	1

表 3.3.11　设备可靠性指标

指标名称	指标值
典型配置系统可用度	$\geqslant$99.999%
系统平均故障间隔时间 MTBF	$\geqslant$300000h
系统平均故障修复时间 MTTR	$\leqslant$60min
冗余备份机制	1+1 备份

(3) LTE 基站设备 BBU 技术指标见表 3.3.12 和表 3.3.13。

表 3.3.12　物理接口

单板/模块	接口	数量	连接器类型	用途
LMPT	FE/GE 光口	2	SFP	S1、X2 业务接口
	FE/GE 电口	2	RJ45	S1、X2 业务接口
	USB 接口	1	USB	软件加载
	TST 接口	1	USB	测试接口
	调试串网口	1	RJ45	LMT 维护
	GPS 天线接口	1	SMA	连接 GPS 天线
LBBP	CPRI/IR 接口	6	SFP	BBU3900 与 RRU 间的接口,该接口同时支持 CPRI/IR 规范要求

续表

单板/模块	接口	数量	连接器类型	用途
UPEU	电源接口	1	3V3	−48V DC 电源输入
	MON0	1	RJ45	提供 2 路 RS485 监控功能,连接外部监控设备
	MON1	1	RJ45	
	E×T-ALM0	1	RJ45	提供 8 路干结点报警接入,连接外部报警设备
	E×T-ALM1	1	RJ45	
UTRP	E1/T1 接口	2	DB26	提供 8 路 E1/T1 传输,且需要使用 E1/T1 接口时才需要配置 UTRP
USCU	TOD 接口	2	RJ45	接收或发送 1PPS+TOD 信号
	M-1PPS 接口	1	SMA	接收 M1000 的 1PPS 信号

表 3.3.13　设备指标

项目	指标值
设备尺寸($H\times W\times D$)	86mm×442mm×310mm
设备重量	≤8kg(标配)
电源(DC)	−48V(−36～−60V)
功耗(最大/平均)	<300W
温度	−20～+50℃(长时) 50～55℃(短时)
相对湿度	5% RH～95% RH
气压	70～106kPa
保护级别	IP20
CPRI 接口	每块 LBBP 支持 6 个 CPRI 接口 支持标准 CPRI4.1 接口,并向后兼容 CPRI3.0
传输接口	2 个 FE/GE 电口 或 2 个 FE/GE 光口 或 1 个 FE/GE 电口和 1 个 FE/GE 光口 或 2 个 E1/T1 口

（4）LTE 基站设备 RRU 技术指标见表 3.3.14～表 3.3.16。

表 3.3.14　物理接口

接口类型	连接器类型	数量	说明
CPRI 接口	DLC	2	用于连接 BBU
射频接口	N 型	4	连接天馈

续表

接口类型	连接器类型	数量	说明
接地端口	OT	2	用于保护接地
电源接口	快速安装型公端(压接型)连接器	2	给 RRU 提供－48V 电源
RET 接口	DB9	1	连接 RCU

表 3.3.15　设备指标

项目	指标值	
频带/带宽	频带	带宽
	1.8GHz:1785～1800MHz	10MHz 或 20MHz
设备尺寸($H\times W\times D$)	480mm×270mm×140mm(18L 不带壳) 485mm×300mm×170mm(24.7L 带壳)	
设备重量	≤19.5kg(不带壳);≤21kg(带壳)	
电源(DC)	－48V,电压范围:－36～－57V	
最大输出功率	4×20W	
温度	－40～＋50℃(1120W/m² 太阳辐射) －40～＋55℃(无太阳辐射)	
相对湿度	5% RH～100% RH	
气压	70～106kPa	
保护级别	IP65	

表 3.3.16　基站可靠性指标

项目	指标值
系统可用度	≥99.999%
系统平均故障间隔时间(MTBF)	≥155 000h
系统平均故障修复时间(MTTR)	≤1h
系统重启时间	<450s

3.3.4　应用业务系统技术

1. 机车无线重联数据传输应用系统

1)系统构成

机车无线重联数据传输应用系统主要用于实现组合列车主、从控机车之间的列车同步操控和主控机车、可控列尾之间同步控制等功能。系统主要由重载无线重联数据传输系统地面服务器、重载无线重联车载数据通信设备和可控列尾车载通信设备等构成，系统构成图如图 3.3.10 所示。重载无线重联数据传输系统地面服务器设置在中心机房，通过 SGW/PGW 接入 TD-LTE 网络；主控机车、从控机车和可控列尾均采用冗余配置，每台机车 A 端和 B 端分别安装一套重载无线重联车载数据通信设备，可控列尾内部安装 2 套可控列尾车载通信设备。组合列车运行过程中，所有通信设备均同时工作，提供冗余的无线传输链路，有效地保证无线通信系统的安全性。

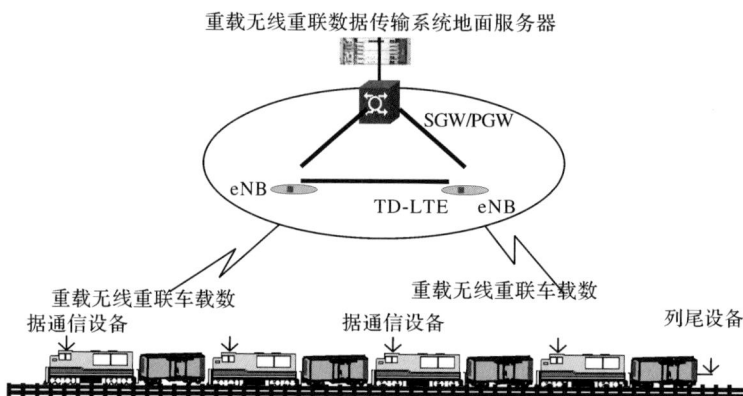

图 3.3.10　重载列车操控数据传输应用子系统构成图

2) 应用业务功能及实现

注册编组通信：组合列车开行前，由重载无线重联车载数据通信设备和可控列尾车载通信设备向 LTE 网络发起注册请求。为了保证合法用户能够正常登录网络，同时限制非法用户的加入，地面 LTE 网络增加了鉴权机制，采用 RADIUS 服务器实现。用户想登入网络，必须采用合法的用户名以及正确的密码。为了解决主从机车之间不能直接编组的问题，地面 LTE 网络增加了域名服务器 DNS 设备，实现机车号域名与 IP 地址的绑定，主控机车和从控机车通过对方的机车号信息向网络查询对方的 IP 地址，实现 IP 地址寻址。因此，主从机车只要知道对方的机车号，就能通过查询 DNS 服务器获取对方的 IP 地址，然后互相发送编组信息，完成编组操作。

数据会议通信：主控机车获取从控机车和可控列尾的 IP 地址信息，从控机车获取主控机车和可控列尾的 IP 地址信息，可控列尾获取主控机车的 IP 地址信息。主控机车、从控机车和可控列尾之间建立实时数据传输通道，主控机车的实时控制命令能安全有效地传输至从控机车和可控列尾，实现组合列车同步操控。不同数据会议组的机车之间不能相互传送数据。主控机车是控制的主体，通过无线通信方式发送制动控制指令，所有从控机车通过接收主控机车的控制指令实现全列车的分布式同步制动控制。同时，所有从控机车通过无线通信方式反馈本机车的状态及故障信息到主控机车和其他从控机车。为了提高数据传输的可靠性,无线重联系统主车会向所有从车发送数据,从车会向主车和其余从车发送数据,这样不仅增加了空中数据碰撞的概率,还增加了网络带宽的占用。后期对数据发送机制进行了优化,改为采用星形结构进行数据传输,即主车分别向所有从车发送,从车只向主车发送。优化后,网络资源占用明显减小,数据传输可靠性显著提高。

数据链路实时监测通信:系统具备实时监测数据链路状态的功能。

重载无线重联车载数据通信设备监测通信:注册成功后的重载无线重联车载数据通信设备每隔 10s 向重载无线重联数据传输系统地面服务器发送状态数据帧,上报车载设备所在的小区号、公里标和经纬度等位置信息以及连接状态、附着状态、信号强度、各接口通信状态等信息,实现对重载无线重联车载数据通信设备的实时位置跟踪、分编组跟踪和机车运行状态功能。

可控列尾车载通信设备状态监测通信:注册成功后的列尾车载通信设备每隔10s 向重载无线重联数据传输系统地面服务器发送一次链路查询数据帧,包含设备状态报告。

注销解组通信:组合列车完成运行任务后,重载无线重联车载数据通信设备和可控列尾车载通信设备通过注销实现退出编组模式。主从车重载无线重联车载数据通信设备自行注销。

3) 系统可靠机制

设备可靠性:重载无线重联数据传输系统地面服务器支持交织单网、交织双网和同站址双网的组网方案,与 LTE 网络之间采用双通道冗余网络连接,单通道故障不影响系统的数据传输,保证传输通道的可靠性。通信单元和记录单元均采用双机热备的工作方式,具有高可靠性和高可用性的特点,单点设备故障不会影响整个系统的正常运行。车载数据通信设备支持交织单网、交织双网和同站址双网的组网方案,在双网组网中,机车 A 端和 B 端的重载无线重联车载数据通信设备分别接入 A 网和 B 网,形成多链路冗余,有效地保证数据链路的安全性和可靠性。设备采用 CPCI 工控结构,具有连接可靠、散热性和气密性好、抗震性和抗腐蚀性高、易维护性强、静电防护性强等特点。设备采用成熟的嵌入式软、硬件架构和工业级元器件,有效保证系统的实时性和硬件的安全性。

系统冗余工作机制:重载无线重联车载数据通信设备(DTE-L)一端通过 LTE通信模块接入 LTE 网络,实现空口的数据通信;另一端通过数据总线连接无线重联操作控制单元(OCU),接收和向 OCU 转发列控业务数据。每台机车 A 端和 B端分别配置一套重载无线重联操作控制单元(OCU)和一套重载无线重联车载数据通信设备(DTE-L),A 端和 B 端设备之间采用高速以太网总线实现互联。列车运行过程中,机车 A 端和 B 端的 OCU、DTE-L 设备同时工作,以冗余方式进行数据收发,单点故障不影响系统正常运行。无线重联系统冗余的工作方式如图 3.3.11

所示。可控列尾系统中主控机车 A、B 端同时各配置一套 LTE 车载数据通信设备 DTE-L,可控列尾配置两套 LTE 数据通信单元 TCE-L,列车运行过程中,主控机车和可控列尾之间进行双模块收发。主控机车双 DTE-L 设备收到列控 OCE 的排风指令后,向列尾双 TCE 设备转发,TCE-L 设备收到主控机车的排风指令后向可控列尾控制设备转发,可控列尾控制设备响应排风指令后通过单 TCE-L 设备向主控机车发送排风反馈。可控列尾系统冗余工作方式如图 3.3.12 所示。

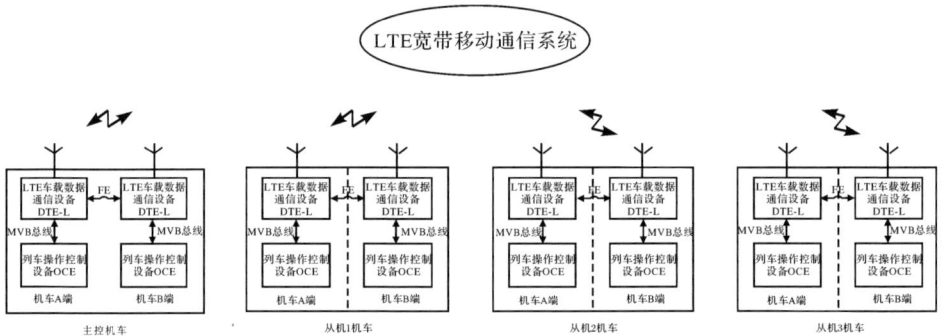

图 3.3.11　无线重联系统的冗余工作方式

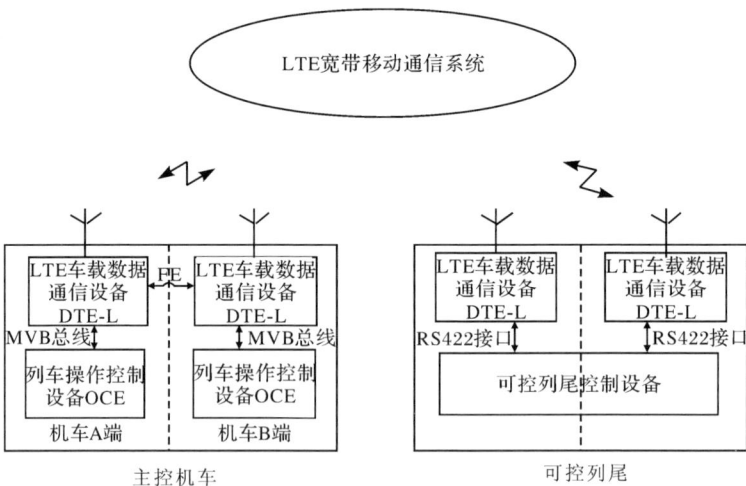

图 3.3.12　可控列尾系统冗余工作方式

4) 系统设备及其关键技术

重载无线重联数据传输系统地面服务器主要功能是监控重载无线重联车载数据通信设备和可控列尾车载通信设备的工作状态。重载列车操控数据传输应用子系统中每个机车的状态和控制数据以无线通信的方式传送到地面服务器,通过对地面服务器的监视可以获得运行机车的通信状态信息。

设备组成:重载无线重联数据传输系统地面服务器逻辑组成如图 3.3.13 所示。重载无线重联数据传输系统地面服务器由通信单元、记录单元、管理维护单元以及网络交换设备等组成。重载无线重联数据传输系统地面服务器中通信单元、记录单元、网络交换设备采用冗余备份工作方式,具有高可靠性和高可用性等特点,单点故障不会影响整个系统的工作。设备配置见表 3.3.17。

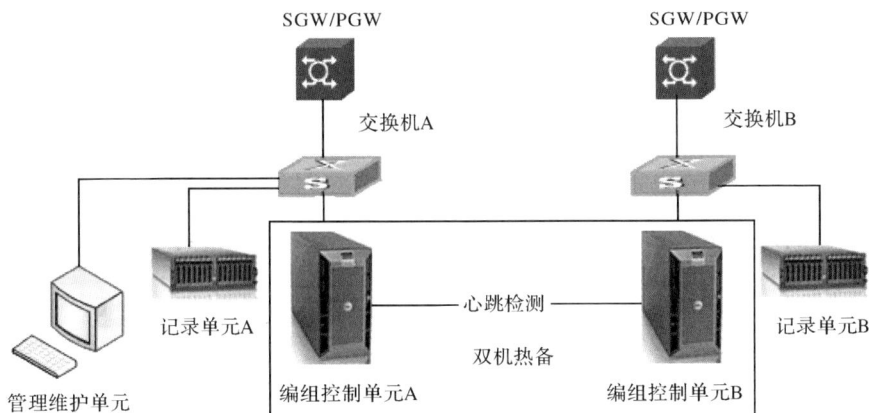

图 3.3.13　重载无线重联数据传输系统地面服务器逻辑组成图

表 3.3.17　重载无线重联数据传输系统地面服务器配置

设备名称	数量	功能	备注
通信单元	1(套)	完成与所有机车无线重联车载数据通信设备和可控列尾车载通信设备的数据转发	冗余配置 可靠性:>99.999% 主备机之间切换<1s 内存动态数据镜像保护
记录单元	1(套)	存储所有机车的通信状态、通信过程以及机车之间相互发送的数据	冗余配置 硬盘采用镜像方式保护 日志存储时间>3 个月 具备平滑扩容功能
管理维护单元	1(套)	数据会议组在线运行情况监测	
三层交换机	2(台)	实现重载无线重联数据传输系统地面服务器与 LTE 网络双通道冗余连接	

设备功能:一是通信链路控制,重载无线重联数据传输系统地面服务器具备同时接入多个重载无线重联车载数据通信设备的能力,具体数量可以根据用户需求灵活调整;二是安全认证,负责对接入的重载无线重联车载数据通信设备进行

安全认证,并拒绝没有通过安全认证的设备;三是数据转发,完成与所有机车无线重联车载数据通信设备和可控列尾车载通信设备的数据转发;四是记录,能够记录其转发的数据和自身的工作日志。

管理维护单元:管理维护单元由管理维护终端机和管理维护软件组成,通过局域网与重载无线重联数据传输系统地面服务器相连。其作用是实时监测和记录全线机车编组情况、重载无线重联车载数据通信设备之间的数据传输情况,以及重载无线重联数据传输系统地面服务器各单元的工作状态。

5)系统设备主要技术指标

电源要求:工作电压 AC 220V(波动范围 AC 187~242V),最大功耗10kW。

记录:记录容量满足存储至少 3 个月数据的容量要求。

系统可扩展性:系统处理能力可平滑扩容,具备在线升级的能力。

软件系统:软件系统应采用分层的模块化结构,任何一层的任何一个模块的维护和更新以及新模块的追加都不应影响其他模块。软件具有诊断、容错和故障恢复功能。

硬件系统:硬件系统按照模块化设计,关键模块采用冗余备份机制,并支持热拔插功能。

环境要求:正常工作温度 10~35℃,短期工作温度 0~45℃;正常工作湿度不大于 90 %(25℃),短期工作湿度不大于 95 %;防尘和防水符合 GB 4208-2008 中定义的 IP50 防护等级。

可靠性要求:平均故障间隔时间(MTBF)不小于 10 年;平均维修时间(MTTR)不大于 2h;全系统中断在 5 年内累计不超过 15min;可用性大于99.999%;硬件故障、软件故障应符合 YDN 065-1997 的 6.2.4.3 和 6.2.4.4 的要求。

2. 列车调度集群语音应用系统

1)系统构成

列车调度通信系统主要由集群服务器(包括集群信令处理服务器及集群媒体处理服务器)、录音服务器、网管服务器、网管客户端、语音终端(机车台、手持台及固定台)等设备构成。系统采用双中心冗余设置,系统构成图如图 3.3.14 所示。

2)与 FAS 和 PSTN 系统互联

集群服务器通过 SIP 网关与 FAS 系统和 PSTN 系统互联互通,系统和 SIP网关通过 IP 方式连接,SIP 网关和 FAS 系统通过 PRI 接口、DSS1 信令方式互通,SIP 网关和 PSTN 系统通过 2M 数字接口、NO.7 信令方式互通。

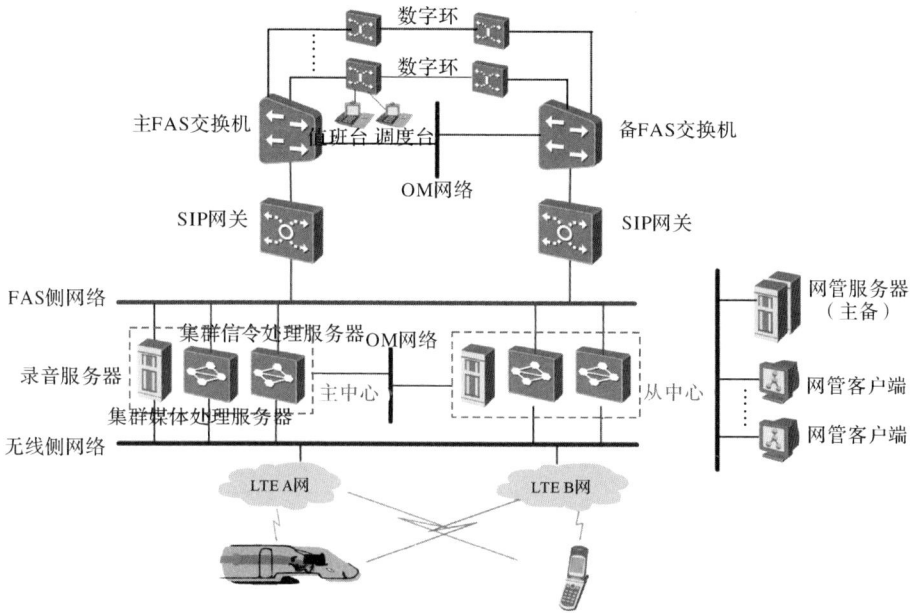

图 3.3.14　列车调度通信系统构成

3）应用业务功能及实现

列车调度集群通信主要用户包括列车调度员、车站（场）值班员、助理值班员、机车司机、机务段调度员、救援人员以及其他相关人员。列车调度集群通信具体业务功能见表 3.3.18。

表 3.3.18　列车调度集群通信具体业务功能

呼叫类型	应用功能
个别呼叫	列车调度员按车次号功能寻址/MSISDN 号码方式个别呼叫调度辖区内的机车司机并通话； 列车调度员呼叫调度辖区内车站值班员并通话； 列车调度员呼叫相邻调度区调度员并通话； 列车调度员呼叫相邻调度区分界站车站值班员并通话； 车站值班员按车次号功能寻址/MSISDN 号码方式个别呼叫机车司机并通话； 车站值班员呼叫列车调度员并通话； 车站值班员呼叫相邻车站值班员并通话； 机车司机按位置寻址/ISDN 号码方式个别呼叫当前所在调度辖区的列车调度员并通话； 机车司机按位置寻址/ISDN 号码方式个别呼叫本站/前方站/后方站值班员并通话； 机车司机按车次功能号/MSISDN 号码个别呼叫运转车长并通话； 运转车长按车次功能号/MSISDN 号码个别呼叫机车司机并通话；

续表

呼叫类型	应用功能
个别呼叫	助理值班员按车次功能号/MSISDN 号码个别呼叫机车司机并通话； 助理值班员按车次功能号/MSISDN 号码个别呼叫运转车长并通话
语音组呼	列车调度员组呼调度辖区范围内的所有或部分车站值班员并通话； 车站值班员组呼所属列车调度员、三站两区范围内的机车司机并通话。根据需要，可选择位于三站两区间范围内的助理值班员、运转车长、道口值班人员、工务巡道人员作为该呼的被叫组成员； 车站值班员、助理值班员、车站基站区范围内机车司机和运转车长之间按组呼方式通话
铁路紧急呼叫	机车司机、助理值班员、工务巡道人员、道口值班人员向所属调度辖区的调度员、相邻的车站值班员以及相邻三小区范围内的机车司机、运转车长、助理值班员、工务巡道人员、道口人员发起铁路紧急呼叫

4）系统可靠机制

系统硬件结构的安全可靠。系统硬件结构采用模块化设计、分布式控制技术，采用工业级微处理器，两级分布式控制，某一模块发生故障不影响整个后台其他模块的正常工作。系统所有元器件和部件都采用工业级产品，可靠性高、运行稳定，抗强电干扰及大话务量冲击。控制中心、各车站设备关键板件 1+1 热备份，自动切换，且其切换过程中，不中断通话，不丢失数据。整机加载时间不超过 10min，系统再启动时间不超过 1min，电路板可带电插拔（主机、交换网、控制板可除外），还应具有完善的电磁屏蔽保护措施。

系统软件结构的安全可靠。系统软件采用模块化设计，标准 C 语言编程，即控制系统由若干个处理器构成，但各处理器的地位不同，分为两级：主网级和模块级。模块级处理器主要负责外部信号的采集和对输出端口的控制，而主网级处理器则负责各终端模块之间的信息交换控制。系统软件由主网级模块软件和各终端级模块软件构成，主次功能分担型，主网级模块软件主要负责数据管理、呼叫接续、维护测试等；终端级模块软件主要负责各终端电路的监视与控制、部分呼叫处理等，每个系统之间各自独立，彼此之间通过内部协议通信构成整体。系统软件具有软件狗功能，当系统发生严重故障时可自动复位。系统重要数据应采用闪存保护，掉电时数据不丢失，来电可自动加载。

双中心组网。系统采用端到端的全系统冗余设计，支持双中心 IP 组网，可实现中心同城异地热备份功能，对列调业务提供高可靠性的网络保障。

5）系统关键技术

语音业务的 LTE 承载机制。LTE 采用扁平化网络架构，优化的无线资源使得分组的时延得以大大降低。同时，LTE 提供了完整的分段业务质量保障手段，能够确保业务端到端的质量。LTE 的低时延架构确保语音业务的时延要求。LTE 网络架构扁平化,精简了业务传递流程,使得数据域的延时大幅降低。另外,LTE 系统的子帧时隙单位为 1ms,在保证系统控制信令负荷合理的情况下,有力地降低了业务数据传输时延。LTE 用户平面内的单向传输时延低于 5ms;控制平面从睡眠状态到激活状态的迁移时间低于 50ms,从驻留状态到激活状态的迁移时间小于 100ms。LTE 的端到端 QoS 机制有力地保障了语音业务的带宽,确保语音业务在不稳定的空口传播条件和多业务共存场景下的带宽需求。所有的业务,包括语音业务在 LTE 中都是以带宽保证的 PS 业务来保障,LTE 中将 PS 业务分为比特率保障业务(GBR)和非比特率保障业务(Non-GBR)。LTE 对所要承载的 PS 业务分为 9 类,相应地 QoS 也分为 9 类,用 QoS 标识(QCI)来表示,见表 3.3.19。

表 3.3.19　LTE 承载的 PS 业务分类

序号	资源类型	优先级	时延预算	分组丢失率	业务举例
1	比特率保障业务	2	100ms	10^{-2}	LTE 话音
2		3	50ms	10^{-3}	实时游戏
3		4	150ms	10^{-3}	视频会议、视频通话,如新闻采编播
4		5	300ms	10^{-6}	视频
5	非比特率保障业务	1	100ms	10^{-6}	IMS 信令
6		6	300ms	10^{-6}	视频(缓冲流),基于 TCP 业务(例如 WWW、E-mail、聊天、FTP、P2P 文件共享、渐进式视频等)
7		7	100ms	10^{-3}	话音,视频(在线流媒体)交互游戏
8		8	300ms	10^{-6}	视频(缓冲流),TCP 业务(例如 WWW、E-mail、聊天、FTP、P2P 文件)
9		9	—	—	共享、渐进式视频等

系统性能保障机制。在呼叫成功率方面,列车调度通信业务的呼叫一是利用 LTE 系统提供的完善的重传机制,二是 SIP 应用层的重传机制也是减低呼叫失败概率的重要技术。两者共同降低了通信网络因素导致呼叫失败的概率:LTE 提供空口 MAC 层、RLC 层的 HARQ 重传机制;SIP 呼叫信令提供超时重传机制,在 32 个 TTI 期间反复重传。在呼叫建立时间方面,LTE 系统具备很小的子帧时隙单位(1ms),有利于降低数据传输时延;同时 LTE 网络架构扁平化,使得数据域的延时大幅降低。LTE 用户平面内的单向传输时延低于 5ms;控制平面从睡眠状态到激活状态的迁移时间低于 50ms,从驻留状态到激活状态的迁移时间小于 100ms。LTE 的时延优势从机制上确保了更低的呼叫建立时间。在音质提升方

面,LTE 列车调度通信系统支持国际电信联盟 ITU-T 制定的 G. 711、G. 729 两种语音编码标准。G. 711 编码主要用脉冲编码调制对音频采样,是语音模拟信号的一种非线性量化,采样率为 8k/s。G. 729 编码使用共轭结构的算术码本激励线性预测(CS-ACELP),基于 CELP 编码模型以 8Kbps 的波特率对语音进行编码,能够实现很高的语音质量(长话音质)和很低的算法延时。G. 729 提供强大的语音压缩能力(16 倍压缩率,相比 G. 711 需要 4 倍的处理能力),语音质量略低于 G. 711,但大幅降低语音带宽。

6) 系统设备主要技术指标

列车调度通信系统设备主要技术指标见表 3.3.20。

表 3.3.20　列车调度通信系统设备主要技术指标

系统容量	
单系统在线用户	＞4000
单台 MRS 容量	
视频会议容量	最大 64 方,可视化调度台最多可以同时显示 16 方视频
语音会议容量	最大 64 方
媒体并发交换路数	1000 路纯语音分发;200 路视频分发(每路按 512Kbps 计)
音频视频特性	
音频	G. 711a/u、G. 723. 1、G. 729
视频	视频编解码:H. 264 视频分辨率:QCIF、CIF、4CIF、D1 视频帧率:30 帧/s
协议和信令	
协议和信令	协议:SIP/SDP、RTP/RTCP、RTSP
系统接口	
系统接口	用户接口:IP 接口
工作环境	
传输网络质量要求	①承载网络丢包率应小于 1×10^{-3} ②网络时延应小于 150ms ③网络抖动时延应小于 60ms
工作温度	长期工作条件－10～55℃
工作湿度	长期工作条件:40%～65%,短期工作条件:20%～90%
电源	AC 220V
接地	4Ω

3. 车地通用数据通信应用系统

1）系统构成

车地通用数据通信应用子系统主要完成无线车次号校核、调度命令信息等车地通用数据传送，由接口服务器、列车调度通信机车台等构成，如图 3.3.15 所示。接口服务器设置在中心机房，预存了 CTC 通信服务器 IP 地址，用于在列车调度通信机车台和 CTC 通信服务器之间传输无线调度命令、车次号校核、列车停稳和启动信息。接口服务器通过 SGW/PGW 接入 TD-LTE 网络，实现与列车调度通信机车台之间的通用数据通信，采用 UDP/IP 通信协议；接口服务器与 CTC 通信服务器连接，实现与 CTC 系统之间的数据通信，采用 TCP/IP 通信协议，线路连接和设备配置可采用双机热备冗余方式。列车调度通信机车台支持车地通用数据通信功能，用于接收 CTC 系统下达的调度命令和近路预告等信息，显示给司机，司机阅读后签收。用于将车次号校核、列车停稳和启动信息发送给接口服务器，再转发给 CTC 系统，辅助 CTC 系统完成列车跟踪。

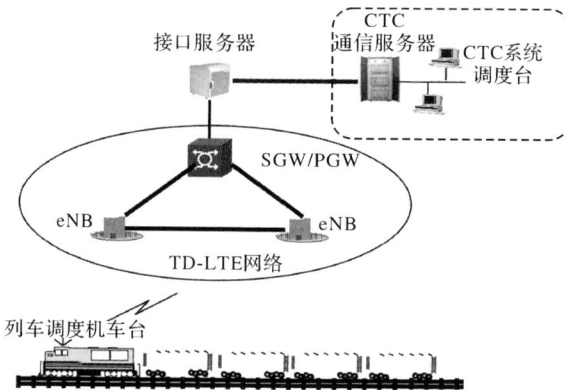

图 3.3.15　车地通用数据通信应用子系统构成图

2）与 CTC 系统互联

在既有 CTC 系统中，配置 CTC 通信服务器，通过 TCP/IP 方式与接口服务器连接，实现 CTC 系统与 LTE 系统的互联。

3）应用业务功能及实现

与 CTC 系统接口的活动性检测。CTC 通信服务器应每隔 3s 向接口服务器发送活动性检测数据帧；接口服务器在收到活动性检测数据帧后立即回复活动性检测响应数据帧；接口服务器如果在 10s 内没有收到接口通信服务器任何活动性检测数据帧，则认为该 TCP 连接失效，并结束该 TCP 连接，进入等待状态，应同时发出声音和文字告警；CTC 通信服务器如果在 10s 内没有收到任何接口服务器回复的活动性检测响应数据帧,则认为该 TCP 连接失效,并结束该 TCP 连接,重新发起新的 TCP 连接请求,同时应发出声音和文字告警。

无线车次号信息传送功能。编码器以数字方式向列车调度通信机车台转发列车运行数据,列车调度通信机车台判断符合发送条件时采用 UDP 方式向当前接口服务器发送车次号信息,当前接口服务器收到车次号信息后转发至 CTC 通信服务器。

CTC 系统向列车调度通信机车台查询车次号信息。CTC 向接口服务器发送车次号信息查询指令,接口服务器将该指令转发给列车调度通信机车台,列车调度通信机车台返回当前车次号信息。

CTC 系统向列车调度通信机车台发送调度命令信息。调度命令信息发送过程为:编辑、发送调度命令信息,接口服务器对调度命令信息的处理,列车调度通信机车台接收、处理调度命令信息,接口服务器接收、转发调度命令信息的自动确认和手动签收信息,CTC 对自动确认和手动签收信息的处理。

列车调度通信机车台向 CTC 系统发送调车请求。司机根据调车作业通知单需要进行调车作业时,在 MMI 上按"调车请求"键,列车调度通信机车台则将调车请求信息按照当前目的接口服务器的 IP 地址发送至接口服务器。工作在补机状态时不发送调车请求信息。接口服务器接收到列车调度通信机车台发来的调车请求信息后,在本地存储,并转发至 CTC。CTC 接收到请求信息后自动发送确认信息,列车调度通信机车台收到调车请求确认信息则在 MMI 上显示接收到的确认信息,此时不发送回执信息、不进行语音提示。

CTC 系统向列车调度通信机车台发送列车进路预告信息。接车站列车进路已经排列,CTC 在列车通过出发站的出站信号机位置时,将列车进路预告信息发送至接口服务器,如果信息发出后未收到自动确认信息,CTC 应每隔 15s 向接口服务器发送一次列车进路预告信息。当收到自动确认信息或列车越过接车站进站信号机时,不再发送列车进路预告信息。当列车进入区间后接车站列车进路发生变更时,CTC 应立即发送新的进路预告信息。

向辖区内所有指定列车发送调度命令信息。CTC 可以查询辖区内的所有列车信息,由发令人确认后向辖区内所有指定列车发送调度命令信息。

向在规定时间内通过某站的所有指定列车发送调度命令信息。在规定时间内,CTC 系统可向发令人提示,由发令人确认后向通过某站所有指定列车发送调度命令信息。

多信息排队。当系统有多条信息需要发送时,发送顺序依次为列车进路预告信息、行车凭证、调度命令、调车作业通知单,同种调度命令信息按编辑的时间顺序进行排队。

4）系统可靠机制

整个系统通过以下几个方面来保证可靠性:接口服务器与 LTE 网络、CTC 通信服务器之间采用双通道冗余网络连接,保证了传输通道的可靠性;接口服务器中数据转发单元、数据记录单元均采用冗余热备工作方式,具有高可靠性和高可用性等特点,单点故障不会影响整个系统的工作。列车调度通信机车台支持交织单网、交织双网和同站址双网的组网方案,在双网组网中,列车调度通信机车台支持同时接入 A 网和 B 网,有效保证数据链路的安全性和可靠性。

5）系统设备及关键技术

接口服务器为 CTC 铁路应用系统提供网络接入功能,为 CTC 通信服务器与列车调度通信机车台之间提供透明的数据传输通道。

接口服务器主要由数据转发单元、数据记录单元、网络交换设备和管理维护单元等组成,其逻辑组成如图 3.3.16 所示。数据转发单元负责完成数据的转发功能,SGW/PGW 网关通过数据转发单元向 CTC 通信服务器发送数据,CTC 通信服务器通过数据转发单元向 SGW/PGW 网关发送数据;数据记录单元将转发的数据在本地记录下来,在日后的维护中,需要查询、提取数据时,从记录单元获取数据;管理维护单元实现对接口服务器运行状态的查看及历史数据的查询、显示等功能;网络交换设备用于实现网络连接功能。接口服务器中数据转发单元、数据记录单元、网络交换设备均采用冗余热备份工作方式,具有高可靠性和高可用性等特点,单点故障不会影响整个系统的工作。设备配置见表 3.3.21。

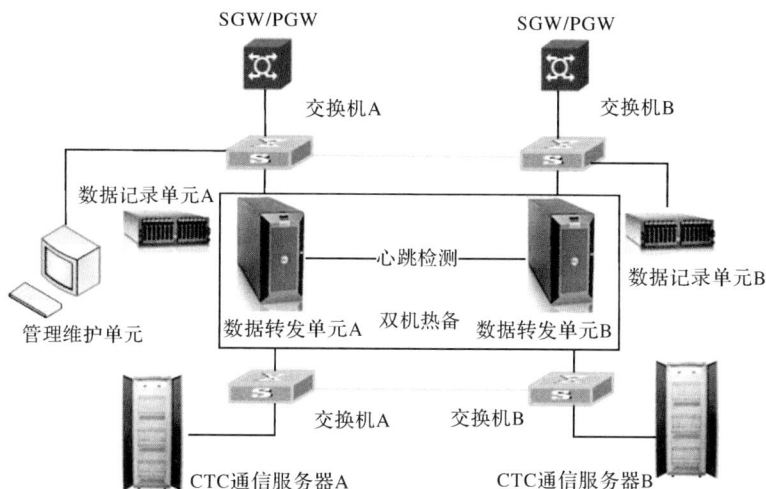

图 3.3.16　接口服务器逻辑组成图

表 3.3.21　车地通用数据通信应用系统接口服务器配置

设备名称	数量	功能	备注
数据转发单元	1(套)	业务数据转发,接口监控管理、日志实时显示	冗余配置 可靠性:>99.999% 主备机之间切换<1s 内存动态数据镜像保护
数据记录单元	1(套)	存储工作日志、原始数据、位置信息等数据	硬盘采用镜像方式保护 日志存储时间>3 个月 具备平滑扩容功能
管理维护单元	1(套)	安装监控管理软件,提供查询统计、日志实时显示、故障告警等功能	设置在接口服务器所在地
三层交换机	2(台)	实现接口服务器与 LTE 网络、CTC 通信服务器之间的双通道冗余连接	

6) 系统设备主要技术指标

数据转发单元:可靠性>99.999%;本地主备机之间切换不大于 1s;具有内存动态数据的镜像保护功能。

数据记录单元:硬盘采用镜像方式保护;数据存储设备之间实时同步;可用存储容量不小于 300GB,并具备平滑扩容功能。

交换机:最大 VLAN 数量不小于 1005;转发带宽不小于 8.8(Gbps);每秒分组数不小于 6.5(Gbps);支持的 MAC 地址个数不小于 12000;支持的路由数不少于 11000;板载内存(DRAM/闪存)不小于 128/32MB。

环境要求:系统设备接地和电磁环境等指标满足《铁道信号电器设备电磁兼容性试验及其限值》(TB/T 3073—2003)。

3.3.5　终端设备技术

1. 机车无线重联车载通信设备

重载无线重联车载数据通信设备主要用于为重载无线重联系统提供无线传输通道。重载无线重联车载数据通信设备与 TD-LTE 网络之间通过空口互联,与重载无线重联系统之间采用高速总线接口。

1) 设备构成

重载无线重联车载数据通信设备主要由电源单元、控制单元、接口单元和通信单元组成,安装在机车的一端,提供外部接口,用于实现主从冗余配置,提高系统的可靠性。设备构成图如图 3.3.17 所示,重载无线重联车载数据通信设备的配置见表 3.3.22 所示。

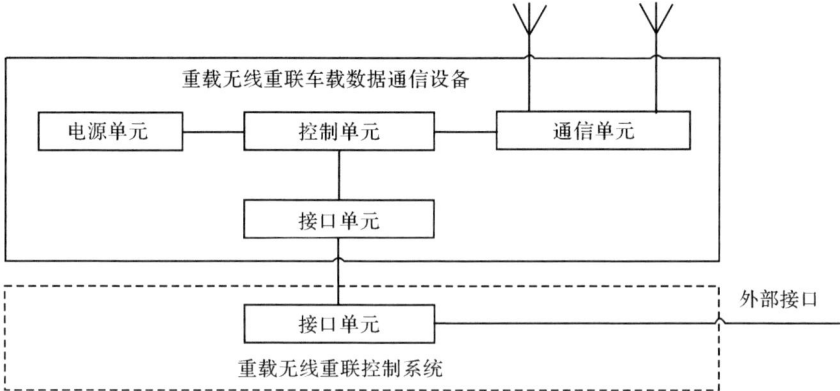

图 3.3.17　重载无线重联车载数据通信设备构成图

表 3.3.22　重载无线重联车载数据通信设备配置

设备名称	数量	功能	备注
电源单元	1（套）	把机车提供的电源转换为设备需要的电压，为设备供电	
控制单元	1（套）	实现与重载无线重联控制系统的连接，完成重载无线重联车载数据通信设备的控制和数据处理任务，记录设备的通信数据和工作日志	冗余配置 记录容量满足设备连续运行 180h 的要求
通信单元	1（套）	实现 LTE 网络通信、鉴权及信道管理等功能	
接口单元	1（套）	实现与重载无线重联控制系统的数据通信，提供外部接口实现主从冗余配置	

2）设备功能

通信单元自动完成 LTE 网络注册；控制通信单元向重载无线重联数据传输系统地面服务器上报状态信息；控制通信单元进行无线链路有效性检测，将无线链路的状态传输给重载无线重联控制系统；通信链路中断时自动重新进行网络连接；与重载无线重联控制系统设备配合，传输数据，实现列车的编组与解组；在重载无线重联主从控制系统设备之间实时传输数据，实现组合列车的同步操作控制；在重载无线重联控制系统设备和列尾设备间实时传输数据，列尾设备支持紧急排风，实现列车的同步制动；数据记录和工作日志记录。

3）设备冗余工作机制及容错方式

冗余工作机制。机车无线重联设备编组完成后，A 端和 B 端的 OCU 和 DTE-L 同时进入工作状态，进行数据收发。以主控机车发送、从控机车接收的工作过程为例,主控机车A端和B端的DTE-L设备分别接收同端OCE设备的列控业务帧,DTE-L设备之间通过AB冗余通道相互转发列控业务帧,每端DTE-L设备会向空口发送两帧列控业务帧;从控机车各端DTE-L设备会重复收到4帧主控的列控业务帧,有效地提供了无线链路数据传输的冗余性。系统冗余工作机制如图3.3.18所示。

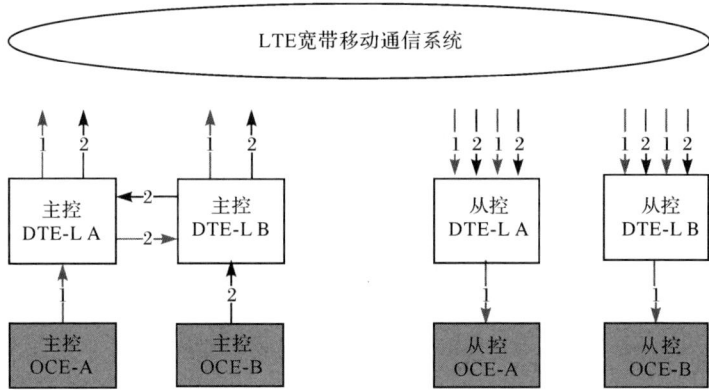

图3.3.18　系统冗余工作机制

系统容错机制。组合列车任意机车无线重联系统发生单点故障、同向双点故障以及交叉双点故障时,机车OCE设备到DTE-L设备能最低保障一条有效的传输链路,保障机车到机车间的数据传输链路有效。一台机车单点故障下OCE发出的业务帧可以通过两台DTE-L设备发送到从控机车,主控机车与从控机车数据传输方式如图3.3.19所示。

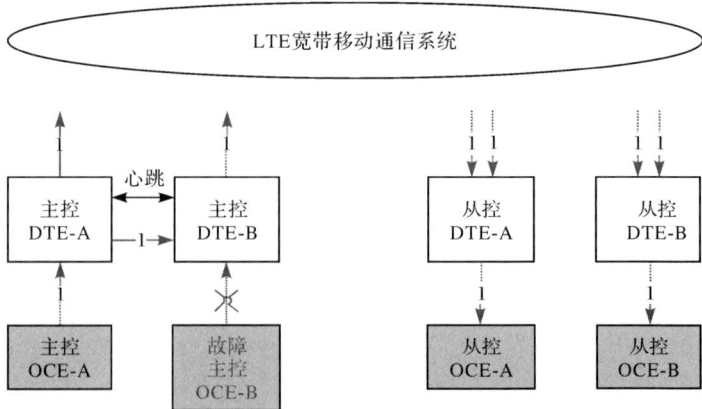

图3.3.19　单点故障下主控机车与从控机车数据传输方式

一台机车同向端双点故障下另一端的 OCE 业务帧可以通过 DTE-L 设备发送到从控机车,主控机车与从控机车数据传输方式如图 3.3.20 所示。

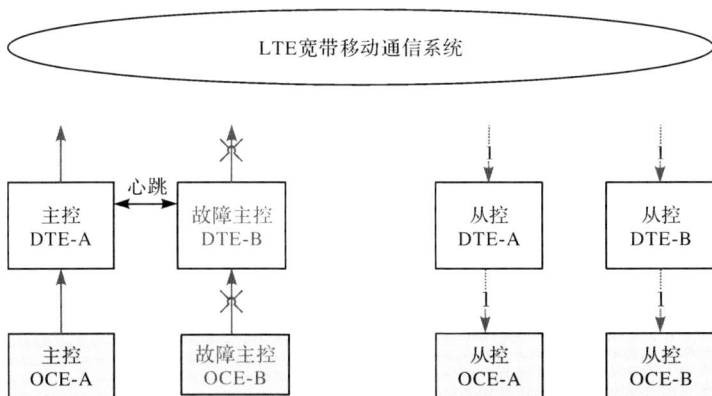

图 3.3.20　同向端双点故障下主控机车与从控机车数据传输方式

一台机车的不同端 OCE 和 DTE 发生故障时,本端 OCE 的业务帧可通过另一端 DTE 发送到从控机车,主控机车与从控机车数据传输方式如图 3.3.21 所示。

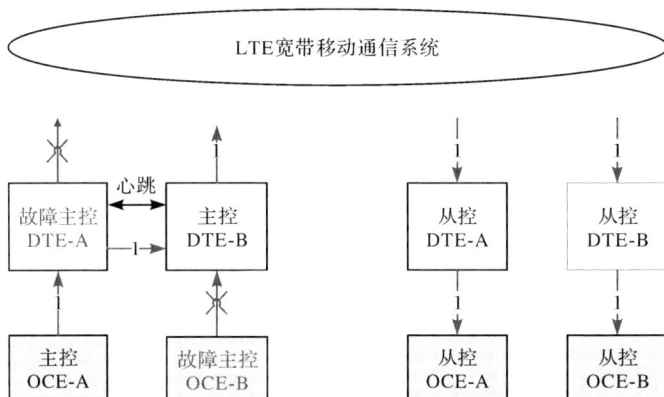

图 3.3.21　交叉故障下主控机车与从控机车数据传输方式

2. 可控列尾车载通信设备

1) 设备构成

可控列尾车载通信设备由电源单元、控制单元、接口单元以及通信单元等组成,如图 3.3.22 所示,设备配置见表 3.3.23。

电源 单元	控制 单元	接口 单元	通信 单元

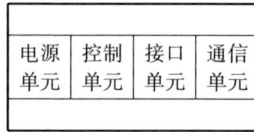

图 3.3.22　可控列尾车载通信设备构成图

表 3.3.23　可控列尾通信设备配置表

设备名称	数量	功能
电源单元	1(套)	把机车提供的电源转换为设备需要的电压,为设备供电
控制单元	1(套)	完成列尾车载通信设备的控制和数据处理任务,记录设备的通信数据和工作日志
通信单元	1(套)	实现 LTE 网络通信、鉴权以及信道管理等功能
接口单元	1(套)	实现与列尾主机控制单元的连接

2）设备功能

可控列尾车载通信设备主要完成如下功能:通信单元自动完成 LTE 网络注册;控制通信单元进行无线链路有效性检测,通信链路中断时自动重新进行网络连接;在列尾主机控制单元和重载无线重联车载数据通信设备间实时传输数据,实现常用排风、紧急排风、跟随排风、风压反馈等功能;实现数据记录和工作日志记录。

3）设备冗余工作机制

可控列尾设备数据接收方式。可控列尾数据接收过程中,由于主控机车所发送的排风指令属于涉及行车安全的重要数据,为了保证无线通信链路的冗余,主控机车 A 端和 B 端 DTE-L 设备在收到本端 OCE 设备的排风指令后同时向可控列尾 TCE-L 设备转发,可控列尾双套 TCE-L 设备收到排风指令后均向列控控制设备转发。可控列尾数据接收方式如图 3.3.23 所示。

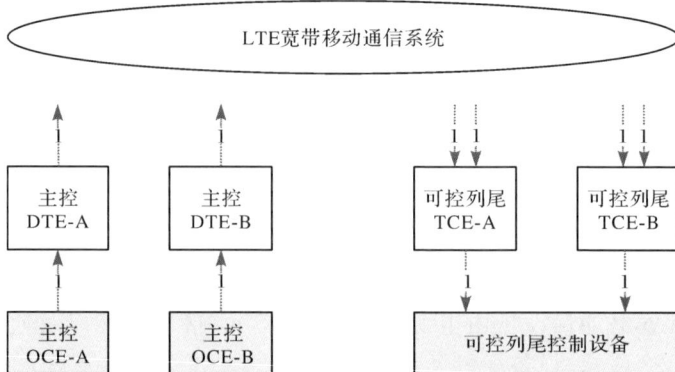

图 3.3.23　可控列尾设备数据接收方式

可控列尾系统数据发送方式。由于可控列尾设备运行过程中单独挂在列尾尾部,并采用电池供电,而可控列尾数据通信设备包含 LTE 射频模块,相对属于高耗能单元,并且可控列尾向主控机车反馈的风压状态或排风状态属于状态反馈,相对于排风指令来说安全级别较低,为了进一步降低功耗延长可控列尾电池的使用时间,可控列尾向主控机车反馈状态时采用热备方式发送,即默认选用其中一套 TCE-L 设备发送状态信息,当通过心跳检测到该设备故障时,再启用另一套 TCE-L 设备发送。可控列尾系统数据发送方式如图 3.3.24 所示。

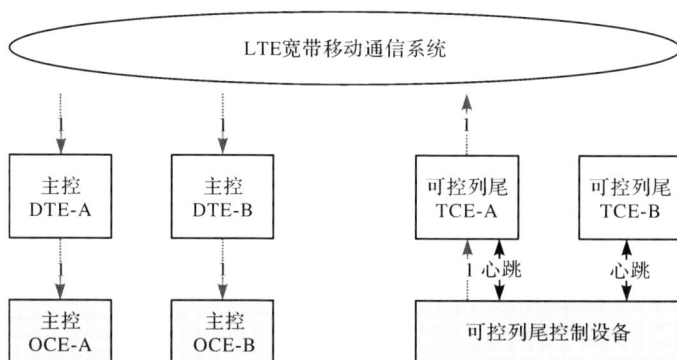

图 3.3.24　可控列尾设备数据发送方式

3. 列车调度通信机车台

列车调度通信机车台具备语音与数字信号传输功能,语音通信包括 LTE 系统的个呼、组呼、广播呼叫、紧急呼叫等功能;数据通信可应用于调度命令信息传输、无线车次号传输等。列车调度通信机车台支持交织单网、交织双网和同站址双网的组网方案,在双网组网中,列车调度通信机车台通信设备支持同时接入 A 网和 B 网,有效保证数据链路的安全性和可靠性。

1) 设备组成

列车调度通信机车台由主机、司机操作控制单元、送受话器、打印机、扬声器单元等组成,其逻辑组成如图 3.3.25 所示,设备配置见表 3.3.24。

2) 设备功能

调度通信功能:实现列车调度员、车站值班员、助理值班员、机车司机、沿线移动人员之间个呼、组呼和紧急呼叫;车次号校核信息传输与列车启动、停稳信息的传送功能;车次号校核信息传输与列车启动、停稳信息对铁路运输管理和行车安全具有重要的意义,可通过数据传输方式来实现。

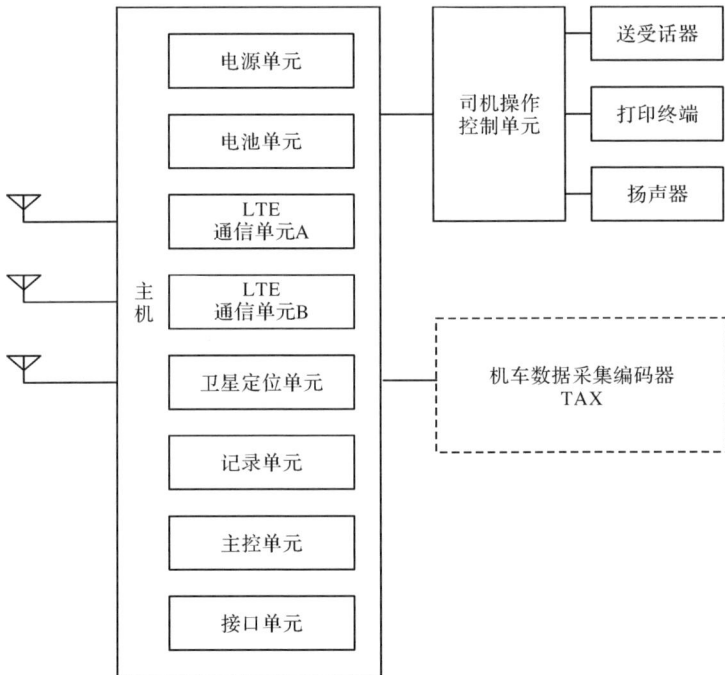

图 3.3.25　列车调度通信机车台逻辑组成图

表 3.3.24　列车调度通信机车台设备配置

设备名称	数量	功能
主机	1(套)	完成列车调度通信机车台设备控制和数据处理任务
司机操作控制单元	1(套)	实现人机信息的交互,实现调度通信、通用数据传输所需的操作、状态显示以及语音提示等功能
送受话器	1(套)	用于语音信息的发送与接收
扬声器	1(套)	用于语音信息的接收
打印终端	1(套)	在 MMI 的控制下打印输出纸质调度命令等信息

调度命令传送功能:铁路调度命令是调度所里的调度员向司机下达的书面命令,是列车行车安全的重要保障。采用 LTE 数据传输方式传输调度命令将提高调度命令传输的可靠性和安全性,该功能可加速调度命令的传递过程,提高了工作效率。

提供精确授时:通过卫星定位系统提取精确时间,广播给相关设备,授时精度达到毫秒级。

提供卫星定位信息:具有向机车上的其他设备输出卫星定位原始信息、公用位置信息的功能。

记录功能：具有话音、数据业务和状态信息记录及转储功能。

自检功能：具有整机自检功能和故障定位功能（故障定位到单元模块）。

3）设备冗余工作机制

配备两个 LTE-R 通信模块，提升了通信链路冗余性、业务运用的便利性。

配备两个 LTE-R 通信模块，分别驻留在 A、B 两个网络上，适配神华铁路 LTE-R 网络的 A、B 双网冗余配置方式，核心网、无线网和车载终端均实现了双套冗余，确保了单点故障时 LTE-R 网络仍然能够连续提供通信服务。

对于语音业务，两个模块互为备份。无论核心网单网故障还是无线网单网、单点故障，或者车载终端通信模块单点故障时，当前语音通信业务会发生中断，语音业务由另一模块接管，机车台可立即从另一个模块重新发起呼叫，业务中断时间即为呼叫建立时间，约 1s。

对于数据业务，两个模块可实现数据业务的同时接收和发送，核心网单网故障、无线网单网或单点故障，或者车载终端通信模块单点故障时，仅影响一个模块的数据业务，另一模块仍能正常进行数据业务的接收和发送。因而，调度命令和车次号校核信息、列尾操作显示信息等数据业务不受单网故障影响，可保持数据业务连续而不中断。

4. 手持终端

1）设备功能

设备提供专门为铁路通信设计的移动通信系统终端业务，提供点对点单呼、群组通话和语音广播功能，支持多优先级抢占和强拆业务，具备位置寻址和功能码寻址功能。

点对点单呼：手持台可以通过功能号/ISDN/短号码来呼叫被叫，完成通话。对于功能号呼叫，手持台根据不同的功能号提供不同的专用拨号界面来帮助用户输入正确的功能号。

群组通话：手持台可以发起、参与群组通话，在通话中通过 PTT 键申请和释放话权。

语音广播：手持台可以发起、参与语音广播，在语音广播中，只有发起方和调度台可以讲话，其他参与者只能收听。

位置寻址：手持台会自动上报所在的位置信息，以便集群调度系统能够及时准确地根据位置寻址到自己。当手持台进入呼叫的位置区或者在呼叫的位置区中开机时，系统可以自动发起对手持台的呼叫，实现"滞后进入"的功能。同理，当手持台离开相应的位置区时，呼叫会自动结束。

功能码寻址：手持台使用功能号呼叫时，集群调度系统能够将功能号翻译成对应的用户号码,并实现对该用户的呼叫。

紧急呼叫:手持台支持紧急呼叫功能,用户可以输入紧急呼叫号码或者按紧急呼叫按钮,可以发起紧急呼叫。对于紧急呼叫,被叫用户无法主动挂机。

功能号管理:手持台可以进行功能号的注册、注销、查询等功能。功能号注册以后,集群调度系统可以根据注册的功能号寻址到对应的终端。

多优先级抢占和强拆:对于不用的优先级的通话,手持台支持基于优先级的抢占和强拆功能。当存在高优先级的通话时,低优先级的通话会自动挂断或者保持。系统会优先处理高优先级的呼叫业务。

呼叫前转:手持台可以设置、取消、查询呼叫前转业务。当启用呼叫前转业务以后,条件满足时,系统会把呼叫转移到预先设置的呼叫目标。

呼叫转接:手持台在通话过程中可以进行呼叫转接,将当前的通话转移给第三方。

2)设备特性

采用高可靠性手持终端,满足以下特点:适应 LTE 无线网络环境,支持 TDD 1.8GHz;支持集群语音,满足调度场景使用;防水防尘满足 IP67 要求,防震等级满足 MIL-STD-810F;LTE 大数据带宽和开放智能平台,支持丰富的第三方应用,如任务调度、任务下发和提交;基于 Android 操作系统,支持 T9 物理键盘、PTT 键、紧急呼叫按键。

3.3.6　工程建设关键技术

1. 网络冗余方案[7]

冗余组网可采用两种方式:负荷分担方式和主备冗余方式。

1)负荷分担方式

核心网设置两套核心网 EPC,两套 EPC 采用负荷分担方式工作。无线接入网 E-UTRAN 在同一站址设置两套独立基站,分别接入两套核心网 EPC,形成双层网络。组网结构如图 3.3.26 所示。

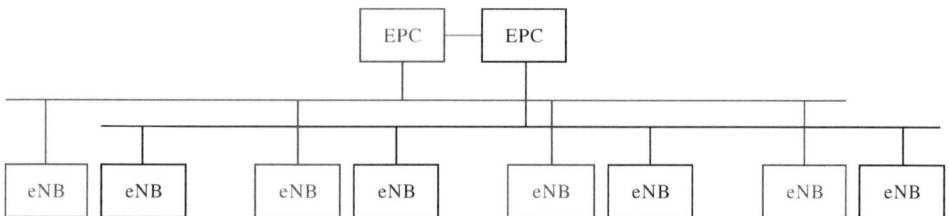

图 3.3.26　负荷分担方式 LTE 组网示意图

频率按照同频组网方式进行规划。本项目频率资源为 1785～1795MHz 共 10MHz 带宽，分为两个 5MHz 频率，A 网和 B 网分别使用 1785～1790MHz(F1) 和 1790～1795MHz(F2)。A、B 网无线覆盖范围基本相同，如图 3.3.27 所示。

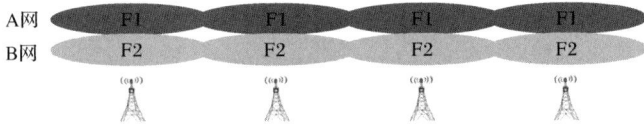

图 3.3.27　频率规划和场强覆盖示意图

根据事先确定的分配方案，将指定的终端业务分配到其中一个核心网。当其中一个核心网故障时，指定的终端业务转移到另外一个核心网。其中，每台机车两端无线重联终端及可控列尾的两个通信模块(简称 A 模块和 B 模块)分别驻留在 A、B 网。当 A 网基站故障时，A 模块业务中断，机车靠 B 端无线重联终端提供业务，在下一个基站覆盖区域，A 模块重新加入。B 网基站故障亦然。CIR、手持台、视频等其他终端可优先驻留在 A 网或 B 网。如果当前驻留基站或切换目标基站故障，终端将重新进行网络选择，切换到另一个网络。

2) 主备冗余方式

核心网设置两套应用相同策略的核心网 EPC，两套 EPC 采用热备冗余工作。在同一站址设置两套独立基站，同时接入主备核心网 EPC，形成双层网络。组网结构如图 3.3.28 和图 3.3.29 所示。

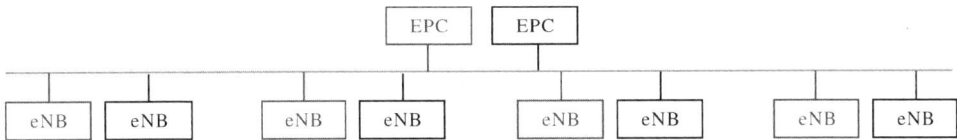

图 3.3.28　主备冗余方式 LTE 组网示意图

图 3.3.29　主备冗余方式共站址双网覆盖示意图

图中深灰色代表 A 网，浅灰色代表 B 网

基站 eNodeB 根据事先确定的分配方案，将终端业务固定分配到一个核心网，当 eNodeB 检测到一个核心网故障时，eNodeB 会根据配置重新调整，将 UE 的业务转移到另外一个核心网。

无线接入网双层网络采用主备用的工作方式，即双层网络中的一层作为主用层,另一层作为备用层。正常情况下,网络业务由主用层提供,在主用层故障(降级模式下)时,由备用层来提供服务。共站址双网的两层网络覆盖区域基本重叠,每一层网络的覆盖方式、覆盖电平等与普通单网类似。

备用层通过参数调整小区功率降低 4~6dB(相对于主用层),降低网络干扰;通过切换参数等优化手段控制小区在主用层间异频切换,保证切换时的载干比。

3) 方案选择

主备方式网络实际通信带宽 5MHz,负荷分担方式网络实际通信带宽 10MHz。负荷分担方式频率利用率更高,实际业务带宽更大,能更好地满足神华铁路宽带化、信息化的要求。

主备方式在主要网络 A 网基站故障时,业务需从 A 网迁到 B 网,存在业务中断的情况。负荷分担方式无线重联业务由双网同时承载,单点故障下业务无中断,可靠性更高。

表 3.3.25 是负荷分担和主备冗余组网方式的技术比较。

表 3.3.25　负荷分担和主备冗余组网方式的技术比较

序号	比较项目	主备方式	负荷分担方式
1	服务核心网或基站单点故障下对安全业务的影响	中断后重入网	无中断
2	业务分网规划	不支持	支持
3	双网覆盖性能	备用层覆盖性能较差,容易出现弱场区	两层网覆盖性能一致
4	频率利用率	低,2 个 5MHz 组网,正常运行时,同时只有一个频段在承担业务	高,2 个 5MHz 组网,正常运行时,同时用两个频段在承担业务

负荷分担和主备冗余两种组网方式的 KPI 测试结果表明,双网负荷分担组网比主备冗余组网基本多一倍的承载能力,包括端到端传输时延、控制面时延、用户面时延、切换时延、数据业务连接建立成功率、切换成功率、单用户平均吞吐量等大多数网络指标也较好于主备冗余组网。根据以上比较,结合神华铁路的需求,网络冗余方案采用 A、B 双网负荷分担方式。

2. 无线接入网冗余方案

LTE 基站 eNodeB 采用分布式基带处理单元(BBU)+射频拉远单元(RRU)的方式。根据本线实时安全数据信息业务需求,E-UTRAN 需要考虑网络冗余覆盖。冗余覆盖的组网方案在以下非连续点故障情况下需保障实时安全数据信息仍然能正常传输:一是单个基站 BBU 故障;二是单个基站 RRU 故障。

冗余覆盖主要有共站址双网覆盖和交织覆盖两种方式。

1）共站址双网覆盖

共站址双网在同一站址设置两套独立基站，分别与核心网形成两层网络。双层网络采用主备冗余或负荷分担模式，如图 3.3.30 所示。

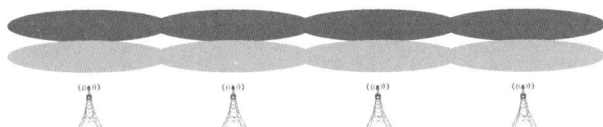

图 3.3.30　共站址双网覆盖示意图

共站址双网覆盖方式下，单个基站 RRU 故障或 BBU 故障情况下，业务不会中断，同时可共享通信铁塔、机房、电力、传输、通信电源等配套资源，投资小，维护方便。但本方案抗自然灾害能力较差，如果自然灾害影响站点运行，两层网络会同时失效。

2）交织覆盖

交织覆盖时，两相邻基站的场强相互覆盖深度交叠，奇数站和偶数站分别能独立进行全覆盖并保证切换所需重叠覆盖区，如图 3.3.31 所示。

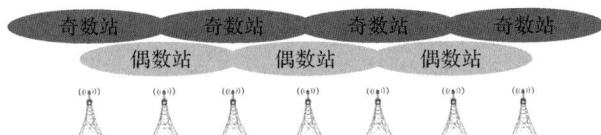

图 3.3.31　交织覆盖示意图

交织覆盖分为交织单网和交织双网。交织单网是指奇数站和偶数站属于同一网络，交织双网是指奇数站和偶数站分别属于不同网络。交织覆盖可以分为以下四种组网方式：

（1）交织单网同频组网——奇数站和偶数站属于同一网络，奇数站和偶数站采用同一频率，载频带宽 10MHz。

（2）交织单网异频组网——奇数站和偶数站属于同一网络，奇数站和偶数站采用不同频率，载频带宽 5MHz。

（3）交织双网同频组网——指奇数站和偶数站分别属于不同网络，所有基站采用同一频率，载频带宽 10MHz。

（4）交织双网异频组网——指奇数站和偶数站分别属于不同网络，两层网络的基站采用不同频率，载频带宽 5MHz。

四种组网方式的工程投资基本相同，表 3.3.26 是四种组网方式的技术比较。

表 3.3.26　四种组网方式技术比较

序号	比较项目	交织单网同频组网	交织单网异频组网	交织双网同频组网	交织双网异频组网
1	载频带宽	10MHz	5MHz	10MHz	5MHz
2	容量	较大。载频带宽大,但由于系统内干扰较大,影响容量	较小	较大。载频带宽大,但由于系统内干扰大,实际容量较小	大
3	系统内干扰	较大	较小	大	较小
4	切换性能	切换次数较多,切换判断及执行较简单	切换次数多,切换判断执行较复杂	切换次数少,判断较复杂,执行较简单	切换次数少,切换判断及执行较简单

根据表 3.3.26 的比较,交织双网采用异频组网方式的综合性能较好。交织覆盖网络结构下,即使单个站点全部设备失效,业务也不会中断。只有连续站点故障时才会影响覆盖,抗灾害能力强,因而系统可靠性很高。

在 1.8GHz 频段,采用交织覆盖,平原站点距离为 1.5~2km,隧道内 500~800m,站点数量比同址双网方式增加约 1 倍,配套铁塔、传输、电力、房建、暖通工程随之增加。同时小区规划复杂,工程设计、开通调试以及后期维护难度大。

3)方案选择

表 3.3.27 是共站址双网和交织双网异频组网两种方案的技术经济比较。

表 3.3.27　两种方案技术经济比较

序号	项目	共站址双网	交织双网异频组网
1	系统可靠性	较高。基站单点故障时不影响正常业务,但站点故障将影响业务	高。基站单点故障和站点单点故障时均不影响正常业
2	系统容灾性	较高。单站址灾害会影响业务	高。单站址灾害不影响业务
3	系统内干扰	小。(主备冗余每层网络采用异频组网,负荷分担每层网络采用同频组网)	小
4	切换性能	切换次数少,判断及执行较为简单	切换次数少,判断及执行较简单
5	网络容量	大。(负荷分担方式)	大
6	技术成熟度	青藏线、大秦线 GSM-R 系统采用主备冗余共站址双网	高铁 C3 区段 GSM-R 普遍采用交织单网

序号	项目	共站址双网	交织双网异频组网
7	工程投资	较低。两层网络可共享配套铁塔、传输、通信电源、电力、房建、暖通等基础设施	较高。配套铁塔、传输、电力、房建、暖通投资增加约 2.6 亿元
8	工程及运维难度	较小	较大

从表 3.3.27 的比较可以看出,两种组网方式性能相差不多,共站址方式投资较低,工程及运维较为简单,交织覆盖容灾性好。工程中可考虑传输、电源等系统的可靠性,以及站点的消防措施和抗灾害能力,站点崩溃可能性较小,而超出设计考虑的自然灾害发生时全线运输生产一般会暂停。因此,无线接入网冗余方案采用共站址双网覆盖方案。

3. 无线覆盖方案

1) 地形平坦地区覆盖方案

地形平坦地区主要采用基站 RRU 进行覆盖,天线安装在铁塔上以提高覆盖范围。覆盖方案如图 3.3.32 所示。

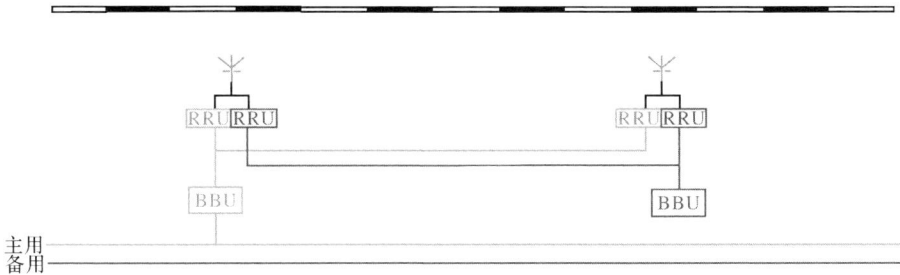

图 3.3.32　地形平坦地区覆盖方案示意图

根据系统上下行链路预算和 Cost231-Hata 模型,按照基站最大发射功率为两通道 43dBm,终端发射功率为 23dBm,天线挂高为 40m 来考虑,本线基站间距在地形平坦地区按郊区环境约 2.5km,开阔区间约 3.5km 设计。实际工程实施时还需根据勘测场强测试和网络规划结果进一步确定工程天线挂高和站址间距。

2) 弱场地段覆盖方案

弱场区采用 BBU＋RRU 结合漏泄同轴电缆、天线的方案进行覆盖。

漏泄同轴电缆采用在铁路一侧单条敷设的方式。为减少弱场强区设备数量,漏缆采用 $1\frac{5}{8}''$ 型号。在隧道内挂设在隧道壁上,在隧道外立杆架设。

根据 LCX 覆盖预算可得在终端 23dBm 输出功率下,采用不同指标的 $1\frac{5}{8}''$

LCX,信号传播距离为 600～800m。考虑到重叠覆盖距离,RRU 原则上可按照
1～1.4km 的间距进行设置。

对于长度较小的孤立短隧道,在隧道一端设同站址 RRU,隧道内敷设漏缆进
行覆盖。覆盖方案如图 3.3.33 所示。

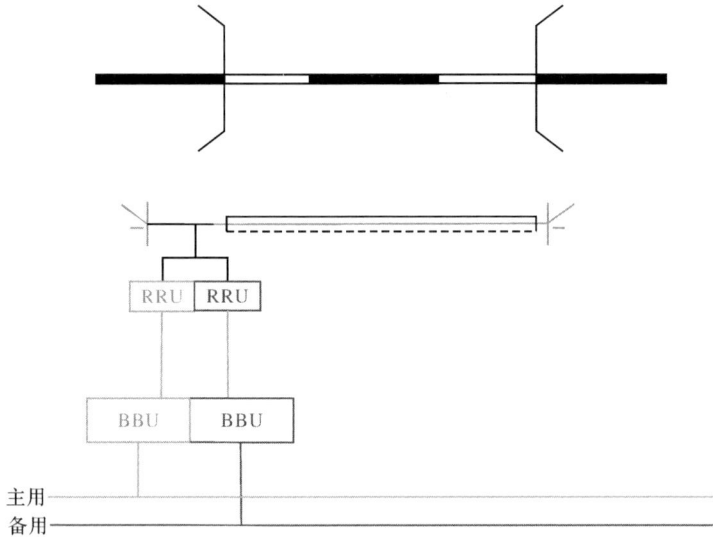

图 3.3.33　短隧道覆盖方案示意图

长隧道采用 RRU 加漏缆进行同站址覆盖。BBU 尽量安装在隧道进、出口,
隧道内安装 RRU,漏缆贯穿全隧道。覆盖方案如图 3.3.34 所示。

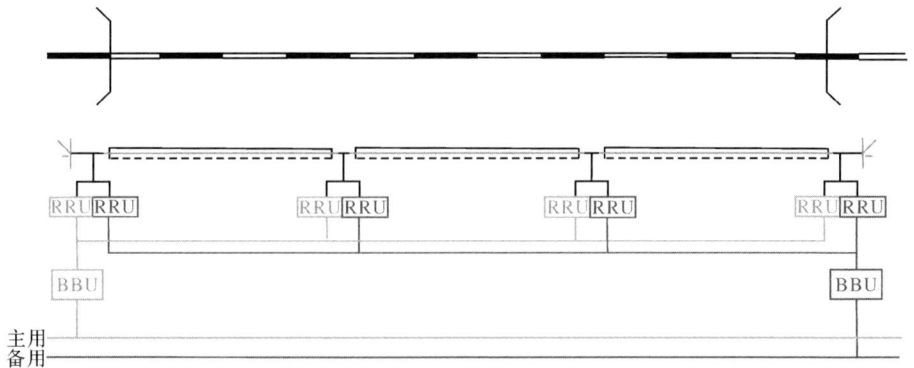

图 3.3.34　长隧道覆盖方案示意图

3) 漏缆设置方案

弱场区采用漏泄同轴电缆进行覆盖,在隧道内挂设在隧道壁上,在隧道外立

杆架设。漏缆采用 $(1\frac{5}{8}'')$ 型号。漏缆设置可采用单漏缆和双漏缆两种方式。两种方式的比较如下：

（1）可靠性。漏缆本身为无源器件，除人为破坏外，损坏的概率较小。漏缆中连接的功分器、合路器、直流阻断器等器件存在损坏和进水可能，在单漏缆时，会造成部分区段信号覆盖盲区或切换失败，需要通过提高器件质量和施工工艺，做好接头防水措施来降低故障率。采用双漏缆在一定程度上可以提高可靠性。

（2）数据吞吐量。由于 LTE 的 MIMO 技术，采用双漏缆会比单漏缆得到更高的数据吞吐量。上行：单漏缆 MIMO 方式为 1T1R，双漏缆 MIMO 方式为 1T2R，双漏缆情况下 SINR 会得到 3dB 的功率增益，数据吞吐量将提高约 10%。下行：单漏缆 MIMO 方式为 1T2R，双漏缆 MIMO 方式为 2T2R，双漏缆情况下 SINR 会得到 3dB 的功率增益和分集增益，数据吞吐量将提高约 20%。

（3）施工维护。采用单漏缆，漏缆与 RRU 可以放在隧道同侧，射频电缆不需过轨。采用双漏缆，根据 MIMO 要求，漏缆间距应大于 12 个波长，在 1.8GHz 频段，两条漏缆间距应大于 2m，需要敷设在隧道两侧，射频电缆需要在每个 RRU 站点处过轨，施工和维护工作量较大。

双漏缆方案可以提高可靠性和带宽，但投资较大。根据神华铁路现场情况，可在长度在 3km 以上长隧道设双漏缆，其他地段设单漏缆。根据 RRU 与漏缆的连接方式，在与长隧道相连的整个连续漏缆区段均设双漏缆。

3.3.7　网络规划技术

1. 区间小区容量规划[8]

小区容量预测基于以下原则：按列车追踪间隔 10min、列车时速 80km/h 计算，则列车最小间隔距离为 13km，列车双向对开。以小区覆盖半径 4km 计算，则双线铁路一个区间基站覆盖范围内最多同时有两列通过列车，每列车由 4 个机车和一个列尾组成。业务类型见表 3.3.28。

表 3.3.28　业务类型

序号	业务类型	具体业务	承载网络
1	实时安全数据信息	机车同步操控、列尾	A 网+B 网（同时）
2	非实时文本数据信息	无线车次号校验、调度命令	A 网（主）+B 网（备）
3	语音通信	CIR 语音通信	A 网（主）+B 网（备）
		手持终端语音通信	A 网（备）+B 网（主）
4	图像数据信息	视频监控	机车 A 端：A 网 机车 B 端：B 网

本系统为上行受限系统,容量预测按上行计算。A网吞吐量预测见表3.3.29。

表3.3.29　吞吐量预测

用户	业务类型	用户数量	每用户带宽/Kbps	合计/Kbps	说明
A网 无线重联	安全数据	8	25	200	两列车,每列4台机车
可控列尾	安全数据	2	8	16	两列车,每列1台列尾
CIR	非安全数据	2	1	2	两列车,每列4台机车
CIR	集群语音	8	20	160	两列车,每列4台机车
手持台	集群语音	20		0	
监控终端	视频	1	512	512	每小区最多1路视频
移动闭塞	安全数据	2	100	200	两列车,每车1用户
合计				1090	
B网 无线重联	安全数据	8	25	200	两列车,每列4台机车
可控列尾	安全数据	2	8	16	两列车,每列1台列尾
CIR	非安全数据	2	1	2	两列车,每列4台机车
CIR	集群语音	20		0	两列车,每列4台机车
手持台	集群语音	6	20	120	小区覆盖4km,每公里1.5用户
监控终端	视频	1	512	512	每小区最多1路视频
移动闭塞	安全数据	2	100	200	两列车,每车1用户
合计				1050	

2. 小区边缘容量规划[8]

小区边缘容量预测基于以下原则:一列组合列车最多同时只有2个机车在小区边缘,列车双向对开,则双线铁路小区边缘覆盖范围内最多同时只有4个机车。小区边缘覆盖范围内有2个地面移动人员语音用户,小区边缘覆盖范围内不考虑视频监控业务。小区边缘吞吐量预测见表3.3.30。

表3.3.30　小区边缘吞吐量预测

用户	业务类型	用户数量	每用户带宽/Kbps	合计/Kbps	说明
A网 无线重联	安全数据	4	25	100	两列车,每列2台机车在边缘
CIR	非安全数据	2	1	2	两列车
CIR	集群语音	4	20	80	两列车,每列2台机车在边缘

续表

	用户	业务类型	用户数量	每用户带宽/Kbps	合计/Kbps	说明
A 网	手持台	集群语音	0	20	0	
	预留	安全数据	2	100	200	预留移动闭塞
	合计				382	
B 网	无线重联	安全数据	4	25	100	两列车,每列 2 台机车在边缘
	CIR	非安全数据	2	1	2	两列车
	CIR	集群语音	0	20	0	两列车,每列 2 台机车在边缘
	手持台	集群语音	2	20	40	
	预留	安全数据	2	100	200	预留移动闭塞
	合计				342	

根据以上计算,小区边缘速率上行达到 400Kbps 可满足要求。

3. 无线覆盖规划

1)链路预算

根据系统和工程经验确定参数取值,进行上下行链路预算,得到设计允许的最大允许路径损耗。基站最大发射功率单通道 43dBm,终端发射功率 23dBm,小区边缘速率按 450Kbps 考虑,链路预算见表 3.3.31。

表 3.3.31　链路预算

参数名称	PDSCH	PUSCH
双工模式	TDD	
TDD 上下行时隙配比	♯7 10:2:2	
场景	农村/郊区/一般城区	
载频/MHz	1800	1800
系统带宽/MHz	5	
信道模型	EVA 120	
小区边缘速率/Kbps	450	450
调制方式(MCS)	QPSK 0.30	QPSK 0.31
MIMO 方案	2×2 SFBC	1×2
发射方	PDSCH	PUSCH
最大发射功率/dBm	46	23
分配资源数(RB)	16	18

续表

参数名称	PDSCH	PUSCH
子载波功率	21.23	−0.34
发射天线增益/dB	18	3
线缆及无源器件损耗/dB	5	3
子载波 EIRP/dBm	34.23	−0.34
接收方	PDSCH	PUSCH
噪声系数/dB	7	3.5
子载波接收灵敏度/dBm	−117.93	−129.22
接收天线增益/dBi	3	18
线缆及无源器件损耗/dB	3	5
目标负载	50.00%	50.00%
干扰余量/dB	10	10
子载波最小接收电平/dBm	−107.93	−132.22
路径损耗	PDSCH	PUSCH
穿透损耗/dB	0	0
阴影衰落标准差/dB	6	6
区域覆盖概率	95%	95%
阴影衰落余量/dB	5.91	5.91
最大允许路损/dB	136.25	125.97

根据以上链路预算结果,得到在满足上下行 450Kbps 小区边缘速率下,最大允许的路径损耗为 125.97dB。

2）开阔地区场强覆盖预测

根据 Cost231-Hata 模型可以得到不同覆盖场景下的站址间距,见表 3.3.32。

表 3.3.32　不同覆盖场景下站址间距

基站天线高度/m	25	30	35	40
移动台天线高度/m	4	4	4	4
路径损耗/dB	124.9	124.9	124.9	124.9
城区/km	1.67	1.25	1.32	1.39
郊区/dm	2.31	2.49	2.66	2.81
农村/dm	3.68	3.99	4.28	4.55

3）漏缆区段预算

表 3.3.33 为漏缆的链路预算。

表 3.3.33　漏缆的链路预算

项目	单位	$1\frac{5}{8}''$
路径损耗	dBm	125.97
L_t:漏缆的传输衰减	dB/100m	3.9
L_c:耦合损耗(95%,2m)	dB	68
设计余量	dB	10
L_p:附加损耗(连接电缆加电缆接头的损耗)	dB	9
Fwidth:宽度因子 10 lg($X/2$)(距离 $X=8$m)	dB	6.02
D:漏缆长度	m	844

3.4　新型重载 TEC-TROMS 列控技术

从世界重载铁路牵引技术上看,重载列车牵引主要有三种方式:一是传统的集中重联控制模式;二是基于有线电控制空气制动技术的组合分布动力重联模式;三是基于无线分布式动力技术的组合分布动力重联模式。国内外铁路重载运输实践表明,开行万吨以上的重载列车,采用传统的集中式牵引模式已不能满足开行的要求,需要采用分布动力牵引运行模式,而其中实现该模式的核心技术是多机重联的机车分布动力同步控制技术。

多机重联的机车分布动力控制从技术上可分为电空制动方式和机车无线同步操纵方式。电控空气制动系统是一种电子控制的直通式空气制动系统,这种系统采用了先进的信息技术,直接用计算机控制列车中每辆货车的制动缸的制动和缓解,取消了传统的空气制动阀系统,保证了长大重载列车中各节车辆的制动、缓解动作的一致,大大加快了制动速度,缩短了制动距离,降低了车辆间的纵向冲动力,优越性非常明显。机车无线同步操纵系统是利用电传递操纵信号,自动操纵后部机车,实现前后机车同步操纵的技术,其传递操纵信号的通信方式分为无线和有线两种。基于无线通信方式的动力分散同步操纵系统的装车量和使用数量要远大于有线方式,美国在这项技术领域具有绝对的优势,主要产品都出自美国的 GE 公司和 Wabtec 公司。动力分散无线控制技术最大的研究生产厂商为美国的 GETS Global Signaling,其研制、生产的 Locotrol 技术是机车动力分散式无线控制系统的代表产品。

针对兼容性、实际应用情况、性价比考虑,采用机车有线分布动力电控空气制动技术牵涉到货车车辆的改造,费用较高,实际应用有较大限制。而采用机车分布动力无线重联技术更具有优势,易于实现,但相关技术难度也大。针对神华铁路重载运输发展情况,考虑到改造成本、作业方式等各方面的现实原因,有线方式的推广具有很大的难度,为此,神华铁路在技术比选基础上,选择机车分布动力无线重联控制方式,联合株洲南车时代电气股份有限公司共同研发机车无线重联同步控制系统 TEC-TROMS。

机车无线重联同步控制系统 TEC-TROMS 采用高可靠的 CompactPCI 平台,高性能的低功耗 PowerPC 处理器和安全可靠的嵌入式 VxWorks 实时操作系统,自主研发整机系统。在整体设计上既吸取国内多年从事机车产品开发的经验,同时借鉴国外同类产品的优点,使得机车无线重联同步控制系统在性能上和外观上达到或部分超过了国外产品的同等水平。在系统的电磁兼容性、散热性能、可维护性、通用性、抗振动性等方面得到提高,以满足货运列车恶劣运行环境下的安全稳定工作。

具有完全自主知识产权的机车无线重联同步控制系统 TEC-TROMS 的研制成功,填补了国内空白,解决了长期困扰国内的高端分布式机车(列车)微机控制与网络系统技术瓶颈,进一步发展新一代符合 TCN 标准的高性能分布式机车(列车)微机控制与网络系统 TEC-TROMS,其可靠性、适应性达到了国外先进技术行列;解决了机车远程同步、异步的长大列车的运行;解决了重载列车的运行故障诊断及安全导向,保证列车的可靠稳定运行;解决了长大列车的基于多种通信组合的控制问题;解决了 SS4B 和 SS4G 机车、SS4 和神华号机车混编互联控制问题。

TEC-TROMS 系统在 2007 年 11 月在神朔 SS4B 机车上改造并装车 4 台,通过试验达到了第一阶段的预期要求,并进行了万吨四机车牵引试验,取得了阶段性重要成果。随后,大量装车应用,先后在 SS4 系列、神华号机车上实现装车 500 余台,并在神朔线和朔黄线上正式开行了万吨重载组合列车。

TEC-TROMS 系统参考大秦线重载机车改造方案,同时在其基础上,突出经济安全,满足性能要求。系统功能以简单、可靠、安全为出发点,可满足重载重联运输的远程通信、远程控制、故障处理及安全导向等需求。TEC-TROMS 系统设计考虑通用性,不但满足目前交直机车的需要,也便于今后交直交机车的应用。

3.4.1　基本原理

TEC-TROMS 系统功能:一列重载组合列车由头部机车、多台中部机车和车辆组成,机车间采用无线通信方式传输控制信息,以无线重联控制系统实现多台机车动力分布同步牵引及制动控制。如图 3.4.1 和图 3.4.2 所示,其控制流程如下:

(1)主控机车将机车电气线路和机车其他电气设备的各种控制指令进行采集,生成无线数字电台的传输指令无线传输给各台从控机车。同时,将自身的机车状态信息传送给各从控机车。

(2)从控机车通过无线通信接收到主控机车传输来的控制指令,并进行计算分析后,驱动输出信号到机车电气线路或传输给其他电气设备。同时,从控机车将自身的机车状态信息传送给主控机车。

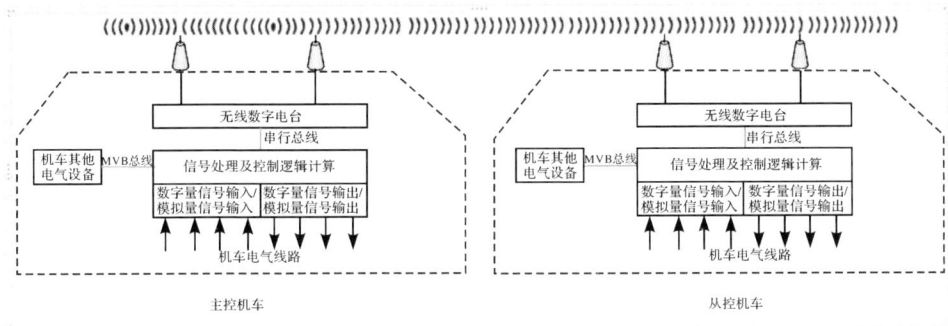

图 3.4.1　同步控制基本原理示意图(一)

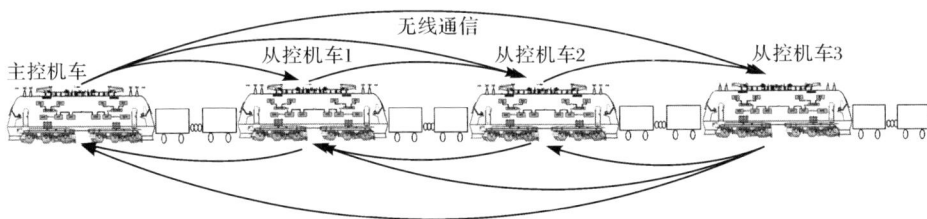

图 3.4.2　同步控制基本原理示意图(二)

神华铁路目前运行中无线通信采用 800MHz、400kHz 和 LTE 的方式。

置于列车最前端的机车为主控机车,其他机车为从控机车。双节机车编组的机车的两个单元之间将通过内重联线、网络通信线和制动软管连接。各节机车都安装相同的重联控制操纵控制系统(或同步操纵系统),因此每台机车有两套相同的装置,但两节车的系统互为冗余备份,使列车运行的安全性、可靠性及可用性得到保证。无线重联系统典型拓扑结构如图 3.4.3 所示,带 TCN 网络系统无线重联系统拓扑结构如图 3.4.4 所示。

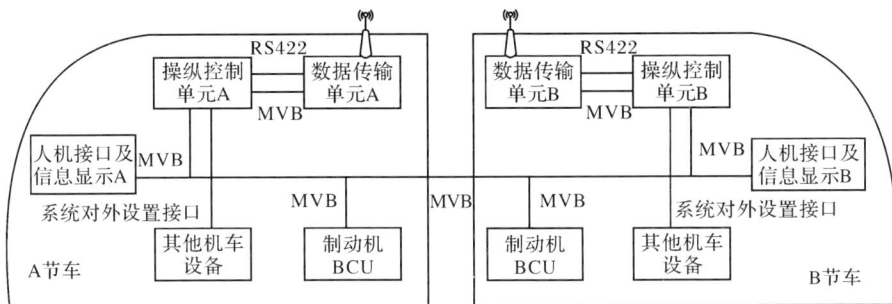

图 3.4.3　无线重联系统典型拓扑结构

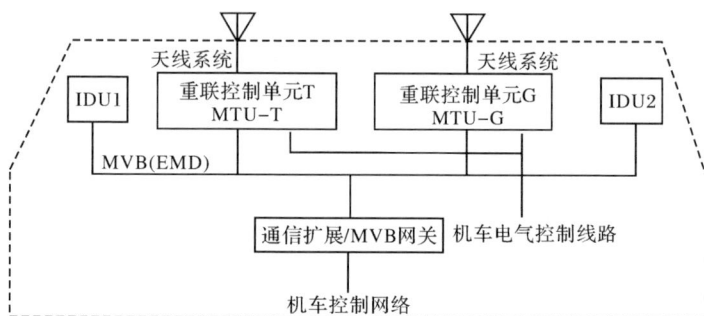

图 3.4.4　带 TCN 网络系统无线重联系统拓扑结构

3.4.2　系统组成

整个机车无线重联同步控制系统由几大部分组成,即数据传输单元、操纵控制单元、信息显示及人机接口单元、EP 制动系统、机车牵引/制动相关其他设备。另外预留了对外设备接口等。

整个机车无线重联同步控制系统完成重载重联根据重载运输的需要,系统主要完成以下功能:①重载重联机车的同步控制;②重联机车的无线通信;③列车制动相关的故障判断及安全导向;④制动系统状态的监测。

数据传输单元(图 3.4.5)在用于列车重联控制方面以 LTE 及无线电台工作模式为主,GSM-R 模式为辅,两种工作模式相对独立,系统结构采用独立单元装置,并采用统一的天线合路系统来发送和接收无线数据。

图 3.4.5　数据传输单元

操纵控制单元(图 3.4.6)采用目前车载高可靠性的硬件系统,同时采用双机热备冗余模式,系统内部通过背板进行数据交换,系统结构采用欧式系统结构,通过独立散热及屏蔽外壳构成独立单元装置。

图 3.4.6　操纵控制单元

信息显示及人机接口单元(图 3.4.7)基本采用目前机车通用显示装置,扩展 MVB 通信接口,增加机车无线重联编组设置和状态显示界面,另外研制中从可靠性方面着重考虑,提高原有系统的可靠性。

图 3.4.7　信息显示及人机接口单元

采用 DK 系列制动系统来控制列车制动和紧急制动。机车无线重联同步控制系统通过 MVB 总线接口与 DK 系列制动系统的制动控制单元进行通信,操作控制单元 OCE 将与现有制动系统 DK 系列配合实现列车的制动控制。机车无线重联同步控制系统监视主控机车制动控制器的命令,然后将此命令编码后通过无线机制发送给从控机车。从控机车的无线重联同步控制系统将对所收到的信息进行解码,并利用控制输出信号在从控机车上发出相同的制动命令。在同步运行方式,保证主控机车与从控机车执行相同的制动。

在主控机车上,制动系统通过压力传感器监视制动机作用管的压力,制动系统的 BCU 通过 MVB 网络将数据编码发送给无线重联同步控制系统,再通过无线传输将数据包发送给从控机车。在从控机车上无线重联同步控制系统对该压力值进行解码,通过 MVB 总线将数据发送给信息显示单元和制动控制单元,一方面将主控机车的制动状态信息显示在从控机车上,另一方面制动系统在接收到数据之后,通过利用压力传感器、制动电空阀和缓解阀控制作用管中的压力与主控机车的压力值保持一致。通过监视制动压力和时间,保证主控机车和从控机车能够同步正确地制动,如图 3.4.8 所示。

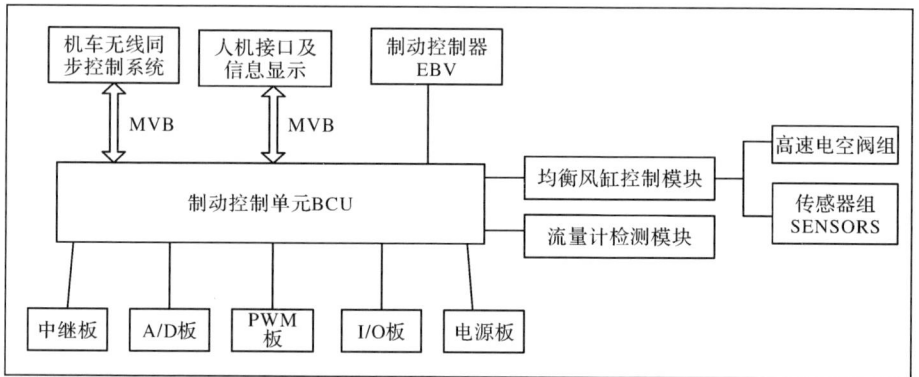

图 3.4.8　万吨无线重联机车 DK-1 制动机系统框图
⟺ 通信线;—— 硬连线

3.4.3　数据传输与控制模式

整个系统采用两级数据传输方式:第一级机车之间采用无线数据通信方式,第二级机车内部采用符合 TCN 标准的 MVB 车辆总线,通过 MVB 车辆总线连接车内各智能设备。考虑电力机车的电磁环境的干扰,故 MVB 采用 EMD 介质的方式。考虑到未来的扩展,预留用于外部系统设备的通信连接接口。

整个系统在控制上分为列车级控制、车辆级控制、功能级控制三级模式,这样层次清晰,也利于功能的变更。

3.4.4　系统硬件和软件

1) 系统硬件

控制系统尽可能采用已成熟应用并性能可靠的硬件设计。硬件设计中充分考虑到工作环境条件和电磁兼容性要求,完全按《铁道机车车辆电子装置》(TB/T 3021-2001)(等同于 IEC 60571:1998)进行设计和试验考核。

2) 系统软件

软件系统采用实时操作系统,以保证微机控制系统反应的实时性。机车通信网络采用 IEC 61375 标准规定的网络协议,以保证整个网络系统通信的实时性、可靠性及兼容性。

控制系统的软件设计采用模块化结构设计,功能控制部分采用图行语言编写,以保证软件的开发、验证及维护。

3) 系统接口

系统软件和硬件设计时,充分考虑到网络控制系统的扩展,提供各子系统的接口能力。

3.5　重载运输调度集中技术

3.5.1　调度集中系统

神华铁路调度集中系统是在结合国铁分散自律调度集中系统的实践经验,充分考虑神华铁路实际情况,采用"分散自律"(distributed autonomic system)理论研发的调度集中系统。该系统将调车控制纳入分散自律调度集中系统功能中来,系统无需切换控制模式即可实现行车作业和调车作业的协调办理,从而将分散自律调度集中系统的优势彻底发挥出来。分散自律 CTC 系统的工作原理如下所述[9]。

1) 分散自律 CTC 列车调度台作业流程

分散自律 CTC 列车调度台作业流程如图 3.5.1 所示。

(1) 在列车调度工作站编制、下达列车运行调整计划,计划下达到各站。

(2) 车站收到计划后,自动将列车运行调整计划转换为列车进路指令序列。

(3) CTC 排列进路的规定时机一到,并进行《站细》条件检查通过后,向联锁系统下达进路控制命令。

(4) 在进路排列完成后,自动以文字方式向司机提供前方站的接车进路预告信息。

(5) 来自联锁的行车表示信息以及自身采集的表示信息发送至调度中心。

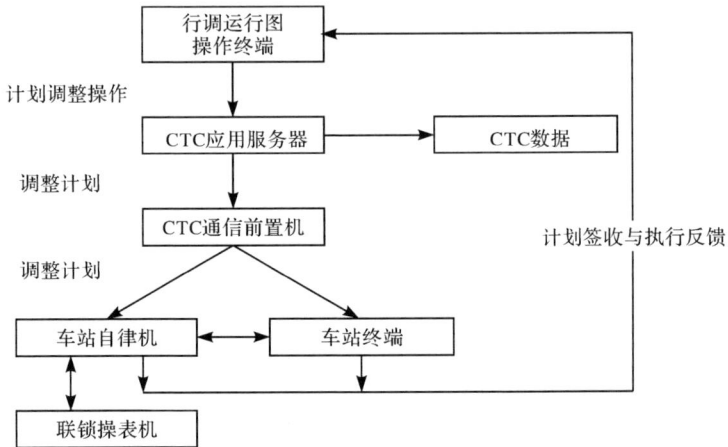

图 3.5.1　分散自律 CTC 列车调度台作业流程图

（6）车站自律机按照报点规则自动采集列车的到、发点或通过点，并将报点信息发送至调度中心，调度中心依此来自动描绘实迹图；车站自律机将报点信息传送至车务终端，车务终端根据该信息自动填写运通二、三报表。

2）分散自律 CTC 列车控制条件

（1）客运列车应接入固定线路。所谓固定线路，就是《站细》规定的线路。

（2）挂有超限货物车辆及危险品列车应接入固定线路。

（3）快速旅客列车必须正线通过，其他通过列车原则上应正线通过。

（4）给到开、始发以及终到的列车，不自动选择正线。

（5）股道必须空闲，即不能使用已被另一列车计划使用的股道。

（6）对货物列车的线路选择，也应遵守一定的规则；在中间站，有摘挂车辆作业的列车应接入靠近货场或专用线的线路，以减少摘挂作业对正线接发车的干扰。在技术站，应根据列车的性质和车站的作业要求，接入有关车场、线群及线路。

（7）相对方向同时接车和同方向同时发接列车条件。

（8）电力机车接入电力区段条件。

（9）动车组接入高站台条件。

（10）多方向限制条件，确保列车运行正确方向。

3）分散自律 CTC 接车进路自动控制时机

（1）接车进路的控制时机。

自律机办理接车进路的时机遵循列车运行调整计划的接车顺序。接车进路的触发时机分为按时间和按空间两种。按时间是根据列车运行调整计划的到达时间提前若干时间作为接车命令的发送时机。按空间是根据列车在区间运行的实际地理位置为最早规定触发区段时办理接车进路。

（2）发车进路的控制时机。

自律机办理发车进路的时机要遵循列车运行调整计划的发车顺序。始发列车是根据列车运行调整计划的出发时间提前若干时间作为发车命令的发送时机；对于到发（非始发）货物列车的发车，则是以接车进路的排列作为发车命令的必要条件，只有接车进路已经排列完成，发车进路才有可能排列；一般有两种处理办法，一种是该列车到达停稳后并且要停够计划规定的停站时间，才自动触发发车进路，另一种是在该列车到达停稳后，只要前行列车发车后该列车与前行列车之间满足追踪间隔，就自动触发发车进路。调度员可在列车运行调整计划中标注好以哪种处理办法发车，并随着计划被下达到车站。

3.5.2　主要技术原理

1. 分散自律的实现

铁路的行车作业是车站值班员根据上级调度员的阶段计划进行的接发列车的工作，调车作业是车站自行组织的工作，一般情况下车站调车作业不能影响行车计划的执行。行车作业和调车作业都需要占用相同的运输设备（股道、咽喉等），正常的到发列车作业和组织高效的调车作业之间必然存在着矛盾。在传统的 CTC 系统下，通过切换站控模式（车站控制）和遥控模式（分局控制）来执行到发列车作业和调车作业进路，频繁切换严重影响了调车工作的效率。

分散自律的理论能较好地解决调度集中系统内车站本地调车作业和行车作业之间的矛盾。分散自律理论认为系统中所有的单元（子系统）都是独立平等的，能独立完成各自的任务而不依赖于其他单元，同时各个单元之间也能相互协调来实现整个系统的运行。

分散自律调度集中系统认为行车作业和调车作业两者各自独立，需要相互协调。行车作业、所有本务机或小运转机车执行的调车作业全部纳入分散自律调度集中系统计划自动控制，进路的自动办理由分局中心控制，进路的自动触发由车站系统根据站细、列车运行情况、设备情况等具体条件适时触发；用调车机执行的与到发线相关的调车作业受 FZk-CTC 型分散自律调度集中系统条件约束，进路在车站控制[10]。行车作业进路的自动办理和调车进路办理两者需要相互协调，主要原则是：以接发车作业为主，调车作业在阶段计划空隙内进行；在接发车作业对调车作业影响较大（如较小调整阶段计划，能大幅度提高调车作业指标的情况），或者接发车和调车作业有一定的时序等条件下，接发车作业在人工确认条件下进行一定的调整；调车作业不得影响客车的正常运行。

车站分机系统作为"分散自律子系统"，增加 LiRC 设备[10]，应该具备数据处理、存储、决策等功能,甚至在与调度中心通信中断的情况下也能在一定的时间内完成自动控制和处理。当双线自动闭塞区段的无人车站通信中断后,调度中心系统进行列车计划调整时,应保证已发往中断站的列车计划不被改变;对于后续列车运行计划,应自动调整为通过。车站自律机在通信中断期内,采用分散自律机制,继续执行未执行完的列车运行计划。若中断时间超出列车运行调整计划范围后,应锁定为自动通过模式。

2. 调车作业纳入 FZk-CTC 型分散自律调度集中系统

为了解决行车和调车作业的相互干扰,新型调度集中将调车作业纳入自动控制,并将调车作业根据调车机的配属分为两种情况:在车站增加了"流动调车组"工种,负责在无人值守车站进行调车作业;在分局增加"助理调度员"(调车调度员),负责监控接发列车进路、领导无人值守车站的调车作业和排放调车进路[10]。

由助理调度员根据列车甩挂作业计划产生调车作业计划或者人工输入数据,系统将调车作业计划在列车运行计划的框架下进行检查、协调和优化,并将人工确认后的调车作业计划以调车作业通知单的形式发送到机车,由车载装置自动打印并传达到调车组。调车计划通知留有一定时间提前量,以便各工种及早准备。系统根据列车运行计划和调车作业计划形成进路命令序列,自动触发进路,并且提供了便捷的操作界面,可进行人工干预。

对于有固定调机的车站,调车作业由车站组织。车站的调车领导者将调车作业计划输入系统,并以调车作业通知单的形式通过计算机网络发送到各相关的工种,或者打印后人工传递。调车进路由人工触发。调车作业涉及变更正线、到发线调车时,系统的车站进路控制器会根据行车计划协调、优化调车计划。

调车作业计划有一定的严肃性,原则上不应修改。在特殊情况下必须更改原来的作业计划时,由调车领导人(助理调度员、车站值班员或站调)重新编制计划下达。调车指挥人(调车长)可向调车领导人申请更改。

3. 计算机联锁结合

1) 连接方式

计算机联锁系统自己独立构成一个封闭的控制局域网,为不影响联锁系统的正常工作,应该采用串口与联锁系统连接。微机联锁系统接口方案如图3.5.2所示。联锁机一般为双套设备,采集和运算的结果信息均为双套,控显机收到的信息为当前使用的信息。并且联锁的控制指令也是从控显机发出的,所以自律机应该从联锁控显机获得信息,并将完整的进路操作指令传送给控显机,由控显机将此指令转换为联锁机能识别的控制命令[11]。

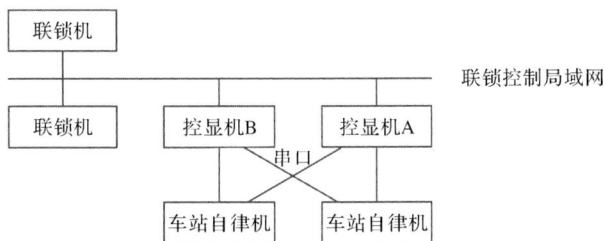

图 3.5.2　微机联锁系统接口方案

　　双控显机与双自律机通过 2 个串口互联,要求联锁硬/软件进行较大改动,需要考虑双机信息的同步和一致性检查解决方案,但系统的可靠性会有较大提高。

　　2) 输入信息类型

　　由联锁系统送给自律机,CTC 表示需要的各种信息:

　　进站信号机——绿、黄、绿黄、双黄、黄闪黄、引导、红、断丝。

　　进路信号机——绿、黄、绿黄、黄闪黄、引导、红、白、断丝。

　　出站信号机——绿、绿绿、黄、绿黄、红、白、白闪、断丝。

　　调车信号机——白、白闪、蓝、(红)断丝。

　　轨道区段——锁闭、占用、空闲。

　　道岔——定表、反表、四开、单锁、单解、单封、解封、总锁。

　　闭塞——各种表示灯。

　　区间——轨道占用、出清、红、绿、黄。

　　其他——熔丝、主灯丝等各类报警灯、股道封锁、区间封锁及联锁设备运行状态表示。

　　3) 输出信息类型

　　由自律机送给联锁系统,CTC 向联锁发送一条完整的进路控制命令,以编码形式实现。如选路——选路代码＋始端～(变更)～终端,取消——总取消＋始端,定位操作——总定＋道岔。应该统一规定各种控制命令代码的编码原则,并确定各站信号机、道岔、轨道区段等设备代码编码原则。例如,若规定选路编码为01,取消为 02,则一条选路命令为:01＋始端按钮代码＋终端按钮代码,一条取消命令为:02＋始端命令代码。

　　可能的控制命令类型归纳如下:选路、取消进路、人工解锁、重复开放、道岔定位、道岔反位、道岔单锁、道岔单解、引导进路、区段解锁、道岔封闭、道岔解封、按钮单封、按钮解封、坡道解锁、引导总锁闭、轨道电路停电恢复、溜放功能等。控制命令代码的编码原则应该考虑故障——安全编码。

　　4) 非常站控按钮

　　软件控制方式的控制思路是 CTC 自律机和联锁机通过通信口交换信息,根据信息条件使各自的操作界面的键盘鼠标操作不起作用,交换的信息格式中应该包含通信端口标记。

4. 软件系统结构

CTC 软件系统结构原理如图 3.5.3 所示。

5. 系统接口

1)与计算机联锁系统接口

根据铁道部有关技术条件要求,CTC 和车站计算机联锁设备的接口方法需考虑网络协议隔断。所以,在计算机联锁车站,采用 RS422 串口与计算机联锁控显机互传信息,自律机将控制命令传给联锁控显机,联锁控显机控制联锁设备[11]。

2)与无线车次号校核系统接口

根据铁道部有关技术条件要求,CTC 和车站无线车次号设备的接口方法需考虑网络协议隔断。所以,在 CTC 自律机与无线车次号校核系统之间需加装防雷模块。

3)与车站无线调车系统接口

根据铁道部有关技术条件要求,CTC 和车站无线调车设备的接口方法需考虑网络协议隔断。所以,在 CTC 自律机与车站无线调车系统之间采用 RS422 串口进行信息传输。

6. 系统的安全可靠和防护技术

分散自律 CTC 系统的安全性包括两方面的含义:一是系统设备上的安全可靠,保证系统能够正常运行而不被网络黑客病毒所攻击,采用双机热备或冗余增强系统可靠性;二是指 CTC 系统保证行车指挥的安全性,即如何保证 CTC 系统能够完全按照《行规》《技规》和《站细》的要求,在正确的时机办理正确的进路。

CTC 的网络系统是基于 TCP/IP 协议的网络系统,其开放性和互联性使 CTC 具有很好的可扩展性和强大的接口功能。但也正是因为其开放性和互联性强的特点,促使调度集中系统对网络系统提出了更高的安全防护要求。

调度集中系统对网络的安全防护要求,包括网络结构和介质安全、防雷害、抗干扰能力、防黑客、抗病毒能力等。

除了要求所有关键性网络设备双套备份之外,还要求网络具有高度的安全性,网络既要能防止被黑客非法入侵,也要能防止病毒在网络上蔓延,防止关键数据被非法复制、窃听等。所以,分散自律 CTC 系统必须要采取网络安全防护措施。

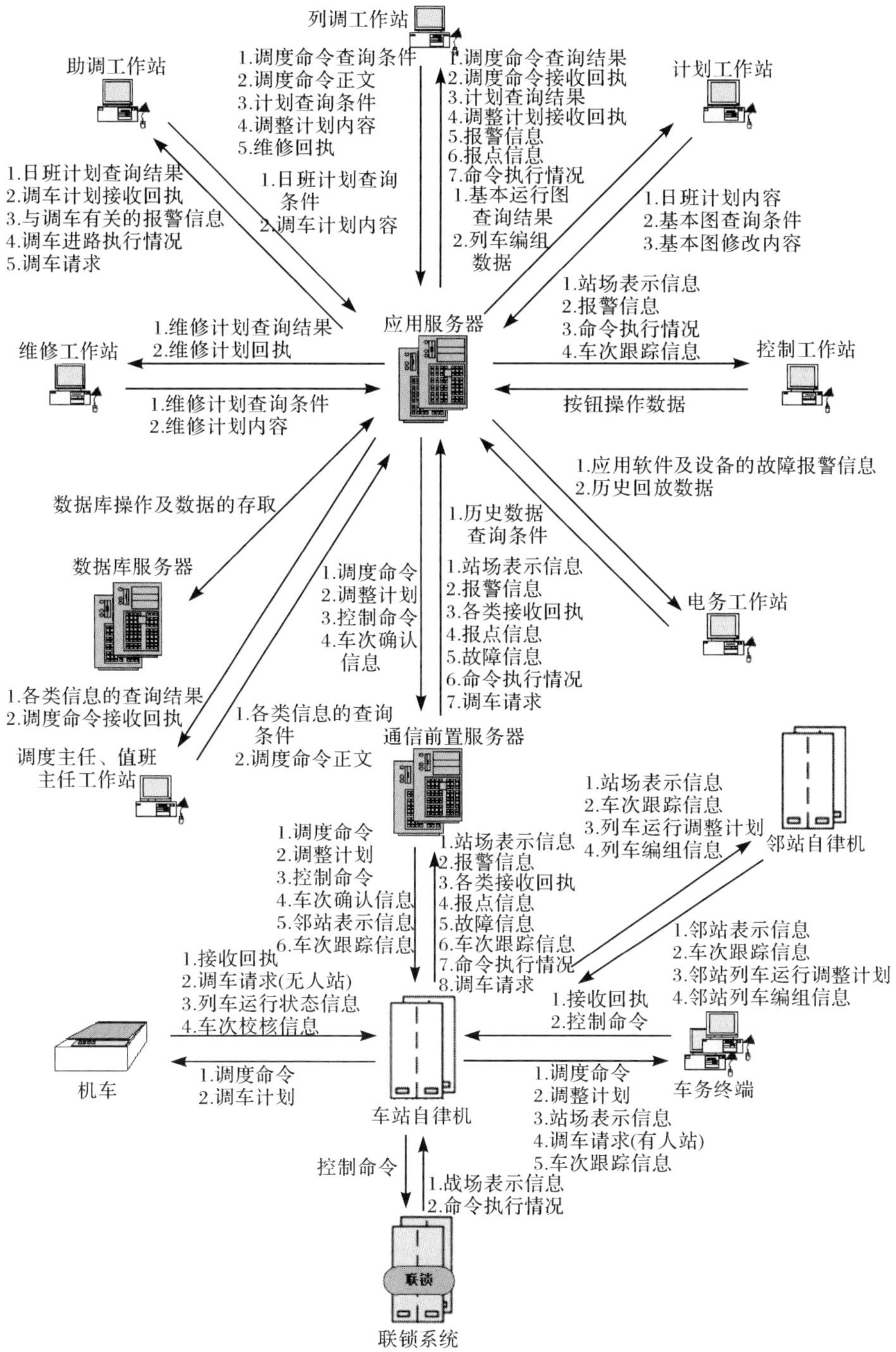

图 3.5.3　CTC 软件系统结构原理图

3.5.3　系统总体结构

分散自律调度集中从系统构成看由调度集中中心系统、车站系统、网络通信系统三部分构成,从运输指挥模式看为调度中心及车站两级结构。网络连接示意图如图 3.5.4 所示[9,12]。

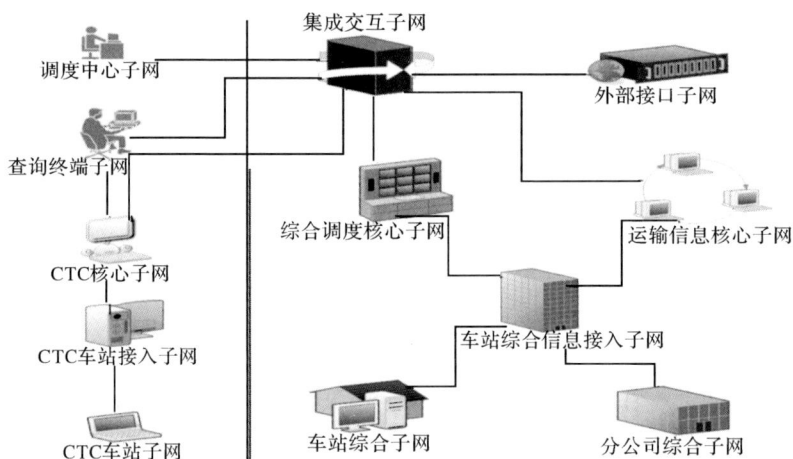

图 3.5.4　网络连接示意图

CTC 系统单独成网,并且保证设备之间都是双网结构。系统总体结构示意图如图 3.5.5 所示。

1. 调度集中中心系统

中心系统的核心设备包括数据库服务器、CTC 应用服务器、CTC 通信前置服务器、接口服务器。

1) 调度中心应用系统

调度中心应用系统主要提供调度所中各相关工种的操作工作界面功能。主要设备包括列车调度员工作站、助理调度员工作站、控制工作站、综合维修工作站、计划员工作站、值班主任工作站、大屏幕显示屏、打印机、绘图仪等[12]。

(1) 列车调度员工作站。

它是列车调度员的工作平台,使用分散自律调度集中系统的列调工作站所提供的界面来完成调整和下达列车阶段计划,维护实迹运行图,下达调度命令以及与相邻区段列车调度员交换信息。

列车调度员工作站的显示器用来显示实际运行图界面、调度命令界面,车站列车运行界面等。列车调度员工作站采用双机互备,当主用设备故障时,可取代故障设备,保证系统连续正常工作。

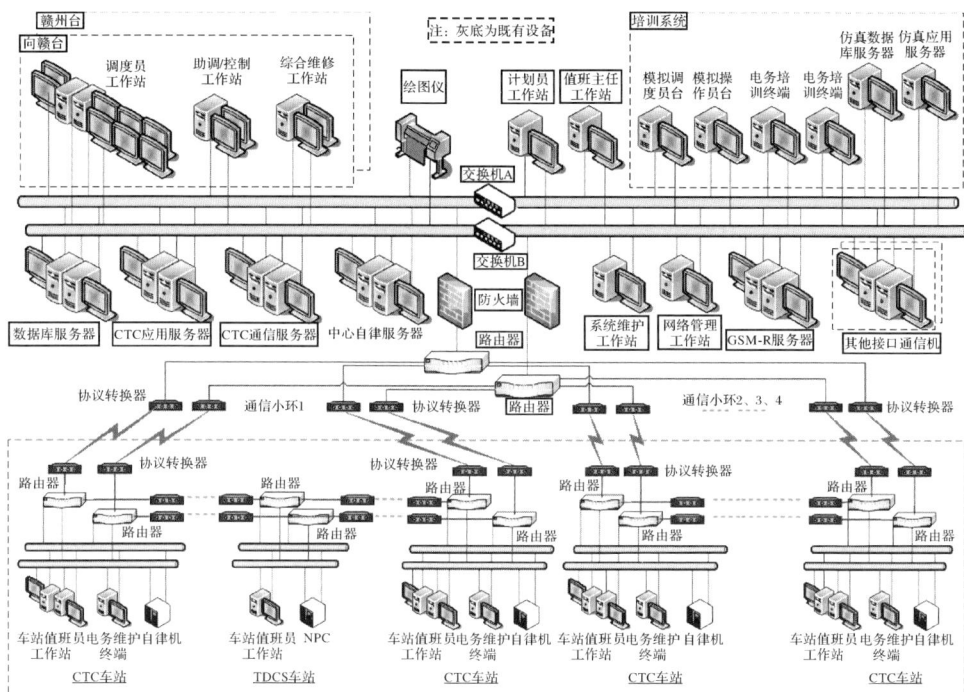

图 3.5.5　CTC 系统结构示意图

（2）助理调度员工作站。

助理调度员工作站主要实现无人车站的调车作业计划的编制、调整和指挥等功能。助理调度员负责编制中小车站的调车作业计划，这些调车作业包括由本务机车或小运转机车担当的甩挂调车作业、由本务机车或小运转机车担当的取送车作业、路用车调车作业。以上调车计划在转化成调车控制进路后与列车计划比较，可由系统进行自动控制。

同时，助理调度员负责监视无人车站的这些调车作业进路的执行情况，必要时可以人工干预，助理调度员对调车进路的人工干预有两种方式：对车站自律机中的调车进路序列进行操作，如直接修改进路的内容（如变更股道）或人工触发（或抑制）序列中的调车进路。通过按按钮的方式直接办理或取消调车进路。

助理调度员工作站的 5 台显示器中，一台显示管辖内每个车站进路操作控制界面，另四台显示调车计划管理和车站调车进路排列监督界面。

（3）控制工作站。

控制工作站主要实现调度中心人工进路操作控制、闭塞办理、非常处理等功能。控制工作站的 5 台显示器中，一台显示管辖内车站进路操作控制界面，另四台显示运行图管理界面。

（4）综合维修工作站。

综合维修调度员在列车调度员的领导下,通过此工作站完成车站设备日常维护、天窗修、施工以及故障处理方面的登销记手续办理,并具有设置电力网、临时限速,区间、股道封锁等功能。

（5）值班主任工作站。

值班主任工作站的主要功能为:了解调度集中区段的列车实际运行图、了解车站接发车作业情况和调车作业情况、发布调度命令及其他管理信息。

（6）计划员工作站。

计划员工作站的主要功能为:调阅调度集中区段的列车实际运行图、监视车站接发车作业情况、发布日班计划及其他管理信息等。

（7）模拟培训系统。

模拟培训系统主要用于调度所各级行车指挥人员的系统岗位技术培训,由仿真服务器、模拟调度台和电务培训终端等设备组成。

（8）N+1 备份工作站。

当列车调度台工作站、助理调度员工作站、控制工作站或综合维修工作站出现故障时,可以使用此备份工作站指挥行车。

（9）大屏幕显示屏。

大屏幕显示屏用于调度中心所有车站的全景显示,可以通过显示屏直观地了解本线所有车站的列车运行情况、车次、车站信号设备状态等信息。大屏幕显示屏由大屏控制 PC 来驱动显示。

（10）打印机和绘图仪。

调度中心的一台网络绘图仪,作为共享设备执行各工种的实迹运行图的绘制和其他相关报表的绘制。

2）调度中心服务系统

调度中心服务系统主要由调度中心总机房设备构成,它提供应用系统后台服务,主要包括服务器、通信机、电源设备及防雷设备。

（1）数据库服务器。

在总机房配备两台双机热备的数据库服务器,安装有数据库。存储分散自律调度集中系统的基本图、日班计划、阶段计划、实迹运行图、列车编组信息和信号设备状态的表示信息等。双套数据库服务器可以保证单机故障不影响整个系统的正常工作。

（2）CTC 应用服务器。

在总机房配备两台双机热备的高性能 CTC 应用服务器,主要功能包括:存取数据库,完成阶段计划生成、调整、冲突检测,实迹运行图自动生成与维护管理,消息转发等应用。主、备机在故障情况下能自动切换,保证单机故障不影响整个系统的正常工作。

（3）CTC 通信服务器。

配备两台双机热备的通信服务器，主、备机通过广域网与车站调度集中基层子系统相连，主要功能是完成中心系统与基层子系统的数据交换。

（4）接口通信服务器。

配备双机热备的各种接口通信服务器，用于与铁道部、分界口、其他信息系统的通信，如铁道部通信服务器、分界口通信服务器、与其他信息接口服务器、运调接口服务器等。

（5）CTC 系统维护工作站。

CTC 系统维护工作站设在中心机房内。在 CTC 系统维护工作站上以图形方式显示以下信息：调度集中服务器，通信服务器和相关调度台工作站的工作状态；车站 CTC 自律机，车站车务终端的工作状态；车站采集/输出板的工作状态及码位状态。当 CTC 系统维护工作站所监控的设备出现故障时，给予语音或文字报警。分散自律调度集中机房维护人员在 CTC 维护工作站上可进行分散自律调度集中系统基础数据的维护和更新操作。如果有条件，CTC 系统维护台可与信号机械室环境监控系统联网，可以查询车站信号设备的工作情况。

（6）CTC 网络管理工作站。

CTC 网络管理工作站设在中心机房内。该工作站提供监督分散自律调度集中中心局域网和分散自律调度集中广域网运行状况的功能，以图形方式显示网络拓扑图和广域网通道状态。当所监控的网络设备发生故障时，给予语音或文字报警。

（7）中心网络设备。

调度中心采用两台高性能交换机构成中心冗余局域网的主干，服务器、工作站等计算机设备均配备两块冗余网卡与交换机连接，并且这两台交换机与车站网络连接。具备足够的带宽和高速端口以满足通信要求。

（8）中心电源及防雷设备。

CTC 中心机房及调度所采用集中供电方式。设备包括专用电源屏、电源防雷模块和 UPS，UPS 供电状态信息由 CTC 网络维护终端通过串口方式采集。当 UPS 的供电中断，并且电池的消耗达到一定程度时，UPS 将通过标准协议通知网络维护终端，并由其通知 CTC 中心系统其他设备安全关机。当供电恢复时，系统设备能够自动启动。

3）网络安全防护设备

调度集中网络子系统是基于 TCP/IP 协议的网络系统，与专用网络相比较，具有较高的开放性和互联性，使整个系统具有很好的可扩展性和强大的接口功能，同时也提出了更高的网络安全防护要求。

调度集中系统的网络安全防护措施主要包括 3 类设备：访问控制，包括防火墙、入侵检测系统、身份验证系统；硬件网络防病毒主机；系统缺陷检测，网络漏洞评估主机。

网络版杀查毒软件可以随时监控网络上每台安装 Microsoft Windows 系列操作系统的计算机，一旦发现病毒立即查杀。同时，与其他系统联网时，尽可能不采用 TCP/IP 协议，而使用带光电隔离的 RS-232、RS-422、RS-485 等串行通信方式相连。

2. 车站系统

车站系统是分散自律调度集中系统的重要组成部分，它是整个网络系统的基本功能节点。调度中心将行车计划下达至车站，车站系统根据列车运行调整计划完成进路选排、冲突检测、控制输出等核心功能。同时车站系统还可以实现调车作业计划单编制及调车作业进路控制功能。

1）车站系统逻辑结构

车站系统是由两台交换机为中心节点构成的双局域网系统。系统中的两台车务工作站、一台电务维修工作站、两台路由器、两台自律机以及两台网络打印机都通过双局域网平台连接在一起，如图 3.5.6 和图 3.5.7 所示[12]。

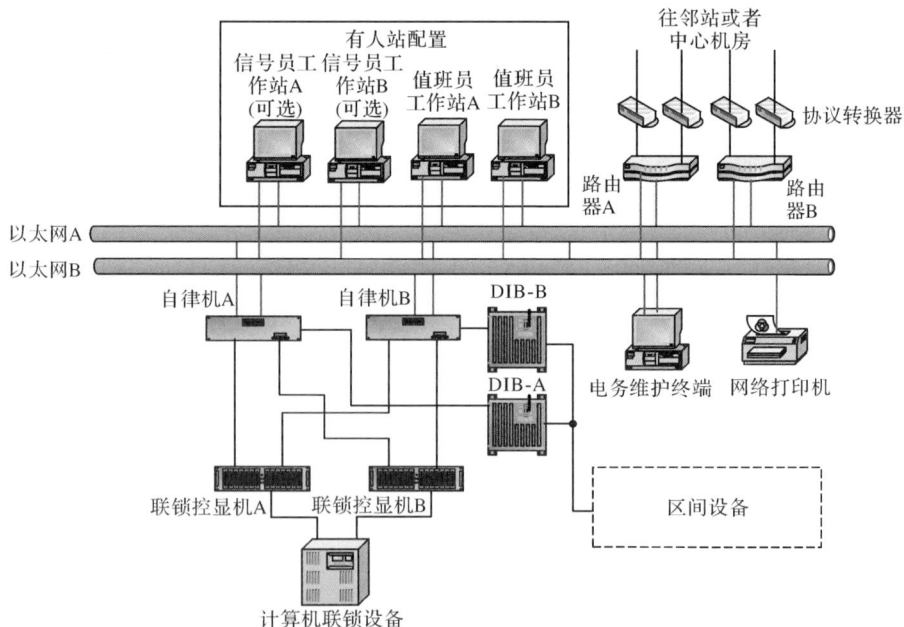

图 3.5.6　车站系统逻辑结构图

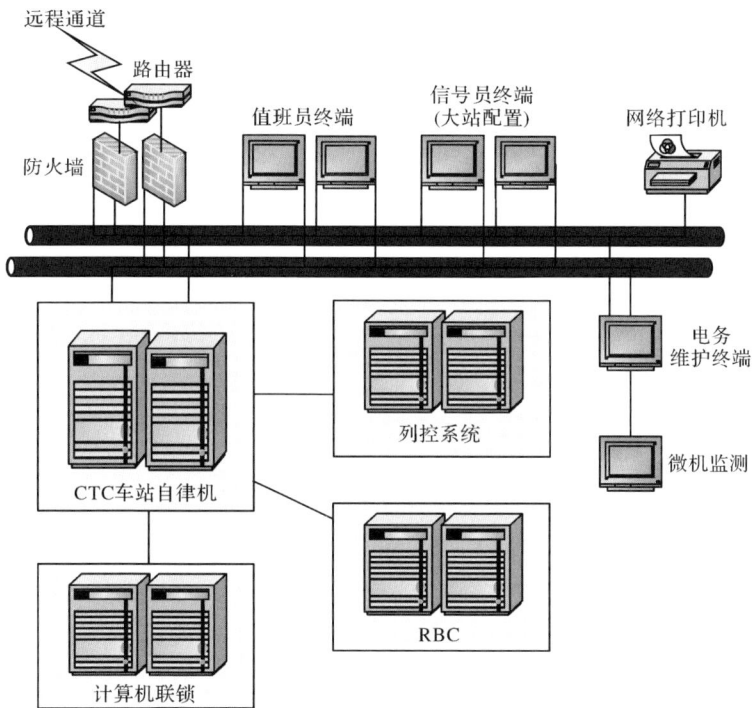

图 3.5.7　车站系统结构图

分散自律调度集中系统采用分散自律的概念,车站子系统完成进路选排、冲突检测、控制输出等核心功能。车站分散自律调度集中(CTC)子系统采用局域网结构,与调度中心和邻站通过广域网连接,包括以下设备:车站运转室设备、车站机械室设备。

在信号机械室内安装一个 CTC 机柜及一个电务维护终端。一个机柜为采集控制机柜,安装双套自律机及双机切换装置、UPS 电源等。在车站值班员工作台上安装两台显示器和一台打印机,其中一台显示车站控制台画面,另一台显示车站行车日志画面,并安装了车站语音系统。

2) 车站系统设备

(1) 车站运转室设备。

① 车站值班员工作站。车站值班员工作站设置于车站运转室内,一般配置双液晶显示器,并采用双机热备模式。其功能主要包括:用户登录和权限管理;基本图、班计划、阶段计划、调度命令的调阅与签收;本站的站场显示和相邻车站的站场显示,区间的运行状态显示;本站车次号的输入修改确认;行车日志的自动记录、存储、打印;列车编组和站存车的输入上报;对 CTC 车站,监视和控制本站自律机的计划执行和进路办理;本站非正常情况的报警。

② 车站信号员工作站。对于较大规模的车站,设置 1 套信号员工作站。在分散自律调度集中控制状态下,信号员来辅助值班员控制车站信号设备,主要作用是办理调车作业和监督列车进路序列的正确性。车站信号员工作站设置于车站运转室内,一般配置双液晶显示器,并采用双机热备模式。

(2) 车站机械室设备。

① CTC 车站自律机 LiRC。自律机是调度集中车站系统的核心设备,其硬件选用专用的工业级计算机设备,在可靠性、数据处理能力等方面有严格要求。自律机采用法国阿尔斯通的引进设备 LiRC。LiRC 采用 PIII 档次的专用工业级的CPU,内存不低于 256M 并采用工业大容量 CF 卡作为数据和程序存储介质,内置2 个以太网口和 6 个 232/422 串行通信口,另外还支持 PC104 总线的扩展。车站自律机的操作系统则是特殊定制的实时多任务操作系统,在软件设计上保证高效、简洁、严密,且经过完整全面的测试。神华铁路采用 LiRC-2 自律机,19in 上架安装,4U 高机箱。内部模块采用 CPCI 接口方式,实现板卡之间无线缆连接。LiRC-2 自律机系统包含两套 3U CPCI 计算机系统(A 系统和 B 系统)及一套切换单元(STBY)。该系统采用双机冗余的方式与外部装置连接协同工作,正常情况下两套计算机系统同时运行,完成相同的任务、处理相同的数据,切换单元会指定其中一台作为主机。当其中一台发生故障时,切换单元会给出切换信号,通知无故障的计算机系统切换为主机,以此保证系统正常运行。LiRC 的功能主要包括:接收存储调度中心的列车运行计划,并可以自动按计划进行进路排列,驱动联锁系统执行;接收调度中心和本地值班员(信号员)的直接控制操作指令(按钮命令),经与列车计划以及联锁关系检查后,确认无冲突后驱动联锁系统执行;对信号设备的表示信息进行分析,确认进路的完整性和信号的正确性,并能对不正常情况进行处理;对车次号进行安全级管理;接收邻站的实际和计划运行图;接收调度中心和本站值班员的进路人工干预,并调整内部处理流程。对计算机联锁的调度集中车站,车站站内表示信息和中心对车站控制信息都是通过自律机和联锁系统的通信实现,车站区间信息由 DIB 来采集。

② 电务维护终端。电务维护终端主要用于调度集中车站监视车站 CTC 子系统的运行状况,对所有操作控制命令、设备运用情况、故障报警信息和车站网络运行状态等进行分类存储、查询和打印,供电务维修人员参考使用。

③ 车站网络及安全设备。调度集中车站局域网为双网结构,每个车站配置 2台交换机,互为冗余,车站子系统使用路由器和协议转换器连接至中心子系统。在车站系统中,通过车站防火墙、防病毒软件客户端和车站身份认证口令牌等手段保证车站系统的网络安全。

④ 车站电源及防雷设备。车站子系统根据设备数量,需要 2kV·A 的可靠电源输入。

⑤ 统一时钟。在调度中心的总机房里设置一台 GPS 授时仪,通过卫星接收格林威治标准时间。调度中心定期向远程设备发送统一的时钟信息,这样保证系统通信、控制和检测信息处理的正确和合理。

3. 网络通信系统

分散自律调度集中系统的网络设计原则是在保证可靠性、安全性、实时性的前提下,尽量采用标准、通用的网络设备。系统网络通信系统主要由三部分构成:调度中心网络系统、车站网络通信系统、无线网络通信系统。

调度中心网络通信系统如图 3.5.8 所示。调度中心采用两台高性能 100M 交换机构成中心冗余局域网的主干,服务器、工作站等计算机设备均配备两块 100M 冗余网卡与交换机连接;调度中心还采用两台中高端路由器与车站基层广域网连接,路由器应具备足够的带宽和高速端口以满足通信要求,同时为了保证中心局域网的安全,路由器和交换机之间加装防火墙隔离设备。调度集中系统具备高度的网络安全性,在调度中心机房和车站信号机械室内都配有安全防火墙、入侵检测机,以保证调度中心系统和车站系统不被非法入侵。

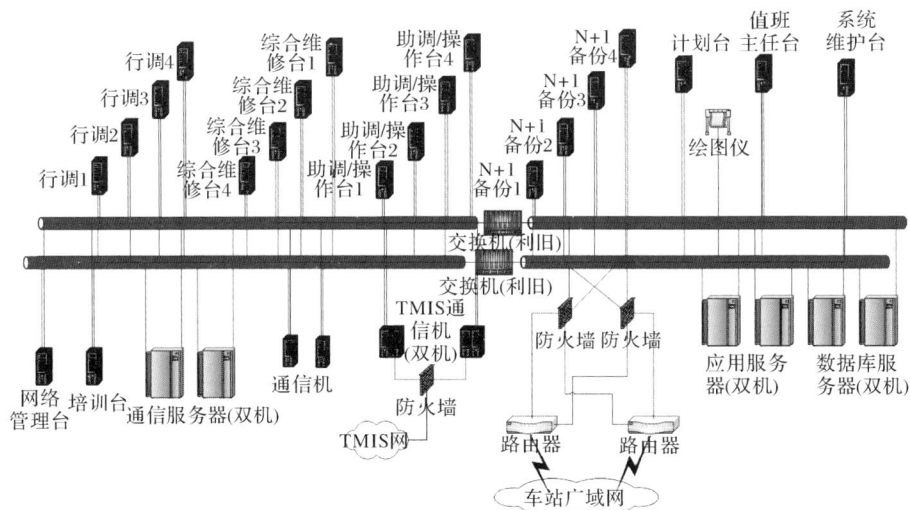

图 3.5.8　中心网络通信图

车站网络通信系统如图 3.5.9 所示。车站系统采用两台高性能交换机或集线器构成车站局域网主干,车站调度集中自律机、值班员工作站、信号员工作站等设备均配备两个以太网口进行网络连接。车站系统也需要配备两台路由器和车站基层广域网连接。车站基层广域网连接调度中心局域网和各车站局域网,应采用双环、迂回的高速专用数字通道,数字通道的带宽不应低于 2Mbps/s,每个通道环的站数不应超过 8 个站。为了确保通信的可靠性,每个环应交叉连接到局域网两台路由器上。网络通信协议采用通用的 TCP/IP 协议,可采用 CHAP 身份验证及 IPSEC 等安全保密技术。分散自律调度集中系统车站局域网为双网结构。每个车站配置 2 台集线器(HUB)组成双网,传输速率为 10Mbps。每个车站配置 2 台路由器分别连接相邻的两个车站的路由器,在抽头车站,每个路由器还与调度中心路由器通过迂回通道相连,路由器的广域网模块传输速率为 2Mbps。在调度中心局域网和车站局域网内部都安装有网络版病毒查杀软件,对系统中的计算机进行实时的病毒检测和清除,保证系统不受病毒的破坏。

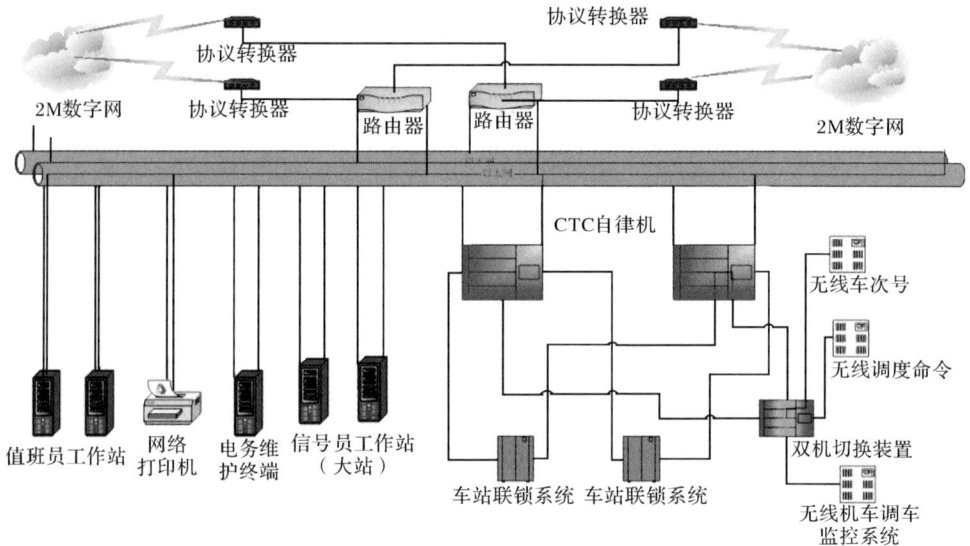

图 3.5.9　车站系统网络通信系统结构图

无线通信网络系统如图 3.5.10 所示。分散自律调度集中系统无线通信系统由三部分构成:无线车次号校核系统、无线调度命令系统、无线调车机车监控系统。分散自律调度集中系统对无线车次号系统的要求更高,除了能传输既有的车次号、机车号和列车简单编组外,还需要能传递列车停稳信息。调度命令系统由 CTC 设备、无线列调设备、无线车次号车站接收解码器、机车运行安全监控记录装置(以下简称监控装置)、无线车次号数据采集编码器(以下简称车次号编码器)、调度命令车站转接器(以下简称车站转接器)、调度命令机车装置(以下简称机车装置)等构成。无线调车机车信号和监控系统基本功能:安全防护功能、显示及报警功能、记录处理功能。

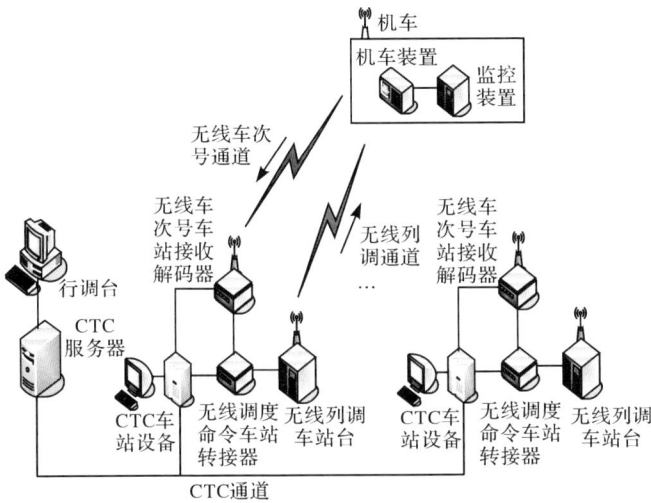

图 3.5.10　无线车次号及无线调度命令设备构成示意图

3.5.4　系统总体功能

分散自律调度集中系统采用"分散自律"的思想,自律机实现独立的码位处理,车次号的逻辑跟踪,根据行车计划产生控制进路,进行按钮操作的处理,并对调车作业和列车接发作业进行冲突检测和调整[9]。"分散自律"系统的优点是,当车站与调度中心通信中断时,车站系统仍然正常工作,一定时间仍可根据行车计划按图排路,车站值班员(操作员)仍可进行人工操作,由于有了自律机的调车作业和列车作业的冲突检测,使得列车进路和调车进路可以有序并行办理,解决了传统调度集中频繁交换控制权而导致的效率低下的问题,使得分散自律调度集中系统有较强的实用性。

1) 行车调度功能

行车调度功能是指行车调度员和车站值班员完成日常行车任务所具备的功能,分散自律调度集中系统的行车调度功能在调度中心能够采用计算机铺画运行线,网络下达行车计划,自动生成实迹运行图,取代了行车调度员传统的"手画运行图,电话指挥车站"的行车指挥方式;在车站调度集中系统能够自动生成行车日志,自动接收行车计划与调度命令,取代了车站值班员"电话接受指挥,人工填写行车日志"的方式。

在行车调度功能的基础上,分散自律调度集中系统还具备列车进路和调车进路的自动/人工排路,从而实现了行车指挥的自动化。

2）分散自律调度集中系统的控制模式

分散自律调度集中系统的车站具有两种控制模式:分散自律控制模式和非常站控模式,两种控制模式之间在满足一定的条件下可以互相转换[13]。通常情况下,调度集中系统处于分散自律控制模式下,在特殊情况下,可以按下控制台上的非常站控按钮,将系统切换到非常站控模式下工作。非常站控模式转回分散自律控制模式应检查的条件:自律机工作正常、所有按钮恢复。

分散自律控制模式。当车站处于分散自律控制模式下时,调度中心操作员和车站操作员都有对车站的控制权力,但其权力大小有所不同:调度中心操作员只能进行列车进路的排列、取消,列车进路序列的调整;车站操作员可进行调车进路的排列、取消,调车进路序列的调整,以及非正常情况下的操作。分散自律控制模式为调度集中系统的常用控制模式,此时,调度员负责监督列车的按图排路或直接人工办理列车进路,车站则负责调车进路的排列和非正常情况的处理,如引导、解锁等。如有特殊情况也可干预列车进路的排列,如引导办理。

非常站控模式。当分散自律调度集中系统故障或其他紧急情况时,车站操作员可以按下微机联锁控制台上的紧急站控按钮,切断调度集中系统控制输出继电器的电源,直接通过控制台按钮的方式进行控制(在计算机联锁车站,则在计算机联锁系统的操作界面上操作进入非常站控,此时计算机联锁系统不再执行任何CTC 的控制指令,由操作员在计算机联锁系统的操作界面上操作按钮进行控制)。

3）列车计划和列车进路控制功能

分散自律调度集中系统的进路控制功能包括列车进路的控制和调车进路的控制。列车进路的控制分为自动按图排路、人工排路。

（1）自动按图排路。当车站的"列车按图排路状态"激活时,自律机能按阶段计划自动排列列车进路。

（2）人工排路。分散自律调度集中系统提供调度中心操作员(助理调度员)和车站操作员(车站值班员)的人工列车进路排路功能。

（3）调车计划和调车进路控制功能。调车计划的制定和调车进路的控制纳入调度集中系统,是智能型分散自律调度集中系统的特色。

调车计划的制定。调度中心的助理调度员负责编制无人车站的调车作业计划,这些调车作业包括本务机车或小运转机车担当的甩挂调车作业、由本务机车或小运转机车担当的取送车作业、路用车调车作业。有专用调车机的车站的调车计划由车站的站调负责编制,由车站值班员输入调度集中系统。

调车进路的排列。与列车计划可能会有冲突的调车进路包括穿越正线的调车进路、占用到发线的调车进路。在车站处于"计划控制状态"时,系统检测调车进路的办理与列车计划的冲突,一旦检测有冲突,弹出对话框报警,并询问是否继续办理。车站直接办理上述有冲突的调车进路时,必须输入预计进路占用时分。

如果调车进路没有在预计的时间释放,则报警。

　　4) CTC 显示及控制功能

　　车站信号设备信息见表 3.5.1。

表 3.5.1　车站信号信息

列车信号机(包括区间信号机)开放与关闭	信号设备报警状态(控制台上的报警表示灯)	接近、离去区段空闲、占用
股道的空闲、锁闭、占用	进路的空闲、锁闭、占用	闭塞分区的空闲占用
道岔定反位、单锁	进路/区段延时解锁表示	进路排列灯
铅封按钮计数器	车次号	调车信号机开放与关闭
半自动闭塞表示灯	挤岔报警	灯丝报警
熔丝报警	其他需要的各种报警	

　　分散自律 CTC 状态信息。调度集中的控制模式状态应有明确的表示。在非常站控按钮(或开关)处以及车务终端上应设置状态表示灯,红灯:非常站控模式;绿灯:分散自律控制模式;黄灯:允许转回分散自律控制模式。

　　车站联锁操作按钮(图 3.5.2)。原则上现有计算机联锁控制台上的按钮在 CTC 操作界面上要全部保留。

表 3.5.2　车站联锁按钮功能

进路建立按钮	取消进路按钮(总取消按钮)	重复开放按钮
引导按钮(密码,操作要有密码确认)	引导总锁按钮(密码)(车站)	道岔的总定和总反按钮
总人解按钮(密码)	道岔的单锁按钮(车站)	道岔解锁按钮(密码)
区段/区间封锁按钮(解锁要有密码)	全站解锁按钮(密码)	铅封按钮计数器
功能按钮(办理其他单溜、非进路调车、闭塞操作、接发车请求/同意等)		

　　信息提示窗口。在信息提示窗口中显示的内容:调度员/值班员办理的所有操作、无效命令的提示(操作失败)、非法命令的报警,以及其他所有的报警。

　　分散自律调度集中系统按钮操作功能。办理任何操作的一般原则是:首先,选择需要操作的命令按钮,然后再选择要操作的信号设备。如果操作能顺利执行,输出相应的命令序列,否则给调度员/值班员一个明显的无效命令操作提示;其次,如果操作命令需要密码,则应显示密码输入窗口,让调度员输入正确的操作密码。联锁操作台上所有的联锁命令和 CTC 操作按钮都是自复式按钮,"进路建立"按钮是系统默认的按钮。在执行了任何操作命令后,操作台自动回复到"进路建立"状态。

　　5) 系统维护管理功能

　　分散自律调度集中系统的系统维护功能主要包括两方面:一是系统基础数据

的维护,包括站场数据、CAD站细数据、运行图描述数据、基本图时刻表数据;二是系统设备运行状态监督,包括调度中心计算机设备运行状态及主备状态监督、车站各计算机设备运行状态及主备状态监督、车站自律机的报警信息监督与查询、车站采集板输出板的状态监督及码位查询、与微机监测系统联网查询车站信号设备状态、广域网拓扑图显示及通道状态监督。

参 考 文 献

[1] EN 50126 C. Railway applications:The specification and demonstration of reliability,availability,maintainability and safety(RAMS). British Standard,1999:5—10.

[2] 张曙光. HXD1型电力机车. 北京:中国铁道出版社,2009:20—30.

[3] 中华人民共和国国家标准. 牵引电气设备 列车总线 第1部分:列车通信网络(GB/T 28029.1—2011). 2011:3—7.

[4] IEC 61375-1-1999. Electric railway equipment,Train bus—Part 1:Train Communication. Network:8—10.

[5] 曹彦平. TD-LTE技术构建朔黄铁路宽带移动通信系统可行性研究. 铁道通信信号,2014,50(4):68—72.

[6] 王映民. 孙韶辉,等. TD-LTE技术原理与系统设计. 北京:人民邮电出版社,2010:30—40.

[7] 曹彦平. 朔黄重载铁路LTE系统可靠性措施探讨. 数据通信,2014,(1):1—5.

[8] 曹彦平. 朔黄重载铁路LTE系统容量分析. 铁道通信信号,2014,50(5):75—78.

[9] 中华人民共和国铁道部. 分散自律调度集中系统技术条件. 2004:3—6.

[10] 王秀娟. 重载铁路调度集中系统的研究. 铁路计算机应用,2009,18(2):10—14.

[11] 国敢. 卡斯柯公司研制的新一代FZk-CTC型分散自律调度集中系统通过铁道部技术审查. 铁路计算机应用,2004,13(5):54.

[12] 赵志荣. 朔黄铁路公司CTC系统介绍. 石家庄铁路职业技术学院学报,2013,(1):85—88.

[13] 张辉东,王秀娟. 大秦线分散自律调度集中工程实施方案. 铁道通信信号,2007,43(7):25—27.

第4章　30t轴重桥涵结构强化技术

随着列车轴重和载重的提高,列车作用在桥涵结构上的荷载效应也相应增长,既有铁路发展重载运输时,需要重点考虑桥涵结构适应性和强化改造的问题。本章在对朔黄铁路桥涵结构运营现状进行分析的基础上,计算30t轴重货物列车开行条件下各种跨度桥梁运营活载效应与设计活载效应比值;通过理论分析和30t轴重货车实车综合试验,掌握了重载列车对桥涵结构的作用特征,提出了朔黄铁路30t轴重重载运输强化改造活载标准。根据改造设计活载标准对既有桥涵结构检算,并通过开展桥涵结构室内模型梁试验、原梁静载试验及现场静动载试验等系列试验研究,分析了朔黄铁路桥涵结构对30t轴重重载运输的适应性。按朔黄铁路桥涵结构类型,针对普通高度预应力混凝土简支梁、(超)低高度预应力混凝土简支梁、钢筋混凝土简支梁与涵洞、钢桁梁、桥梁下部结构及桥梁支座分别研发了相应的强化改造措施,形成了既有重载铁路30t轴重条件下桥涵结构强化改造技术。

本章提出的桥涵结构强化改造技术与措施均在朔黄铁路进行了工程实施,对强化效果进行了试验验证;各项强化技术措施可有效提高桥涵结构承载能力,能满足30t轴重重载运输要求。

4.1　既有桥涵结构概况

4.1.1　桥涵设计概况

朔黄重载铁路桥梁采用中-活载图式设计,在设计活载标准上与普通客货共线铁路、大秦重载铁路相一致。朔黄铁路桥涵按建设情况整体分神肃段和肃黄段,神肃段桥梁双线一次建成,其中神池南至西柏坡段地貌以山区为主,桥梁105座、25711.61双延米,涵洞658座、25236横延长米;西柏坡至肃宁段主要为平原地区,桥梁89座、17607双延米,涵洞385座、9657.78横延米;肃黄段属于平原地区,一期(单线)建设桥梁82座、16849.11延米,涵洞499座、7685.63横延米;后期增建复线桥梁78座、16824.07延米,涵洞454座、2980.38横延米。朔黄铁路正线桥涵统计详见表4.1.1。

表 4.1.1 朔黄铁路正线桥涵设计分布统计表

地理分区	线路分段	正线长度/km	桥梁分布		涵洞分布		附注
			座	延米	座	横延米	
山区丘陵	神池南—西柏坡	241.35	105	25711.61	658	25236.00	桥梁为双延米
平原	西柏坡—肃宁北	178.43	89	17607.00	385	9657.78	桥梁为双延米
	肃宁北—黄骅港	165.64	82	16849.11	499	7685.63	桥梁为单延米
	肃黄段二线	169.44	78	16824.07	454	2980.38	桥梁为单延米

朔黄铁路常用桥梁结构以双片式 T 形简支梁结构为主,采用 16m、20m、24m、32m 的预应力混凝土梁和 8m、10m、12m 钢筋混凝土结构;部分受净高控制的工点,采用了 10m 与 12m 低高度钢筋混凝土板梁、16m 与 20m 低高度预应力混凝土梁和 24m 与 32m 超低高度预应力混凝土梁。常用跨度简支梁统计详见表 4.1.2。

表 4.1.2 朔黄铁路常用跨度桥梁统计表　　　（单位:孔）

跨度	类型	神肃段	肃黄段	朔黄全线	比例/%
32m	普通高度预应力混凝土梁	997	235	1232	77.00
	超低高度预应力混凝土梁	9	11	20	1.25
24m	普通高度预应力混凝土梁	105	9	114	7.13
	超低高度预应力混凝土梁	4	4	8	0.50
20m	普通高度预应力混凝土梁	25	4	29	1.81
	低高度预应力混凝土梁	2	19	21	1.31
16m	普通高度预应力混凝土梁	106	8	114	7.13
	低高度预应力混凝土梁	11	12	23	1.44
12m	普通高度钢筋混凝土梁	4	7	11	0.69
	低高度钢筋混凝土板梁	5	18	23	1.44
10m	低高度钢筋混凝土板梁	3	0	3	0.19
8m	钢筋混凝土 T 梁	2	0	2	0.13

从常用跨度桥梁统计表可知以下几点:

（1）跨度 32m、24m、20m 和 16m 普通高度预应力混凝土梁为 1232 孔、114 孔、29 孔和 114 孔,分别占常用跨度桥梁总数的 77.00%、7.13%、1.81% 和 7.13%,合计占 93.07%。

（2）跨度 32m、24m、20m 和 16m 低(超低)高度预应力混凝土梁分别为 20 孔、8 孔、21 孔和 23 孔,分别占常用跨度桥梁总数的 1.25%、0.50%、1.31% 和 1.44%,合计占 4.50%。

（3）跨度 12m 和 10m 低高度钢筋混凝土板梁为 23 孔和 3 孔,分别占常用跨度桥梁总数的 1.44% 和 0.19%,合计占 1.63%。

(4) 跨度 12m 和 8m 的钢筋混凝土 T 梁为 11 孔和 2 孔,分别占常用跨度桥梁总数的 0.69% 和 0.13%,合计占 0.82%。

朔黄铁路全线桥梁大量采用预应力混凝土简支梁,占全线桥梁总数的 97.57%,其梁体基本参数详见表 4.1.3。

表 4.1.3 朔黄铁路预应力混凝土梁基本参数

计算跨度/m	16.0		20.0		24.0		32.0	
梁体长度/m	16.5		20.6		24.6		32.6	
梁体类型	低高度梁	普通高度梁	低高度梁	普通高度梁	超低高度梁	普通高度梁	超低高度梁	普通高度梁
施工类型	先张	后张	先张	后张	后张	后张	后张	后张
梁体图号	叁桥2003	叁桥2018	专桥2094	叁桥2018	叁桥2005	专桥2059	叁桥2005	专桥2059
梁体高度/m	1.10	1.60	1.35	1.90	1.25	2.10	1.75	2.50
梁体高跨比	1/14.5	1/10.0	1/14.8	1/10.5	1/19.2	1/11.4	1/18.3	1/12.8
腹板厚度/m	0.26	0.24	0.26	0.24	0.19	0.16	0.19	0.16
底板宽度/m	1.06	0.78	1.06	0.78	1.06	0.88	1.06	0.88
惯性矩 I_x/m⁴	0.143	0.340	0.229	0.482	0.209	0.659	0.485	1.002
中性轴 y_0/m	0.633	0.988	0.696	1.126	0.709	1.181	0.973	1.392
混凝土标号(直/曲线梁)	500/550	400/400	500/500	400/450	600/650	450/450	600/650	500/500
梁体重量/t	45.9	45.7	66.5	62.4	75.8	78.5	112	112

钢筋混凝土梁主要集中在肃宁分公司管段内,共计 18 座桥 39 孔梁,分为 8m、10m、12m 三种跨度,其中含跨度 8m 钢筋混凝土 T 梁 2 孔,图号为专桥(88)1023;跨度 10m 低高度钢筋混凝土板梁 3 孔,图号为专桥(91)1024;跨度 12m 钢筋混凝土 T 梁 10 孔,图号为专桥(88)1023;跨度 12m 低高度钢筋混凝土板梁 23 孔,图号为专桥(88)1024。根据实际情况或特殊要求,朔黄铁路采用了一些特殊的桥梁结构:在滹沱河峡谷区段,受水文控制,采用了(50+80+50)m 和(40+3×72+40)m 预应力混凝土连续箱梁结构;跨京深高速铁路和跨南运河特大桥,受净空控制,采用了 64m 下承式钢桁梁结构;跨新沧保公路大桥,根据铁路和公路斜交情况及公路规划需要,采用了门式框架墩纵向错置的结构。在立交桥跨式样方面,一般采用梁式桥,特殊条件下采用框构桥;位于站场咽喉区内的桥梁也多采用框构桥。朔黄铁路涵洞型式包括圆涵、盖板涵、钢筋混凝土矩形涵、拱涵、框构涵等多种型式,以适应不同条件要求。

朔黄铁路共有涵渠1688座/1733孔,涵渠组成如下:

(1)按单双线统计,双线涵渠1635座,占96.9%;单线涵渠53座,占3.1%。

(2)按孔跨数统计,1孔涵渠1645座,占97.5%;2孔涵渠41座,占2.4%;3孔涵渠2座,占0.1%。

(3)按涵渠类型统计,盖板箱涵(含板涵)769座,框构箱涵(含方(矩)涵、肋板箱涵)605座,拱涵106座,圆涵153座,倒虹吸(含倒虹吸管)48座,其他(含渡槽、泄水隧洞)7座,各类型涵渠占全线总量的比例如图4.1.1所示;按涵顶填土厚度统计,涵顶填土小于1m的有748座,1~2m的有446座,合计占全线总量的70.7%,涵渠填土厚度的统计情况如图4.1.2所示。不同填土高度的各类型涵渠数量详见表4.1.4。

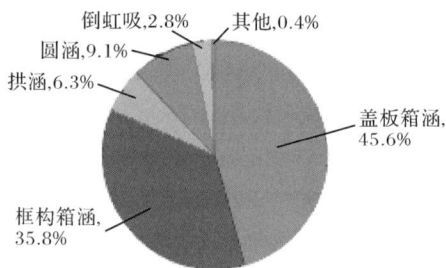

图4.1.1 涵渠组成——按涵渠
类型统计图

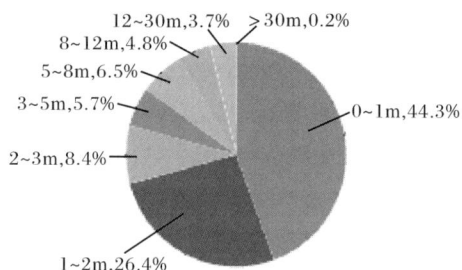

图4.1.2 涵渠组成——按涵顶
填土厚度统计

表4.1.4 朔黄铁路正线涵渠填土高度统计表

类型 \ 填土高/m	0~1	1~2	2~3	3~5	5~8	8~12	12~30	>30
盖板箱涵	293	170	71	85	84	43	20	3
框构箱涵	373	180	47	0	1	0	4	0
拱涵	4	3	3	4	18	36	38	0
圆涵	59	57	21	7	6	2	1	0
倒虹吸	14	34	0	0	0	0	0	0
其他	5	2	0	0	0	0	0	0
合计	748	446	142	96	109	81	63	3
占百分比/%	44.3	26.4	8.4	5.7	6.5	4.8	3.7	0.2

桥梁下部结构形式多样,以圆端形或矩形板式墩为主,含少量轻型桥墩结构,具体类型统计详见表4.1.5和表4.1.6。

表 4.1.5　神肃段桥墩类型统计表

类型	图纸名称	数量/个
单线单圆柱桥墩	朔黄桥通-01	232
单线矩形板式墩	叁桥(87)4036	222
单线圆端形板式墩	大秦石秦施桥 02	2
单线圆形墩	肆桥 4034	16
单线圆端形板式墩	叁桥(91)4038	406
矩形桥墩	叁桥 4033	58
双线分离式圆柱桥墩	大秦石秦施桥 01	10
双线双柱式桥墩	肆桥 4023	97
双线圆端形桥墩	叁桥 4027	420
圆端形空心墩	叁桥 4035	48
单线矩形板式墩	叁桥(87)4038	254

表 4.1.6　肃黄段桥墩类型统计表

类型	图纸名称	数量/个
单线圆端形板式墩	叁桥(94)4038A	350
单线矩形板式墩	叁桥(87)4036	242
单圆柱墩	朔黄桥通-01	266
单圆柱墩	桃威桥通-1	34
单圆柱墩	桃威桥通-2	20
圆柱桥墩	大秦石秦施桥 01	34
圆柱桥墩	大秦石秦施桥 02	6

4.1.2　运营现状

朔黄铁路桥涵结构自建成通车以来,主要开行 23t 及以下轴重的货物列车,部分开行 25t 轴重列车。桥涵结构的整体运营状态良好,但随着运量的增加也暴露出以下问题:

(1) 双片式并置梁横向整体性能差。既有双片式 T 形并置梁横向联结较弱,梁体的横向自振频率低,列车通过时梁体横向振幅偏大,部分超出《铁路桥梁检定规范》(铁运函[2004]120 号)[1] 的安全限制。

(2) 支座纵向位移量大。随着万吨列车的开行,桥梁支座(以摇轴支座突出)病害日益突现,部分支座位移超限,甚至出现活动支座限位销剪断的情况。

(3) 单线及柔性双线桥墩横向动力性能差。朔黄铁路采用了大量的单线和柔性双线桥墩,横向刚度偏低,列车通过时墩顶振幅偏大。

（4）填土厚度不足的涵洞受力问题。涵顶填土较小的涵洞结构,在列车动力作用下,盖板钢筋应力幅增加,变形增大;特别是 4～6m 的钢筋混凝土盖板涵,整体性差,承载能力凸显不足。

根据上述病害情况,朔黄铁路前期开展了相应的检测、评估和强化改造工作。截至 2009 年,完成重车线所有简支 T 梁的横向强化施工,主要通过增加横向预应力及对横隔板进行强化提高梁体的横向动力性能。在下部结构方面,对部分双柱型等轻型桥墩进行横联施工,提高下部结构的横向刚度。在填土厚度不足的涵洞方面,对部分涵洞进行了强化。改造后的桥涵结构可以满足现阶段的运输需求。

朔黄铁路基础设施强化改造后,开行 30t 以上轴重的重载列车,并达到年运输量逾 4 亿 t 的目标,显著加大桥涵结构的活载效应与动力响应。桥涵结构所面临的承载力、使用性能、疲劳和结构耐久性等方面的问题,有待进一步分析。

（1）列车轴重的提高将加大活载引起的结构内力,既有桥涵结构的结构抗力能否满足结构承载力的要求,即现有的结构安全储备是否足够。

（2）活载效应的增加是否会引起既有桥涵结构的开裂或导致已有裂缝的进一步发展,桥涵结构的竖向刚度是否仍能满足设计要求;桥涵结构的动力响应是否能满足列车安全运营的要求。

（3）列车轴重和年运输量的提高,将导致桥涵结构所承受的应力幅与循环次数的增加,由此带来的疲劳问题是否显著。

（4）列车轴重的提高加剧了既有桥涵结构的损伤,由此带来结构使用寿命的缩短值得进一步分析。

4.2　30t 轴重重载列车作用特征和活载标准

4.2.1　重载列车对桥涵的作用特征

重载列车编组总体包括单元列车和组合列车两种,具体编组方式有“机车＋货车”、“机车＋货车＋机车＋货车”及“机车＋货车＋机车＋货车＋机车”等类型,重载列车对桥梁结构的影响主要包括单轴作用、多轴叠加作用及均布荷载作用。

（1）单轴作用。列车单轴作用主要影响桥面系结构或杆件的局部受力。

（2）多轴叠加作用(图 4.2.1)。列车多轴叠加作用主要影响中、小跨度桥涵和钢梁桥杆(构)件。

（a）四轴机车/货车固定轴(或邻轴)　　　（b）六轴机车固定轴

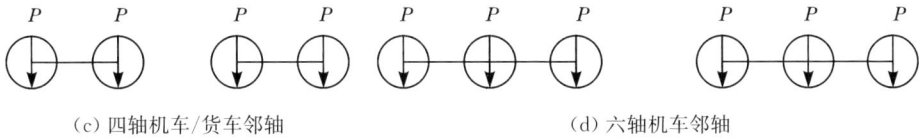

(c) 四轴机车/货车邻轴　　　　　　　(d) 六轴机车邻轴

图 4.2.1　多轴叠加作用示意

(3) 均布荷载作用(图 4.2.2)。列车每延米重效应主要影响中等以上跨度桥梁的整体受力,可近似按概化的均布荷载作用考虑。由于重载列车编组长度可达 1000~3000m,可涵盖全部跨度桥梁。

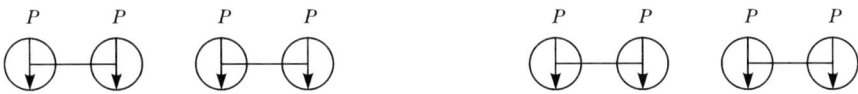

图 4.2.2　均布荷载作用示意

1. 加载频次的影响

随着轴重的增加,重载列车对桥涵结构的作用也相应增加,但对不同跨度桥梁的作用特征具有显著区别。从力学的角度上看,重载列车通过桥梁的过程是对桥梁加卸载过程,其受力特征与桥梁跨度(或影响线加载长度)直接有关。如图 4.2.3 所示,列车通过跨度 64m 的桥梁时,对桥梁形成了一次完整的加卸载循环;当列车通过跨度 16m 的桥梁时,除了一次大的加卸载循环,在围绕最大加载区也产生了多次小的加卸载循环;当列车通过跨度 8m 的桥梁时,对桥梁形成了多次完整的加卸载循环。即对于中小跨度桥涵结构,增大货车轴重,对桥涵的作用不仅体现在作用量值的增加,还体现在作用次数方面,在确保桥涵结构强度安全的基础上,还要重点关注中小跨度桥涵和影响线加载长度较小的杆构件的疲劳强度问题。

对于普通客货共线铁路,由于货车轴重相对较低,机车往往成为中小跨度桥涵设计的控制因素;对于重载列车,神华铁路机车主型机车为四轴机车,最大轴重为 25t,且机车车长长于货车,机车轴重及载荷密度均低于 30t 轴重重载货车,重载货车已成为桥涵设计的控制因素。

(a) 跨度 64m

数据点标号

(b) 跨度 16m

数据点标号

(c) 跨度 8m

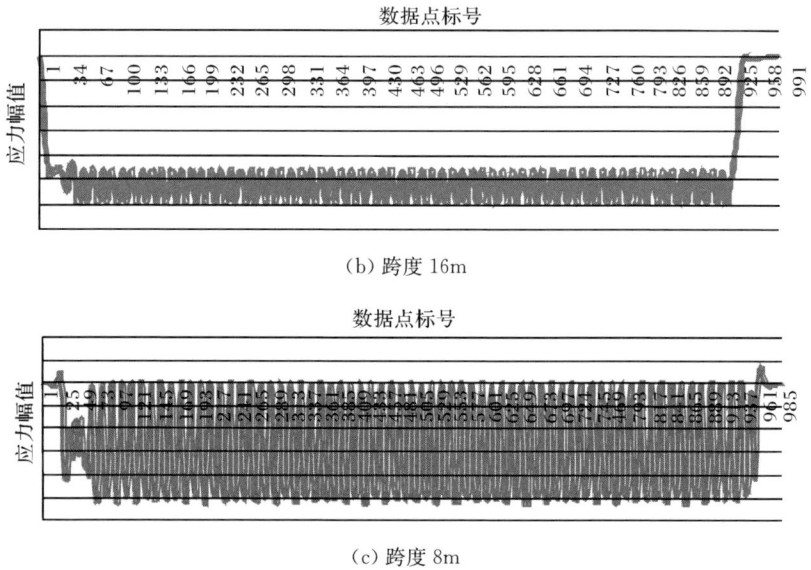

图 4.2.3 列车对不同跨度(或影响线加载长度)桥梁加载特征

根据"大轴重铁路货车总体技术条件"的规定,新型 30t 轴重货车采用四轴货车方案,转向架固定轴距为 1.86m,车体长度应在 12.0m 及以上(图 4.2.4)。通过对神华铁路货车车辆装备技术进行调研,车辆间邻轴距一般在 1.9～2.0m,在应用牵引杆技术后,车辆间邻轴距可进一步降低至 1.5m 左右;30t 轴重煤炭运输敞车车体长度范围在 13.0～14.0m,煤炭运输漏斗车车体长度范围在 14.0～16.0m。邻轴距、货车定距和车体长度参数变化会对结构的受力产生影响,以下以邻轴距 1.5m、定距 8.64m、车体长度 12.0m 的货车对桥涵结构的效应为基准,对各项设计参数的影响进行分析。

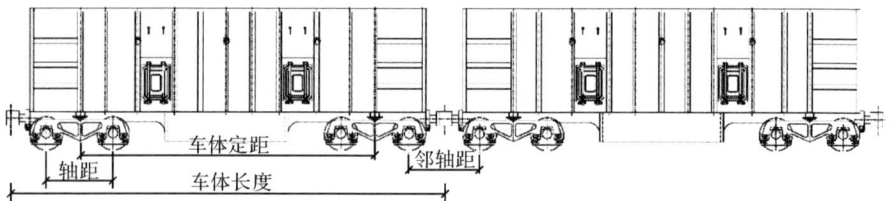

图 4.2.4 大轴重货车车体参数示意

2. 邻轴距的影响分析

我国新型大轴重货车间邻轴距集中在 1.50～3.00m;在车体长度保持 12.0m 不变的前提下,以下邻轴距分别按 1.50m、1.75m、2.00m、2.25m、2.50m、2.75m

和 3.00m 取用。如图 4.2.5 和图 4.2.6 所示,对跨度 1～200m 范围内的桥涵,在车体长度一定的前提下,随着车辆间邻轴距的增加,货车对于部分跨度桥梁的作用效应总体呈下降的趋势,其中对于截面弯矩、剪力的影响分别集中在 4～20m、3～100m 跨度范围。

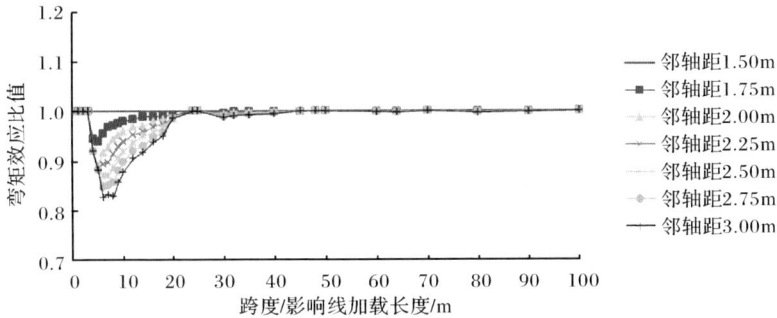

图 4.2.5　不同邻轴距货车作用下活载弯矩效应对比图

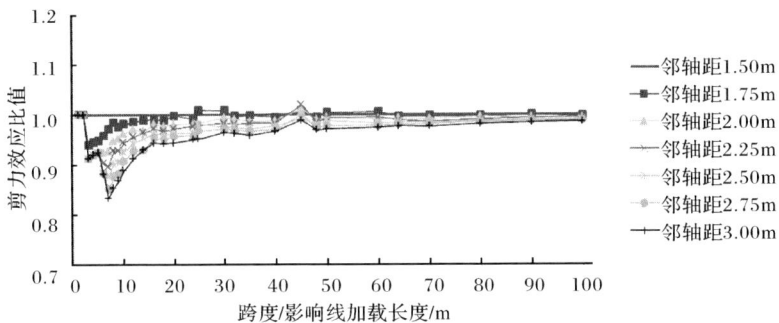

图 4.2.6　不同邻轴距货车作用下活载剪力效应对比图

与邻轴距 1.50m 相比,当车体邻轴距取 2.00m、2.50m 和 3.00m 时,货车对桥涵的弯矩效应最大分别降低 11%、13% 和 17%,剪力效应最大分别降低 9%、12% 和 17%。通过进一步分析邻轴距影响范围内弯矩和剪力效应比均值可知,邻轴距每增加 0.5m,弯矩和剪力平均效应分别约降低 3.45% 和 1.98%。即合理地选择车辆邻轴距参数,减小车辆间相邻转向架的叠加效应,能够有效降低对中小跨度桥梁、涵洞结构的作用。

3. 车体长度的影响分析

根据车辆类型的不同,新型大轴重货车车体长度主要集中在 12.0～16.0m。以下按邻轴距保持 1.50m 不变,车体长度分别取 12.0m、12.5m、13.0m、13.5m、14.0m、14.5m、15.0m、15.5m 和 16.0m,车体定距相应增大。对跨度 1～200m 范围内的桥涵,从车体长度的影响分析结果(图 4.2.7 和图 4.2.8)可以看出,在转向架固定轴距和车辆间邻轴距一定的前提下,车体长度基本不影响跨度 20m 以下的桥涵活载受力;随着车体定距和长度的增加,货车对于跨度 20m 及以上跨度桥梁的静活载作用效应呈下降的趋势。

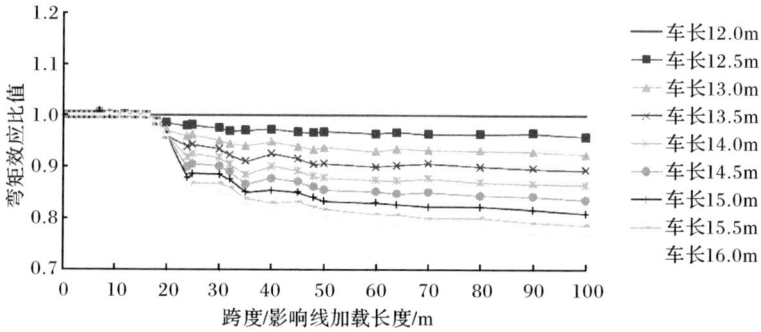

图 4.2.7　不同车体长度货车作用下活载弯矩效应对比图

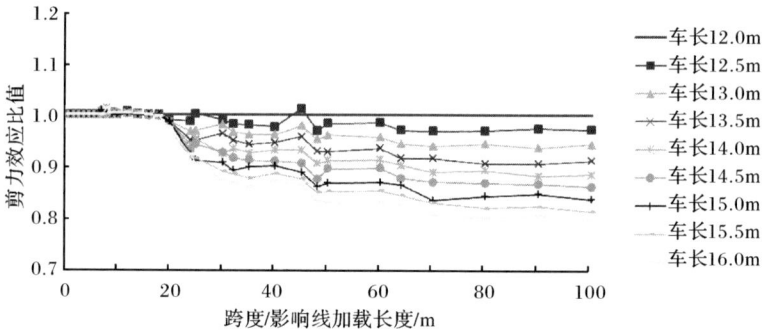

图 4.2.8　不同车体长度货车作用下活载剪力效应对比图

相比于车体长度 12.0m,当车体长度为 13.0m、14.0m、15.0m 和 16.0m 时,弯矩效应最大分别降低 8%、15%、20% 和 25%,剪力效应最大分别降低 8%、13%、18% 和 23%。通过分析跨度 20m 及以上桥梁弯矩和剪力效应比均值可知,车体长度每增加 1.0m,弯矩和剪力平均效应分别约降低 4.95% 和 4.18%。

通过理论分析,30t 轴重重载列车对桥涵结构作用特征可概括为以下几个方面:

(1)随着轴重的增加,重载列车对桥涵结构的作用也相应增加,但对不同跨度桥梁的作用特征具有显著区别,对于中小跨度桥涵结构,还要重点关注中小跨度桥涵和影响线加载长度较小的杆构件的疲劳强度问题。

(2)重载货车已成为桥涵设计的控制因素。

（3）对于新型 4 轴大轴重货车，在轴重和转向架固定轴距一定的条件下，其对桥涵结构的作用主要取决于车辆间邻轴距和车体长度的大小，邻轴距主要影响跨度 20m 以下桥涵结构，车体长度参数主要影响 20m 以上范围桥梁结构。

4.2.2　重载列车作用下桥涵设计活载储备量分析

朔黄铁路桥涵采用中-活载图式（图 4.2.9）设计，普通活载图式中代表蒸汽机车的集中荷载为 22t，代表煤水车的均布荷载为 9.2t/m，代表货车车辆的均布荷载为 8.0t/m，特种活载图式按 25t 考虑。由于综合示范段内桥涵结构跨度均在 32m 及以下，中-活载图式中代表煤水车的均布荷载更为控制结构设计；即对于综合示范段的桥涵结构，桥涵按 25t 的集中荷载、9.2t/m 的均布荷载进行设计。

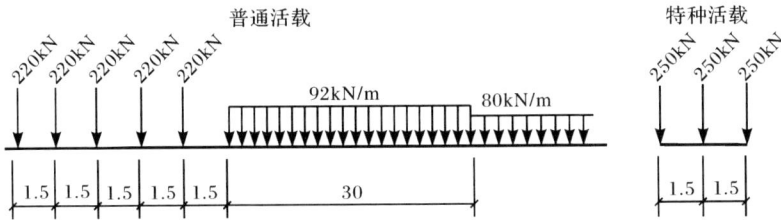

图 4.2.9　中-活载图式（单位：m）

以中-活载图式设计效应为基准，分别分析了 C64K、C70A 和 C80 运营列车和 30t 轴重试验货车 C96 与 KM96（装载轴重分别为 27t 与 30t）运行条件下桥涵结构的活载储备量（图 4.2.10～图 4.2.12），其中活载储备量为"正"表示剩余储备，"负"表示超出设计效应的量值，"0"表示与设计活载效应等效。

$$活载储备量 = \left(1 - \frac{运营活载效应}{设计活载效应}\right)\%$$

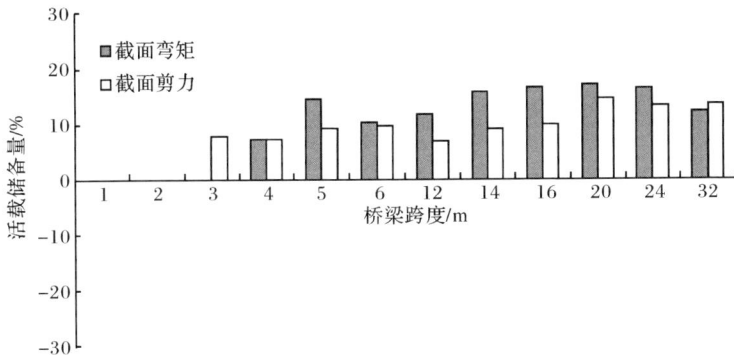

图 4.2.10　运营列车作用下综合示范段桥涵结构储备量

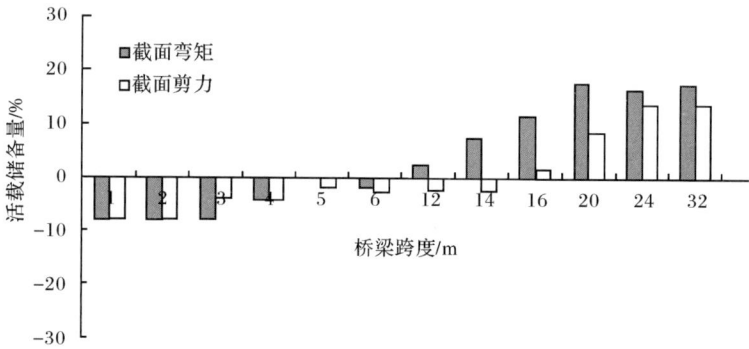

图 4.2.11　试验列车(27t 轴重装载)作用下综合示范段桥涵结构储备量

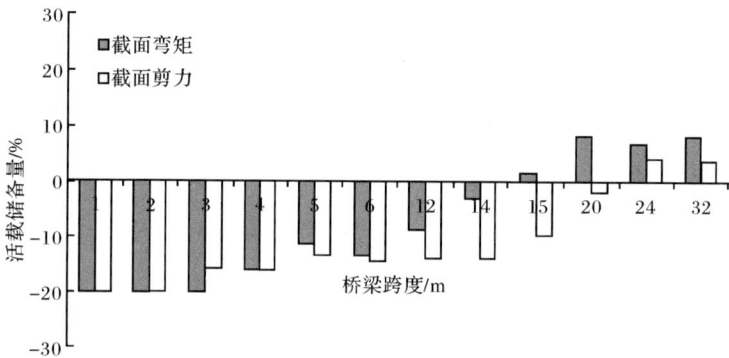

图 4.2.12　试验列车(30t 轴重装载方案)作用下综合示范段桥涵结构储备量

从桥涵设计活载储备量的分析来看,在试验列车(30t 装载方案)作用下,16m 以下的中、小跨度桥涵试验活载效应超过设计活载效应,尤其是 6m 以下的涵洞,最大超过设计活载效应的 20%,受力最为不利;跨度 16～32m 的桥梁设计时考虑了 9.2t/m 均布荷载,试验列车作用下,梁体截面弯矩尚有 4%～8% 的储备,跨度 16m 梁体剪力效应超过 8%,跨度 20m 梁体剪力效应与设计相当,跨度 24m 和 32m 梁剪力尚有 4% 的储备。

4.2.3　30t 轴重重载列车实车试验

朔黄基础设施强化技术措施研究与工程示范选择朔黄上行重车线典型区段开展,根据现场调研,选择北大牛—东冶区间(K65+47～K131+32)建设综合示范段,该区间涵盖了朔黄铁路主要桥涵结构、隧道衬砌和基底结构、主要路基结构、小半径以及长大坡道等,具有较强的代表性。

试验列车编组为:SS4 机车(黄骅港侧)+客车(工作车)+2 节 C96+10 节

C80＋10 节 C96＋6 节 KM96B＋1 节 KM96＋10 节 C70＋8 节 C64K＋SS4 机车
（神池南侧）。

货车车辆按名义装载轴重装载，C64、C70、C80 分别装载至轴重 21t、23t 和
25t，30t 轴重货车 C96、KM96B 与 KM96 均按 25t、27t 及 30t 轴重分级装载。

每次装载完成后，进行速度级 65km/h 与 75km/h 的运行试验，每速度级进行
3 次试验。在大轴重重载货车装载至轴重 30t 时，增加了 3 次 80km/h 速度级
试验。

试验货车参数见表 4.2.1。

表 4.2.1　试验编组货车参数对比表

车辆类型	轴重/装载轴重/t	车辆长度/m	邻轴距/m	轴距/m	载荷密度/(t/m)
C64K	21	13.438	2.988	1.75	6.25
C70A	23	13.726	2.686	1.83	6.70
C80	25	12.000	1.970	1.86	8.33
C96	25	13.726	1.940	1.86	7.29
	27				7.87
	30				8.74
KM96B	25	15.290	1.650	1.83	6.54
	27				7.06
	30				7.85

测力轮对测试：测力轮对测试区段为示范段（北大牛—东冶区间 K65＋47～
K131＋32），计 43.4km。

桥涵结构测试：在示范段选择各种类型的涵洞结构、跨度 12～15m 钢筋混凝
土框构桥、跨度 16～32m 范围预应力混凝土梁、跨度 24m 和 32m 超低高度预应力
混凝土梁、双线整体型和分离式桥墩、扩大基础和桩基础、钢支座和盆式橡胶支座
等共 14 个工点。

路基结构测试：在示范段选择不同路基状态（高路堤、深路堑、小半经曲线、路
桥过渡段、路隧过渡段等）及不同病害整治措施地段（L 形挡墙、旋喷桩、封闭道床
等）进行路基基本状态及原位试验，示范段内动态测试工点共 8 个。

隧道结构测试：隧道基本状态及原位试验选择示范段内三家村、石河口隧道，
设多个断面进行动静态测试，共 2 个工点进行动态测试。

轨道结构与部件测试：在示范段范围内选择小半径曲线区段、桥隧区段、过渡
段、直线段、12 号固定型道岔等 11 个工点进行动态测试。

示范段内桥梁、路基、隧道、轨道结果与部件测试工点汇总见表 4.2.2。

表 4.2.2　示范段内地面测试工点汇总

工点	名称	里程	测试内容				备注
			桥梁	路基	隧道	轨道	
1	R-600 曲线	K69+700 ~K70+300	√1			√1	坡度 10.9‰,桥涵为:K69+633
2	神山前河 特大桥	K70+582	√2			√2	坡度 12.0‰;Ⅲ型桥枕,直线, 制动试验
3	路桥过渡段	K70+905 ~K71+100		√1			
4	路堑	K74+539 ~K74+639		√2		√3	直线、坡度 11.1‰,Ⅲ型枕、Ⅱ 型弹条
5	R-500 曲线	K74+700 ~K75+100				√4	坡度 11.1‰、 Ⅲ型轨枕
6	R-800 曲线	K77+000 ~K77+500		√3		√5	坡度 11.3‰、 Ⅲ型轨枕
7	15m 框构桥	K81+342	√3				
8	24m 超低高度梁	K86+716	√4				
9	路堤	K86+860 ~K87+410		√4			
10	6m 盖板箱涵	K87+283	√5				交角 4°
11	跨北同蒲 特大桥	K87+800	√6			√6	坡度 2.0‰,直线,3~16m、14~ 32mT 梁。Ⅱ型桥枕,桥梁为 16m 梁
12	路桥过渡段	K88+000				√7	坡度 10.0‰;Ⅱ型枕,直线
13	6m 框架箱涵	K88+095	√7				正交
14	6m 框架箱涵	K88+352	√8				交角 33°
15	三家村隧道	K90+242 ~K91+192			√1		隧道专业三个断面
16	R-1000 曲线	K91+200 ~K91+666				√8	坡度 0.8‰、Ⅱ型轨枕、三家村 隧道出口

续表

工点	名称	里程	测试内容				备注
			桥梁	路基	隧道	轨道	
17	石河口隧道	K91+880 ~K92+442			√2	√9	坡度 5.0‰,直线,Ⅱ 型轨枕、Ⅱ 型弹条;隧道专业三个断面。K92+000
18	4m 框架箱涵	K92+824	√9				交角 12°
19	小半径曲线路基	K95+600 ~K96+100		√5			
20	涵洞	K95+780	√10			√10	1~6m 钢筋混凝土盖板箱涵(正交);净高 3.5m,全长 14.21m,填土厚 0.5m
21	3m 盖板箱涵	K96+148	√11				交角 11°
22	路涵过渡段	K96+100 ~K96+415		√6			
23	24m 简支梁	K97+154	√12				
24	12 号固定型道岔	原平南站 K81+800				√11	顺向出岔,8 号岔位(直、侧向)
25	路堤	K101+500 ~K101+700		√7			
26	简支梁	K101+744	√13				
27	1~32m 超低高度梁	K103+072	√14				
28	路桥过渡段	K103+190 ~K103+390		√8			

1. 预应力混凝土简支梁

实车试验共测试了 7 座常用跨度预应力混凝土简支梁桥,涵盖朔黄铁路常用跨度预应力混凝土梁所有梁型:16m、20m、24m 与 32m 普通高度预应力混凝土简支梁和 16m、24m 与 32m 超(低)高度预应力混凝土简支梁。

不同跨度简支梁实测数据表明,大轴重货车轴重与轴距等参数对不同跨度桥涵结构的影响规律不同,梁体挠度、应变、支座纵向/竖向位移与车辆轴距、轴重的加载效应直接相关,而梁体竖向/横向振幅、竖向/横向加速度与桥墩横向振幅、支座横向位移等与车辆参数的加载效应关系不明显。对于梁体挠度和应变,按轴重和车辆类型综合分析大轴重列车对桥涵的影响规律;对于其他振动特性,按实测内容进行汇总分析。

1）梁体应变及挠度与轴重的关系

（1）梁体应变与轴重的关系。

在试验列车 C96 与 KM96 不同装载轴重条件下，实测各种不同跨度预应力混凝土简支梁跨中底缘混凝土活载下应变增量随车辆轴重的增加而增大，不同跨度的梁体应变增幅不同。以装载轴重 25t 为基准，C96 和 KM96 装载至 27t 轴重时，普通高度 16m、20m、24m 与 32m 预应力混凝土简支梁和超（低）高度 16m、24m 与 32m 预应力混凝土简支梁平均应变增长幅度范围分别为 7.5%～12.6% 和 4.7%～11.3%；装载至 30t 轴重时分别增加 16.8%～24.8% 和 14.2%～22.8%。不同类型梁体应变与加载轴重的关系如图 4.2.13 所示。

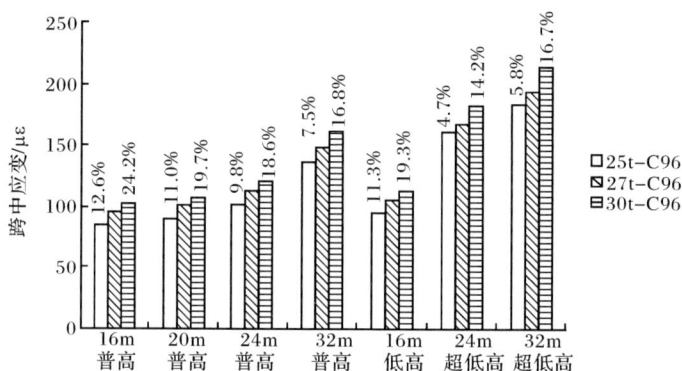

(a) C96

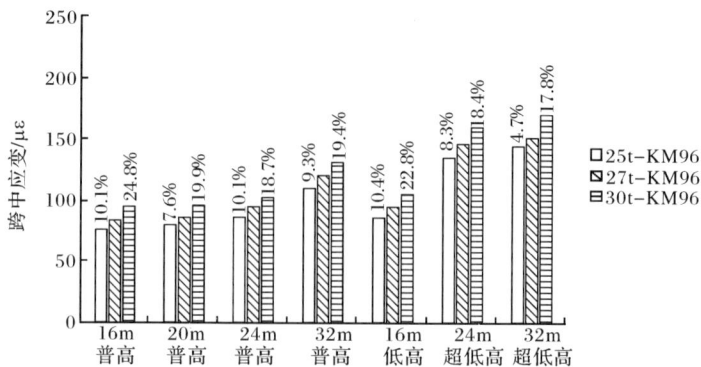

(b) KM96

图 4.2.13 梁体跨中应变与轴重关系

（2）梁体挠度与轴重的关系。

在试验列车 C96 与 KM96 不同装载轴重条件下，实测各种不同跨度预应力混凝土简支梁跨中挠度活载增量随车辆轴重的增加而增大,不同跨度的梁体挠度增大幅度存在一定的区别,以 25t 装载轴重为基准,C96 和 KM96 装载至 27t 轴重时,普通高度 16m、20m、24m 与 32m 预应力混凝土简支梁和超(低)高度 16m、24m 与 32m 预应力混凝土简支梁跨中平均挠度增长幅度范围分别为 7.9%~13.6%、1.6%~10.0%;装载至 30t 轴重时分别为 17.7%~23.0%、12.7%~23.4%。不同类型梁体应变与加载轴重的关系如图 4.2.14 所示。

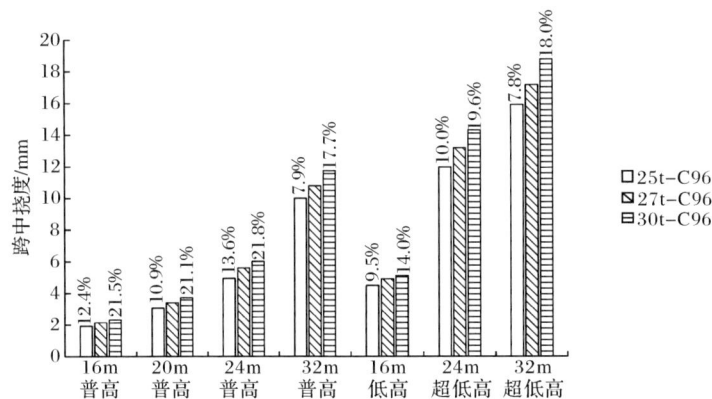

(a) C96

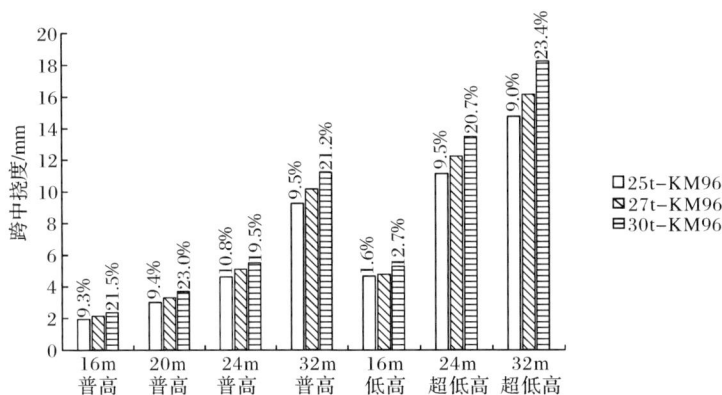

(b) KM96

图 4.2.14　梁体跨中挠度与轴重关系

2) 梁体应变及挠度与车辆类型的关系

邻轴距、车体长度等车辆参数对不同跨度桥梁加载效应的影响不同,根据理论分析结果,在轴重和转向架固定轴距一定的条件下,邻轴距主要影响跨度 20m 以下桥梁结构,车体长度主要影响跨度 20m 以上范围的桥梁结构。

对于车长的影响,C96 与 C80 两种车型的邻轴距基本一致,但 C80 比 C96 车体长度短,装载轴重为 25t 时,实测 16m、20m、24m 及 32m 简支梁跨中挠度和应变活载增量值 C96 货车均小于 C80 货车,其中对于 32m 简支梁,C96 作用时产生的梁体挠度和应变活载增量值分别为 C80 货车活载效应值的 89% 和 89%。对于邻轴距的影响,KM96 邻轴距长度小于 C96,在相同装载轴重时,C96 作用下 16m 简支梁跨中挠度和应变的活载增量值均小于 KM96。装载轴重为 25t 时 C96 与 KM96 在梁体跨中产生的应变比较和挠度比较分别如图 4.2.15 和图 4.2.16 所示。

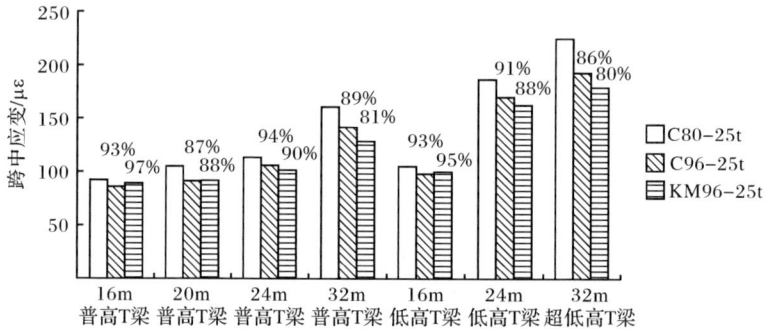

图 4.2.15　装载轴重为 25t 时 C80、C96 与 KM96 梁体跨中应变比较

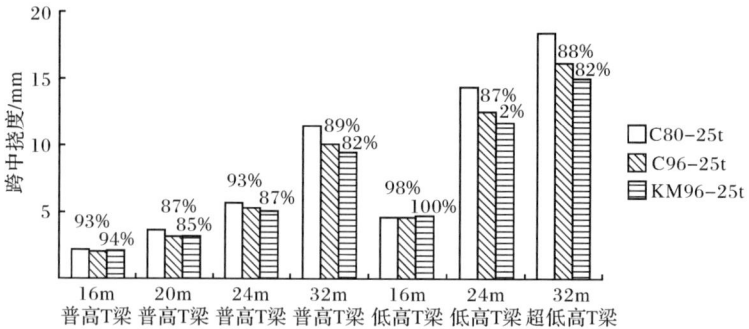

图 4.2.16　装载轴重为 25t 时 C80、C96 与 KM96 梁体跨中挠度比较

3) 梁体刚度对比分析

　　4 座普通高度和 3 座(超)低高度典型跨度预应力混凝土简支梁在试验编组标定列车作用下,16m、24m、32m(超)低高度与同跨度普通高度简支梁梁体刚度的比值分别为 0.49、0.39、0.59,即(超)低高度简支梁梁体刚度为普通高度梁的 40%～60%。试验编组列车中不同类型车辆作用下(超)低高度简支梁与普通高度简支梁的刚度比如图 4.2.17 所示。

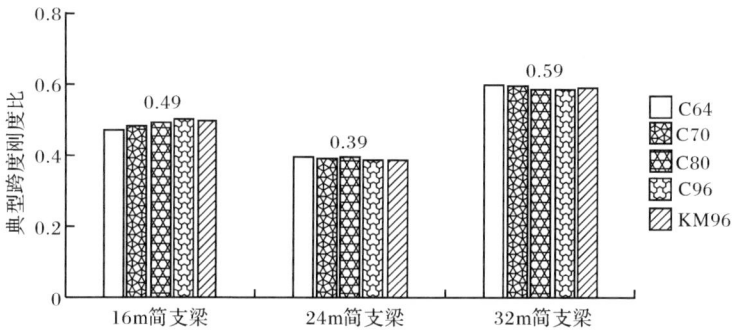

图 4.2.17　典型跨度(超)低高度与普通高度简支梁刚度比

2. 钢筋混凝土涵洞

综合试验共测试 7 座钢筋混凝土桥涵,包括 3 座盖板涵、3 座框构涵和 1 座框构桥。盖板涵包含 3m 与 6m 两种跨径,盖板宽度分别为 1m、2m 和 3/5m;框构涵包含 4m 和 6m 两种跨径;框架桥跨径为 15m。测试涵洞的轨底至涵顶填土厚度为 0.47～3.23m。实测数据表明,大轴重重载车辆轴重与(邻)轴距等参数对小跨度桥涵结构动力响应影响规律基本一致,但由于结构形式及填土厚度等因素影响,不同桥涵的跨中挠度、钢筋应变与车辆参数(轴距及轴重)的加载效应有一定的离散性。

1) 涵洞应变及挠度与轴重的关系

每座涵洞盖板(顶板)下缘测试了 6～8 处钢筋应变及轨下 2 处跨中挠度,取各应变及挠度测点的最大值进行试验数据统计分析,在试验列车多次试验中,给出各试验列车下的统计最大值,如图 4.2.18 和图 4.2.19 所示。

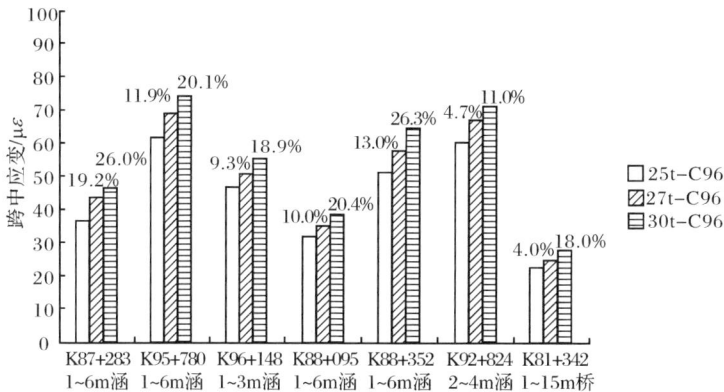

(a) C96

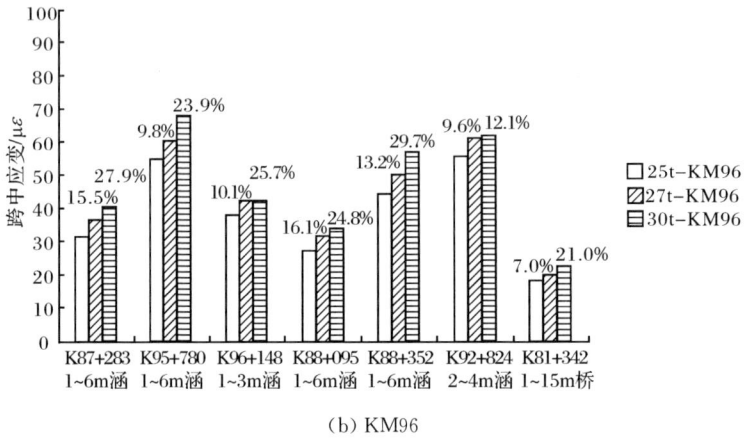

（b）KM96

图 4.2.18　涵洞跨中应变与轴重关系

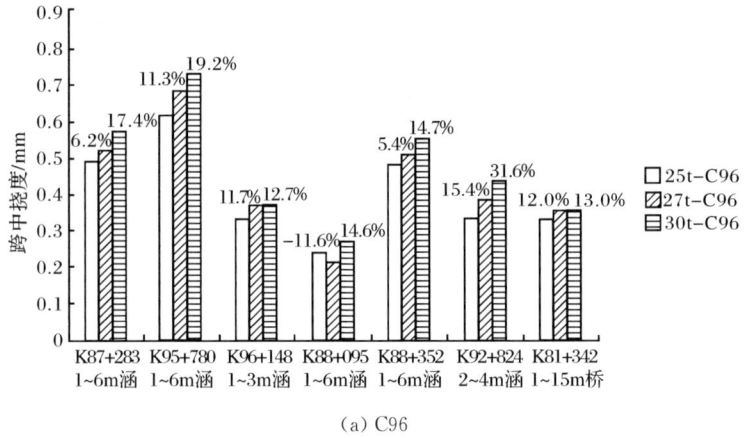

（a）C96

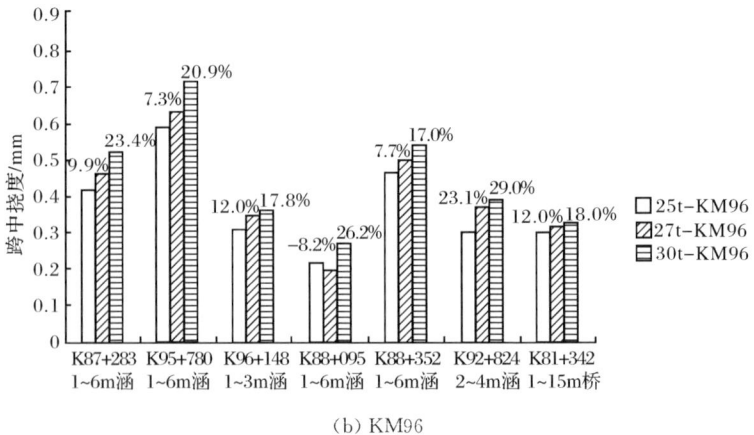

（b）KM96

图 4.2.19　涵洞跨中挠度与轴重关系

在试验列车 C96 与 KM96 不同装载轴重条件下,实测不同类型涵洞盖板(顶板)下缘钢筋应变活载增量随车辆轴重的增加而增大,不同类型涵洞钢筋应变增大幅度存在一定的区别,以 25t 装载轴重为基准,C96 和 KM96 装载至 27t 轴重时,各涵洞最大应变增长幅度范围分别为 4.0%～19.2%、7.0%～16.1%;装载至 30t 轴重时分别为 11.0%～26.3%、12.1%～29.7%。

在试验列车 C96 与 KM96 不同装载轴重条件下,实测不同类型涵洞跨中挠度活载增量随车辆轴重的增加而增大,不同类型涵洞挠度增大幅度存在一定的区别,以 25t 装载轴重为基准,C96 和 KM96 装载至 27t 轴重时,各涵洞最大挠度增长幅度范围分别为 -11.6%～15.4%、-8.2%～23.1%;装载至 30t 轴重时分别为 12.7%～31.6%、17.0%～29.0%。

2) 涵洞应变及挠度与车辆类型的关系

对于跨度 3.0m 的涵洞,至多有 2 个车轮同时作用在结构上,与车辆轴距或邻轴距直接相关;对于跨度 4.0m 的涵洞,至多有 3 个车轮同时作用在结构上,与车辆轴距或邻轴距直接相关;对于跨度 6.0m 的涵洞和跨度 15.0m 的框构桥,至多有 4 个车轮同时作用在结构上,与车辆轴距和邻轴距均直接相关,理论上 KM96 对所测试涵洞的作用效应均为最大。实测结果(图 4.2.20 和图 4.2.21)表明,装载轴重为 25t 时 C80 对涵洞的作用效应部分工况大于 C96 或 KM96;相同装载条件下 KM96 对涵洞的作用效应大于 C96。

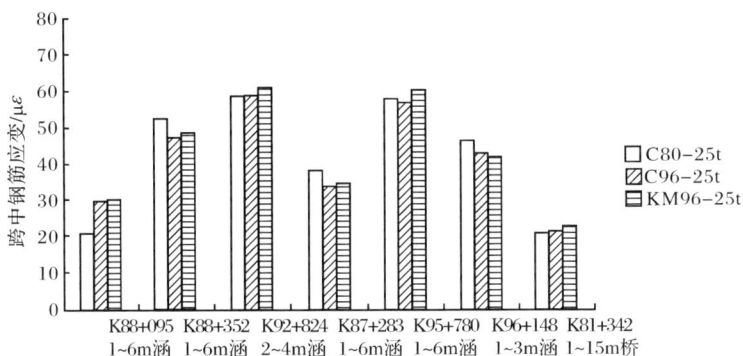

图 4.2.20　装载轴重为 25t 时 C80、C96 与 KM96 跨中钢筋应变对比

3) 涵洞应变及挠度横向分布规律

活载对涵洞的作用效应沿涵洞横向的分布具有较好的规律性,与车辆参数(轴距及轴重)的加载效应无明显关系。《铁路桥涵设计基本规范》(TB 10002.1—2005)[2](以下简称《桥规》)中计算活载对涵洞的竖向压力时,假定活载在轨底平面上的横向分布宽度为 2.5m(图 4.2.22),其在路基内与竖直线成一角度(正切为

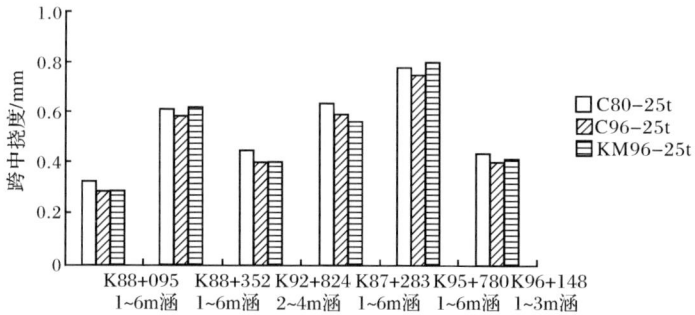

图 4.2.21　装载轴重为 25t 时 C80、C96 与 KM96 跨中挠度对比

0.5)向外扩散,可按竖向压力 $q_h = \dfrac{165}{2.5+h}$ 计算,式中,h 为轨底以下的深度(m)。

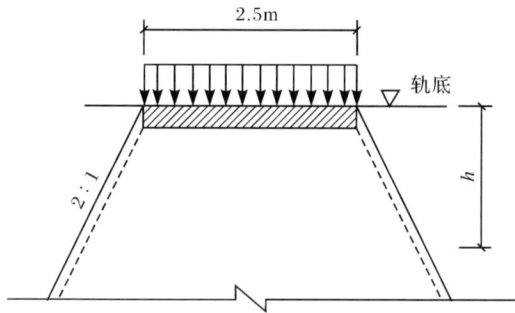

图 4.2.22　《铁路桥涵设计基本规范》(TB 10002.1—2005)中活载横向分布

　　根据涵洞跨中挠度与钢筋应变实测结果推算的荷载影响范围基本大于按填土厚度 1∶1、2∶1 向下传递计算的影响范围。

　　3. 桥梁振动

　　1)梁体振动特性汇总分析

　　实测的 7 座常用跨度预应力混凝土简支梁梁体横向振幅、横向加速度、竖向加速度均满足规范限值要求。试验列车通过时桥梁梁体振动响应在量值上与运营列车工况基本相当,试验列车各装载工况(25t、27t 和 30t)条件下,梁体振动响应值无明显增长。梁体振动大量实测数据分析表明梁体振动响应有一定的离散性,实测结果与列车轴重及车辆竖向加载效应关系并不明显。

　　梁体振动实测试验数据汇总见表 4.2.3~表 4.2.6。

表 4.2.3　实测梁体跨中横向振幅最大值统计表　　　（单位：mm）

列车类型	装载轴重	16m 普高	20m 普高	24m 普高	32m 普高	16m 低高	24m 低高	32m 低高
试验列车	25t	0.16	0.39	0.24	0.79	0.27	0.33	1.08
试验列车	27t	0.17	0.45	0.26	0.90	0.26	0.40	1.18
试验列车	30t	0.37	0.45	0.32	1.06	0.32	0.37	1.24
运营 C64	21t	0.19	0.38	0.28	0.95	0.37	0.36	1.27
运营 C70	23t	0.24	0.49	0.32	1.11	0.32	0.36	1.20
运营 C80	25t	0.35	0.45	0.29	0.78	0.41	0.27	0.81
通常值		1.27	1.59	1.90	2.54	1.27	1.90	2.54

表 4.2.4　实测梁体跨中竖向振幅最大值统计表　　　（单位：mm）

列车类型	装载轴重	16m 普高	20m 普高	24m 普高	32m 普高	16m 低高	24m 低高	32m 低高
试验列车	25t	0.62	0.71	0.63	1.29	1.24	2.06	1.68
试验列车	27t	0.68	0.82	0.56	1.32	1.35	1.93	1.68
试验列车	30t	0.76	0.80	0.84	1.44	1.41	2.41	2.17
运营 C64	21t	0.36	0.58	0.59	0.96	1.87	1.98	2.42
运营 C70	23t	0.40	0.63	0.59	0.92	1.46	1.83	2.17
运营 C80	25t	0.32	0.53	0.55	1.04	1.08	1.98	1.58

表 4.2.5　实测梁体跨中横向加速度最大值统计表　　　（单位：m/s²）

列车类型	装载轴重	16m 普高	20m 普高	24m 普高	32m 普高	16m 低高	24m 低高	32m 低高
试验列车	25t	0.15	0.14	0.20	0.24	0.78	0.30	0.52
试验列车	27t	0.18	0.16	0.54	0.24	0.21	0.24	0.24
试验列车	30t	0.16	0.17	0.21	0.31	0.32	0.28	0.28
运营 C64	21t	0.25	0.28	0.21	0.38	0.28	0.86	0.86
运营 C70	23t	0.21	0.26	0.20	0.43	0.34	0.93	0.93
运营 C80	25t	0.24	0.28	0.18	0.39	0.26	1.02	1.02

表 4.2.6　实测梁体跨中竖向加速度最大值统计表　　（单位：m/s²）

列车类型	装载轴重	16m 普高	20m 普高	24m 普高	32m 普高	16m 低高	24m 低高	32m 低高
试验列车	25t	0.62	1.30	1.01	0.92	—	1.01	0.93
试验列车	27t	0.62	1.31	1.02	0.90	—	0.98	0.85
试验列车	30t	0.64	1.42	1.20	1.03	1.43	0.97	0.93
运营 C64	21t	0.78	1.34	1.39	0.82	1.47	0.23	1.10
运营 C70	23t	0.70	1.67	1.17	0.97	1.68	0.24	1.03
运营 C80	25t	0.60	1.24	0.89	0.84	1.34	0.32	0.78

2）桥梁下部结构横向动力性能

本次试验对杨家沟大桥（K69+633）扩大基础双线圆端型桥墩、神山前河特大桥（K70+582）桩基础双线圆端型桥墩、跨大运公路中桥（K86+716）桩基础单圆柱型桥墩、跨北同蒲特大桥（K87+678）桩基础板式矩形墩、广济大桥（K101+744）桩基础板式矩形墩共5座桥梁12个典型桥墩进行动载试验，主要测试内容为桥墩墩顶横向振幅和桥墩自振频率，测试桥墩结构型式、墩高、基础类型统计及墩顶振幅测试结果见表4.2.7。

表 4.2.7　测试桥墩墩顶横向振幅汇总表

桥名	里程	桥墩类型	墩号	墩高/m	基础类型	墩顶横向振幅/mm		
						试验列车	运营列车	通常值
杨家沟大桥	K69+633	双线圆端型	1#	16.9	扩大基础	0.27	0.33	1.08
			2#	16.9		0.57	0.52	1.08
			3#	12.9		0.24	0.26	0.92
神山前河特大桥	K70+582	双线圆端型	1#	17.9	钻孔桩	0.39	0.43	1.12
			2#	17.9		0.29	0.31	1.12
跨大运公路桥	K86+716	单线圆柱墩	1#	7.0	钻孔桩	0.19	0.17	0.45
跨北同蒲特大桥	K87+678	单线矩形墩	11#	11.7	钻孔桩	0.27	0.42	0.74
			12#	11.6		0.22	0.23	0.73
			13#	11.6		0.20	0.25	0.73
广济大桥	K101+744	单线矩形墩	1#	9.0	钻孔桩	0.31	0.31	0.76
			2#	9.0		0.22	0.30	0.76
			3#	9.0		0.13	0.14	0.76

试验数据表明，实测试验列车和运营列车作用下桥墩墩顶横向振幅均在《铁

路桥梁检定规范》通常值范围内,可满足桥上列车运营要求。试验列车通过时桥墩的横向振幅在量值上与运营列车工况基本相当,试验列车各装载工况(25t、27t和30t)条件下,桥墩的横向振幅无明显增长。在80km/h及以下速度范围内,桥墩横向振幅与列车运行速度关系不明显。实测桥墩的横向振动响应表明,桥墩动力性能基本可适应重载货车的开行。

4.制动试验

为研究重载列车对桥涵结构纵向受力的影响,选取朔黄铁路神山前河特大桥进行了实车制动试验。神山前河特大桥上部结构为 19~32m 预应力混凝土 T梁,全长 639.41m。支座采用摇轴钢支座(专桥 8152),双线混凝土 T 形桥台,双线一体式圆端型板式墩,基础为钢筋混凝土钻孔桩基础。制动试验按不同初速度(40km/h、50km/h、60km/h)共进行 11 次制动试验,采用最大常用制动方式,前 4次制动停车目标位置为进桥 158m,后 7 次停车目标位置为进桥 308m。

1)桥墩墩顶反力

1♯墩、2♯墩顶重车线支座均为三向测力支座,纵向传感器布置在固定支座上,通过测力支座可以测试制动工况下墩顶纵向力,见表 4.2.8。

表 4.2.8　不同制动工况墩顶纵向力统计表

序号	制动位置	1♯墩顶纵向力/kN		2♯墩顶纵向力/kN	
		实测值	最大值	实测值	最大值
1	167m	242		199	
2	163m	267	267	191	202
3	181m	251		174	
4	159m	254		202	
5	287m	241		199	
6	279m	236		198	
7	323m	241		191	
8	345m	250	250	191	199
9	290m	245		197	
10	303m	224		177	
11	283m	237		187	

从上述制动工况下桥墩受力的统计表中可以看出,目标制动位置 158m 的 4个工况中,1♯墩和 2♯墩反力分别在 24.2~26.7t 和 19.1~20.2t;目标制动位置308m 的 7 个工况中,1♯墩和 2♯墩反力分别在 22.4~25.0t 和 17.7~19.9t。各制动工况桥墩受力偏差较小。

2）桥墩墩顶纵向位移

制动试验时，在垂直于桥梁走向布置两台光电测挠仪，分别在 1♯墩、2♯墩顶安装靶标，测试桥上列车制动时墩顶纵向位移。

各次制动墩顶纵向位移汇总于表 4.2.9，可以看出，目标制动位置 158m 的 4个工况中，1♯和 2♯墩顶位移分别在 1.6～2.0mm 和 1.9～2.7mm；目标制动位置 308m 的 7个工况中，1♯和 2♯墩顶位移分别为 2.0～2.4mm 和 2.7～3.2mm。

表 4.2.9　不同制动工况墩顶纵向位移统计表

序号	制动位置	1♯墩顶纵向位移/mm		2♯墩顶纵向位移/mm	
		最大值	平均值	最大值	平均值
1	167m	1.9		2.6	
2	163m	1.9	1.8	2.7	2.4
3	181m	1.6		1.9	
4	159m	2.0		2.6	
5	287m	2.2		3.2	
6	279m	2.1		3.1	
7	323m	2.1		3.2	
8	345m	2.2	2.1	3.1	3.0
9	290m	2.0		2.8	
10	303m	2.4		2.7	
11	283m	2.0		2.8	

综上，试验编组车在目标 158m 位置制动，为 C80 列车布满第 1、2 跨梁，在308m 位置制动，为 C96 列车布满第 1、2 跨梁。C96 列车均布载荷为 87kN/m，C80 列车均布载荷为 83kN/m。

在目标制动位置 158m、308m 处制动时，1♯、2♯桥墩受力偏差较小。制动过程中，目标制动位置 158m 处，1♯墩顶纵向力最大为 26.7t，2♯墩顶纵向力最大为20.2t。目标制动位置 308m 处，1♯墩顶纵向力最大为 25.0t，2♯墩顶纵向力最大为 19.9t。

1♯、2♯墩顶纵向位移在 308m 制动位置处大于 158m 制动位置。在目标制动位置 158m、308m 处制动时，2♯墩顶纵向位移大于 1♯墩顶纵向位移。制动过程中，目标制动位置 158m 处，1♯、2♯墩顶纵向位移最大值分别为 2.0mm、2.7mm；目标制动位置 308m 处，1♯、2♯墩顶纵向位移最大值分别为 2.4mm、3.2mm。

从实车试验结果来看，实测梁体挠度、应变、支座纵向位移与重载列车加载效应直接相关，实测值与轴重等级呈线性增长趋势；实测梁体横向振幅、横向加速度、竖向振幅与竖向加速度、支座横向位移、桥墩横向振幅等实测值均有一定的离散性,实测值与运营货车作用下的量值基本相当,与列车轴重间关系不明显。对于桥梁纵向受力,作用于桥墩墩顶的纵向力主要由挠曲力、列车重力的水平分力、机车牵引或列车制动力三部分组成,其中挠曲力起主要作用。

与既有货车相比,增大货车轴重,直接增大了桥涵结构的竖向加载效应;桥梁结构横向动力响应并无明显增大。因此,开行更大轴重重载货车,应重点关注其对桥涵结构竖向受力的影响,研究制定 30t 轴重条件下桥涵改造活载标准,开展桥涵结构重载适应性评估。

4.2.4　30t 轴重桥涵强化改造活载标准

铁路列车活载图式是设计各类铁路工程结构的技术标准,也是桥梁设计的核心参数。影响设计活载图式的因素很多,除与机车车辆参数、运输模式、速度指标和不同结构体系加载方式等有关外,尚需考虑机车车辆发展。新中国成立以来,我国《铁路桥梁设计规范》共正式颁布实施(含修订)过 6 次,分别为 1951 年、1959年、1975 年、1985 年、2000 年和 2005 年版本。1951 年《规范》采用中-Z 活载图式(图 4.2.23),按铁路不同等级分别采用中-22～中-26 级活载图式;1959 年《规范》沿用中-Z 活载图式,按铁路不同等级分别采用中-18～中-26 级活载图式;1975 年及以后《规范》统一采用中-活载图式(图 4.2.24)。

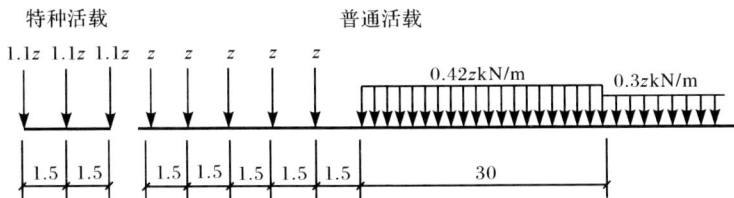

图 4.2.23　中-Z 活载图式(单位:m)

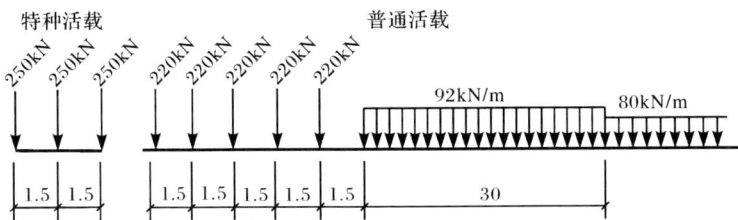

图 4.2.24　中-活载图式(单位:m)

中-活载图式主要源自中-Z 活载图式系列的中-22 级,20 世纪 70 年代修订中考虑到牵引车辆重量的增加、机车与车辆重量比的降低等因素,将代表车辆的均布荷载 66kN/m 提高到 80kN/m,将特种活载轴重由 242kN 提高至 250kN。实践证明,中-活载图式基本满足了我国铁路 20 世纪发展的需要。

2000 年以来,我国铁路货车技术迅速发展,研制了轴重 23t、速度 120km/h、载重 70t 级的新型通用货车,并于 2006 年全面推广应用载重 70t 级货车,停止生产载重 60t 级货车;同时针对重载运输需求,研制了以 C80(H)、C80B(BH)、C80AH、C80C 为代表的新型 25t 轴重、载重 80t 级运煤专用敞车。以 C80 车为例,车辆载荷密度达 83.3kN/m,超过了原"中-活载"标准中关于车辆均布荷载 80kN/m 的规定。既有铁路运营实践也表明,货车轴重的提高使得既有铁路基础设施出现了新的病害特征,呈现出一定的不适应。

为适应新时期铁路运输发展的需要,铁道部科技司于 2004 年立项,明确要求结合我国铁路的实际情况,研究和制订客货共线和货运铁路桥梁活载标准。中国铁道科学研究院在总结了现行中-活载图式实施 30 多年的工程实践效果和铁路运输发展趋势,在图式选型上与 UIC 图式接轨,研究制订了用于客货共线和货运铁路设计的"新中-活载图式"。2010 年,中国铁道科学研究院针对《新建煤运通道设计荷载标准及相关参数研究》中,为提高中小跨度桥涵的设计活载储备,对"新中-活载图式"特种活载进行了修正,建议中-活载(2005)图式中特种活载由 250kN 调整为 280kN(图 4.2.25)。

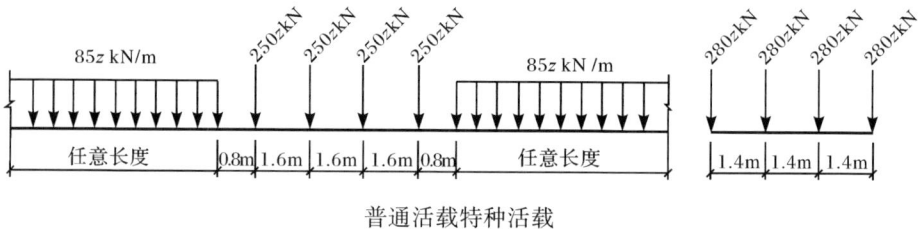

普通活载特种活载
图 4.2.25　ZH 活载图式

从 2005 年以来大秦等铁路重载运输实践看,重载列车作用下中、小跨度桥涵结构存在疲劳和劣化速率加快等现象;桥梁支座病害发生概率明显上升[3],主要表现在桥梁摇轴支座纵向位移超过限值和平板钢支座上摆螺栓折断(沿纵向)方面。重载铁路开行 30t 轴重、长编组列车,且年运量大,与客货共线铁路相比,在列车作用特征等方面存在较大差异,除竖向活载作用加大外,列车对桥梁的纵向作用显著提升。按既有活载标准设计的桥梁对于重载运输表现出明显的不适应性。

铁路新线建设和既有线改造均需要合理确定相应的活载标准。2010 年,为适应重载运输发展,建设中的山西中南部铁路通道设计活载标准暂按 1.2 倍 ZH 活载图式取用[4,5];筹建中的蒙西至华中地区煤运通道等铁路,需要研究确定设计活载标准。在既有铁路方面,我国拟通过少量改造既有铁路,在现有轴重 23t 通用货车基础上,研究发展大轴重的通用货车和 30t 轴重及以上煤炭专用货车,也需要研究确定评估和改造活载标准[6~8]。

　　研究 30t 货物列车既有桥涵结构对面临的主要技术问题和强化对策,首先应考虑运营活载与设计活载图式的比例,分析活载储备量的大小。以神华铁路 30t 轴重货车(KM98 和 KM98H)效应为基准,分析中-活载和 ZH 活载图式(z=1.2)活载标准条件下桥涵结构的活载储备量(式(4.2.1)),如图 4.2.26 和图 4.2.27 所示。其中活载储备量为"正"表示剩余储备,"负"表示超出设计效应的量值,"0"表示与设计活载效应等效。

$$活载储备量(\%)=1-\max\left\{\frac{运营活载弯矩效应}{设计活载弯矩效应},\frac{运营活载剪力效应}{设计活载剪力效应}\right\} \quad (4.2.1)$$

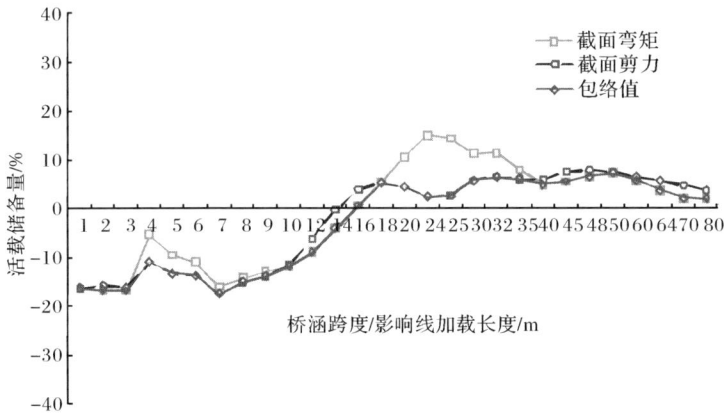

图 4.2.26　中-活载图式活载储备分析

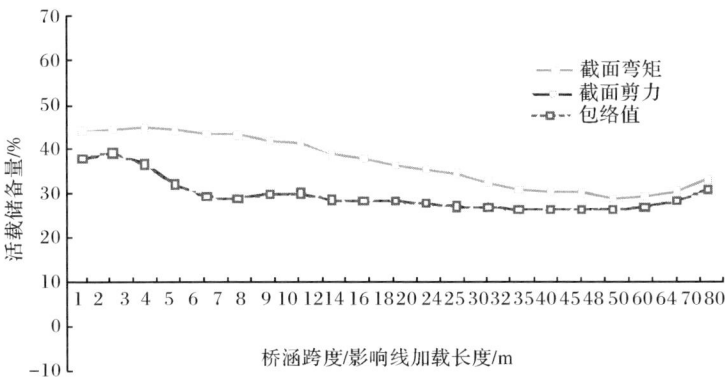

图 4.2.27　ZH(z=1.2)图式活载储备分析

　　与设计活载(中-活载)相比,30t 轴重货车重载运输条件下,朔黄铁路 1~6m 钢筋混凝土涵洞活载储备在 −10.8% 以下,运营活载效应大于设计活载效应。

8～15m 钢筋混凝土框构桥、钢筋混凝土简支梁以及部分钢桁梁杆件活载储备为
－4.0％～－17.4％,运营活载效应大于设计活载效应,其中 8m、10m 及 12m 钢筋
混凝土简支梁活载储备分别为－15.0％、－11.7％和－8.9％。16～32m 预应力
混凝土简支梁活载储备量为 0.7％～6.4％,其活载储备偏低。32m 以上连续梁和
钢桁梁部分杆件活载储备量均在 7.3％以内,活载储备量较小。

　　强化改造设计活载(ZH 活载图式)对 30t 重载货车的活载储备量均在 10％以
上(图 4.2.27),朔黄铁路大量 16～32m 简支梁的活载储备量在 25％左右。朔黄
铁路桥涵强化改造活载标准适应于 30t 轴重重载运输要求,并为货车的发展提供
了部分储备。

　　目前朔黄铁路运输模式特点为上行重车满载,下行空车回送。空车回送时,
货车自重一般在 20～24t 范围内,其轴重与延米重均较小,桥涵结构的加载受机车
控制,考虑朔黄铁路机车装备的发展,主要分析的机车车型为 23t 轴重的 SS4 型机
车、25t 轴重的神华八轴和神华十二轴的大功率机车,货车空车考虑了 C80 空车与
KM98 煤炭漏斗车空车两种车型,以进行对比研究。

　　根据朔黄铁路轻重车运输特征,若考虑充分利用既有桥涵结构的承载潜力,
提出采用 0.7 倍 ZH 活载图式(图 4.2.28)改造活载方案。考虑双线折减系数 0.9
后,实际加固设计活载为 0.63 倍 ZH 活载图式,从图 4.2.29 可知,在空车回送列
车作用下,朔黄铁路 8～80m 跨度桥涵结构截面弯矩活载储备平均为 23.3％;8～
80m 跨度桥涵结构截面剪力活载储备平均为 14.8％。

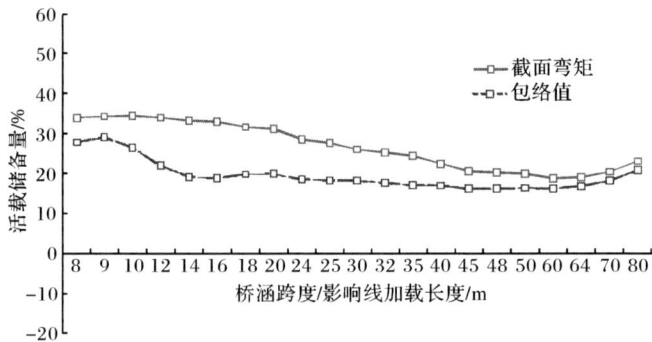

图 4.2.28　0.7 倍 ZH 活载图式设计效应与回送空车对桥涵效应对比图

　　根据既有研究结论[9~12],结合我国大秦线、朔黄铁路等既有重载铁路的运营
实践和山西中南部通道、蒙西至华中地区煤运通道等新建重载铁路的活载取值经
验,神华铁路适应 30t 轴重货车线桥涵强化改造设计活载标准按 ZH 活载图式 z＝
1.2 取用,轻车线桥涵强化设计活载标准按 ZH 活载图式 z＝0.7 取用。

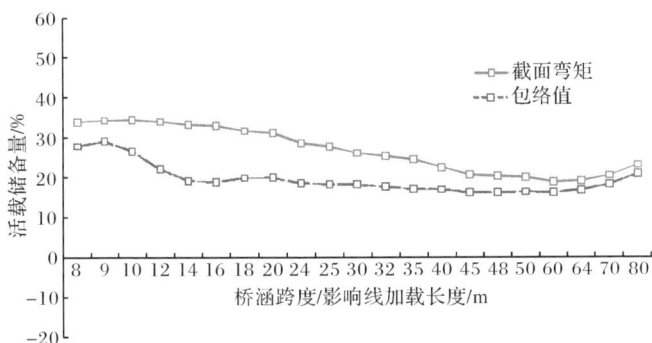

图 4.2.29　0.63 倍 ZH 活载图式设计效应与回送空车对桥涵效应对比图

4.3　既有桥涵结构重载适应性评估

重载货物列车的开行影响桥涵结构的受力性能。与现有的 21t、23t 和 25t 轴重列车相比，30t 轴重列车开行条件下的活载效应显著提升，对桥涵结构的作用特征也有显著区别。重载运输条件下，需要对既有桥涵结构的承载力、刚度、疲劳性能和动力响应等进行分析与评估，以确定桥涵结构是否可靠与安全。本节主要内容涵括对钢筋混凝土梁、钢筋混凝土涵、预应力混凝土梁、钢桁梁、墩台与基础的适应性评估。

4.3.1　钢筋混凝土梁

1. 国内外研究现状

朔黄铁路小跨度钢筋混凝土梁主要采用双片式板梁和 T 梁，结构在列车荷载作用下存在长期疲劳劣化的问题。北欧和我国铁路前期针对钢筋混凝土梁疲劳的问题均开展过相关的研究工作。

1) 北欧的研究成果

以瑞典为代表的北欧地区，通过对铁路线路基础设施进行评估和强化，应用先进的养修技术，开行了轴重 30t 的矿石列车（图 4.3.1），成功实现了重载运输，成为欧洲在既有路网上发展重载运输的领跑者。

基律纳至纳尔维克港口是该重载线路的典型区段，在轴重提高的过程中，根据 4 轴矿石货车（图 4.3.2）特点，研究了车辆间的邻轴距效应对基础设施的影响，尤其是对中小跨度的钢筋混凝土桥涵结构（图 4.3.3）的疲劳寿命影响显著。1996～1997 年，Luleå University of Technology 主持开展了跨度 6.1m 钢筋混凝土板梁足尺寸疲劳试验研究。

图 4.3.1　瑞典 30t 轴重矿石重载列车

图 4.3.2　轴矿石货车邻轴概貌

（a）板梁概况　　　　　　　　　　　　　　（b）竖墙概况

图 4.3.3　钢筋混凝土板梁桥

　　钢筋混凝土板梁结构建设于 1950～1980 年，在吕勒奥港口至纳尔维克港口间有 20 座相同的结构，瑞典铁路其他区段约有 200 座。疲劳试验主要检验在重载运输条件下板梁的底板和两侧翼缘连接部位的抗剪疲劳性能。矿石货车对梁体加载图式如图 4.3.4 所示，货车转向架固定轴距按 1.7m、邻轴距按 1.5m 考虑，梁体内道砟、轨道和钢轨设置与运营线路相同。

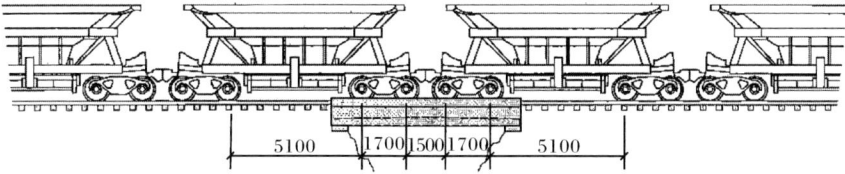

图 4.3.4　跨度 6m 钢筋混凝土板受力图式(单位:mm)

　　试验由 600 万次疲劳试验和疲劳试验前后的静载试验组成(图 4.3.5),600 万次疲劳加载相当于该线 30 年的运量。试验研究表明,600 万次疲劳试验前后,相同荷载作用下,梁体的挠度增加 12.5%(图 4.3.6),刚度出现劣化;疲劳试验后,板梁的底板和两侧翼缘连接部位虽出现了细微的裂缝,但梁体并未出现疲劳破坏的迹象。瑞典研究认为铁路既有同类型小跨度钢筋混凝土板梁结构可以适应 30t 轴重矿石运输。

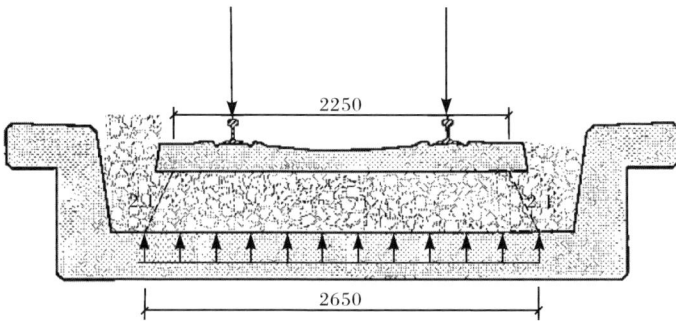

图 4.3.5　跨度 6m 钢筋混凝土板梁疲劳试验荷载(单位:mm)

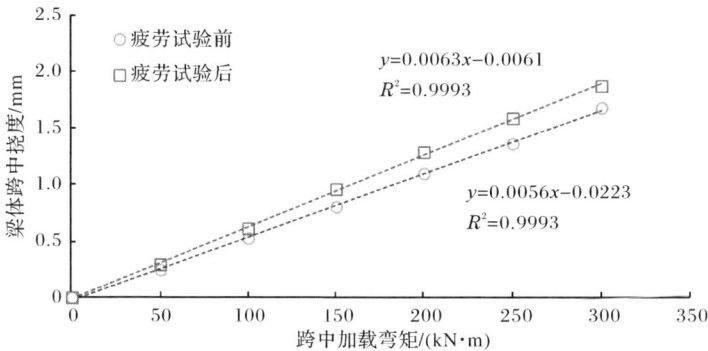

图 4.3.6　疲劳试验前后梁体刚度对比图

2）我国铁路研究成果

针对我国铁路大量应用的双片式板梁结构（图 4.3.7），中国铁道科学研究院前期选取了铁路典型小跨度钢筋混凝土低高度板梁结构，模拟 30t 以上轴重，开展了室内 3000 万次疲劳试验研究。试验梁图号为专桥 1010（图 4.3.8），梁长 5.0m，计算跨度 4.5m，设计活载为中-22 级，混凝土强度为 25MPa，钢筋类型为 16Mn，竣工日期为 1978 年 12 月。

图 4.3.7　试验梁概貌（卸梁前）

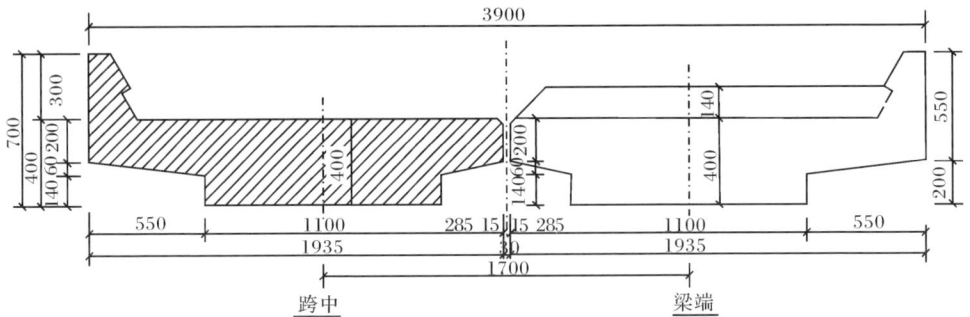

图 4.3.8　试验梁截面图（单位：mm）

试验梁加载采用跨中（双点）集中加载的方式，对试验梁进行 3000 万次疲劳试验，如图 4.3.9 和图 4.3.10 所示。为掌握梁体性能变化规律，在疲劳试验前、试验过程中和试验后分别进行静载试验，共计 21 次，对应的工况为试验前、25 万次、50 万次、100 万～600 万次（每 100 万次开展一次）、800 万～3000 万次（每 200 万次开展一次）。试验梁测试内容包括梁体跨中变形、支点竖向位移、梁体跨中区域混凝土应变和钢筋应变。

从疲劳试验过程中各静载试验阶段梁体跨中挠度测试结果（图 4.3.11）可以看出，1000 万次疲劳试验之前，梁体实测挠度值呈逐渐增大的趋势；经过 1000 万次疲劳试验,梁体挠度已比较稳定,直至 3000 万次疲劳试验后基本变化不大。通过进一步对比疲劳试验前后的静载试验结果(图 4.3.12)可知,疲劳试验前后,梁体跨中挠度与加载弯矩均呈线性关系,说明经过 3000 万次疲劳试验后,梁体尚处于线弹性工作状态;疲劳试验后,在相同荷载作用下,挠度呈明显的增大趋势,平均增量为 15.8%。

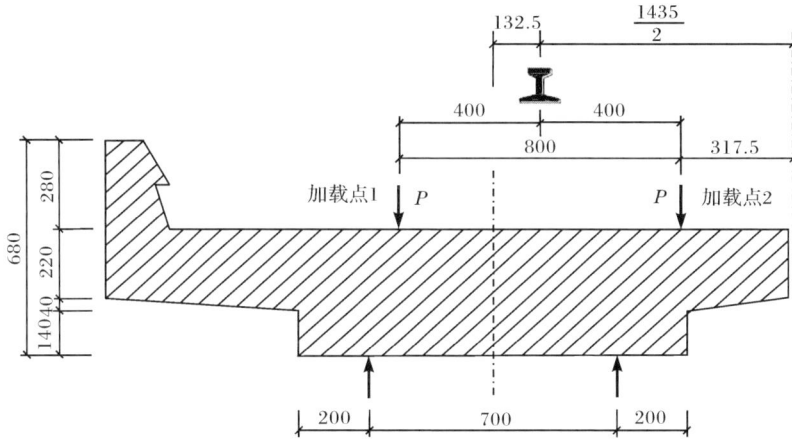

图 4.3.9　试验梁加载方式图

图 4.3.10　试验过程中试验梁照片

如图 4.3.13 所示,梁体钢筋应力测试结果规律与挠度类似,经过 1000 万次疲劳试验,钢筋应力状态已比较稳定,直至 3000 万次疲劳试验后基本变化不大;疲劳试验前后,跨中截面钢筋应力与加载弯矩均呈线性关系,说明经过 3000 万次疲劳试验后,梁体尚处于线弹性工作状态;疲劳试验后,在相同荷载作用下,钢筋应力均呈明显的增大趋势,增量在 14.5% ～ 29.3%。实测 3000 万次疲劳试验后梁体跨中截面上缘混凝土应变增量在 20% ～ 30%,且与加载弯矩也呈线性关系,也

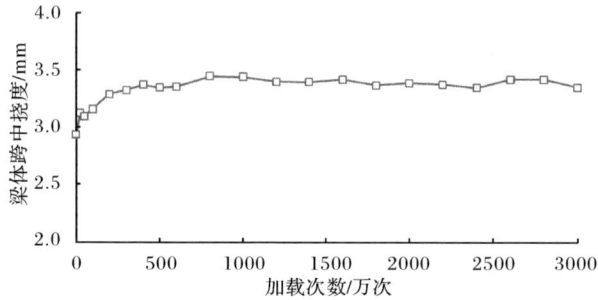

图 4.3.11　疲劳试验过程中各静载试验阶段梁体跨中挠度变化图

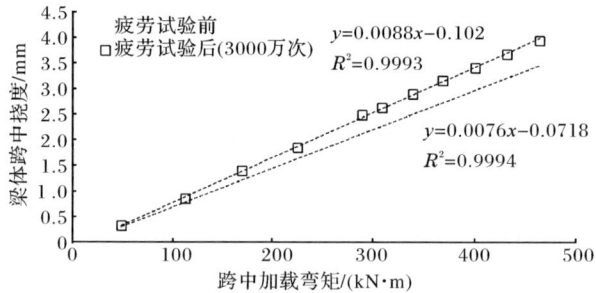

图 4.3.12　疲劳试验前后梁体挠度对比图

说明疲劳试验后梁体受力达到了新的平衡状态。

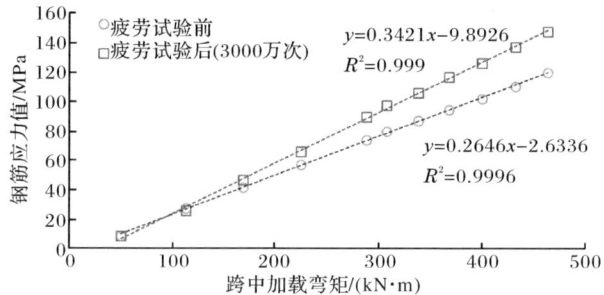

图 4.3.13　疲劳试验前后钢筋应力对比图

我国铁路典型小跨度钢筋混凝土梁 3000 万次疲劳试验的研究结果表明,随着作用次数的增加,钢筋应力和梁体挠度增加、梁体竖向刚度降低,约至 1000 万次疲劳试验(相当于 10 亿 t 运量)后基本稳定,钢筋应力最大增量为 29.3%,挠度增量为 15.8%。

2. 运营性能试验评估

为研究重载列车运行条件下梁体受力性能及适应性,评估梁体的运营状态,为强化改造提供数据支持,选取朔黄铁路西留肖中桥(图 4.3.14)和跨新沧保公路大桥两座 12m 板梁桥进行运营性能试验评估。

两座桥梁支座均采用板式橡胶支座,桥上线路为直线,测试上行重车线轨道结构均为无缝线路、75kg/m 钢轨、Ⅱ型轨枕。西留肖中桥采用单线圆端形板式墩,跨新沧保公路大桥采用门式框架墩,两座桥梁下部结构如墩台形式、墩高、基础类型等均不一致,两座桥梁均测试墩台动力响应以便梁体结构动力性能的对比分析。桥梁试验内容包括:梁体控制截面的动应变;梁体控制截面动挠度;梁体竖向振动;梁体横向振动;支座竖、横向动位移;列车速度和位置。

图 4.3.14　西留肖中桥跨新沧保公路大桥桥梁概貌

实测 C64、C70、C80 货车作用下两座桥主要测试结果汇总见表 4.3.1。通过两座桥测试结果的比较得到以下主要结论:

(1) 从动载运营列车测试结果来看,两座桥的各项运营性能试验指标满足《铁路桥梁检定规范》安全限值要求,梁体可基本适应 25t 轴重重载货物运输。

(2) 除梁体横向振幅与支座横向位移外,两座桥梁体的其他测试结果基本吻合。梁体横向振幅与支座横向位移关系密切,西留肖中桥梁体跨中横向振幅较大,与支座横向位移密切相关;而西留肖支座横向位移较大,与西留肖中桥横向限位装置有关,需对西留肖中桥梁端横向限位装置进行强化,以改善梁体横向晃动问题。

(3) 两座桥实测梁体动挠度较大,这主要受梁体初始裂缝和动力系数大两方面因素的影响。

(4) 实测跨沧保公路桥梁体主筋最大活载应力幅为 77.7MPa,推算在 30t 轴重列车作用下应力幅值为 108MPa。根据我国铁路的研究成果,长期荷载作用下钢筋应力进一步增加约 30%，梁体疲劳性能难以满足运营要求。

表 4.3.1　12m 梁体动力性能及响应汇总表

货车类型	测试内容	横向振幅/mm	竖向振幅/mm	跨中竖向挠度/mm	主筋应变最大值/με	支座竖向位移/mm	支座横向位移/mm
C64	西留肖中桥	0.89	1.92	5.55	—	1.27	1.22
	跨沧保公路桥	0.39	2.19	5.61	304	1.37	0.55
C70	西留肖中桥	0.87	2.23	6.03	—	1.36	1.15
	跨沧保公路桥	0.45	2.54	6.12	333	1.43	0.6
C80	西留肖中桥	0.92	2.29	6.37	—	1.65	1.33
	跨沧保公路桥	0.35	2.21	6.57	370	1.45	0.54

3. 静载试验

现场动载试验表明，钢筋混凝土板梁结构可满足 25t 轴重以下重载运输，由于现场不具备开行 30t 轴重实车试验条件，通过对足尺模型梁进行静载试验，明确钢筋混凝土板梁的受力特征，掌握活载作用增加后梁体主要参数的变化规律，以评估其对重载的适应性。

1）试验方案

试验梁选取了西留肖中桥（梁图号为专桥（88）1024）的梁体。梁体全长12.5m，计算跨度 12.0m，梁高 0.85m，腹板宽度 1.1m。梁体采用 350 号混凝土，每片重 40.52t；线路设备、道砟及人行道荷载直线取 1.96t/m，曲线取 2.66t/m。梁体截面轮廓及跨中截面钢筋布置如图 4.3.15 所示。

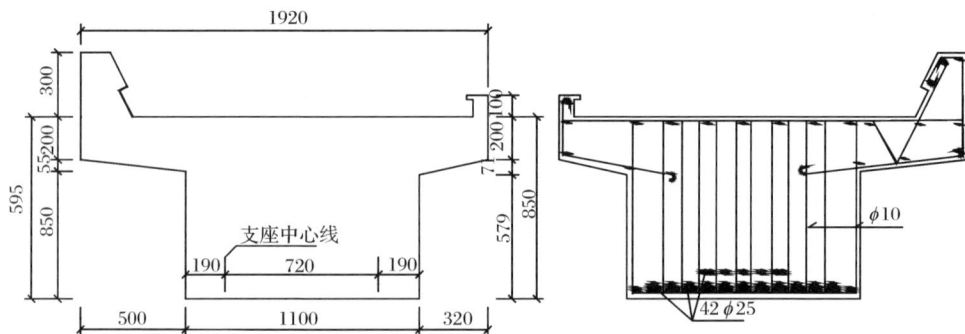

图 4.3.15　梁体截面轮廓及钢筋布置图

采用四点加载（两点加载＋分配梁）方案，在横向考虑不同的加载位置，方案布置图如图 4.3.16 所示。试验现场照片如图 4.3.17 所示。试验加载分 14 级进行,每级加载荷载、跨中弯矩及加载说明见表 4.3.2。试验加载过程中对梁体混凝土应变、钢筋应变和梁体挠度进行测试。

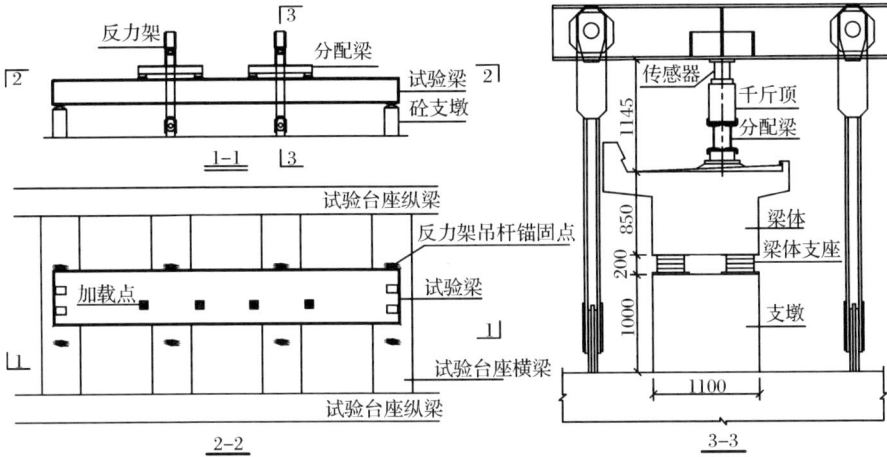

图 4.3.16　正截面特性试验加载图示

图 4.3.17　A1、A2 梁试验加载

表 4.3.2　加载等级及相应跨中弯矩 M　　　　　（单位:kN·m）

加载等级	跨中弯矩	加载说明	加载等级	跨中弯矩	加载说明
1	352.8	二期恒载	8	2014.8	二期恒载+(1+μ)ZH 活载
2	589.9	—	9	2181.0	二期恒载+(1+μ)ZH 活载×1.1
3	827.1	—	10	2347.2	二期恒载+(1+μ)ZH 活载×1.2
4	1064.2	—	11	2513.4	二期恒载+(1+μ)ZH 活载×1.3
5	1301.4	—	12	2679.6	二期恒载+(1+μ)ZH 活载×1.4
6	1538.5	二期恒载+中-活载	13	2845.8	二期恒载+(1+μ)ZH 活载×1.5
7	1877.3	二期恒载+(1+μ)中-活载	14	3080.5	二期恒载+(1+μ)ZH 活载×1.6

2) 静载试验结果

(1) 钢筋应力。

A1 梁加载至中-活载级时(第7级,包含二期恒载及中-活载),实测钢筋应力最大值为 140.4MPa,考虑自重影响后钢筋应力为 178.5MPa;加载至 1.1 倍 ZH 活载图式(第9级)时钢筋应力为 202.0MPa,加载至 1.2 倍 ZH 活载图式(第10级)时钢筋应力为 214.7MPa,均已超过钢筋容许应力。

A2 梁加载至中-活载级时(第7级),实测钢筋应力最大值为 134.6MPa,考虑自重影响后钢筋应力为 172.7MPa,接近按原图($n=6.44$ 时)计算的钢筋应力,但未超过钢筋容许应力(180MPa);加载至 1.1 倍 ZH 活载图式(第9级)时钢筋应力为 193.8MPa,加载至 1.2 倍 ZH 活载图式(第10级)时钢筋应力为 206.4MPa,均已超过钢筋容许应力。按4个测点实测钢筋应力平均值计算钢筋应力校验系数,第7、9、10级加载时分别为 0.79、0.80、0.80。

(2) 混凝土应力。

在跨中及 $L/4$ 截面上挡砟墙设有断缝,在 A2 梁试验中测试了跨中附近梁体内、外侧挡砟墙上缘混凝土应力,测点布置在距挡砟墙上缘 3cm 位置处。试验结果表明,两断缝之间的挡砟墙作为结构的一部分参与结构受力;外侧挡砟墙上缘的最大压应力小于内侧挡砟墙;在中-活载级荷载作用下,单点加载集中力达到 23t,此时挡砟墙上缘最大压应力为 16.7MPa,即说明 30t 轴重货车通过时,挡砟墙混凝土不会局部受压破坏。

(3) 梁体挠度。

加载至第7、9、10级时各测点的跨中挠度统计见表4.3.3。

表 4.3.3　梁体跨中挠度(二期+活载)

加载级		第7级(中-活载)	第9级(1.1倍ZH)	第10级(1.2倍ZH)
跨中挠度/mm	A2梁	14.6	17.2	18.6
	A1梁	14.2	16.6	18.3
理论值	按原图,$n=6.44$	22.5	26.1	28.1
校验系数	A2梁	0.65	0.66	0.66
	A1梁	0.63	0.64	0.65
挠跨比	A2梁	1/1334	—	—
	A1梁	1/1372	—	—

注:理论计算时截面刚度取 $0.8E_cI$,惯性矩 I 不计混凝土受拉区但计入钢筋。

从表4.3.3可看出,实测梁体挠度均小于按开裂截面计算的理论挠度值,挠度校验系数分别为 0.65~0.66、0.63~0.65;竖向挠跨比分别为 1/1334、1/1372,大于《铁路桥梁检定规范》中低高度钢筋混凝土竖向挠跨比通常值 1/1900,梁体竖向刚度偏弱。

（4）梁体中性轴高度。

以 A2 梁体为例说明实测梁体中性轴高度与理论计算的区别。

在梁体内侧、距左支点 2.15m、4.00m、5.58m、5.86m、6.11m 处断面上及梁体外侧、距左支点 5.46m、5.86m、6.16m、7.00m、10.16m 处断面上沿竖向各布置了 5 个混凝土应变测点，对梁体的中性轴高度进行测试，各截面根据实测数据推算的中性轴高度见表 4.3.4。

表 4.3.4　按受压区推算的截面中性轴高度

测点位置	梁体内侧/m						梁体外侧/m			
距左支点	5.58	5.86	6.11	2.15	4.00	5.46	5.86	6.16	7.00	10.16
是否跨裂缝	是	否/是	否	否	否/是	是	否/是	否/是	否/是	否
中性轴高度	0.549	0.603	0.589	0.603	0.563	0.632	0.638	0.641	0.692	0.670

注：中性轴高度为距梁底的高度。

按受压区推算的梁体内侧受压区高度平均值为 0.581m，与按原图 $n=6.44$ 时计算的中性轴高度相同；梁体外侧为 0.655m，大于理论计算值。分析原因有两个：一是由于梁体截面和加载的不对称使得梁体中性轴发生向内侧的倾斜，使得内外侧中性轴高度不同；二是挡砟墙参与结构受力，使得受压区高度上移。

（5）梁体主拉应力。

梁体端部存在初始的竖向裂缝，A2 梁试验时分别在裂缝上和未开裂区域布置了测点，分别测试开裂截面上的应力和捕捉斜向裂缝。通过试验过程观察与实测结果可知，加载至 1.2 倍 ZH 活载图式时未见梁体斜向开裂，表明梁体主拉应力处于比较低的水平，满足使用要求；加载至 1.5 倍 ZH 活载图式时梁体局部出现斜向开裂。

（6）静载试验主要结论。

① 试验中加载荷载小于 1.2 倍 ZH 活载图式时，钢筋应力与加载荷载等级呈线性关系；加载至中活载时，A1 梁实测钢筋应力超过设计和规范钢筋容许应力，加载至 1.2 倍 ZH 活载图式时，A1 与 A2 梁钢筋应力分别超过规范容许应力的 19.3%、14.7%。

② 通过挡砟墙上混凝土应力的测试表明，梁体挡砟墙参与结构受力，混凝土压应力满足规范要求；挡砟墙底部混凝土压应力校验系数为 0.54～0.55。

③ 实测梁体竖向挠度与加载等级的关系符合钢筋混凝土结构在荷载作用下的发展规律；实测挠度值小于理论计算值，跨中挠度校验系数为 0.65～0.66，竖向挠跨比分别为 1/1334、1/1372，梁体竖向刚度偏弱。

④ 加载至 1.5 倍 ZH 活载图式梁体端部出现斜向开裂，在 1.2 倍 ZH 活载图

式以下加载中未见有斜裂缝,说明梁体在使用过程中抗剪能力能够满足要求。

⑤ 梁体由于截面不对称、偏载作用发生扭转和斜弯曲,支点位置相对跨中有向梁体内侧移动的趋势。

⑥ 根据实测应变推算的不同截面的中性轴高度普遍高于理论计算值。

4. 检算分析

1) 钢筋混凝土 T 梁

跨度 12m 钢筋混凝土 T 梁,图号为专桥(88)1023。梁体全长 12.5m,计算跨度 12.0m,梁高 1.55m,顶板宽度 1.92m,腹板变厚度 0.30/0.49m,两片梁中心距 1.8m。梁体采用 250 号混凝土,每片重 36.34t。截面轮廓及主筋布置如图 4.3.18 所示。

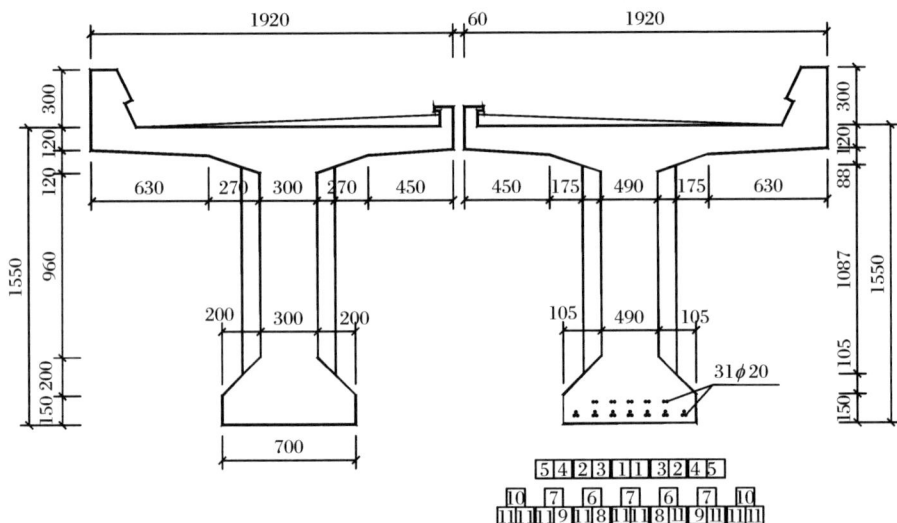

图 4.3.18　跨度 12m 钢筋混凝土 T 梁截面轮廓及主筋布置图(单位:mm)

在中-活载、1.2 倍 ZH 活载图式作用下内力计算结果见表 4.3.5。表中活载中已包含冲击系数,中－活载组合＝自重＋设计二恒＋中-活载;1.2 倍 ZH 活载组合＝自重＋合计二恒＋1.2 倍 ZH 活载图式。

表 4.3.5　跨度 12m 钢筋混凝土 T 梁内力计算表

荷载	恒载			活载		组合	
	自重	设计二恒	合计二恒	中-活载	1.2 倍 ZH	中-活载组合	1.2 倍 ZH 组合
跨中弯矩 /(kN·m)	467.6	360.0	413.4	1518.3	1987.2	2345.9	2868.3

荷载	恒载			活载		组合	
	自重	设计二恒	合计二恒	中-活载	1.2 倍 ZH	中-活载组合	1.2 倍 ZH 组合
L/4 剪力/kN	77.9	60.0	68.9	359.1	496.8	497.0	643.6
支点剪力/kN	155.9	120.0	137.8	580.3	729.1	856.2	1022.8

按《铁路桥涵钢筋混凝土和预应力混凝土结构设计规范》(TB 10002.3-2005)(以下简称《混凝土结构设计规范》)检算了梁体钢筋应力、混凝土压应力、剪应力及裂缝宽度,主要检算结果见表 4.3.6。

表 4.3.6　跨度 12m 钢筋混凝土 T 梁检算结果

检算	荷载组合	钢筋应力/MPa	混凝土压应力/MPa	裂缝宽度/mm	支点截面剪应力/MPa
原梁检算	自重＋设计二恒＋中-活载	178.8	5.9	0.142	1.21
现状检算	自重＋合计二恒＋中-活载	182.9	6.0	0.145	1.24
1.2 倍 ZH 检算	自重＋合计二恒＋1.2 倍 ZH	214.5	7.1	0.168	1.45
	容许值	180	8.6	0.200	1.69

由上可知,在 1.2 倍 ZH 活载图式作用下,梁体的混凝土压应力、剪应力及裂缝宽度均满足规范要求,钢筋应力将超过规范限值。

2) 低高度钢筋混凝土板梁

跨度 12m 低高度钢筋混凝土板梁,图号为专桥(88)1024。梁体全长 12.5m,计算跨度 12.0m,梁高 0.85m,顶板宽度 1.92m,腹板厚度 1.1m,两片梁中心距 1.8m。梁体采用 350 号混凝土,每片重 40.52t。截面轮廓及主筋布置如图 4.3.19 所示。

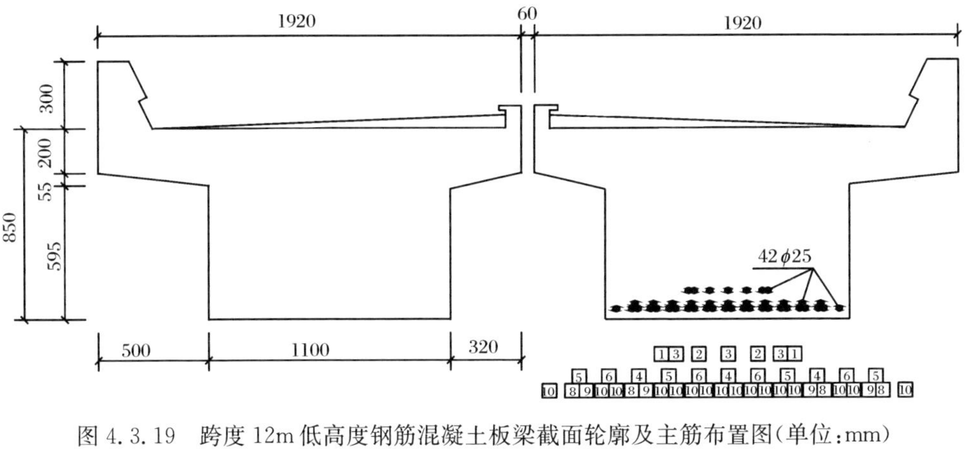

图 4.3.19　跨度 12m 低高度钢筋混凝土板梁截面轮廓及主筋布置图(单位:mm)

在中-活载、1.2 倍 ZH 活载图式作用下内力计算结果见表 4.3.7。表中活载中已包含冲击系数,中-活载组合＝自重＋设计二恒＋中-活载;1.2 倍 ZH 活载组合＝自重＋合计二恒＋1.2 倍 ZH 活载图式。

表 4.3.7　跨度 12m 低高度钢筋混凝土板梁内力计算表

荷载	恒载			活载		组合	
	自重	设计二恒	合计二恒	中-活载	1.2 倍 ZH	中-活载组合	1.2 倍 ZH 组合
跨中弯矩 /(kN·m)	529.2	360.0	413.4	1518.3	1987.2	2407.5	2929.8

R350 混凝土等效为混凝土等级为 C33,内插得到混凝土容许压应力为 11.08MPa,对于厂制构件可提高 10%,故混凝土容许压应力为 12.2MPa;按《铁路桥梁检定规范》混凝土容许压应力为 14.85MPa。按《混凝土结构设计规范》检算了梁体钢筋应力、混凝土压应力及裂缝宽度,检算结果见表 4.3.8。

表 4.3.8　跨度 12m 低高度钢筋混凝土板梁检算

检算	荷载组合	钢筋应力 /MPa	混凝土压 应力/MPa	裂缝宽度 /mm
原梁检算	自重＋设计二恒＋中-活载	172.2	11.1	0.139
现状检算	自重＋合计二恒＋中-活载	176.0	11.3	0.142
1.2 倍 ZH 检算	自重＋合计二恒＋1.2 倍 ZH	205.7	13.3	0.164
	容许值	180	14.85	0.200

由上可知,在 1.2 倍 ZH 活载图式作用下,梁体的混凝土压应力及裂缝宽度均满足要求,钢筋应力将超过限值。

5. 适应性分析结论

综上,通过开展梁体运营性能评估、静载试验、梁体检算,钢筋混凝土简支梁梁体主筋应力超过容许值,朔黄铁路 8m、10m 及 12m 钢筋混凝土简支梁体结构均不满足 30t 轴重重载货车长期开行要求,需对梁体进行加固或改造。

4.3.2　钢筋混凝土涵

朔黄铁路全线双线、单孔涵渠占绝大多数,盖板涵与框构箱涵为主要结构形式。通过开展 30t 轴重重载列车实车试验与检算,以分析钢筋混凝土涵洞对重载列车的适应性。

实车试验共测试 6 座钢筋混凝土涵,包括 3 座盖板涵、3 座框构涵。盖板涵包含 3m 与 6m 两种跨径,盖板宽度分别为 1m、2m、3m、5m;框构涵包含 4m 和 6m 两种跨径。重载列车作用下,钢筋混凝土涵洞实测主筋应力均在 16MPa 以下,结构承载力安全储备较大,具体试验结果分析见本书 4.2.3 节。

1. 盖板涵检算

1) 设计概况

朔黄铁路上盖板箱涵占全线涵渠总数的 45.6%,跨径 1~6m,其中 1.5m 与 4m 跨径涵洞所占比例较大;涵顶填土厚度 0~40.1m,其中填土高度小于 2m 的占 60.2%。

钢筋混凝土盖板通常采用 200 号混凝土,主筋采用 A3 及 16Mn 两种;涵身及进出口边墙与盖板接触面以下 0.4m 至墙顶部分用 150 号混凝土,此部分以下及翼墙均用 100 号水泥砂浆砌片石;对于双孔盖板涵的中墩,墩顶 0.4m 高部分用 150 号混凝土,以下用 100 号水泥砂浆砌片石;涵身及出入口基础采用 100 号水泥砂浆砌片石。

涵洞结构设计的详细信息参见通用图《钢筋混凝土、混凝土及石盖板箱涵》(肆桥 5009,1978)。

2) 检算

(1) 检算荷载。

恒载:①轨底至涵顶范围填土——将道砟换算成填土,根据换算填土高度与基础宽度的比值 H/D,查得填土系数 K,与计算荷载之比 $\Sigma q'/\Sigma q''$(计入附加土重时/按土柱重计算时)比较确定结构检算主力还是主+附控制,如果主力控制则不计入附加土重,主+附控制则计入附加土重;②盖板自重。

活载:当填土厚度小于 1.0m 时,纵、横向均自轨枕下按 1:1 分布,活载产生的作用效应按影响线加载计算(图 4.3.20),考虑冲击影响;当填土厚度大于 1m 时,横向按 2:1 分布,纵向按"集中力在轴距范围内均分"。

分别检算了跨中截面和支点截面,检算内容包括:跨中截面下缘钢筋应力、上缘混凝土压应力,支点截面混凝土剪应力,箍筋主拉应力,跨中裂缝宽度。

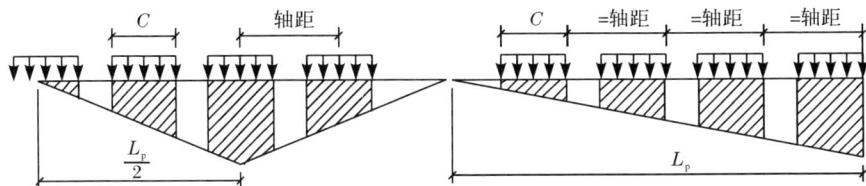

图 4.3.20　活载作用下跨中弯矩、支点剪力影响线加载(填土厚度小于 1m)

选取全线数量较多的 1.5m、4m 及最大跨径 6m 的盖板涵,分析了盖板钢筋应力、混凝土应力及裂缝宽度与涵顶填土厚度、列车荷载的关系。

（2）钢筋拉应力。

跨度 1.5m、4m、6m 盖板涵钢筋应力与涵顶填土厚度、列车荷载的关系如图 4.3.21 所示。图中，"250kN"为盖板在中-活载之特种荷载（轴重 250kN）作用下的工况；"270～350kN"分别为盖板在以中-活载之特种荷载（轴重 250kN）图示之上将轴重提高至 270～350kN 作用下的工况；"主力"、"主＋附"分别为钢筋应力、混凝土压应力或裂缝宽度按主力、主＋附计算时的容许值，下同。

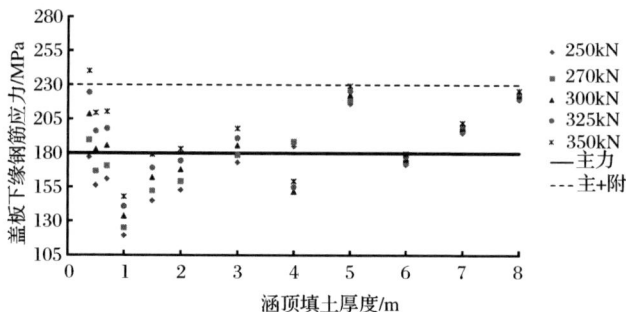

（a）$L=1.5$m

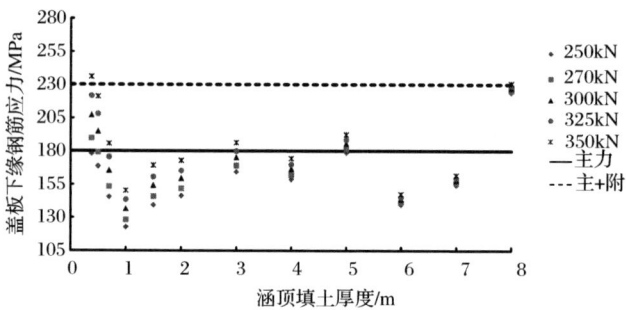

（b）$L=4$m

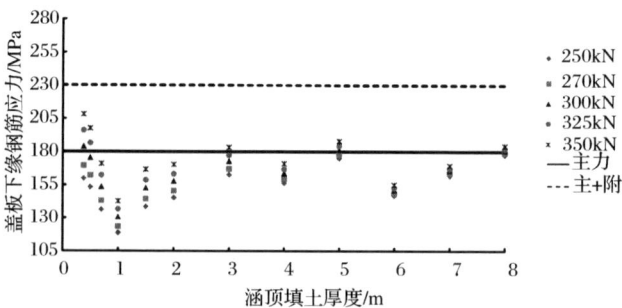

（c）$L=6$m

图 4.3.21 钢筋应力与涵顶填土厚度、列车荷载关系图

　　由上可知,在中-活载特种荷载作用下,原设计盖板下缘钢筋应力在主力组合时均小于 180MPa,在主＋附组合时均小于 230MPa;涵顶无填土时控制设计,原设计基本将承载能力用足;填土厚度在[1,3]时钢筋应力尚有富余,但原设计在填土厚度大于 1m 时未考虑活载冲击作用。随着填土厚度的增加,活载轴重对钢筋应力的影响程度逐渐变小。

　　(3) 混凝土压应力。

　　分别计算了跨径为 1.5m、4m、6m 盖板按中-活载之特种荷载图示轴重 250～350kN 加载时盖板上缘混凝土压应力(受压为正),如图 4.3.22 所示。

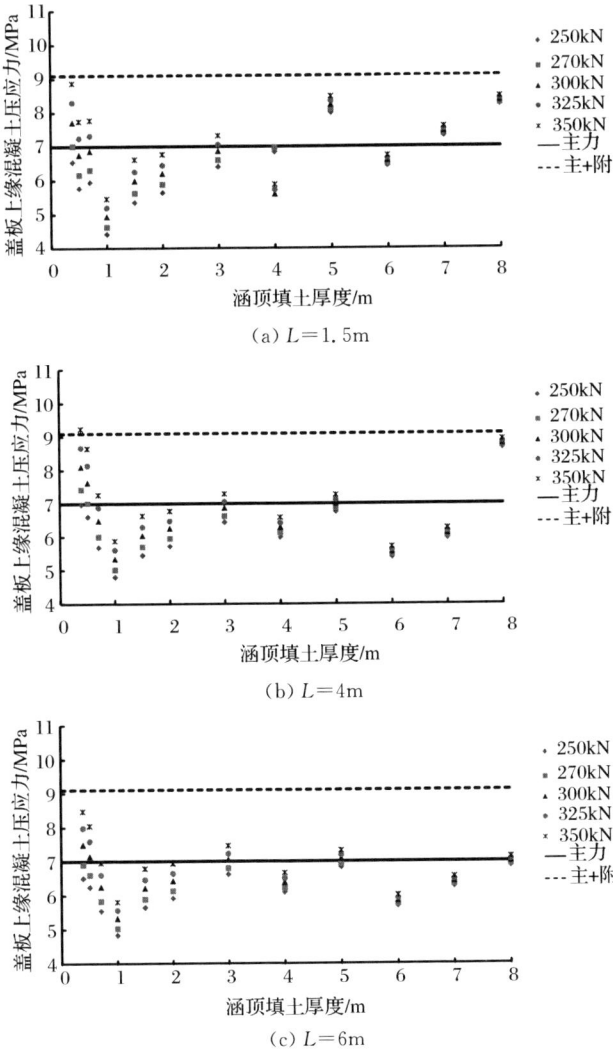

(a) $L=1.5\text{m}$

(b) $L=4\text{m}$

(c) $L=6\text{m}$

图 4.3.22　混凝土压应力与涵顶填土厚度、列车荷载关系图

由图可知,原设计中盖板下缘混凝土应力在主力组合时均小于 7MPa,在主＋附组合时均小于 9MPa。原设计图按 200 号混凝土取值,如果按照《铁路桥涵钢筋混凝土和预应力混凝土结构设计规范》(TB 10002.3-2005)换算为 C18 混凝土,则混凝土容许压应力在主力作用时为 6.12MPa,主＋附作用时为 7.96MPa,均小于原设计采用的允许值。

(4) 裂缝宽度。

分别计算了跨径为 1.5m、4m、6m 盖板按中-活载之特种荷载图示轴重 250～350kN 加载时盖板下缘裂缝宽度,如图 4.3.23 所示。

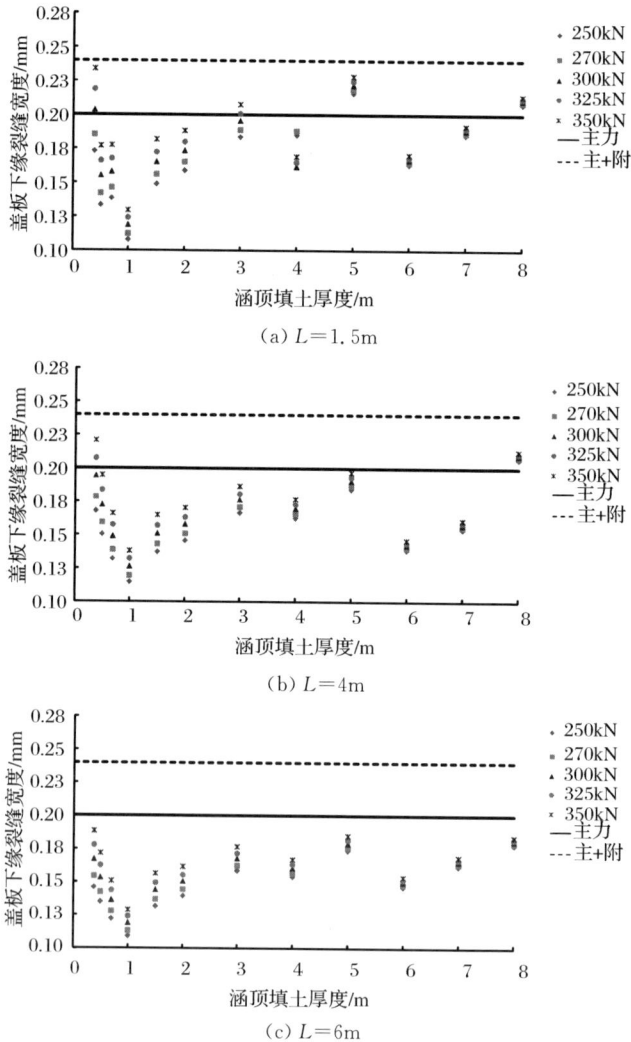

(a) L=1.5m

(b) L=4m

(c) L=6m

图 4.3.23 裂缝宽度与涵顶填土厚度、列车荷载关系图

由上可知,除涵顶无填土的涵洞外,当活载轴重提高至 350kN 时盖板的裂缝宽度基本能够满足要求。

(5) 竖墙应力。

分别按中-活载之特种荷载图示(轴重 250～350kN)加载时计算了跨径为 6m 盖板涵的边墙应力及基底应力。

边墙基本参数:按边墙承接盖板处到边墙底面高 5m 检算。边墙底面宽度根据填土厚度不同分为三种尺寸:填土厚度为 0.38～1m 时,宽度为 2.5m;填土厚度为 1～3m 时,宽度为 2.3m;填土厚度为 3～8m 时,宽度为 1.95m。

刚性联合基础参数:按基础高度 3.6m 检算。基础宽度根据填土高度不同分为三种尺寸:填土厚度为 0.38～1m 时,基础宽度 11.2m;填土厚度为 1～3m 时,基础宽度 10.8m;填土厚度为 3～8m 时,基础宽度 10.1m。

分离式基础参数:按基础高度 1m 检算。基础宽度与内、外襟边宽度见表 4.3.9。

表 4.3.9　跨径 6m 盖板涵分离式基础基本尺寸表

板顶填土高/m	0.38	1.00	2.00	3.00	4.00	5.00	6.00	7.00	8.00
基础宽度/m	3.30	3.00	2.85	2.75	2.35	2.35	2.45	2.45	2.45
内襟边宽度/m	0.50	0.40	0.25	0.15	0.10	0.10	0.10	0.10	0.10
外襟边宽度/m	0.30	0.30	0.30	0.30	0.30	0.30	0.40	0.40	0.40

边墙与基础均使用 100 号水泥砂浆砌片石,容许压应力为 1500kPa。

按中-活载之特种荷载图示轴重 250～350kN 加载时不同填土厚度下的边墙、基底应力见表 4.3.10。由表可知,按中-活载之特种荷载图示轴重 250～350kN 加载时,边墙应力最大值为 1171kPa,刚性联合基础基底应力最大值为 351kPa,分离式基础基底应力最大值为 867kPa,均小于容许应力值 1500kPa,满足要求。

表 4.3.10　跨径 6m 盖板涵边墙、基底应力检算表

净跨 6m	荷载/kN	高边墙填土高度/m										
		0.38	0.50	0.70	1.00	1.50	2.00	3.00	4.00	5.00	6.00	7.00	8.00
边墙应力/kPa	250	714	549	445	537	542	556	599	828	891	975	1048	1125
	270	775	580	460	561	561	572	612	846	905	988	1059	1134
	300	876	629	483	594	587	594	628	870	925	1005	1074	1148
	325	972	673	503	621	608	611	641	888	940	1018	1086	1158
	350	1082	721	524	658	637	634	658	914	960	1036	1101	1171

净跨 6m	荷载/kN	高边墙填土高度/m											
		0.38	0.50	0.70	1.00	1.50	2.00	3.00	4.00	5.00	6.00	7.00	8.00
刚性联合基础基底应力/kPa	250	293	250	211	199	211	217	230	250	269	293	317	343
	270	304	258	216	202	215	220	233	253	272	296	319	345
	300	322	270	223	207	220	225	237	256	275	299	322	347
	325	336	280	229	211	224	228	240	259	278	301	324	349
	350	351	290	234	215	229	233	244	263	281	304	327	351
分离式基础基地应力/kPa	250	410	446	336	270	367	282	358	466	554	668	765	867
	270	434	472	353	283	374	287	357	463	551	666	763	865
	300	470	511	378	301	382	304	355	459	548	663	760	862
	325	500	543	398	315	389	316	354	455	545	661	758	860
	350	531	576	420	333	408	332	352	451	541	658	755	857

随着填土厚度的增加,活载在整个盖板受力中所占的比例逐渐减少,轴重提高对盖板钢筋应力、混凝土压应力、裂缝宽度的影响逐渐减小。涵顶无填土工况控制设计,填土厚度小于1m时盖板受力受轴重提高影响较明显,轴重提高后普遍超过限值;填土厚度为1~3m时设计有一定富余。但按照《桥规》,当填土厚度大于1m时未考虑冲击系数影响;当填土厚度大于3m时轴重提高对涵洞受力的影响较小。

2. 框构涵检算

1)设计概况

框构箱涵占全线涵渠总数的35.8%,跨径0.5~6m,其中4m与5m跨径涵洞所占比例较大;涵顶填土厚度0~19.2m,其中填土高度小于2m的占91.4%。

涵身混凝土除孔径2.5m、3m采用250号混凝土,其余孔径均采用300号混凝土;按设计要求配置的受力钢筋均采用铁20MnSi螺纹钢筋,纵向辅助钢筋、单肢箍筋等采用A3光圆钢筋;出入口涵节基础采用100号水泥砂浆砌片石,中间涵节混凝土垫层采用150号混凝土。

涵洞结构设计的详细信息参见通用图《钢筋混凝土框架箱涵》(肆桥5018,1991)。

2)检算

(1)检算荷载。

将结构按中心线简化为框架,分别计算出结构在竖向和水平荷载作用下的角点弯矩和轴力,再计算出顶板、底板、竖墙关键截面的内力,按照偏心受压构件检算钢筋应力、混凝土应力和裂缝宽度。

恒载:①轨底至涵顶范围填土——路基填土按久经压实情况考虑,不计入附加土重,即填土压实系数 $K=1$,水平土压力系数 $\xi=0.25$,按主力组合计算;②框构自重。

活载:横向自轨枕以下按 2:1 分布,纵向按"集中力在轴距范围内均分"。填土厚度小于 1m 时,考虑冲击影响。按涵顶无活载和涵顶有活载两种情况检算。

选取全线数量较多的 2.5m、4m 及最大跨径 6m 的框构涵,计算框构涵底板跨中截面的钢筋应力、混凝土应力及裂缝宽度与涵顶填土厚度、列车荷载的关系,具体如图 4.3.24 所示。

(2) 钢筋拉应力。

跨度 2.5m、4m、6m 框构涵钢筋应力与涵顶填土厚度、列车荷载关系如图 4.3.24 所示。图中,"250kN"为框构在中-活载之特种荷载(轴重 250kN)作用下的工况;"270~350kN"分别为框构在以中-活载之特种荷载(轴重 250kN)图示之上将轴重提高至 270~350kN 作用下的工况;"主力"、"主+附"分别为钢筋应力、混凝土压应力或裂缝宽度按主力、主+附计算时的容许值,下同。

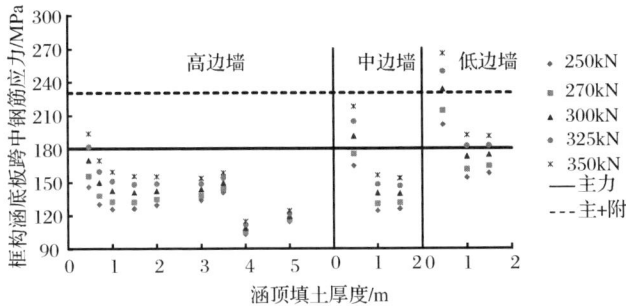

(a) $L=2.5$m

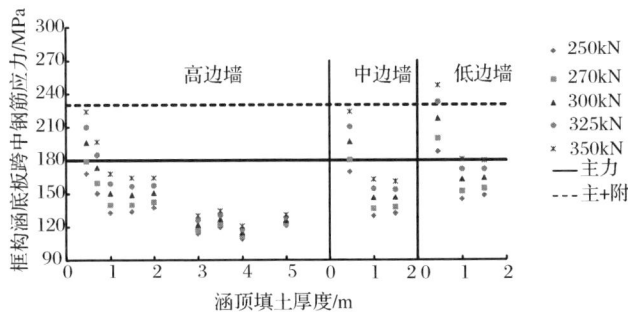

(b) $L=4$m

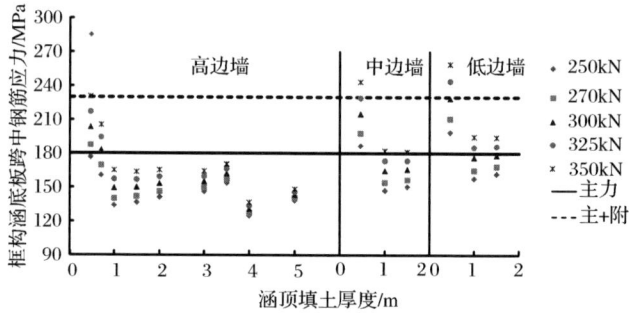

(c) L=6m

图 4.3.24　钢筋应力与涵顶填土厚度、列车荷载关系图

综上所述,可知以下结论:

① 在中-活载特种荷载作用下,原设计框构底板跨中下缘钢筋应力在主力组合时均控制在 180MPa 左右,但低边墙涵顶无填土时会超过 180MPa。

② 对高、中、低边墙框构涵均是涵顶无填土时控制设计,原设计基本将承载能力用足;填土厚度大于 1m 时钢筋应力尚有富余,但原设计未考虑活载冲击作用。

③ 随着填土厚度的增加,活载轴重对钢筋应力的影响程度逐渐变小,高边墙框构涵当填土厚度大于 3m 时规律较明显。

(3) 混凝土压应力。

分别计算了跨径为 2.5m、4m、6m 框构按中一活载之特种荷载图示轴重 250~350kN 加载时框构底板下缘混凝土压应力(受压为正),如图 4.3.25 所示。跨径 2.5m 涵洞混凝土标号为 250 号,跨径 4m、6m 涵洞混凝土为 300 号。

由上可知,原设计中底板下缘混凝土应力除低边墙无填土工况外均满足在主力组合时限值(9MPa、10.5MPa)。相比而言,低边墙框构涵比中、高边墙受力更为不利,对轴重提高的反应也更明显。

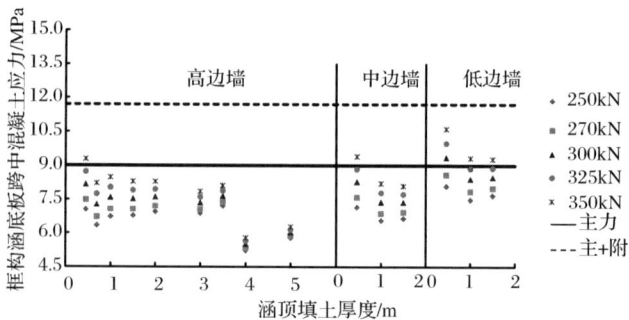

(a) L=2.5m

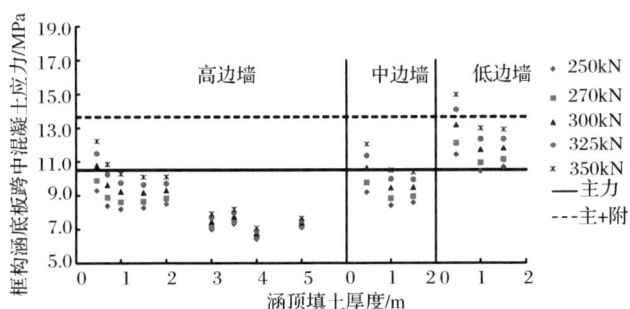

(b) $L=4\mathrm{m}$

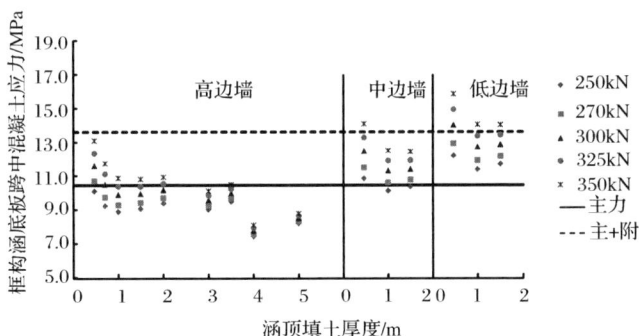

(c) $L=6\mathrm{m}$

图 4.3.25　混凝土应力与涵顶填土厚度、列车荷载关系图

（4）裂缝宽度。

分别计算了跨径为 2.5m、4m、6m 框构按中-活载之特种荷载图示轴重250～350kN 加载时底板上缘裂缝宽度，如图 4.3.26 所示。

由上可知，除中、低边墙涵顶无填土的框构涵外，当活载轴重提高至 350kN 时，框构涵底板的裂缝宽度基本能够满足要求。设计活载作用下，高、中、低边墙

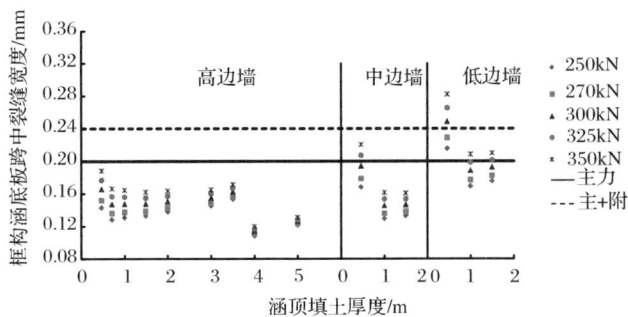

(a) $L=2.5\mathrm{m}$

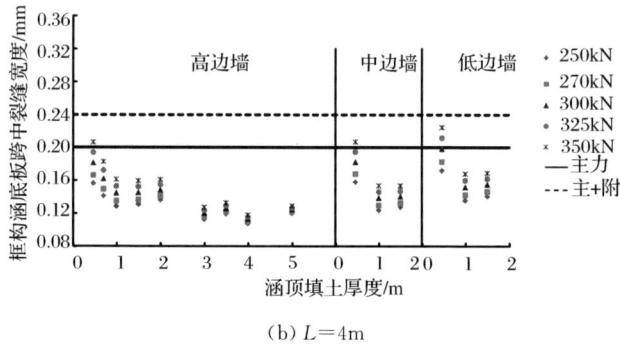

(b) $L=4$m

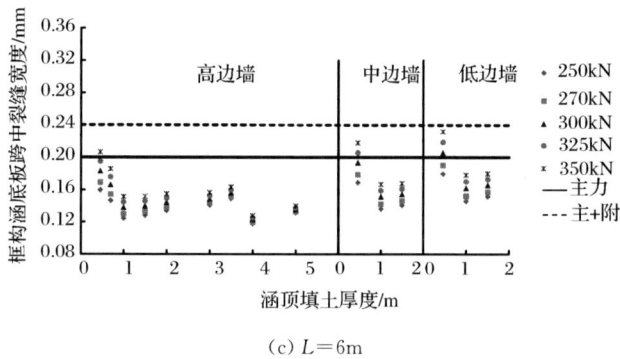

(c) $L=6$m

图 4.3.26　裂缝宽度与涵顶填土厚度、列车荷载关系图

框构涵均是涵顶无填土时控制设计,原设计基本将承载能力用足,列车轴重增加将使框构涵受力更加不利;当涵顶填土厚度大于 1m 时结构的承载能力尚有一定储备,但原设计未考虑活载冲击作用;随着填土厚度的增加,活载轴重对涵洞的作用效应逐渐变小。

3. 适应性分析结论

检算表明,随着填土厚度的增加,涵洞顶板承受的面活载逐渐减少,提高轴重对盖板钢筋应力、混凝土压应力、裂缝宽度的影响程度也随填土高度的增加而逐渐减小。检算表明涵顶无填土工况控制设计,填土厚度小于 1m 时钢筋混凝土涵洞在 30t 轴重条件下顶板受力普遍超过限值。但从实车试验钢筋应力与跨中挠度的实测结果来看,钢筋混凝土涵洞的应力与挠度校验系数均较低,即使在考虑了 30t 轴重重载列车运营后结构动力系数一定的增长条件下,依然处于较低的应力和挠度水平,涵洞结构存在一定的安全储备。

　　另外,文献[3]对 2 片跨度 4.5m 的铁路低高度钢筋混凝土板梁模拟 30t 以上轴重的活载效应进行了 3000 万次疲劳加载试验,研究结果表明,在 30t 轴重作用下,早期梁体挠度和钢筋应力增加,裂缝宽度加大,至 500 万～1000 万次趋于稳定,梁体受力达到新的平衡状态;疲劳试验前后,在相同荷载条件下梁体跨中挠度比为 1.13～1.18,钢筋应力比为 1.14～1.30。对于既有线上盖板涵的盖板及框构涵的顶板,在重载列车作用下将会出现钢筋应力增长、裂缝宽度增大的现象,经历一段时间疲劳荷载作用后,盖板(顶板)将达到新的受力平衡状态,钢筋应力与跨中挠度将有一定程度的增大。若涵洞本身已存在较为严重的劣化情况,在荷载和环境共同作用下结构的疲劳问题会更加突出。

　　因此,对于钢筋混凝土涵洞结构的重载适应性分析,应重点对病害涵洞进行强化改造,特别是低填土和无填土的盖板涵结构。

4.3.3　预应力混凝土梁

　　朔黄铁路上普遍采用的普通高度预应力混凝土标准梁的图号有专桥 2059、专桥 2018、叁桥 2002 等,采用的(超)低高度预应力混凝土标准梁图号有叁桥 2003、叁桥 2018、叁桥 2005、专桥 2094,跨度包括 16m、20m、24m 和 32m。梁型均为双片并置式简支 T 梁,双片一孔梁单线设计,采用梁场预制、现场架设和横联法进行施工。

　　1. 模型梁疲劳性能试验研究

　　1) 模型梁设计

　　针对朔黄重载铁路轴重大、行车密度高等特点,通过重载铁路梁体缩尺模型疲劳试验,研究重载铁路桥梁疲劳破坏的主要特征以及主要表征参数;揭示重载铁路桥梁疲劳损伤发展规律及影响疲劳寿命的主要因素,为重载铁路桥梁的状态评估以及维修加固提供试验基础。试验以朔黄铁路 32m 普通高度预应力混凝土 T 梁为原型,根据相似原理共设计 1:6 的试验模型梁 9 片。模型梁设计参数表 4.3.11 模型梁断面如图 4.3.27 所示,钢筋布置如图 4.3.28 所示。

表 4.3.11　试验模型梁设计参数

模型梁比例	计算跨度 L/m	全长 L_0/m	梁高 h/mm	腹板宽/mm	混凝土		预应力筋(7φ5 钢绞线)				普通钢筋		梁体总重/t
					强度等级	数量/m³	f_{pk}/MPa	束数	每束根数	总重/t	Q235/t	HRB335/t	
1/6 试验模型梁	5.50	5.40	417	80	C52	0.29	1860	1	2	0.014	0.044	0.062	0.73

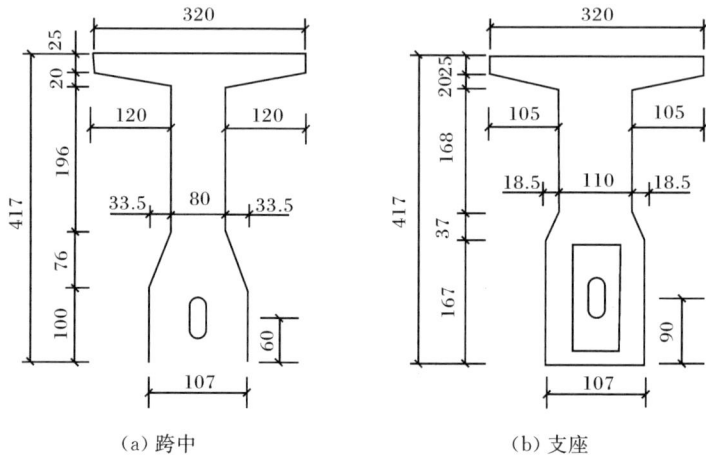

（a）跨中　　　　　　　　　（b）支座

图 4.3.27　1/6 模型梁断面图（单位：mm）

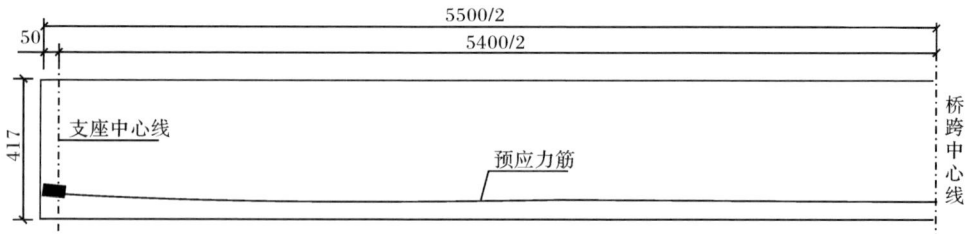

（a）预应力钢筋布置

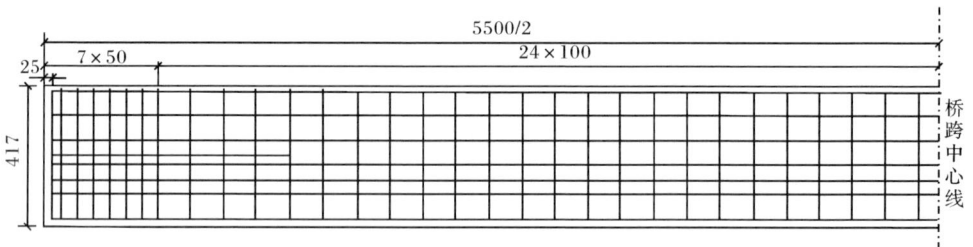

（b）普通钢筋布置

图 4.3.28　1/6 模型梁钢筋布置图（单位：mm）

2）加载方式

疲劳试验加载频率取为 2～5Hz。疲劳加载包括疲劳前静载试验、重复加载试验和静力破坏试验三阶段：在疲劳试验前先预先加静载至疲劳荷载下限 $P_{\min}$，消除支座等联结件之间的不良接触，然后分级加载至疲劳荷载上限 $P_{\max}$，稳定并测量各测点数值后卸载；在三次静力加卸完成后，将荷载加至疲劳荷载上下限均值

附近,并预定在 5 万、20 万、50 万、100 万、150 万、200 万、250 万、300 万次时停机,
卸载后待梁残余变形稳定后进行荷载上限 P_{max} 的静力试验;当试验梁疲劳加载至
300 万次尚未破坏时,静力加载直至梁破坏。

　　疲劳试验前进行了两片试验梁(S1 和 S2)极限承载力测试,进而根据加载水
平确定相应试验梁疲劳试验的荷载上限值大小。从两片试验梁跨中截面荷载-挠
度关系图(图 4.3.29)可以看出,试验梁 S1 和 S2 第一个转折点表明混凝土开裂,
对应开裂荷载分别为 62.5kN 和 70kN,试验梁极限荷载分别为 162.5kN(理论值
158.6kN)和 180kN(理论值 173.63kN)。

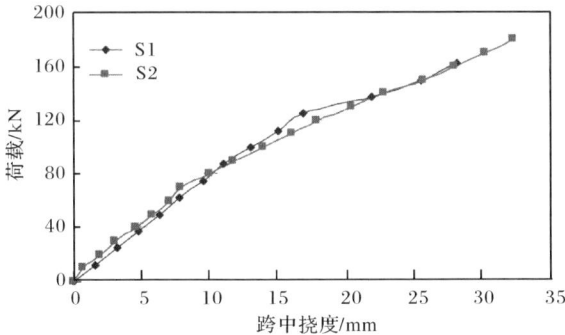

图 4.3.29　试验梁 S1 和 S2 跨中截面荷载-挠度曲线

3) 裂缝扩展规律

　　模型梁在疲劳试验过程中裂缝发展呈"三阶段"规律,即裂缝衍生阶段、稳定
发展阶段和疲劳破坏阶段。第一阶段对应的裂缝宽度为 0~0.1mm,第二阶段对
应的裂缝宽度为 0.1~0.2mm,当最大裂缝宽度超过 0.2mm 时,经数万次重复加
载后试验梁将进入疲劳破坏阶段,裂缝宽度迅速增大,最终发生疲劳破坏。根据
试验现象分析可得,疲劳破坏的裂缝宽度阈值约为 0.2mm。试验梁典型裂缝分布
如图 4.3.30 所示。

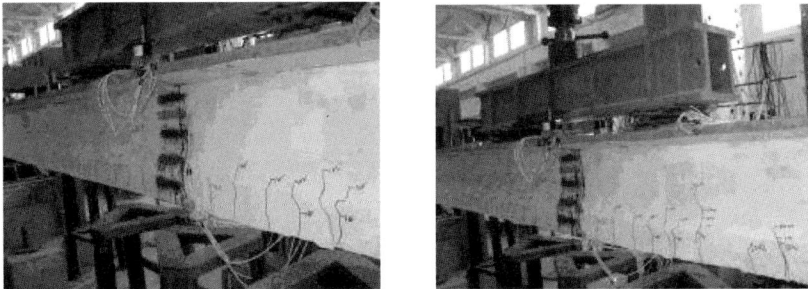

(a) 试验梁 C1

（b）试验梁 C2

（c）试验梁 C3

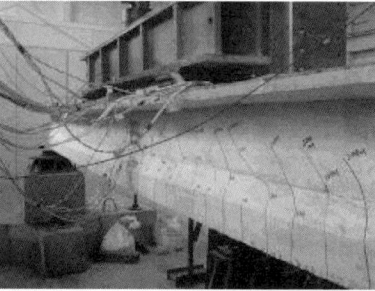

（d）试验梁 C4

（e）试验梁 C5

图 4.3.30　试验梁裂缝分布图

4）破坏特征

试验梁的典型疲劳破坏形式如图 4.3.31 所示。通过对普通钢筋的断口进行分析发现，普通钢筋的断口处有明显的疲劳破坏的特征，预应力钢筋没有出现断裂现象，试验梁的疲劳破坏均始于普通钢筋的疲劳断裂，断裂一般发生在纯弯段。从第一根普通钢筋发生疲劳断裂后，在钢筋断裂处梁表面出现明显的树枝状斜向裂缝，其余钢筋应力突增，裂缝宽度急剧增加，中和轴上移，压区面积减小，但是仍然能承受疲劳荷载的作用。此时，主裂缝周围混凝土被压馈，受拉区的混凝土以粉末状不断脱落，受压区混凝土表面未见任何异样。

图 4.3.31　典型试验梁疲劳弯曲破坏形态

　　由于裂缝的影响,使得钢筋沿梁长方向受力分布不均匀,加上钢筋疲劳强度的分散性,使得梁的正截面疲劳破坏往往不是所有钢筋同时达到疲劳极限强度,并且钢筋断裂位置也不尽相同。对于纵向配筋率较高或承受的疲劳荷载幅值较小的构件,一般从第一根受拉钢筋的疲劳断裂开始,梁还可以经受数千到数万次重复加载作用。因此,多数预应力混凝土梁的疲劳破坏有一个过程,破坏前有一定预兆。但对于纵向配筋率较低且承受疲劳荷载幅值较大的构件,可能由于某根或某几根纵向受拉钢筋首先疲劳断裂而使得试件不能承受疲劳荷载上限值,导致试件发生突然性的脆性断裂。通过本试验发现,朔黄 32m 普通高度梁普通钢筋配筋率设计是合理的,疲劳破坏前具有一定的预兆性,裂缝发展呈"三阶段"规律,当最大裂缝宽度达到 0.2mm 时,经数万次重复加载后试验梁将发生疲劳破坏。

　　综上,通过模型梁的疲劳试验验证可知,试验梁疲劳损伤发展过程可分为混凝土内部微裂缝的形成阶段、线性损伤阶段和破坏阶段。为保证 30t 轴重列车开行条件下预应力混凝土结构的长期安全,首先必须确保梁体的抗裂性能。

2. 实梁预应力度试验评估

　　预应力混凝土梁中永存预应力的大小是结构抗裂性的决定因素,准确确定梁体结构中的永存预应力大小对全面评估梁体的工作状态,制定经济、合理的强化措施具有重大意义[14]。我国铁路曾先后组织从既有铁路正线更换下来跨度 32m 预应力混凝土梁(图号大(65)-138、叁标外桥 006A、叁标桥 2019 等),对其进行原梁静载开裂和重裂试验[15,16]。本研究中选取朔黄铁路的主要梁型,即 32m 预应力混凝土梁(图号专桥 2059、直线),利用铁路"天窗"点组织了换梁作业,换下的两片梁用于系统的试验研究。现场换梁作业如图 4.3.32 所示。

图 4.3.32　朔黄铁路重车线换梁图

1) 试验概况

　　试验对象为朔黄铁路重车线上换下的 1 孔 32m 简支 T 梁,两片梁的编号分别为 G1 和 G2。梁体设计图号为专桥 2059(直线),跨度 32.6m,2000 年制造,生产编号分别为 232 和 231。设计活载为"中-活载"。静载试验分为两阶段进行,首先进行开裂静载试验,之后进行重裂试验。第一阶段加载至梁体开裂,测试梁体开裂弯矩。第二阶段加载至梁体重裂,测试梁体重裂弯矩。根据梁体实测应变规律可推出梁体抗裂安全系数和预应力度,根据梁体实测变形规律可以推算出混凝土弹性模量。静载试验场地及加载体系如图 4.3.33 所示。

图 4.3.33　静载试验加载体系

2) 加载和测试

静载试验采用 5 点等值加载,加载点间距 4m,作用于腹板中心线上。通过 5 台千斤顶和 5 个反力钢架施加荷载。加载全过程采用分级加载方式。

静载试验测点布置如图 4.3.34 和图 4.3.35 所示,测试内容如下:

(1) 加载荷载。通过 2000kN 荷载传感器测试实际加载荷载。

(2) 梁体位移。通过位移传感器测试梁体位移,包括支点截面、$L/2$ 截面处竖向位移。

(3) 梁体应变。通过振弦式应变传感器测试梁体跨中截面应变、跨中附近梁底应变。

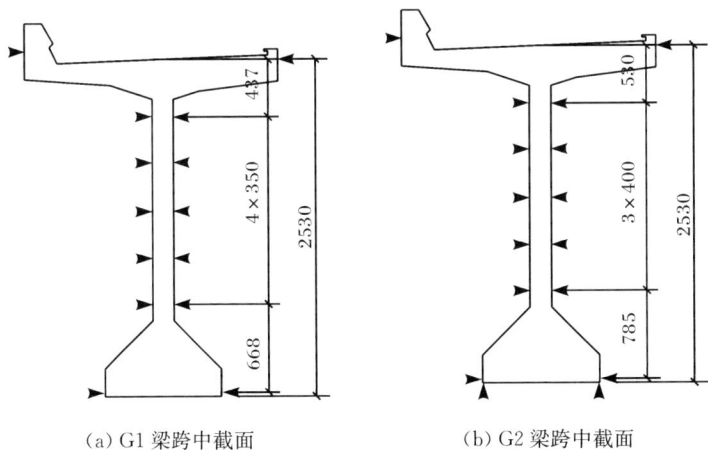

(a) G1 梁跨中截面　　　　　　　　　(b) G2 梁跨中截面

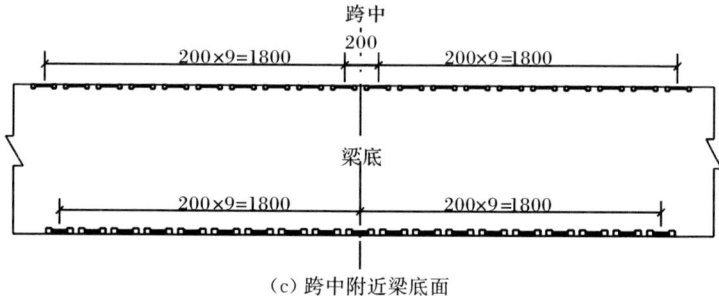

(c) 跨中附近梁底面

图 4.3.34 应变测点布置(单位:mm)

全部传感器在试验前均经过标定,精度及准确度满足试验要求。

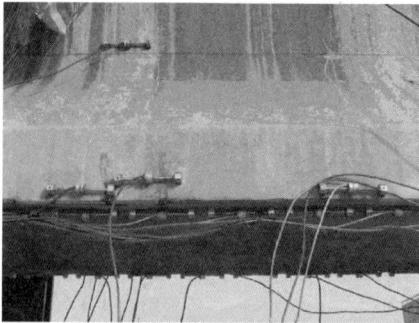

(a) 应变测点

(b) 位移测点

图 4.3.35 静载试验测点布置

3) 梁体刚度测试结果

G1 与 G2 试验梁的试验测试结果表明以下几点:

(1) 梁体开裂前,梁体跨中及四分点截面实测竖向挠度与荷载呈线性关系,相关系数大于 0.999,梁体处于弹性工作状态。在加载全过程中,扣除支座位移后内、外两侧的竖向挠度始终十分接近。在两阶段静载试验过程中,梁体开裂前荷载-挠度曲线的斜率始终十分接近,证明梁体开裂并卸载后其刚度几乎没有变化。

(2) 开裂试验及重裂试验中,G1 梁静活载(中-活载)下跨中竖向挠度实测值分别为 14.40mm 和 14.69mm,G2 梁对应实测值分别为 14.47mm 和 14.64mm;开裂试验及重裂试验中,G1 梁静活载在 ZH 活载图式($z=1.2$)下跨中竖向挠度实测值分别为 23.56mm 和 24.06mm,G2 梁对应实测值分别为 23.74mm 和 24.01mm。梁体实测挠度均满足小于 $L/800=40$mm 的《桥规》要求。

(3) 据开裂试验中挠度实测数据推算出 G1 和 G2 梁的梁体弹性模量分别为 43.80GPa 和 43.53GPa,均高于 35.1GPa 的设计值。G2 梁两阶段静载试验的荷载-跨中竖向位移曲线如图 4.3.36 和图 4.3.37 所示。

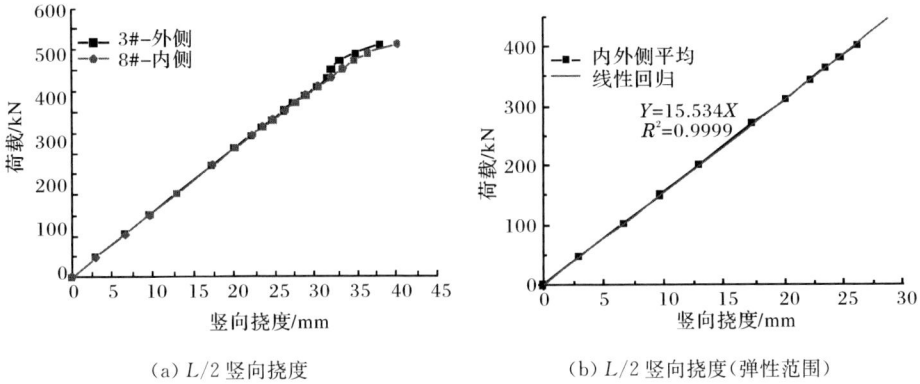

（a）L/2 竖向挠度　　　　　　　（b）L/2 竖向挠度（弹性范围）

图 4.3.36　G2 试验梁开裂试验荷载-位移曲线

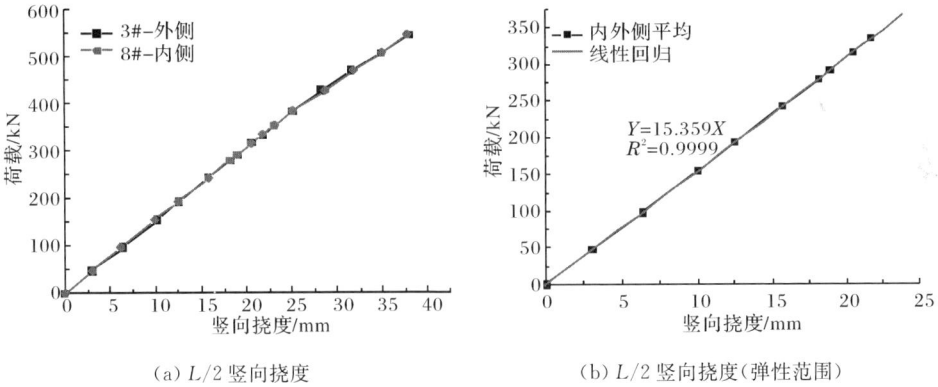

（a）L/2 竖向挠度　　　　　　　（b）L/2 竖向挠度（弹性范围）

图 4.3.37　G2 试验梁重裂试验荷载-位移曲线

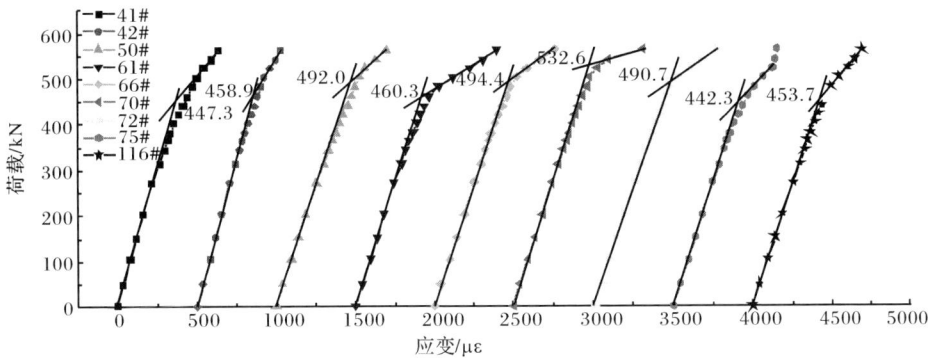

图 4.3.38　G2 试验梁开裂试验荷载-应变曲线

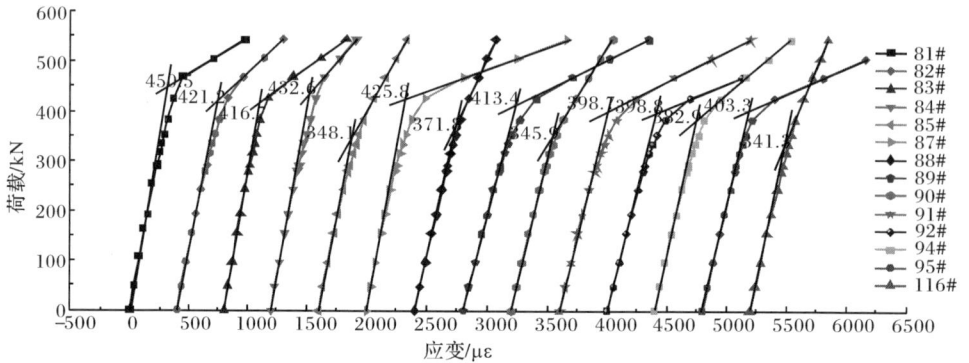

图 4.3.39　G2 试验梁重裂试验荷载-应变曲线

4) 梁体抗裂性测试结果

在加载过程中,梁体正截面弯曲裂缝最先在跨中附近的马蹄侧面出现,且外侧先于内侧出现。梁体重裂后,跨中附近未见新增裂缝。开裂后裂缝随荷载的增大而逐渐向底板和腹板延伸,卸载后裂缝全部闭合。G2 梁两阶段静载试验的荷载-应变曲线如图 4.3.38 和图 4.3.39 所示。

表 4.3.12 中列出了 G1 和 G2 试验梁抗裂性指标的计算值与实测值。表中实测数据表明,梁体预应力度和抗裂安全系数等抗裂性指标的实测值与计入反摩阻的计算结果较为接近;梁体抗裂安全系数实测值满足原中-活载设计要求($K_f \geqslant 1.2$)。G1 和 G2 梁实测开裂加载级分别为 $K=1.267$ 和 $K=1.254$,仅相当于 1.2 倍 ZH 活载图式加载级 $K'=1.047$ 和 $K'=1.024$,均不足 1.2,因此原梁的抗裂性不满足重载运输要求。

表 4.3.12　试验梁抗裂性计算及测试结果

试验梁编号	预应力度 λ 理论值		抗裂安全系数 K_f 理论值		预应力度 λ 实测值	抗裂安全系数 K_f 实测值
	不计反摩阻	计入反摩阻	不计反摩阻	计入反摩阻		
G1	0.972	1.045	1.17	1.243	1.059	1.256
G2					1.034	1.244

5) 梁体应力分布测试结果

因截面不对称,梁体受力后产生斜弯曲效应。在竖向荷载的作用下,梁体上缘内侧的压应力大于外侧压应力,梁体下缘外侧的拉应力大于内侧的拉应力。

(1) 以 G2 试验梁为例,梁体开裂前,跨中测试截面上缘内侧实测应变与内、外侧实测平均应变比值为 1.12~1.13;在跨中 3.6m 范围内,下缘外侧实测应变与内、外侧实测平均应变比值为 1.038~1.044。梁体开裂前,上缘实测应变(内、外两侧平均)与理论应变的比值为 0.77~0.78,下缘比值为 1.08~1.10。

（2）G2 试验梁开裂前，如图 4.3.40 所示，跨中截面应变分布基本符合平截面假定。跨中换算截面中性轴高度理论值为 1.342m，两次试验中实测数据的推算值分别为 1.407m、1.376m，相对误差分别为 4.8%、2.5%。

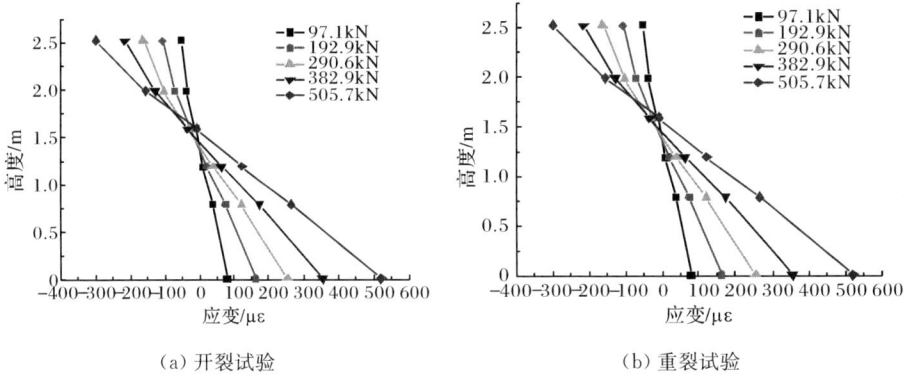

（a）开裂试验　　　　　　　　　　（b）重裂试验

图 4.3.40　G2 试验梁跨中测试截面应变分布（两侧平均）

综上，通过对朔黄铁路上更换下来的两片 32m 实梁的静载试验，结果表明，梁体的实测刚度满足原中-活载设计要求和 ZH 活载图式（$z=1.2$）设计要求。梁体实测抗裂安全系数满足原设计要求，但不满足 ZH 活载图式（$z=1.2$）设计要求。

3. 普通高度预应力混凝土梁检算分析

分别按照原设计荷载与 30t 轴重条件下，针对跨度 16m、20m、24m 和 32m 普通高度预应力混凝土梁进行设计检算以针对桥梁结构的重载适应性进行分析和评估。

图 4.3.41 为 32m 梁的设计概图，表 4.3.13 为跨度 16m、20m、24m 和 32m 普通高度 T 梁（单片）基本设计参数。

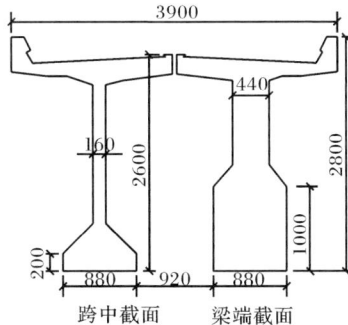

（a）截面图

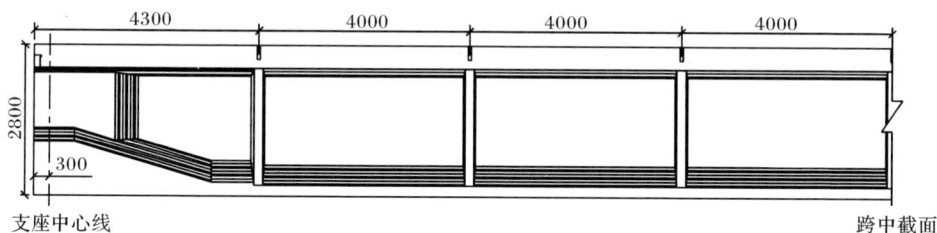

（b）立面图（外侧）

图 4.3.41　32m梁设计概图（图号：专桥2059）

表 4.3.13　普通高度 T 梁(单片)基本设计参数

梁型	截面高/梁长/m	梁体自重/t	冲击系数 $1+\mu$	原设计二期恒载/(kN/m)	重载二期恒载/(kN/m)	横向加固构造重量/t	混凝土标号/弹性模量/GPa	预应力钢筋种类
叁桥2002-16m直线	1.96/16.5	48.55	1.261	20.45	23.498	3.64	500/35.1	45SiMnV 精轧螺旋钢筋
专桥2018-20m直线	1.96/20.6	64.12	1.240	20.45	23.498	7.07	400/33.6	$\phi5$高强钢丝
专桥2059-24m直线	2.16/24.6	78.45	1.222	20.45	23.498	7.88	450/34.3	$\phi5$高强钢丝
专桥2059-32m直线	2.56/32.6	112.00	1.194	20.45	23.498	9.93	500/35.1	$\phi5$高强钢丝
专桥2059-32m曲线	2.56/32.6	112.00	1.194	28.25	31.22	9.93	500/35.1a	$\phi5$高强钢丝

注：曲线超载系数取值为支点1.110,跨中1.137。

1）检算指标

为保证运营安全,在1.2倍ZH活载图式作用下下桥梁主体结构和桥面板应满足如下[2,17]指标：

（1）正截面预应力度：$\lambda\geqslant1.0$。

（2）正截面抗裂安全系数：$K_f\geqslant1.2$。

（3）正截面抗弯强度安全系数：$K\geqslant2.0$。

（4）斜截面主拉应力：$\sigma_{tp}\leqslant f_{ct}$,$f_{ct}$为混凝土轴心抗拉极限强度,下同。

（5）斜截面主压应力：$\sigma_{cp}\leqslant0.6f_c$,$f_c$为混凝土轴心抗压极限强度,下同。

(6) 混凝土正应力：$\sigma \leqslant 0.5 f_c$。

(7) 跨中截面静活载挠度：$f \leqslant L/800$，L 为净跨度。

(8) 桥面板钢筋拉应力：$\sigma_s \leqslant [\sigma_s]$，$[\sigma_s]$ 为钢筋容许应力。

(9) 桥面板混凝土压应力：$\sigma_b \leqslant [\sigma_b]$，$[\sigma_b]$ 为混凝土弯曲受压容许应力。

(10) 桥面板混凝土剪应力：$\tau_c \leqslant [\tau_c]$，$[\tau_c]$ 为混凝土纯剪容许应力。

(11) 桥面板裂缝宽度：$\omega_f \leqslant [\omega_f] = 0.25\text{mm}$，$[\omega_f]$ 为混凝土裂缝容许宽度。

2) 检算结果

表 4.3.14 给出了各项设计指标的检算结果，表中的应力正值为压应力，负值为拉应力。原设计荷载中的二期恒载不包括横向加固构造重量，重载二期恒载弯矩含横向加固构造效应。表中预应力效果计入了管道反摩阻作用。

表 4.3.14　32m 道砟桥面普通高度预应力混凝土梁(专桥 2059-直线)检算结果

检算项目	设计荷载	L/2 截面	3L/8 截面	L/4 截面	L/8 截面	变截面	容许值
上缘合计正应力 /MPa	中-活载	13.02	12.35	10.28	6.46	3.43	$\sigma_c \leqslant 0.5 f_c$
	1.2ZH	<u>16.83</u>	15.75	12.71	7.79	4.00	$= 16.05\text{MPa}$
上缘合计正应力 /MPa	中-活载	0.90	1.32	3.36	6.96	5.35	$\sigma_{ct} \geqslant 0$
	1.2ZH	-3.52	-2.62	0.54	5.40	4.83	
预应力度	中-活载	1.045	1.069	1.216	1.751	2.677	$\lambda \geqslant 0.7$
	1.2ZH	0.856	0.886	1.029	1.499	2.302	
抗裂安全系数	中-活载	1.243	1.279	1.472	2.184	3.853	$K_f \geqslant 1.2$
	1.2ZH	<u>1.018</u>	<u>1.059</u>	1.246	1.87	3.313	
正截面抗弯强度安全系数	中-活载	2.041	2.140	2.518	3.919	7.629	$K \geqslant 2.0$
	1.2ZH	<u>1.666</u>	—	—	—	—	
剪应力/MPa	中-活载	0.98	1.87	2.78	3.40	2.98	$\tau_c \leqslant 0.17 f_c$
	1.2ZH	1.23	2.24	3.30	4.09	3.65	$= 5.457$
混凝土主拉应力 /MPa	中-活载	-0.31	-1.06	-1.74	-2.12	-2.22	$\sigma_{tp} \leqslant f_{ct}$
	1.2ZH	-0.76	-1.98	-2.72	-2.79	-2.93	$= 3.02$
混凝土主压应力 /MPa	中-活载	11.67	12.1	11.33	9.08	6.67	$\sigma_{cp} \leqslant 0.6 f_c$
	1.2ZH	13.59	14.07	13.12	10.47	7.37	$= 19.26$
静活载挠度/mm	中-活载	18.70	—	—	—	—	$f \leqslant L/800$
	1.2ZH	23.00	—	—	—	—	$= 40$

注：表中带下划线数字表示不满足《桥规》指标。

检算结果表明，相比中-活载，ZH 活载图式($z=1.2$)下梁体的跨中弯矩提高了 21.8%～26.0%，支点剪力提高了 15.1%～20.9%。在 ZH 活载图式($z=1.2$)下，普通高度预应力混凝土梁的刚度满足要求，但抗裂性普遍不足，同时存在上缘混凝土压应力超限以及抗弯强度不足的问题。

4.（超）低高度预应力混凝土梁检算分析

典型跨度的梁体基本参数、跨中计算截面尺寸以及与普通高度梁的对比情况见表 4.3.15。

表 4.3.15　朔黄铁路（超）低高度预应力混凝土梁基本参数

计算跨度/m	16		20		24		32	
梁体长度/m	16.5		20.6		24.6		32.6	
梁体类型	低高度梁	普通高度梁	低高度梁	普通高度梁	超低高度梁	普通高度梁	超低高度梁	普通高度梁
施工类型	先张	后张	先张	后张	后张	后张	后张	后张
梁体图号	叁桥2003	叁桥2018	专桥2094	叁桥2018	叁桥2005	专桥2059	叁桥2005	专桥2059
梁体高度/m	1.10	1.60	1.35	1.90	1.25	2.10	1.75	2.50
梁体高跨比	1/14.5	1/10.0	1/14.8	1/10.5	1/19.2	1/11.4	1/18.3	1/12.8
腹板厚度/m	0.26	0.24	0.26	0.24	0.19	0.16	0.19	0.16
底板宽度/m	1.06	0.78	1.06	0.78	1.06	0.88	1.06	0.88
惯性矩 I_x/m⁴	0.143	0.340	0.229	0.482	0.209	0.659	0.485	1.002
中性轴 y_0/m	0.633	0.988	0.696	1.126	0.709	1.181	0.973	1.392
混凝土标号（直/曲线梁）	500/550	400/400	500/500	400/450	600/650	450/450	600/650	500/500
梁体重量/t	45.9	45.7	66.5	62.4	75.8	78.5	112	112

1）检算指标

根据《混凝土结构设计规范》要求，在桥涵改造活载标准 1.2 倍 ZH 活载图式作用下，加固后的梁体强度、刚度和应力应满足以下要求：

（1）强度安全系数：$K>2.0$。

（2）正截面抗裂安全系数：$K_f>1.2$。

（3）斜截面混凝土主拉应力 $\sigma_{tp}\leqslant f_{ct}$，主压应力 $\sigma_{cp}\leqslant 0.6f_c$。

（4）预应力混凝土梁正截面混凝土受拉区应力 $\sigma_{ct}<0$，受压区应力 $\sigma_c\leqslant 0.5f_c$。

（5）钢绞线应力幅值 $[\Delta\sigma]\leqslant 140\text{MPa}$。

（6）梁体跨中静活载挠度 $f\leqslant L/800$。

（7）钢结构基本容许应力、各种构件或连接的疲劳容许应力满足《铁路桥梁钢结构设计规范》（TB 10002.2—2005）要求。

2）检算结果

检算结果见表 4.3.16～表 4.3.21。

表 4.3.16 跨中正截面混凝土应力检算结果 （单位：MPa）

梁型	中-活载		1.2ZH		容许应力 $0.5f_c$	
	$\sigma_上$	$\sigma_下$	$\sigma_上$	$\sigma_下$	$\sigma_上$	$\sigma_下$
跨度 16m 梁（直）	11.69	−1.16	14.45	−4.19	17.50	0
跨度 16m 梁（曲）	13.64	−1.41	16.74	−4.79	19.25	0
跨度 24m 梁（直）	18.94	−0.58	23.70	−6.02	21.00	0
跨度 24m 梁（曲）	21.64	−1.68	27.00	−7.75	22.75	0
跨度 32m 梁（直）	20.52	−1.01	25.04	−6.03	21.00	0
跨度 32m 梁（曲）	24.26	−2.77	29.47	−8.55	22.75	0

注：表中带下划线数字表示不满足《混凝土结构设计规范》指标。

表 4.3.17 跨中截面抗裂和强度检算结果

梁型	抗裂安全系数		强度安全系数	
	中-活载	1.2ZH	中-活载	1.2ZH
跨度 16m 梁（直）	1.182	1.001	2.363	1.989
跨度 16m 梁（曲）	1.162	0.986	2.390	2.016
跨度 24m 梁（直）	1.147	0.966	2.099	1.758
跨度 24m 梁（曲）	1.100	0.927	1.991	1.670
跨度 32m 梁（直）	1.119	0.957	2.099	1.784
跨度 32m 梁（曲）	1.060	0.902	1.977	1.678

注：表中带下划线数字表示不满足《混凝土结构设计规范》指标。

表 4.3.18 运营荷载作用下 $L/8$ 截面主应力检算结果 （单位：MPa）

梁型	检算参数		中-活载	1.2ZH	规范限值
跨度 16m 梁（直）	剪应力	τ_{max}	4.30	5.43	5.95
	最大主拉应力	$\sigma_{zl max}$	2.52	3.30	2.10
跨度 16m 梁（曲）	剪应力	τ_{max}	4.87	6.14	6.55
	最大主拉应力	$\sigma_{zl max}$	2.80	3.66	2.24
跨度 24m 梁（直）	剪应力	τ_{max}	3.94	5.82	7.14
	最大主拉应力	$\sigma_{zl max}$	1.33	2.61	2.38
跨度 24m 梁（曲）	剪应力	τ_{max}	4.96	7.16	7.40
	最大主拉应力	$\sigma_{zl max}$	1.97	3.63	2.44
跨度 32m 梁（直）	剪应力	τ_{max}	4.99	5.74	7.14
	最大主拉应力	$\sigma_{zl max}$	1.91	2.43	2.38
跨度 32m 梁（曲）	剪应力	τ_{max}	5.56	6.41	7.40
	最大主拉应力	$\sigma_{zl max}$	2.10	2.70	2.44

注：表中带下划线数字表示不满足《混凝土结构设计规范》指标。

表 4.3.19　1.2倍 ZH 活载图式作用下 L/8 截面抗裂性检算结果　　（单位：MPa）

梁型	检算参数		中-活载	1.2ZH	规范限值
跨度 16m 梁(直)	最大主拉应力	$\sigma_{zl\,max}$	2.88	3.81	3.00
	最大主压应力	$\sigma_{zy\,max}$	8.07	10.02	21.00
跨度 16m 梁(曲)	最大主拉应力	$\sigma_{zl\,max}$	3.20	4.23	3.20
	最大主压应力	$\sigma_{zy\,max}$	9.33	11.51	23.10
跨度 24m 梁(直)	最大主拉应力	$\sigma_{zl\,max}$	1.75	3.41	3.40
	最大主压应力	$\sigma_{zy\,max}$	12.09	13.75	25.20
跨度 24m 梁(曲)	最大主拉应力	$\sigma_{zl\,max}$	2.52	4.63	3.48
	最大主压应力	$\sigma_{zy\,max}$	13.03	15.14	26.10
跨度 32m 梁(直)	最大主拉应力	$\sigma_{zl\,max}$	2.40	3.07	3.40
	最大主压应力	$\sigma_{zy\,max}$	13.52	14.18	25.20
跨度 32m 梁(曲)	最大主拉应力	$\sigma_{zl\,max}$	2.67	3.52	3.48
	最大主压应力	$\sigma_{zy\,max}$	15.24	16.00	26.10

注：表中带下划线数字表示不满足《混凝土结构设计规范》指标。

表 4.3.20　L/8 截面抗剪和抗弯强度安全系数检算结果

梁型	抗剪安全系数		抗弯安全系数	
	中-活载	1.2ZH	中-活载	1.2ZH
跨度 16m 梁(直)	2.06	1.63	3.91	2.99
跨度 16m 梁(曲)	1.83	1.45	3.89	3.89
跨度 24m 梁(直)	2.80	2.15	3.61	2.84
跨度 24m 梁(曲)	2.56	1.97	3.35	3.37
跨度 32m 梁(直)	1.72	1.54	2.77	2.48
跨度 32m 梁(曲)	1.58	1.40	2.46	2.58

注：表中带下划线数字表示不满足《混凝土结构设计规范》指标。

表 4.3.21　梁体刚度检算结果

梁型	中-活载		1.2ZH	
	跨中挠度/mm	跨中挠跨比	跨中挠度/mm	跨中挠跨比
跨度 16m 梁(直)	10.24	1/1563	13.53	1/1182
跨度 16m 梁(曲)	11.27	1/1420	14.89	1/1074
跨度 24m 梁(直)	29.72	1/808	40.47	1/593
跨度 24m 梁(曲)	32.83	1/731	44.70	1/537
跨度 32m 梁(直)	38.28	1/836	51.68	1/619
跨度 32m 梁(曲)	43.43	1/737	58.63	1/546

注：表中带下划线数字表示不满足《桥规》指标。

根据原梁在中活载和 ZH 活载图式($z=1.2$)作用下的检算结果,可知:

(1) 中活载作用下梁体正截面混凝土应力、抗裂安全系数稍小于限值,主要是《混凝土结构设计规范》中预应力损失计算参数与原设计规范稍有差异,预应力损失计算值比原规范大,以及目前运营条件下二期恒载比原设计值增大所致。按原设计规范参数检算的梁体受力状态能够满足原设计中活载要求。

(2) ZH 活载图式($z=1.2$)作用下跨度 16m、24m、32m 直曲线梁的正截面抗裂性、强度和斜截面的抗裂性、强度均不能满足要求;ZH 活载图式($z=1.2$)作用下梁体竖向刚度不满足设计要求。

因此,跨度 16m、24m、32m 低(超低)高度预应力混凝土简支梁的加固改造目标为提高梁体的抗裂性、强度和竖向刚度。

5. 适应性分析结论

在 30t 轴重重载货车实车试验的基础上,通过开展实梁试验评估、梁体检算,跨度 16m、20m、24m、32m 普通高度预应力混凝土简支梁抗裂性普遍不足。为满足重载货运列车的开行要求,必须对普通高度预应力混凝土梁进行抗弯加固以提高结构的抗裂性,以保证结构安全。

对于(超)低高度预应力混凝土梁,跨度 16m 低高度预应力混凝土梁的正截面抗裂性、强度和斜截面抗裂性、强度不满足要求;跨度 24m、32m 超低高度预应力混凝土梁的正截面抗裂性、强度,斜截面抗裂性、强度和竖向刚度不能满足要求。为满足重载货运列车的开行要求,必须对(超)低高度预应力混凝土梁的抗裂性、强度和竖向刚度进行加固。

4.3.4　钢桁梁

随着列车轴重和行车密度的增加,对既有钢桥的直接影响主要体现在两个方面:承载能力和疲劳寿命。由于运营活载的进一步增大,使得既有活载储备降低,同时车辆轴重和运营频次的提高,增加了桥梁的疲劳累积损伤,尤其对于小跨度或影响线较短的梁跨或构件,其在重载运输条件下的疲劳问题更为突出。为保证重载运输条件下的运营安全,针对线上两座钢桁梁桥进行重载列车作用下的适应性研究,根据理论计算和实桥测试数据综合分析确定重载运输条件下钢梁的薄弱环节。

1. 钢桁梁概况

朔黄铁路全线共计两座钢桥,分别为神池南至肃宁段(K0~K418)内跨京深高速公路跨度 64m 的双线栓焊钢桁梁桥,区段内里程为 K332+819;肃宁至黄骅港段(K418~K588)内跨南运河的 64m 单线栓焊钢桁梁桥,区段内里程为 K499+979,两座钢桥概貌如图 4.3.42 所示。

图 4.3.42　朔黄铁路上栓焊钢桁梁概貌

双线钢桁梁桁高 11m,主桁中心距 9.732m,节间长 8m,计算跨度 64m,桥上承载双线铁路,按双线中-活载设计,钢梁主桁、桥面系、横联、上下平纵联等用钢均采用 Q345qD,主桁上、下弦杆截面采用焊接 H 形,杆件宽 460mm,高 600mm,最大板厚 32mm,腹杆除 E0A1 和 A3E2 采用箱型杆件外,其余均采用 H 形,竖杆因考虑轴向力和横联弯矩的组合作用采用不对称截面,主桁内侧翼板加厚,采用 16mm 板厚,外侧为 12mm,节点板采用 16mm 厚。桥面系纵横梁均为焊接工形,纵、横梁为不等高设计,在结构细节的布置上,采用纵横梁上翼缘顶齐平,用鱼形板连接,在纵梁下端设三角形隅撑以承受纵梁端支点负弯矩之压力。

单线钢桁梁桁高 11m,主桁中心距 5.75m,节间长 8m,计算跨度 64m,桥上承载单线铁路,按中-活载设计,钢梁主桁、桥面系、横联、上下平纵联等用钢均采用 Q345qD,主桁杆件截面采用焊接 H 形,杆件宽 460mm,弦杆翼板高 460mm,斜杆除端斜杆翼板高采用 600mm 外,其余均为 440mm,竖杆翼板宽 260mm。桥面系纵横梁均为焊接工形,纵、横梁连接采用等高布置,在纵梁端部上、下翼缘设鱼形板以承受支点负弯矩。

2. 静、动载试验评估

对朔黄铁路跨度 64m 钢桁梁的试验研究有两方面内容:①结构的受力特点研究,通过计算仿真分析,明确钢桁梁的主要受力杆件和重点关注部位,确定测试内容;②静、动载试验。通过对静、动载作用下各项测试数据的分析,掌握目前运营列车作用下桥梁的实际工作状态,校核计算模型。

1) 结构受力特点

两座钢桁梁跨度均为 64m,全桥共分 8 个节间,主桁节间长度 8m,桁高 11m。钢桁梁主桁构件中除竖杆(A1E1、A2E2、A3E3)为局部受力构件(影响线长度 16m)外,其余杆件均为全桥受力杆件如图 4.3.43 所示。桥面系纵、横梁为主受弯构件,纵梁影响线长度为一个节间(8m),横梁影响线长度为两个节间(16m),端横梁影响线长度为一个节间(8m)。单、双线梁桥面系如图 4.3.44 和图 4.3.45 所示。

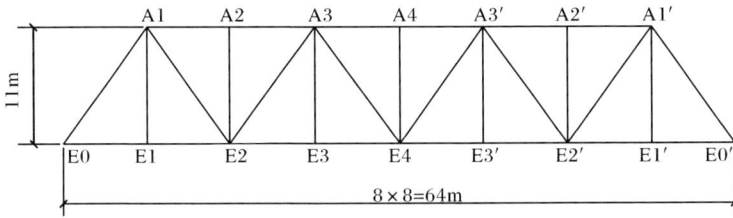

图 4.3.43 主桁结构轮廓图

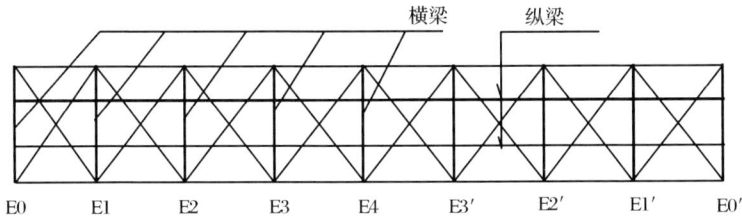

图 4.3.44 单线梁桥面系

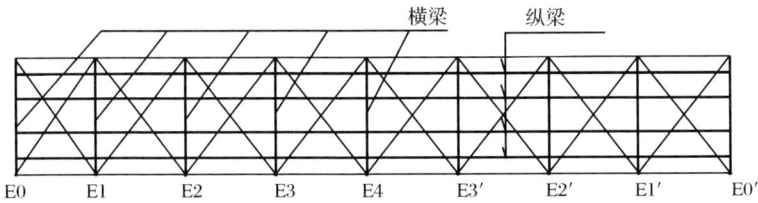

图 4.3.45 双线梁桥面系

桥跨结构为一个空间结构,各杆件之间的连接为刚性连接,在竖向荷载作用下,下弦杆的伸长与纵梁的约束引起横梁的水平弯曲,同时弦杆因与其相连杆件的约束导致变形减小。

以 64m 单线钢梁为例,分析共同作用对纵、横梁受力的影响,计算模型同样采用上述空间计算模型,计算工况为全桥满布中-活载,分别考察不同节间内纵梁及不同位置处横梁的受力情况。加载工况下,纵、横梁受力结果见表 4.3.22 和表 4.3.23,表中数据分别为轴力引起的应力和弯矩引起的截面下翼缘应力,拉为正,压为负。

表 4.3.22 共同作用下各纵梁受力表

纵梁	E0E1 节间内	E1E2 节间内	E2E3 节间内	E3E4 节间内
轴力/MPa	3.25	5.87	7.92	8.91
弯矩/MPa	35.66	23.94	29.73	28.92

表 4.3.23　共同作用下各横梁受力表

横梁	E0 处	E1 处	E2 处	E3 处	E4 处
轴力/MPa	−2.85	−5.79	−6.64	−7.96	−7.68
面内弯矩/MPa	23.49	55.93	55.36	47.62	56.37
面外弯矩/MPa	65.85	42.87	33.87	16.07	−0.66

当荷载作用于桥面时,纵梁主要承受弯曲应力,同时由于结构共同作用的影响,纵梁同时承受轴向拉伸应力,拉应力由梁端向跨中方向递增,梁端弯曲应力最大;横梁主要承受弯曲应力,同时轴向承受压应力,随横梁位置不同,面外弯曲应力由梁端向跨中方向递减,E0 处横梁面内弯矩引起的应力最小,面外弯矩引起的应力最大,跨中横梁 E4 处面内弯矩引起的应力最大,但无面外变形,相比较而言,E1 处横梁受力最为不利,其面内弯曲应力与跨中位置横梁相当,同时又承受较大的面外弯曲应力。

2）静载试验

（1）静载试验测试内容与测点布置。

静载试验的测试项目有三个方面:①控制杆件静应变;②跨中处静挠度;③活动支座纵向位移。

主桁杆件的应变测点主要分布于端斜杆 A1E0、下弦 E2E3、竖杆 A1E1、斜杆 A1E2 及上弦杆 A3A4 处,具体应变测点分布截面及布设位置如图 4.3.46 所示。

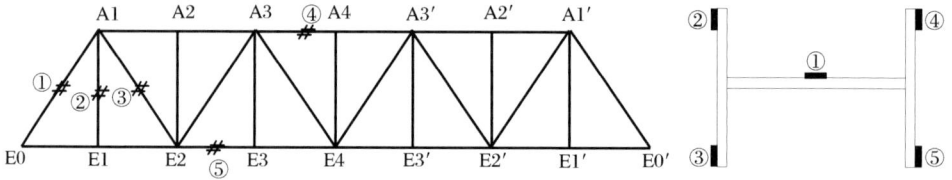

图 4.3.46　主桁测试杆件位置及贴片方式

桥面系测点主要分布于桥梁的梁端及跨中部位,测试纵梁、横梁的位置如图 4.3.47 所示。

（2）静载试验列车与轮位。

静载试验列车由 1 辆东风 4 机车和 6 辆 C80 车辆组成,机车及车辆图式如图 4.3.48 所示。

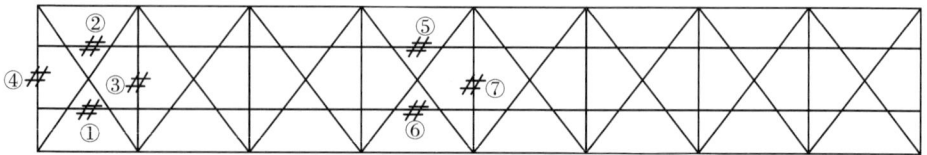

（a）单线钢桁梁

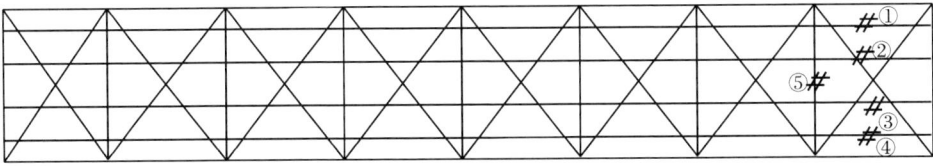

(b) 双线钢桁梁

图 4.3.47　桥面系测试纵、横梁位置

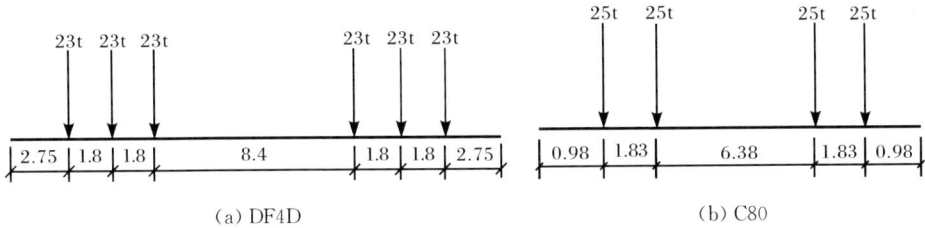

(a) DF4D　　　　　　　　　　　　　(b) C80

图 4.3.48　静载试验机车及 C80 车辆轴重轴距图式(单位:m)

　　静载试验加载工况分别考虑测试杆件轴力最大、纵梁跨中弯矩最大、横梁跨中弯矩最大及主梁挠度最大进行静态加载,实际轮位偏差宜控制在±10cm 以内。

　　(3) 静载测试结果。

　　将测试数据与计算数据进行对比分析,测试的杆件翼缘应力取四个角点应力的平均值,纵横梁应力取下翼缘两个测点的平均值,静载试验列车作用下各测试构件在相应测试轮位下的测试应力及计算应力结果见表 4.3.24 和表 4.3.25。

表 4.3.24　单线钢桁梁测试构件实测值与计算值统计　　(单位:MPa)

测点位置		实测值	计算值		校验系数	实测值/空间计算值
			空间模型	平面模型	实测值/平面计算值	
上游侧 A3A4	翼缘	−61.22	−61.21	−64.43	0.95	1.00
	腹板	−52.53				
下游侧 A3A4	翼缘	−57.75	−61.36	−64.43	0.90	0.94
	腹板	−50.85				
上游侧 E2E3	翼缘	59.56	66.49	78.23	0.76	0.90
	腹板	54.92				
下游侧 E2E3	翼缘	58.36	66.59	78.23	0.75	0.88
	腹板	—				
上游侧 A1E0	翼缘	−48.41	−51.47	−51.10	0.95	0.94
	腹板	−47.72				

续表

测点位置		实测值	计算值		校验系数	实测值/空间计算值
			空间模型	平面模型	实测值/平面计算值	
下游侧 A1E0	翼缘	−49.87	−51.78	−51.10	0.98	0.96
	腹板	−51.09				
上游侧 A1E2	翼缘	68.04	71.14	74.17	0.92	0.96
	腹板	68.89				
下游侧 A1E2	翼缘	71.94	71.48	74.17	0.97	1.01
	腹板	69.97				
上游侧 A1E1	翼缘	35.28	35.11	36.11	0.98	1.00
	腹板	36.68				
下游侧 A1E1	翼缘	33.92	35.42	36.11	0.94	0.96
	腹板	33.62				
纵梁	下翼缘	43.92	48.04	61.75	0.71	0.91
横梁	下翼缘	48.09	50.48	60.67	0.81	0.95
挠度	跨中	36.28	40	49.99	0.73	0.91

表 4.3.25　双线钢桁梁测试构件实测值与计算值统计　（单位：MPa）

测点位置		实测值	计算值		校验系数	实测值/空间计算值
			空间模型	平面模型	实测值/平面计算值	
A3A4（重车侧）	翼缘	−49.88	−49.85	−56.96	0.88	1.00
	腹板	−48.56	−49.85	−56.96	0.85	
A3A4（轻车侧）	翼缘	−29.05	−30.05	−23.26	1.25	0.97
	腹板	−28.34	−30.05	−23.26	1.22	
E2E3（重车侧）	翼缘	42.39	53.50	70.11	0.60	0.79
	腹板	38.67	53.50	70.11	0.55	
E2E3（轻车侧）	翼缘	25.75	30.42	28.64	0.90	0.85
	腹板	22.41	30.42	28.64	0.78	
A1E1（重车侧）	翼缘	30.22	32.43	33.61	0.90	0.93
	腹板	27.16	32.43	33.61	0.81	
A1E1（轻车侧）	翼缘	10.26	11.61	13.73	0.75	0.88
	腹板	10.13	11.61	13.73	0.74	
A1E2（重车侧）	翼缘	51.04	55.57	62.63	0.82	0.92
	腹板	53.81	55.57	62.63	0.86	

测点位置		实测值	计算值		校验系数	实测值/空间计算值
			空间模型	平面模型	实测值/平面计算值	
A1E2(轻车侧)	翼缘	28.82	29.51	25.59	1.13	0.98
	腹板	28.37	29.51	25.59	1.11	
A1E0(重车侧)	翼缘	−53.59	−54.18	−55.09	0.97	0.99
A1E0(轻车侧)	翼缘	−22.75	−23.88	−22.51	1.01	0.95
纵梁	下翼缘	41.55	56.90	62.17	0.67	0.73
横梁	下翼缘	22.97	23.64	34.12	0.67	0.97
挠度	跨中	48.79	53	63.26	0.77	0.92

梁体的跨中竖向挠度测量采用的是光电图像式桥梁挠度检测仪,全桥挠度测点共计 2 个,分别位于列车上、下行两片主桁的跨中节点位置。测试结果见表 4.3.26 和表 4.3.27。

表 4.3.26　单线桥梁体挠度测试结果　　　　（单位:mm）

测试平均值	平面计算值	空间计算值	校验系数	竖向挠跨比	通常值
36.28	49.99	40	0.73	1/1625	1/1250

注:表中挠跨比为试验列车静活载换算至中-活载作用时的竖向挠跨比。

表 4.3.27　双线桥梁体挠度测试结果　　　　（单位:mm）

桁别	测试平均值	空间计算值	平面计算双线重车作用下挠度值	校验系数	竖向挠跨比	通常值
重车侧	30.95	34	63.26	0.77	1/1348	1/1250
轻车侧	17.84	19				

注:表中挠跨比为试验列车静活载换算至中-活载作用时的竖向挠跨比。

活动支座的测试项目有 3 个,分别是纵向、横向和竖向位移,测试结果显示横向及竖向位移数值不大,均不足 1mm。支座纵向位移较大,单线桥的最大纵向位移为 13.08mm,上下游支座纵向位移的同步性较好,位移误差在 4% 以内。双线桥由于单线偏载,重车侧活动支座纵向位移大于轻车侧,重车侧最大纵向位移为 8.29mm。具体测试数值见表 4.3.28 和表 4.3.29,表中数据为多次加载测试的平均值。

表 4.3.28　单线桥活动支座位移测试结果　　　　（单位:mm）

位置	测试项目	轮位 1	轮位 2	轮位 3	轮位 4	最大值
下游侧	纵向	12.03	12.26	12.495	13.08	13.08
	横向	0.28	0.29	0.29	0.3	0.3
	竖向	0.05	0.03	0.031	0.012	0.05
上游侧	纵向	12.25	12.51	12.71	12.61	12.71
	横向	−0.48	−0.46	−0.48	−0.44	0.48
	竖向	0.7	0.7	0.7	0.7	0.7

表 4.3.29　双线桥活动支座位移测试结果　　　　（单位:mm）

位置	测试项目	轮位 1	轮位 2	轮位 3	轮位 4	最大值
重车侧	纵向	8.11	8.26	8.19	8.29	8.29
	横向	0.28	0.27	0.28	0.26	0.28
	竖向	0.01	0.00	0.00	0.00	0.01
轻车侧	纵向	5.65	5.71	5.77	5.87	5.87
	横向	0.01	0.01	0.01	0.02	0.02
	竖向	0.03	0.01	0.01	0.00	0.03

（4）静载试验结论。

① 单线钢桁梁实桥测试结果与计算值吻合较好,主桁杆件及挠度校验系数均在《铁路桥梁检定规范》规定范围之内,主桁杆件及挠度实测值与空间计算值的吻合度在0.9~1.0;桥面系纵、横梁的校验系数在 0.7~0.8,实测值与空间计算值的吻合度在 0.90~0.95。

② 双线桥的静态试验加载为一线偏载,由于空间结构中荷载分配与平面假定中的荷载分配有所差异,因此校验系数不与《铁路桥梁检定规范》中的规定值做比较。实测纵梁应力偏低,纵梁实测值与计算值的吻合度为 0.73;主桁杆件、横梁及挠度的实测结果与空间计算值吻合度在 0.8~1.0。

3）动载试验

（1）测试内容。

动载试验分两种工况进行:行车试验、模态试验。

（2）测试结果。

① 构件动应力。

运营列车作用下单线桥主桁各杆件动应力的测试结果统计见表 4.3.30。

表 4.3.30　单线桥主桁杆件动应力测试结果汇总　　（单位：MPa）

测点部位	均值				最大值			C80 作用下动力系数测试值	动力系数规定值
	单机	C64K	C70A	C80	最大值	相应车型	相应车速/(km/h)		
E2E3	30.7	47.5	49.6	60.6	72.6	C80	71.5	1.112	1.269
A3E4	26.3	28.8	29.0	34.8	47.0		45.8	—	—
A1E2	45.4	60.8	64.0	76.8	87.8		67.6	1.105	1.269
A1E1	23.8	31.3	34.2	39.1	40.4		69.0	1.125	1.500
E0E1 处纵梁	35.5	53.9	61.7	69.2	80.2		71.5	1.359	1.583
E3E4 处纵梁	32.8	47.7	54.7	63.6	68.6		72.0	1.214	1.583
E1 处横梁	55.7	89.8	95.3	113.1	116.3		72	1.059	1.500
E4 处横梁	33.8	39.8	42.4	46.4	49.0			1.11	1.500

　　双线钢桁梁不同于单线桥，桥上两线列车具有明显的轻车线、重车线之分，重车通过、轻车通过及会车时，杆件动应力测试值统计见表 4.3.31。

表 4.3.31　双线桥测试构件测试动应力汇总　　（单位：MPa）

测点部位	会车	轻车线过车	重车线过车	C80 作用下动力系数测试值	动力系数规定值
重车线 E2E3	56.26	21.03	44.45	1.10	1.269
重车线 A1E2	70.39	22.55	57.41	1.07	1.269
重车线 A1E1	35.92	10.19	31.18	1.16	1.50
横梁跨中定州侧	45.93	13.06	42.41	1.41	1.50
横梁跨中黄骅港侧	23.92	11.79	23.47		
E1 处纵梁下翼缘北侧	54.39	6.68	54.20	1.31	1.58
E1 处纵梁下翼缘南侧	54.70	6.80	54.54		

　　② 梁体振动测试结果。

　　梁体自振频率、横向振幅等各项指标的测试值均小于《铁路桥梁检定规范》中的通常值，具体测试结果见表 4.3.32。

　　（3）动载试验结论。

　　动载试验表明，主要构件应力均小于容许应力，测试梁墩系统横、竖向振动响应指标均满足《铁路桥梁检定规范》限值要求，测试中未发现横、竖向振动异常现象，桥梁运营现状良好，能够满足目前安全运营要求。

表 4.3.32　梁体振动特性测试结果统计

桥别		测试项目					
		横向自振频率/Hz	竖向自振频率/Hz	横向振幅（最大值）/mm	竖向振幅（最大值）/mm	横向加速度（最大值）/(m/s²)	墩顶横向振幅（最大值）/mm
单线	测试值	1.819	4.431	3.54	1.74	0.61	0.15
	相应车型	—	—	C64K	C80	C64K	C64K
	相应车速/(km/h)	—	—	69.5	72.5	69.5	70.0
双线	测试值	2.175	4.075	1.550	2.549	0.535	0.129
	相应车型	—	—	C70A	C64K	C70A	C70A
	相应车速/(km/h)	—	—	70	68	70	68

3. 钢梁检算分析

铁路下承式钢桁梁桥的计算通常采用简化计算方法,将桥跨结构划分为若干个平面系统(纵梁、横梁、平纵联、横向连接系、桥门架等)分别进行计算,同时考虑各个平面系统间的共同作用和相互影响。各个平面系统中,将各杆件的轴线所形成的几何图形作为该桁架计算图式,同时假定桁架各节点均为铰接。本次研究中分别计算构件及连接构造的强度、稳定、疲劳,同时辅以空间计算结果,综合分析评价朔黄铁路两座钢梁在30t重载列车作用下的重载适应性。

1) 检算活载

钢梁重载承载能力适应性研究中,检算列车荷载采用三种荷载方式:①ZH活载图式(z=1.2);②中-活载图式;③重载车辆图式。

ZH活载图式的取用方法为:①对于单线桥梁,强化改造活载采用ZH活载图式,按照z=1.2进行检算和适应性分析。②对于双线桥梁,强化改造活载采用ZH活载图式,其中上行重车线按照z=1.2,下行轻车线按照z=0.7进行检算和适应性分析;对同时承受双线列车活载的桥跨结构和墩台,其列车竖向活载对主要杆件为两线活载总和的90%;对承受局部活载的杆件,则均应为该活载的100%;双线均采用最不利列车活载。

中-活载计算荷载图式的取用方法为:①对于单线桥梁,采用中-活载图式进行计算。②对于双线桥梁,按两线中-活载进行计算;对同时承受双线列车活载的桥跨结构和墩台,其列车竖向活载对主要杆件为两线活载总和的90%;对承受局部活载的杆件,则均应为该活载的100%;双线均采用最不利列车活载。

重载车辆荷载取用最不利重载货车KM98H,其参数及具体图式如图4.3.49所示。重载货车车辆荷载的取用方法为：①对于单线桥梁，采用轴重 30t 重载车辆的计算图式进行检算和适应性分析。②对于双线桥梁：上行重车线采用轴重 30t 重载车辆的计算图式进行检算和适应性分析，下行轻车线按 HXD2＋1/3 载重量进行计算；对同时承受双线列车活载的桥跨结构和墩台，其列车竖向活载对主要杆件为两线活载总和的 90%；对承受局部活载的杆件，则均应为该活载的 100%；双线均采用最不利列车活载。

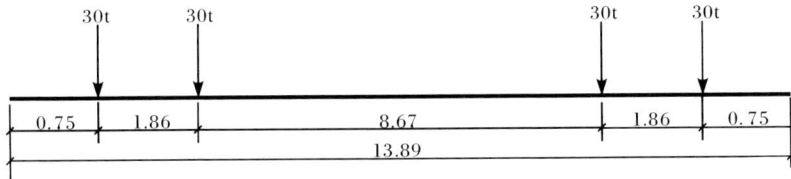

图 4.3.49　轴重 30t 重载车辆计算图式（单位：m）

2）钢梁计算参数

钢梁杆件参数按图纸取用。

动力系数——依据《铁路桥涵设计基本规范》（TB 10002.1－2005），列车竖向活载动力系数按以下公式进行计算：

弦杆、斜杆：

$$1+\mu=1+\frac{28}{40+L}=1+\frac{28}{40+64}=1.269$$

吊杆：

$$1+\mu=1+\frac{28}{40+L}=1+\frac{28}{40+16}=1.500$$

依据《铁路桥梁钢结构设计规范》（TB 10002.2－2005）[18]，在进行疲劳计算时，动力系数按以下公式进行计算：

弦杆、斜杆：

$$1+\mu_f=1+\frac{18}{40+L}=1+\frac{18}{40+64}=1.173$$

吊杆：

$$1+\mu_f=1+\frac{18}{40+L}=1+\frac{18}{40+16}=1.321$$

摇摆力——横向摇摆力作为一个集中荷载，取最不利位置，以水平方向垂直线路中心作用于钢轨顶面；1.1ZH、1.2ZH 活载图式的横向摇摆力取 100zkN，中-活载取 100kN；30t 轴重车取 120kN。

单线桥恒载——主桁：14.2kN/m；联结系：2.8kN/m；桥面系：7.1kN/m；高强螺栓：0.5kN/m；检查设备：1.0kN/m；桥面重：5kN/m。每片主桁所受的恒载强度：$p=17.8\text{kN/m}$，计算采用 18kN/m。

双线桥恒载——主桁：23.21kN/m；联结系：6.89kN/m；桥面系：15.89kN/m；高强螺栓：1.78kN/m；检查设备：1.42kN/m；桥面重：14.59kN/m。每片主桁所受的恒载强度：$p=31.89\text{kN/m}$。

3）检算结果

下面以单线梁为例详列各项检算结果。

（1）主桁计算。

① 主桁杆件的内力确定。

《铁路桥梁钢结构设计规范》（TB 10002.2－2005）中规定，当考虑主力与附加力组合时相应的容许应力会有所提高，要比单考虑主力时高，因此将组合后内力与各自容许应力进行比较，取其较大者作为计算内力。如对于下弦杆 E2E4：

主力：$N_\text{I}=4059.1\text{kN}$，附加力（风力）：$N_\text{w}=363.5\text{kN}$，制动力：$N_\text{T}=340.5\text{kN}$

主力＋附加力：$N_\text{II}=4059.1+363.5=4422.6\text{kN}$

$$N_\text{II}=\frac{4422.6}{1.2}=3685.5\text{kN}<4059.1\text{kN}（主力控制）$$

主力＋制动力：$N_\text{III}=4059.1+340.5=4399.6\text{kN}$

$$N_\text{III}=\frac{4399.6}{1.25}=3519.7\text{kN}<4059.1\text{kN}（主力控制）$$

所以，对于下弦 E2E4，为主力控制设计，故按主力进行检算。

② 主桁杆件强度及稳定性计算。

在不同的检算荷载作用下，主桁杆件主力作用下强度、总体稳定性及杆端螺栓连接的计算结果见表 4.3.33～表 4.3.35。

表 4.3.33　不同加载工况下杆件强度检算结果　　　　　（单位：MPa）

杆件		1.2ZH	中-活载	KM98H	容许值
下弦	E0E2	153.3	130.4	126.0	240 《铁路桥梁检定规范》
	E2E4	220.5	181.1	176.0	
上弦	A1A3	−139.7	−115.9	−110.6	
	A3A3′	−144.3	−117.5	−114.3	
端斜杆	A1E0	−132.0	−115.8	−111.1	
斜腹杆	A3E2	−87.7	−74.7	−70.2	240 《铁路桥梁检定规范》
	A3E4	80.5	66.9	62.8	
吊杆	A3E3	197.5	154.4	153.4	

表 4.3.34　不同加载工况下杆件总体稳定检算结果　（单位：MPa）

杆件		1.2ZH	中-活载	KM98H	容许值（《铁路桥梁检定规范》）
上弦	A1A3	222.4	186.2	177.7	240
	A3A3′	238.4	194.2	188.8	240
端斜杆	A1E0	198.9(主)	169.5(主)	161.2(主)	240
		232.6(主+风)	201.9(主+风)	193.3(主+风)	288
斜腹杆	A3E2	188.7	160.6	151.0	240
	A3E4	76.4	59.2	54.3	240

表 4.3.35　主桁杆件杆端连接检算表（1.2ZH 作用下）

检算项目		所需连接螺栓/个	实用螺栓/个
下弦	E0E2	49	72
	E2E4	37	64
上弦	A1A3	54	64
	A3A3′	54	64
端斜杆	A1E0	61	68
斜腹杆	A1E2	36	48
	A3E2	33	40
	A3E4	36	40
吊杆	A3E3	27	28

③ 节点板及连接系计算。

主桁大节点板位于几根杆件交汇的地方，腹杆弦杆的内力通过节点板来平衡，因此节点板的应力比较复杂，既有拉应力，也有压应力，还有剪应力。研究中对于节点板的验算主要有四个内容：法向应力、剪应力、撕裂应力和拼接。

以 E2 节点为例，A1E2 可能引起的撕裂方式有四种：第一撕裂面 1-2-3-4、第二撕裂面 5-2-3-6、第三撕裂面 1-2-3-6、第四撕裂面 1-2-3-7-8，节点板撕裂示意如图 4.3.50 所示。

经计算，在 1.2ZH 荷载图式作用下节点板的各项应力检算结果见表 4.3.36。

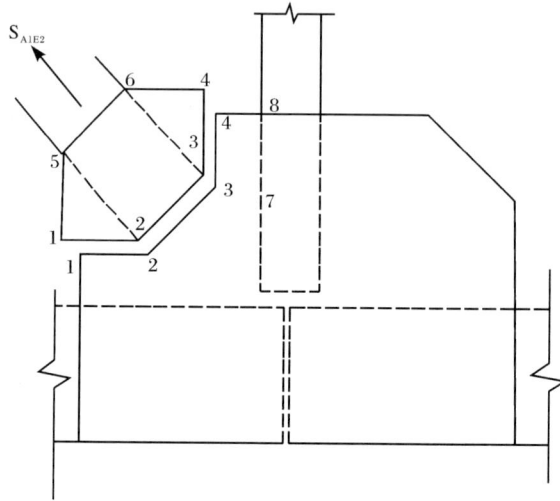

图 4.3.50　节点板撕裂面示意图

表 4.3.36　节点板检算表(1.2ZH 作用下)

检算项目及节点板位置		法向应力/MPa		剪切应力/MPa	撕裂应力/MPa				拼接板面积/mm²
		上翼缘	下翼缘		1-2-3-4	5-2-3-6	1-2-3-6	1-2-3-7-8	
E0	计算值	−22.92	33.78	64.58	—	—	—	—	9344
	容许值	240	240	150	—	—	—	—	>7255.6
E2	计算值	−44.65	164.65	89.8	183.3[σ]	177.9[σ]	169.8[σ]	186[σ]	11808
	容许值	240	240	150	>133[σ]				>7255.6
E4	计算值	−55.88	231.24	54.9	159.9[σ]	161[σ]	154.1[σ]	154.1[σ]	11808
	容许值	240	240	150	>56[σ]				>10868
A1	计算值	−28.32	96.9	88.68	190.5[σ]	177.9[σ]	169.8[σ]	179.3[σ]	11920
	容许值	240	240	150	>133[σ]				>8031.72
A3	计算值	−51.95	219.88	69.75	154.9[σ]	157.4[σ]	149.1[σ]	160.4[σ]	11920
	容许值	240	240	150	>56[σ]				>1088.98

　　钢桁梁的联结系包括平纵联、横向联结系和桥门架及制动联结系。平纵联所受的荷载包括横向风力、列车横向摇摆力、由于弦杆变形引起的内力,计算中考虑上述各力的最不利组合。其检算结果见表 4.3.37。

表 4.3.37　检算结果(1.2ZH 作用下)　　　　(单位:MPa)

平联位置	杆件名称及位置		应力	容许值(《铁路桥梁检定规范》)
上平纵联	斜撑	A1AA2	205.2	240
		A2AA3	205.2	240
		A3AA4	215.5	240
	横撑	A1AA1	49.9	240
		A2AA2	99.8	240
		A3AA3	102.3	240
		A4AA4	104.7	240
下平纵联	斜撑	E0EE1	143.6	240
		E1EE2	139.6	240
		E2EE3	149.1	240
		E3EE4	149.1	240

④ 疲劳计算。

对于钢桥中承受拉-拉或拉-压循环应力的构件及其连接部位应进行疲劳估算,按构造细节类型以 5×10^6 次对应的等幅应力为门槛值,若实际列车作用下的最大应力幅小于此门槛值即认为该构件或连接能满足疲劳估算,若最大应力幅值大于此门槛值则认为该构件或连接应采取适当的措施进行改造,以降低其应力幅值,提高桥梁疲劳寿命。

重载列车作用下最大应力幅的计算方法为,以轴重 30t 的 KM98H 为计算荷载,计算各构件在该列车荷载作用下的最大应力幅值,同时以各项系数进行修正,计算公式为

$$\Delta\sigma_{max} = (1+\mu)\Delta\sigma\varphi_1\varphi_2\varphi_4\varphi_5 < \Delta\sigma_{ce}$$

式中:$\Delta\sigma$ 为计算列车作用下构件或连接产生的最大应力幅值;$(1+\mu)$ 为运营列车动力系数;φ_1 为结构内力采用平面分析时的结构校验系数;φ_2 为考虑线路偏心、超载和装载偏心引起的应力增大系数,可取 1.05;φ_4 为桁梁杆件次应力系数,下弦及斜杆可取 1.20,吊杆应按横梁框架分析而定;φ_5 为非焊接构件或连接应力比系数;$\Delta\sigma_{ce}$ 为等幅应力截止限。

对于栓焊钢桁梁桥,需重点检算的疲劳部位有:纵、横梁的母材、焊缝及高强度螺栓连接细节处,受拉及受反复应力杆件焊缝及高强度螺栓连接细节处,以其中受力较大或疲劳强度较低的构造细节作为评判标准。栓焊钢桥中的构件或连接的疲劳强度等级及疲劳计算结果见表 4.3.38~表 4.3.40。

表 4.3.38　栓焊钢桁梁中的主要构造细节疲劳强度等级

构造细节类型	基准疲劳强度等级 $\Delta\sigma/\mathrm{MPa}$ ($N=2\times10^6$)	疲劳应力截止限		简图
		等幅应力 $\Delta\sigma_{ce}/\mathrm{MPa}$ ($N=5\times10^6$)	变幅应力 $\Delta\sigma_{ve}/\mathrm{MPa}$ ($N=1\times10^8$)	
1.母材、型钢 (1)无明显腐蚀 (2)有明显腐蚀,蚀坑小于 1mm (3)有明显腐蚀,蚀坑小于 1~3mm	150 125 100	115 96 77	67 56 45	
2.摩擦型高强度螺栓连接(毛截面应力)$5\leqslant n\leqslant15$	112	86	50	
3.纵向角焊缝 (1)全熔透 (2)不熔透	112 100	83 74	45 40	

表 4.3.39　疲劳估算结果(高强度螺栓连接细节)

杆件		$\Delta\sigma_{max}$	$\Delta\sigma_{ce}/\mathrm{MPa}$ ($N=5\times10^6$)	富余量/%
下弦	E0E2	75.0	86	12.79
	E2E4	90.4		−5.12
斜腹杆	A1E2	112.3		−30.58
	A3E4	72.8		15.35
吊杆	A3E3	98.1		−14.07

表 4.3.40　疲劳估算结果(纵向角焊缝细节)

杆件		$\Delta\sigma_{max}$	$\Delta\sigma_{ce}/\mathrm{MPa}$ ($N=5\times10^6$)	富余量/%
下弦	E0E2	62.5	74	15.54
	E2E4	75.3		−1.76
斜腹杆	A1E2	93.58		−26.46
	A3E4	60.17		18.69
吊杆	A3E3	98.1		−32.57

（2）桥面系计算。

① 纵、横梁内力计算。

每片纵梁在其梁端处，用连接角钢和鱼形板与横梁及相邻的纵梁连接，各片纵梁连接成为一支撑在横梁上的连续梁，实际设计工作中，为简化计算，将纵梁视为简支梁，从而算出跨中弯矩及梁端剪力，以此来验算它的截面，同时，考虑到纵梁起连续梁的作用，近似假定梁端弯矩等于按简支梁算出的跨中弯矩的 60%，梁端剪力等于按简支梁算出的剪力的 110%，以此计算梁端连接。

经计算，各种荷载作用下，纵、横梁的强度检算结果见表 4.3.41。

表 4.3.41　不同加载工况下杆件强度检算结果　　（单位：MPa）

杆件		1.2ZH	中-活载	KM98H	容许值
纵梁	弯曲应力	207.8	146.7	167.3	240
	剪切应力	97.13	68.58	79.87	180
横梁	弯曲应力	222.5	171.6	165.5	240
	剪切应力	101.29	78.13	77.60	180
	换算应力	229.16	176.75	175.56	264

② 纵、横梁疲劳计算。

同主桁杆件的疲劳计算方法相同，经计算，纵、横梁的疲劳估算结果见表 4.3.42。

表 4.3.42　疲劳估算结果

杆件		$\Delta\sigma_{max}$	$\Delta\sigma_{ce}/MPa$ ($N=5\times10^6$)	富余量/%
高强度螺栓连接细节	纵梁	100.05		−16.34
	纵梁鱼形板	95.4	86	−10.81
	横梁	115.7		−34.53
纵向角焊缝细节	纵梁	100.05	74	−35.2
	横梁	115.7		−56.35

③ 连接计算。

纵梁与横梁的连接——单线桥的纵、横梁等高，在纵梁腹板上设一对角钢与横梁腹板相连，在纵梁上、下翼缘各设一块鱼形板，与横梁及相邻的纵梁翼缘相连。

横梁与主桁的连接——中间横梁梁端是用一对连接角钢以螺栓与主桁相连。

纵梁梁端既传递剪力也传递弯矩，检算时为简化计算，假定剪力全部由连接角钢传递。桥面系连接检算见表 4.3.43。

表 4.3.43　桥面系连接检算表（1.2ZH 作用下）

桥面系连接	检算项目	纵梁	横梁	容许(实用)
纵梁 连接	连接角钢与纵梁连接/个	6.9	—	7
	连接角钢与横梁连接/个	13.9	—	16
	鱼形板/个	10.4	—	10
横梁 连接	连接角钢与横梁连接/个	—	8.6	9
	连接角钢与主桁连接/个	—	18.8	20

（3）挠度计算。

桥梁必须具有一定的竖向刚度,以保证行车的安全平稳,挠度是衡量钢梁竖向刚度的指标,《桥规》规定:简支桁架桥由静活载(不计冲击力)所引起的竖向挠度不应超过跨度的 1/900。单线桥挠度检算结果见表 4.3.44。

表 4.3.44　不同加载工况下跨中挠度检算结果　　　　（单位:mm）

荷载	挠度	容许值	备注
1.2ZH	70.6	71.1	满足
中-活载	54.3	71.1	满足
KM98H	52.3	71.1	满足

4. 适应性分析结论

通过对朔黄铁路两座既有钢桥的重载适应性分析发现,在 ZH 活载($z=1.2$)及轴重 30t 重载列车作用下,既有 64m 钢桥的强度和刚度基本能够满足规范要求,部分承受拉-拉及以拉为主的构件的疲劳问题较为突出,经疲劳估算跨中处下弦杆件、斜拉杆 A1E2、局部受力的竖杆及桥面系纵、横梁的疲劳应力幅超出限值,因此为确保重载运输条件下桥梁的安全运营,保证桥梁使用寿命,应对上述构件及连接进行适当加强。

根据疲劳检算的结果,在重载列车作用下,对于单线钢桁梁及双线钢桁梁存在疲劳问题的构件及连接如图 4.3.51 所示。

4.3.5　墩台与基础

朔黄铁路下部结构数量大,形式多样,墩台基础重载适应性分析主要通过对墩台基础结构进行统计分类,对各种类型典型的桥墩结构进行分析计算,对其承载力、稳定性和刚度等性能进行检算,结合实桥动力试验,评估其状态和对重载运输的适应性。

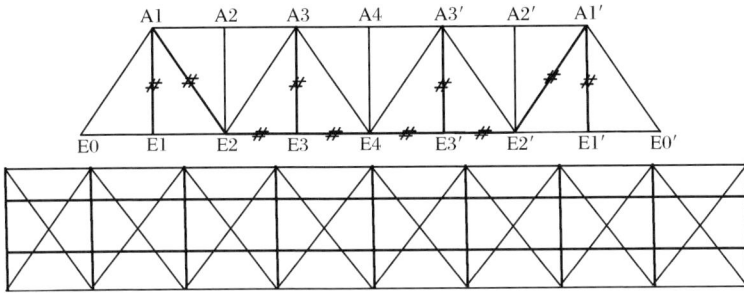

(a) 单线桥

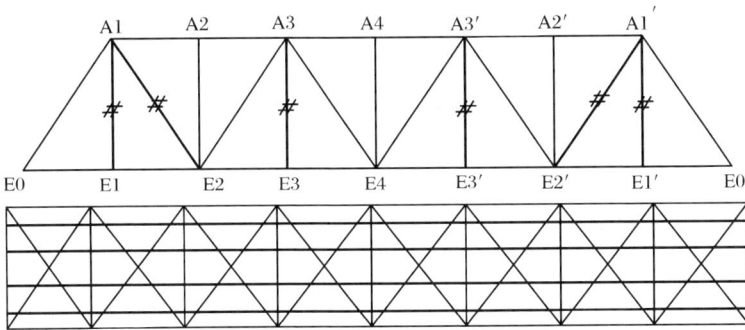

(b) 双线桥

图 4.3.51 存在疲劳问题的主桁杆件及桥面系构件

1. 试验研究

朔黄铁路重载运输综合试验选取综合示范段内 5 个桥涵工点(表 4.3.45)开展与下部结构有关的研究,见表 4.3.45。综合试验列车编组包含我国主型货车车辆类型,包括轴重 21t 的 C64 货车、轴重 23t 的 C70 货车、轴重 25t 的 C80 和装载轴重分别为 25t、27t 与 30t 的新型 30t 轴重重载列车 C96 和 KM96,试验编组列车轴重级别跨度大,车辆类型多样,对研究我国货车车辆轴重及轴距等参数对桥涵结构影响的影响规律具有重大意义。

表 4.3.45 朔黄铁路综合示范段桥涵下部结构综合试验工点

工点编号	里程	桥涵编号/桥名	孔跨布置及梁部结构形式	拟研究的主要问题
1	K69+633	32 号桥/杨家沟大桥	4~32m 预应力混凝土 T 梁桥	具有扩大基础的双线圆端型桥墩的动力性能

工点编号	里程	桥涵编号/桥名	孔跨布置及梁部结构形式	拟研究的主要问题
2	K70+582	34号桥/神山前河特大桥	19~32m预应力混凝土T梁桥	桥墩受力监测;列车制动试验时,桥梁下部结构纵向力传递规律;具有桩基础的双线圆端型桥墩的动力性能
3	K86+716	39号桥/跨大运公路中桥	2~24m超低高度预应力混凝土T梁桥	单线圆形桥墩动力性能
4	K87+678	40号桥/跨北同蒲特大桥	11~32m+3~16m+3~32m预应力混凝土T梁桥	单线板式桥墩动力性能
5	K101+744	45号桥/广济大桥	1~20m+2~32m+1~16m预应力混凝土T梁桥	单线板式桥墩动力性能

通过测试试验编组列车及运营列车对典型桥涵结构的静、动力响应,研究桥涵结构承载能力、动力性能、桥梁墩台制动力、桥墩受力性能,掌握朔黄铁路桥涵结构的实际工作状态,为强化改造设计及加固效果验证提供数据支持。

桥梁下部结构的试验内容包括桥墩横向动力性能试验和桥上列车制动试验。具体试验结果详见4.2.3节。

根据朔黄铁路实车试验研究结果,可以得出以下结论:

(1)对神山前河特大桥桥墩墩顶纵向力研究表明,12‰纵坡区段的桥梁,作用于桥墩墩顶的纵向力主要由挠曲力、列车重力的水平分力、机车牵引或列车制动力三部分组成,墩顶纵向力随列车轴重的增加相应增大。

(2)30t轴重货物列车作用下,桥墩横向振幅在量值上与运营列车工况基本相当,均在《铁路桥梁检定规范》通常值范围内,可满足重载货物列车运营要求;试验编组列车各装载工况(25t、27t和30t)条件下,桥墩的横向振幅无明显增长。在110km/h及以下速度范围内,桥墩横向振幅与列车运行速度关系不明显。

综上,重载货物列车作用下,示范段内桥梁下部结构横向动力性能满足重载适应性要求。

2. 墩台与基础的适应性分析

对于桥梁下部结构采用中-活载分别按照原设计《铁路桥涵技术规范》(TBJ 2—85)(以下简称《85桥规》)、《现行铁路桥涵设计基本规范》(TB 10002.1—2005)

(以下简称《05 桥规》)进行检算校核,采用 ZH 活载图式($z=1.2$)按照《05 桥规》进行重载适应性检算分析。

由于原设计采用的《铁路工程抗震设计规范》(1977 年铁基字 953 号文发布)(以下简称《77 震规》)与现在的《铁路工程抗震设计规范》(GB 50111—2006)(2009 年版)(以下简称《09 震规》)差别较大,既有线桥墩及基础在原设计荷载中-活载作用下,采用《09 震规》检算均不能满足要求,本次针对朔黄铁路桥梁下部结构重载强化检算暂不考虑主力+地震力工况,拟通过一定的减隔震措施来解决结构地震力问题。

以下按结构分类进行重载适应性检算分析。

1) 桥墩重载适应性分析

(1) 单线板式墩。

示范段广济大桥、跨北同蒲铁路特大桥均为直线铁路,两条单线铁路并行。桥墩均采用单线钢筋混凝土板式墩,桩基础,墩高为 7.0～9.5m,两座桥共有 38 个单线桥墩,重车线 19 个,轻车线 19 个。

广济桥的孔跨型式:20m+2～32m+16m,位于线路纵坡为−10‰的直线。跨北同蒲铁路特大桥的孔跨型式:3～16m 低高度先张梁(叁桥 2003)+14～32m 预应力混凝土梁(专桥 2059)。两座桥梁现场调研的图片如图 4.3.52 和图 4.3.53 所示。

图 4.3.52　广济大桥全桥照片　　　　图 4.3.53　跨北同蒲铁路特大桥概貌

以广济大桥为例,对板式钢筋混凝土桥墩进行重载适应性检算分析。检算内容包括桥墩墩身刚度计算、墩顶纵横向水平位移计算、墩身混凝土与钢筋应力计算等。

① 桥墩墩身及桩基础刚度计算。

桥墩墩身纵、横刚度计算按墩底固结考虑。桩基础的刚度及受力分析是基于地基系数(文克尔假设)的分析理论。计算广济大桥不同桥墩的墩身及桩基础刚度见表4.3.46。

表 4.3.46　桥墩及基础刚度表

墩号	墩身纵向刚度/(kN/cm)	桩基础纵向刚度/(kN/cm)	墩身横向刚度/(kN/cm)	桩基础横向刚度/(kN/cm)	墩纵向总刚度/(kN/cm)	墩横向总刚度/(kN/cm)
1♯	636	611	3973	470	312	420
2♯	816	610	5101	469	349	430
3♯	610	655	3811	502	316	443

② 桥墩墩身及桩基础位移计算。

广济大桥桥墩在中-活载、桥涵改造活载标准 ZH 活载图式($z=1.2$)作用下，制动力率按竖向静活载 10％计算,桥墩墩顶纵、横向总位移量均能满足要求,广济大桥钢筋混凝土板式桥墩墩顶位移不控制设计。

③ 桥墩墩身强度计算。

广济大桥钢筋混凝土板式墩在中-活载作用下,采用原设计《87 桥规》计算墩身混凝土应力及钢筋应力指标均能满足要求,说明原设计桥墩的各项指标能够满足《87 桥规》的要求。采用现行《05 桥规》的活载标准,计算墩身混凝土压应力超出容许应力指标,不满足要求。钢筋应力及混凝土裂缝在《混凝土结构设计规范》的容许范围内。因此在原设计活载(中-活载)作用下,采用《05 桥规》,原设计桥墩的混凝土压应力已经超出《混凝土结构设计规范》要求,原设计桥墩墩身结构尺寸偏小。

广济大桥钢筋混凝土板式墩在 ZH 活载图式($z=1.2$)作用下,采用《05 桥规》的活载标准,1♯～3♯桥墩混凝土压应力均超限,1♯、3♯桥墩钢筋应力与混凝土裂缝均超出容许范围。因此原结构设计尺寸及墩身配筋均不能满足要求。

④ 顶帽检算。

采用 1.2 倍 ZH 活载图式对广济大桥板式钢筋混凝土桥墩顶帽进行检算。由于垫石作用范围均位于墩身结构范围内,未有垫石悬出墩身部分,上部恒载及活载效应均直接传至墩身部分,顶帽原结构悬出部分没有增加外荷载,悬臂部分能够满足结构受力要求,因此本次重载检算仅针对顶帽的局部承压进行检算。

（a）公式检算。

根据公式进行检算,顶帽局部承压满足要求。

（b）实体模型计算。

采用有限元分析软件 ANSYS 建立墩帽局部模型，采用四面体单元划分网格，顶帽处单元大小约为 0.1m，墩柱处单元大小约为 0.2m。柱底对所有节点固结。模型如图 4.3.54 所示，计算结果如图 4.3.55～图 4.3.59 所示。

图 4.3.54　顶帽实体模型单元划分图

图 4.3.55　横桥向（X 向）
应力云图（单位：Pa）

图 4.3.56　顺桥向（Z 向）
应力云图（单位：Pa）

图 4.3.57　竖向（Y 向）
应力云图（单位：Pa）

图 4.3.58　主应力 S1 云图
（单位：Pa）

从主应力 S1 云图及剖面图中可得出，两支座垫石中间的墩帽顶产生

1.83MPa 的主拉应力,超过规范限值(1.45MPa)。可能出现局部拉裂,但其深度较浅,且位于抹坡高度范围内,对整体受力无影响。

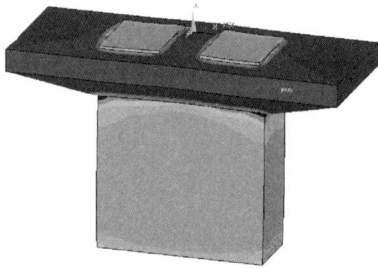

图 4.3.59 主应力 S3 云图(单位:Pa)

从主应力 S3 云图及剖面图中可得出,支座反力产生的应力大部分沿着支承垫石向下方传递,在墩帽悬臂下腋处,产生应力集中,最大主压应力为 4.55MPa,小于《混凝土结构设计规范》(7MPa)的要求。桥墩顶帽受力满足要求。

在 1.2 倍 ZH 活载图式作用下,广济大桥钢筋混凝土板式墩墩身强度不满足要求,需对其进行加固或改造。

(2) 单线圆柱墩。

跨大运公路中桥为两条单线铁路并行,桥长 68.32m,位于 $R=500\text{m}$ 圆曲线及缓和曲线和线路纵坡为 7‰ 下坡道上。孔跨型式:2~24m。上部结构:2~24m 超低高度预应力混凝土梁;下部结构:桥台采用单线 T 形桥台并置,桥墩采用单线钢筋混凝土圆柱墩,双线整体桩基础下 11 根直径 1m 钻孔桩。跨大运公路中桥的现场调研图片如图 4.3.60 所示。

图 4.3.60 跨大运公路中桥

① 桥墩及基础的纵、横向刚度计算及墩顶位移计算。

桥墩墩身纵、横刚度计算按墩底固结考虑。桩基础的刚度及受力分析是基于地基系数(文克尔假设)的分析理论。根据计算下部结构的纵、横向刚度能够满足《铁路无缝线路设计规范》(TB 10015－2012)的相关要求,墩顶的纵、横向位移均能满足《05 桥规》的相关要求。

② 桥墩墩身强度计算。

跨大运公路中桥钢筋混凝土圆柱墩在 1.2 倍 ZH 活载图式作用下,采用《05 桥规》的活载标准,混凝土压应力、钢筋应力与混凝土裂缝均在容许范围内。因此原结构设计尺寸及墩身配筋均能满足要求,桥墩墩身强度重载适应性满足要求。

(3) 双线圆端形桥墩。

示范段桥梁干河大桥、杨家沟大桥、神山前河特大桥、北岗中桥、界河铺溏沱河特大桥的桥墩均采用双线圆端形桥墩,图号:叁桥 4027,墩高为 4.264～22.9m,5 座桥共有 58 个双线桥墩。以神山前河特大桥为例介绍检算内容。

神山前河特大桥为双线铁路,桥长 639.41m。位于直线和左线 $R=600$m,$L=140$m,右线 $R=604.2$m,$L=130$m 的缓和曲线、圆曲线及 -2.0‰、-10.8‰ 的坡道上。上部结构:19～32m 预应力混凝土 T 梁(专桥 2059);桥墩采用双线圆端形墩(叁桥 4027),神山前河特大桥的现场调研的图片如图 4.3.61 所示。

图 4.3.61　神山前河特大桥现场概括

原设计墩身为实体圬工墩,计算中按实体墩考虑,不计入墩身护面钢筋。1.2 倍 ZH 活载图式作用下,分别对桥墩刚度、墩顶位移、墩身偏心、墩身混凝土应力进行重载检算分析。

① 桥墩墩身及桩基础刚度计算。

桥墩墩身纵、横刚度计算按墩底固结考虑。桩基础的刚度及受力分析是基于地基系数(文克尔假设)的分析理论,桩基础刚度考虑了承台侧土体抗力的影响。计算神山前河特大桥不同墩高的墩身及桩基础刚度见表 4.3.47。

表 4.3.47　不同墩高的墩身及桩基础刚度

线别	墩高/m	墩身纵向刚度/(kN/cm)	桩基础纵向刚度/(kN/cm)	墩身横向刚度/(kN/cm)	桩基础横向刚度/(kN/cm)	墩纵向总刚度/(kN/cm)	墩横向总刚度/(kN/cm)
直线	17.9	657	417	7391	1305	255	1109
	20.9	453	641	4895	2368	266	1596
	21.4	429	617	4599	2317	253	1541
	22.9	366	543	3851	1990	219	1312
曲线	8.4	8596	759	78731	2033	697	1982
	17.9	1025	549	8839	1800	357	1496
	19.9	768	253	6544	930	190	814
	21.4	631	310	5329	987	208	833
	21.9	593	306	4994	966	202	810

② 桥墩墩身及桩基础位移计算。

按 1.2 倍 ZH 活载图式对桥墩墩顶总位移进行检算分析,纵向制动力率按竖向活载的 10% 考虑。神山前河特大桥不同墩高桥墩分别在中-活载、1.2 倍 ZH 活载图式作用下,制动力率按竖向静活载 10% 计算时,桥墩墩顶总位移量,桥墩墩顶纵、横向总位移量均能满足要求。因此在 1.2 倍 ZH 活载图式作用下,神山前河特大桥双线混凝土圆端形桥墩墩顶位移不控制设计。

③ 桥墩墩身强度计算。

在 1.2 倍 ZH 活载图式作用下,直线段 1～10♯墩墩身截面偏心距超出要求,应力重分配以后墩身混凝土应力均能满足要求;曲线段 11～18♯墩墩身截面偏心距及墩身混凝土应力均能满足要求。

2) 桥台重载适应性分析

示范段中有 9 座梁式桥采用单线 T 形桥台,2 座桥梁采用双线耳墙式桥台,选取部分桥台的现场的调研照片如图 4.3.62～图 4.3.66 所示。

桥台检算内容主要包括台身强度、纵向弯曲稳定、台顶弹性水平位移、基底应检算压应力和合力偏心等。检算考虑了三种活载形式:①中-活载;②ZH 活载图式($z=1.1$);③ZH 活载图式($z=1.2$),纵向制动力率分别按竖向活载的 10% 及 30% 考虑。

共对 9 座桥的 32 个单线 T 形桥台、2 座桥的 4 个双线耳墙式桥台进行了检算,各项指标均满足《05 桥规》要求。

图 4.3.62　广济大桥单线 T 形桥台

图 4.3.63　跨北同蒲特大桥单线 T 形桥台

图 4.3.64　神山前河特大桥单线 T 形桥台

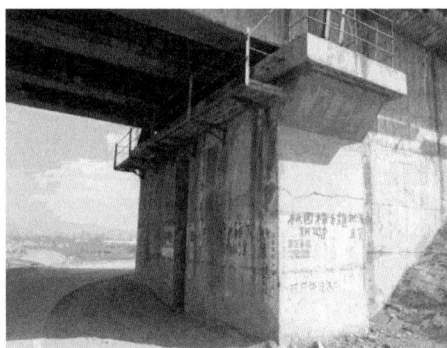

图 4.3.65　北岗中桥单线 T 形桥台

图 4.3.66　受禄立交中桥双线耳墙式桥台

3）基础重载适应性分析

（1）桩基础。

在对基础进行检算分析时，由于目前收集的既有资料缺乏地勘钻孔的详细土层参数，地层参数选取主要依据全桥施工图地层土质描述，查取《铁路桥涵地基和基础设计规范》(TB 10002.5－2005)相关土层参数指标，为保证地层参数取值与原设计相符，首先计算在设计活载（中-活载）作用下计算桩长及承载力尽量与原设计相符，从而确定土层参数选取。在已确定土层参数的情况下再进行 1.2 倍 ZH 活载图式的基础检算。

桩基础检算内容主要包括单桩最大轴向力、桩身混凝土最大压应力、桩基配筋面积、配筋长度等，共对 6 座桥的桥墩双线桩基础、1 座桥的桥墩单线桩基础、11 座桥台桩基础进行了检算。检算结果如下：

① 桥墩的直线段桩基础重载适应性满足要求；曲线段桩基础桩身混凝土应力、配筋面积及配筋长度在重载作用下不能满足重载的运行条件。曲线段桩基础在重载作用下需要进行强化改造处理。

② 桥墩的单线桩基础重载适应性可以满足要求。

③ 部分桥台桩基础截面配筋或桩身混凝土压应力不满足受力要求，需要进行强化改造处理。

（2）明挖基础。

根据《铁路桥涵地基和基础设计规范》(TB 10002.5－2005)第 4.2.3 条规定，既有桥墩台的地基土因多年运营被压密，其基本承载力可予以提高，但提高值不应超过 25%。

以示范段内杨家沟大桥为例进行明挖基础检算。外力对基底截面偏心距、倾覆稳定系数、滑动稳定系数均满足要求；3# 桥墩明挖基础的基底应力超限，不满足重载适应性要求，需要进行强化改造处理。

综合示范段下部结构重载适应性检算分析中，不满足要求的结构统计汇总见表 4.3.48～表 4.3.50。

表 4.3.48　重载适应性不满足要求桥墩统计汇总

序号	桥梁中心里程	桥名	墩台型式	桥墩高度/m	检算结果	
					存在问题	数量
1	K87＋678	跨北同蒲特大桥	双线分离、并置钢筋混凝土板式桥墩	8～9.7	墩身混凝土压应力、钢筋拉应力、裂缝宽度超限	16
2	K101＋744	广济大桥	单线钢筋混凝土板式桥墩	7		3

表 4.3.49　重载适应性不满足要求桥墩基础统计汇总

序号	桥梁中心里程	桥名	墩台型式	基础型式	桩基础数量	检算结果	
						存在问题	数量
1	K67+500	干河大桥	双线圆端形墩	双线整体钻孔桩基础	8	1～5#墩桩基础混凝土压应力超限	5
2	K70+582	神山前河特大桥	双线圆端形墩	双线整体钻孔桩基础	8	11～17#墩桩基础混凝土压应力超限	7
3	K69+633	杨家沟大桥	双线圆端形墩	明挖基础	—	3#墩扩大基础基底应力超限	1

表 4.3.50　重载适应性不满足要求桥台桩基础统计汇总

序号	桥梁中心里程	桥名	墩台型式	基础型式	桩基础数量	检算结果	
						存在问题	数量
1	K67+500	干河大桥	双线分离、并置T形桥台	双线整体钻孔桩基础	0#台16根，10#台12根	10#桥台桩基配筋面积不足、混凝土压应力超限	1
2	K69+633	杨家沟大桥	0#台双线分离、并置T形桥台；4#台双线挖方桥台	双线整体钻孔桩基础	0#台20根，4#台12根	0#台桩基础配筋面积不足、混凝土压应力超限	1
3	K87+678	跨北同蒲特大桥	双线分离、并置T形桥台	双线整体钻孔桩基础	0#台12根，17#台16根	0#桥台桩基础配筋面积不足	1
4	K86+716	跨大运公路中桥	双线分离、错位T形桥台	双线分离、错位钻孔桩基础	10根/线	桥台桩基础配筋面积不足	2
5	K101+744	广济大桥	单线T形桥台叁桥(89)4025	单线钻孔桩基础	8根/线	桥台桩基配筋面积不足	2

3. 适应性分析结论

通过实车试验,朔黄铁路综合示范段桥梁下部结构动力性能可满足重载列车开行要求。通过 ZH 活载图式(z=1.2)作用下对综合示范段桥梁下部结构检算,墩高较低且墩身直径较大的单线圆柱墩、双线圆端形桥墩、桥台结构各检算指标均可满足要求;对于墩身截面较小的单线板式墩,墩身强度不满足要求,应进行强化改造;基础检算表明极少数明挖基础、部分桥台桩基础、曲线段高墩桩基础不满足要求,应进行适当加固。

4.3.6　桥梁支座

朔黄铁路简支梁主要为预应力混凝土梁,支座主要采用摇轴钢支座和盆式橡胶支座,部分采用板式橡胶支座。近年来,既有摇轴支座与盆式橡胶支座逐步呈现重载适应性较差的典型病害,目前已开始了损坏支座的更换工作。

摇轴支座在我国铁路桥梁应用时间较长,主要应用于 20 世纪 60~90 年代修建的跨度 24m、32m 预应力混凝土简支梁桥,目前在新建桥梁上已很少使用。摇轴支座的竖向承载能力高,横向限位功能强,适应性好,应用数量大;但使用过程中仍发现该类支座存在锚栓松动及剪断、转角超限等病害。随着朔黄铁路运量的逐步增长,既有摇轴已出现加速损害现象,摇轴支座典型病害如图 4.3.67 所示。

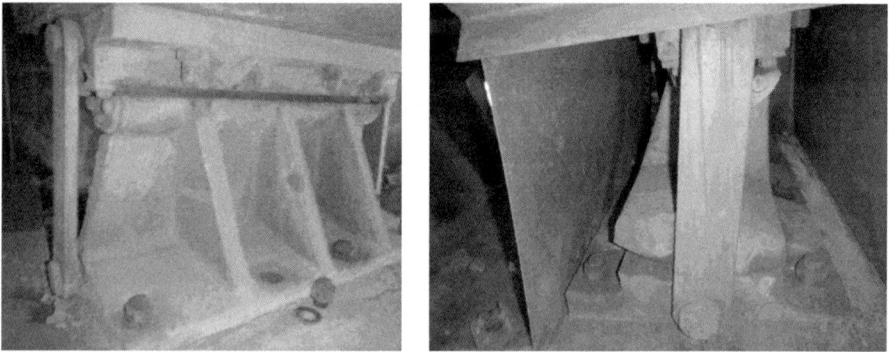

图 4.3.67　摇轴支座倾斜

平板、弧形钢支座主要应用于 20 世纪 90 年代之前修建的桥梁,目前新建桥梁已基本不再使用。朔黄铁路弧面钢支座主要存在钢板锈蚀引起支座转动、滑动不灵,支座锚固螺栓断裂等病害情况,如图 4.3.68 所示。

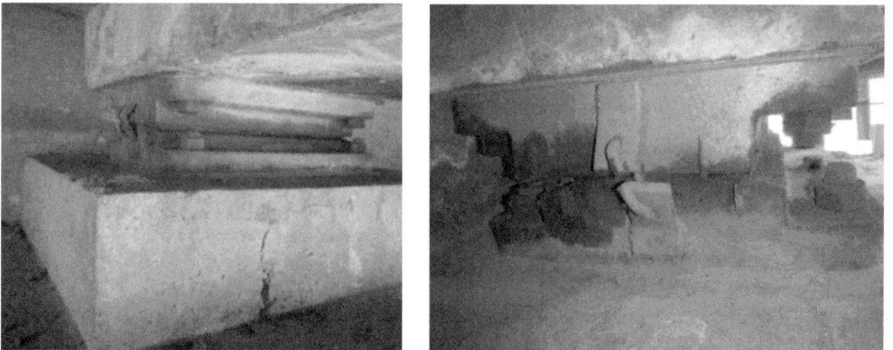

图 4.3.68　弧面支座水平位移不归位

　　盆式橡胶支座是国外 20 世纪 50 年代末开发的一种新型桥梁支座。中国铁道科学研究院自 1975 年开始对其各项性能进行系统研究,随后,盆式橡胶支座已广泛应用于我国桥梁,已成为公路、铁路桥梁最主要的支座型式。盆式橡胶支座在长期运营下滑板材料的磨损,易导致支座的摩擦系数增大、活动性能受到影响,使重载列车通过时的磨耗加剧,影响支座使用寿命。在支座承受偏载时,使得支座盆内的橡胶承压板不均匀变形,严重时可从盆环内挤出,造成病害,如图 4.3.69 所示。

图 4.3.69　盆式橡胶支座密封圈挤出

　　板式橡胶支座主要应用于 20 世纪 80～90 年代修建的桥梁,目前新建桥梁已基本不再使用,梁体跨度主要在 8～16m。这类支座对竖向减震具有一定的效果,但受其自身结构的影响,横向限位功能较弱,在纵向对梁体无明确的固定端,老化速度也快于钢支座。由于板式橡胶支座对梁体的横向限位能力较弱,引起梁体较大的横向振动,支座出现剪切破坏等病害,如图 4.3.70 所示。

图 4.3.70　板式橡胶支座剪切破坏

朔黄铁路在车辆轴重加大、运量逐渐增加的情况下,重载列车对桥跨结构的荷载和冲击不断加剧,既有的支座结构和部件相应产生的破损和病害也越来越多,突出表现在如下几个方面:①支座承载能力不足,变形增大,使列车通过两跨桥梁的连接处时产生折角,影响行车平顺;②缺少支座横向限位装置或支座位移超限,影响梁部的受力;③在荷载增大的情况下,梁底局部承压能力不足问题;④在荷载加大和疲劳冲击作用下,支座锚栓和销子折断等疲劳问题;⑤支座接触部件间的磨损加剧,降低了支座的活动性和使用寿命。朔黄铁路不同支座类型的病害情况和原因汇总于表 4.3.51。

表 4.3.51　铁路支座病害分析表

支座种类	病害情况	病害原因
板式橡胶支座	动荷载频繁,橡胶易老化,表层及侧面出现开裂、鼓包	橡胶与钢板粘结及橡胶寿命无法满足重载铁路使用要求
弧形和摇轴支座	①平面易压出凹槽,支座水平位移不回位,且偏离越来越大 ②定位销钉受摇轴挤压及动载疲劳影响,发生剪断	①弧面与平面线接触,弧面处产生较大应力 ②产品热处理执行情况较差 ③钢结构线接触传力的不利结构,很难满足重载铁路的活载频繁冲击要求
盆式橡胶支座	①支座原有 F4 平面摩擦副可能提前磨光 ②橡胶老化变硬,易碎裂粉化 ③橡胶被铜密封圈磨损,形成碎屑挤出	货运铁路简支梁动荷载大,活动支座位移、转角频繁

在重载列车轴重大、频次高的作用下,摇轴和弧形支座、板式橡胶支座均出现了一些病害,从支座发展趋势来看,受技术水平、经济性等因素的影响,原有的弧形支座、板式橡胶支座、摇轴支座目前在新建桥梁中已基本被新型支座替代。对于盆式橡胶支座,实车试验表明,列车轴重增大,活动支座纵向位移也随着增大,对支座摩擦副抵抗磨损的性能提出了更高要求。

随着朔黄铁路运营时间的增加、货车轴重和运量的增大,既有桥梁支座出现的病害率将逐步上升,桥梁支座的重载不适应性问题必将逐渐显著,因此,为提高支座重载运输适应性、降低支座病害率、延长其使用寿命,应研发重载适应性更好的桥梁支座,对病害支座进行更换。

4.4　既有桥涵结构重载强化改造技术

根据既有桥涵结构的重载适应性分析,为满足 30t 轴重列车长期开行安全,需要对桥涵结构进行相应的强化改造。对于普通高度预应力混凝土梁,采用体外预应力提高梁体抗裂性能和强度;对于超低高度预应力混凝土梁,采用恒载调整、活载分配的辅助钢梁加固技术提高梁部结构刚度和强度;对于钢筋混凝土梁,采用体外预应力技术降低恒活载下钢筋应力、提高强度和刚度,并研究应用了新型钢-混结合梁;对于钢桁梁,采用加大截面法对主要杆(构)件进行补强,降低活载应力幅;对于墩台基础,研究提出采用纵向速度锁定装置增强重载列车纵向力在不同桥跨间传递;并研究提出了系列涵洞改造方案和病害支座整治技术。在体外预应力技术方面,在系统理论和试验验证的基础上,形成了预应力碳纤维板加固成套技术。

4.4.1　预应力碳纤维板加固技术

1. 技术现状

针对预应力混凝土梁的常用加固方法有简支变连续加固法、增设辅助结构加固法、增大截面加固法、粘贴钢板加固法及施加体外预应力加固法等。每种加固法均有其特点与限制,其中简支变连续加固法和增设辅助结构加固法对原结构改造较大,施工困难,不宜大范围推广;增大截面加固法对桥梁抗裂性的提高效果并不明显;粘贴钢板加固法可有效提高抗裂性但尚不能够满足重载加固改造要求;施加体外预应力加固法是显著提高桥梁结构抗裂性的最有效方法,且适宜大范围推广,体外预应力钢束加固法虽然已在加固工程领域得到了一定的成功应用,但其自身仍存在加固构造体积较大、锚点应力较集中、锚头活载应力幅较大等有待完善的问题。

碳纤维材料已在国内外工程中得到广泛的研究和较快发展[19],如应用预应力碳纤维布对混凝土结构进行补强和加固等[20~34]。体外预应力碳纤维板加固法是一种新兴的加固方法,该加固方法不影响线路正常运行,不改变原结构构造,对原结构损伤很小;体系传力明确、加固效果显著,尤其适用于抗弯加固;增设锚固构造体积小巧、便于施工和推广应用;锚固断面可分散、灵活布置以降低锚点应力,也可与梁体可靠粘结以降低锚头活载应力幅。应用体外预应力碳纤维板技术加固桥梁需要攻克碳纤维板的夹持、张拉与锚固等关键技术难题,研制出锚固效率高、体型小巧的锚具产品,开发配套的工艺、设备,并建立预应力高强纤维片材加固混凝土结构相关技术标准。

2. 预应力碳纤维板加固技术研究

1) 碳纤维板组装件力学性能

连续碳(石墨)纤维是由不完整石墨结晶沿纤维轴向排列的一种多晶纤维。碳纤维是一种比强度、比模量高的增强型和功能型新型纤维。同时,还具有耐热、耐化学腐蚀、耐摩擦、耐热冲击性能和可编织等一系列综合性能。按制造碳纤维先驱体来分,主要有聚丙烯腈基(PAN)碳纤维、沥青基碳纤维和人造丝(黏胶丝)碳纤维等。桥梁预应力加固用碳纤维板是一种纤维增强聚合塑料,是连续碳纤维单向排列并经树脂浸渍固化的板状制品。

　　针对不同截面型式的碳纤维板进行了选型试验,经对比最终选定截面尺寸为50mm×3mm 的碳纤维板作为组装件力学性能研究对象,碳纤维板材料抗拉强度为 2600MPa,采用楔形夹片式锚具夹持和锚固碳纤维板。针对组装件进行了系统的静力试验、疲劳试验与松弛试验,试件破断状态如图 4.4.1 所示,强度测试结果如图 4.4.2 所示。

(a)试验加载体系　　　　　　　　(b)试件破坏形态

图 4.4.1　碳纤维板组装件强度测试

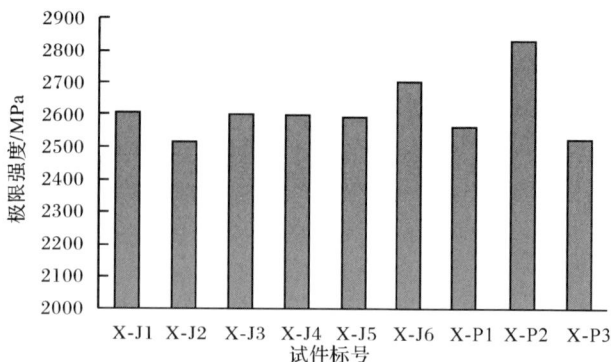

图 4.4.2　碳纤维板组装件强度测试结果

(1)静力强度。

楔形夹片锚组装件静力试件的极限强度平均值为 2604MPa,标准差为

58MPa。

（2）疲劳性能。

对碳纤维板组装件进行了疲劳试验，以模拟和验证组装件在桥梁运营活载作用下的抗疲劳性能，桥梁活载下碳纤维板组装件疲劳应力幅一般为 40～80MPa。疲劳试验的加载循环为 200 万～400 万次，碳纤维板的应力下限为 1400～1600MPa，应力幅为 160～200MPa。疲劳加载全过程中，碳纤维板未出现损伤，锚夹具未出现损坏。疲劳加载完成后，对疲劳试件进行了静力加载直至破断。

图 4.4.2 中测试数据表明，楔形夹片锚组装件疲劳试件经历疲劳加载后的极限强度平均值为 2641MPa，标准差为 166MPa。经历疲劳加载后，碳纤维板组装件的静力强度未见下降。

（3）松弛性能。

松弛现象是材料的属性之一，是受拉测试材料在试件标距长期不变的情况下，其内力随时间的增长逐渐减小的性质[35]。最终张拉力损失值与初始张拉力的比值为碳纤维板组装件的松弛率。

针对楔形板式锚夹具组装件进行了松弛试验，以模拟和验证在锚固、放张后在标距不变的情况下，碳纤维板组装件的初始内力能够长期保持的能力。松弛试件 S 的碳纤维板截面尺寸为 80mm×3mm，标距为 1000mm，初始张拉应力为 1411MPa，环境温度为 20～22℃，测试时间为 1000h，试件 S 松弛曲线如图 4.4.3 所示。测试结果表明，碳纤维板组装件的 100h 应力松弛率为 1.156%，1000h 应力松弛率为 1.600%，可知其具有优异的低松弛性能，松弛系数大体与低应力松弛类钢绞线相当。

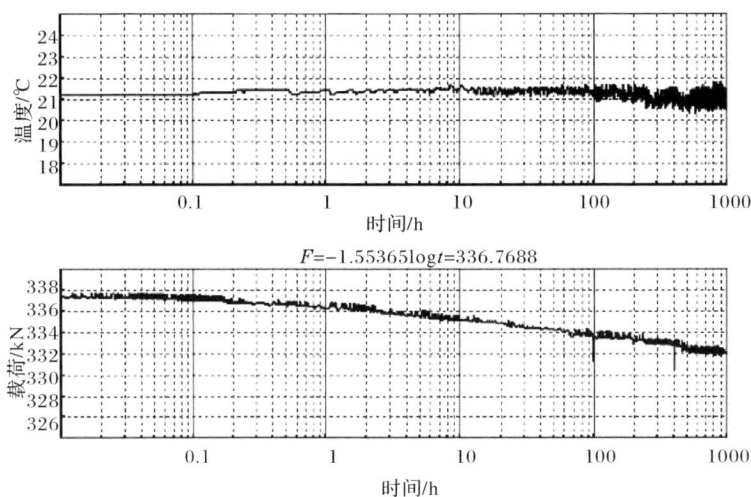

图 4.4.3　试件 S 松弛曲线

碳纤维板组装件的静力测试、疲劳测试与松弛结果表明,碳纤维板组装件的锚固性能可靠,具有良好的抗疲劳性能,且在疲劳加载后仍具有很高的强度保持率,具有良好的低松弛性能。

2)模型梁试验

模型试验以1片跨度为6m的钢筋混凝土模型梁(5♯)为加固试验对象,构造尺寸及钢筋布置如图4.4.4所示。采用经过前期力学试验系统验证的碳纤维板组装件进行加固设计和加固实施,随后进行了静力加载和200万次疲劳加载,最终进行了静力破坏加载。如图4.4.5所示,加固体系构造由一个碳纤维板组装件、一个张拉端和一个固定端组成,锚固装置通过化学锚固螺栓固定于梁底。碳纤维板截面尺寸为50mm×3mm,长度为4.1m,施加体外力200kN。

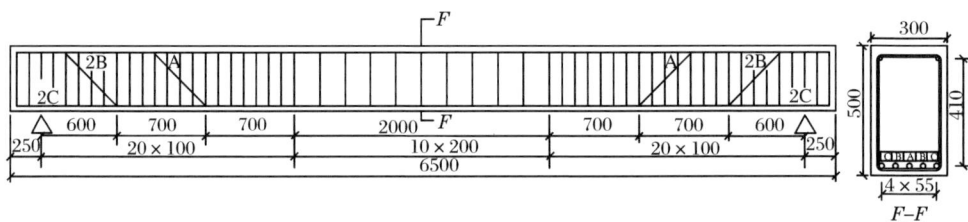

图4.4.4　模型梁钢筋配置构造图(单位:mm)

图4.4.5　5♯模型梁加固体系构造

在极限状态下,受拉区钢筋进入屈服阶段,跨中上缘混凝土被局部压溃,下缘混凝土裂缝宽度超过2mm,如图4.4.6所示;碳纤维板应变增量达到超过3000$\mu\varepsilon$,碳纤维板累计应力达到2000MPa。

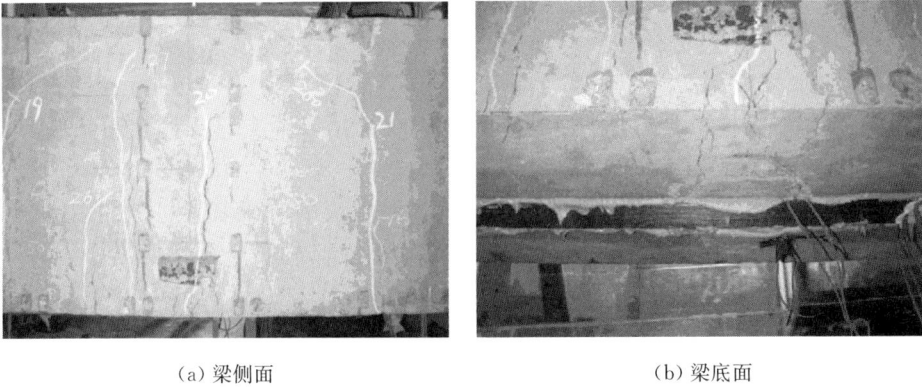

（a）梁侧面　　　　　　　　　　　（b）梁底面

图 4.4.6　5♯模型梁极限状态

如图 4.4.7 所示,加固后模型梁的屈服荷载和破坏荷载大幅提高。在屈服点以前,5♯梁的刚度明显高于 1♯梁,预应力的存在有效地抑制了裂缝的张开和扩展。

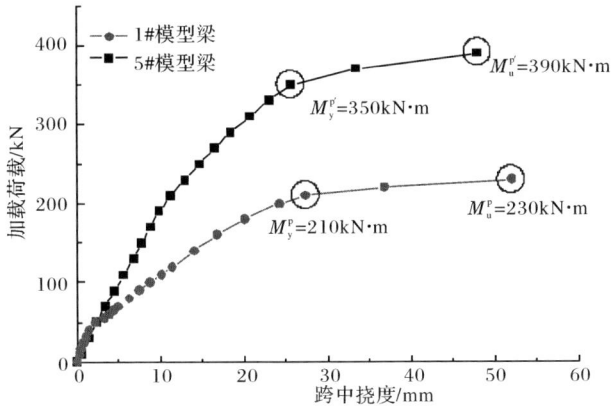

图 4.4.7　静力破坏试验荷载-跨中挠度对比曲线

由模型梁试验可得出如下结论:①在碳纤维板应力增量为 80MPa、经历 200 万次疲劳加载后,碳纤维板未破坏,锚固体系未见失效;②相对于未加固的 1♯模型梁,计入试验梁及加载工装自重效应后,5♯模型梁屈服总弯矩 M_y 提高了 57%,破坏总弯矩 M_u 提高了 60%;③5♯模型梁进入极限状态时碳纤维板材料及其锚固体系仍未破坏。加固后结构破坏模式仍呈现出适筋梁的破坏特征,具有一定延性。

3) 实梁试验

为深入研究预应力碳纤维板加固技术的可靠性,选取既有铁路常用的 32m 普通高度预应力混凝土实梁进行了加固设计和加固实施,通过静载试验验证了加固体系构造与施工工艺的合理性,也同时验证了加固效果满足设计要求。

(1) 加固体系构造。

铁路桥梁预应力碳纤维板加固体系包括由张拉端锚夹具和固定端锚夹具组成的夹持装置,由张拉螺杆和螺母、张拉反力板、千斤顶等组成的张拉装置,以及由锚固座、锚固块、锚固螺栓和螺母、连接螺栓等组成的锚固装置。加固用主要工程材料包括碳纤维板、锚夹具、张拉螺杆及螺母、化学锚固螺栓、化学锚固胶、碳纤维板粘结胶及底胶、封锚灌浆料等。

(2) 加固设计方案。

采用抗拉强度为 2600MPa、截面尺寸为 50mm×3mm 的碳纤维板制成组装件。在梁底面近梁端处钻孔并植入化学锚固螺栓以安装钢锚固座,在锚固座上安装碳纤维板组装件,分两个断面交错布置和锚固,碳纤维板长度有 25m 和 29m 两种规格,加固体系如图 4.4.8 所示。对称、分级张拉碳纤维板,每条板张拉荷载为 260kN,合计 1820kN,张拉到位后将碳纤维板粘结至梁底。预应力碳纤维板加固体系总重为 1.4t(相当于梁体自重的 1.3%)。

图 4.4.8 32m 梁预应力碳纤维板加固后效果

(3) 加固施工工序。

预应力碳纤维板加固梁体的主要施工工序包括:①梁底钻孔和开槽;②植入化学锚栓;③锚固座现场开孔;④安装锚固座;⑤板材下料、安装锚具制成组装件;⑥将碳纤维板组装件固定至锚固座;⑦梁底涂抹界面剂,碳纤维板顶面涂抹胶粘剂;⑧逐条、对称张拉碳纤维板,锁紧螺母进行锚固;⑨将碳纤维板粘贴和固定至梁底面;⑩锚固区灌浆封锚,清理梁底和表面涂装。

(4) 静载试验。

通过对加固后的 32m 预应力混凝土简支梁进行静载试验,评估加固体系的适用性。重裂试验荷载-应变曲线如图 4.4.9 所示。采用预应力碳纤维板加固后,梁体的抗裂性能提高显著,且与理论计算值基本吻合。加载全过程中,加固体系未见损伤与破坏。可见,预应力碳纤维板加固工艺可行,加固效果显著,加固体系性能可靠。

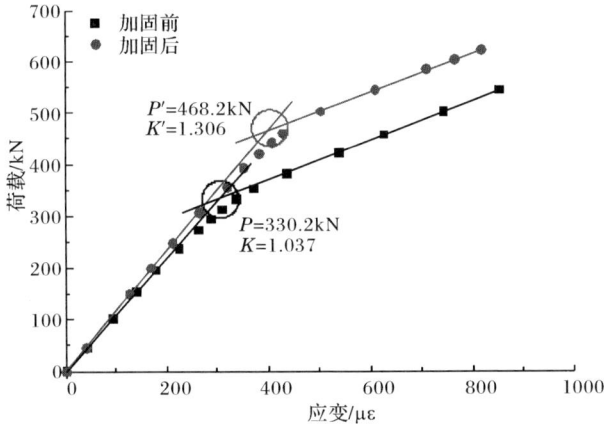

图 4.4.9　32m 试验梁加固前后重裂试验荷载-应变对比曲线

3. 现场应用

1) 预应力钢筋混凝土梁的加固

以朔黄铁路综合试验段内重车线一孔普通高度预应力混凝土 T 梁为例,该桥跨度为 20m,设计图号为专桥(93)-2018(直线)。1.2 倍 ZH 活载图式检算结果表明,跨中截面弯矩比原设计提高了 26%,加固对象 20m 原梁跨中截面下缘将出现拉应力 2.82MPa,预应力度为 0.821,抗裂安全系数为 1.048,梁体抗裂性不足。

针对此桥采用了预应力碳纤维板进行加固处理。加固体系平面图如图 4.4.10所示。张拉锚固体系构造如图 4.4.11 和图 4.4.12 所示,桥梁加固后整体外观如图 4.4.13 所示。

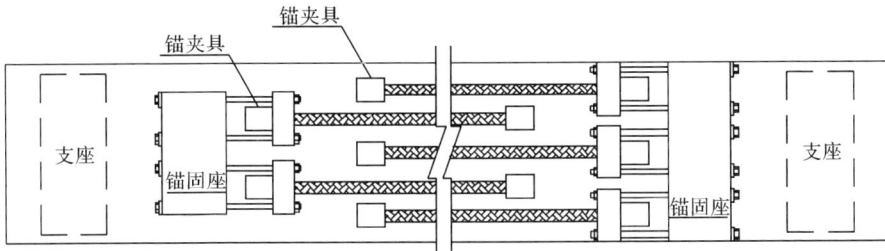

图 4.4.10　20m 梁预应力碳纤维板加固体系平面图

图 4.4.11　张拉体系构造图

图 4.4.12　锚固区锚夹具布置

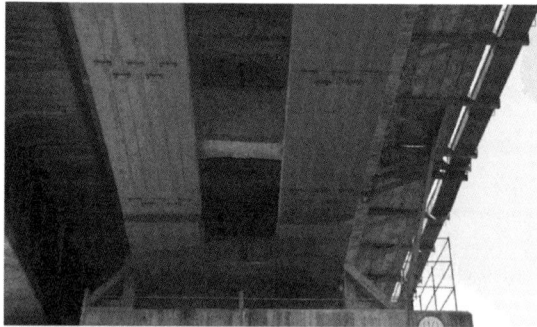

图 4.4.13　重车线 20m 梁加固后整体外观

　　预应力张拉过程中对梁体的上拱量和下缘混凝土压应变进行了测试,测试结果表明,在碳纤维板张拉过程中,梁体跨中上拱 2.4mm;梁体下缘预压应变的换算应力为 3.8MPa(理论值为 3.65MPa)。重载加固改造后,梁体跨中截面预应力度推算值提升至 1.052,抗裂安全系数推算值提升至 1.280,可满足重载列车的开行条件,加固效果达到了设计目标。

　　体外预应力碳纤维板加固钢筋混凝土梁,有效降低了梁体钢筋应力,同时混凝土压应力、裂缝宽度、剪应力均小于限值,加固效果良好,能够满足重载运输的要求。

　　2)钢筋混凝土梁的加固

　　(1)跨度 12m 钢筋混凝土板梁。

　　朔黄铁路 191 号桥,中心里程 K402+201,孔跨样式为 1~12m 钢筋混凝土低高度板梁,图号为专桥(88)1024,1999 年建成。桥下跨乡村混凝土公路。轻、重车线梁体并置,桥上线路为直线。检算结果表明,跨中截面弯矩比原设计提高了31%,在 1.2 倍 ZH 活载图式作用下,钢筋应力将达 205.7MPa,超过容许限值。

　　针对此桥采用了预应力碳纤维板进行加固处理,桥梁加固后整体外观如

图 4.4.14 所示。

图 4.4.14　K402＋201 桥碳纤维板加固后整体外观

在运营列车 C80 作用下,碳纤维板加固后梁体跨中挠度为 3.52mm,比加固前(4.52mm)降低 22%;跨中下缘钢筋应力 35.1MPa,比加固前(48.5MPa)降低 28%,加固效果显著,可满足重载列车的开行条件。

(2)跨度 12m 钢筋混凝土 T 梁。

朔黄铁路孟良河大桥,中心里程 K324＋588,桥号 152,孔跨样式为 1～12m＋6～16m 钢筋混凝土 T 梁,图号为专桥(88)1023,1999 年建成。桥下为荒地,两侧为农田。轻、重车线梁体并置,桥上线路为直线。检算结果表明,跨中截面弯矩比原设计提高了 31%,在 1.2 倍 ZH 活载图式作用下,钢筋应力将达 214.5MPa,超过容许限值。

针对此桥采用了预应力碳纤维板进行加固处理,桥梁加固前后整体外观如图 4.4.15所示。

(a) 加固前　　　　　　　　　　　　　　(b) 加固后

图 4.4.15　K324＋588 桥碳纤维板加固前、后整体外观

在运营列车 C80 作用下,碳纤维板加固后梁体跨中挠度为 1.64mm,比加固前

(2.38mm)降低 31%；跨中下缘钢筋应力 40.9MPa，比加固前(50.7MPa)降低 19%，加固效果显著，可满足重载列车的开行条件。

4. 技术特点

为使预应力碳纤维板加固技术得到推广应用，充分发挥碳纤维板的高强特性与体外预应力技术的优点，针对碳纤维板研发了专用的夹持、张拉与锚固体系，并通过了系统的试验研究与验证。由碳纤维板与锚夹具组成的组装件的力学性能试验结果表明，锚夹具的锚固性能可靠，可充分发挥碳纤维板材的高强特性。组装件具有良好的抗疲劳性能，且在疲劳加载后的强度保持率仍在 0.95 以上，具有良好的低松弛性能、1000h 松弛系数小于 2%。预应力碳纤维板加固 6m 模型梁的试验结果表明，预应力碳纤维板加固体系与原梁结构能够协同工作、加固效果显著，在极限状态下仍然安全可靠，且未改变原结构的延性破坏特征。朔黄铁路线实际采用的 12m 钢筋混凝土以及朔黄铁路线上更换下来的 32m 实梁的加固试验结果表明，预应力碳纤维板加固施工工艺可行、计算理论正确、加固效果显著、加固体系性能可靠。加固后，钢筋混凝土梁中的受拉钢筋应力降幅明显，预应力混凝土梁的抗裂系数提高显著。朔黄铁路碳纤维板加固技术现场应用试验，该加固体系具有如下技术特点：

(1) 加固效率高，加固体系自重轻。与体外预应力索加固技术相比，本节研究开发的预应力碳纤维板加固技术省略了锚固横梁和转向器等构造，充分利用碳纤维板材料的轻质高强特性，加固体系自重轻，加固效率高。

(2) 加固体系耐久性好，碳板耐腐蚀、低松弛。碳纤维板加固体系可在不同截面灵活分散锚固，显著降低锚后应力；碳纤维板材具有良好的耐腐蚀、低松弛性能，加固体系耐久性能优越。

(3) 不影响正常运营。施工作业面位于梁底以下，加固体系对原梁损坏小，除逐条对称张拉碳纤维施工工序需在行车间隔时间内施工外，具有边运营边施工的技术特点。

(4) 施工便捷，不需要大型机具，加固效果容易保证。预应力碳纤维板材、锚固件以及植筋螺栓均在工厂制作，现场工序简单，施工便捷；现场施工无需大型机具，施工工艺衔接合理，便于开展流水式施工作业；质量控制指标可量化，质量控制简单，加固效果容易保证。

综上所述，预应力碳纤维板加固技术是一种性能可靠、效果显著、施工便捷的桥梁加固方法，尤其适用于提高梁体的抗裂性能和抗弯承载力。采用预应力碳纤维板加固普通钢筋混凝土梁及普通高度预应力混凝土梁是一种行之有效的抗弯加固方法，研发的预应力碳纤维板加固技术可在桥梁加固工程中应用推广。

4.4.2　荷载调配式辅助钢梁加固技术

1. 低(超低)高度预应力混凝土梁加固方法

根据低(超低)高度预应力混凝土简支梁原设计受力状态和桥梁的孔跨布置型式,参考既有铁路桥梁的成功加固实例,提出了 7 种加固方法,并对不同方法的加固效果、优劣性等进行了对比分析,最后综合比选提出了适用于不同跨度低(超低)高度预应力混凝土简支梁的加固方法。各种加固方法基本情况如下:

(1)增大混凝土截面方法:在原梁截面基础上增设钢筋混凝土结构,改变截面型式,通过相应的构造措施使新旧结构在活载作用下共同受力,从而降低梁体活载应力,提高梁体强度和刚度。

(2)粘贴钢板方法:在原梁截面的上翼缘板底面、下翼缘侧面和梁底等部位粘贴钢板,通过锚栓和粘钢胶使混凝土和钢板共同受力,提高截面的抗弯惯性矩和上下翼缘的抵抗矩,从而达到加固目的。

(3)增加体外预应力方法:根据梁体高度、梁间距、底板宽度和横隔板布置等梁体构造情况,在原梁上增设体外预应力,改善梁体混凝土在恒载下的应力状态,提高梁体抗裂性和强度。

(4)轻重车线梁体横向联结方法:对于线间距为 4.0m 的双线桥,通过在轻重车线梁体之间增设横向联结措施,改变简支梁的单线受力状态,使两线 4 片梁在活载作用下共同受力,从而降低单线梁的活载效应,降低活载作用下梁体应力和竖向挠度;计算分析时,分别考虑了轻重车线活载单独作用工况和双线同时作用工况。

(5)增设梁体支撑方法:在梁体 $L/8$ 截面增设弹性辅助支撑措施,降低梁体活载效应,减小活载作用下梁体应力和挠度。

(6)简支变连续方法:将单线多孔邻近的超低高度预应力混凝土简支梁在梁端纵向联结,使活载作用下梁体受力状态由简支梁变为连续梁,降低活载作用下原梁跨中截面应力和挠度。

(7)增设辅助钢梁方法:在原混凝土梁两侧增设辅助钢梁,通过构造措施使辅助钢梁与原梁进行横向联结,活载作用下辅助钢梁与原梁的竖向变形协调一致,两者按竖向刚度比例分配活载效应,从而降低活载作用下原梁承受的内力,从而达到降低原混凝土梁应力和挠度的目的,达到相应的加固效果。

根据朔黄铁路低(超低)高度预应力混凝土简支梁截面尺寸和梁体构造特点,上述方法加固效果分析时又分别进行了不同构造措施的比较,以便得到相对合理、有效的梁体加固方法。

根据前述 7 种加固方法计算分析情况,跨度 16m、24m、32m 低(超低)高度预应力混凝土简支梁加固方法对比具体如下:

对于跨度 16m 低高度预应力混凝土简支梁,采用体外预应力方法可满足截面正截面的抗裂和强度安全系数指标,采用原梁腹板粘贴钢板方法可满足斜截面的抗裂和强度安全系数指标。体外预应力可采用预应力碳纤维板加固技术,腹板粘贴钢板法为常用桥梁加固技术,在此不再赘述。

对于跨度 24m、32m 超低高度预应力混凝土简支梁,根据各种方法的加固效果计算分析情况,增设辅助钢梁可提高梁体刚度及抗弯承载能力。朔黄铁路完成的国家 863 计划——"重载铁路桥梁和路基检测与强化技术研究"课题中,采用辅助钢梁法对预应力混凝土简支梁进行加固研究,并在温塘河特大桥 K232+125 上行线第 1~2 孔进行强化实施。在 2013 年 6 月,朔黄铁路重载列车提速综合试验时,中国铁道科学研究院对该强化工点进行试验,实测结果表明,加固桥梁梁体刚度约提高了 8.4%,活载作用下梁体下缘应力降低了 10%[1]。

在此基础研究上,在原混凝土梁外侧增设预弯辅助钢梁,并通过构造措施使辅助钢梁与原混凝土梁在跨中截面进行横向联结,活载作用下辅助钢梁与原混凝土梁的竖向变形协调一致,两者按竖向刚度比例分配活载效应,同时引入辅助钢梁分配活载折减系数这一概念,模拟原混凝土梁的实际受力,从而达到降低原梁活载效应的加固效果;通过顶升预弯辅助钢梁,即给原混凝土梁施加预顶力,达到降低原混凝土梁恒载应力的加固效果。下面对恒载调整、活载分配的荷载调配式辅助钢梁加固技术进行详细介绍。

2. 加固技术效果计算与分析

1) 加固技术方案

以跨度 32m 超低高度预应力混凝土梁辅助钢梁加固技术为例说明该方案。

辅助钢梁腹板厚度为 24mm,翼板厚度为 36mm,钢梁高度为 1500mm。梁体加固立面图及横断面布置情况如图 4.4.16 和图 4.4.17 所示,加固效果仿真分析模型如图 4.4.18 所示。

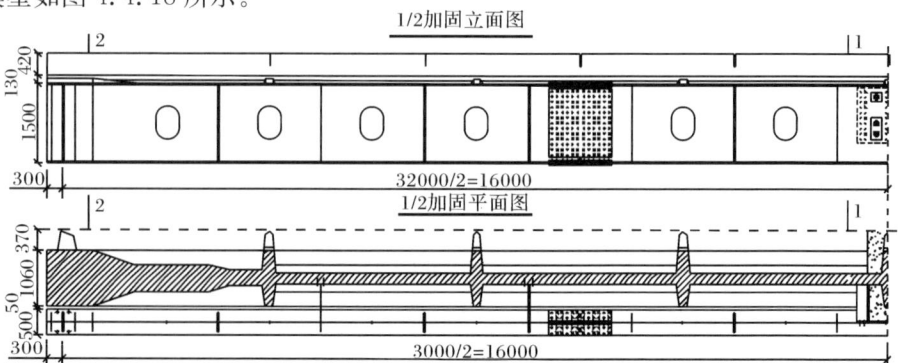

图 4.4.16 32m 超低高度梁加固平、立面图

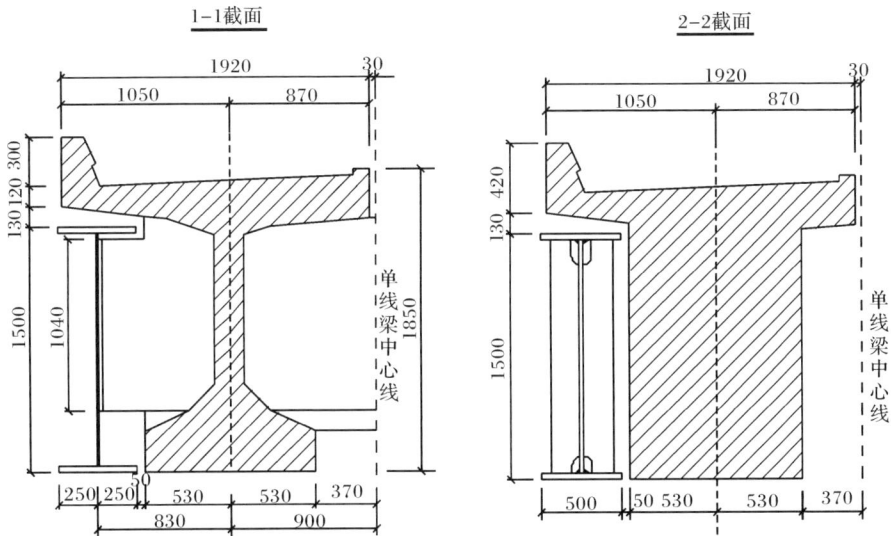

图 4.4.17　32m 超低高度梁加固跨中及梁端截面图

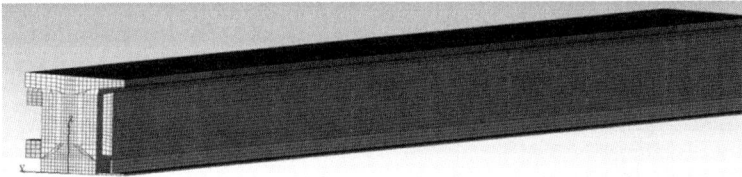

图 4.4.18　钢混组合结构加固方法计算空间实体模型

在原梁跨中增设预应力混凝土横梁,在原梁每片 T 梁的外侧各增设 1 片工字型辅助钢梁,钢梁和原预应力混凝土 T 梁通过增设的横梁联结。工字型钢梁采用工厂制造,每片梁分为 3 段单独制造,现场通过高强螺栓连接成型,然后再与锚固横梁联结形成共同受力结构。单片工字型辅助钢梁的宽度为 0.5m,高度为 1.5m,计算跨度为 32m,梁体长度为 32.6m;钢梁中心距原预应力混凝土 T 梁中心的横向距离为 0.83m,两片钢梁中心的横向距离为 3.46m。为保证钢梁施加顶力过程中和运营荷载作用下的稳定性,在辅助钢梁支点位置设置横向限位装置。辅助钢梁与锚固横梁联结形成共同受力结构以后,在钢梁支座附近位置施加顶力,通过横梁将力传递至原预应力混凝土梁,降低原预应力混凝土梁承受的恒载效应。顶梁工作完成后在辅助钢梁支点位置安装纵向活动球形钢支座,活载作用下原预应力混凝土 T 梁与增设的工字型辅助钢梁共同受力,工字型辅助钢梁在原预应力混凝土 T 梁跨中形成弹性支撑,降低活载作用下原预应力混凝土 T 梁承受的活载效应,降低活载作用下原预应力混凝土 T 梁的应力和挠度,达到加固效果。

2) 梁体加固效果计算分析

针对前述加固方法,32m 低(超低)高度预应力混凝土简支梁在 1.2ZH 活载图式作用下加固效果计算情况见表 4.4.1。

表 4.4.1　跨度 32m 低高度预应力混凝土梁检算结果(直线梁)

计算项目	计算参数		跨中截面	1/4 截面	1/8 截面	限值
正截面	正应力/MPa	$\sigma_{上}$	20.6	17.6	13.7	21
		$\sigma_{下}$	1.3	4.9	9.4	0
	抗裂安全系数	K_f	1.203	1.409	1.806	1.2
	强度安全系数	K	2.183	2.792	4.526	2.0
	剪应力	τ_{max}		3.7	4.8	7.1
	最大主拉应力	σ_{zlmax}		1.3	1.8	2.38
斜截面	最大主拉应力	σ_{zlmax}		1.8	2.3	3.4
	最大主压应力	σ_{zymax}		15.1	13.3	25.2
	抗剪安全系数	K		1.9	1.7	2.0
	抗弯安全系数	K		2.6	3.3	2.0

静活载(1.2ZH 活载图式)作用下跨中截面挠度为 37.87mm,挠跨比为 1/845,满足要求($\leqslant L/800$),梁体刚度满足设计要求;表 4.4.1 中原梁及辅助钢梁强度检算指标均满足设计要求。

3. 工程应用

朔黄铁路受禄中桥,桥号 46,中心里程 K103+072,全长 45.6m,孔跨样式为 1～32m 超低高度预应力混凝土 T 梁,图号为叁桥 2005,1999 年建成。桥下跨越公路。梁体采用盆式橡胶支座(专桥 8156)。轻、重车线梁体分开,双线混凝土耳墙式桥台,基础为钢筋混凝土钻孔桩基础。桥上线路为直线,−2.5‰ 的坡道。对上行重车线采用荷载调配式辅助钢梁加固技术对其进行加固改造,加固前后桥梁整体概貌如图 4.4.19 所示。

图 4.4.19　K103+072 桥整体外观

对辅助钢梁加固过程和加固后原梁响应进行了测试,测试结果表明,加固过程中,原混凝土梁跨中下缘混凝土应力平均减小 4.3MPa,恒载作用下梁体下缘应力降低 29%,梁体上拱 6.1mm;在 C80 列车作用下,加固后比加固前梁体跨中挠度减小 14%,原梁底混凝土应变降低 20%,按刚度分配活载作用 14%;辅助钢梁与混凝土梁变形协调,钢梁底应变与原梁底混凝土应变基本相同。

4. 技术特点

超低高度预应力混凝土简支 T 梁的重载化改造,其不仅应提高梁体承载能力,还需提高其梁体竖向刚度,通过加固方案的比较分析,荷载调配式辅助钢梁加固技术方案可行,其余均难以达到改造加固目标。

荷载调配式辅助钢梁加固技术加固技术特点如下:

(1) 结构受力合理,设计理念先进。辅助钢梁与原梁共同通过新架设钢梁与原梁的横向预应力连接、预弯钢梁再顶升施工工艺实现新旧梁体连接可靠、横向受力协同一致、竖向协同变形能力好、新架设钢梁承担既有桥梁的恒载以充分利用辅助钢梁的材料强度、达到加固新旧组合结构恒载调整、活载分配的目的。结构受力合理,设计理念先进。

(2) 加固效果明显。原梁和钢梁之间传力明确、构造简洁,通过预弯钢梁再顶升施工工艺确保钢梁与原梁连接可靠,原梁结构强度、刚度提高显著,加固效果明显。

(3) 充分发挥钢梁自重小、强度高的特点。

综上,以跨度 16m、24m、32m 低(超低)高度预应力混凝土简支梁为研究对象,对朔黄铁路重载运输条件下梁体加固技术进行了研究,通过对不同加固方法的加固效果进行对比分析,根据方法对比和加固效果检算情况,跨度 16m 低高度预应力混凝土简支梁可采用增设体外预应力和腹板粘贴钢板组合方法,跨度 24m、32m 超低高度预应力混凝土简支梁可采用荷载调配式辅助钢梁加固技术。

通过在朔黄铁路 1 孔跨度 32m 超低高度预应力混凝土 T 梁实施恒载调整、活载分配的荷载调配式辅助钢梁加固措施,经现场测试表明,该技术加固效果明显,加固后的超低高度预应力混凝土梁可满足 30t 轴重重载运输要求,可在超低高度预应力混凝土简支梁重载加固中推广应用。

4.4.3　钢-混结合梁技术

钢-混凝土组合结构桥梁作为一种能发挥钢梁和混凝土梁各自优点的桥梁,具有良好的受力性能和耐久性,施工快速缩短了投资回报期,结构多样化适应了不同桥位不同跨度桥梁建设的需求和景观要求,结构简便化减少了桥梁施工和维修管理工作量,在公路、市政交通等领域得到了普遍的应用。我国既有铁路常用跨度桥梁绝大多数为混凝土梁,少量采用了钢板梁、钢桁梁,钢-混组合梁的应用实例较少。以高窝中桥3孔10m的钢筋混凝土梁更换工程为项目依托,开展了适应30t轴重重载运输的钢-混结合梁梁型设计和换梁加固技术研究工作。高窝中桥换梁前照片如图4.4.20所示。

图4.4.20　高窝中桥换梁前照片

新设计钢-混结合梁用于替换桥梁第1、3孔位处的钢筋混凝土板梁,应使新梁尺寸与原梁尺寸匹配。为了提高结构刚度,与中孔既有钢筋混凝土板梁刚度相匹配,结合梁采用变截面,在中间位置处加大梁高。结合梁截面如图 4.4.21～4.4.23所示,计算模型如图4.4.24所示。

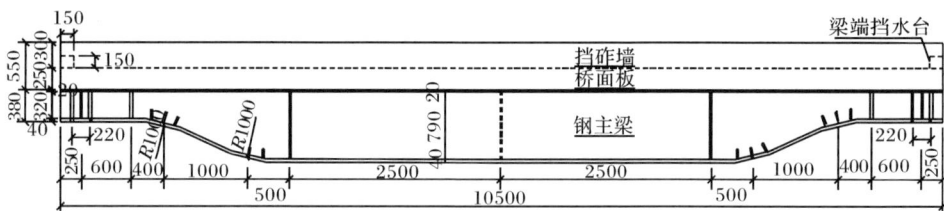

图4.4.21　结合梁立面(单位:mm)

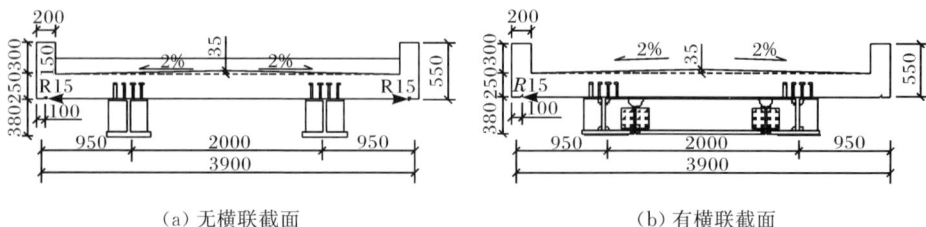

（a）无横联截面　　　　　　　　　（b）有横联截面

图4.4.22　结合梁端部横截面(单位:mm)

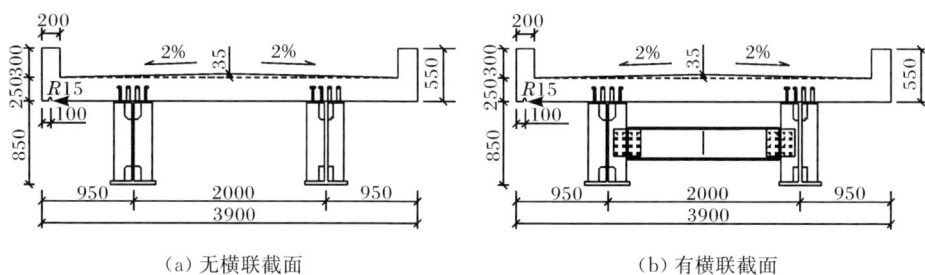

（a）无横联截面　　　　　　　　　　　　（b）有横联截面

图 4.4.23　结合梁跨中横截面（单位：mm）

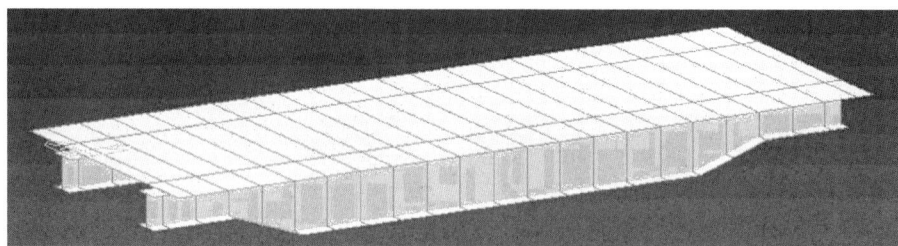

图 4.4.24　10m 跨度结合梁模型

结合梁的内力计算根据施工步骤确定,钢梁在作业场地就位后绑扎钢筋、灌注混凝土,此时钢梁和混凝土板的自重由钢梁单独承受,为第一受力阶段的荷载;当混凝土桥面板和钢梁通过剪力钉连接件形成整体且混凝土获得强度以后,再在桥面板上铺设道砟、轨枕等,这部分荷载由整个结合梁承受,为第二受力阶段的荷载。如果在钢梁下满布脚手架,则全部荷载均属于第二受力阶段,由结合梁承受。具体检算分别针对悬臂板、中间板、跨中截面、局部稳定、联结及疲劳等项目进行,此处不再赘述。

现场换梁施工的工序:钢梁制作→钢梁运输至浇筑梁厂→新梁钢筋绑扎、支模及新梁浇筑养生、做防水层保护层→前期准备工作、平整场地、铺设横向滑道、装配行走台车、限高装置拆除→钢-混组合梁运至施工现场、上道砟、上支座及附属设施→点内试顶升、换梁、拆除及恢复线路附属设施→拆除横向滑道、分解台车、清理现场、恢复耕地、恢复限高装置等。关键工序照片如图 4.4.25～图 4.4.28 所示。

该桥成功实施换梁改造施工,解决了原桥梁受力状态与耐久性差的问题,能够满足线上开行 30t 重载货车的使用要求,同时也为重载铁路小跨度桥梁设计和既有线钢筋混凝土梁的改造提供了一种新的思路。

图 4.4.25　结合梁钢梁制造、混凝土板浇筑

图 4.4.26　原梁解除横向连接及新梁就位

（a）原梁移出　　　　　　　　　（b）新梁就位

图 4.4.27　原梁移出、新梁就位

(a) 全桥　　　　　　　　　　　　(b) 加固梁

图 4.4.28　改造后的桥梁概貌

4.4.4　钢桁梁加固技术

通过对朔黄铁路两座既有钢桥的重载适应性分析发现,重载列车作用下钢梁部分承受拉-拉及以拉为主的构件的活载应力幅值较大,疲劳问题较为突出,为确保重载运输条件下桥梁的安全运营,应采取适当的加固改造措施降低构件应力水平,保证桥梁的使用寿命。

1. 钢桥的加固技术现状

虽然国外重载铁路的荷载储备较高,但由于重载铁路的运输特点,使得桥梁在使用期内承受的车辆竖向活载和加载循环明显增加,从而桥梁的疲劳和劣化问题不断出现。美国针对钢梁桥在重载运输中出现的疲劳裂纹及断裂病害所采取的措施主要有降低结构恒载、改善残余应力、降低冲击力、更换杆件等。加拿大在开行重载列车之后也对多座线上桥梁进行了维修和加固,主要加固方法为更换杆件和采用高强度螺栓拼接的加固方法。

随着新的加固材料和施工方法的改进,新的加固方法也层出不穷,目前常见的加固方法有增大截面面积加固法、粘贴加固法(钢板、纤维布、碳纤维等)、外部预应力法等。而应用于钢桥中的加固方法多为增加构件截面积和连接强度,对于杆件的加固,主要为在翼板外侧用高强螺栓加贴钢板或粘贴碳纤复合材料的方法;对于节点板的加固,通常采用的做法是增加节点厚度、延伸节点板范围、更换连接铆钉等;对于提高横向刚度的加固,主要采取增设角钢加大杆件截面、增强平联、横联等加固措施。

2. 钢桥加固方案

为降低构件疲劳应力幅,同时考虑到钢结构对耐久性的要求及实际加固效果,本次拟采用的加固方法为通过拼接钢板或角钢来增大构件截面积,从而有效降低重载作用下的疲劳应力幅以保证桥梁使用寿命。

1) 主桁杆件加固方案

主桁杆件的加固方式:①在 H 形杆件的翼缘板上加设角钢;②在 H 形杆件的翼缘板上加设钢板。加固方法示意图及各种方案优缺点见表 4.4.2。

表 4.4.2　主桁杆件的四种加固方案对比

加固方案					
加固方法	在杆件翼缘板上增加钢板,采用现场焊接	在杆件翼缘板外侧增加钢板,通过工厂或现场钻孔的方式,利用高强度螺栓与原杆件连为一体	在杆件翼缘板上增加等肢角钢,通过工厂或现场钻孔的方式,利用高强度螺栓与原杆件连为一体	在杆件翼缘板上增加等肢角钢,通过工厂或现场钻孔的方式,利用高强度螺栓与原杆件连为一体	在杆件翼缘板内侧增加钢板,通过工厂或现场钻孔的方式,利用高强度螺栓与原杆件连为一体
优缺点分析	受现场条件限制,焊接质量难以保证,恐焊接后会带来新的问题,难度较高	加固板件通过节点板时,连接较为复杂,施工难度较高	施工难度较低,但相对增加自重较多,且角钢伸出肢需注意避让原结构附属设施	为避开现有焊缝位置需增设填板,自重增加较多,且加固后对焊缝有遮挡,不利于日后检查维修	加固板件通过节点板时利用原螺栓孔直接与节点板相连,施工难度低,加固效果好

综合考虑加固效果、现场施工难度等因素的影响,确定采用在杆件翼缘板内侧栓接钢板的方法对主桁杆件进行加固。

2) 纵、横梁加固方案

纵、横梁的加固方式:①在工字形杆件的翼缘板上加设角钢;②在工字形杆件的翼缘板上加设钢板。加固方法示意图及各种方案优缺点见表 4.4.3。

表 4.4.3　纵、横梁的四种加固方案对比

加固方案					

加固方法	在下翼缘增加钢板,采用现场焊接方式	在下翼缘增加钢板,通过工厂及现场钻孔的方式,利用高强度螺栓将加固件与下翼缘连成整体	在上下翼缘增加等肢角钢,通过工厂或现场钻孔的方式,利用高强度螺栓将加固件与下翼缘连成整体	在下翼缘增加不等肢角钢,通过现场钻孔的方式,利用高强度螺栓将加固件与下翼缘连成整体	在下翼缘增加不等肢角钢,通过工厂或现场钻孔的方式,利用高强度螺栓将加固件与下翼缘连成整体
优缺点分析	受现场条件限制,焊接质量难以保证,若保证加固效果,施工难度较高	施工难度低,加固效果好	施工作业将影响上桥面,影响正常运营,同时为避开现有焊缝位置需增设填板,相对增加自重较多	为避开现有焊缝位置需增设填板,遮挡焊缝,不利于日后检查维修	施工难度低,但加固后槽内易积水积尘,增加日后养护维修工作量

综合考虑加固效果、现场施工难度等因素的影响,确定采用在纵、横梁下翼缘栓接钢板的方法进行加固。

3) 连接构造加固方案

鱼形板位于纵、横梁连接处,承受拉应力,为降低重载列车作用下此处的疲劳拉应力,建议将原鱼形板(规格 240mm×16mm×1100mm)更换为规格 240mm×24mm×1570mm 钢板。

3. 加固前后对比

1) 用钢量计算

64m 单线钢桁梁桥加固前的梁体总重为 175.69t,用钢量为 150.648t,螺栓重 4.554t,按推荐方案加固后,增加的用钢量为 14.46t,增加的螺栓重约为 1t,加固后梁体总重比加固前增加约 8.8%。64m 双线钢桁梁桥加固前的梁体总重为 335t,用钢量为 294.36t,螺栓重 11.38t,按推荐方案加固后,增加的用钢量为 10.928t,增加的螺栓重约为 1.59t,加固后梁体总重比加固前增加约 3.74%。

2) 钢梁加固效果计算

经计算,两座钢桥按加固方案加固后,加固构件活载作用下的应力幅均有效减低,同时梁体刚度有所提高,加固前后的计算对比见表 4.4.4~表 4.4.6。

表 4.4.4　单线桥加固前后构件应力对比　　　　　（单位:MPa）

杆件		加固前	加固后	应力降低/%
下弦杆	E2E4	220.5	174.3	20.95
斜腹杆	A1E2	189.0	131.0	30.68

续表

杆件		加固前	加固后	应力降低/%
吊杆	A3E3	197.5	134.9	31.7
桥面系	纵梁	207.8	143.3	31.04
	横梁	222.5	170.2	23.51

表 4.4.5　双线桥加固前后构件应力对比　（单位：MPa）

杆件		加固前	加固后	应力降低/%
斜腹杆	A1E2	180.9	141.2	21.94
吊杆	A3E3	227.7	151.6	33.42
桥面系	纵梁	207.8	143.3	31.04

表 4.4.6　加固前后梁体跨中挠度计算对比　（单位：mm）

活载(1.2ZH)	加固前	加固后	设计容许值
单线梁	70.6	58.6	71.1
双线梁	73.4	67.7	71.1

4. 钢梁加固方案实施

根据加固方案针对 64m 双线钢桁梁进行了加固改造施工,工期历时两个月,在不影响正常运营的情况下完成所有加固工作,且达到预期加固效果。加固改造后桥梁概貌如图 4.4.29 所示。

图 4.4.29　64m 双线钢桁梁加固改造后全貌

改造工程分为两个部分:主桁杆件加固、桥面系加固。

1）主桁杆件加固

根据朔黄铁路天窗点施工特点及行车条件,将主桁杆件加固分为两部分:一是需要在天窗点内完成的工作,如搭拆脚手架、杆件的打砂除锈、涉及节点部位的钻孔、加固钢板安装、高强螺栓复拧等;二是不需要在天窗点内的施工,如节点外的钻孔作业、高强螺栓的安装等。

具体施工顺序:安装安全网→天窗点内安装脚手架→天窗点内打砂除锈→天窗点内节点板处打眼→天窗点内安装加固钢板→天窗点内节点附近打孔→天窗点外杆件钻孔→天窗点外安装高强螺栓→天窗点内高强螺栓复拧→天窗点外杆件补漆→拆除脚手架及挂篮。主桁杆件加固现场如图 4.4.30 所示。

图 4.4.30　主桁杆件加固现场

2) 桥面系加固

桥面系加固包括两项施工内容:纵梁下翼缘加固和鱼形板更换。

(1) 纵梁加固。

由于纵梁位于桥面线路下方,关于纵梁的加固施工中,部分影响线路运营的施工需要在天窗点内施工,其余工作可在天窗点外进行。

具体施工顺序:搭设施工脚手架→下翼缘板喷砂油漆→天窗点内安装加固钢板→天窗点外进行钻孔施工→安装高强螺栓→天窗点内集中终拧→加固部位补漆。

(2) 鱼形板更换。

鱼形板位于纵、横梁连接处,此次更换鱼形板为纵、横梁上翼缘连接位置处,因此鱼形板的更换施工将涉及桥面线路,其整个施工过程必须全部在天窗点内进行。

具体施工顺序:封闭点前准备→拆除施工地段钩螺栓及护木→拆除主轨及护轨扣件→顶起主轨及护轨→抽出枕木(四根)→拆除既有鱼形板→枕木重新刻槽→既有钢板表面处理→新鱼形板安装→纵梁上部钻孔→安装高强螺栓→放回枕木→主护轨落下→恢复扣件→恢复护木及钩螺栓→线路整细→封闭结束开通线路。鱼形板更换现场如图 4.4.31 所示。

图 4.4.31　鱼形板更换现场

3）施工监控

为保证加固施工中的结构安全和加固效果,施工过程中分别对桥面线形、部分构件应力和节点位移进行了监测。

桥梁的线形控制点选择在主桁各节点处,测量采用水准仪测量相对标高,分别测量加固前、加固过程中松解螺栓前后及加固板件安装前后的测点变位。桥面线形测试断面及测试图如图 4.4.32 和图 4.4.33 所示。

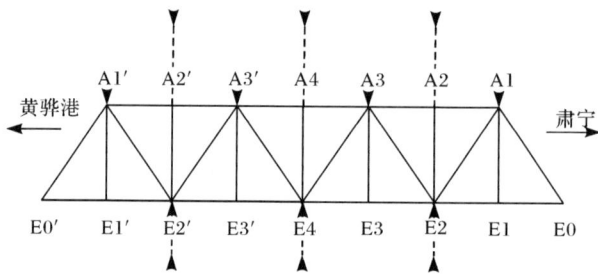

图 4.4.32　桥面线形测试点及挠度测试断面示意图

图 4.4.33　桥面线形测试

经测试,整个加固施工过程中没有对原结构产生不利影响,施工中节点未有错动现象,杆件应力正常。施工监控中对纵梁下翼缘的应变进行了测试。原翼缘板的应变为 167 $\mu\varepsilon$,加固件应变为 165 $\mu\varepsilon$,由此可知加固件与原结构共同受力。另外,加固前后纵梁下翼缘的应变分别为 257 $\mu\varepsilon$ 和 165 $\mu\varepsilon$,加固后纵梁应力减小 35%,加固效果达到预期值。

研究中通过对疲劳问题突出的构件和连接采用增加截面积的方法降低其活载作用下的应力水平,采用现场打孔、高强度螺栓拼接钢板的措施加固主桁杆件和桥面系构件,加固后构件所受应力明显减低,加固效果明显,且加固后梁体及构件的各项性能指标较原结构未有降低且部分指标有所提高。

4.4.5　涵洞加固技术

通过对朔黄铁路内既有涵洞的现场调研与重载适应性分析发现,由于涵洞跨度小、结构简单,在重载列车作用下涵洞承受的列车竖向活载与加载循环明显增加,钢筋混凝土盖板涵盖板与钢筋混凝土框构涵顶板、中墙的疲劳问题较为突出,并存在不同程度的病害情况,为确保重载运输条件下涵洞的安全运营,应采取适当的加固改造措施提高涵洞结构刚度,保证列车的运营安全。

1. 涵洞加固技术现状

涵洞加固改造方法已较为成熟,主要有增大截面加固法、粘贴钢板加固法等。另外,一些新的加固技术也得以应用,如粘贴碳纤维布加固法、外加预应力加固法与改变结构传力途径加固法等。

2. 涵洞加固方法

针对朔黄铁路开行轴重 30t 重载列车的目的,确定以 1.2 倍 ZH 活载图式[9]作用下的结构效应不超过改造前在中-活载作用下的作用效应并满足现行规范的要求为加固目的[13]。朔黄铁路内涵洞数量众多、工况复杂,主要以盖板涵和框构涵为主并且涵洞内施工空间有限、线上运营繁忙,考虑选择增大截面加固法、粘贴钢板法为主要加固方向,提高盖板涵盖板、边墙刚度,框构涵顶板、边墙、中墙刚度,降低应力水平。

提出盖板涵加固方法 6 种,框构涵加固方法 4 种。加固方案基本情况分别见表 4.4.7 和表 4.4.8。

表 4.4.7 盖板涵加固方法基本情况

加固方法	方法简介	加固示意图
盖板粘贴钢板法	在盖板下缘粘贴钢板,通过锚钉、粘钢胶与盖板连接。该加固法能够有效改善盖板的受力状态,对跨径较小盖板的受力状态改善较明显,适用于涵内净空受到交通限制、竖墙状况良好的涵洞	外贴钢板
增大盖板截面法	凿除盖板下缘钢筋保护层,焊接新的钢筋网,并浇筑自流平混凝土。该加固法能明显改善盖板的受力状态,适用于净孔较高不受交通或流水限制、竖墙状况良好的涵洞	增大截面
局部改建框构法	对盖板临时支撑,拆除边墙及基底基础,绑扎钢筋网,盖板边缘植筋,浇筑混凝土,与原盖板形成框构。该加固法同时补强了边墙及基础,与原涵洞盖板形成了框构,整体受力性能改善,适用于边墙状态较差、盖板状态良好不需改造的涵洞	
减小盖板跨度法	边墙上加斜撑或浇筑混凝土垛。该加固法减少了盖板计算跨度,可明显改善盖板受力,但要求原有边墙整体性能良好,适用于边墙及盖板状态良好的涵洞	
内套框构法	在原盖板植筋与新加结构牢固连结,框构壁厚根据跨径不同选取 25~35cm。该加固法能显著改善盖板的受力,技术较成熟,适用于跨度较大、不受交通或流水限制、盖板及边墙状况较差的涵洞	
置换框构加固	拆除原有涵洞,顶进法置换为框构涵;或废弃,在临近位置顶进新涵。该方法彻底解决了原结构问题,但要求线路一侧具备施工场地条件,适用于盖板、边墙劣化较严重难以修复的涵洞	

表 4.4.8　框构涵加固方法基本情况

加固方法	方法简介	加固示意图
粘贴钢板法	在底板上浇筑 20～30cm 厚混凝土，并按构造配筋；顶板下缘粘贴 4mm 厚钢板，两端通过锚栓与框构顶板相连。该方法能够有效改善框构涵顶、底板钢筋应力，但对于较大跨径框构涵顶板，混凝土压应力改善较小，适用于涵内净空受到交通或流水限制的涵洞	外贴钢板 混凝土层
增大截面法	在底板上浇筑 20～30cm 厚混凝土，并按构造配筋；凿除原盖板顶板下缘钢筋以下混凝土，与新的钢筋网焊接，并浇筑 25cm 厚混凝土。该方法对于小跨度框构涵能够起到很好的加固效果，对于较大跨径的框构则效果较差，适用于净孔较高、不受交通或流水限制的涵洞	增大截面 混凝土层
U 形支撑法	在线路下方的框构内侧内套 U 形结构，壁厚 20～35cm，并按构造配筋。该方法减小了框构的计算跨度，增加了竖墙厚度，能够明显改善框构涵的受力，适用于净宽较宽、不受交通或流水限制的涵洞	
内套框构法	新增结构壁厚 20～35cm，按构造配筋，与原框构通过植筋连接。该方法能够显著改善框构涵的受力状态，适用于跨度较大、不影响交通或流水限制的涵洞	

　　通过检算，表明所提方案均能改善结构受力、达到预期加固目的，综合考虑朔黄铁路涵洞的施工空间以及线上运营繁忙等客观情况的限制，并结合前期调研与重载列车试验情况，线内框构涵顶板节间接缝渗水、混凝土泛白松落掉块为主要病害情况，推荐粘贴钢板法加固框构涵以提高顶板、倒角（中墙）的抗弯强度，并封闭节间接缝防止渗水。

以朔黄铁路内 0～8m 填土厚度、0.5～6m 净跨的盖板涵与框构涵为研究对象,通过对不同加固方案的加固效果进行对比分析,得到结论如下:根据检算结果与方案比选结果,推荐使用内套框构方案加固盖板涵盖板、使用粘贴钢板方案加固框构涵。1.2ZH 活载图式作用下涵洞钢筋应力与混凝土应力等关键指标可以满足《混凝土结构设计规范》要求,能够达到加固效果。

4.4.6　墩台基础加固技术

1. 墩台基础的加固技术现状

桥梁桥墩及基础为压弯构件。在荷载作用下,构件受力状况由三个要素决定,即荷载作用产生的内力、构件截面几何特性及材料自身强度。30t 轴重重载列车的开行引起墩台截面实际内力与原设计内力的差异,一方面可能引起受压区混凝土内压应力的增大,进而导致压应力超限出现压溃破坏,另一方面可能是引起受拉区混凝土的严重开裂,导致裂缝宽度超限或钢筋拉应力超限而造成结构破坏。另外,运营年限的增加和环境因素的影响导致结构受力状态恶化,影响结构的耐久性,缩短了结构的使用寿命。

根据构件受力破坏特点,可以采取增大构件截面尺寸、减小传递至构件的外加荷载、加强承载地基的强度等手段来进行加固处理。目前国内外用于加固、提高桥墩及基础承载能力的方法和技术种类众多,主要方法如下。

2. 桥墩加固方法

对于结构性裂缝、严重的非结构性裂缝、墩台断裂等病害,墩台身承载能力不足、纵向或横向刚度不足,可采取结构补强的方法,包括加大截面法、外包钢加固法等。

1) 加大截面法

采用增大原结构截面积来提高其承载能力及刚度。在重载货物列车作用下,根据墩台身受力检算结果,当强度不足时,可加大混凝土截面尺寸。当墩台有贯通性裂缝时,可用钢筋混凝土围带或钢箍进行加固,一般在墩台身上、中、下分设三道围带。当墩台身有严重裂缝及大面积表面损坏、风化和剥落或承载能力不足时,可采用围绕整个墩台身设置钢筋混凝土护套的方法进行加固。应采取构造措施保证新增混凝土与墩台身的可靠连接,在墩台身内应埋置直径 10～20mm 的钢销,埋置深度约 20 倍的钢销直径。对于因基础不均匀沉降而引起的自下而上的裂缝,应先加固基础,而后再确定采用灌浆或加箍的方法进行墩台的加固。

2) 外包钢加固法

在构件四周或两面包以型钢的一种加固方法。

3) 加装速度锁定器法

在桥墩和基础检算中,对于主力+纵向附加力控制设计的构件,可以采取减小作用在墩顶的纵向力的方法来进行处理。通过安装速度锁定器,把桥墩纵向力传递至桥台或者有限的几个中间墩,从而减少加固工作量。

速度锁定器(lock-up device)是一种速度依赖型装置,其通常设置在有相对位移的结构之间,如桥梁相邻梁体的梁缝处。当其连接的两个结构出现缓慢相对位移时,速度锁定器可通过自身的伸缩适应该位移,且产生较小的伸缩阻力,相当于一个可伸缩的弹簧;当其连接的两个结构的相对位移速度达到其锁定速度时,速度锁定器锁死,自身部件间无相对滑动,完全变成刚性连杆,实现相邻结构力的传递。其结构构造如图 4.4.34 所示。

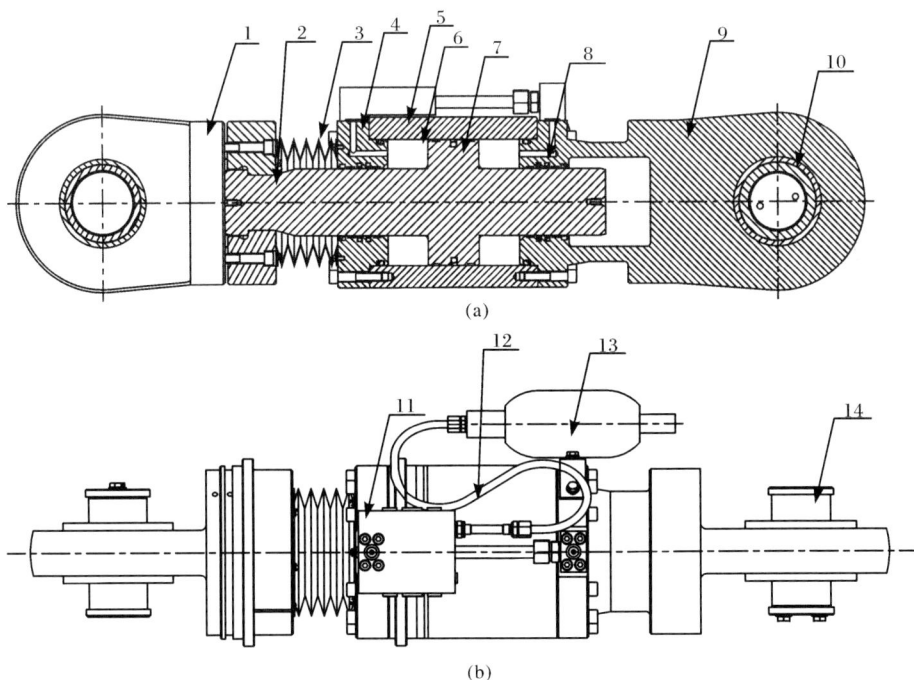

(a)

(b)

图 4.4.34　速度锁定器结构构造

1.左连接耳板;2.活塞杆;3.防尘罩;4.端盖;5.缸筒;6.液体介质;7.活塞;8.密封装置;
9.右连接耳板;10.球铰轴承;11.智能控制单元;12.连接管路;13.恒压器;14.销轴

3. 基础加固方法

1) 扩大基础加固法

对于埋置较浅的刚性实体基础,当其承载力不足时,可加砌砌体或增补混凝土,通过扩大原有基底面积来予以加固。扩大基础底面积应由地基强度验算确定。在施工中应有效保证加固扩大基础和旧基础牢固地结合成一整体。

2）加桩法

在桩式基础的周围补加钻孔桩或打入钢筋混凝土预制桩并扩大原承台，以此提高基础承载力、增加桩基稳定性。

3）地基加固法

当地基松软或深层土质不良而影响基础正常受力时，可采用人工地基加固法加固地基。常用方法有砂桩法和注浆法等。当软弱地基较厚时，将钢管或木桩打入基础周围土层后，然后将桩拔出，灌入干燥粗砂并捣实而成砂桩，使地基土的密实度得以提高。当易坍孔灌砂困难时，可采用砂袋套管与冲振法加固地基。注浆法是在墩台中心直向或斜向钻孔或打入管桩，通过孔眼及管孔压喷注浆于土层之中，通过浆液凝固把松散土固结或把岩石裂缝填塞的一种地基加固方法。

4）综合加固法

采用增加基础底面积，辅以高压旋喷注浆法加固地基的方法来提高基础承载力和刚度。高压旋喷注浆法就是先利用钻机把带有喷嘴的注浆管钻入土层的预定位置，旋转并以一定的速度提升，同时将浆液或水以高压流的形式从喷嘴里射出，冲击破坏土体，高压流切割并搅碎土层，使其成颗粒状分散，一部分被浆液和水带出钻孔，另一部分则与浆液搅拌混合，随着浆液的凝固，组成具有一定强度和抗渗能力的固结体，从而对地基进行加固的一种加固方法。地基加固后，按扩大基础法进行相应处理。

4. 墩台基础加固方案

对综合示范段内重载适应性不能满足要求的桥梁下部结构按加固设计活载（1.2 倍 ZH 活载图式）进行了设计，以下按几种加固方法进行介绍。

1）单线桥墩墩身加固（增大截面法）

通过对广济大桥单线钢筋混凝土板式桥墩及桩基础的重载检算分析，单线桥墩墩身重载适应性不能满足要求，桥墩需要进行加固处理。

为确定墩身的加固高度，给出了加固高度分别为 2m、3m、4m、5m 共 4 种方案，并按 ZH 活载图式（$z=1.2$）进行检算。根据计算结果，加固高度为 2m，墩身混凝土应力及钢筋应力在主力＋地震力作用下不满足要求；加固高度大于等于 3m，墩身混凝土应力及钢筋应力均能满足要求，本次加固高度选取为 4m。

在确定墩身加固高度后，拟定了三种墩身尺寸加固方案，表 4.4.9 给出了三种初步方案的结构参数。

表 4.4.9　墩身结构尺寸三种初步方案

项目	墩身高度/m	墩身纵向宽度/m	墩身横向宽度/m	加固高度/m	纵向单侧加固宽度/m	横向单侧加固宽度/m	加固后墩底纵向宽度/m	加固后墩底横向宽度/m	墩身纵向刚度/(kN/cm)	墩身横向刚度/(kN/cm)
方案 1		1.2	3		0.15	0.3	1.5	3.6	1483	6253
方案 2	6	1.2	3	4	0.3	0.6	1.8	4.2	2321	7362
方案 3		1.2	3		0.4	0.9	2.0	4.8	2939	8078

经过检算,采用这三种加固方案混凝土应力及钢筋应力均能满足限值要求。参考客货共线铁路单线桥墩通用图——叁桥(2005)4203,墩身沿线路方向最小结构尺寸为 2.0m,垂直线路方向最小结构尺寸为 4.8m。由于增大结构尺寸可提高墩身刚度,同时参考通用图拟定的墩身结构尺寸,本次桥墩加固尺寸采用的是方案 3,纵向加固尺寸为 2m,横向加固尺寸为 4.8m。

对采用方案 3 加固的墩身及基础总刚度、结构受力均进行了重新检算,见表 4.4.10,桥墩及桩基础受力满足《05 桥规》要求。

表 4.4.10　加固后墩身及基础刚度表

桥墩墩号	墩身纵向刚度/(kN/cm)	桩基础纵向刚度/(kN/cm)	墩身横向刚度/(kN/cm)	桩基础横向刚度/(kN/cm)	墩纵向总刚度/(kN/cm)	墩横向总刚度/(kN/cm)
1#	2939	611.07	8078	469.84	505.89	444.01
2#	2939	610.31	8078	469.05	505.37	443.31
3#	2939	654.76	8078	501.64	535.47	472.31

2) 曲线段双线桩基础加固(加桩法)

桩基础设计主力控制工况下,神山前河特大桥曲线段 11~17# 桩基础混凝土压应力超限,桩身配筋不足,重载适应性不能满足要求。曲线段桩基础需要进行加固设计。

根据设计试算确定新增基桩数量及位置,最终加固方案如图 4.4.35 所示,在承台横桥向两侧各新增 2 根基桩,并通过新增承台与原承台联成整体。

3) 桥台双线桩基础加固(加桩法)

桩基础设计控制工况下,广济大桥 0 号桥台单线桩基础混凝土压应力超限,桩身配筋不足,重载适应性不能满足要求,需要进行加固设计。

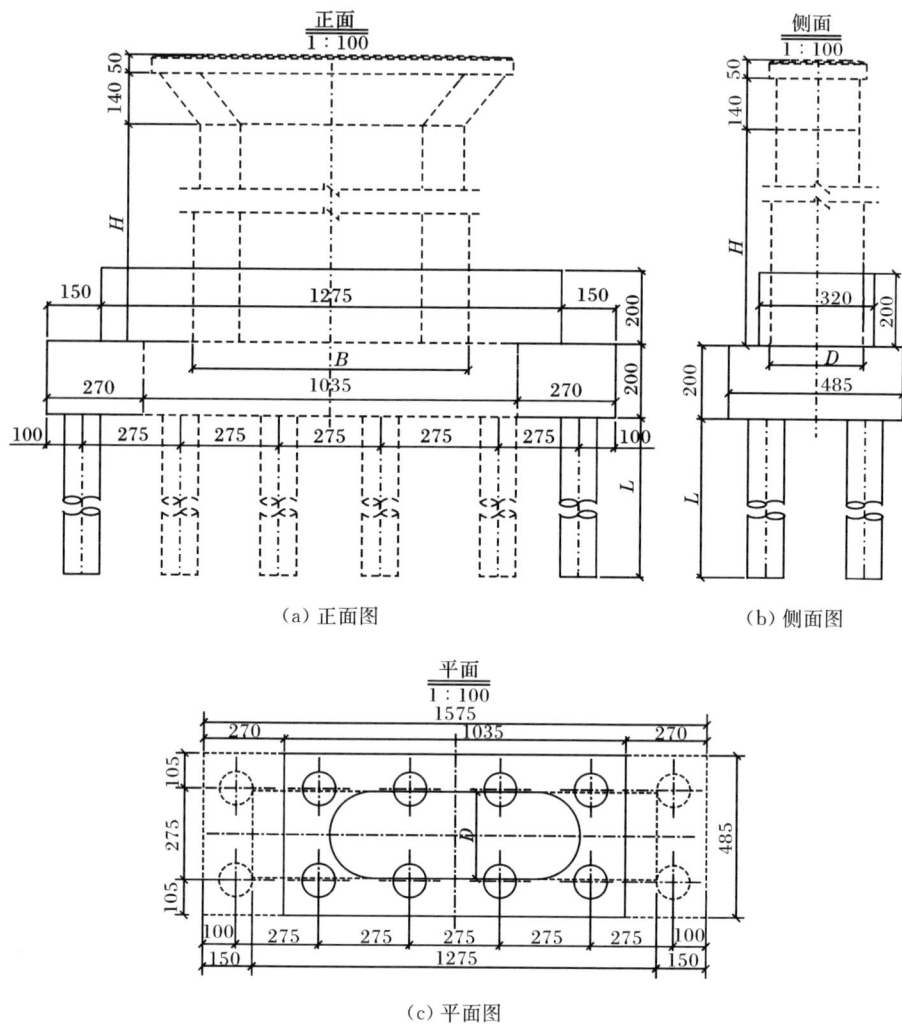

正面
1:100

(a) 正面图

侧面
1:100

(b) 侧面图

平面
1:100

(c) 平面图

图 4.4.35 加桩法加固桩基础

图中虚线为新截面,实线为原截面

根据设计试算确定新增基桩数量及位置,最终加固方案如图 4.4.36 所示,在承台横桥向前方新增 2 根混凝土基桩及 8 根钢管桩,并通过新增承台与原承台联成整体。

侧立面
1：200

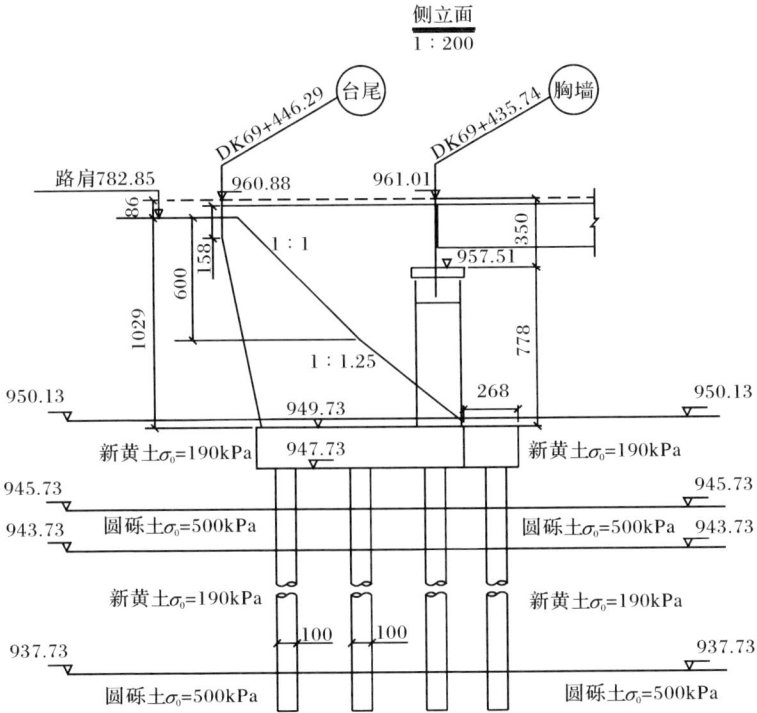

正面图
1：200

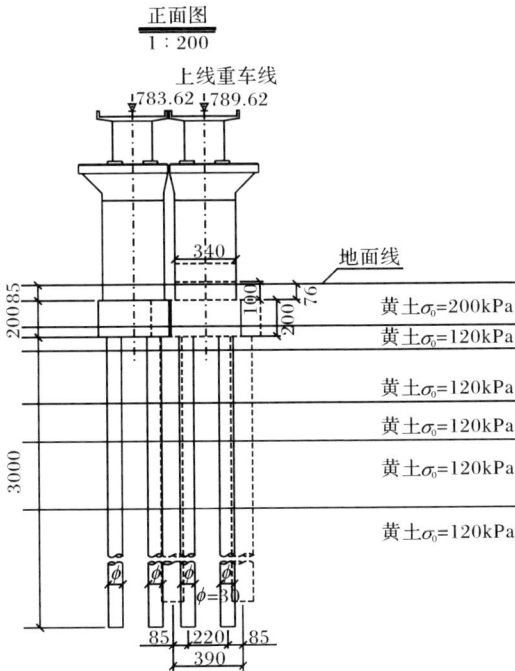

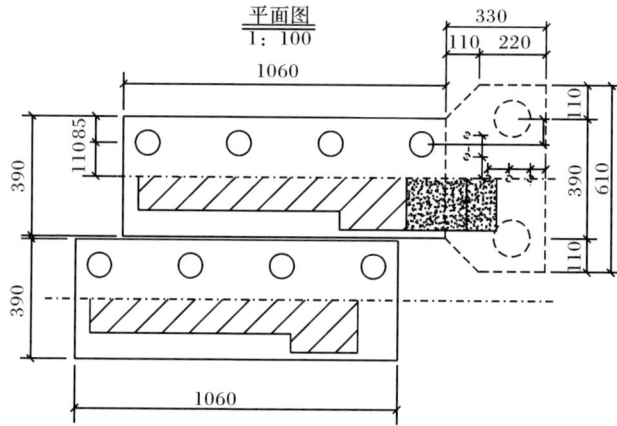

图 4.4.36　加桩法加固桥台桩基础

图中虚线为新截面，实线为原截面

4）明挖基础加固（扩大基础截面法）

杨家沟大桥 3# 桥墩明挖基础的基底应力超限，不满足重载适应性要求，需要进行强化改造处理。

根据基础地质、现场地形、施工便利性等情况综合考虑，确定采用扩大基础截面的方法进行强化改造处理。

根据设计试算确定基础扩大尺寸，最终加固方案如图 4.4.37 所示。

5）加装速度锁定器法

根据广济大桥桥墩检算结果，墩身控制荷载工况主力＋纵向附加力作用下，墩身混凝土压应力、钢筋拉应力超限，因此可以考虑采用加装速度锁定器来减小墩顶纵向力的方法来进行加固处理。

在相邻连体间布置速度锁定器，如图 4.4.38 所示。该种布置方式使速度锁定器成为"连梁器"，通过调节桥墩上速度锁定器的刚度及锁定速度，可减小桥墩的墩顶位移，降低桥墩承受的荷载比列，使得大部分纵向力通过"连梁器"直接传递到桥台。在该种改造方案中，桥墩的改造比例将大幅降低，仅对桥台和一小部分桥墩进行加固处理即可达到理想的改造效果，从而达到较少工程量、缩短改造时间、降低改造成本的效果。

正面
1 : 100

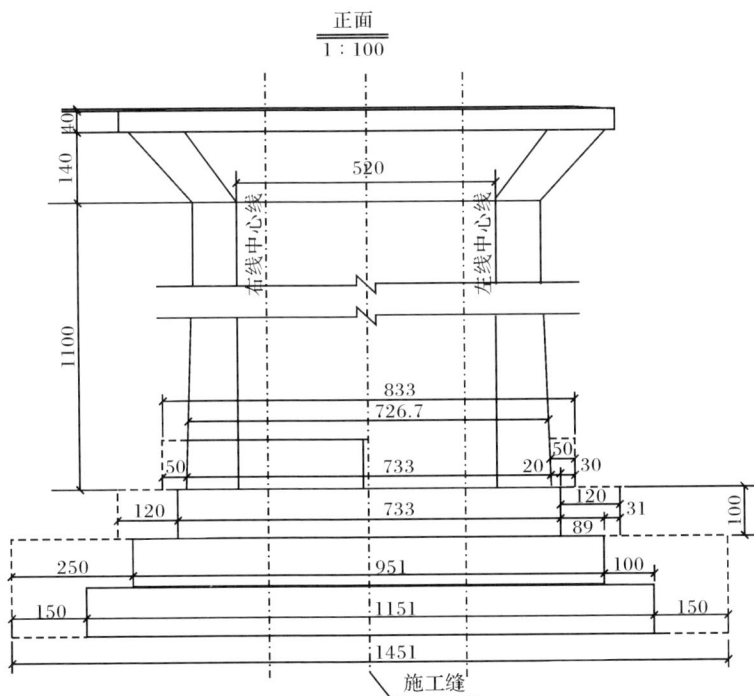

侧面
1 : 100

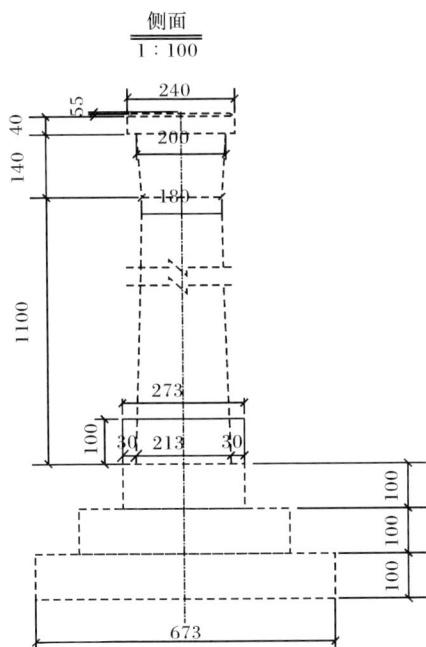

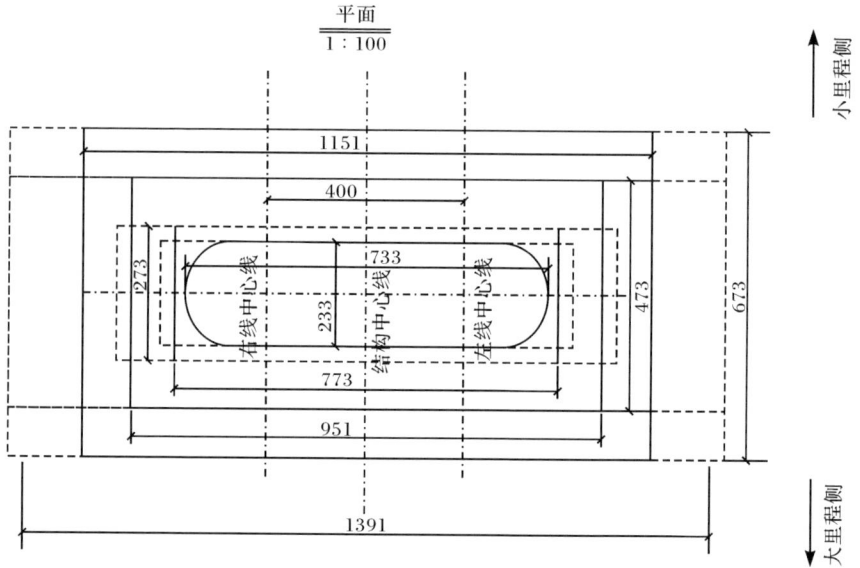

图 4.4.37　扩大基础法加固明挖基础

图中虚线为新截面,实线为原截面

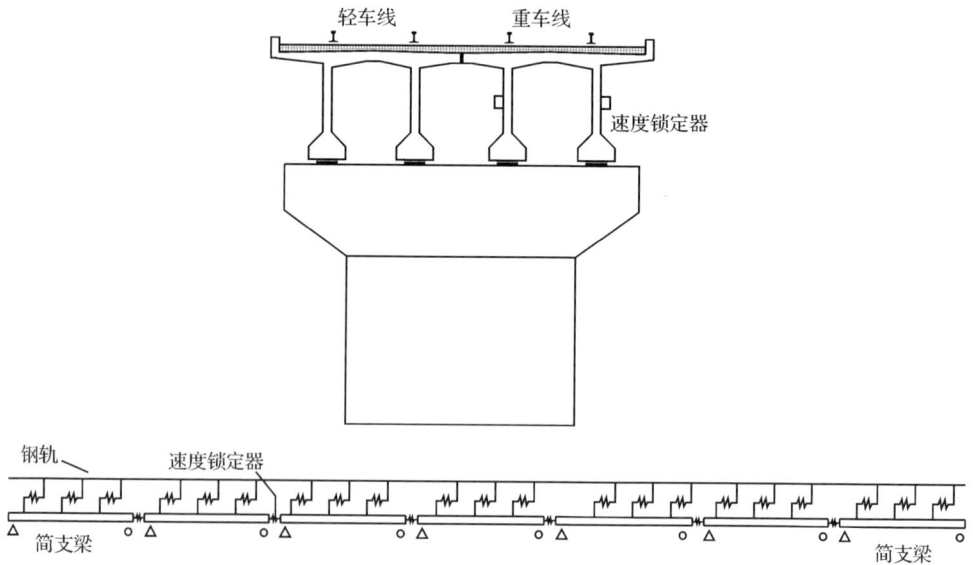

图 4.4.38　简支梁桥速度锁定器布置方案

△.固定支架;○.活动支座;⊸⊷.弹簧(模拟道砟);⊸⊷.纵向弹簧(速度锁定器)

　　广济大桥采用速度锁定器将各梁体及桥台互相连接,纵向力按桥台与桥墩间的刚度进行分配,对加装速度锁定器后桥墩墩身进行检算,采用加装速度锁定器法可以有效降低墩身截面应力,桥墩可以满足重载适应性要求。

　　在综合研究了多种加固方法后,确定了采用的加固方法。对于单线板式墩采用增大截面法或速度锁定器法,对于明挖基础采用扩大基础截面法,对于曲线段桩基础、桥台桩基础采用加桩法。根据既有经验,以上所用的加固方法能够较好地解决相应的问题。综合示范段内桥梁下部结构强化改造数量统计见表 4.4.11,11 座检算桥梁详细情况统计汇总见表 4.4.12。

表 4.4.11　综合示范段内桥梁下部结构强化改造数量统计

序号	结构类型	存在问题	加固方法	结构数量/个	加固数量/个	占比/%
1	单线板式墩	墩身强度不足	增大截面法/速度锁定器法	19	19	100
2	桥墩明挖基础	基底压应力超限	扩大基础加固法	3	1	33.3
3	桥墩桩基础	曲线段桩基础桩身强度不足	加桩法	72	12	16.7
4	桥台桩基础	桩身强度不足	加桩法	21	2	9.5
5		桩身配筋不足			5	23.8

表 4.4.12　综合示范段内桥梁检算结果及采取加固措施汇总

序号	桥梁中心里程	桥号	检算结果 墩台身	检算结果 基础	加固量/个	加固措施
1	K66+143	29	通过	通过	—	—
2	K67+500	30	通过	1～5#墩桩基础桩身强度不足	5	加桩法
			通过	10#桥台桩基础桩身强度不足	1	加桩法
3	K69+633	32	通过	3#墩扩大基础基底应力超限	1	扩大基础截面法
			通过	0#台桩基础桩身强度不足	1	加桩法
4	K70+582	34	通过	11～17#墩桩基础桩身强度不足	7	加桩法
			通过	通过	—	—
5	K75+453	35	通过	通过	—	—
			通过	通过	—	—
6	K86+716	39	通过	通过	—	—
			通过	桥台桩基础配筋面积不足	2	加桩法

续表

序号	桥梁中心里程	桥号	检算结果		加固量/个	加固措施
			墩台身	基础		
7	K87+678	40	墩身强度不足	通过	16	增大截面法/速度锁定器法
			通过	0♯桥台桩基础配筋面积不足	1	加桩法
8	K89+480	41	通过	通过	—	—
			通过	通过	—	—
9	K97+154	43	通过	通过	—	—
10	K101+744	46	墩身强度不足	通过	3	增大截面法/速度锁定器法
			通过	0♯、4♯台桩基配筋面积不足	2	加桩法
11	K103+712	47	通过	通过	—	—

4.4.7　新型重载支座改造技术

1. 铰轴滑板支座设计

摇轴支座作为一种有效的支座形式，目前已广泛应用于铁路简支桥梁。但是，这种较为陈旧的结构型式是一种线接触的传力方式，其接触应力较大，随重载运输货车轴重的提高，摇轴支座出现病害的概率增加。

铰轴滑板支座通过铰轴的转动来适应梁体转角的需要，转动灵活，转动角度大；通过不锈钢板和平面滑板的结合形式来满足梁体对位移的需求，滑动摩擦系数小，滑动位移量大，对梁体不产生附加约束，承载能力高，其优点比摇轴支座突出，在旧桥改造的项目中应用有广阔的前景。两种支座基本结构示意图如图 4.4.39 所示。

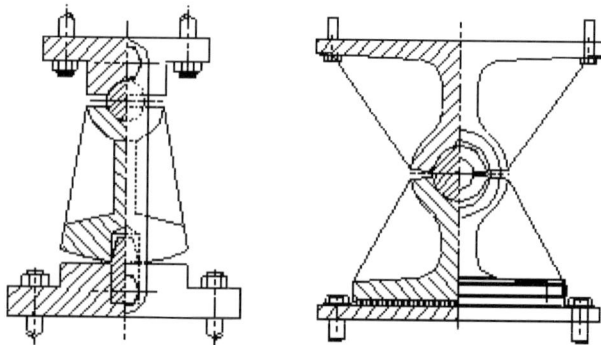

图 4.4.39　摇轴支座和铰轴滑板支座的基本结构示意图

铰轴滑板支座由上摆、铰轴、下摆、下支座板、滑板、支座锚栓、螺母、铰轴帽和防震板等部件组成。铰轴安装在上、下摆的半圆槽内,通过铰轴的转动即可实现支座竖向转角的要求。在单向活动支座的下摆的内侧面安装有 SF-I 三层复合滑动耐磨条,与下支座板侧面不锈钢板条形成相对滑动面,满足梁体单向滑动的要求。为了提高支座的整体性,支座的上、下摆之间有铰轴帽,下支座板与下摆之间设计有防震挡板。该结构竖向荷载的传递路线由梁底—上摆—铰轴—下摆—下支座板—墩顶;水平荷载的传递路线由梁底—上摆—铰轴—下摆—下支座板—墩顶。梁底与支座本体的连接采用螺栓紧固连接,其锚栓安装尺寸与原支座尺寸一致,操作简单,安装方便,提高了支座的使用性能。

目前,铰轴滑板支座作为摇轴支座的改进型式,已经克服了线形接触的这一缺点,铰轴滑板支座将线接触转化为面接触,有效降低了接触应力,增强了支座的使用寿命和重载适应性,在重载改造时或既有支座出现病害时,可将既有的摇轴支座更换为铰轴滑板支座。

2. 球型支座设计

球型钢支座是 20 世纪 70 年代在盆式橡胶支座基础上研制成功的一种新型桥梁支座,并于 1988 年引入我国,并随后在上海南浦公路斜拉桥上应用。球型钢支座通常由上支座板、平面滑板、球冠衬板、球面滑板、下支座板、密封装置、锚栓等部件组成,其中球冠衬板是球型钢支座的核心部件,起着承载、传力、转动的作用,支座构造和传力路径分别如图 4.4.40 和图 4.4.41 所示。

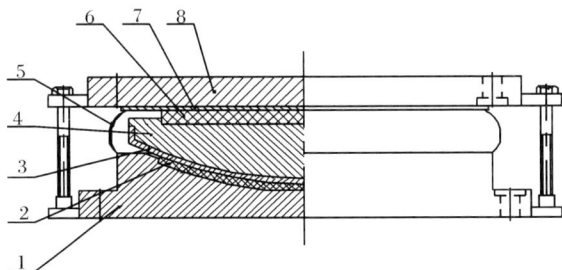

图 4.4.40　球型钢支座构造图

1.下支座板；2.球面滑板；3.球面不锈钢滑板；4.球冠衬板；
5.密封装置；6.平面滑板；7.平面不锈钢滑板；8.上支座板

球型钢支座与盆式橡胶支座相比,克服了其材料、结构、工作原理上的诸多不足,具有以下优点:

(1) 无橡胶材料,不存在橡胶质量控制和老化问题。

(2) 传力路线简洁明确,克服了盆式橡胶支座盆环应力集中的缺点。

(3) 通过平面摩擦副和球面摩擦副之间滑动来实现支座的平面位移和转角,

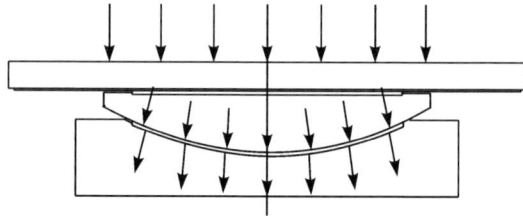

图 4.4.41　球型钢支座传力路径

与盆式橡胶支座依靠橡胶承压板变形提供转角相比,反力更小,转动更灵活。

（4）设计容许应力不受橡胶材料的限制,当滑板材料选用承载能力高、耐磨性好的新型滑动材料时,可有效减小支座尺寸,提高产品的性价比。

（5）滑板材料各项性能指标受温度变化影响比橡胶材料小,温度适应性更强,可在 $-50\sim+60℃$ 条件下正常工作,在我国南方、北方等不同区域均可适用。

由于球型钢支座结构的先进性和性能的稳定性,经过多年发展已应用于国外公路和铁路桥梁项目中。例如,近几年建设的意大利高铁米兰—罗马—那不勒斯段、都灵—米兰段、葡萄牙境内至里斯本段,均采用了球型钢支座产品。目前,国际上较为著名的桥梁工程构件企业,如德国毛勒公司、意大利艾尔格公司、美国布朗公司、瑞士玛格巴公司等,均以球型钢支座作为其主要产品。

球型支座避免了橡胶材料的使用,采用了国际先进的滑板材料和摩擦副系统,设计应力在盆式支座基础上有了提升,且结构传力明确,活动灵活,耐久性强,增强了支座的使用寿命和重载适应性。

3. 圆柱面支座设计

图 4.4.42 为 YZM 系列免维护圆柱面钢支座的结构图。活动支座利用上摆 1 和下摆 4 之间的圆柱面的相对转动来适应梁端发生的转动,用滑块 4 与底板 7 之间的平面滑动来适应梁端的水平位移。为了减小梁体的转动和滑动阻力,在上摆 1 与滑块 4 之间和滑块 4 与底板 7 之间分别镶嵌不锈钢板和聚四氟乙烯滑板;固定支座只需去掉滑动支座滑动部分即可。列车的制动力或牵引力由作用有较大竖向荷载的圆柱面产生的恢复力来平衡,并将其传给底座和桥墩;限位块 8 平衡列车的横向力和风力,限制由此产生的梁的横向位移,同时也起抗震作用。

YZM 系列圆柱面钢支座在设计上根据我国铁路简支 T 形梁受力和变形的特性,扬弃了以往支座的优缺点,其在传力方式和构造上与以往的支座有较大不同,在防护上采用多重防尘、抗腐蚀性设计,以达到免维护的先进性能。

YZM 系列圆柱面钢支座主要有如下特点:圆柱面钢支座传递竖向力的方式为面接触传力,接触应力很小;固定支座平衡列车水平纵向力是靠作用有较大竖

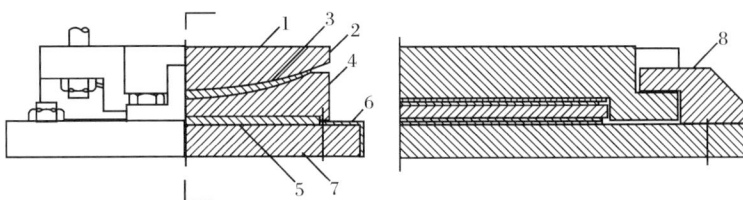

图 4.4.42　活动支座的结构图

1.上摆；2.不锈钢板；3.四氟板；4.下摆；

5.四氟板；6.不锈钢板；7.底板；8.限位块

向荷载的部分圆柱面的平衡力；圆柱面钢支座结构紧凑,质量轻,转动和滑动灵活；圆柱面钢支座横向稳定,不会引起梁的侧倾。

　　YZM 系列圆柱面钢支座克服了弧型支座、摇轴支座和辊轴支座上、下摆之间线接触传力的共同缺点,以面接触方式传递桥梁荷载,接触应力得以大大降低,支座结构高度和各部件的截面尺寸大大减小,用钢量也随之大大减小。YZM 系列圆柱面钢支座结构高度低,安装方便,稳定性好,适用于重载铁路。支座的免维护性不但大大降低了运营成本,对于山区或交通不便、维护困难地区的桥梁将有很好的应用前景。

　　4. 支座更换技术

　　运营线路支座更换一般要求在铁路天窗时间点内完成,其主要工作流程为线路应力放散—慢行期间拆除影响起梁的附属设备—点内拆除线路扣件—起梁—拆除旧支座—安装新型重载支座—落梁—恢复线路—开通。

　　2012 年 7 月,将朔黄铁路 K70＋582 里程处第一、二孔摇轴支座更换为铰轴滑板支座,现场施工如图 4.4.43 所示。

图 4.4.43　铰轴滑板支座现场更换图

具体施工步骤如下：

1）点前施工准备

（1）现场技术人员要对施工影响范围内线路状态进行测量，并确认既有线路状况良好。

（2）拆除要更换的活动支座防尘罩。

（3）由于墩台处人行道设有避车台影响起梁，需提前松开部分人行道螺丝，以保证避车台在梁头处断开。避车台检查梯与墩台连接断开。

（4）利用列车间隔，松动支座上、下摆锚螺栓螺母，涂油后拧紧；松动防横移设施螺栓螺母，涂油后拧紧。

（5）工程技术人员进行新支座中心线位置、锚螺栓凿除范围及顶镐位置中心线放线，用油漆标识清楚。

（6）布置好起梁千斤顶及泵站，连接完毕并试压调试。

2）起梁

提前松动锚螺栓螺母，松动避车台螺丝，拆除既有防横移设施，试起梁只要达到支座底板与垫梁石间出现缝隙即可落梁，缝隙不应超过 5mm，但必须保证支座四角都离开垫梁石，落梁后在梁头腹板处用原木进行临时限位支顶，打好木楔固定牢靠。

3）点前列车慢行

（1）慢行期间扒开起梁活动端梁缝处石碴，露出既有梁端横向盖板，石碴装袋后回填。

（2）将测力支座提前放置在墩台上，并接线调试；备好滑轮、撬棍等工具，做好要点更换的准备。

（3）在慢行期间进行垫梁石处理，按照技术人员提前放好的线，凿出下摆既有 8 条锚螺栓深度的 1/2。

（4）对桥上电缆进行处理。其中，人行道外侧的电缆要提前拆除本孔与人行道托架的既有连接，采取临时悬挂连接；对梁上电缆槽内的电缆，采取开挖桥头电缆富裕量，揭开电缆槽盖板，松动槽内电缆，以保证起梁高度 100mm 时电缆设备的安全。

4）点内支座更换

（1）给点后，首先拆除邻孔 15m 扣件，并再向外松动 5m 扣件（保证起梁时不带动枕木），彻底清除梁头横向盖板处道砟。

（2）拆除人行道避车台的临时连接，拆除锚螺栓螺母，拆除所有影响起梁的附属设施，继续凿除既有锚螺栓剩余的 1/2 深度。

（3）起梁前拆除临时支顶的原木及木楔，安设好顶镐，待施工负责人指挥开始起梁。

（4）4 台千斤顶同时同步起梁 80mm，起梁过程中梁底跟紧木楔，起梁就位后仍用原木及木楔做好支撑，拆除旧支座上下摆、摇轴及锚螺栓。

（5）对露出的支座底处垫梁石进行凿毛处理，将整个垫梁石刮砂找平，垫砂以找平为原则，不增加垫梁石顶标高。

（6）安装测力支座，同时测出每个支座所承受的荷载并以此作为调平依据调整支座位置，由现场技术员控制，进行初步对位。

（7）千斤顶回落，支座确对位，采用早强型锚固包锚固下摆锚螺栓，拧紧支座上、下摆锚螺栓螺母。

（8）落梁后，恢复线路扣件，恢复横向盖板处道砟，对线路进行捣固整细并确认线路达到开通条件。

5）更换支座点后工作

（1）恢复垫梁石做好散水坡，安装支座防尘罩。

（2）恢复避车台连接、安装防横移设施、恢复电缆槽及点前拆除的其他附属设施。

（3）对线路状态进行复测。线路几何状态达到铁运［2006］146 号部令《铁路线路修理规则》要求。

参 考 文 献

［1］中华人民共和国铁道部.铁路桥梁检定规范.北京:中国铁道出版社,2004:2—5.

［2］中华人民共和国铁道部.铁路桥涵设计基本规范(TB 10002.1—2005).北京:中国铁道出版社,2005:1—7.

［3］中国铁道科学研究院.大秦线重载技术深化研究——桥梁整治技术深化研究报告.北京,2012:2—10.

[4] 铁道第三勘察设计院集团有限公司,等. 蒙西至华中地区铁路煤运通道工程可行性研究报告. 北京,2013:5—8.

[5] 铁道第三勘察设计院集团有限公司. 蒙西至华中地区铁路煤运通道工程浩勒报吉至三门峡段可行性研究报告(桥涵). 北京,2013:1—10.

[6] 中铁第四勘察设计院集团有限公司. 蒙西至华中地区铁路煤运通道工程三门峡至荆门段可行性研究报告(桥涵). 武汉,2013:1—8.

[7] 中铁工程设计咨询集团有限公司. 蒙西至华中地区铁路煤运通道工程荆门至荆州段可行性研究报告(桥涵). 北京,2013:1—11.

[8] 中铁第四勘察设计院集团有限公司. 蒙西至华中地区铁路煤运通道工程岳阳至吉安段可行性研究报告(桥涵). 武汉,2013:1—6.

[9] 胡所亭. 铁路重载条件下桥梁活载标准研究(博士学位论文). 北京:中国铁道科学研究院,2013:20—30.

[10] 王丽,张玉玲. 新建重载铁路桥梁设计荷载标准的研究. 土木工程学报,2013,46(3):103—109.

[11] 中国铁道科学研究院. 30吨轴重货车开行条件下朔黄铁路重车线既有桥涵改造活载标准研究报告. 北京,2013:15—30.

[12] 中国铁道科学研究院. 30吨轴重货车开行条件下朔黄铁路轻车线既有桥涵改造活载标准研究报告. 北京,2013:17—32.

[13] 中国铁道科学研究院. 呼铁局开行重载列车条件下桥涵适应性分析及强化对策研究报告. 北京,2012:5—15.

[14] 中华人民共和国铁道部. 预应力混凝土铁路桥简支梁静载弯曲试验方法及评定标准(TB/T 2092—2003). 北京:中国铁道出版社,2004:3—11.

[15] 铁道科学研究院. 京山线沙河特大桥预应力混凝土梁提速加固试验研究报告. 北京,2001:5—10.

[16] 铁道科学研究院. 京通线预应力混凝土梁试验评估总报告. 北京,2003:10—13.

[17] 中华人民共和国铁道部. 铁路桥涵钢筋混凝土和预应力混凝土结构设计规范(TB 10002.3—2005). 北京:中国铁道出版社,2005:197.

[18] 中华人民共和国铁道部. 铁路桥梁钢结构设计规范(TB 10002.2—2005). 北京:中国铁道出版社,2005:1—18.

[19] 益小苏,杜善义,张立同. 复合材料手册. 北京:化学工业出版社,2009:1044.

[20] 葛凯. 预应力碳纤维布加固混凝土梁抗弯性能试验研究(硕士学位论文). 北京:中国铁道科学研究院,2006:30—50.

[21] El-Hacha R,Wight R G,Heffernan P J,et al. Prestressed CFRP sheets for strengthening reinforced concrete structures in fatigue//The 6th International Symposium on FRP Reinforcement for Concrete Structures. Singapore,2003:18:10.

[22] Chen S. Static and fatigue behaviour of prestressed concrete beams strengthened with prestressed CFRP sheets//Kinston:Queen's University,2003:10—20.

[23] El-Hacha R,Green G,Wight G. Retrofitting of severely damaged concrete beams using pre-

stressed CFRP sheets//Proceedings of the 3rd International Conference on Advanced Composite Material in Bridges and Structures（ACMBS Ⅲ）. Ottawa,2000:529—536.

[24] El-Hacha R,Wight G. Long-term behaviour of concrete beams strengthened with prestressed CFRP sheets at room and low temperature//Proceedings of the 3rd International Conference on Concrete Under Severe Conditions. Vancouver,2001:1817—1826.

[25] Triantafillou T C,Deskovic N. Innovative prestressing with FRP sheets: Mechanics of short-term behavior. Journal of Engineering Mechanics,ASCE,1991,117(7):1652—1672.

[26] TriantafillouT C,Deskovic N D M. Strengthening of concrete structures with prestressed fiber reinforced plastic sheets. ACI Structural Journal,1992,89(3):235—244.

[27] 叶列平,崔卫,岳清瑞,等. 碳纤维布加固混凝土构件正截面受弯承载力分析. 建筑结构,2001,31(3):3—5.

[28] 彭晖,尚守平,王海东,等. 用预应力 CFRP 对 RC 梁的加固工艺研究. 建筑技术开发,2003,30(5):21—23.

[29] 尚守平,彭晖,童桦,等. 预应力碳纤维布材加固混凝土受弯构件的抗弯性能研究. 建筑结构学报,2003,24(5):24—30.

[30] 飞渭,江世永,彭飞飞,等. 预应力碳纤维布加固混凝土受弯构件试验研究. 四川建筑科学研究,2003,29(2):56—60.

[31] 叶列平,庄江波,沙吾列提·拜开依,等. 预应力碳纤维布加固钢筋混凝土 T 形梁的试验研究. 工业建筑，2004,(增刊):94—101.

[32] 张珂,叶列平,岳清瑞. 预应力碳纤维布加固混凝土梁弯曲疲劳性能试验研究. 工业建筑,2005,35(8):13—19.

[33] 张坦贤,吕西林,等. 预应力碳纤维布加固一次二次受力梁抗弯试验研究. 结构工程师,2005,21(1):34—40.

[34] 张坦贤,吕西林,等. 预应力碳纤维布加固一次二次受力梁抗弯试验全过程理论分析. 结构工程师,2005,21(2):43—49.

[35] 中华人民共和国铁道部. 金属应力松弛试验方法(GB/T 10120—1996). 北京:中国标准出版社,1996:2—5.

第5章　30t轴重路基评估与加固技术

既有线运营列车开行重载列车,路基将面临两方面的技术问题:一是轴重增加引起路基荷载强度增加,路基内部动应力叠加效应明显,影响深度增大,易带来路基沉降变形过大、渐进剪切破坏等问题;二是长大编组列车会使得路基荷载连续作用次数增加,导致路基土体中累积孔压难以及时消散、有效应力减小和基床强度降低,再加上列车荷载增大的影响,易造成基床破坏和路基失稳。通过不同轴重、车型的实车测试,掌握了既有线路基动荷载的三向分布、动变形、振动加速度特征,为路基检测监测评估技术提供了基础,针对路基因轴重提高而面临的问题,提出了路基基床的检测评估技术、路堤边坡稳定的评估技术以及相应的检测监测方法、指标和加固技术。

5.1　既有路基结构现状

5.1.1　水文地质情况

1. 水文情况

神池至西柏坡沿线浅层地下水主要有孔隙潜水、裂隙水、岩溶裂隙水等几种类型。

孔隙潜水含于新生界松散地层中,主要含水层为近代冲洪积平原和河谷阶地中的砂类土和碎石土,埋藏深浅不一,孔隙潜水一般水量较大,是当地生活用水的主要水源。

裂隙水主要分布在各类变质岩系的构造裂隙和风化裂隙中,一般水量不大,但分布普遍,常在沟边出露成泉,构成常年流水的沟谷,如峡谷地段滹沱河两岸的主要支沟都常年有水。

岩溶裂隙水主要分布于甲子湾至戎家庄一带的寒武、奥陶系石灰岩和白云岩中,一般水量较丰富,尤以水泉湾附近泉眼成群出露,个别泉眼流量达10kt/d以上。

西柏坡至黄骅港沿线地下水的分布、埋藏、径流和排泄条件,受所在区域的地貌单元、地质条件以及降水量和蒸发量开采利用的影响,本线所经地区为低山区丘陵、山前冲积平原区、冲洪积平原区、冲海积平原区。低山丘陵区基岩中主要为裂隙水,一般为条状含水体,分布不均匀,水量也不大,本区地下水较丰富,主要分布在河谷阶地,埋深 1~2m,受地表水和大气降水补给,径流和排洪条件较好;平原地区水文地质条件复杂,自西向东由好变坏,埋深由 10m 至不足 1m。冲海积平原地下水具弱至中等硫酸盐侵蚀。

2. 气候条件

沿线属温带大陆性季风气候,四季分明,冬季寒冷、夏季炎热、春季干旱多风,见表 5.1.1。

表 5.1.1 朔黄铁路气象参数

地点	年平均气温/℃	极端最高气温/℃	极端最低气温/℃	历年最冷月平均气温/℃	年平均降雨量/mm	年平均蒸发量/mm	最大风速/(m/s)	最大积雪深度/cm
神池	4.6	34.8	−33.8	−11.7	457.8	2207.8	29.7	16
宁武	6.2	34.8	−27.2	−9.7	452.4	1981.6	25.0	15
原平	8.4	40.4	−26.1	−8.6	441.8	1896.5	24.0	11
五台	6.8	38.0	−30.4	−10.2	559.4	1721.2	14.0	15
盂县	8.6	37.4	−21.6	−6.7	610.2	1859.5	14.0	14
平山	12.8	41.3	−17.9	−3.1	558.0	1902.9	17.0	21
肃宁	12.4	42.0	−21.6	−4.1	519.3	1984.7	17.0	23
黄骅	12.1	40.6	−19.0	−4.0	642.5	1919.7	22.0	15

3. 地质情况

神池至西柏坡(含南新城联络线)沿线地质构造单元属山西陆台的一部分,受新华构造体系所控制。主要构造特征为坳陷和隆起相间,由神池至平山依次为:桑干河上游坳陷,恒山、云中山隆起,滹沱河上游坳陷,五台山隆起,忻定坳陷和太行山断裂隆起 6 个构造单元。除太行山断裂隆起呈南北向外,其余均为北东西南走向,坳陷和隆起相互平行呈雁式排列,构成典型的"多"字形构造体系,沿线褶曲和断裂构造比较发育,主要构造断裂走向以北东向为主。由平山至石家庄进入华北平原西缘,地势平缓开阔。

西柏坡至黄骅港段位于中朝台地的东部,以定兴—石家庄深大断裂分为两个次一级构造单元,其西属山西中台隆起即第三隆起带——太行山隆起带,是我国东部新华夏系第三隆起带的一部分;东部为第二巨型沉降带——河北平原坳陷带。新华夏系在平原中占主导地位,其主要特征是以北~北东向亚性断裂为主、褶皱次之。坳陷沉降带中晚近期仍有强烈的活动。

本线出露地层比较复杂,几乎包括了各个时代的地层。神池至西柏坡地层由老至新为:古生界、中生界和新生界;西柏坡至黄骅港地层由老至新分为:太古界阜平群、下元古界滹沱群、上元古界长城系、新生界第四系。

5.1.2　路基填料

针对路基的状况,对朔黄铁路原平分公司的路堤填料进行了调查。填料调查结果见表 5.1.2。

表 5.1.2　示范段内路堤填料

序号	取样地点	液限 $w_1/\%$	塑限 $w_p/\%$	塑性指数	定名	填料分组
1	K47+050	24.54	16.92	7.62	低液限粉土	C
2	K66+100	25.57	18.18	7.39	低液限粉土	C
3	K86+270	20.02	11.82	8.19	低液限粉土	C
4	K96+270	21.84	10.46	11.39	低液限粉质黏土	C
5	K106+230	23.04	14.61	8.43	低液限粉土	C

对肃宁分公司管内的典型工点填料状况进行调研分析。K258 处填料为砂黏土,呈黄色,砂粒明显,略有黏性;K256 处填料为黄砂,无黏性,带有砾状碎石,路基状态较好;K269+642 路桥过渡段处,填料为黄土,内夹杂砂粒,略带风化土;K301+172 为砂土;K322+073 处填料为粉土,呈黄色;K332 的桥 158 过渡段处,填料为粉土;K361+904 处填料呈黄色,为粉土;K411+965 为粉土;K429+170 段路基填料为粉土;K477+051 路桥过渡段填料为粉土;K499+981 路基填料呈黄色,略带黏性,为粉土。

从调研结果来看,朔黄铁路路基大多采用粉土填料填筑,部分采用砂土和碎石类土填筑。粉土路基基床在动力和水的作用下,其稳定性差,容易出现基床病害。

5.1.3　路基病害及治理

朔黄铁路开通运营至今,先后出现路基下沉,边坡冲刷,道砟囊、翻浆冒泥、外挤等基床病害,同时也进行了相应的整治。其中针对路基下沉、路肩不足的状况,采用了砌筑不同类型的挡砟墙的措施;针对边坡冲刷问题,采取了骨架护坡和植被相结合的方式以及浆砌片石等方式进行防护,同时为加强路基排水,设置了侧沟、盲沟等排水设施。路基病害治理措施具体如下。

1. 水泥土桩

路基面以下 3m 范围内采用水泥土桩处理,开孔桩径 0.28m,成孔桩径≥0.3m,横向间距 1m,纵向间距 0.5m,桩位与既有的水泥土桩错开,处理至距路肩

外缘≥0.55m,在有接触网立柱处,处理至接触网立柱≥0.45m。桩顶面铺0.15m
厚中粗砂垫层,垫层上铺 600g/m 两布一膜不透水土工布,在土工布上再铺 0.15m
厚中粗砂,恢复路拱,在此过程中采取措施防止土工布破裂。靠近运营线路一侧
的土工布卷好,土工布要求同一般路段整治。边坡进行水泥土桩加固的地段,水
泥土桩长 3m,横向间距 1m,纵向间距 1m,桩径与前述相同,最上排水泥土桩与靠
近路肩的最外排水泥土桩横向间距 1m。

2. L 形钢筋混凝土预制块挡墙

在路基下沉、路基面宽度不满足设计要求或路肩宽度不足时,在路肩外设置 L
形墙,以抬高路基面、加宽路基面及路肩宽度。L 形块采用 C20 钢筋混凝土预制,
每块长 0.5m,受力钢筋采用 HRB335 级,构造筋及箍筋采用 HPB235 级,每块预
制块底部中间预留 100mm 泄水孔 1 个。墙高 1m,挡墙高 0.75m,底板厚0.25m,
墙厚 0.25m,底板宽 0.55m。此外还用 1.2m 和 1.5m 的 L 块,挡墙高 0.9m 和
1.15m,底板厚 0.3m 和 0.35m,墙厚 0.3m 和 0.35m,底板宽 0.7m 和 0.85m。

3. 基床封闭

首先清除原有的道砟到设计位置后,铺设 0.1m 厚中砂,整平后上铺一层
TRB256 复合防排水板,防排水板在纵向和横向上做好搭接,排水板上再铺 0.1m
厚中砂,整平后回填道砟至设计高度。

4. 旋喷桩

根据设计要求自路肩以下 1m 或者 2m,沿边坡方向每隔 2m,沿线路方向每隔
3m,沿边坡自下而上布置桩孔,其中桩径 0.5m,与水平方向成 15°向下。为加强基
床范围,第一排旋喷桩加密倾角为 5°,桩间距 3m,与 15°桩交错布置。浆液材料采
用水灰比为 0.85∶1(质量比),外加剂为 0.5% 的 NNO(亚甲基二奈硫酸钠)高效
减水剂及 3% 的 711 型速凝剂。注浆压力 13～20MPa,提升速度 16～20cm/min,
旋转速度 20～22r/min,喷嘴孔径 2.5mm,旋浆流量 80～90L/min。

5. 注浆

对于路堑基床下沉、路基基床翻浆冒泥及路堤下沉且旋喷桩加固困难地段,
采用花管注浆的方式对路基进行加固。注浆采用三种布孔方式,先对离砟脚线最
远处的外侧竖直注浆孔进行注浆,其次对离砟脚线最近、离路基顶面距离最小的
注浆孔进行注浆,最后按照设计图注浆孔布置情况由上到下的顺序进行注浆。注
浆时间最长不超过 1～2h,每次注浆时间以 30～40min 为宜,注浆压力小于
1.5MPa,注浆速率小于 20L/min。当超过注浆量的 10%、孔口或周围发生冒浆、

超过预定压力或压力稳定后突然下降等情况时,注浆结束。

6. 路基邦宽

为满足标准路基面宽度,镶边采用 0.6m×1.0m 矩形挡墙的型式,使路肩随之加宽 0.5m。边坡清除表层 1m 厚松土,挖宽度不小于 1.5m 台阶,采用渗水性优于既有路堤填土进行邦宽,填筑至设计坡率,邦宽部分通常铺设土工格栅(25kN/m),竖向间距 0.6m。既有路基面宽度满足设计要求,拱形骨架镶边采用普通镶边的型式。

7. 排水

排水砂沟用于路堑基床下沉且基床换填困难地段排水,渗水盲管用于路堤硬质路肩排水。排水砂沟设置于路堑基床处,每道砂沟间隔 3m,沟宽 0.4m,深度同侧沟,采用中砂与碎石相结合的排水方式,充填洗净中砂及碎石,砂沟外侧为中砂,厚 0.1m,内侧为碎石,厚 0.2m,碎石中底部设置直径 100mm 的 PVC 泄水管,排水砂沟及泄水管外分别用透水土工布包裹,砂石用小型机具填筑密实,底部铺设一层两布一膜不透水土工布,厚 0.05m,其下铺设 0.15m 厚三七灰土作为隔水层。渗水盲管间隔 2m,采用 100mm 的 PVC 管,其外用透水土工布包裹。

8. 拱形骨架护坡

路基边坡采用宽 4m、高 3m 的拱形骨架进行防护,同步骨架截面为 L 形,宽 0.5m,主骨架为 U 形,宽 0.6m,主骨架嵌入边坡深 0.5m,拱骨架嵌入路堤边坡深 0.5m,外露接水槽 0.1m,宽 0.1m。路肩采用普通护肩镶边,路肩宽度不满足设计要求时,采用矩形护肩墙镶边,尺寸为 1.0m×0.6m,M7.5 浆砌片石砌筑。镶边上沿线路方向每隔 2.0m 设泄水孔一个,管径 0.1m,坡度 4%,进水管侧采用 0.3m×0.3m 的透水土工布包裹。拱形骨架内种紫穗槐。

9. 锥体修复

损坏的锥体先拆除原有的浆砌片石,将锥体内的土挖成 0.5m×0.5m 的台阶分层夯实,邦填 6% 的水泥土恢复锥体原状并夯实,铺上透水土工布,并做 0.1m 厚碎石垫层后再重新铺设 0.3m 厚 M10 的浆砌片石。

这些措施主要从提高基床防排水能力、强化基床表层、降低路基本体的压缩性、增强边坡抗冲刷能力、增大路肩局部宽度等方面进行路基整治。

5.2　路基结构荷载特征

5.2.1　路基基床三向应力分布特征

　　天然的路基填料由碎散的颗粒组成,是区别于其他工程材料的重要特性之一,因此围压或正应力所提供的约束对于其强度和刚度至关重要。土作为碎散体的显著特性为压硬性,其表现为强度随着正应力或者围压而提高,同时模量也随着围压的提高而提高。

　　首先,天然的路基填料破坏时的偏应力$(\sigma_1 - \sigma_3)$与围压σ_3为线性关系,而且其模量也随着围压的提高而增加。测试土体的围压,能够掌握土体的基本受力状态,是测试强度和模量等土的关键静动力学指标的关键参数。

　　其次,路基一般简化为平面应变结构进行研究,在平面应变状态下,中主应力对土抗剪强度的影响是十分重要的,随着中主应力的增加,土的抗剪强度及强度指标ϕ也会增加。因此测试分析路基基床土体的三向受力状态是获得土体强度的关键性参数,是评价路基基床性能的关键。

　　土体破坏实为剪切破坏,是由主应力之差即偏应力$(\sigma_1 - \sigma_3)$决定的,在此前路基基床的研究和设计中,将竖向动应力作为路基破坏荷载,用于基床的受力分析,围压转化为安全储备,在实际的设计或者评估中采用这种方法是偏于安全的。在围压实车测试的基础上掌握基床的受力特点,进行路基基床的受力分析,是更加准确的。土体单元破坏应力如图 5.2.1 所示。

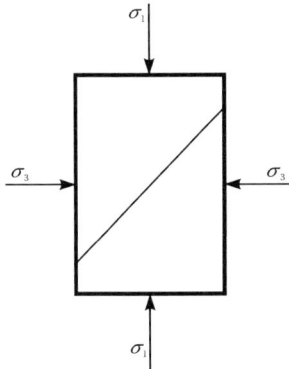

图 5.2.1　土体单元破坏应力

1. 基床竖向荷载

路基竖向动荷载主要测试了 C64K、C70A、C80、C96、KM96B 和 KM96 编组

列车在 21t、23t、25t、27t 和 30t 轴重条件下路基面的动荷载。图 5.2.2 为试验列车编组通过时的路基面动荷载时程曲线,可以看出在不同轴重列车作用下,路基面动荷载存在明显的区别。各断面的传感器因埋设深度不同,根据应力传递特点,将其统一到距离轨枕底部 50cm 的深度,该深度为道床的设计厚度。

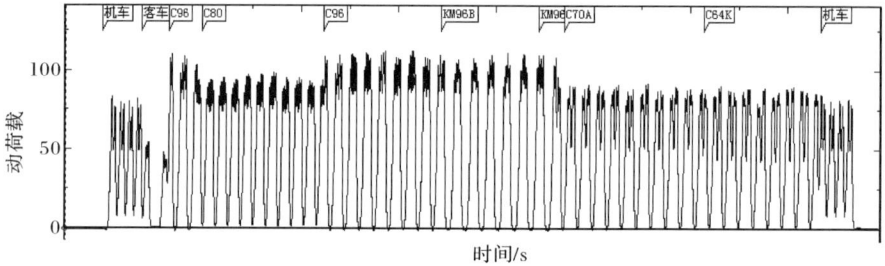

图 5.2.2　试验编组列车动荷载时程曲线

统计不同轴重等级下的路基面荷载最大值,见表 5.2.1,27t 和 30t 轴重时,路基面最大荷载测试值达到 119kPa 和 123kPa。

表 5.2.1　各断面不同轴重最大动荷载测试值

序号	车型(轴重)	最大值/kPa
1	C64K(23t)	110
2	C70A(23t)	122
3	C96/KM96/C80(25t)	118
4	C96/KM96(27t)	119
5	C96/KM96(30t)	123

各个工点众多测点的测试结果表明,在相同的轴重条件下,路基面动荷载分布在一定的范围内呈现波动状态。利用各次试验列车的实际轴重将动荷载归一化处理,即将动荷载(kPa)除以列车轴重(t),得到的参数称为荷载轴重系数(kPa/t)。将所有测试工点的荷载轴重系数进行统计,如图 5.2.3 所示,荷载轴重系数平均值为 1.96,最大值为 5.03。在既有线提速和客货共线等路基面荷载的研究中,提出了路基面荷载平均值约为轴重的 2 倍,最大值约为平均值的 2 倍的统计结果,如图 5.2.4 所示。

从图 5.2.3 中的统计结果可以看出,路基面荷载测试结果基本呈正态分布,根据统计的平均荷载轴重系数和最大荷载轴重系数,可以推算,25t、27t 和 30t 轴重条件下路基面荷载平均值应分别在 49kPa、53kPa 和 59kPa 左右,最大值可达到 126kPa、136kPa 和 151kPa,见表 5.2.2。

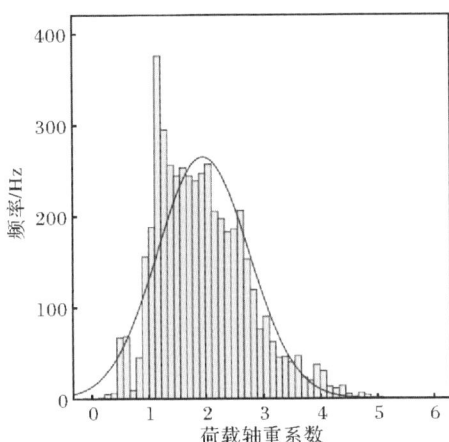

图 5.2.3　荷载轴重系数统计分析结果

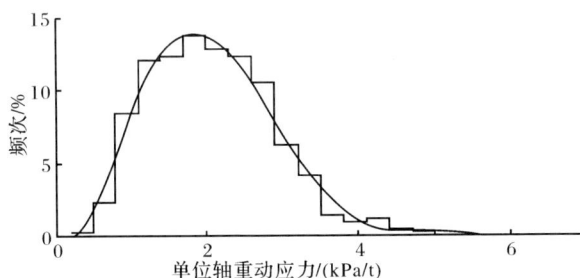

图 5.2.4　前期荷载轴重系数统计分析结果

表 5.2.2　不同轴重下路基面动荷载分析结果

序号	轴重/t	平均值/kPa	最大值/kPa
1	25	49	126
2	27	53	136
3	30	59	151

2. 基床围压

路基基床内各测点的围压传感器埋设如图 5.2.5 和图 5.2.6 所示,其实测曲线如图 5.2.7 所示,其中 σ_1 为竖向动荷载,σ_3 为侧向压力,即围压。

实车测试结果表明,围压的分布范围为 8~30kPa。因基床中竖向应力存在一定的波动性,同样相应位置的围压也存在一定程度的波动。为体现出围压的特点,采用竖向应力对其进行归一化处理。每次列车通过时,取每个转向架通过时

图 5.2.5　围压传感器埋设

图 5.2.6　三向压力测设传感器埋设图

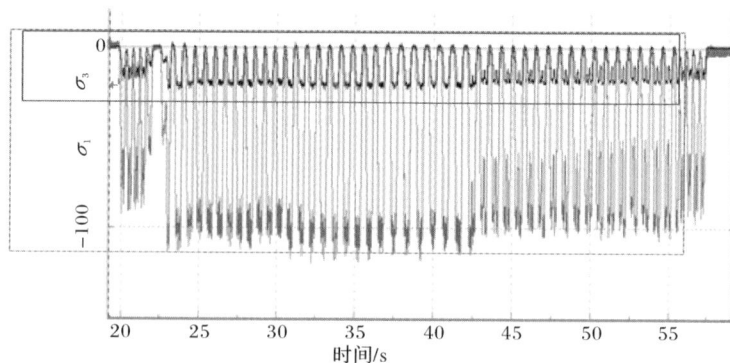

图 5.2.7　实测竖向应力与侧向应力曲线

的竖向应力的最大值及其对应的围压进行分析。

从试验结果来看,轴重和车型对围压与竖向应力的比值影响很小,可以认为该值分布在一定范围内,综合各个测试工点的侧向应力与竖向应力比值进行统计,如图 5.2.8 所示。最小值为 0.06,最大值为 0.39,其平均值为 0.19。对各个测试工点的纵向应力与竖向应力比值进行统计,如图 5.2.9 所示,最小值为 0.05,最大值为 0.33,其平均值为 0.14。

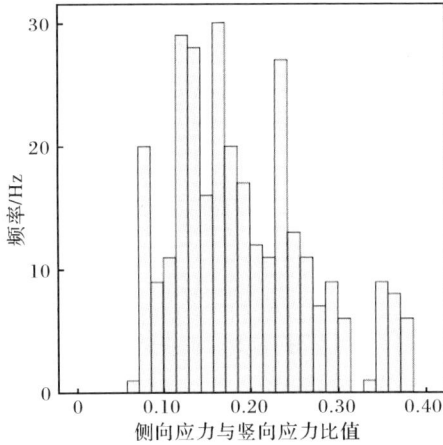

图 5.2.8　围压(侧向)与竖向应力之比

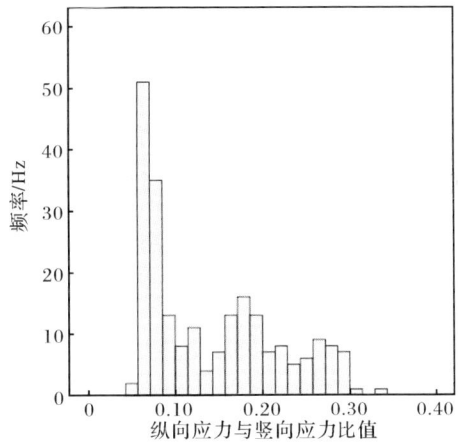

图 5.2.9　围压(纵向)与竖向应力之比

对比横向和纵向围压与竖向应力比值的平均值相差不大,围压与竖向应力比值的波动范围在 0.05~0.39,均值为 0.18,如图 5.2.10 所示。

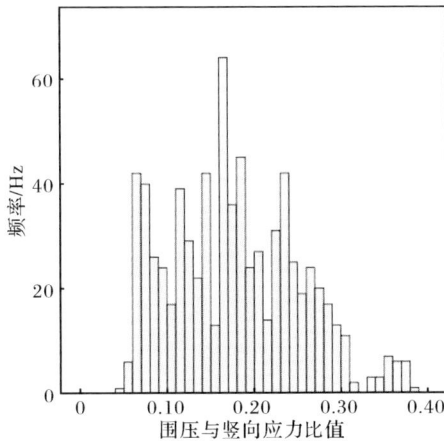

图 5.2.10　围压与竖向应力之比分布图

根据前述竖向应力测试结果的分析可知,竖向动荷载均值一般为轴重的 2 倍,围压与竖向动荷载的比值约为 0.18,那么 30t 轴重条件下,围压的范围为 11~58kPa。该值为室内三轴试验中围压的设置提供了重要的支撑,为准确获取基床填料的动静强度以及填料的累计变形性能提供了必要的条件。从本次测试的统计结果来看,横向和纵向围压的均值相差不大,那么填料采用三轴试验进行土体的静动特性测试是可以接受的,能够反映受力状态对填料性能的影响。此外在软土路基基床表面进行测试,其围压约为竖向应力的 0.5 倍[1]。

导致土体破坏的荷载为作用于土体的偏应力 $q = \sigma_1 - \sigma_3$,根据实测的竖向动应力与围压的关系可知,围压的均值约为竖向动应力的 0.18 倍,则偏应力约为 0.82 倍的竖向动应力。根据前期和本次试验的测试统计分析结果可知,在 30t 轴重条件下,基床面动荷载平均值约为 60kPa,最大值约为 151kPa,那么作用于路基面土体的动偏应力平均值约为 49kPa,最大值约为 124kPa。

5.2.2 重载货车关键参数对路基基床应力影响特征

列车作用下路基面荷载的分布形态受车辆参数影响显著,表 5.2.3 为本次试验编组列车的各项参数。从表中可以看出,普通列车的轴距与重载列车基本相当,但邻轴距明显大于重载列车,其中以 KM96B 的邻轴距最小。

表 5.2.3 各车型关键参数

序号	车辆类型	轴重/t	邻轴距/m	轴距/m	车长/m
1	C64K	21	2.988	1.75	13.438
2	C70A	23	2.686	1.83	13.726
5	C80	25	1.970	1.83	12.000
6	C96	30	1.940	1.86	13.726
7	KM96B	30	1.650	1.83	15.290

1. 轴重与路基面动荷载关系

为准确获得轴重与路基面动荷载的关系,按试验期间的试验列车轴重进行分类,统计所有试验工点不同轴重作用下的路基面动应力,具体如图 5.2.11 所示,其中不同形状的标识表示不同的测点。

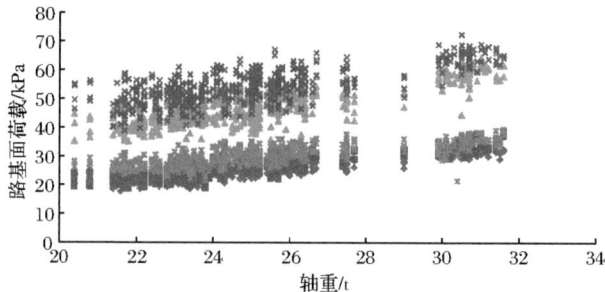

图 5.2.11 测试工点路基面动荷载分布范围与轴重关系

测试结果表明,路基面动荷载随着轴重的增大而增加,且基本呈线性分布。据前述的统计结果可知,路基面荷载测试结果基本呈正态分布,根据统计的平均荷载轴重系数和最大荷载轴重系数,可以推算,在 25t、27t 和 30t 轴重条件下路基面荷载平均值应分别在 49kPa、53kPa 和 59kPa 左右,最大值可达到 126kPa、136kPa 和 151kPa,见表 5.2.4。27t 和 30t 条件下路基面动荷载分别比 25t 增大 8.2% 和 20.4%。可见轴重对荷载幅值影响十分显著。

表 5.2.4　不同轴重下路基面动荷载分析结果

序号	轴重/t	平均值/kPa	最大值/kPa	平均值增加百分比/%
1	25	49	126	0
2	27	53	136	8.2
3	30	59	151	20.4

2. 邻轴距与基床应力特征分析

列车轴重增大最直接的影响是使作用于路基面的动荷载增大,同时,受货车车辆轴距和邻轴距的影响,路基面动荷载的分布形态和路基动荷载的影响深度也发生变化。

根据测试结果,对连续钢轨轨枕下的动荷载进行分析,选取最大荷载作为基准值,当车轮处在该位置时,通过相邻测试传感器的数据,对各个枕下基床面的荷载与最大荷载进行对比,得到沿线路纵向不同位置对应荷载与最大荷载的比值,如图 5.2.12 所示。当车轮作用于一根轨枕上时,相邻的 4 根轨枕下路基面均承担较大比例的荷载,再向外的两根轨枕下方虽然受力不大,但也分担一定的荷载。在线路纵向钢轨下路基面荷载基本呈三角形分布。

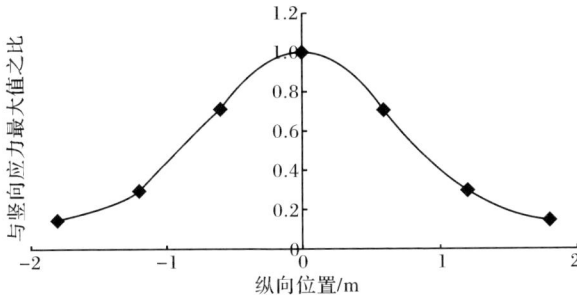

图 5.2.12　路基面纵向应力分布

统计路基面横断面方向钢轨轨枕、轨枕头和轨枕中心下方动应力的平均值,以钢轨轨枕下方动应力为基准值进行归一化处理,得到相对应的动应力比值,如图 5.2.13 所示。从测试结果可以看出,与钢轨对应的轨枕正下方动应力最大,轨枕头处次之,为钢轨枕下动应力的 0.8 倍,轨枕中心处动应力比较小,为钢轨枕下动应力的 0.5~0.6 倍,横断面方向呈"马鞍形"分布。

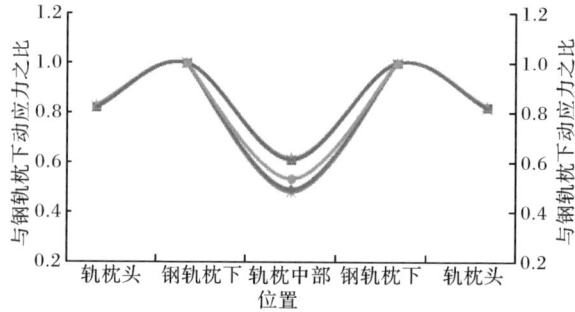

图 5.2.13　路基横断面方向应力分布

分析表明在单轴作用下路基面动荷载呈双峰分布,如图 5.2.14 所示。

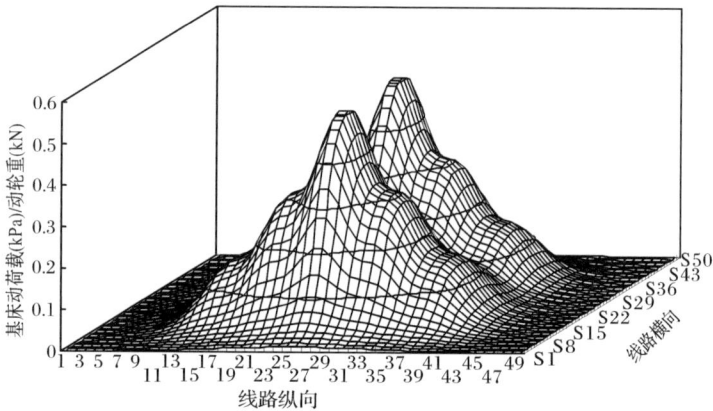

图 5.2.14　单轴作用下路基面动荷载分布

由于轮载沿线路纵向的分布受轮间距离影响较大,在距离较近时,相邻轮载将在路基内部叠加,导致作用于路基内的应力状态发生改变。列车轴距和邻轴距对路基面荷载形态影响的示意图如图 5.2.15 和图 5.2.16 所示。图 5.2.17 为不同车型作用下的路基面荷载时程曲线。

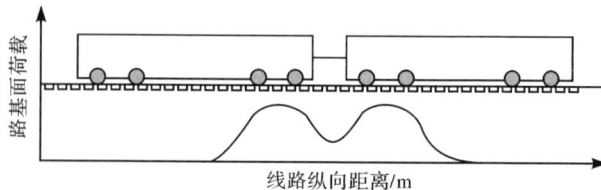

图 5.2.15　C64K 路基面荷载与邻轴距关系

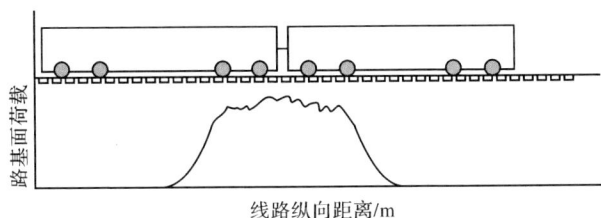

图 5.2.16　KM96B 路基面荷载与邻轴距关系

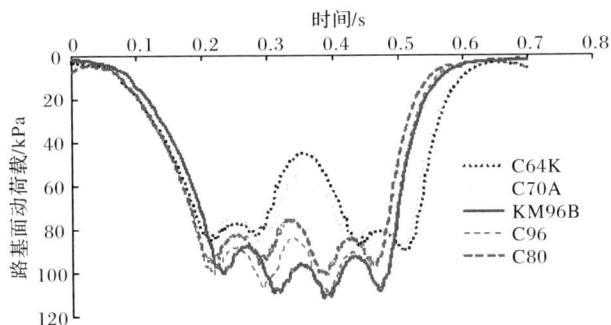

图 5.2.17　不同车型作用下路基动荷载时程曲线

　　普通列车和重载列车同一个转向架两轴各自对应的荷载沿纵向相互叠加融合,叠加效果明显。C64K 和 C70A 等普通列车的动荷载曲线相似,因为邻轴距比较大,在两个车厢连接处的路基面荷载比较小,与转向架下路基面荷载的最大值差别较大,相邻转向架之间的叠加不明显。C80、C96 和 KM96B 等重载列车,因为邻轴距小,相邻转向架的四轴之间相互融合,使两个车厢连接处的路基面荷载与转向架下方的路基面荷载几乎一致,纵向剖面基本上呈"矩形波"形态,如图 5.2.17所示。

　　路基基床荷载增大的最直接影响是作用于路基面的荷载强度提高。由于基床荷载需要一定厚度的土层才能扩散衰减,在基床荷载强度增大后,如果要求基床内应力达到与之前相同的值,那么就需要更大的基床厚度。荷载的衰减一般表示为与路基面荷载的比例,当荷载增大后,衰减至相同深度后,虽然比例未变,但其绝对值增大,而对基床变形和稳定性来讲,其绝对值的影响是更加重要的,因此基床荷载强度增大直接导致动荷载影响深度增大。

　　此外受车辆轴距和邻轴距的影响,路基基床内动荷载均有不同程度的叠加,相比 C64K 和 C70A 等列车,C80、C96 和 KM96B 等列车作用于基床的荷载叠加更加明显,尤其是在使用连接杆连接的情况下,尤为显著。当车辆前后转向架作用于基床的荷载形成连续的荷载时,沿线路纵向上,其作用长度接近于原来的 3

倍,其影响范围明显增大。基床荷载的作用范围增大后,荷载对其影响深度范围内的基床应力有很大的贡献,尤其在荷载作用范围的中心处作用更明显。

针对本次试验的 C64K、C70A、C80、C96、KM96B 等货车,分析标准轴重为 21t、23t、25t、30t 时,路基基床的荷载分布形态和沿线路纵向的路基面荷载特点。具体的车厢尺寸参数见表 5.2.3,其中 KM96B 计算中采用连接杆连接,分析参数见表 5.2.5。

表 5.2.5　材料参数

项目	密度/(kg/m³)	弹性模量 E/MPa	泊松比 ν	体积模量 K/MPa	剪切模量 G/MPa
轨枕	2500	35000	0.17	17677	14957
道砟	2100	300	0.35	333	111
基床表层	1800	100	0.35	111	37
基床底层	1800	100	0.35	111	37

计算结果(表 5.2.6)表明,在同样的计算模式下,与 C80 相比,C96 和 KM96B 在基床深度范围内的动应力均有很大程度的增大。C96 和 KM96B 在路基面下 1m 处的动应力比 C80 大约 18.7% 和 22.6%,在 2m 处分别增大约 19.4% 和 24.1%,3m 处分别增大约 19.7% 和 24.6%。

列车轴重从 25 增大至 30t,随着车辆轴距、邻轴距的变化,基床内的动应力增大 19%~25%,受邻轴距的影响,KM96B 作用下基床动应力的增幅比 C96 大 5% 左右。

表 5.2.6　不同型号货车路基基床内竖向动应力增长比例

不同深度	比 C80 增大比例/%	
	C96	KM96B
路基面	18.7	30.5
路基面下 1m	18.7	22.6
路基面下 2m	19.4	24.1
路基面下 3m	19.7	24.6

目前路基基床在列车轴重由 21t 提高至 23t 和 25t 的情况下均发生了一定的变形,尤其在路桥和路涵等过渡段处比较明显。目前一些区段在没有加固的情况下变形趋于稳定,说明其在目前的应力水平下处于平衡状态,待轴重提高后,尤其是大轴重列车的荷载影响深度加大后,基床还会继续变形,如果土体强度不够,基床表层还有发生病害的可能。

3. 车型对路基面动荷载的影响

按照试验货车车型,将不同测试工点的荷载轴重系数的平均值和最大值进行统计分析,根据不同的车型进行分类,将所有测试工点的荷载轴重系数进行统计分析,如图 5.2.18 所示。

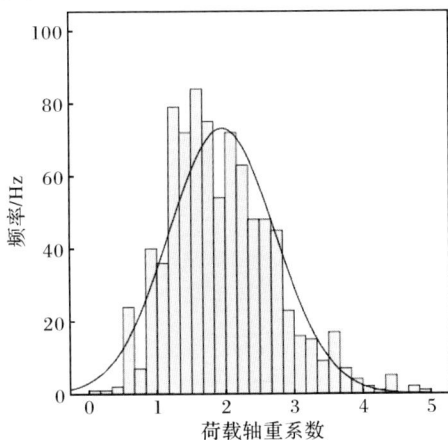

图 5.2.18　C96 荷载轴重系数

　　统计分析结果见表 5.2.7,从不同车型的统计结果可以看出,各车型的荷载轴重系数平均值比较接近,为 1.91～2.05。将 C96 和 KM96B 在载重 25t 和 30t 时荷载轴重系数统计于表 5.2.8 中,为 1.84～1.94,可见测试车型对路基面动荷载的影响不大。

表 5.2.7　不同车型荷载轴重系数统计结果

序号	车型	荷载轴重系数	
		平均值	最大值
1	C96	1.95	4.85
2	KM96B	1.91	4.83
3	C80	2.01	4.43
4	C70A	2.05	5.03
5	C64K	2.00	4.7

表 5.2.8　C96 和 KM96 不同载重下的荷载轴重系数统计结果

序号	车型	轴重	荷载轴重系数	
			平均值	最大值
1	C96	25t	1.91	4.67
2		30t	1.94	3.97
3	KM96B	25t	1.84	4.76
4		30t	1.91	4.03

5.2.3 路基基床振动响应特征

1. 动变形

动变形传感器现场安装如图5.2.19所示,测试曲线如图5.2.20所示。

图 5.2.19 传感器安装

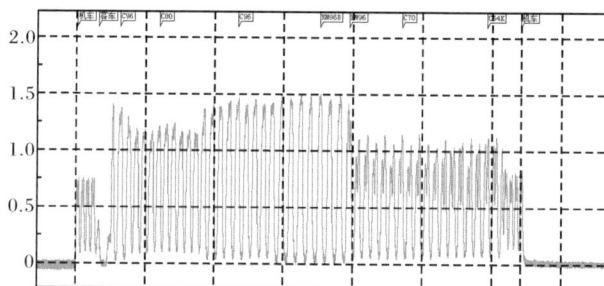

图 5.2.20 试验列车通过时基床动变形典型波形

将测试工点不同轴重、车速和车型下的动变形进行统计,如图5.2.21所示。

所有测试结果统计分析表明,随着列车轴重的增加,路基面动变形增加显著,从21t增加至23t时动变形增加1.3%~5%,增加至25t时动变形增加9%~20%。从25t增至27t和30t时,动变形增加4%~20%,最大可达40%。

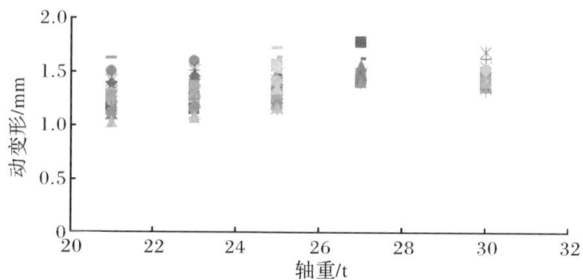

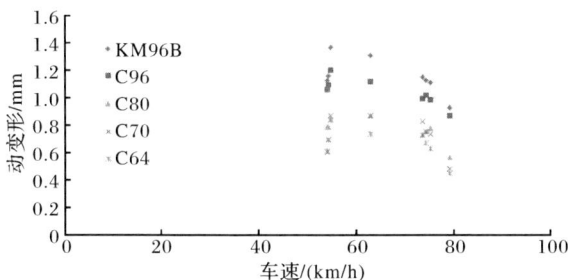

图 5.2.21　测试工点不同轴重、车速和车型下的动变形

路基面的动变形最大可达到 1.78mm,平均值在 1.12mm 左右,轴重从 25t 提高至 27t 和 30t 时,动变形水平平均分别增大 7.5% 和 23.6%。

综合各测点路基面动变形测试的平均值(表 5.2.9)可以看出 KM96B 大于 C96,平均增加 4.8% 左右,分析其原因应为受轴距和邻轴距的荷载叠加影响,KM96B 列车作用下,其对路基基床的影响深度加大,故其路基面动变形大于 C96。

表 5.2.9　不同车型路基动变形统计

车型	平均值/mm	最大值/mm
KM96B	1.50	1.78
C96	1.43	1.63
C80	1.30	1.52
C70A	1.32	1.61
C64K	1.26	1.63

2. 塑性变形

塑性变形是衡量路基在重载列车下长期性能的重要指标,在美国、南非都利用基床的塑性变形对路基的长期性能进行设计和评价[2~4]。在测试工点分别进行了路基面的塑性变形测量,测试数据如图 5.2.22 所示。

从测试结果可以看出,测试工点位移传感器埋设完成在运营列车作用下基本趋于稳定,在综合试验期间列车轴重增大后,发生了 2.85mm 的塑性变形。

3. 加速度

典型的加速度时程波形如图 5.2.23 所示。

从各测试工点的加速度统计关系可以看出,在 21~30t 轴重的测试过程中,路基加速度与列车轴重无明显的线性关系,在 65~80km/h 的试验速度内,加速度与列车速度也未呈现出较好的规律性,多次测试结果呈现波动状态。

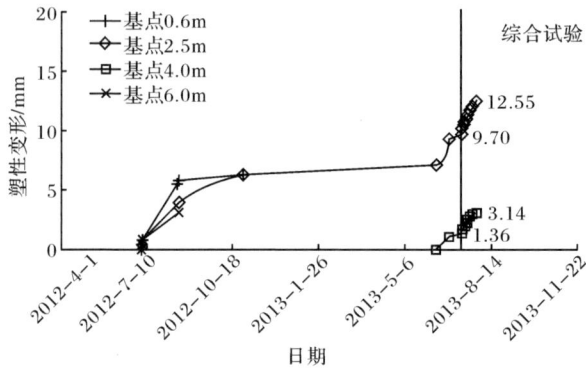

图 5.2.22　工点塑性变形

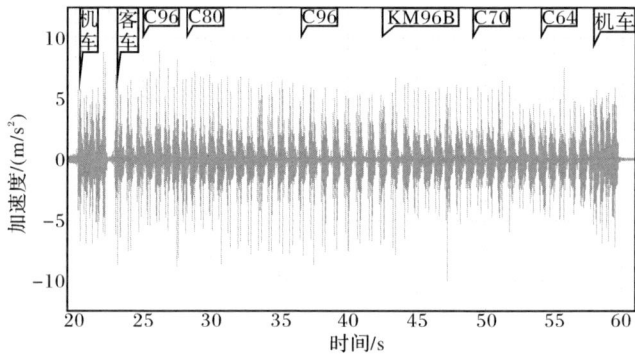

图 5.2.23　加速度典型时程波形

　　从表 5.2.10 中 4 个不同路基结构类型的测试结果可见,在路桥过渡段和曲线段路基,基床的振动加速度明显大于一般区段路基,其平均值基本分布在 8~10m/s²的范围内,最大值达到 12m/s²,而一般路基区段的加速度基本分布在 3.5~6m/s²的范围内,最大值为 9m/s²左右,说明列车在路桥过渡段和曲线段的振动比较大。

表 5.2.10　不同路基结构工点的加速度平均值　　　　（单位:m/s²）

轴重/t	路堑	路堤	曲线路堤	路桥过渡段
21(C64K)	3.97	5.98	8.98	8.24
23(C70A)	3.43	5.01	9.56	8.42
25	4.28	5.34	9.60	9.40
27	3.57	6.01	10.05	7.97
30	3.82	5.77	9.99	9.60

4. 侧向变形

路基基床在发生沉降下沉、外臌、挤出、基床和边坡的剪切破坏时,一般会发生较大的侧向变形,因此路基基床侧向变形的发展变化趋势很大程度上反映了路基的稳定程度,可以采用人工和自动设备进行监测,如图 5.2.24 和图 5.2.25 所示。

图 5.2.24　阵列式位移传感器现场监测设备　　　　图 5.2.25　现场测斜仪测量

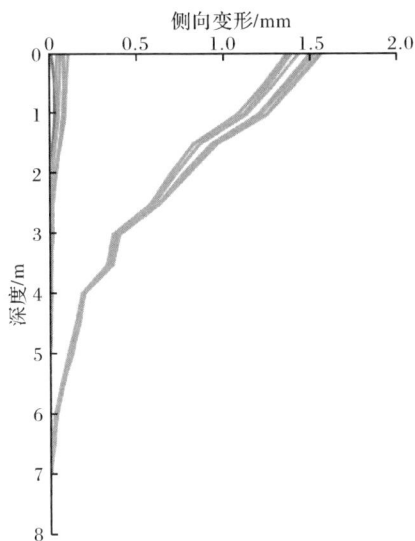

图 5.2.26　测试工点侧向变形

侧向变形的发展是一个长期的过程,故在竖向变形较大的区域应对侧向变形进行长期监测,直至其稳定或者可以判断其不稳定。此外在不能判断侧向变形已经稳定的情况下,应对其进行长期的监测。如图 5.2.26 所示的侧向变形是用测斜仪测量所得。

5.3　路基结构评估技术与指标

5.3.1　路基基床与边坡评估方法

1. 路基基床评估方法

1）绝对性评估

绝对性评估就是以现行的相关行业标准为基础,根据详细勘察试验资料,分段判断营运线路路基是否满足现有的相关标准所要求的技术条件。这种方法适用于标准或规定比较明确和完善的情况,或用于评估非常必要的关键问题[5]。

2）相对性评估

由于路基质量高低的影响是个长期性问题,标准的高低与服务周期、养护维修工作量及使用满意程度等有关,对行车的影响也往往是间接和渐进的,除了个别情况外,很少有绝对的"行"与"不行"之分。路基的标准同样也是随生产力和经济的发展而发展的。事实上,在加强监控的条件下,路基是允许一定程度的带"病"工作的。由于目前一方面既有线存在不少问题,另一方面无论在技术、时间和经济上既有线的加固又面临相当的困难,在提速的路基技术条件上还存在较大的分歧,没有明确的结论,还需要进一步的探索,因此,有必要对路基的状况进行相对的评估,分清问题的轻重缓急,用有限投入发挥最大的效果,并在实践中通过长期的观察完善和明确有关的指标[5]。

相对性评估的原理是统计低于某一质量状况的累计百分数,然后根据改造的投入和时机等条件,确定改造的能力,与该能力相应的百分数所对应的状况即为当前判断改造与否的界限值。该界限应覆盖必须改造的状况,否则应加大投入[5]。

由于铁路路基建设和维护标准不同,对于运营多年的既有线路,特别是对于提速和扩能改造的线路,需要及时系统掌握路基状况,判断其能否满足线路营运的要求。鉴于既有线的特殊条件,常规的调查方法和检测手段不能满足线路运营的要求。为快速实现路基状态的检查,需发挥不同试验方法的优势,将相对性评估和绝对性评估相结合,将线路状况进行相对性排序,采用抽样方法进行绝对性评估,逐步逼近绝对性标准,从而完成全部线路状态调查评估工作[6]。

路基状态调查评判时,首先对线路的维护情况进行系统的调研,在此基础上采用车载探地雷达对全线路基进行快速普查和分析,进行路基状况相对等级划分,从状态最差的等级开始按一定比例抽取代表性区段进行原位试验,判断该等级是否满足要求。当该等级满足要求时，对该等级以上的区段开展少量原位试验，进行状态复核。既提高了检测评估的速度，又保证了评估的质量[6]。

路基状态评估模式流程如图 5.3.1 所示。

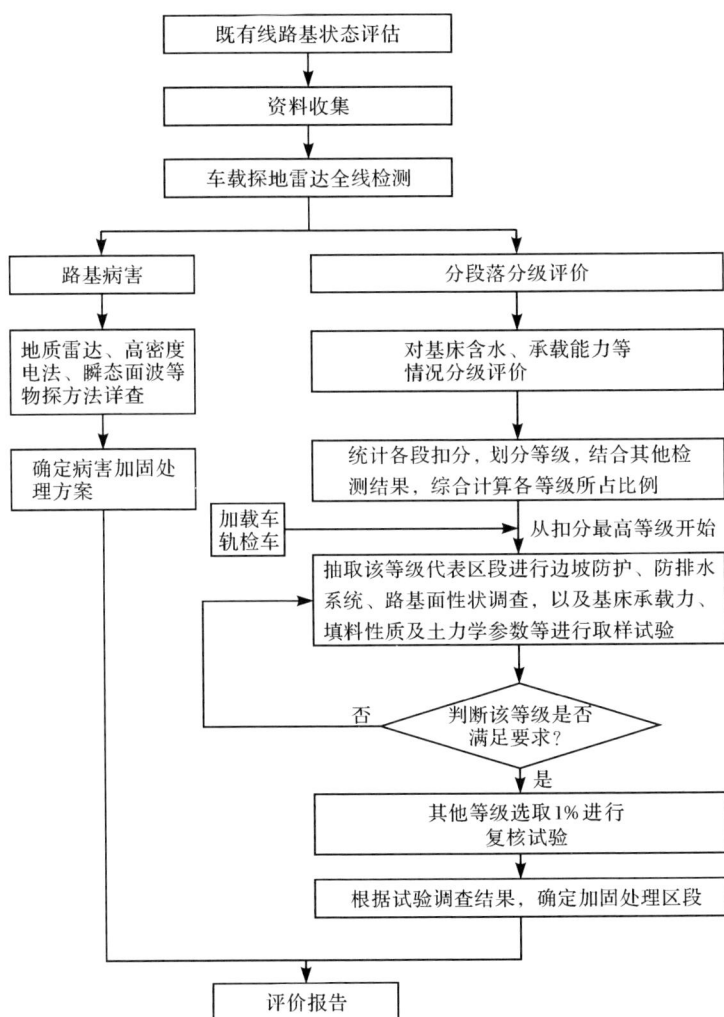

图 5.3.1　路基状态评估模式流程图

路基状态检查评估应按以下模式进行：

（1）资料收集。主要收集路基的有关设计文件、竣工资料，以及线路的运营状态和养护维修、病害情况、气候环境等资料。

（2）快速普查。用车载探地雷达对营运线路路基进行全线普查，在普查的过程中要完成以下工作：

首先,查明路基病害或疑似病害的规模、位置及分布情况(翻浆冒泥、道砟囊、道砟陷槽、溶洞陷穴)。

其次,要掌握全线的道床厚度及分布情况、道床脏污情况、道床含水状态、路基面的平整度;并分段对道床污染程度、道床含水情况、基床含水情况以及基床面的平整度、承载能力等进行评估划分等级,并对各等级赋值扣分。针对雷达检测划分的每个等级,条件具备时,可以结合其他车载检测结果,如加载车、轨检车等检测结果,进行综合分析,在每个等级内再进行详细划分。

最后,计算每个区段扣分之和及所占的百分比,绘制路基扣分累计百分比曲线图。根据投入的资金和时间,按照病害区段、综合得分比较低区段进行加固处理。

有关现场原位试验及相关调查应按以下模式进行:

① 根据车载探地雷达检测的病害或疑似病害的部位采用地质雷达、高密度电法、瞬态面波等物探手段的一种或几种对病害(疑似病害)进行复查,确定病害的性质、规模和分布情况。

② 各等级选取一定比例的区段进行相关的试验工作,各等级比例选取遵循以下原则:从分值最高的等级开始,选取该区段的 10% 进行原位试验和其他相关试验。若该区段能够满足线路的运营或扩能改造的需要,则该等级线路不需要进行加固处理,其他低于该分值的等级选取 1‰ 区段进行相关试验复核;若该区段不能满足线路的运营要求或扩能改造的要求,则该区段判断为不合格,需要加固处理;并选取分值次高的等级的 10% 进行原位试验和其他相关的调查试验工作。依次类推,直至全部试验结束。

(3) 对路基评估的内容宜采用下列方法进行:

① 对路基的承载力宜采用动力触探或标准贯入的方法进行。

② 路基填料的压实度宜采用地基系数 K_{30}、变形模量 E_{v2} 试验方法来进行,对于受场地限制而无法进行上述试验的部位,可采用动态变形模量 E_{vd} 试验对压实度进行检测。

③ 填料的性质宜通过取样,在实验室进行土力学试验获得。

④ 对沉降分析可采用水准仪、全站仪等设备进行观察测量,也可以通过和以往的道床厚度相比较进行分析。

⑤ 边坡和横向排水宜采用现场调查的方式进行。

⑥ 填料的密度和含水量宜采用核子密度法测定。

⑦ 路基的动力学参数可以通过动测和波速法获得。

2. 边坡评估方法

路堤边坡稳定性评估主要通过条分法计算分析提高轴重对稳定性的影响,然后根据分析结果,结合现场养护维修发现问题的区域进行现场调研,进行综合判断,必要时进行现场勘察,分析其稳定性。

1) 边坡几何形状

路堤的几何形状采用标准断面进行计算,同时也采用全站仪测量获取了典型路堤边坡的几何形状,并进行验算,图 5.3.2 为现场测量路堤边坡的照片。

图 5.3.2　路堤边坡几何状态测量

2) 轨道和列车荷载

轨道及列车荷载换算土柱高度和分布宽度见表 5.3.1。

表 5.3.1　轨道及列车荷载换算土柱高度和分布宽度

| 轴重/t | 计算高度/m | | | | | 分布宽度/m |
| | 土的重度 | | | | | |
	18kN/m³	19kN/m³	20kN/m³	21kN/m³	22kN/m³	
25	3.6	3.4	3.2	3.1	2.9	3.4
27	3.8	3.6	3.4	3.2	3.1	3.4
30	4.1	3.9	3.7	3.5	3.3	3.4

3) 填料强度参数

进行稳定验算的土体强度参数主要参照直剪试验、三轴试验的相关试验结果,以及相关规范和手册的参考值和建议值。

5.3.2　路基基床与边坡评估指标

1. 路基边坡评估指标

路基的路肩宽度、坡率等应满足相关规范要求,确保其稳定性安全系数不小于 1.25 或满足《铁路路基设计规范》(TB 10001—2005)的要求。

2. 路基基床评估指标

1) 路基面变形评估

路基面的变形直接影响上部道床厚度变化,同时也影响列车运行时的平稳性和舒适性,因此通过道床厚度的变化分析,可以反映路基面变形的情况。为了更好地掌握路基面变形分析,我们在路基面变形定量化分析采取了方差分析和谱分析相结合的方法,同时对路基变形进行分级评估。

一段路基的道床厚度平均值、方差和变异系数反映该段路基面变形的大小和起伏状况,因此我们根据雷达探测到道床厚度的数据,对数据进行分段计算它们的最大值、最小值、平均值、方差和变异系数来分析该段路基面变形情况。

谱分析就是根据一段路基的道床厚度变化数据傅里叶变换结果,分析单位空间的频率变化情况来分析路基变形特征。

根据分析的结果可以对路基面变形进行分析。

(1) 平整。$0 \leqslant \Delta d < 100$mm。

(2) 稍微起伏。100mm$\leqslant \Delta d < 150$mm。

(3) 起伏严重。$\Delta d \geqslant 150$mm。

其中:Δd 为基床变形程度。

基床变形状态反映基床受力历史和承载能力,一般基床平整对应较好的路基。

2) 道床污染程度评估

对道床污染程度的分析,首先分析污染源的出处,道床污染主要有以下几种来源:

(1) 列车冲击荷载作用使道砟间相互摩擦产生的粉末造成道床污染。

(2) 工务日常养护维修机械捣固冲击道砟产生细小颗粒。

(3) 列车运输过程中吹落的细颗粒物质,如煤灰、矿粉和其他客运列车的排泄物。

(4) 大风扬沙造成的污染。

(5) 由于路基强度不足,造成道床侵入基床或者基床中泥沙扩散侵入道床形成的污染物。

前四种污染是从道床顶部向道床下部入侵,第五种污染是从道床底部向上扩散。由于其污染源和入侵的方式不同,在雷达探测结果表现形式也不一样。对于前面四种污染物具有很强的吸附能力,特别是对水的亲和力较大,往往造成道床含水量也大,由于这些物质的存在,道床的介电常数以及对电磁波的散射性能发生明显的变化,在雷达剖面上表现为雪花状或絮状反射连片出现;最后一种是从底部向上扩散,因此道床和基床的界面很难分开。道床污染容易造成道床板结、道床弹性丧失、减震吸振性能变差、排水不畅和道床的纵横向阻力减少,如不及时处理可能造成很大的交通安全事故。根据雷达检测计算出道床体积污染程度 θ,在标准中允许小于 16mm 的颗粒含量为 0~5%以及小于 0.1mm 以下粉末颗粒含量不大于 1%,根据雷达检测结果,结合现场标定对道床污染三类四级情况进行分析。

(1)干净道砟。

① 干净:小于 16mm 的颗粒含量小于 5%且小于 0.1mm 以下的粉末颗粒含量不大于 1%;或道床空隙率大于 25%。

② 比较干净:道床空隙率在 20%~25%。

(2)轻微污染。道床内含有部分污染物质,道床工作性能受到部分影响,道床空隙率在 10%~20%。

(3)污染。道床内含有较多的污染物质,道床工作性能受到较大的影响,或者道床空隙率在 10%以下。

3)道床和基床含水量评估

在土颗粒表面形成一定厚度的水膜成为结合水。强结合水是紧靠土颗粒表面的结合水膜,亦称吸着水。黏性土中只含有强结合水时,呈固体状态,磨碎后则呈粉末状态。弱结合水是紧靠强结合水的外围而形成的结合水膜,亦称薄膜水。当土中含有较多的弱结合水时,土则具有一定的可塑性。弱结合水的厚度对黏性土的黏性特征及工程性质有很大影响。土中的含水量很低时,水都被颗粒表面的电荷紧紧吸着于颗粒表面,成为强结合水,强结合水的性质接近固体。当土粒之间只有强结合水时,按水膜厚薄不同,土表现为固态和半固态。

当含水量增加时,土中的水使强结合水层达到最大,正好要开始形成弱结合水层时的含水量即为塑限。

当含水量增加时,被吸附在土颗粒周围的水膜加厚,土粒周围除了强结合水外还有弱结合水。弱结合水呈黏滞状态,不能传递静水压力,不能自由流动,但受力时可以变形,能从水膜较厚处向较薄处移动,弱结合水膜可以变形。

当含水量继续增加时,弱结合水层已达到最大,在弱结合水层外侧,已有相当数量的水处于电场引力影响之外,成为自由水。这时土颗粒之间被自由水隔开,土体不能承受任何剪应力,而呈现流动状态,这就是液限含水量雷达探测主要根据介质的电磁学性质的差异来识别探测物体,两种介质的电磁学性质差异较大时,电磁波的传播速度、反射振幅、极性、频谱和相位等因素均发生变化。当道床或基床中含水时,其综合介电常数、反射系数会发生变化,由于反射能量和反射系数成正比,反射能量变化也随含水量的改变而改变。因此在雷达剖面上表现为低频强振幅高能量反射,有时会出现振铃现象,用彩色雷达剖面时颜色较为鲜艳。根据计算结果和土的液、塑限为界限进行含水状况分析。

（1）干燥：含水量小于土的塑限。

① 含水量 1：$0 \leqslant w < w_p/2$。

② 含水量 2：$w_p/2 \leqslant w < w_p$。

（2）湿：含水量大于土的塑限，但还没有但到土的液限，根据含水量大小分为三小类。

① 含水量 3：$w_p \leqslant w < w_p + (w_l - w_p)/4$。

② 含水量 4：$w_p + (w_l - w_p)/4 \leqslant w < w_p + (w_l - w_p)/2$。

③ 含水量 5：$w_p + (w_l - w_p)/2 \leqslant w < 3(w_l - w_p)/4$。

（3）很湿：含水量接近或大于土的液限，根据其程度又分两小类。

① 含水量 6：$w_p + 3(w_l - w_p)/4 \leqslant w < w_l$。

② 含水量 7：$w_l \leqslant w$。

其中：w 为路基含水量；w_p 为土的塑限；w_l 为土的液限。

对于基床，其中处于含水量 1、2 时，基床为干硬状态，处于含水量 3~5 时，基床为软塑状态，处于含水量 6、7 时，基床为近流塑或流塑状态。

对于道床：含水量 1、2 表明道床排水能力良好，含水量 3~5 表明道床排水能力受阻，含水量 6、7 表明道床排水能力严重受阻。

条件具备时，针对雷达测试结果分级评估后，可根据加载车或者轨检车测试的轨道结构不同状态，对同一等级内的路基状态再进行一次分级。

4）基床承载力评估

结合车载探地雷达的测试分级结果，采用轻型动力触探进行基床原位承载力的测试。轻型动力触探设备简单、操作方便、勘探速度快，在路基基床质量评估中经常使用。试验时为提高对地层的分辨率，以每贯入 10cm 记录击数，然后折算成 30cm 击数。

动态变形模量 E_{vd} 检测是指在一定大小和作用时间的落锤冲击荷载作用的平板荷载试验，由测试的沉降值通过圆形载荷板公式计算的变形模量。根据《铁路工程土工试验规程》（TB 10102—2010，J 1135—2010），利用 E_{vd} 与 K_{30} 间的相互关系求得相应的 K_{30} 值，如式（5.3.1）所示。动态变形模量 E_{vd} 测试结果如表 5.3.3 所示。

$$K_{30} = 3.45E_{vd} + 0.1 \quad （细粒土） \tag{5.3.1}$$

因既有线道床厚度各处存在差异，必须结合线路的上部结构差异才能全面分析试验资料。综合考虑Ⅲ型轨枕、75kg 钢轨和垫板结构尺寸，将所有的轻型动力触探试验的标高都统一到轨道顶面。在《既有线提速路基综合评估及加固技术的研究》报告中提出既有线路基基床的轻型动力触探提速技术要求曲线。该技术要求曲线是在大量的既有线轻型动力触探试验数据的基础上，考虑到既有线道床厚度各处存在差异，将所有的轻型动力触探试验的标高都统一到轨道顶面，通过绘制基床良好处的绝大部分触探曲线的左侧包络线得到的，如图 5.3.3 所示。

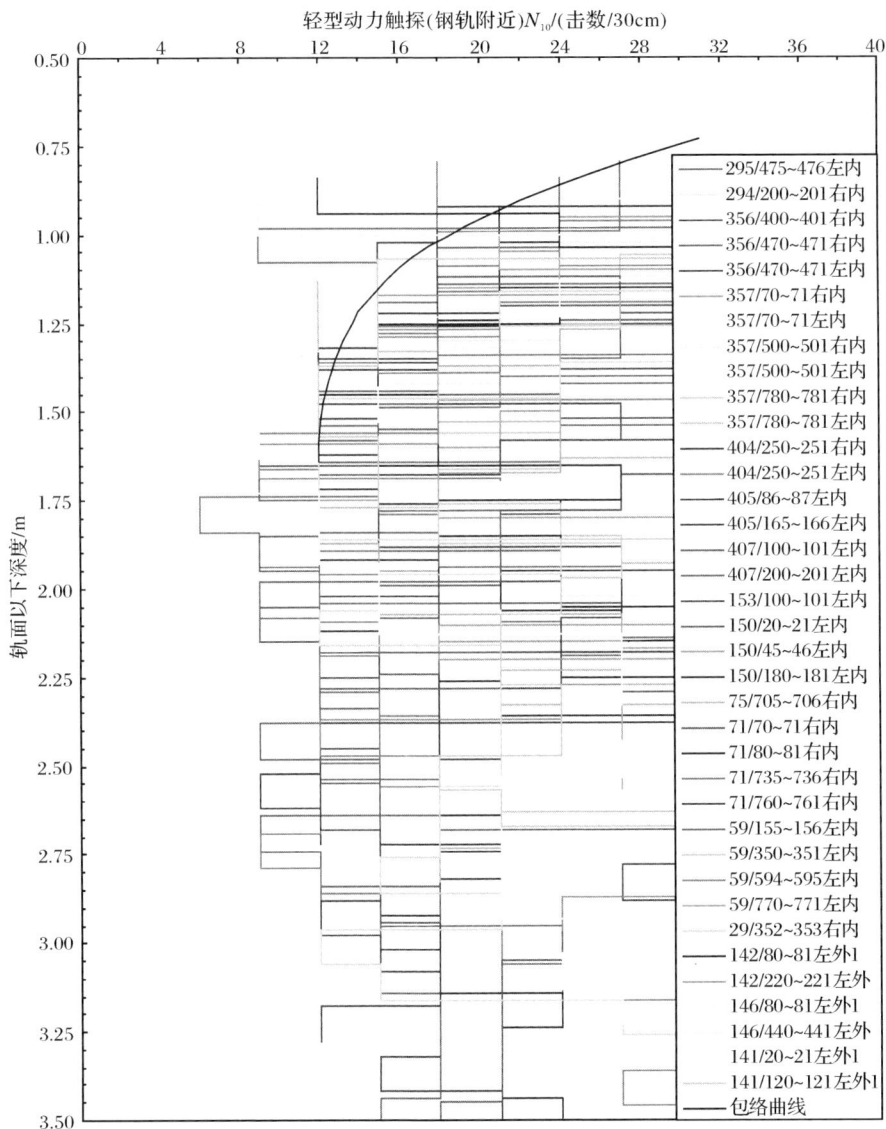

图 5.3.3　基床良好处轻型动力触探测试结果

　　根据路基面荷载的测试结果分析以及前期的研究，针对朔黄铁路开行 25t 和 30t 轴重列车的实际测试情况，提出了路基基床的基本承载力技术要求，如图 5.3.4 所示。该技术要求在轴重 30t、道床厚度 0.5m 情况下，基床表层的基本承载力大于 200kPa。

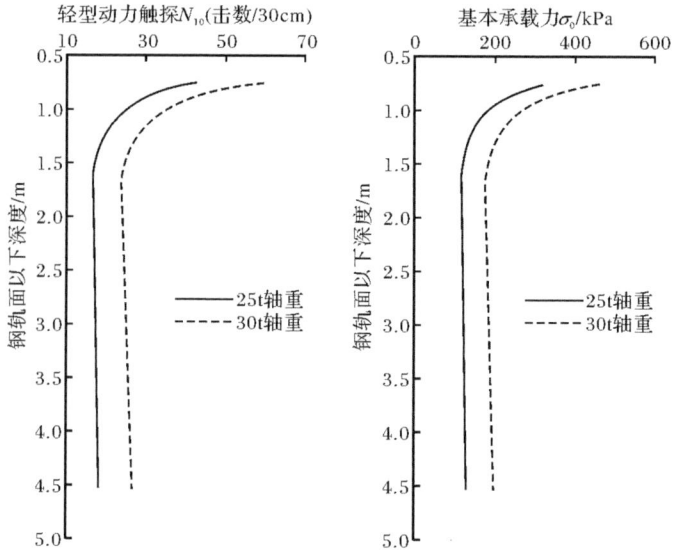

图 5.3.4　路基基床基本承载力要求

5.3.3　典型区段路基基床与边坡评估

1. 路基基床评估

表 5.3.2 为示范段内路基区段典型工点的检测结果,该工点的基床承载力测试结果如图 5.3.5 所示。

表 5.3.2　基床道床状态、基床原位勘察、轨道刚度检测结果

里程	雷达测试	原位勘察	移动加载测试	备注
K79+450～ K79+550 路堤	①道床轻微污染 ②道床干燥 ③基床干燥 ④路基面起伏严重	地基承载力多在 100 ～150kPa,承载能力 偏低	轨道刚度在 56～ 78kN/mm,多数低 于 70kN/mm	

该工点填料液限小于 32%,塑性指数小于 12,按照《铁路路基病害分类及评定》的标准,判断正常状态下基床不会产生翻浆冒泥。基床基本承载力偏低,大部分小于 200kPa。加载车测试结果显示轨道刚度在 56～78kN/mm。动态变形模量 E_{vd} 平均值在 20MPa 左右(见表 5.3.3)。在综合试验期间少量运行 27t 和 30t 轴重货车的情况下路基基床产生了 2.85mm 的塑性变形,而且未表现出收敛的趋势。

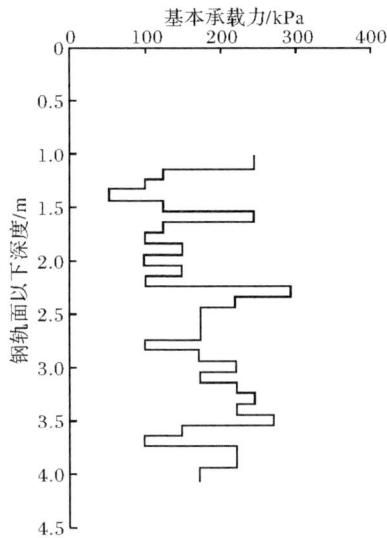

图 5.3.5　典型区段地基承载力结果

表 5.3.3　动态变形模量 E_{vd} 检测结果统计

测试部位	动态变形模量 E_{vd}/MPa
基床表面	26.2
基床表面	15.5

通过上述测试结果的对比和分析可以看出,路基面平整程度、基床含水率、承载能力、抵抗变形的性能与路基基床状态直接相关,路基基床状态较差时,也影响了轨道的状态。

2. 边坡评估

1）一般路基稳定性分析

在路堤坡度 1：1.5,路堤高度为 5m、7m、9m、11m 时,路基边坡各部分参数信息见表 5.3.4,采用 M-P(Morgenstern-Price)法计算得到边坡稳定安全系数计算值见表 5.3.5。计算的路基滑动面示意图如图 5.3.6 所示。

表 5.3.4　路基边坡各部分参数信息

部位	重度/(kN/m³)	黏聚力/kPa	内摩擦角/(°)
路堤	20	15	25
地基	19	15	30

表 5.3.5　不同路堤高度对稳定安全系数随路堤高度变化

路堤高度 H/m	25t	30t	降低比例/%
5	1.751	1.672	4.51
7	1.577	1.529	3.04
9	1.481	1.448	2.23
11	1.410	1.384	1.84

此外通过对目前轴重 25t 条件下边坡稳定安全系数处于规定的门槛值的路基进行分析(表 5.3.6),得出轴重提高至 30t 对路基稳定安全系数的影响不显著。

表 5.3.6　不同路堤高度不同轴重路堤稳定安全系数

路堤高度 H/m	25t	30t	降低比例/%
5	1.282	1.237	3.55
8	1.150	1.124	2.28

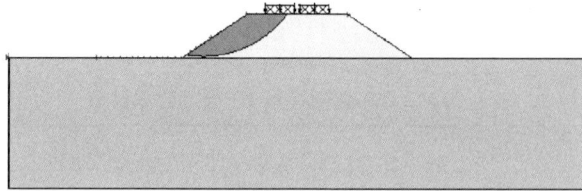

图 5.3.6　计算的路基滑动面

因此,在正常状况下,轴重提高对路基稳定性安全系数影响不大。但增加轴重后,对边坡表现出不稳定状态的路基应及时进行强化。

2)L 形块挡砟结构稳定性分析

(1)稳定性验算。

稳定性验算时,墙后填土按摩擦角 35°、黏聚力为 0 进行计算,基底摩擦系数取 0.5。L 形块的结构尺寸如图 5.3.7 所示。计算中 L 形块外边缘至线路中心距离为 6.5m,轨道列车荷载作用于 L 形块的压力按照《铁路路基支挡结构设计规范》(TB 10025—2006)计算,其抗滑稳定系数、倾覆稳定系数、偏心距满足要求。

(2)L 形块与边坡坡面稳定分析。

L 形块基础作用在边坡处时,因其紧邻坡面,基底承载力无法判断,不能直接给出。为保证结构的稳定,根据经验,《铁路路基支挡结构设计规范》(TB 10025—2006)要求 L 形块的墙趾在土层中的埋入深度不小于 1.00m,距地面的水平距离 2.50m,而在铁路路基边坡上很难达到该要求。因此当 L 形块的基础有足够的支撑时,可以保证 L 形块的稳定。而当基础作用于土质坡面上时,应进行验算。

具体工点基础下土体的稳定安全系数可根据坡面处填土的密度对土体抗剪

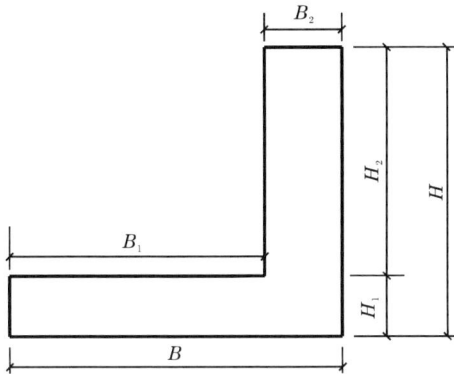

图 5.3.7　L 形块断面尺寸示意图

强度的影响,选择合适的抗剪强度参数,分析基础下边坡土体的稳定性。

　　L 形块路肩墙结构,路基内部积水的渗透,易对 L 形块基底造成软化,使基底承载力降低,导致结构发生沉降变形,降低其稳定性。所以应提高 L 形块基础与路基土接触部位坡面的反滤功能并加强坡面防护,防止冲蚀土体、冲刷边坡,避免土体流失。

　　3)病害路堤稳定性影响分析

　　道砟囊、道砟陷槽等病害容易使路基面积水,降低路基土强度,对路基稳定性产生影响。轴重从 25t 提高至 30t,有无积水对路基稳定性影响很大,有积水的情况下,由于该范围内土体处于流动状态,抗剪强度几乎不存在,导致稳定安全系数降幅显著。同样,积水增大,而且轴重增大会加剧这种趋势。故基床内一旦出现较大的道砟囊、道砟陷槽等病害,对路基的稳定影响比较大,容易发生路肩隆起及边坡臌出的破坏形式。在道砟囊、道砟陷槽区段应注意该种破坏模式。

5.4　路基工程重载适应性评估

5.4.1　路基基床适应性评估

　　填料的试验结果表明,所取的填料试样液限小于 32%,塑性指数小于 12,按照《铁路路基病害分类及评定》(TB/T 2818—1997)的标准,判断正常状态下基床不会产生翻浆冒泥。

　　依据路基基床的检测情况,通过其综合得分对基床进行等级划分,如图 5.4.1所示,其中基床承载能力比较低、排水情况不好的得分较低区段应优先进行处理。

5.4.2　边坡适应性评估

　　分析表明,正常情况下,轴重从 25t 提高至 30t,路堤边坡整体滑动稳定性降低

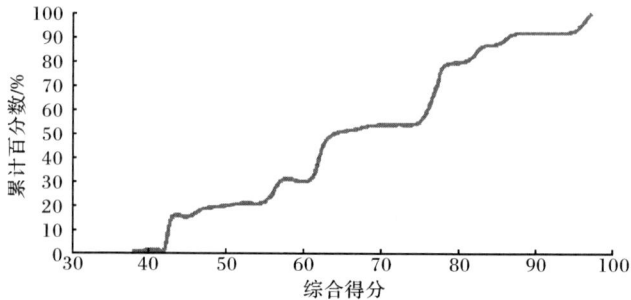

图 5.4.1　示范段路基综合得分统计

幅度不大。路基面积水等病害路基以及目前表现为不稳定状态的路基受轴重影响较大,应及时整治。

由于土体的差异性非常大,其强度等参数离散性大,而且受环境、病害等影响非常显著,所以随着列车轴重的提高,仍应注意以下几个方面的问题:

(1) 整体稳定。既有铁路的原设计安全系数比《铁路路基设计规范》(TB 10001—2005,J 447—2005)要求偏低,且随着列车轴重增大的影响,更加降低了其稳定性,因此应对容易出现稳定性问题的高边坡路基表现出的不稳定现象引起注意,如路肩、边坡裂缝、边坡臌出、坡脚滑出、坡面变形等,一旦出现表现为边坡不稳定的因素,应立即进行处理,确保其稳定。

(2) 病害路基对稳定性影响较大,但病害具有隐蔽性,属于渐进式发展,因此对路基下沉、轨道养护频繁的区段应该予以特别关注,并及时整治。

(3) 边坡溜坍。以粉土填料为主的路基,由于该种填料的水稳性差,易被冲刷,容易因边坡溜坍引起挡砟结构的连锁破坏,威胁轨道结构的稳定性及行车安全。因此应加强坡面的防护,增强其稳定性,同时强化挡砟结构自身的稳定性。

(4) 挡砟结构周围出现裂缝和转动时,及时加固处理,防止其诱发大型破坏;修复破坏、淘空的挡砟结构和防护结构,并加强观测。

(5) 排水不良区段,采用细粒土填筑的路基,应确保防排水设备工作正常。

5.5　路基强化技术

根据提高轴重路基边坡和基床存在的问题,提出了针对边坡稳定、基床病害和路基沉降变形等问题的路基强化技术。

5.5.1　路基边坡钢花管注浆与坡面框架梁强化技术

针对路基沉降变形导致路肩宽度不足、大轴重列车振动以及环境对路基长期作用使路堤边坡坡面土体逐渐疏松,密实度和强度降低,对内部土体约束减弱,导致路基边坡稳定性降低的影响,提出了斜向钢花管注浆、坡面设框架梁加强路基边坡稳定性的强化技术。边坡强化示意图如图 5.5.1 所示。

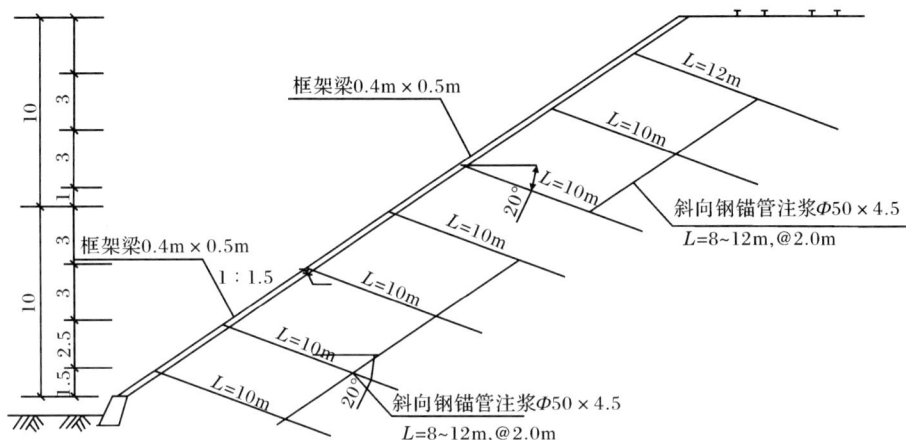

图 5.5.1　边坡强化示意图

1. 方案设计

通过注浆提高路基土体的强度,特别是软弱区域的强度,减小边坡的下滑力,起到一定的抗滑作用。通过钢花管的二次注浆,进一步挤密土体,增加土体密实度,提高其强度,二次注浆形成的浆脉可以加强钢花管与周围土体的锚固力。利用框架梁的抗弯作用将边坡的下滑力比较均匀地传递到锚固在稳定土层的钢花管上,从而达到对边坡的约束作用,提高边坡的整体稳定性。此外框架梁将边坡分隔成局部框格,增加坡面土体的稳定性。同时可在框架内种植植被,防护路基坡面。

基床及受列车动力影响明显的区域在注浆施工中,应在浆液内添加速凝剂,调整水泥浆的凝结时间,避免列车振动影响结石的强度,同时也减小注浆对线路稳定性和列车运行的影响。

当在路基基床范围内注浆时,为保证行车安全,需制定监测方案,对其进行监测。

2. 施工工艺

1)施工组织设计

在施工前,要求编制详实、合理、可行并满足工程进度要求的施工组织设计。对施工中的施工方法、顺序、施工工艺程序、劳动力组织和安全质量管理给出详细的设计,并制定相应的施工设计书。

施工顺序一般为:机械开挖坡面、平台→人工清理杂草及修整坡面→施工放线→搭设脚手架→钢花管、钢锚管制安、注浆→人工开挖框架梁沟槽→框架梁施工→排水孔、地表水沟施工→坡面防护→竣工验收。

2) 施工总体要求

边坡开挖应服从防治工程的施工,施工中做好临时排水措施,施工时一旦出现异常变形破坏迹象,应组织有关各方及时处理。

3) 注浆工程施工

注浆工程主体为地下隐蔽工程,其工程质量与施工技术密切相关,对注浆工程施工队伍的专业技术水平要求较高,应挑选具有相应施工技术和施工经验以及有信誉的施工队伍,加强施工质量监督与管理,严格执行有关注浆工程施工与验收技术规范和质量检验评定标准,确保边坡稳定和结构安全。

4) 钢花管加工

钢管顶端以下部分沿钢管轴线以一定间距沿径向旋转 45° 钻孔,注浆孔沿钢管四周呈螺旋式布置,注浆孔用特制胶带和凝胶密封。先定好孔位,再用台钻钻眼,防止偏斜。钢管外壁要用钢丝刷除锈,以增强钢管与水泥浆的黏结力,也有利于封孔胶带粘贴牢靠。钢管连接可采用无缝钢管套接,环缝处焊接。

5) 注浆工艺

(1) 一次常压注浆。

① 制浆。根据设计配制纯水泥浆,采用准确的配和比。

② 注浆。一次注浆塑料管绑在钢花管外,与钢管一同入孔,下端伸入孔底,从孔底向上反向压浆,将孔底的水或泥浆压出来,至孔口返出正常的水泥浆液。

③ 注浆量及注浆压力。当孔口返出正常浆液时即停止,如果出现浆液凝固收缩回落到孔口以下,要及时补浆,直至孔口注满。

(2) 二次注浆。

① 配合比。采用设计的配合比配制纯水泥浆。

② 注浆量和注浆压力。根据设计的注浆量或注浆压力进行注浆控制。实际操作中,随时注意现场情况,如果有地表冒浆或裂缝增大等异常情况,要及时停止注浆,查明原因,可以采取减小注浆压力或间歇式注浆的办法处理。

3. 框架梁钢筋混凝土工程施工

框架梁施工要保证梁顶面的平顺和美观,钢筋间距要满足设计要求,坡面不平顺处应先清理,梁底凹处应采用同标号混凝土找平后,再绑扎钢筋。然后依次进行模板和混凝土施工。

5.5.2　基床翻浆冒泥治理技术

翻浆冒泥是一定条件的黏粒、粉粒的基床表层土,在水和列车反复振动作用下,发生软化、液化,形成泥浆。列车通过时轨枕上下起伏使泥浆受挤压抽吸而通过道床孔隙向上翻冒,造成道砟脏污、板结进而使道床降低或者丧失弹性,轨道几何尺寸变化,危及行车安全。

1. 方案设计

1) 封闭基床表层

在条件允许的情况下,可采用封闭基床表层的方法进行处理。

清除原有的道砟到路基基床表面后,铺设 0.1m 厚中砂,整平后上铺设防水土工布或者复合防排水板,连接处在纵向和横向上做好搭接,防水土工布或者复合防排水板上再铺 0.1m 厚中砂,整平后回填道砟至设计高度。

2) 排水及固化

当天窗时间不允许进行大规模的施工时,可通过排水,并辅以其他工程措施对翻浆冒泥进行整治。传统的排水管随着基床变形的发展,积水面逐渐低于排水管进口的位置,导致排水管逐渐失去作用。而软式透水管本身可以发生形变,抵抗压力,受荷载的影响不明显,可以保证设备的排水性能。该强化措施不需完全占用天窗时间进行,施工工作量少。其施工主要分为两步。

(1) 钻孔。根据排水孔的设计间距和高度,沿路基横向钻仰斜 5°~10° 的孔,延伸至路基基床翻浆冒泥处。

(2) 排水管插管施工。将端部封填完好的软式透水管插入预先钻好的排水孔,然后封堵端口。

当道砟较厚道床污染比较严重时,可以对底部污染的道砟进行注浆固化,然后在其底部设置软式透水管进行排水。固化的道砟混合物增强了其整体性,并起到一定的防水效果,同时减小其对基床的动力作用和侵蚀作用,降低重载的作用效果,然后采用软式透水管的排水措施,及时排除基床内的积水,减小雨水对基床土体的软化效果,不致基床土体内产生过高的孔隙水压力或者液化,提高基床本身的性能,从而达到整治的目的。

采用该方案治理翻浆冒泥主要步骤如下:

(1) 检测道床与基床厚度及状态。采用现场查勘与仪器检测相结合的方法,掌握翻浆冒泥段路基区段道床、道砟与基床混合层的厚度,道床和基床的含水情况,路基横向完整基床层面的基本形状及位置。

(2) 固化道砟混合物。确定道砟混合物固化的基本厚度和位置,利用化学材料进行快速固化,基本上形成整体,起到一定的防水作用的同时,调整道床下部基床的整体受力情况,减弱道床对基床的动力作用和侵蚀。

3) 钻孔和排水管插管施工

根据软式透水管的钻孔和插管工艺进行施工。

2. 检测流程

为确定翻浆冒泥设计方案的关键参数,在翻浆冒泥地段进行检测。主要步骤如下:

(1) 在线路纵向,采用探地雷达布置至少三条测线,检测完整基床面的深度,道砟与基床混合层的厚度,道床和基床的含水情况。

(2) 选择典型断面,采用探地雷达沿路基横向测量完整基床层面的基本形状。

(3) 必要时,可在路基边坡进行水平钻孔,采用成像技术,简单查勘路基内部的基本情况。

3. 施工工艺

1) 施工组织

在施工前,要求编制详实、合理、可行并满足工程进度要求的施工组织设计。

施工顺序为:确定道砟混合物固化位置→现场放样→插管→注入化学浆液;确定排水管钻孔位置→清理场地→施工放线→搭设脚手架→钻机就位→调整角度→钻孔;排水管管口封填→插管→排水孔末端封填。

2) 施工总体要求

应遵循先固化,然后钻孔再插管的施工顺序。

排水钻孔采用水平钻机钻进,如遇塌孔需跟管钻进。

3) 道砟混合物固化

(1) 注浆钢花管加工。在钢管顶端以下部分沿钢管轴线水平方向左右交错打孔,先定好孔位,再用台钻钻眼,防止偏斜,钢管外壁要用钢丝刷除锈。注浆孔用特制胶带和凝胶密封。

(2) 注浆。在预定位置将钢花管打入防水板下部的道砟混合物,依据凝结时间、材料强度等参数,采用试验配置的准确配比进行材料配合,然后将喷枪与花管相连并固定,控制压力,避免材料喷入上部道床。完毕后将花管尽量打入道砟混合物内部。

4) 排水管施工

(1) 排水孔施工。排水钻孔采用水平钻机钻进,如遇塌孔需跟管钻进。

(2) 插管。软式透水管顶端采用滤网封堵,排水孔端口处采用黏土等材料封填。

5.5.3　加筋水泥土桩强化技术

斜向水泥土桩加固既有路基,对线路正常运营没有影响,且地层适应性强,加固效果好,在朔黄铁路路基加固中得到了大量应用。但斜向水泥土桩法也存在一定的不足,施工作业平台、吊装施工设备的重复安装工作量大,施工效率不高。针对上述缺点,提出了加筋水泥土桩的路基强化技术,其基本设计如图 5.5.2 和图 5.5.3所示。该设计考虑利用旋喷桩桩体水泥土的抗压强度和旋喷桩中钢材的抗弯性能,扩散基床土体传递至桩体上的应力,使其作用于下部土体的应力更加均匀。

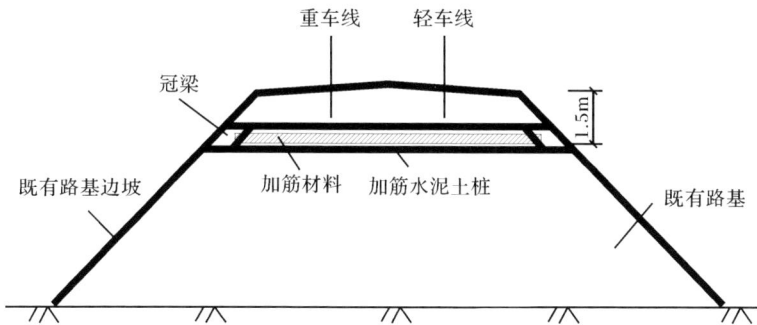

图 5.5.2　路基加固横断面图

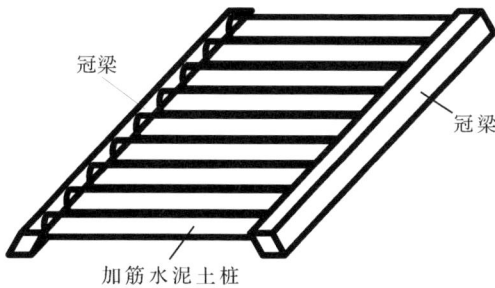

图 5.5.3　加筋水泥土排桩结构图

1. 加筋水泥土桩强化技术分析

1) 模型建立

路基面宽度 14m,高度 10m,单线重载,荷载换算土柱宽度 3.4m。数值模型的计算参数以及列车和轨道荷载换算土柱高度及分布宽度见表 5.5.1~表 5.5.3。

表 5.5.1　路基土物理力学参数

材料	E/GPa	泊松比 ν	重度 γ/(kN/m³)	c/MPa	φ/(°)	抗拉强度/MPa
粉质黏土	0.005	0.42	17.7	0.0279	25.9	0

表 5.5.2　水泥土及加筋材料的物理力学参数

材料	E/GPa	泊松比 ν	重度 γ/(kN/m³)	c/MPa	φ/(°)
水泥土	1.2	0.25	17.0	0.8	26.5
加筋材料	210	0.2	78.0	—	—

表 5.5.3　列车和轨道荷载换算土柱高度及分布宽度

设计轴重/t	换算土柱重度/(kN/m³)	分布宽度/m	列车荷载换算土柱高度/m	轨道荷载换算土柱高度/m	列车和轨道荷载换算土柱高度/m
25	18	3.4	2.23	0.94	3.17
28	18	3.4	2.50	0.94	3.44
30	18	3.4	2.68	0.94	3.62
33	18	3.4	2.95	0.94	3.89

利用三维数值力学模型,进行加筋水泥土桩的工作机理研究及加固效果评估,建立的数值计算模型如图 5.5.4 所示。

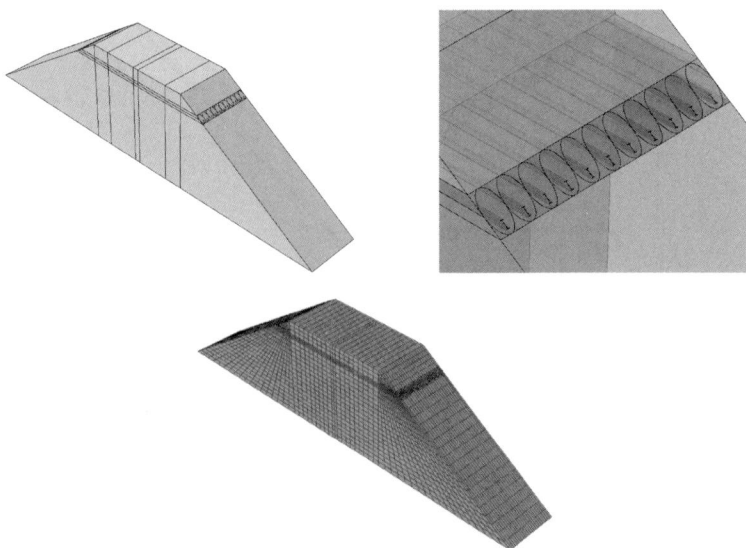

图 5.5.4　计算模型及网格划分

2) 计算工况

计算工况见表 5.5.4。水泥土桩直径为 0.5m,加筋材料采用工字钢,工字钢型号为 10 号工字钢,截面高度 100mm,截面宽度 63mm,腹板厚度 4.5mm,翼缘厚度 4.5mm。工字钢在水泥土桩内位置如图 5.5.5 所示,计算模型如图 5.5.6 所示。

表 5.5.4 计算工况

工况	路基填料	横向桩间距/m	横向桩排距/m
1. 加筋水泥土桩(工字钢)-1 排	粉质黏土、水泥土	0.5	—
2. 加筋水泥土桩(工字钢)-1 排	粉质黏土、水泥土	1.0	—
3. 加筋水泥土桩(工字钢)-1 排	粉质黏土、水泥土	1.5	—
4. 加筋水泥土桩(工字钢)-2 排	粉质黏土、水泥土	0.5	1.5
5. 加筋水泥土桩(工字钢)-2 排	粉质黏土、水泥土	1.0	1.5
6. 加筋水泥土桩(工字钢)-2 排	粉质黏土、水泥土	1.5	1.5

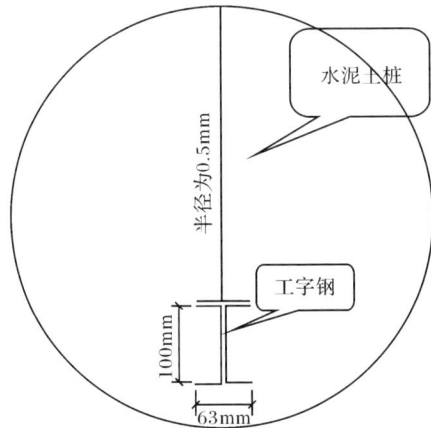

图 5.5.5 工字钢在水泥土桩内位置图

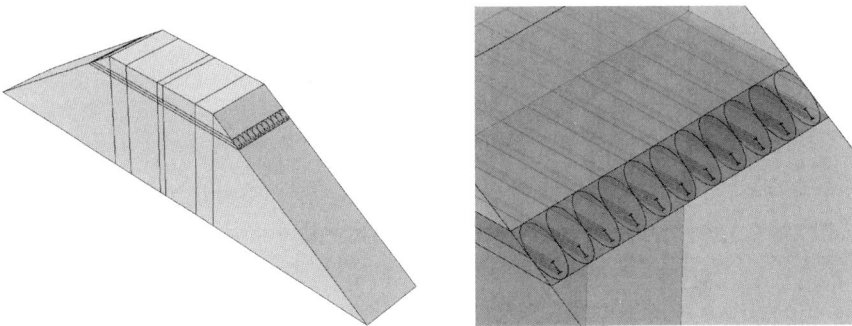

(a) 加筋水泥土桩(工字钢)-1 排(筋间距 0.5m)

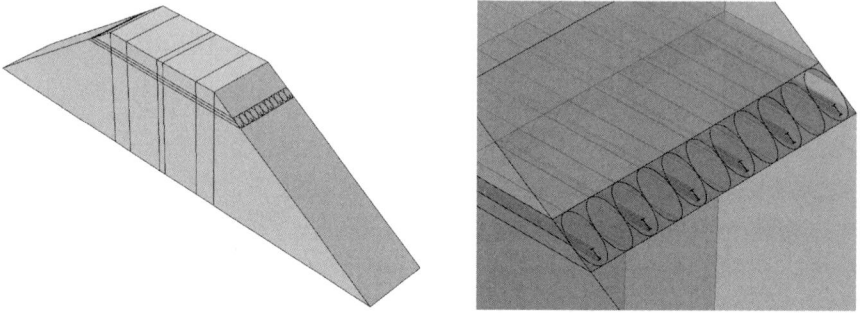

（b）加筋水泥土桩（工字钢）-1 排（筋间距 1.0m）

图 5.5.6　计算模型

3）数值分析结果

（1）路基顶面沉降。

路基顶面沉降数值分析结果如图 5.5.7 和表 5.5.5 所示。

表 5.5.5　不同设计轴重路基的最大沉降　　　　　（单位：mm）

工况设计轴重	路基未加固	1 排水泥土桩（未加筋）	1 排加筋水泥土桩	2 排水泥土桩（未加筋）	2 排加筋水泥土桩
25t	45.41	35.75	33.95	30.23	28.57
28t	49.08	38.60	36.65	32.61	30.78
30t	51.53	40.51	38.30	34.21	32.25
33t	55.20	43.41	40.92	36.60	34.46

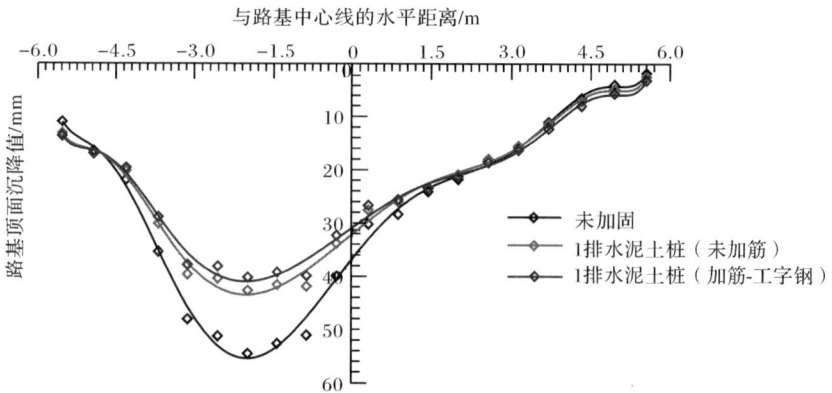

（a）

与路基中心线的水平距离/m

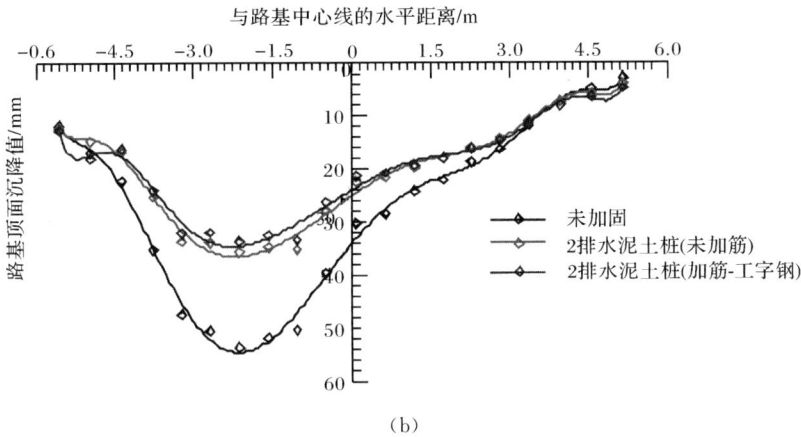

(b)

图 5.5.7 路基顶面沉降曲线

归纳分析,路基顶面沉降变形有以下规律:

① 无论路基未加固还是设置 1 排、2 排加筋或未加筋的水泥土桩,路基顶面的最大沉降值均在重车线路中心线处。

② 路基未加固时,路基顶面最大沉降值为 55.20mm;当设置 1 排加筋水泥土桩时,路基顶面最大沉降值降低至 40.92mm,比路基未加固时降低了 25.87%;当设置 2 排加筋水泥土桩时,路基顶面最大沉降值降低至 34.46mm,比路基未加固时降低了 37.57%。

③ 路基设置加筋水泥土桩与设置未加筋的水泥土桩相比路基面沉降量进一步减小,但减小的幅度不大。

(2) 路基坡面水平位移。

路基坡面水平位移数值分析结果如表 5.5.6 和图 5.5.8 所示。

表 5.5.6 不同设计轴重路基坡面最大水平变形值 (单位:mm)

工况设计轴重	路基未加固	1 排水泥土桩(未加筋)	1 排加筋水泥土桩	2 排水泥土桩(未加筋)	2 排加筋水泥土桩
25t	9.50	6.70	6.48	3.91	3.88
28t	10.17	7.19	6.95	4.20	4.16
30t	10.61	7.52	7.26	4.40	4.35
33t	11.28	7.98	7.73	4.69	4.40

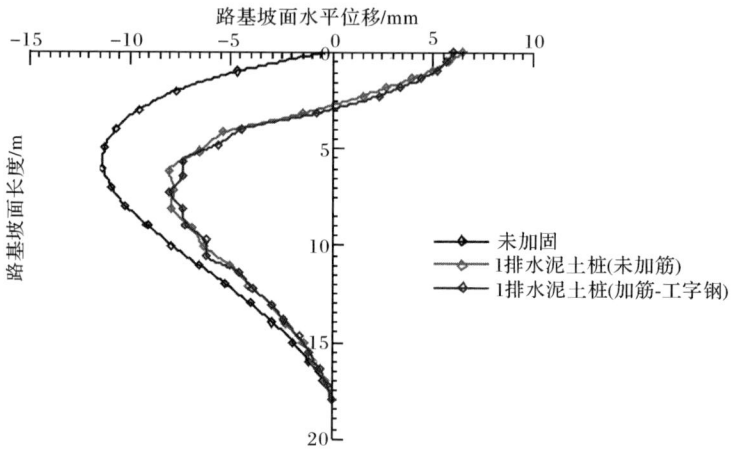

（a）

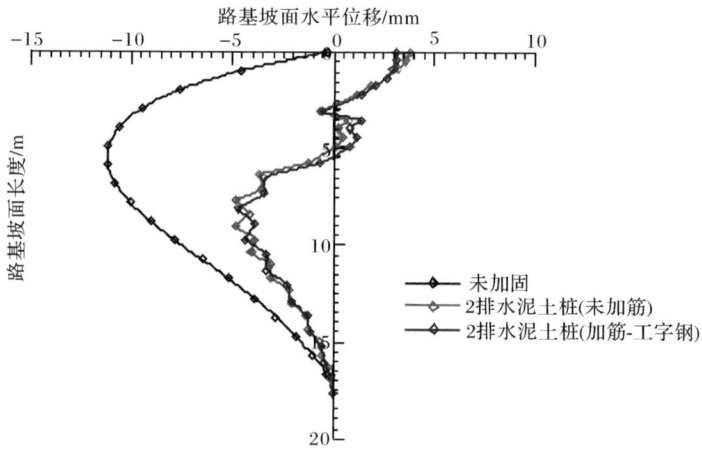

（b）

图 5.5.8　路基坡面水平变形

归纳分析，路基坡面水平变形有以下规律：

① 路基未加固时，路基坡面最大水平变形值为 11.28mm，当设置 1 排加筋水泥土桩时，路基坡面最大水平变形值降低至 7.73mm，比路基未加固时降低了 31.47%；当设置 2 排加筋水泥土桩时，路基顶面最大沉降值降低至 4.4mm，比路基未加固时降低了 60.99%。

② 水泥土桩和加筋水泥土桩均能够有效地控制路基边坡水平变形，提高路基整体性，但两者对路基水平变形的控制差异不大。

（3）拉压应力。

拉压应力数值分析结果如表 5.5.7、图 5.5.9 和图 5.5.10 所示。

表 5.5.7　1 排水泥土桩加筋前后最大应力值　　　　　（单位：10^5 Pa）

应力 设计 轴重	1 排桩未加筋		1 排桩加筋		
			桩体		工字钢
	拉应力	压应力	拉应力	压应力	拉应力
25t	9.104	3.900	7.150	6.989	1131
28t	9.069	4.261	7.595	7.522	1198
30t	9.136	4.501	7.891	7.892	1243
33t	9.138	5.166	8.335	8.447	1311

图 5.5.9　33t 轴重下 1 排未加筋桩体应力

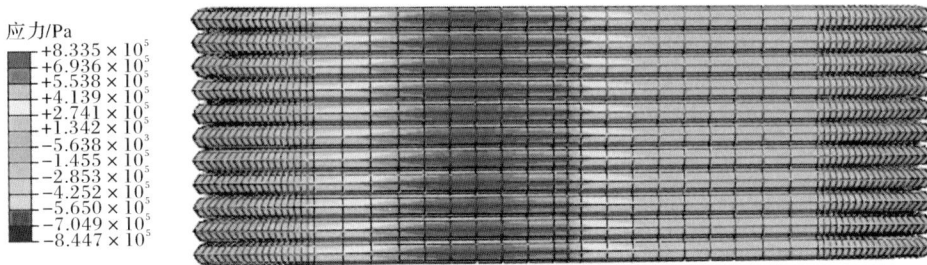

图 5.5.10　33t 轴重下 1 排加筋桩体应力

当布置 1 排桩时，由图 5.5.9、图 5.5.10 并结合表 5.5.7 可以看出以下规律：

① 不论是否加筋，水泥土桩最大应力均分布在重车线路中心线处。未加筋时水泥土桩的最大拉应力已经超出了水泥土的容许拉应力，说明加筋是必须的。

② 加筋后桩体受到的最大压应力明显增大，而最大拉应力明显减小，同时最大拉应力的分布区域明显减小，加筋材料承担着较大的拉应力，说明加筋可以明显地分散水泥土桩的拉应力。

当布置 2 排桩时,由图 5.5.11 图 5.5.12 并结合表 5.5.8 可以看出,加筋后上排桩体主要承受压应力,下排桩体主要承受拉应力,加筋前后最大应力的分布区域变化不大,而上下两排桩的最大压应力值均有所增加,最大拉应力值明显减小,其中下排桩体最大拉应力减小显著,大大降低了桩体下侧开裂的可能性。同样说明了加筋可有效地分散水泥土桩的拉应力,有效地提高水泥土桩的整体性,加筋后加筋材料承担着较大的拉应力。

表 5.5.8   水泥土桩加筋前后最大应力值   (单位：10^5 Pa)

应力设计轴重	2 排桩未加筋				2 排桩加筋					
	上排桩		下排桩		上排桩			下排桩		
	拉应力	压应力	拉应力	压应力	拉应力	压应力	工字钢拉应力	拉应力	压应力	工字钢拉应力
25t	5.843	4.729	9.395	1.406	3.934	6.556	780.3	5.906	2.157	1313
28t	6.346	5.077	9.388	1.38	4.242	6.994	841.3	6.114	2.108	1367
30t	6.683	5.311	9.415	1.363	4.447	7.286	881.9	6.253	2.075	1403
33t	7.189	5.662	9.499	1.337	4.755	7.724	942.9	6.461	2.215	1457

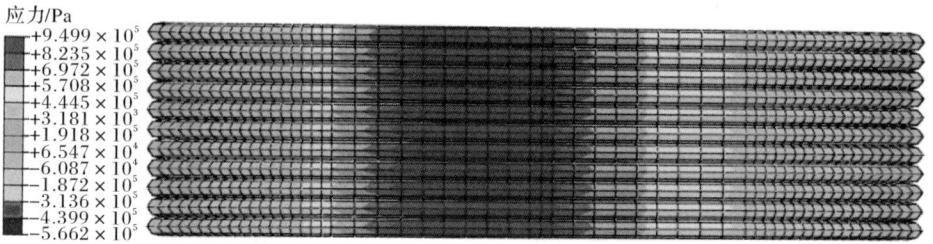

图 5.5.11   33t 轴重下 2 排未加筋桩体(下排桩)应力

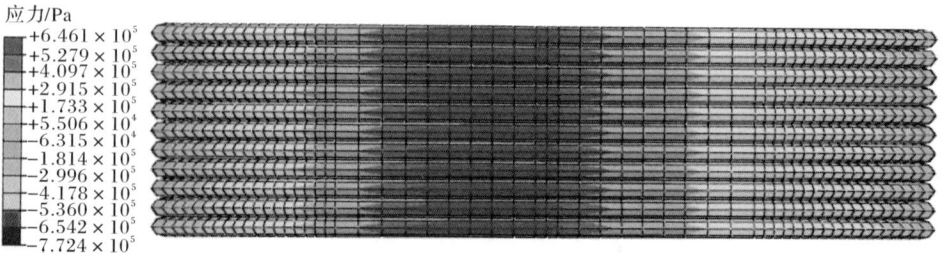

图 5.5.12   33t 轴重下 2 排加筋桩体(下排桩)应力

（4）剪应力。

剪应力数值分析结果见表 5.5.9。

表 5.5.9　桩体最大剪应力值　　　　　　　（单位：10^5 Pa）

工况设计轴重	1 排未加筋	1 排桩加筋	2 排未加筋（上排桩）	2 排桩加筋（上排桩）
25t	4.396	3.896	3.211	2.961
28t	4.886	4.245	3.519	3.228
30t	5.257	4.477	3.725	3.407
33t	5.871	4.826	4.036	3.674

无论设置 1 排桩体还是 2 排桩体，桩体剪应力的峰值均分布在重车线路中心线处。加筋后桩体的最大剪应力值明显减小，并且随着桩排数的增多，桩体最大剪应力值也明显减小，大大降低了桩体剪切破坏的可能性。

从上述分析可见以下规律：

① 无论路基未加固还是设置 1 排、2 排加筋或未加筋的水泥土桩，路基顶面的最大沉降均在重车线路中心线处。设置水泥土桩能有效减少路基顶面最大沉降。路基设置加筋水泥土桩与设置未加筋水泥土桩相比，路基面沉降量进一步减小。

② 设置水泥土桩能有效减少路基坡面最大水平变形。水泥土桩和加筋水泥土桩均能够有效地控制路基边坡水平变形，提高路基整体性，但两者对路基水平变形的控制差异不大。

③ 设置 1 排桩时，无论是否加筋，水泥土桩最大应力均分布在重车线路中心线处；加筋后桩体受到的最大压应力明显增大，而最大拉应力明显减小，同时最大拉应力的分布区域明显减小，加筋材料承担着较大的拉应力。

2. 加固措施

（1）于两侧路堤坡脚外一定距离采取措施拦截施工污水及水泥土浆，防止任意乱流，污染田地等周围环境，水泥土浆晾晒稍干应及时清走。当路堤填高较低时，需在两侧路基坡脚处开挖深 0.5～0.7m、宽 2m 的工作面，以便旋喷钻机施工。

（2）于路基重车侧路基边坡搭设作业平台，平台常规搭设方法是固定一排脚手架，脚手架上铺设木板作为施工平台，脚手架距路肩距离视钻机高度而定，保证钻机放置其上刚好达到预定钻孔高度。

本科研项目配套研制的设备采用路基边坡固定两根工字钢作为导轨，钻机可沿导轨移动，简化了作业平台的搭拆，施工经济高效。

（3）于路基重车侧自路肩以下 1.5m，沿线路方向打设一排高压旋喷桩，桩沿线路方向间距按 0.5m、1.0m 两种设置，长度分别为 25m。旋喷桩桩径 0.5m，旋喷桩浆液水灰比控制 1∶1,每延米水泥用量不小于 210kg,桩体水平设置,桩长至轻车侧路基边坡。

(4) 每根水泥土桩内插入加筋材料,加筋材料采用工字钢,型号为 10 号工字钢,截面高度 100mm,截面宽度 63mm,腹板厚度 4.5mm,翼缘厚度 4.5mm。

(5) 相邻桩严禁连续施工,必须至少间隔四桩,已成桩体未达到固化严禁施工相邻桩,一般应至少间隔 48h。

(6) 所有加筋水泥土桩施工完,在桩两端采用钢筋混凝土冠梁连接,形成加筋水泥土排桩结构。

3. 施工要求

(1) 旋喷桩施工前(包括截污沟、工作平台的开挖)应详细查清两侧地下管线位置,如有干扰及时通知设计单位,调整桩位以保证施工、既有管线及运营安全。

(2) 旋喷桩施工前必须试桩,试桩数不少于 2 根,以查明旋喷固结体的强度和直径,验证设计的可靠性和安全度,确定各项施工参数。

(3) 建议施工工艺参数:喷射压力 15～22MPa;喷嘴孔径 2.5mm;喷浆流量 80～90L/min;提升速度 15～22cm/min;旋转速度 18～25r/min,上述参数应根据返浆情况,路基本体是否发生变形动态调整。

(4) 水泥采用强度等级为 P. O 42.5 的普通硅酸盐水泥,用水按《混凝土用水标准》(JGJ 63—2006)的规定要求执行,外加剂为 NNO(亚甲基二萘磺酸钠) 0.5%、711 型速凝剂 3%。

(5) 旋喷桩钻进过程中严禁水钻,钻进困难时可采用跟浆钻孔,浆液采用纯水泥浆,水灰比控制在(1～1.5)∶1,在不堵管的情况下宜采用水灰比 1∶1。

(6) 严格控制水平度,旋喷机就位后,应对钻机进行水平校正,使钻头水平钻穿路基,必须保证孔身偏斜度≤1%。

(7) 施工结束 28 天后应进行质量检查,抽取总桩数 2% 的桩进行钻芯取样,进行室内强度试验,要求 28 天无侧限抗压强度不小于 2.0MPa。

(8) 桩体直径允许偏差≤50mm,桩身中心允许偏差≤0.2D。

(9) 旋喷桩施工时,应加强监测路基、轨道、接触网立柱变形情况,以不影响运营安全为原则,同时检查路基面是否漏浆,以免对道砟造成污染,一经发现问题必须立即停止施工,直到找出产生原因并解决后方可继续进行。施工过程中需工务部门配合,加强线路养护维修工作。

4. 加筋水泥土桩强化技术的施工

1) 施工设备

高压水平旋喷钻机为全液压注浆钻机,如图 5.5.13～图 5.5.15 所示。钻机所有部件(包括动力站、给进机构、动力头、钻架、夹持机构、操作台等)分装在动力源部分、执行部分和操作部分三大部分上,并且三大部分之间可自由拆卸。钻机主要用在松土层的钻孔和注浆。

全液压注浆钻机传动可靠、结构紧凑、高压注浆;仪表齐全,能及时反映钻进速度、回转速度和液压系统工作状况;液压系统设计合理,先进而简单,带有自我保护,有较高的可靠性;手柄集中操作,操作简单可靠;动力头拉轴设有卸扣浮动机构,以减少对钻杆丝扣的磨损;油管配有快速接头,钻机各个部分采用分体式结构,可方便拆卸运输。

图 5.5.13　钻机

图 5.5.14　操控台　　　　　　　图 5.5.15　液压马达

(1) 基本参数。

基本参数见表 5.5.10。

表 5.5.10　基本参数

钻孔直径	钻具	外形尺寸(运输状态)长×宽×高/mm	总质量/t
100mm	钻头直径:100mm 钻杆:$\phi 50 \times 2000$mm	动力站:$1500 \times 500 \times 1070$ 钻架部分:$3630 \times 460 \times 640$ 操作台:$700 \times 400 \times 600$	约 1

（2）技术参数。

技术参数见表 5.5.11。

表 5.5.11　技术参数

动力	动力头	给进机构	液压油泵	回转液压马达	行走液压马达
电动机型号： Y160-L 电动机功率： 15kW 转速： 1450r/min	行程：2520mm 输出转速： 0～120r/min 最大输出扭矩： 1250N·m	最大给进速度： 30m/min 最大回拉速度： 30m/min 最大给进力：18kN 最大回拉力：18kN	开式柱塞泵	摆线马达： 6k-390 排量：390ml/r 额定压力： 20MPa	摆线马达： 6k-390 总排量： 390ml/r 额定压力： 20MPa

（3）主要部件结构。

① 动力站。

动力站由三相交流异步电机、联轴器、液压油泵、液压油箱、电控箱等组成；三相交流异步电机提供钻机的动力，经联轴器驱动液压油泵，再通过液压系统传到各执行机构，完成各个动作。

② 钻架。

钻架为回转和给进回拉的承力机构。动力头、链条拉轴、前后夹持器、卸扣机构、给进马达、链条、链轮均与之相连接。

③ 动力头。

动力头由液压马达、箱体、水龙头、主轴等组成。动力头主要完成钻进过程中的回转、给进、回拉动作。

（4）夹持器和卸扣机构。

前后夹持器分别采用一个双作用油缸以实现夹紧/松开钻杆动作。前后夹持器均采用单油缸夹持，夹持器箱体为浮动箱体，夹持器夹紧过程中，其箱体受到钻杆对其产生的作用力而自动达到中位。夹持器采用弹簧回位，在夹持器松开钻杆以后弹簧拉力使前后夹持器回位。卸扣机构采用 1 个双作用油缸，推动后夹持器转动卸开钻杆第一扣。

（5）液压系统。

钻机的液压系统包括动力头回转回路、给进/回拉回路、夹紧/卸扣回路。油箱最大容量：160L。

系统压力：

回路	回转	给进/回拉	夹紧
额定/MPa	20	20	20

液压油：

环境温度 15℃以上：N68 号抗磨液压油。

环境温度 15℃以下：N32 号低凝液压油。

液压油泵：

液压油泵为液压系统动力元件、通过控制阀去驱动各执行元件，从而完成各个动作。油泵失效将导致整个回路的动作全无。在使用中应注意以下问题：

① 不得超压使用，其工作油温（油箱中油的温度）应在 80℃以内。

② 保证液压油清洁，当滤油器报警时应及时更换吸、回油滤油器滤芯，向油箱加入新油时，需经加油过滤器。

③ 定期更换液压油，新钻机运行 200h 后换油，以后每运行 3000h 更换一次。在此期间，若发现油已变质，应及时更换，换油时应将脏油放净，彻底清洗油箱。

④ 初次使用或长期存放后运转时，不应立即满负荷运转，要使电动机带动油泵空载运转 10min 以上。检查各液力输送管线是否通畅，是否有渗漏、破损等现象，一经发现，及时检修。

5. 施工工艺流程

施工工艺流程如图 5.5.16 所示。

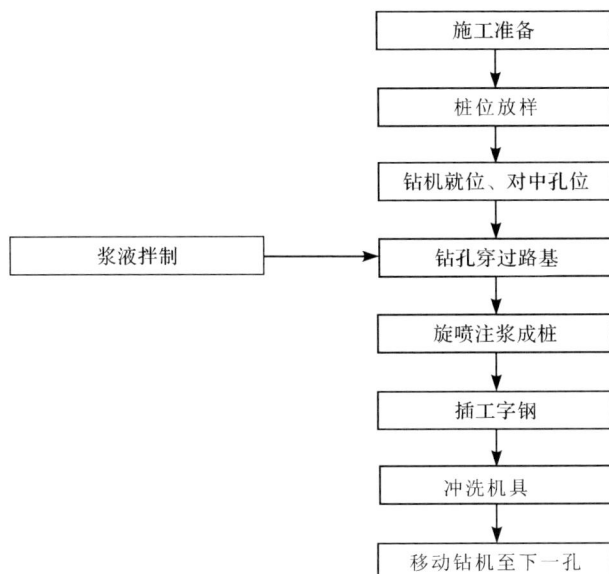

图 5.5.16　施工工艺流程图

1）施工准备

（1）搭设平台：于路基重车侧路基边坡搭设作业平台，平台常规搭设方法是固定一排脚手架,脚手架上铺设木板作为施工平台,脚手架距路肩距离视钻机高度而定,保证钻机放置其上刚好达到预定钻孔高度。

固定导轨:将一定长度(根据边坡平整状况确定)两节工字钢与路基接触的一面一翼焊接加宽(根据路基坡度),加工成三角形,使工字钢能与路基边坡水平密贴于路基边坡,量测好钻孔与钻机底部滚轮的距离确定工字钢固定位置,固定好工字钢作为钻机移动导轨,固定方法根据现场边坡情况确定,可直接贴工字钢下边敲入带尖钢管,或者顺着边坡间隔一定距离固定若干钢管,再将工字钢固定于钢管上。两根工字钢要调好间距,保证平行,工字钢导轨整体固定好后,方可安装钻机。

(2)安装钻机:根据路基坡度,将钻机支架与钻架于平地组装好后,用吊车整体吊放于导轨上,如果钻架未达到水平,可调节支架后立杆卡子高度,保持钻架水平,支架紧固好后,沿着导轨推动钻机,检查导轨是否稳定,平行与否,确认无问题后,将操作台安放于钻机支架上,液压泵站吊放于路肩,液压泵站装有轮子,为便于其移动,可沿路肩铺设两根槽钢以节省人力。

(3)钻机动力系统连接:按照编号插接好油管,连接好钻机动力系统,接通电源,点接接通按钮(绿色)随即按停止按钮(红色),查看电机是否顺时针转动(面对电机或者侧向看),如反转,任意倒换两根火线即可。电源接好后,启动电机油泵,进行旋转、提升、拧卸操作,检查油路密封性。

(4)高压系统检查:连接好高压管,用清水进行高压试验,试验时注意喷嘴切勿对着有人方向,如有泄漏,必须检查修复。

2)水平钻进

(1)钻机对位:动力头给进使钻头贴着边坡,推动钻机对好位,固定滚轮,开始钻进作业。

(2)钻进液:为减弱水软化路基土体,确保行车安全,钻进过程严禁使用清水,应严格使用水泥浆液钻进,为方便施工的连续性,钻进水泥浆液可与旋喷浆液通用。

(3)钻进:根据土层情况调好转速,钻进速度手动控制,第一根钻杆钻进时应放慢速度,保证钻架稳定,钻入第一根钻杆后,可适当加快,鉴于钻进过程中反力水平,钻进过程中给压要平缓,严禁猛推给进操作杆,防止顶动钻架,总的原则是要保持钻架的稳定性。

(4)定位:钻透路基土后,在路基边坡钻透位做好标记,以固定钢丝绳导向轮位置。

3)水平旋喷成桩

(1)调转速:向正转方向轻轻推动转速手柄,观察转速表,数字显示达到工艺要求的转速停止转速自然固定。

（2）给浆压：转速调好后通知后台调节高压泵转速，达到要求压力且稳定后通知旋喷机操作人员。

（3）提升喷浆：接到压力达到要求的通知后，慢慢调节给进手柄的旋转螺丝，观察给进表，数字显示达到工艺要求的提速停止提速自然固定。注意给进表比较灵敏，调节一定要耐心，防止速度超过要求，影响成桩质量，一旦发现速度超过要求，应钻回原位重新调节提升。

（4）拧卸钻杆：本钻机拧卸钻杆主要靠液压系统完成。提完一根钻杆行程后（以两根钻杆接头位到前后夹持器中间为止），浆液停止给压，推动前夹持器手柄夹紧前面钻杆，动力头反转卸开主动钻杆锥扣（如果本操作卸开了夹持器之间锥扣，可在推动后夹持器手柄夹紧钻杆后再使动力头反转卸开主动钻杆锥扣），推动后夹持器手柄夹紧后面钻杆并保持直至油缸转动卸开夹持器之间锥扣，再用链钳或者管钳人工拧卸取下钻杆。

（5）冲洗：按照上述操作重复，完成单孔注浆作业，用清水冲洗钻具、管路、高压泵等浆液输送系统，移至下一孔继续作业。如果间隔时间不长，可简短进行冲洗。

因为成桩孔水平，旋喷后土体经高压切割破坏与浆液混合成流塑状态，有可能流出使桩留下空洞，造成桩体不完整的安全隐患，因此必须采取措施防范。旋喷过程中防止浆液流出的措施如下：

（1）钻孔两头半米范围内应减小压力，使两头桩体变小，形成口袋形，防止浆液流出，发生脱空现象，两头成桩大小要能刚好使工字钢顺利插入为宜。

（2）喷浆将要结束时，可用软体物塞住钻孔孔口，利用余浆填充使桩体饱满。

（3）插入工字钢后，发现桩体有空隙应及时补浆注满。

4）插工字钢

为保证工字钢插入过程导向准确，防止插偏导致插入难以为继，采用卷扬机钢丝绳拉穿的方法。

（1）固定钢丝绳：水平钻透路基位置，固定好钢丝绳导向轮，要求轮顶正对或者稍高于钻透位。

（2）穿钢丝绳：随着提升旋喷成桩，钢丝绳同时被拉过路基。拉钢丝绳过程中，为防止钻头旋转使钢丝绳缠绕过多，损坏钢丝绳或者影响其使用，应使钢丝绳另一端处于自由状态，即先将单独一段钢丝绳穿过路基，反向旋转理顺穿过的钢丝绳后，再将其一端与卷扬机钢丝绳连接，另一端与工字钢连接。

（3）拉工字钢：工字钢一端切割成三角形，开孔与钢丝绳连接好后，工字钢尖头对准孔位，保持整根工字钢与钻孔成一线（注意前后上下摆位对正），开动卷扬机拉穿工字钢，拉动后要一气呵成，中间不要停留。

6. 安全注意事项

（1）前后台操作人员应保证通视，互相能看清手势信号，精力集中，此呼彼应，反应迅速，及时应对异常情况。

（2）前台操作人员应配备一定的防护用品，防止高压浆体泄漏喷出伤及人身，特别是眼睛。

（3）接钻杆前一定要检查密封圈是否完好，如有破损及时更换。

（4）高压泵操作人员高压状态要眼盯压力表，发现憋压或者泄压立即停泵并通知前台人员。检查原因，故障排除试压正常后继续作业。

（5）钻头在外试喷要注意喷嘴方向，严禁对准人员停留处。

（6）路基本体加压过程应使钻具处于旋转状态，防止一个方向喷射穿透路基本体，危及行车安全。

（7）喷浆时调节提升速度要熟练快速，防止小范围喷浆时间长使路基鼓起，严禁钻具停止状态下喷浆（加压过程除外）。

（8）路基面应设置沉降观测点，监控喷浆过程对路基本体的影响，发现路基面鼓起、出浆情况等及时分析原因，采取措施。

（9）相邻桩严禁连续施工，必须至少间隔四桩，已成桩体未达到固化严禁施工相邻桩，一般应至少间隔 48h。

参 考 文 献

[1] Li D. Deformations and remedies for soft railroad subgrades subjected to heavy axle loads. Geotechnical Special Publication, 2000: 307—321.

[2] Li D, Selig E T. Cumulative plastic deformation for fine-grained subgrade soils. Journal of Geotechnical Engineering, 1996, 122(12): 1006—1013.

[3] Gräbe P J, Clayton C R I, Shaw F J. Deformation measurement on a heavy haul track formation//The 8th International Heavy Haul Conference. Rio de Janeiro, 2005: 287—295.

[4] Gräbe P J, Shaw P J. Design life prediction of a heavy haul track formation//The 9th International Heavy Haul Conference. Shanghai, 2009: 22—29.

[5] 中国铁道科学研究院. 既有线提速路基综合评估及加固技术的研究. 北京, 2005: 6—17.

[6] 中国铁道科学研究院. 铁路既有线路基检测及评估技术研究报告. 北京, 2009: 1—10.

第 6 章　30t 轴重隧道结构评估与加固

目前国内外对重载铁路线路结构的研究主要集中在轨道、路基和桥梁上,而关于重载对隧道影响的研究较少。我国既有重载铁路隧道在修建时设计标准偏低,运营过程中,隧道基底结构在长期循环振动荷载作用下会出现开裂、破损、下陷、向两侧外挤以及翻浆冒泥等现象[1,2],导致隧道使用寿命缩短,结构强度、刚度、稳定性等方面的安全储备下降。这些病害不同程度地恶化行车条件、限制行车速度、危及行车安全、缩短隧道的维护周期和使用寿命,并制约铁路安全高效服役。随着 30t 轴重列车的开行,这种现象更加明显。

本章以朔黄铁路为例,针对 30t 轴重条件下隧道基底结构面临的承载能力下降和结构耐久性技术问题,在隧道基底结构评估技术以及强化改造措施方面进行了探索。

6.1　既有隧道现状

朔黄铁路全线共有 77 座隧道,竣工数量总长 66338.22 双延米,占朔黄铁路全线线路长度的 11.3%。沿线隧道集中分布在神池南至回风和南湾至温塘两段。前段线路走行在山西省神池、宁武和原平县境内,横穿恒山、云中山,线路在 100km 的长度内有隧道 32 座,共长 28.7km,占线路全长的 28.7%;后段线路走行于滹沱河峡谷,经山西省五台县、盂县至河北省平山县温塘,线路长 92.6km,有隧道 45 座,长 37.6km,占线路全长的 40.6%。全线长 3km 以上的隧道有 4 座,共长 27.41km,占全线隧道总长度的 41.3%。长度在 0.5m 以上至 3km 之间的中长隧道 25 座,共长 27.95km,占全线隧道长度的 42.2%;长度 0.5km 及以下的短隧道 48 座,共长 10.98km,占全线隧道总长度的 16.5%。

朔黄铁路长隧道或特殊条件的隧道全部或部分地段采用复合式衬砌,约占全线隧道总长的 42%:长梁山、寺铺尖、水泉湾隧道全部采用复合式衬砌;三家村、古月隧道洞身基本在浅埋、风化极严重地层中通过,甲子湾 2 号隧道大部分位于碎石土地层中,Ⅳ、Ⅴ级围岩占隧道长度的 80%~100%,采用复合式衬砌;东风、滴水崖隧道部分采用复合式衬砌,部分采用普通模筑混凝土衬砌(整体式衬砌);全线其他隧道均采用整体式衬砌设计。全线隧道正洞全部采用混凝土或钢筋混凝土作为永久衬砌,8 度地震区、Ⅲ级及以下围岩采用曲墙带仰拱封闭式衬砌。

　　全线采用的衬砌主要设计参数如下：

　　（1）复合式衬砌。初期支护采用喷射混凝土、锚杆、钢筋网、格栅及钢架单一或组合而成，喷射混凝土的设计标号不小于 C18，最小厚度不小于 50mm，最大厚度不大于 250mm。二衬常采用 C18 混凝土，根据需要采用防水混凝土。复合式衬砌如图 6.1.1 所示，复合式衬砌设计参数见表 6.1.1。

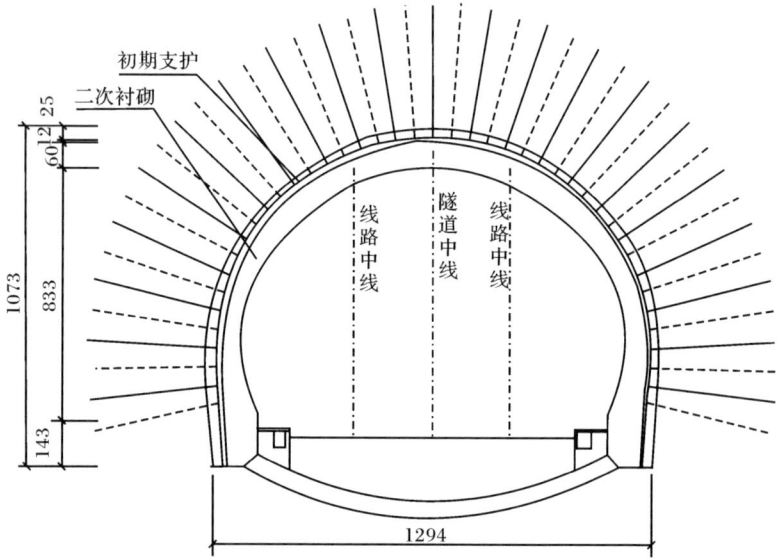

图 6.1.1　朔黄铁路隧道典型复合式衬砌断面图

表 6.1.1　朔黄铁路隧道复合式衬砌设计参数表

围岩级别	预留变形量	初期支护							二次衬砌		
		C18 喷射混凝土厚度/cm	锚杆 φ22mm			钢筋网			格栅支撑间距/m	拱墙厚度/cm	仰拱厚度/cm
			部位	长度/m	间距/m	部位	钢筋直径/mm	网格尺寸/cm			
V	0	25	拱、墙	3.0	1.0	拱、墙	6～8	20×30	1.0	35	60
IV	7	15～22	拱、墙	3.0	1.2	拱、墙	6～8	20×30	2.0	30	50
III	5	10	拱部	3.0	拱 1.3 墙 1.5	—	—	—		30	40
II	3	5	—	—	—	—	—	—		30	铺底 25

　　（2）整体式衬砌。Ⅰ、Ⅱ级围岩采用直墙式衬砌，铺底采用 C18 混凝土，厚度 25cm；Ⅲ级及以上围岩采用曲墙式带仰拱全封闭式衬砌；Ⅳ、Ⅴ级围岩衬砌分以下

几种情况分别处理:①有地下水,基础可能产生沉陷,采用不减薄型曲墙衬砌;②无地下水,采用光面爆破和喷锚施工支护,采用减薄型曲墙衬砌;③无地下水,不采用光面爆破,但采用喷锚作施工支护,采用不减薄型曲墙衬砌。Ⅵ级围岩全部采用不减薄型曲墙衬砌。整体式衬砌如图 6.1.2 所示,整体式衬砌设计参数见表 6.1.2。

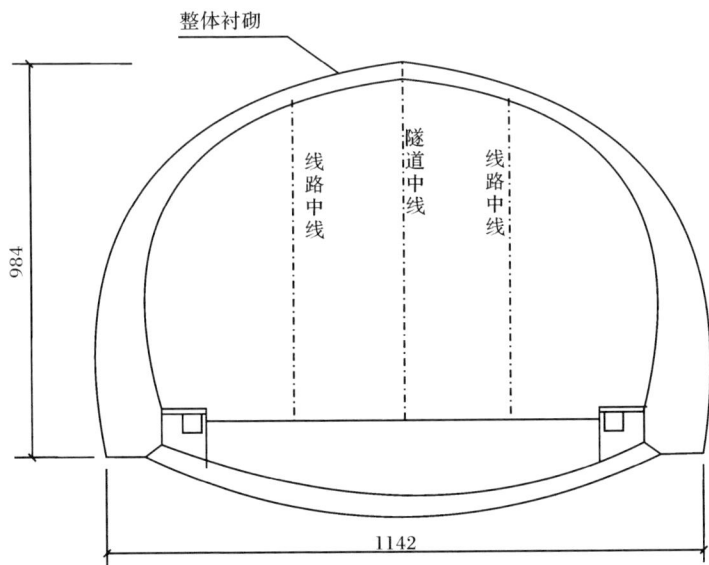

图 6.1.2　朔黄铁路隧道典型整体式衬砌断面图

表 6.1.2　朔黄铁路隧道整体式衬砌设计参数表

围岩级别	初期支护							模筑混凝土衬砌		
	C18 喷射混凝土厚度/cm	锚杆 φ22mm			钢筋网			格栅支撑间距/m	拱顶厚度/cm	仰顶厚度/cm
		部位	长度/m	间距/m	部位	钢筋直径/mm	网格尺寸/cm			
Ⅴ	20	拱、墙	3.0	1.0	拱、墙	6~8	20×30	1.0(0.75)	60	60
Ⅳ	18	拱、墙	2.5	1.0	拱部	6~8	20×30	2.0(0.75)	50	50
Ⅲ	7	拱部	2.0	1.2	—	—	—		50	40
Ⅱ	5	—	—	—	—	—	—		30	铺底 25

注:括号内的数字用于洞口加强段。

(3)朔黄铁路全线隧道衬砌建筑材料见表 6.1.3。

表6.1.3　朔黄铁路隧道衬砌结构建筑材料表

项目	围岩级别	衬砌材料						
		拱部	边墙	仰拱	仰拱填充	铺底	水沟电缆槽	水沟电缆槽盖板
复合式衬砌	—	C18混凝土	C18混凝土	C18混凝土	C13混凝土或片石混凝土	—	C18混凝土	C13钢筋混凝土
整体式衬砌	Ⅱ、Ⅲ	C13混凝土	C18混凝土	—	—	C13混凝土	C13混凝土	C13钢筋混凝土
	Ⅳ、Ⅴ、Ⅵ	C18混凝土	C18混凝土	C18混凝土	C13混凝土或片石混凝土	C13混凝土(Ⅳ级直墙)	C13混凝土	C13钢筋混凝土
偏压衬砌	—	C18混凝土或钢筋混凝土	C18混凝土或钢筋混凝土	C18混凝土或钢筋混凝土	C13混凝土或片石混凝土	—	C13混凝土	C13钢筋混凝土
拱形明洞	—	C18混凝土或钢筋混凝土	C13混凝土或M10浆砌片石	—	—	C13混凝土	C13混凝土	C13钢筋混凝土

注:地下水丰富地段衬砌采用防水混凝土。

6.2　隧道基底结构荷载特征

30t轴重列车开行后,隧道基底填充层所受冲击力将进一步增大[3,4],隧底填充层应力集中易产生纵向开裂或局部压溃,导致隧道仰拱破坏,从而发生翻浆冒泥等病害现象。因此,掌握30t轴重列车作用下既有重载隧道基底的荷载特征及振动特性尤为重要。

6.2.1　隧道基底结构荷载分布特征

1. 横向分布特点

以复合式衬砌三家村隧道为例,沿隧道横断面基底填充层顶面的动压应力分布如图6.2.1所示。

由图6.2.1可看出,动压应力沿隧道填充层横断面方向呈"马鞍形"分布,两根钢轨正下方位置所受的动压应力最大,轨枕头附近的动压应力次之,道心处的动压应力最小。该断面处靠边墙侧钢轨下填充层顶面动压应力比靠隧道中心侧钢轨下动压应力大,这主要是两侧道床刚度不均匀所致。

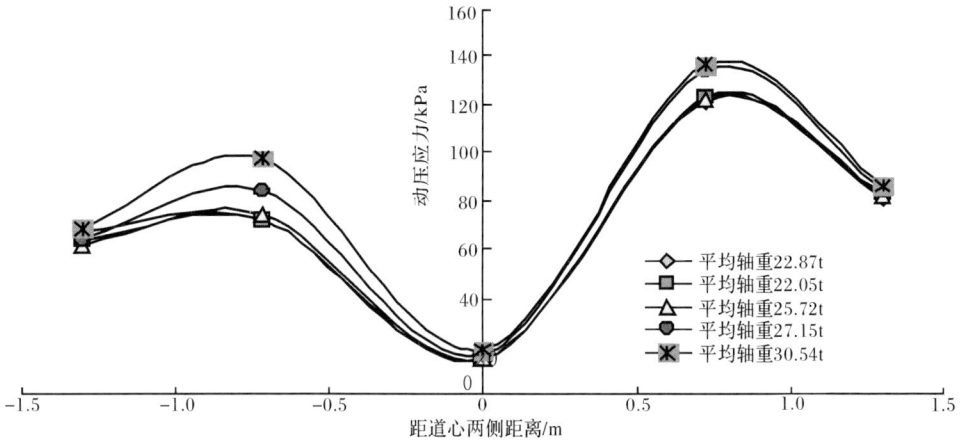

图 6.2.1　填充层顶面动压应力横向分布

2. 纵向分布特点

不同车型作用下填充层顶面的动压应力纵向分布如图 6.2.2 所示。

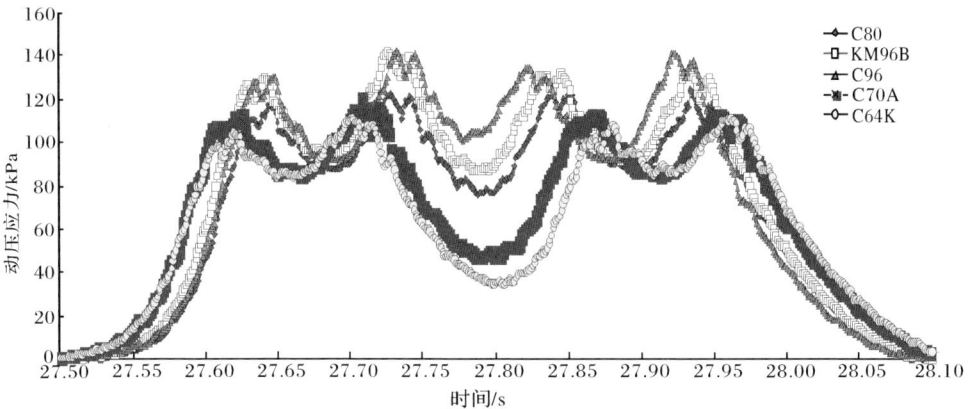

图 6.2.2　填充层顶面动压应力纵向分布

由图 6.2.2 可以看出,尽管 C64K 与 C70A 通过隧道时,基底填充层顶面动压应力沿纵向的影响范围比 C80、KM96B 及 C96 大,但动压应力幅值相对较小。由于 5 种车型轴距相差不大(C64K、C70A、C80、KM96B 及 C96 轴距依次为 1750mm、1830mm、1830mm、1860mm 及 1830mm),故轴距对基底荷载的影响相对较小。另外,由于邻轴距差别较大(C64K、C70A、C80、KM96B 及 C96 邻轴距依次为 2988mm、2686mm、1970mm、1940mm 及 1650mm),两相邻转向架之间存在较大幅度的应力变化。C64K、C70A、C80、KM96B 及 C96 应力波峰与波谷降幅分别约为 62.1%、43.4%、35.2%、13.7%、12.8%。

3. 荷载传递特点

掌握 30t 轴重列车荷载经轨道系统传递至隧道基底结构的荷载对评估隧道基底大轴重适应性极为重要,但由于既有重载隧道基底荷载传递特性无法直接测试获得,进而采用间接方式进行推算。

具体推算方法为:测试支点压力→计算轨枕与道床接触面积→计算轨枕底面压应力→实测道床中部应力→实测填充顶面压力。另外,为了说明荷载传递过程中道床的物理参数的影响,需要估算道床的模量。

具体估算方法为:测试轨枕垂向位移→测试填充层位移→道床平均应变计算→轨枕底面压力分布计算→道床模量计算。

为此,选择石河口隧道Ⅴ级围岩区典型断面进行了上述参数的测试。

按平面应变问题考虑,假设道床变形模式为一维变形,轨枕自身变形忽略不计,即认为轨枕垂向位移为道床位移。

$$w_{\text{轨枕位移}} = w_{\text{道床位移}} \tag{6.2.1}$$

道床位移变化量为

$$\Delta w_{\text{道床位移}} = w_{\text{轨枕位移}} - w_{\text{填充层位移}} \tag{6.2.2}$$

$$\varepsilon_{\text{道床平均应变}} = \frac{\Delta w_{\text{道床位移}}}{h_{\text{道床厚度}}} \tag{6.2.3}$$

道床顶面压力按照枕上支点压力、轨枕与道床的有效接触面积这两者的比值确定。

隧道基底填充层荷载传递情况如图 6.2.3 所示。

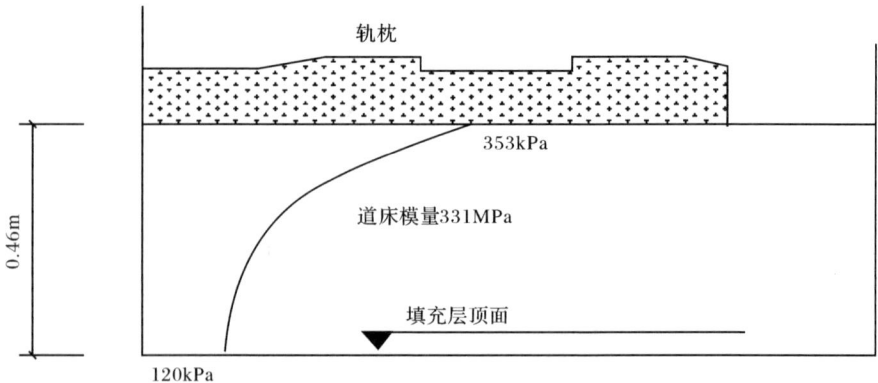

图 6.2.3　隧道基底填充层荷载传递

由图 6.2.3 可以看出,依据实测数据,经推算得到道床顶面的接触压力平均为 353kPa,经道床(估算平均模量约为 331MPa,实测厚度为 0.46m)传递至填充层的平均动压应力衰减为 120kPa 左右,衰减幅度约为 66%。

6.2.2　隧道基底结构荷载幅值特征

1. 基底填充层荷载幅值分析

典型断面处填充层顶面平均动压应力与轴重的关系如图 6.2.4 所示。

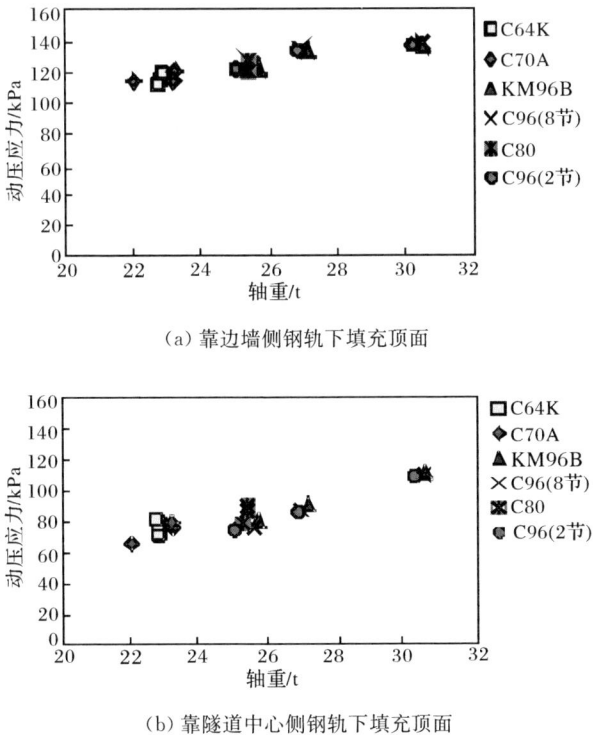

(a) 靠边墙侧钢轨下填充顶面

(b) 靠隧道中心侧钢轨下填充顶面

图 6.2.4　钢轨下填充层顶面动压应力与轴重的关系曲线

由图 6.2.4 可以看出,随着轴重的增加,动压应力大致呈线性增加,靠隧道中心侧钢轨下方填充层的动压应力幅值明显小于靠边墙侧钢轨下填充层动压应力幅值,但是动压应力增速相对较大。

不同轴重列车通过隧道时,复合式衬砌及整体式衬砌隧道Ⅲ、Ⅳ及Ⅴ级围岩区填充层顶面动压应力最大值与平均值分别见表 6.2.1 和表 6.2.2。

表 6.2.1　复合式衬砌隧道不同围岩区动压应力幅值

隧道名称	围岩级别	车型	轴重/t	钢轨下填充层顶面动压应力/kPa		备注
				平均值	最大值	
三家村隧道（复合式衬砌）	Ⅲ	C64K	—	89.5	95.6	过路车
		C70A	—	93.4	102.4	
		C80	—	97.6	108.3	
		C64K	22.79	90.9	99.0	试验车
		C70A	23.23	96.4	106.6	
		C80	25.42	99.5	110.8	
		KM96	30.49	110.1	115.2	
		C96	30.52	112.0	118.2	
	Ⅳ	C64K	—	46.0	52.1	过路车
		C70A	—	47.5	53.2	
		C80	—	52.1	56.4	
		C64K	22.79	45.0	52.1	试验车
		C70A	23.23	47.3	54.5	
		C80	25.42	54.1	58.7	
		KM96	30.49	58.2	62.6	
		C96	30.52	60.6	67.0	
	Ⅴ	C64K	—	123.3	130.3	过路车
		C70A	—	127.9	136.2	
		C80	—	129.1	135.7	
		C64K	22.79	111.7	117.9	试验车
		C70A	23.23	114.1	122.5	
		C80	25.42	120.8	128.3	
		KM96	30.49	137.7	145.4	
		C96	30.52	138.6	146.4	

表 6.2.2 整体式衬砌隧道不同围岩区动压应力幅值

隧道名称	围岩级别	车型	轴重/t	钢轨下填充层顶面动压应力/kPa		备注
				平均值	最大值	
石河口隧道 (整体式衬砌)	Ⅲ	C64K	—	156.3	166.5	过路车
		C70A	—	154.2	154.8	
		C80	—	170.6	176.3	
		C64K	22.79	155.2	168.1	试验车
		C70A	23.23	153.9	165.6	
		C80	25.42	160.9	170.5	
		KM96	30.49	178.1	188.5	
		C96	30.52	178.0	186.8	
	Ⅳ	C64K	—	90.4	100.4	过路车
		C70A	—	94.5	102.7	
		C80	—	102.5	109.2	
		C64K	22.79	94.4	105.3	试验车
		C70A	23.23	98.9	107.3	
		C80	25.42	102.0	111.4	
		KM96	30.49	119.6	131.5	
		C96	30.52	119.8	127.6	
	Ⅴ	C64K	—	97.9	109.4	过路车
		C70A	—	111.6	117.2	
		C80	—	115.8	128.4	
		C64K	22.79	95.1	113.4	试验车
		C70A	23.23	94.3	105.7	
		C80	25.42	103.4	114.2	
		KM96	30.49	120.9	128.5	
		C96	30.52	116.1	122.9	

由表6.2.1及表6.2.2可以看出,总体上,整体式衬砌隧道基底填充层顶面动压应力值比复合式衬砌大,复合式衬砌隧道Ⅳ级围岩区测试断面动压应力幅值整体较小,初步分析是由换枕施工,道床振捣不密实所致。

相比C80(轴重25t),不同类型30t轴重列车通过隧道典型断面时,基底填充层顶面动压应力增幅对比如图6.2.5和图6.2.6所示。

复合式及整体式衬砌隧道不同围岩级别下基底填充顶面动压应力增幅见表6.2.3。

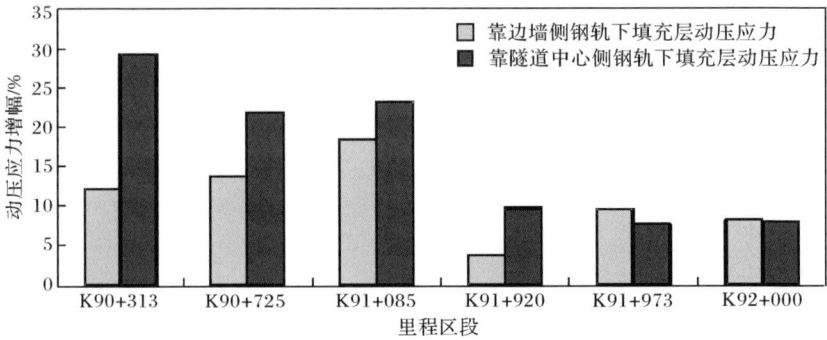

图 6.2.5　KM96B 动压应力增幅图(轴重增至 30t,速度 65km/h)

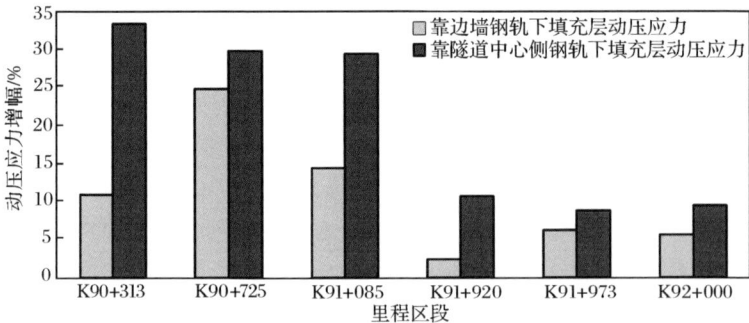

图 6.2.6　C96 动压应力增幅图(轴重增至 30t,速度 65km/h)

表 6.2.3　30t 轴重列车通过不同衬砌类型隧道基底填充顶面动压应力增幅(%)

衬砌类型	围岩级别	车型	
		KM96B	C96
复合式衬砌	Ⅲ级	11.9～30.4	14.8～33.3
	Ⅳ级	9.6～31.5	15.9～33.4
	Ⅴ级	2.7～23.5	4.8～23.5
整体式衬砌	Ⅲ级	0.3～13.9	1.7～10.8
	Ⅳ级	2.9～6.0	0.2～5.7
	Ⅴ级	5.4～15.5	1.9～10.2

　　由图 6.2.5、图 6.2.6 及表 6.2.3 动压应力增幅可以看出,轴重从 25t 增加至 30t 后,列车通过复合式及整体式衬砌隧道Ⅲ级、Ⅳ级及Ⅴ级围岩区时,填充层表面动压应力增幅差别较大。由于换枕施工等因素的影响,该复合式衬砌隧道各断面处的动压应力增幅比整体式衬砌隧道各断面大,但动压应力幅值整体式衬砌隧道总体较大。

2. 基底填充层顶面动力系数分析

为了明确 30t 轴重列车对隧道基底填充层表面荷载的放大效应,从而掌握 30t 轴重列车荷载对基底填充层的动力影响,引入轨道及桥梁结构常用的动力系数进行隧道基底动态性能评价。定义动力系数为

$$\frac{\sigma_{动荷载}}{\sigma_{静荷载}} = \mu \qquad (6.2.4)$$

式中:静荷载采用加载车或试验车 5km/h 标定值;动荷载采用实测动压力值。

标定列车压力及试验列车通过隧道时,基底填充层顶面动压应力典型时程曲线如图 6.2.7 所示。

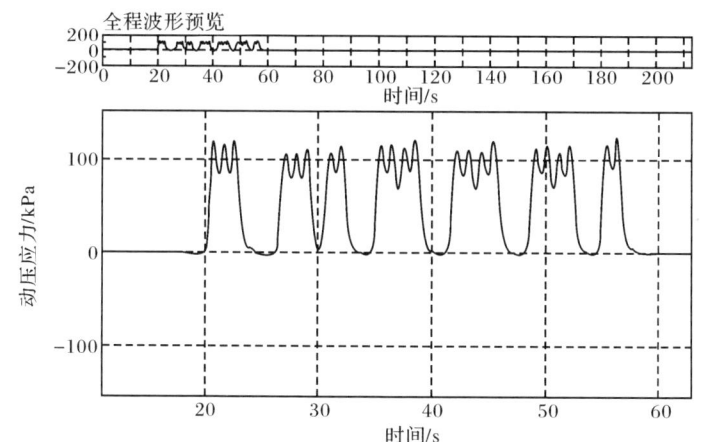

(a) 标定列车压力典型时程曲线

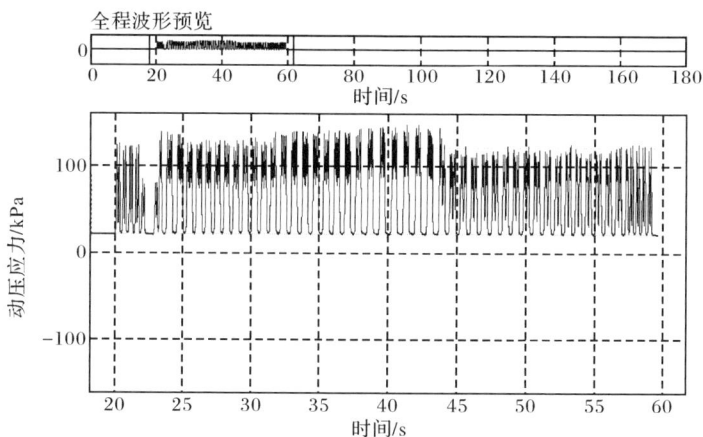

(b) 试验列车压力典型时程曲线

图 6.2.7　标定列车及试验列车动压应力典型时程曲线

现场对复合式及整体式衬砌隧道基底的标定试验采用加载车与 5km/h 标定车同时进行。测试结果表明,不同类型列车作用在各测试断面填充层顶面的静压应力差异较大,对于加载车与标定列车同时进行标定过的断面,加载车作用在填充表面的静压应力比试验车 5km/h 标定值小,其主要原因是加载车是单轮加载,无叠加效应,而试验标定车轴距为 1.86m,车轴之间存在一定的叠加效应,故标定值较大。

装载 25t、27t 及 30t,且平均速度 65km/h 的条件下,复合式衬砌 V 级围岩动力系数与轴重的关系如图 6.2.8 所示。

由图 6.2.8 可以看出,在该断面随着轴重增加,动力系数变化不明显,靠边墙侧钢轨下填充层动力系数比靠隧道中心侧大,靠边墙侧的动力系数在 1.1～1.5,靠隧道中心侧的动力系数基本在 0.9～1.3。

平均速度 65km/h 的条件下,复合式衬砌隧道 V 级围岩填充层顶面动力系数直方统计如图 6.2.9 所示。

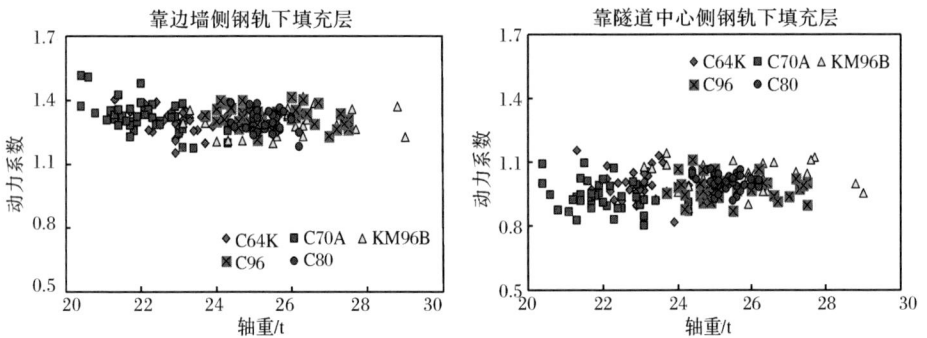

(a) 装载 25t 填充层动力系数

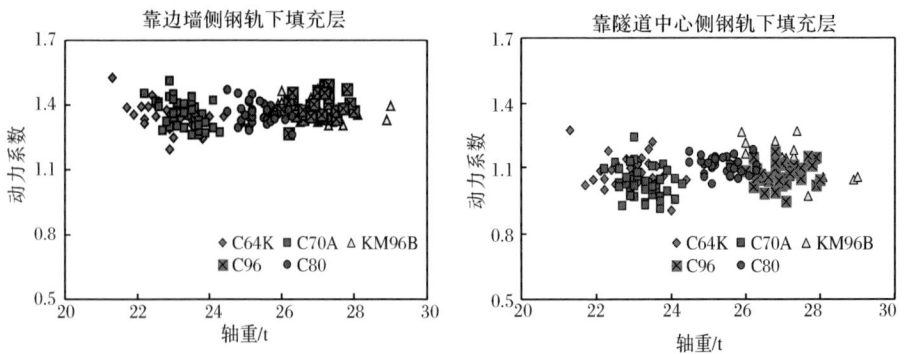

(b) 装载 27t 填充层动力系数

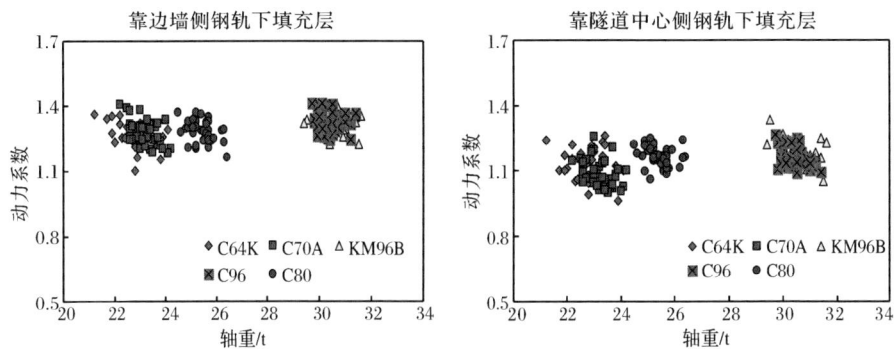

（c）装载 30t 填充层动力系数

图 6.2.8　不同车型通过隧道时填充层顶面动力系数（复合式衬砌Ⅴ级围岩）

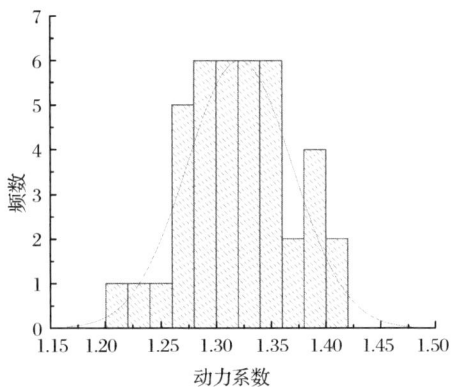

（a）靠边墙侧钢轨下填充层顶面

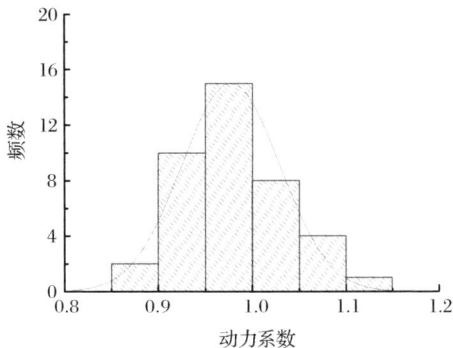

（b）靠隧道中心侧钢轨下填充层顶面

图 6.2.9　填充层动力系数直方统计图（Ⅴ级）

采用 Shapiro-Wilk 假设检验,复合式衬砌隧道 V 级围岩填充层顶面动力系数基本服从正态分布。动力系数正态检验结果见表 6.2.4。

表 6.2.4　动力系数正态检验

围岩级别	装载次数	车型	轴重/t	样本数	靠隧道中心侧钢轨下填充层顶面动力系数(μ)			靠边墙侧钢轨下填充层顶面动力系数(μ)		
					均值	标准差	Shapiro-Wilk 检验 Prob<W	均值	标准差	Shapiro-Wilk 检验 Prob<W
V 级	1	C80	25.26	160	1.00	0.03	0.18	1.29	0.05	0.24
		C96	25.59	160	0.98	0.05	0.33	1.32	0.04	0.21
		KM96	25.72	112	1.04	0.06	0.35	1.29	0.06	0.51
		C70A	22.05	160	1.02	0.09	0.02	1.32	0.07	0.12
		C64K	22.87	128	1.00	0.07	0.86	1.30	0.05	0.94
	2	C80	25.40	120	1.11	0.04	0.96	1.36	0.05	0.97
		C96	26.95	120	1.08	0.05	0.71	1.39	0.04	0.96
		KM96	27.15	84	1.12	0.07	0.58	1.38	0.06	0.25
		C70A	23.27	120	1.08	0.06	0.26	1.36	0.06	0.20
		C64K	22.90	96	1.08	0.07	0.75	1.35	0.06	0.04
	3	C80	25.42	120	1.16	0.04	0.82	1.28	0.05	0.39
		C96	30.49	120	1.16	0.04	0.01	1.33	0.04	0.26
		KM96	30.52	84	1.19	0.05	0.91	1.32	0.04	0.25
		C70A	23.23	120	1.08	0.06	0.09	1.28	0.06	0.23
		C64K	22.79	96	1.13	0.07	0.73	1.27	0.05	0.14

由表 6.2.5 及表 6.2.6 中动力系数分布特征可以看出,不同断面处填充层顶面动力系数总体较小,且平均分布在 1.0～1.41。同时,由于复合式衬砌隧道换枕施工导致道床刚度的不均匀性,其动力系数比整体式隧道各断面的动力系数大。另外,动力系数随速度的变化幅度不显著。

表 6.2.5　不同车型下填充层动力系数(平均速度 65km/h)

衬砌类型	围岩级别	车型				
		KM96B	C96	C80	C70A	C64K
复合式衬砌	V 级	1.19	1.16	1.16	1.08	1.13
整体式衬砌	III 级	1.00～1.31	1.00～1.30	0.99～1.29	1.01～1.30	1.03～1.29
	IV 级	1.09～1.17	1.08～1.12	1.07～1.09	1.09～1.11	1.11～1.12
	V 级	1.00～1.02	0.98～0.99	0.99～1.00	1.01	1.00～1.02

表 6.2.6　不同车型下填充层动力系数(平均速度 75km/h)

衬砌类型	围岩级别	车型				
		KM96B	C96	C80	C70A	C64K
复合式衬砌	V 级	1.23~1.31	1.31	1.27	1.32	1.28
整体式衬砌	III 级	1.26	1.27	1.26	1.28	1.26
	IV 级	1.11	1.06	1.06	1.08	1.09
	V 级	1.02	0.96	1.01	1.03	0.99

3. 基底填充层顶面轴重系数分析

由于道床刚度对填充层顶面荷载的影响较大,需对各断面处道床刚度的波动情况进行分析,从而掌握符合实际的基底荷载,故引入轴重系数进行分析。定义轴重系数为

$$\sigma_{动荷载} = \lambda P_{静轴重} \qquad (6.2.5)$$

不同车型轴重与轴重系数的关系如图 6.2.10 所示。

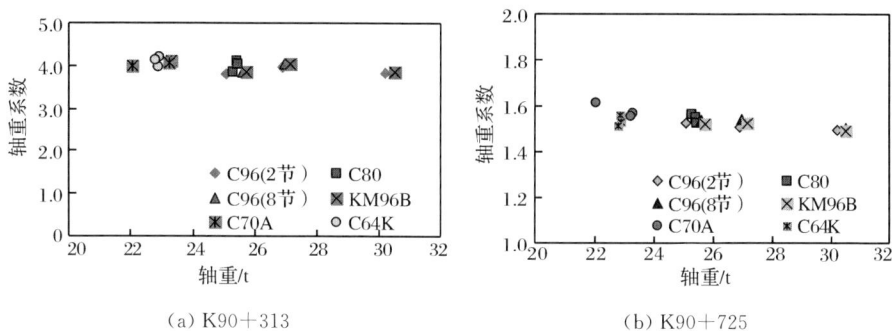

(a) K90+313　　　　　　　　　　　(b) K90+725

图 6.2.10　轴重与轴重系数关系图

由图 6.2.10 可以看出,随着轴重的增加,轴重系数逐渐降低。

不同衬砌类型下基底轴重系数见表 6.2.7。

表 6.2.7　不同衬砌类型下轴重系数范围

衬砌类型	围岩级别	轴重系数
复合式衬砌	III 级	1.5~1.6
	IV 级	3.0~3.7
	V 级	3.8~4.2
整体式衬砌	III 级	5.5~6.1
	IV 级	3.4~4.1
	V 级	3.4~3.6

不同测试断面处轴重系数分布如图 6.2.11 所示。

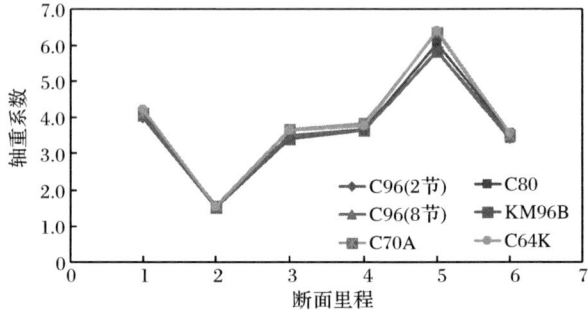

图 6.2.11　不同装载次数下不同断面轴重系数

由图 6.2.11 可以看出,不同车型轴重系数各断面处相差较大,其中整体式衬砌隧道道床刚度最大,复合式衬砌隧道道床刚度相对较小。这与加载车轨道刚度测试结果基本一致。

由图 6.2.12 可以看出,沿纵向不同位置处轴重系数变化较大,说明该范围内道床刚度起伏较大。

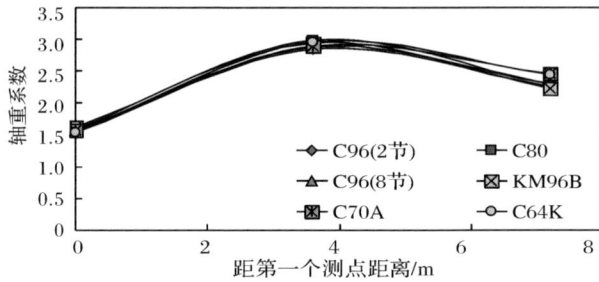

图 6.2.12　沿纵向不同位置轴重系数变化图

不同车型动荷载与静轴重的关系式如下所示:

C64K 车:

$$\sigma_{动荷载} = 4.21 P_{静轴重} \tag{6.2.6}$$

C70A 车:

$$\sigma_{动荷载} = 4.17 P_{静轴重} \tag{6.2.7}$$

C80 车:

$$\sigma_{动荷载} = 4.10 P_{静轴重} \tag{6.2.8}$$

KM96B 车:

$$\sigma_{动荷载} = 4.09 P_{静轴重} \tag{6.2.9}$$

C96 车：

$$\sigma_{\text{动荷载}} = 4.02P_{\text{静轴重}} \tag{6.2.10}$$

需说明的是，轴重系数是在道床平均厚度为 45cm、道床估算平均模量为331MPa 的前提下得出的。

6.2.3　隧道基底结构振动响应特征

1. 轴重对基底结构振动特性的影响

不同轴重条件下钢轨正下方填充层顶面振动加速度曲线时程如图 6.2.13所示。

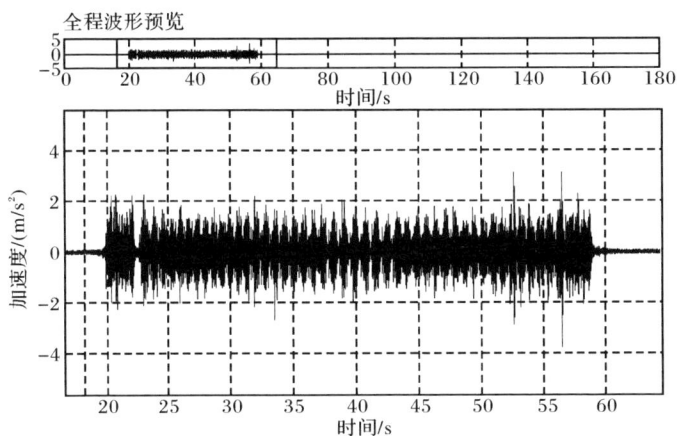

(a) 轴重 25t

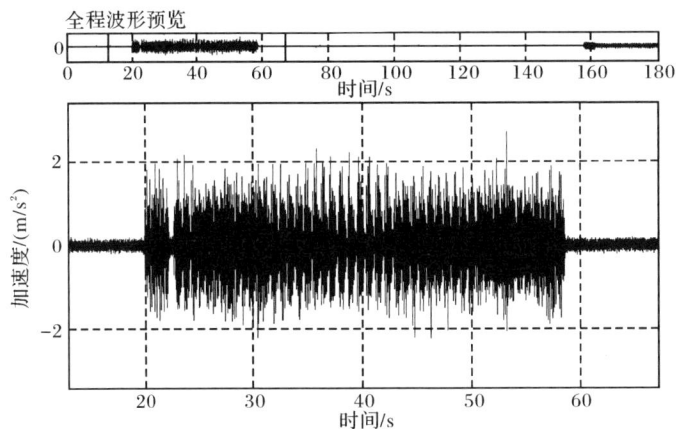

(b) 轴重 27t

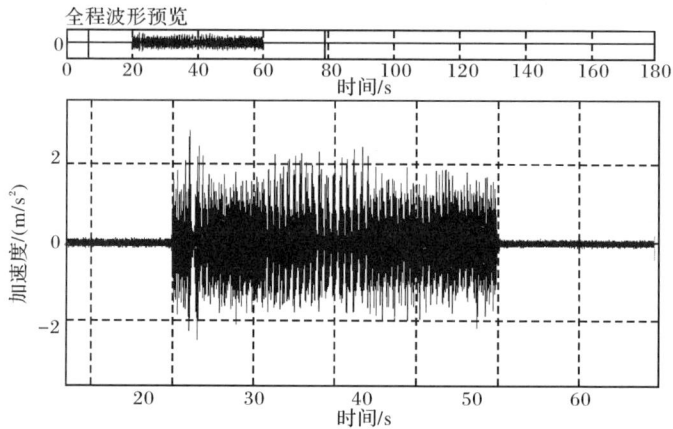

（c）轴重 30t

图 6.2.13　不同轴重列车振动加速度典型时程曲线（速度 65km/h）

　　由图 6.2.13 可以看出，第一次装载 25t 后，各种车型振动加速度幅值较为接近，基本在 2.0m/s² 以内，轴重提高至 27t 及 30t 后，C96、KM96B 车的振动效应比 C80、C70A 及 C64K 大。

　　不同测试断面处轴重与加速度的关系如图 6.2.14 所示。

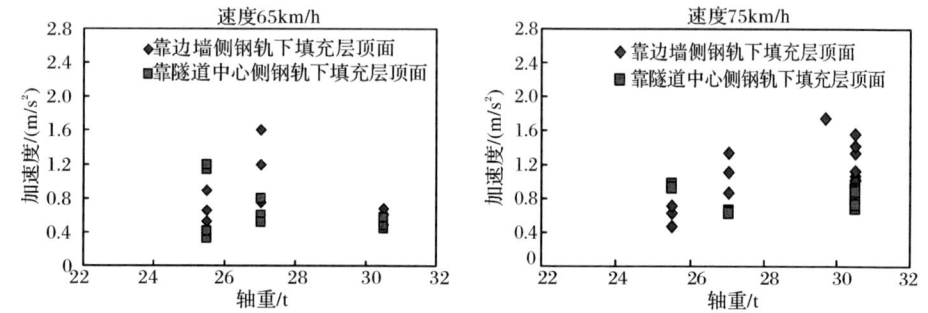

（a）复合式衬砌Ⅲ级围岩

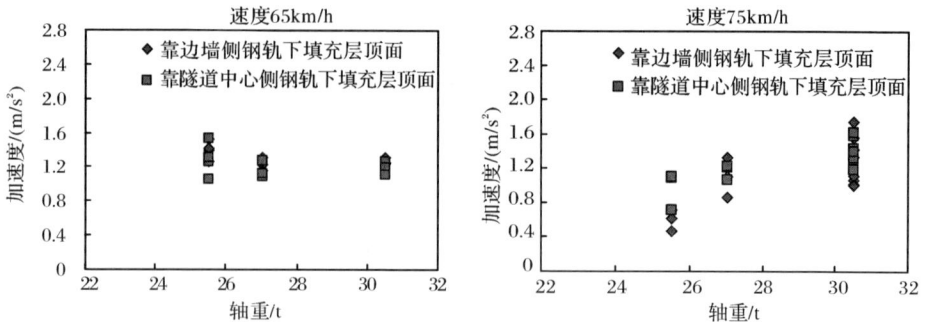

（b）复合式衬砌Ⅳ级围岩

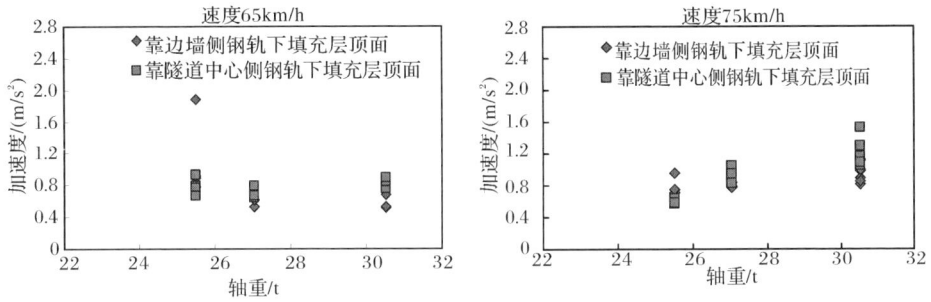

（c）复合式衬砌 V 级围岩

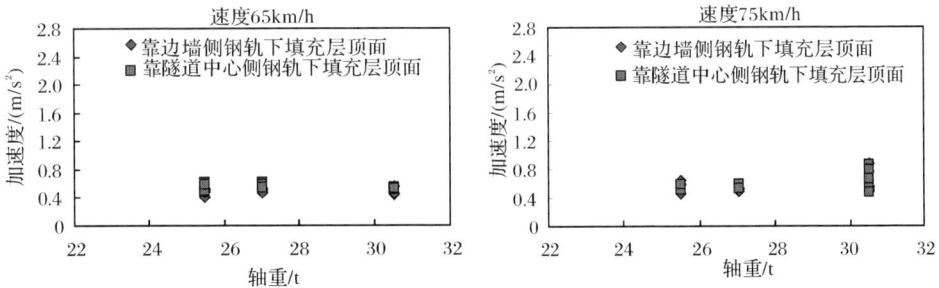

（d）整体式衬砌 Ⅲ 级围岩

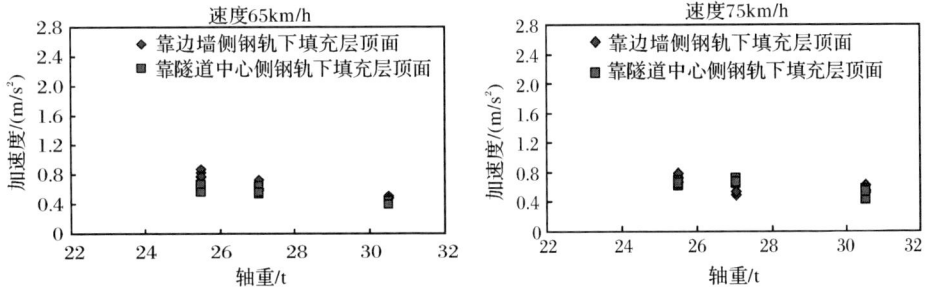

（e）整体式衬砌 Ⅳ 级围岩

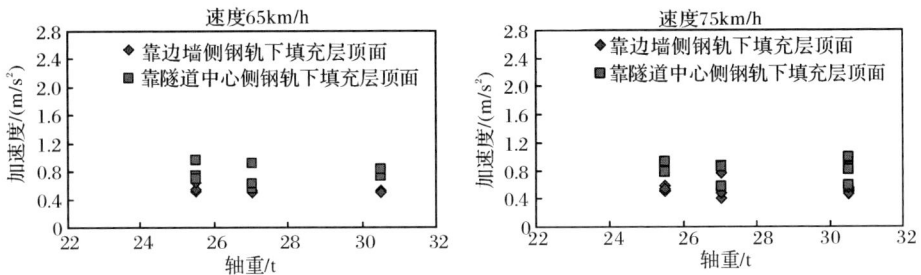

（f）整体式衬砌 V 级围岩

图 6.2.14　不同围岩级别下振动加速度与轴重的关系曲线

由图 6.2.14 可以看出,总体上靠边墙侧钢轨下填充层的振动比靠隧道中心侧钢轨下的振动大。随着轴重增加,加速度增速不明显,在 65km/h 的速度下,加速度最大值为 2.4m/s²,最小值为 0.4m/s²,平均为 0.8m/s²;在 75km/h 的速度下,加速度最大值为 1.8m/s²,最小值为 0.4m/s²,平均为 0.9m/s²。

2. 速度对基底结构振动特性的影响

不同衬砌类型及围岩级别下基底填充层顶面振动加速度与速度的关系如图 6.2.15 和图 6.2.16 所示。

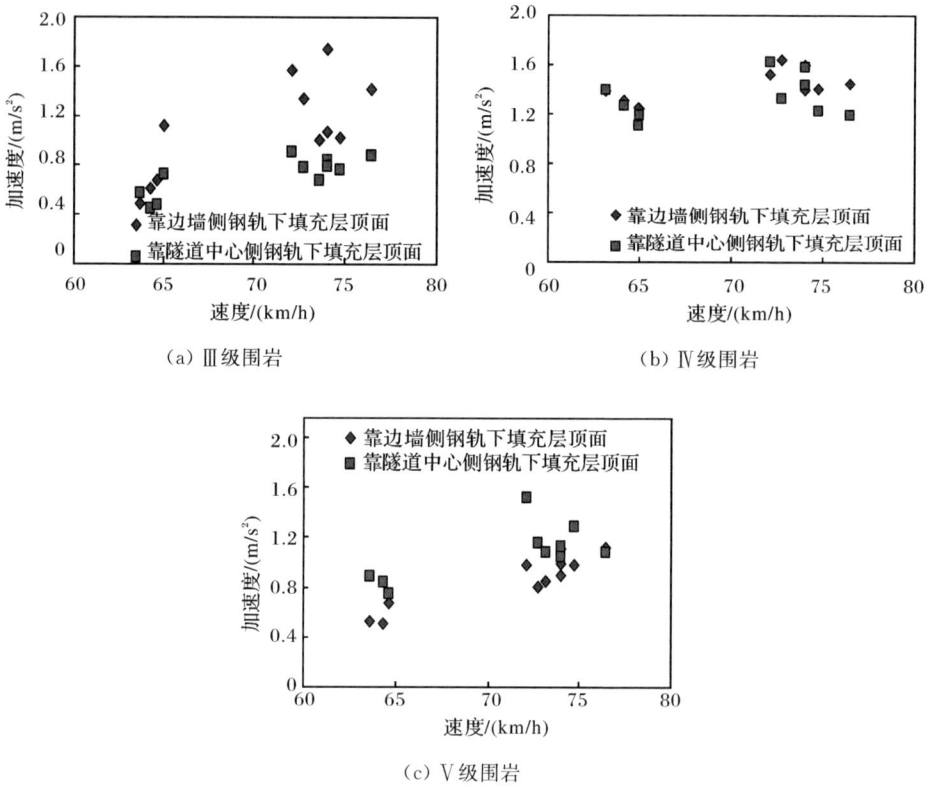

（a）Ⅲ级围岩　　　　　（b）Ⅳ级围岩

（c）Ⅴ级围岩

图 6.2.15　复合式衬砌不同轴重下加速度与速度的关系(30t 轴重)

由图 6.2.15 和图 6.2.16 可以看出,总体上基底填充层顶面振动加速度随列车速度的增加呈增大趋势。不同衬砌类型及围岩级别下振动加速度随车速增加的幅度差别较大,总体上复合式衬砌隧道基底填充层的振动更为明显,这主要是由于换枕施工,大机捣固后的道床还未达到密实状态,导致列车通过时基底混凝土振动较大。

（a）Ⅲ级围岩

（b）Ⅳ级围岩

（c）Ⅴ级围岩

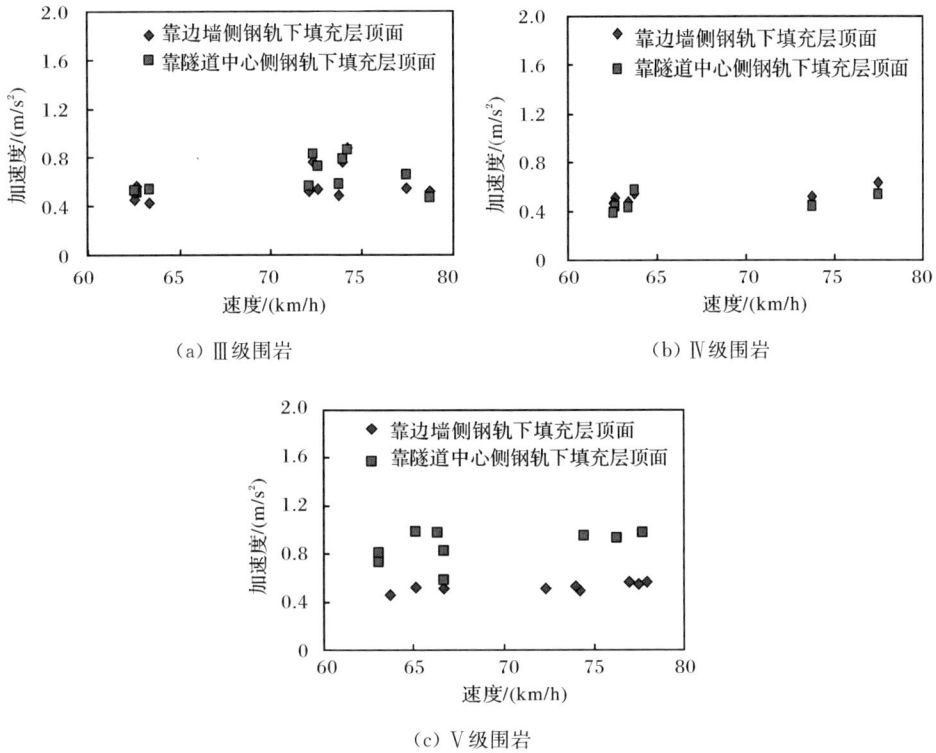

图 6.2.16 整体式衬砌不同轴重下加速度与速度的关系（30t 轴重）

30t 轴重列车以速度从 60km/h 增加至 80km/h 后，加速度的变化范围见表 6.2.8。

表 6.2.8 30t 轴重列车不同速度通过隧道时基底振动加速度最大值范围

衬砌类型	围岩级别	加速度/(m/s²)
复合式衬砌	Ⅲ级	0.42~1.70
	Ⅳ级	1.18~1.63
	Ⅴ级	0.45~1.58
整体式衬砌	Ⅲ级	0.42~0.86
	Ⅳ级	0.41~0.67
	Ⅴ级	0.41~1.13

由表 6.2.8 可以看出，总体上复合式衬砌隧道基底填充层的振动较为明显，不同围岩级别下基底填充层的振动差别不显著。

6.3　隧道基底结构计算分析

示范段隧道施工基本是仰拱超前、二衬紧跟的施作方式,初期支护完成后,施工期围岩松散荷载以及运营期围岩形变压力对二次衬砌的影响较难量化,依据《铁路隧道设计规范》(TB 10003－2005)[5],Ⅳ～Ⅴ级围岩二衬作为承载结构,为了说明围岩压力及列车荷载共同作用与不考虑围岩压力作用二者对基底结构受力的影响,需进行力学特性计算分析。

6.3.1　隧道基底结构计算模型

根据隧道原设计资料,隧道结构形式有复合式衬砌与整体式衬砌两种,其不同之处在于初支厚度及衬砌上部结构厚度的不同。设计资料显示,朔黄铁路长隧道及特殊条件的隧道均采用复合式衬砌,少部分隧道或部分隧道中的小部分段落采用了整体式衬砌,因此选取复合式衬砌及整体式衬砌结构进行计算。另外检测结果表明,示范段内隧道存在基底厚度不足、基底不密实等情况,故对这几类情况进行分析研究。

1. 基底完好且密贴,基本符合原设计

此类基底结构完整,仰拱与围岩接触密贴,填充厚度基本满足 1.02m 的设计要求(图 6.3.1)。前期检测表明,隧道洞口段施工较好,基本满足该类情况。

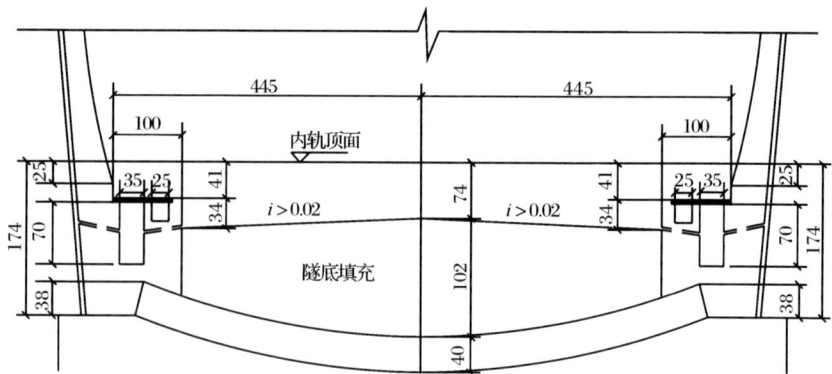

图 6.3.1　基底完好工况

2. 基底完好且密贴,基底不密实

此类基底结构完整,仰拱与围岩接触密贴,填充厚度基本满足 1.02m 的设计要求,由于隧道服役时间较长,基底围岩由于施工因素以及地质环境的变化,导致

基底围岩存在不密实的情况(图 6.3.2),前期检测表明,洞身段个别地段存在此类情况。

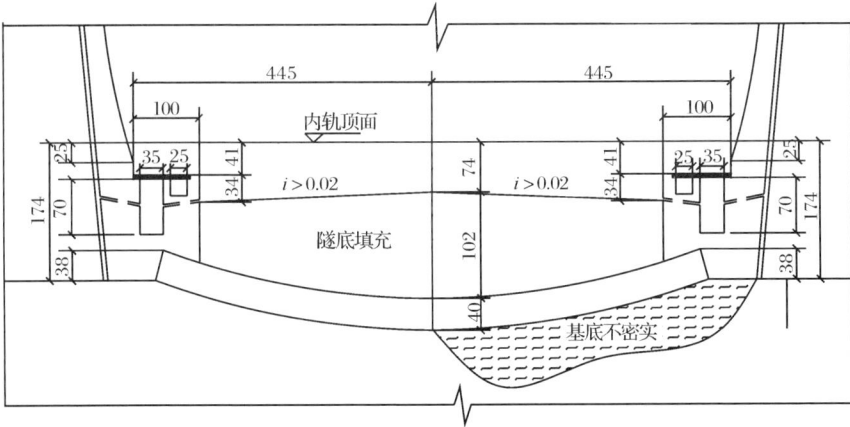

图 6.3.2　基底不密实工况

3. 基底完好且密贴,基底混凝土厚度不足

此类基底结构完整,仰拱与围岩接触密贴,由于隧道施工期间,基底仰拱开挖未到标高,导致基底混凝土厚度不足(图 6.3.3),前期检测表明,洞身段存在大量此类情况。

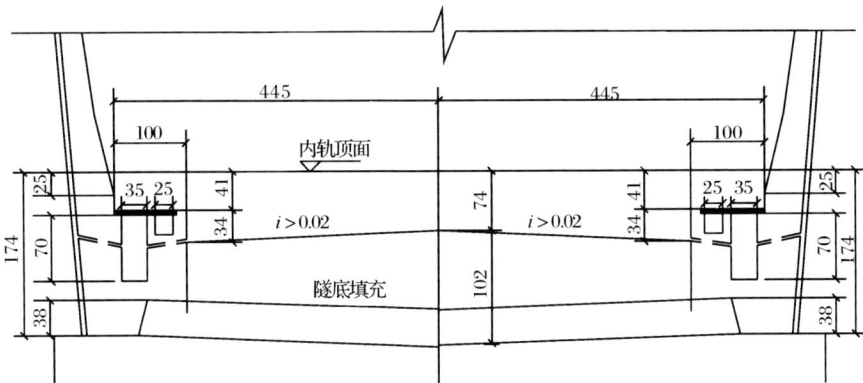

图 6.3.3　基底混凝土厚度不足工况

针对上述情况,考虑复合式及整体式衬砌类型,建立针对上述工况的计算模型进行分析。计算模型示意图及网格划分情况如图 6.3.4 和图 6.3.5 所示。计算模型采用荷载结构法模型,衬砌采用实体单元 plane42 单元,围岩采用 combin14 单元。

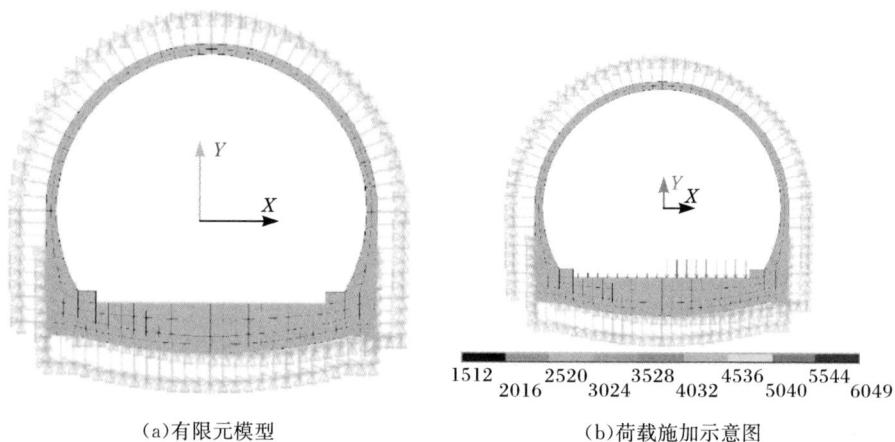

1512　2520　3528　4536　5544
　　2016　3024　4032　5040　6049

(a)有限元模型　　　　　　　　　　(b)荷载施加示意图

图 6.3.4　整体式衬砌

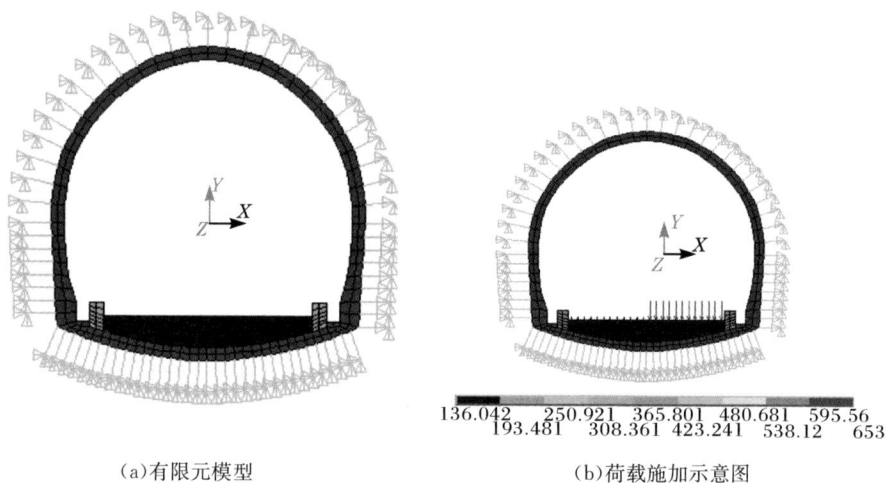

136.042　250.921　365.801　480.681　595.56
　193.481　308.361　423.241　538.12　653

(a)有限元模型　　　　　　　　　　(b)荷载施加示意图

图 6.3.5　复合式衬砌

6.3.2　隧道基底结构计算参数及标准

1. 基底结构计算荷载取值

1) 按测试值计算

各断面实测动压应力平均值见表 6.3.1。

表 6.3.1　钢轨下填充层顶面平均动应力

测试位置	钢轨下填充顶面平均动应力/kPa	
	KM96B	C96
复合式衬砌Ⅲ级围岩	57.4	60.7
复合式衬砌Ⅳ级围岩	110.1	112.0
复合式衬砌Ⅴ级围岩	137.3	138.6
整体式衬砌Ⅲ级围岩	178.1	178.0
整体式衬砌Ⅳ级围岩	119.6	119.8
整体式衬砌Ⅴ级围岩	121.0	116.1
平均值	133.7	134.8

由表 6.3.1 可以看出,KM96B 与 C96 通过隧道各断面时,填充层顶面动压应力最大平均值为 133.7kPa、134.8kPa。

2) 按轴重系数计算

各断面处轴重系数平均分布在 3.2~4.1,以实际列车轴重作为静态初始值:

$$\sigma_{动荷载} = \lambda P_{静轴重} \tag{6.3.1}$$

KM96B、C96 列车轴重按 30t 计,以不同速度通过各测试断面时,故 $\sigma_{动荷载} = 124.5$kPa。

3) 按动力系数计算

各断面处动力系数平均分布在 1.0~1.4,以 5km/h 标定值作为静态初始值:

$$\sigma_{动荷载} = \mu \sigma_{静荷载} \tag{6.3.2}$$

式中:静荷载采用加载车或 5km/h 标定值,KM96B、C96 列车以 5km/h 通过各测试断面时,静态标定值最大为 103.5kPa,动力系数取最大值 1.4,故 $\sigma_{动荷载} = 144.9$kPa。

综合以上分析,取最不利荷载,检算荷载取值为 145kPa。

2. 基底混凝土力学参数取值

对朔黄铁路隧道基底进行了现场取样,现场取样如图 6.3.6 所示,依据《普通混凝土力学性能试验方法标准》(GB/T 50081—2002)[6]以及《水工混凝土力学试验规程》(SL 352—2006)[7]进行了室内强度、弹性模量等试验,并参照《铁路隧道设计规范》(TB 10003—2005)[5]对基底混凝土计算参数进行取值,具体取值见表 6.3.2。

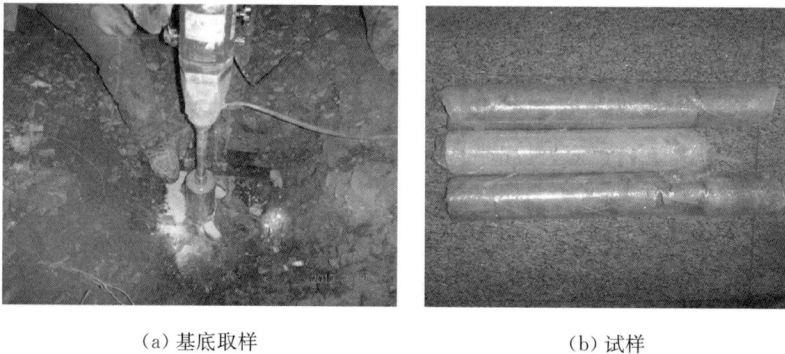

（a）基底取样　　　　　　　　　　　　（b）试样

图 6.3.6　示范段内隧道基底取芯及填充层厚度检测

表 6.3.2　基底混凝土力学参数取值

计算参数	弹性模量 E/GPa	泊松比 υ	密度 ρ/(kg/m³)	抗压强度/MPa	抗拉强度/MPa
取值	30.1	0.2	2500	21.2	2.01

3. 隧道基底结构受力评价标准

列车荷载为隧道结构的附加荷载,其对隧道结构的影响比隧道开挖荷载小,对隧道结构的作用范围主要集中在隧道基底部分及墙脚部位,在隧道基底部位存在缺陷的情况下,常由于基底弯曲拉应力过大而出现拉裂破坏[8,9]。计算显示,仰拱及墙脚部位存在较大拉应力,实际中以仰拱底部的破坏为主,因此采用基底最大弯曲拉应力安全系数为评判标准。基底混凝土抗拉强度为 2.01MPa,其抗拉安全系数取值如下所示。

4.《铁路隧道设计规范》(TB 10003—2005)标准

参照规范破损阶段设计法,基底混凝土从抗裂的角度出发,并考虑主要荷载＋附加荷载,安全系数取值为 3.0。

参照容许应力法,各种荷载组合下,考虑主要荷载＋附加荷载,并提高 30％,计算容许应力为 0.66MPa,安全系数约为 3.04。

(1)《铁路桥涵钢筋混凝土和预应力混凝土结构设计规范》(TB 10002.3—2005)标准。

该规范对混凝土弯曲拉应力采用容许应力法进行了评定,混凝土弯曲拉应力容许值是弯曲抗拉极限值除以 4.0 的安全系数确定。

（2）《铁路工程设计技术手册》(隧道篇)标准。

参照规范破损阶段设计法,基底混凝土从抗裂的角度出发,并考虑主要荷载＋附加荷载,安全系数取值为 3.0。

参照容许应力法,各种荷载组合下,考虑主要荷载＋附加荷载,并提高 30％,计算容许应力为 0.66MPa,安全系数约为 3.04。

（3）《铁路桥涵混凝土和砌体结构设计规范》(TB 10002.4－2005)标准。

该规范对混凝土弯曲拉应力的安全系数进行了规定,混凝土弯曲拉应力容许值是弯曲抗拉极限值除以 4.0 的安全系数确定。

综合以上对抗拉安全系数的规定,本研究采用容许应力法进行评定,采用 3.0 的安全系数。

6.3.3　隧道基底结构检算分析

1. 复合式衬砌隧道基底结构检算

基底大轴重检算按围岩分Ⅲ、Ⅳ、Ⅴ级围岩,分别检算 25t 轴重列车(C80)和 30t 轴重列车(KM96B、C96C)。

1) 基底结构完好,围岩与结构密贴,结构尺寸符合原设计标准

Ⅴ级围岩基底混凝土中心厚度为 1.47m,轨下厚度约 1.27m;

Ⅳ级围岩基底混凝土中心厚度为 1.52m,轨下厚度约 1.30m;

Ⅲ级围岩基底混凝土中心厚度为 1.37m,轨下厚度约 1.15m。

2) 基底结构完好,围岩与结构密贴,混凝土厚度不足

基底厚度不足计算按围岩分Ⅲ、Ⅳ、Ⅴ级围岩,将不同围岩级别、不同轴重、不同基底厚度进行工况组合。

Ⅴ级围岩基底厚度分为 1.1m、1.0m、0.9m、0.7m、0.5m;

Ⅳ级围岩基底厚度分为 1.2m、1.0m、0.8m、0.6m、0.4m;

Ⅲ级围岩基底厚度分为 1.0m、0.8m、0.7m、0.5m、0.4m。

3) 基底结构完好,围岩与结构密贴,基底围岩弹性模量弱化

基底围岩弱化影响按围岩分Ⅴ级围岩和Ⅳ级围岩,将不同围岩级别、不同轴重、不同基底弹性系数减弱进行工况组合。

Ⅴ级围岩基底厚度分别为 1.5m、1.3m、1.1m,Ⅳ级岩基底厚度分别为 1.4m、1.2m、1.0m。基底围岩的弱化按减弱基底弹性抗力系数来模拟,减弱的百分比分别为 0、10％、20％、30％、40％、50％、60％。

另外,基底围岩弱化与围岩参数的对应关系,可近似按圆形隧洞弹性抗力系数与围岩弹性模量的关系来确定[10],关系式为

$$K = \frac{E}{1+va} \qquad (6.3.3)$$

式中:K 为弹性抗力系数;E 为围岩的弹性模量;υ 为泊松比;a 为圆形隧洞半径。

可见弹性抗力系数 K 与弹性模量 E 具有线性相关,因此弹簧弹性抗力系数的减弱可以近似为围岩弹性模量的减弱,Ⅴ级围岩的弹性模量为 1.5GPa,对应的弹簧减弱 0、10%、20%、30%、40%、50%、60%后的围岩弹性模量分别为 1.5GPa、1.35GPa、1.2GPa、1.05GPa、0.9GPa、0.75GPa、0.6GPa,Ⅳ级围岩的弹性模量为 3.6GPa,对应的减弱后的围岩弹性模量分别为 3.6GPa、3.24GPa、2.88GPa、2.52GPa、2.16GPa、1.8GPa、1.44GPa。

隧道基底结构主应力云图及加速度时程曲线如图 6.3.7 所示。

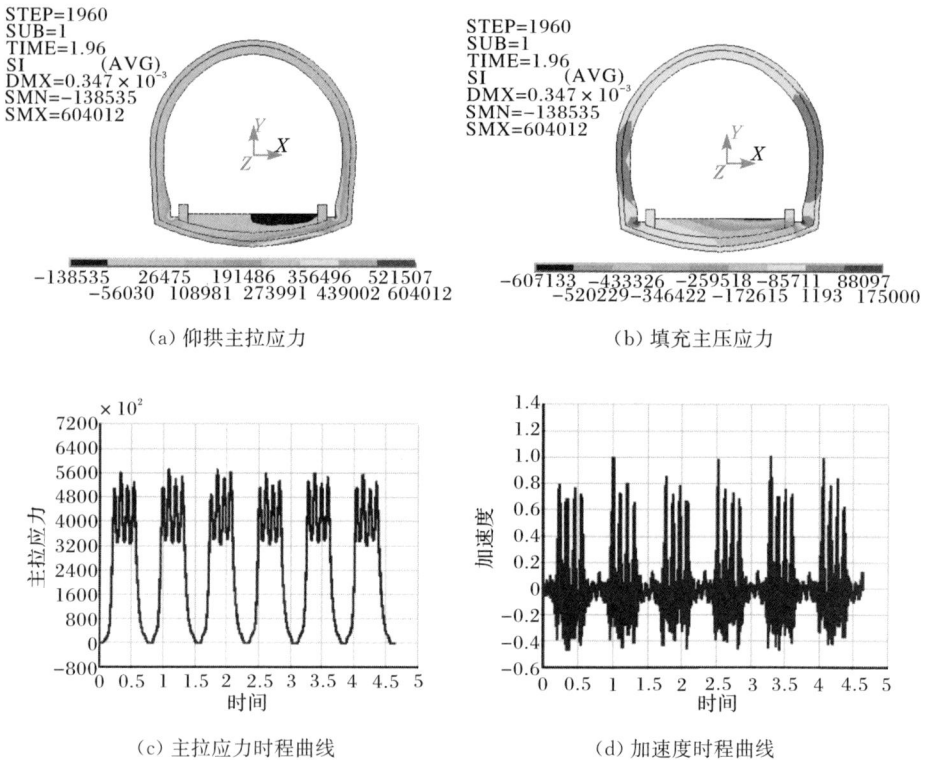

(a) 仰拱主拉应力

(b) 填充主压应力

(c) 主拉应力时程曲线

(d) 加速度时程曲线

图 6.3.7　Ⅴ级围岩基底结构典型应力云图

通过检算,结论如下:

(1) 安全系数采用 3.0 的情况,对于Ⅴ级围岩,轴重为 25t 时基底厚度不应小于 0.8m,轴重提高到 30t 时基底厚度不应小于 1.0m;对于Ⅳ级围岩,轴重为 25t 时基底厚度在 40cm 时仍能满足,轴重提高到 30t 时基底厚度不应小于 0.8m。

(2) 对于复合式衬砌隧道Ⅴ级围岩,轴重为 25t 时基底围岩减弱到 50%时仍能满足;轴重提高到 30t 时基底 1.5m 厚时围岩减弱不应大于 45%,等效围岩弹性模量不应小于 0.8GPa;基底 1.3m 厚时围岩减弱不应大于 20%,等效围岩弹性模量不应小于 1.20GPa;基底 1.1m 厚时围岩不能减弱,等效围岩弹性模量不应小于 1.5GPa。

(3) 对于Ⅳ级围岩,轴重为 25t 时复合式衬砌基底围岩减弱到 60% 时仍能满足,轴重提高到 30t 基底 1.4m 厚时围岩减弱不应大于 55%,等效围岩弹性模量不应小于 1.62GPa;基底 1.2m 厚时围岩减弱不应大于 40%,等效围岩弹性模量不应小于 2.16GPa;基底 1.0m 厚时围岩减弱不应大于 15%,等效围岩弹性模量不应小于 3.06GPa;基底 0.8m 厚时围岩不能减弱,等效围岩弹性模量不应小于 3.6GPa。

2. 整体式衬砌隧道基底结构检算

基底大轴重检算按围岩分Ⅲ、Ⅳ、Ⅴ级围岩,分别检算 25t 轴重列车(C80)和 30t 轴重列车(KM96B、C96C)。

1) 基底结构完好,围岩与结构密贴,结构尺寸符合原设计标准

Ⅴ级围岩基底混凝土中心厚度为 1.52m,轨下厚度约 1.30m;

Ⅳ级围岩基底混凝土中心厚度为 1.47m,轨下厚度约 1.27m;

Ⅳ级围岩基底混凝土中心厚度为 1.32m,轨下厚度约 1.20m。

2) 基底结构完好,围岩与结构密贴,混凝土厚度不足

基底厚度不足计算按围岩分Ⅳ、Ⅴ级围岩,将不同围岩级别,不同轴重,不同基底厚度进行工况组合。

Ⅴ级围岩基底厚度分为 1.2m、1.0m、0.8m、0.6m、0.4m;

Ⅳ级围岩基底厚度分为 1.2m、1.0m、0.8m、0.6m、0.4m。

3) 基底结构完好,围岩与结构密贴,基底围岩弹性模量弱化

基底围岩弱化影响按围岩分Ⅴ级围岩和Ⅳ级围岩,将不同围岩级别,不同轴重,不同基底弹性系数减弱进行工况组合。

Ⅴ级围岩基底厚度分别为 1.5m、1.3m、1.1m,Ⅳ级岩基底厚度分别为 1.4m、1.2m、1.0m。基底围岩的弱化按减弱基底弹性抗力系数来模拟,减弱的百分比分别为 0、10%、20%、30%、40%、50%、60%。

隧道基底结构主应力云图及加速度时程曲线如图 6.3.8 所示。

通过检算,结论如下:

(1) 对于Ⅴ级围岩,轴重为 25t 时整体式衬砌基底厚度不应小于 0.8m,轴重提高到 30t 时基底厚度不应小于 1.1m;对于Ⅳ级围岩,轴重为 25t 时基底厚度在 40cm 时仍能满足,轴重提高到 30t 时基底厚度不应小于 0.8m。

STEP=465
SUB=1
TIME=0.93
SI (AVG)
DMX=0.246×10⁻³
SMN=-113097
SMX=354574

STEP=465
SUB=1
TIME=0.93
SI (AVG)
DMX=0.246×10⁻³
SMN=-113097
SMX=354574

-113097　　-9170　　94757　　198684　　302610
　　-61133　　42794　　146720　　250647　　354574

（a）主拉应力

-250417　　-256484　　-162551　　-68618　　-5315
-303450　　-209517　　-115584　　-216551　　72281

（b）主压应力

（c）主拉应力时程曲线　　　　　　　　　（d）加速度时程曲线

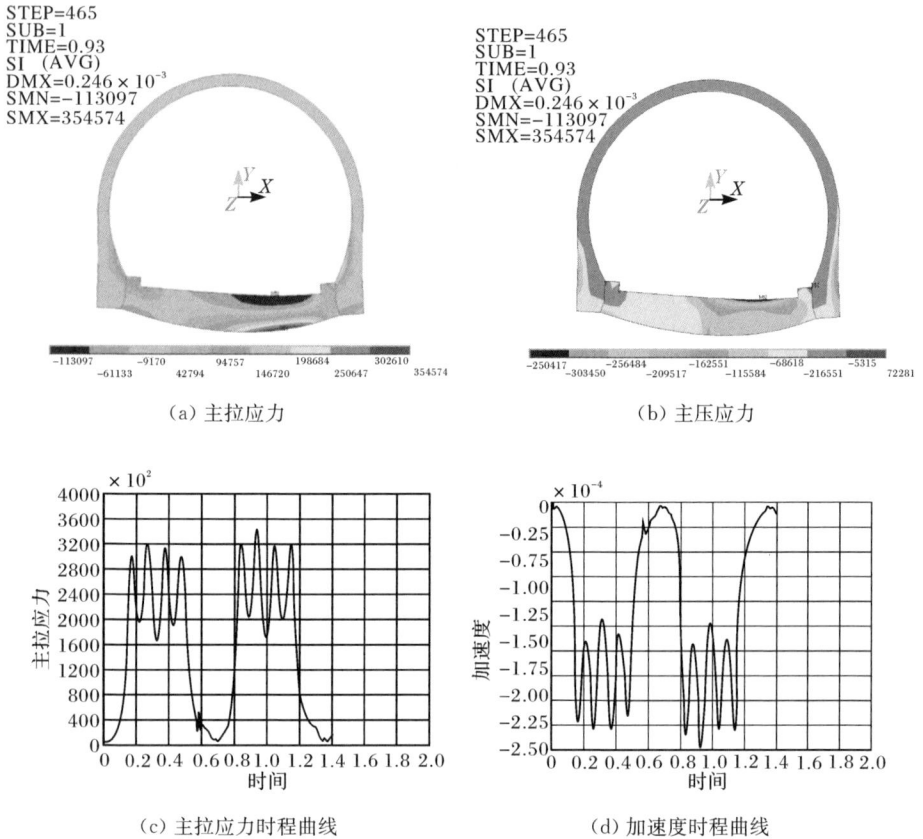

图 6.3.8　Ⅴ级围岩基底结构典型应力云图

（2）对于整体式衬砌隧道Ⅴ级围岩，轴重为 25t 时基底围岩减弱到 50％时仍能满足；轴重提高到 30t 时基底 1.5m 厚时围岩减弱不应大于 40％，等效围岩弹性模量不应小于 0.9GPa；基底 1.3m 厚时围岩减弱不应大于 20％，等效围岩弹性模量不应小于 1.20GPa；基底 1.1m 厚时围岩不能减弱，等效围岩弹性模量不应小于 1.5GPa。

（3）对于Ⅳ级围岩，轴重为 25t 时整体式衬砌隧道基底围岩减弱到 60％时仍能满足；轴重提高到 30t 时，基底 1.4m 厚时围岩减弱不应大于 55％，等效围岩弹性模量不应小于 1.62GPa；基底 1.2m 厚时围岩减弱不应大于 35％，等效围岩弹性模量不应小于 2.34GPa；基底 1.0m 厚时围岩减弱不应大于 15％，等效围岩弹性模量不应小于 3.06GPa；基底 0.8m 厚时围岩不能减弱，等效围岩弹性模量不应小于 3.6GPa。

3. 30t 轴重隧道基底结构技术要求

前期分析表明,安全系数采用 3.0 的情况,轴重提高到 30t 时,对于 V 级围岩,复合式及整体式衬砌隧道基底混凝土厚度不应小于 1.0m,对于 IV 级围岩,复合式及整体式衬砌隧道基底混凝土厚度不应小于 0.8m。由于安全余量较大,适当调整基底结构安全系数。

参照相关文献研究成果[11]:混凝土出现初始裂缝的最大拉应力为 $0.50f_t \sim 0.70f_t$,f_t 为极限抗拉强度,取下限值 $0.5f_t$,按此标准基底混凝土抗拉容许值为 1.00MPa,安全系数约为 2.0。

依据混凝土弯拉试验及线性累积损伤理论[12],在基底局部拉应力谱作用下,在 30t 轴重列车作用下基底混凝土每年的损伤度约为 0.20,按此推算,基底混凝土损伤度到 1.0 时的时间大约为 5 年,基本为一个大修养护周期时间。

因此,基底检算安全系数可适当调整,从《铁路路基设计规范》(TB 10001-2005,J 447-2005)中的 3.0 降至 2.0,这样既有一定的安全储备,同时也兼顾了经济成本。

同时,考虑隧道本身结构尺寸要求,示范段内的隧道 V 级围岩区基底混凝土厚度不小于 0.5m,IV 级围岩区不小于 0.4m。

6.4　既有隧道基底结构适应性评估

6.4.1　隧道基底结构评估指标和方法

1. 隧道基底结构评估指标

在运营条件下隧道仰拱或底板作为道床基础直接承受机车车辆的冲击荷载[8,9]。隧道仰拱或底板底部混凝土厚度不足、吊空、不密实,会使基床破损,道床下沉,轨道几何尺寸变化异常,影响正常运输和行车安全[10]。因此,铁路隧道的设计规范、施工规范、验收标准及大维修规则都明确规定隧道基床底部强度必须满足设计要求,并且规定仰拱或底板必须与底部围岩密贴,不得夹有虚砟、淤泥和杂物。在实际隧道施工过程中,仰拱或底板基本为最后一个施工环节(目前已有仰拱先行或隧道衬砌一次灌注成坏的新工艺),确保仰拱或底板与基底围岩密贴难度较大,基底往往留有虚砟、淤泥或杂物,给运营留下隐患[11]。在运营隧道病害中,隧道基底病害始终为诸病害之首,影响运输最为严重。隧道基底病害整治一般在运营条件下进行,确保整治质量难度也大,尽管铁路工务部门为整治该病害投入大量的人力、物力,但病害数量未有明显减少。基底病害整治效果较差的另一个原因,是只从道床翻浆变形现象推断基底病害情况、挖探坑也只能是少量的,难以对隧道仰拱或底板底部整体状况做出正确判识和开天窗彻底根治。

如今,采用物探与挖探相结合的方式[13],探明隧底整体状况,查明病害原因,对症整治就可达到事半功倍的效果。隧道基床底部混凝土厚度不足、不密实地段越长,对运营的影响越大。所以,对基底混凝土厚度、不密实地段的测线连续长度必须加以限制。

(1)根据基底轨下混凝土厚度确定缺陷等级,见表 6.4.1。

表 6.4.1　隧道基底厚度不足的量化指标

缺陷项目	围岩级别	1 好	2 轻微	3 较严重	4 严重
基底轨下混凝土厚度不足	Ⅲ级	$H\geqslant1.15$	不限	—	—
	Ⅳ级	$H\geqslant1.3$	$1.30\geqslant H\geqslant0.8$	$0.8\geqslant H\geqslant0.4$	$H<0.4$
	Ⅴ级	$H\geqslant1.27$	$1.27\geqslant H\geqslant1.1$	$1.1\geqslant H\geqslant0.5$	$H<0.5$

注:表中数据要求基底密贴,且围岩弹性模量不小于《隧规》中相应围岩级别的中值。

(2)根据基底不密实的量化指标确定缺陷等级,见表 6.4.2。

表 6.4.2　隧道基底不密实的量化指标

缺陷项目	测线连续长度/m	1 轻微	2 较严重	3 严重	4 极严重
基底不密实	不密实	$dL_c\leqslant3$	$3<dL_c\leqslant9$	$9<dL_c\leqslant15$	$dL_c>15$

注:表中数据用于双线及多线铁路隧道时,应适当修正测线连续长度。

(3)根据隧道衬砌病害的量化指标(表 6.4.3)中的第 1 和第 2 条,确定仰拱或底板裂损等级和基床软化、翻浆病害等级。

表 6.4.3　隧道衬砌病害的量化指标

序号	病害项目	1 轻微	2 较严重	3 严重	4 极严重
1	仰拱或底板裂损	连续长度小于或等于 1m	连续长度大于 1m、等于或小于 3m	连续长度大于 3m、等于或小于 5m	连续长度大于 5m
2	基床软化、翻浆	基床局部软化、翻浆	基床软化、翻浆,轨道几何尺寸变化较小	基床软化、翻浆较严重、轨道几何尺寸变化较大	基床软化、翻浆严重,轨道何尺寸变化异常

注:在仰拱或底板裂损病害项目中,其裂损连续长度值是基于底板结构,当为仰拱结构时,其病害等级应提高一级。

(4)根据以上的量化评价指标确定隧道基底缺陷等级与病害等级,将安全等级划分为完好(D)、轻微(C)、较严重(B)、严重(A1)、极严重(AA)五个等级,见表 6.4.4。

表 6.4.4　隧道衬砌安全等级评定标准

安全等级 项目	D	C	B				A1			AA		
	完好	轻微	较严重				严重			极严重		
衬砌病害等级	无病害	1	2	2	2		3	3	3	4	4	4
衬砌缺陷等级	无缺陷	1	2	1	1* 3* 4*		3	2	1* 2* 4*	4	3	1* 2* 3*

注:表中当衬砌缺陷等级为注有"＊"的等级时,该段衬砌安全等级应通过综合判识确定。

　　安全等级的评定方法:根据表 6.4.1 和表 6.4.2 确定基底缺陷等级(两者不一致时取较严重者为缺陷等级),根据表 6.4.3 确定基底病害等级,根据表 6.4.4 综合考虑基底病害及缺陷后的安全等级,当病害等级与缺陷等级不一致时,取病害较严重者为基底安全等级。

　　2. 隧道基底结构评估方法

　　1) 评估方法

　　根据示范段隧道基底状态检测结果,结合调查、勘察情况以及既有设计、施工等有关资料,针对隧道基底、基底与边墙交接部位及边墙目前所显示的状态特征,并考虑地质条件和由于施工处理不当及工程质量等可能存在有促使隧道病害进一步发展的潜在不利因素[14~17],在综合分析的基础上,参照各测试断面分析结果以及颁布《铁路桥隧建筑物劣化评定标准——隧道》(TB/T 2820.2—1997)、《铁路隧道衬砌质量无损检测规程》(TB 10223-2004)、《铁路运营隧道衬砌安全等级评定暂行规定》(铁运函[2004]174 号)有关评估方法及标准,对示范段隧道基底状态进行工程类比的综合评定。评估方法如图 6.4.1 所示。

　　2) 评估技术流程

　　针对重载铁路隧道基底缺乏有效评估技术的现状,创新地提出基于 TLV 移动加载、探地雷达检测与原位测试相结合的 30t 轴重重载列车作用下隧道基底评估技术和关键指标。该评估技术将待评估隧道基底分解成若干评估单元,将各个评估单元 TLV 移动加载结果(轨道综合模量)、雷达无损检测结果(道床厚度、基底混凝土厚度以及病害程度)、各单元围岩级别、围岩岩性及地下水情况作为关键评估指标,并结合结构检算、工程类比以及专家咨询等方法,对各评估单元进行逐一评估,最后集成各评估单元结果作为整座隧道基底状态评估结果。该研究成果对既有重载铁路隧道基底结构大轴重适应性评估具有重要意义。具体评估技术

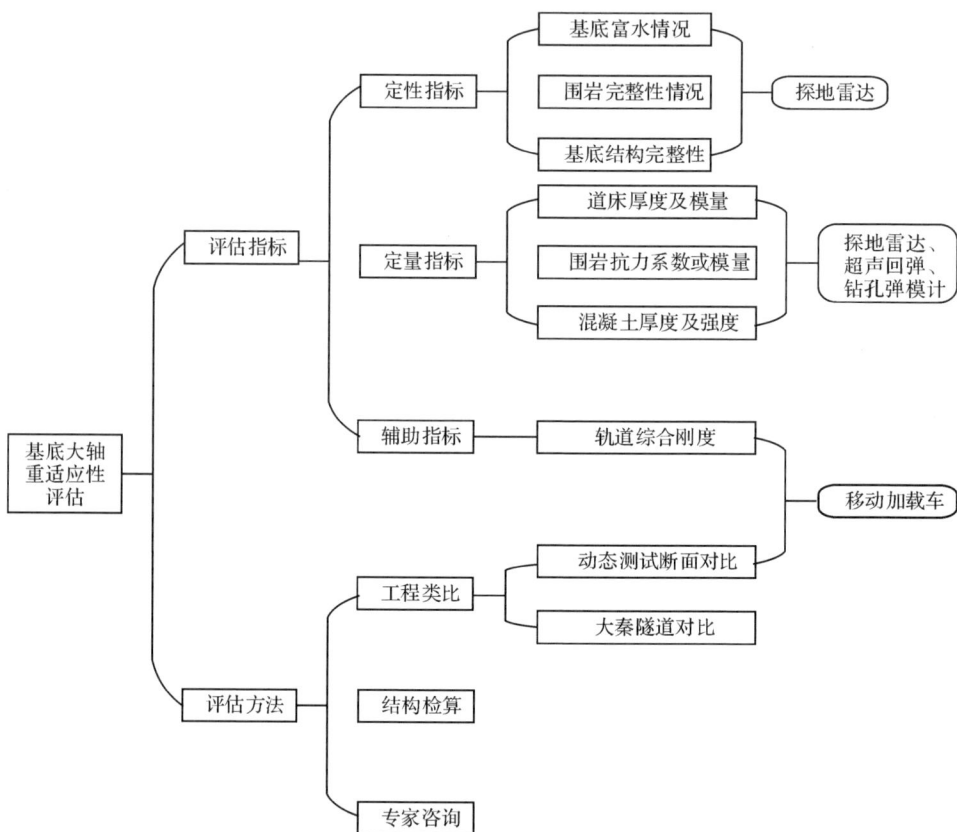

图 6.4.1　评估方法

流程如图 6.4.2 所示。

　　评估具体实施过程如下：如图 6.4.2 所示，将被评估重载铁路隧道分解成 N 个评估子区段（区段 1♯、区段 2♯、……、区段 N♯），同时查阅隧道每个评估子区段的设计、施工资料。在图 6.4.2 中，一方面，将每一个评估区段的围岩级别Ⅱ级、Ⅲ级、Ⅳ级及Ⅴ级以及对应的围岩岩性、产状、走向以及富水情况进行标注；另一方面，采用无损检测手段（雷达、电法）结合钻孔的方式对重载铁路隧道底部进行检测，将检测统计分析结果（包括底部道床厚度、混凝土厚度、病害情况、混凝土抗压强度、混凝土抗拉强度及凝土弹性模量）同样依次标注在对应的围岩级别上。根据每个区段标注的结果，建立与底部状态相对应的数值分析模型，检算重载列车作用下底部结构的安全性。最后，依据检算结果、既有运营养护资料、TLV 移动加载结果以及专家咨询意见，对隧道每个区段的基底状态进行综合评价，分别给出每个区段的评价结果。

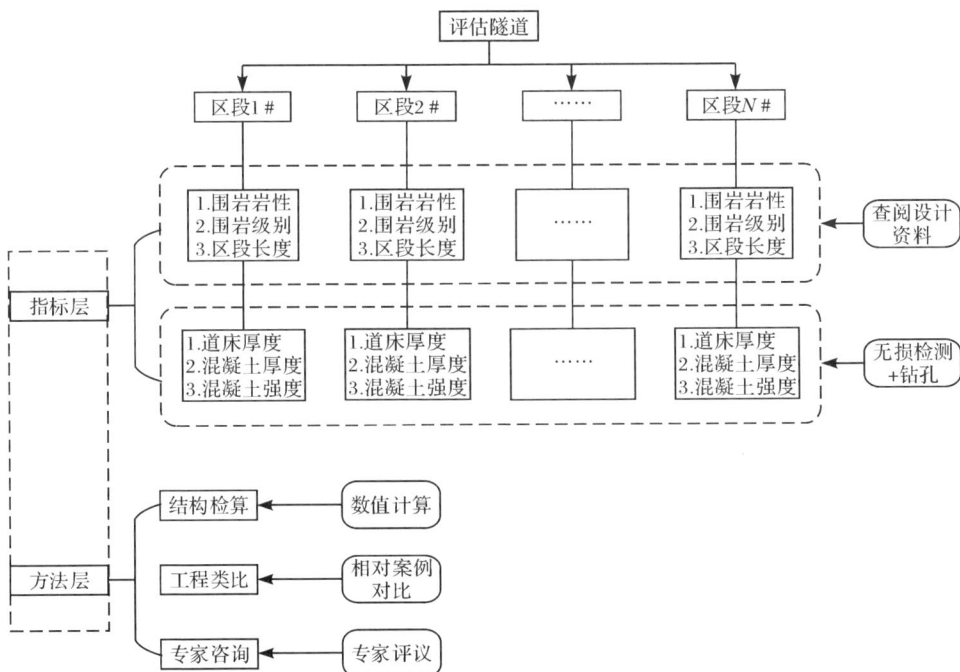

图 6.4.2　评估技术流程

6.4.2　隧道基底结构适应性评价

1. 基底综合刚度分布特点

基底混凝土厚度现场检测及分布如图 6.4.3 所示。

图 6.4.3　现场轨道刚度加载试验

复合式衬砌隧道基底典型位处综合刚度如图 6.4.4 所示。

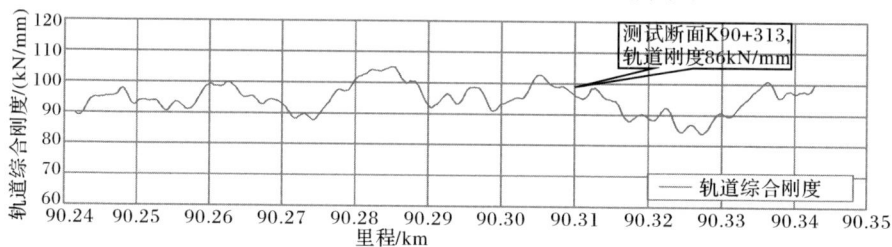

图 6.4.4　轨道综合刚度(K90+242～K90+342)

示范段复合式及整体式衬砌隧道基底动态测试断面处轨道综合刚度见表 6.4.5。

表 6.4.5　各测试断面处轨道综合刚度值

测试断面	轨道综合刚度/(kN/mm)
复合式衬砌Ⅲ级围岩	66.1
复合式衬砌Ⅳ级围岩	75.1
复合式衬砌Ⅴ级围岩	95.1
整体式衬砌Ⅲ级围岩	87.8
整体式衬砌Ⅳ级围岩	84.1
整体式衬砌Ⅴ级围岩	77.2

由轨道刚度可以看出,复合式衬砌隧道Ⅲ、Ⅳ、Ⅴ级围岩处轨道综合刚度分别为 66.1kN/mm、75.1kN/mm、95.1kN/mm,除Ⅲ级围岩外,其他断面轨道综合刚度较大;整体式衬砌隧道三个断面处的轨道综合刚度均大于 70kN/mm。

2. 基底结构混凝土厚度及强度分布特点

隧道基底混凝土厚度现场检测如图 6.4.5 所示。

(a)基底雷达测试　　　　　　(b)填充层厚度钻孔测试

图 6.4.5　隧道基底厚度现场检测

复合式及整体式衬砌隧道基底混凝土厚度检测值分别如图 6.4.6 和图 6.4.7 所示。

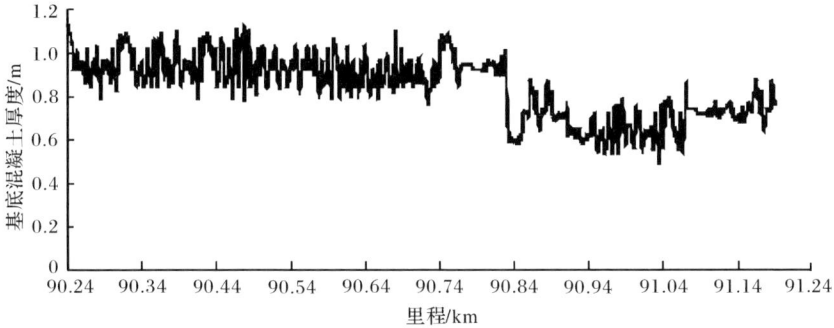

图 6.4.6 复合式衬砌隧道基底混凝土厚度分布

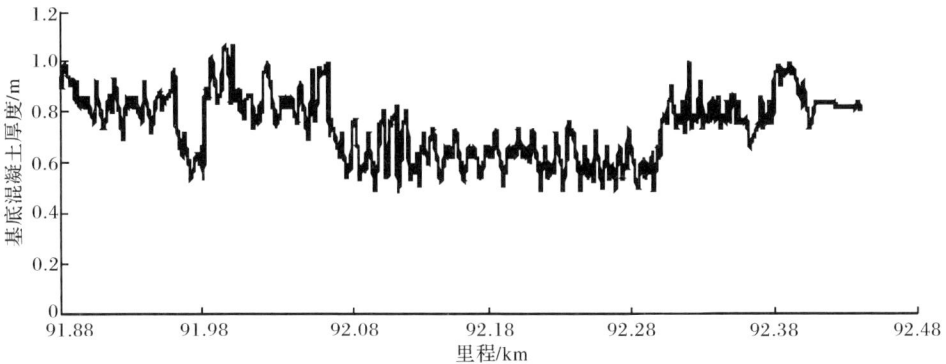

图 6.4.7 整体式衬砌隧道基底混凝土厚度分布

由图 6.4.7 和图 6.4.8 显示的基底混凝土厚度分布情况可以看出,该复合式衬砌隧道Ⅲ、Ⅳ、Ⅴ区段基底混凝土平均厚度分别为 0.65m、0.80m、0.91m,整体式衬砌隧道Ⅲ、Ⅳ、Ⅴ区段基底混凝土平均厚度分别为 0.50m、0.75m、0.85m,各测试断面基底混凝土厚度比设计值小。

3. 基底道床厚度及刚度分布特点

复合式及整体式衬砌隧道基底道床厚度现场检测如图 6.4.8 所示。

各隧道基底道床厚度分布如图 6.4.9~图 6.4.11 所示。

由图 6.4.9~图 6.4.11 可以看出,复合式衬砌三家村隧道基底道床厚度平均为 0.44m,最大厚度为 0.51m;整体式衬砌石河口隧道基底道床厚度平均为 0.47m,最大厚度为 0.56m;整体式衬砌白村隧道基底道床厚度平均为 0.43m,最大厚度为 0.58m,各测试断面道床厚度较大。

图 6.4.8　隧道基底道床厚度检测

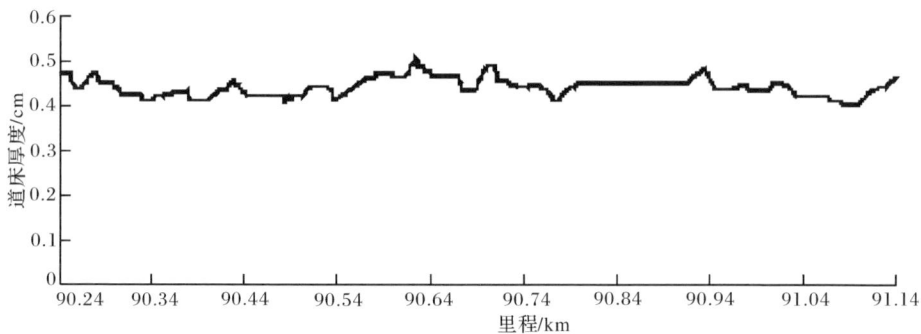

图 6.4.9　三家村隧道基底道床厚度分布图

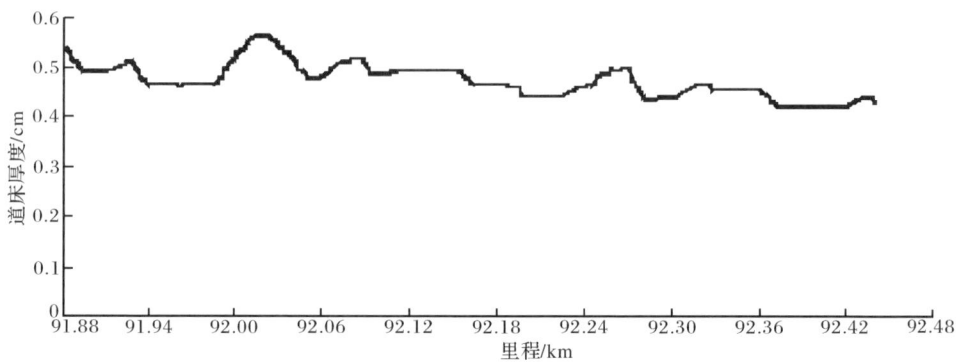

图 6.4.10　石河口隧道基底道床厚度分布图

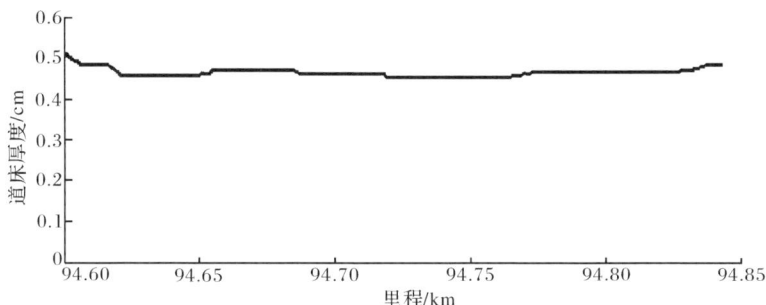

图 6.4.11　白村隧道基底道床厚度分布图

4. 基底结构大轴重适应性评价结果

1) 基底结构完好地段:围岩与结构密贴,结构尺寸符合原设计标准

示范段内三家村、石河口、白村隧道基底混凝土满足原设计要求且与围岩密贴的地段,安全系数基本大于 3.0,能够满足 30t 轴重列车的运行要求,安全储备较大。

2) 基底质量缺陷地段:混凝土厚度不足及不密实地段

混凝土厚度不足及不密实地段基底混凝土安全系数基本大于 2.0,但安全储备有所减弱。考虑到隧道已经服役多年,不排除地质环境变化导致基底出现个别薄弱地段。因而,后期工务部门应根据隧道运营情况,对衬砌裂缝严重(缝宽≥5mm)、轨道刚度小于 70kN/mm 或刚度突变的地段进行跟踪检查,必要时加强后期长期观测,从而掌握基底实时情况。

6.5　隧道基底强化技术

示范段内隧道检测结果以及示范段外隧道调研结果表明,朔黄隧道基底普遍存在混凝土厚度不足、不密实等质量缺陷以及基底病害等区段,进而不满足开行 30t 轴重列车的要求,鉴于此,针对上述问题,有针对性地开展了相对应的强化措施研究。

6.5.1　隧道基底强化技术原则

在少量开行大轴重列车的情况下,示范段内隧道基底能够满足列车的安全运营,但由于朔黄铁路隧道大部分分布在示范段外,且众多隧道基底存在厚度与强度不足等缺陷以及下沉、翻浆冒泥与水沟外挤等病害。针对此类隧道,一方面对隧道基底进行全面检测,掌握基底的实际状态,依据检测结果,逐一进行大轴重适应性评估;另一方面,依据评估结果、病害类型、发育程度以及对轨道结构的影响程度[18],对此类隧道基底酌情进行强化处理,且强化处理措施应依据表 6.5.1 所示。

表 6.5.1 基底不同状态加固方案

基底状态	基底状态	可选用方案	建议方案
基底质量缺陷区段	混凝土厚度不足＋有水	①井点降水＋TGRM 注浆 ②高分子树脂锚注	高分子树脂锚注
	混凝土厚度不足＋无水	①高分子树脂锚注 ②TGRM 注浆	TGRM 注浆
	基底吊空＋无水	①微型桩＋注浆 ②高分子树脂锚注	高分子树脂锚注
	基底吊空＋有水	①微型桩＋注浆 ②高分子树脂锚注	高分子树脂锚注
	基底不密实＋有水	①微型桩＋注浆 ②高分子树脂锚注 ③TGRM 注浆 ④井点降水＋TGRM 注浆	井点降水＋TGRM 注浆
	基底不密实＋无水	①微型桩＋注浆 ②高分子树脂锚注 ③TGRM 注浆	高分子树脂锚注
基底病害区段	混凝土厚度不足＋基底翻浆冒泥	①高分子树脂锚注 ②井点降水＋TGRM 注浆 ③密井暗管＋TGRM 注浆	高分子树脂锚注
	基底翻浆冒泥	①高分子树脂锚注 ②井点降水＋TGRM 注浆 ③密井暗管＋TGRM 注浆	井点降水＋TGRM 注浆
	基底破碎＋有水	①高分子树脂锚注 ②井点降水＋TGRM 注浆 ③密井暗管＋TGRM 注浆	高分子树脂锚注
	基底破碎	①高分子树脂锚注 ②TGRM 注浆	高分子树脂锚注

6.5.2 隧道基底强化措施

1. 微型桩＋注浆

1) 基本原理

微型桩强化仰拱填充的机理是:一方面通过借助微型桩的水泥浆沿其长度提

供抗剪能力,产生阻力,发挥抗拉特性,可以抵抗由作用在仰拱底部水压力及软弱围岩挤压造成的土压力,减小或抑制仰拱上抬,从而防止隧道仰拱填充结构的 V 字形裂缝产生和发展。另一方面利用微型桩与基底混凝土界面处的摩擦力来支撑结构与列车的动荷载,从而达到锚固基底结构的作用。当微型桩起锚固作用时,基底填充层与仰拱可看成是分层的厚板,微型桩可以把分层的混凝土板组合成为复合板,并根据材料力学的观点,同样 N 块板组合成单层板的最大内应力是一般叠合起的板的 $1/n$,而组合板的挠度是叠合板的 $1/n^2$。另外,微型桩具有结构简单、施工快捷、受力合理等特点,有利于在隧道工程中应用。

微型桩布置示意如图 6.5.1 所示。

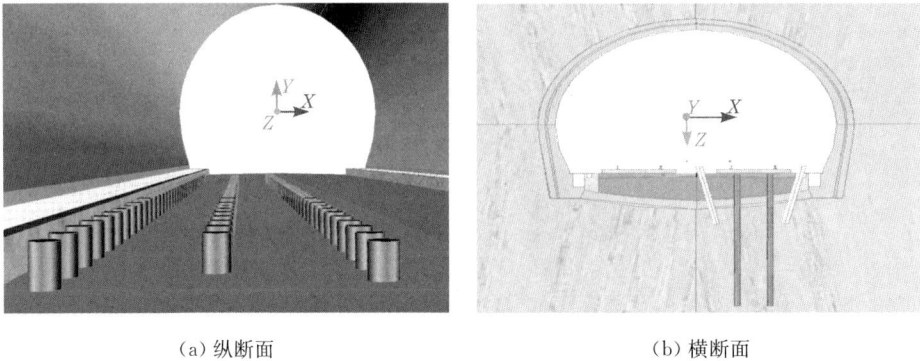

<table>
<tr><td>(a) 纵断面</td><td>(b) 横断面</td></tr>
</table>

图 6.5.1　微型桩布置示意图

2) 关键设计参数

考虑到现场实际情况,微型桩分别布置在相邻轨枕孔之间。

(1) 桩径 d:取决于钻机成孔直径,一般取 $d=120\text{mm}$。

(2) 桩长 L:$L=$填充层厚度+仰拱厚度+软弱层厚度+嵌岩深度,嵌岩深度不小于 0.5m。

(3) 桩间距 a:按承载力计算结果,同时满足 $a>3d$,选择 120cm。

(4) 桩体采用 C35 混凝土、高分子树脂材料,桩体中心设三根 25mm 螺纹钢,注浆液中可加入早强剂以提高早期强度。

微型桩+注浆强化方案设计如图 6.5.2 所示。

3) 施工工艺

微型桩施工工艺为:道床扒砟→钻机定位→钻机成孔→清孔(有水时)→插入钢筋及注浆管→注浆成桩→设备移至下一桩位。具体如下:

(1) 成孔:微型桩的成孔一般是采用小型钻机钻孔,采用水或泥浆作为循环冷却钻头。钻孔时,利用孔内泥浆,使孔壁表面形成泥皮,以达到护孔目的。

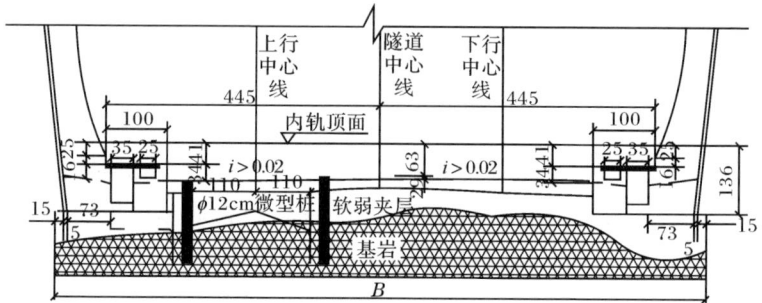

(a) 微型桩强化剖面图

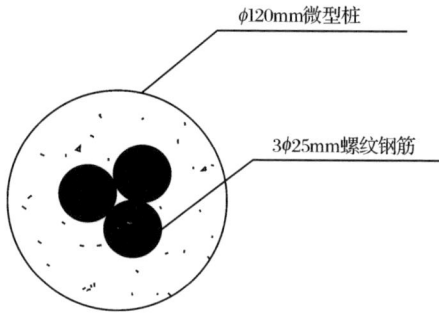

(b) 微型桩断面图

图 6.5.2　微型桩强化设计图

（2）清孔：成孔后对孔内泥浆转换，达到要求的一定比重泥浆水或基本达到溢出清水。

（3）插入钢筋：将 3 根 ϕ25mm 螺纹钢筋均匀绑扎一起。

（4）插入压浆管：注浆管采用 ϕ42mm 无缝管。

（5）灌浆成孔：在钢筋和压浆管沉入钻孔之后，压入水泥砂浆，水灰比宜为 0.4～0.5，注浆压力为 2.0～4.0MPa。灌浆后，立即投入直径 3cm 的碎石，用钢筋插捣，使骨料均匀分布于桩身。

2. 高分子树脂锚注

1）基本原理

高分子聚氨酯材料加固功能主要体现在 3 个方面。

（1）驱水作用。选用的胶凝材料具有憎水性，注入后能将基底地下水排开，防止基底翻浆冒泥。

（2）填充作用。填充基底空洞，改善基底结构的受力性能，提高基底承载能力,防止基底下沉。

（3）固结作用。固结虚砟,提高基底的整体性,提高基底承载能力,防止基底下沉。高分子树脂聚氨酯材料填充基底吊空、固结虚砟现场施作如图 6.5.3 所示。

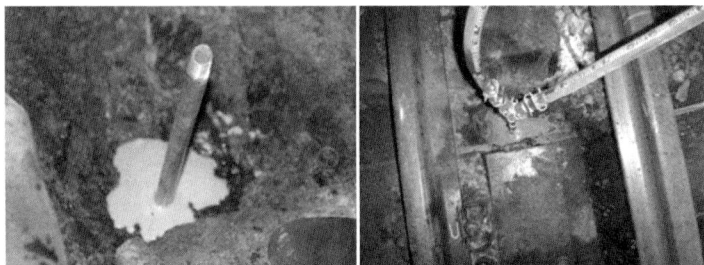

图 6.5.3　高分子树脂聚氨加固

2）关键设计参数

（1）为防止灌注高分子材料进入破损水沟内,需进行水沟截流,在病害区段中心及重车侧水沟沿水沟内表面全断面铺设无纺土工布（400g/m²）,其作用在于防止胶液进入水沟内,但能透水。

（2）在沟底无纺土工布上部铺设 20cm 厚碎石,碎石直径为 3～5cm,其作用在于固定水沟底部土工布,防止注胶压力过大造成土工布鼓起,但又不会造成水沟侧壁泄水孔的堵塞。

（3）灌注高分子材料的注浆孔直径为 20mm,孔位与地面成 45°,孔位按梅花形布置,间距 2m。

高分子树脂锚注法设计如图 6.5.4 所示。

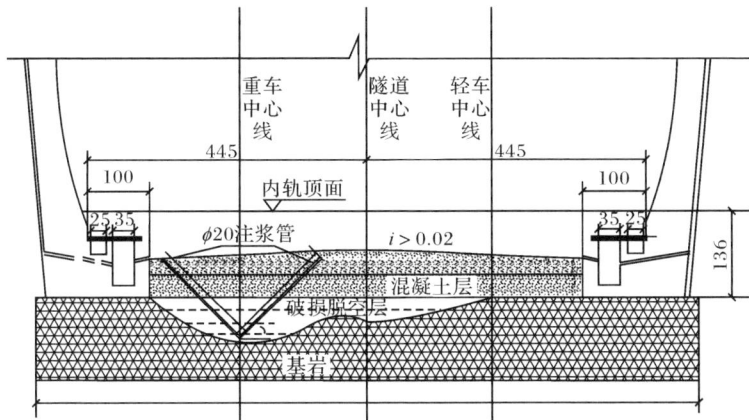

（a）基底灌注剖面图

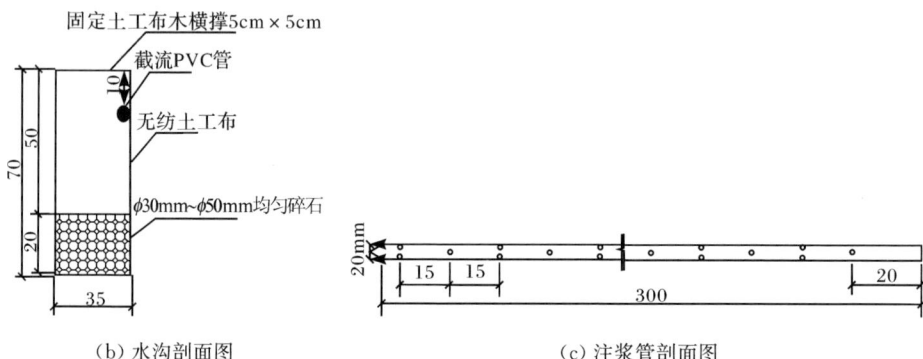

（b）水沟剖面图　　　　　　　　（c）注浆管剖面图

图 6.5.4　高分子树脂锚注法设计图

3）施工工艺

高分子树脂锚注法施工工艺如图 6.5.5 所示，具体步骤如下：

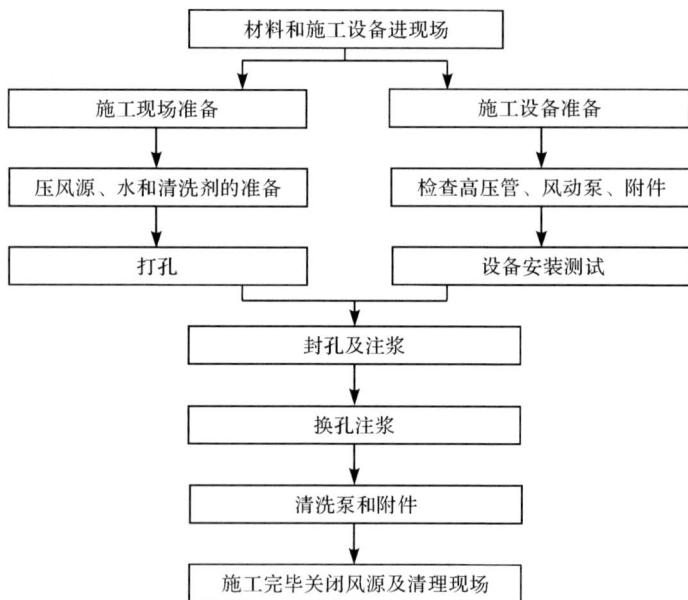

图 6.5.5　高分子树脂锚注法施工工艺流程图

（1）按照注浆要求对孔位进行设计。

（2）打孔，要求钻孔直径为 42mm，深度、倾角按现场情况而定。

（3）把注浆泵及其附件组装好并把注射枪固定住。

（4）开始注浆，把两根吸料管分别插入两组分桶中，由于压力的作用使原料泵送到注射枪里，通过注射枪注入地层，原料渗入裂隙，进而快速反应达到强化的目的。

（5）当注浆压力达到要求时，停止注浆。

（6）换孔注浆，重复（2）～（5）的步骤。

（7）注浆完毕后，用清洗剂清洗泵和附件。

本施工工艺简单，操作方便，现场施工要求不高，能快速、高效地达到设计目的。灌浆孔现场布置如图 6.5.6 和图 6.5.7 所示。

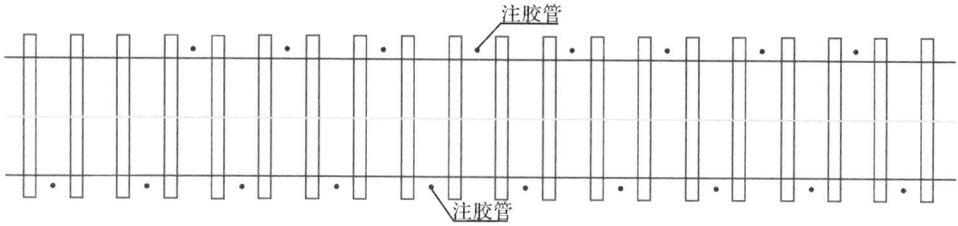

图 6.5.6　高分子树脂锚注平面布置示意图

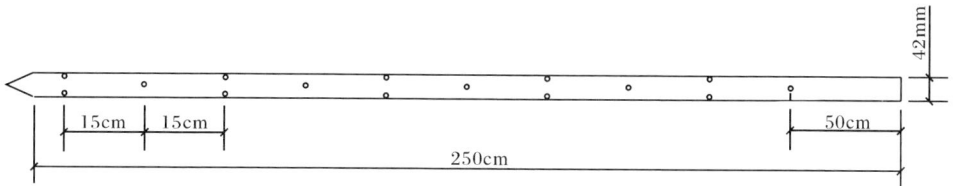

图 6.5.7　灌浆管纵向剖图

3. 井点降水＋TGRM 注浆

1）基本原理

"井点降水＋注浆"方案是一种人工降低地下水的方法，将井管插入基底含水层内，井管上部与总管连接，通过总管利用抽水设备将地下水从井管内不断抽出，使原有地下水降到基底以下，保证基底干燥无水。通过注浆填充基底空隙，有效提高基底承载能力。设计时先要根据涌水量进行降水计算，然后选择合理的降水设备和参数。最后重要的一步就是基底注浆，保证基底结构的承载能力满足要求。

2）关键设计参数

（1）注浆孔。在整治区段隧道重车线轨枕头两侧布置一排注浆孔，孔径为42mm，长度 2.0m，间距 1.0m，注浆管竖直设置。注浆花管沿管身底端 1m 范围内梅花形布置 $\phi 10$ 溢浆孔，起到强化隧道基底的作用。浆材料选用强化型 TGRM 水泥基特种注浆料，其突出特点是早强性和施工性，30min 龄期的抗压强度大于 8MPa。

（2）井点管。在病害区段重车线轨枕头外侧处,钻孔布置一排井点管,间距为
2.0m,管径为 φ40。

井点降水＋注浆设计如图 6.5.8 所示。

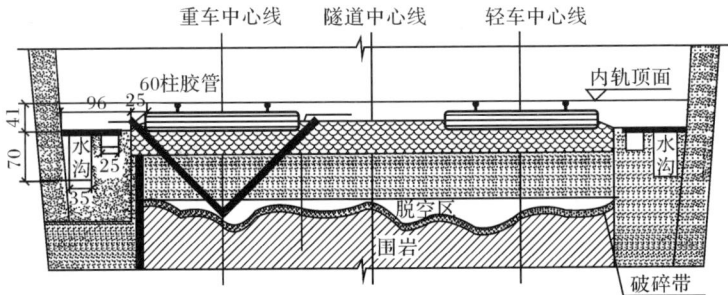

（a）井点降水剖面图

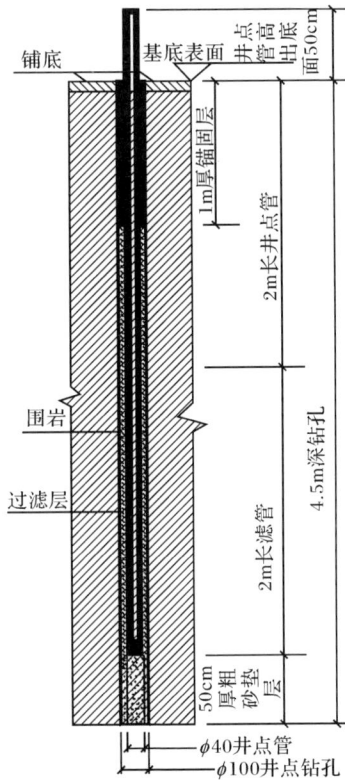

（b）井点管剖面图

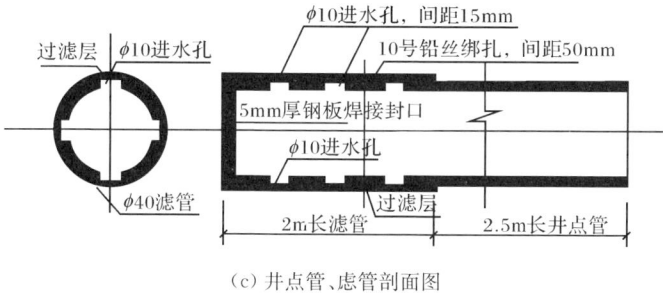

（c）井点管、虑管剖面图

图 6.5.8　井点降水＋注浆设计图

3）施工工艺

该法的基本施工工艺如下：

（1）基底注浆。注浆材料选用强化型 TGRM 水泥基特种注浆料，其突出特点是早强性和施工性，30min 龄期的抗压强度大于 8MPa，初凝时间不少于 12min，并具有良好的可灌性，能保证施工填充效果的实现。注浆工序为：钻孔→冲孔→注浆→补浆。

① 布孔。在整治区段隧道重车线轨枕头两侧布置一排注浆孔，孔径为 6cm，长度 2.0m，间距 1.0m，注浆管竖直设置。注浆花管沿管身底端 1m 范围内梅花形布置 $\phi 10$ 溢浆孔，起到强化隧道基底的作用。

② 冲孔。用空压机冲孔，将孔内沉砟淤泥彻底清理干净；通过冲孔，可了解孔位之间的连通关系。

③ 注浆。强化型 TGRM 水泥基特种注浆料水灰比为 0.4，搅拌浆液应使用高速制浆机，转速≥300r/min，搅拌时间为 3min，注浆压力根据现场实际情况动态调整，初始注浆压力不宜过大，控制在 0.2MPa 左右。将制好的浆放入储浆桶后通过压力泵，由管线送浆液至工作面进行压浆，压浆工序在"天窗"结束前 30min结束，以保证其结石强度。

④ 对注浆效果不理想的地段进行补浆。

（2）轻型井点降水。轻型井点降水是一种人工降低地下水的方法，它是将直径较细的井管插入深于基底的含水层内，井管上部与总管连接，通过总管利用抽水设备将地下水从井管内不断抽出，使原有地下水降到基底以下，保证基底干燥无水。

① 测设井位。在病害区段重车线轨枕头外侧处，钻孔布置一排井点管，间距为 2.0m。

② 钻机就位。保证钻杆轴线垂直对准钻孔中心位置，控卫误差不得大于2cm，并使用双侧掉线坠校正钻杆垂直度，钻杆倾斜度不得大于 1％。

③ 钻孔。螺旋钻机应根据地层情况选择和调整钻机参数,并通过电流表控制进尺速度,电流值增大时,说明孔内阻力增大,应降低钻速。开始钻进及穿过软硬土层交界处时,应保持钻杆垂直,控制钻速,缓慢进尺。若遇到卡钻、不进尺或进尺缓慢情况,应停机检查原因。钻到预定深度后,应原地空转清土,然后起拔钻杆。

④ 沉设井点管。沉设井点管应缓慢保持井点管位于井孔正中位置,禁止刮蹭井壁和插入井底,出现上述现象时应提出井点管,检查滤水管及滤网有无损坏,合格后重新沉设。井点管高于底面 50cm,管口应用尼龙网扎好,以免杂物落入井管。

⑤ 回填滤料。滤料为均匀粗砂,均匀从四面回填,保持井点管居中,并随时探测滤料深度,以免堵塞架空。滤料回填至铺底表面下 1m 为止。

⑥ 洗井。回填滤料后应及时洗井,洗井选用空压机法。选用直径为 20mm 的风管将压缩空气送入井点管底部滤水管位置,将滤料层中的泥浆洗出,应视地层出水能力间隔送风洗井,必要时也可注入一定量的清水再洗。洗井后如果滤料下沉应及时补填滤料。

⑦ 封填孔口。洗井后应用锚固剂将孔口填实封平,防止地表水顺滤料流入孔内。

⑧ 连接集水总管。井点管施工完成后用加筋软管与集水总管连接,接口必须密封严实。各集水总管宜向管道水流下游方向倾斜。为减小管内负压损失,集水总管的放置标高应尽量降低。

⑨ 安装抽水机组。抽水机组安设在病害区段附近的避车洞内,水箱吸水口与集水总管处于同一标高。

⑩ 试抽、验收。井点系统完成安装后,应及时进行试抽水,检验水位降深、出水量、管路连接质量、井点出水和泵组工作压力、真空度及运转情况等。同时确定抽水时间等参数,为设置抽水自动化控制系统提供依据。试抽后应组织现场验收,当发现水浑浊时,应查明原因,及时处理,严禁长时间抽吸浑水。

4. 密井暗管＋TGRM 注浆

1) 基本原理

一方面,采用密井暗管法降低道床下地下水的水位,改善全隧道的疏导排水系统,从而消除因水而引起的病害;另一方面,注浆能起到基底排水、填充空洞、固结虚砟的作用。密井暗管增设示意图如图 6.5.9 所示。

2) 关键设计参数

"密井暗管＋注浆"方案主要是增设单、双侧密井暗管水沟,首先对原有隧道水沟拆除。为方便检查、维修,密井暗管水沟每 5m 设一个检查井,其平面尺寸为

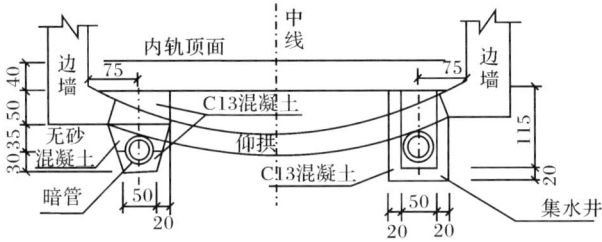

图 6.5.9　密井暗管增设示意图

1.3m×0.5m,为了彻底达到排水目的,检查井内预埋 $\phi50$ 泄水管,密井暗管水沟要从直径 0.4m 的无筋管中部向上做一定厚度的无砂混凝土或碎石,水沟盖板面与轨面距离为 0.45~0.5m,方便线路维修、中修、大修更换枕木等,沟底排水坡度顺线路坡度,密井暗管水沟的深度为 1.15~1.35m。密井暗管设计如图 6.5.10所示。

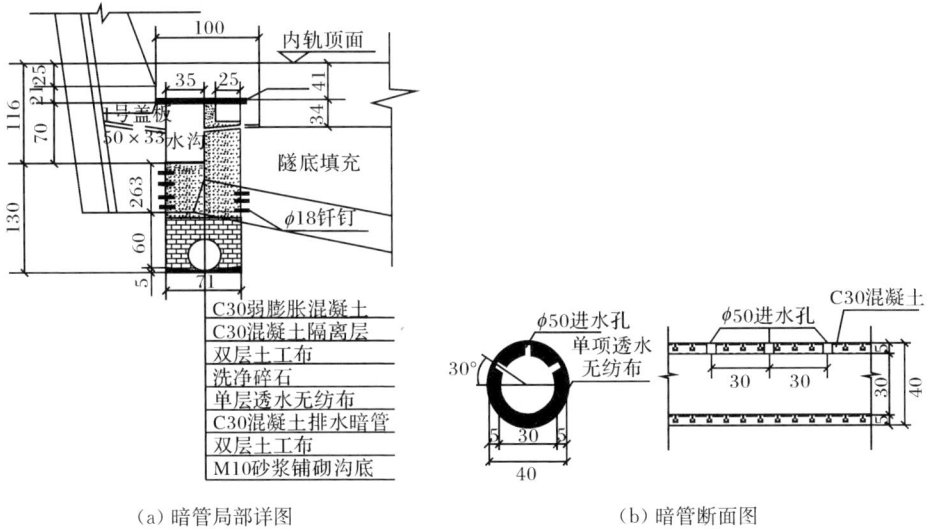

(a) 暗管局部详图　　　　　　　(b) 暗管断面图

图 6.5.10　密井暗管设计图

3) 施工工艺

密井暗管+TGRM 注浆法的施工工艺如下:

(1) 开挖线路左右侧既有水沟及电缆槽。仰拱与无仰拱地段均开挖至既有水沟下 130cm 处。

(2) 新建水沟与既有集水井间连接通道。新建通道宽 50cm,深度与加深水沟底部平齐,连接通道内布置连接管与主排水管通过三通接头连接,延伸至既有集水井。连接通道主要作用是排水管中水进入既有集水井。

（3）施作排水沟底部垫层。采用 M10 砂浆铺砌沟底，垫层边缘厚 5cm，以一定角度均匀过渡至中心处，用作土工布垫层。

（4）铺设土工布。沿新建水沟及电缆槽四周密贴铺设双层土工布，要求土工布刺破强度和撕裂强度不小于 400N，CBR 顶破强度不小于 1.5kN，每平方米不小于 400g。土工布主要起到过滤作用，防止围岩中细颗粒流失，造成基底空洞。

（5）施作排水暗管。排水暗管采用直径为 30cm C30 混凝土管，沿管身上半部分全长均匀设置进水口，进水口直径为 5cm，梅花形布置。管身包裹单向透水无纺布，用铁丝绑扎。排水管接头采用专用接头连接，防止漏水。

（6）回填洗净碎石。选取均匀洗净碎石回填，粒径 2～4cm，用土工布包裹。均匀洗净碎石既起到回填作用，地下水又能通过其孔隙进入排水管。

（7）施作隔离层。在土工布上方施作 2cm 厚的早强混凝土隔离层，防止上方回填混凝土浆液进入碎石层堵塞排水空隙。

（8）施作钎钉。在新老混凝土交接面设置 ϕ18 钎钉，钎钉长度为 30cm。与仰拱连接处钎钉横向间距 10cm，纵向间距 20cm；与边墙连接处钎钉横向间距 15cm，纵向间距 20cm。

（9）施作回填混凝土。采用 C30 早强弱膨胀混凝土，回填至既有水沟底面。

5. D 便梁＋纤维混凝土

1）基本原理

横扣轨是将轨束横向穿入基本轨下，直接代替枕木受力的一种结构形式。横扣轨两端支撑，应视施工条件和需要，采用纵向枕木垛、纵向混凝土地梁或利用侧沟边墙[19]。

2）关键设计参数

（1）方案一为边墙布设水平顶丝＋横梁布设混凝土支座（横梁间距 1.2m）。

主梁：为保证隧道铺底结构不与主梁冲突，控制主梁高度为 300mm 及以下，主梁可采用焊接工字型钢梁，尺寸为 220mm×280mm×20mm×20mm，每延米重量为 106.08kg。

横梁：横梁高度为 300mm 及以下，主梁可采用焊接工字型钢梁，尺寸为 200mm×210mm×12mm×14mm×16mm，每延米重量为 66.46kg/m，横梁间距暂定为 1200mm 进行试设计。架空方案及主梁、横梁断面如图 6.5.11 和图 6.5.12 所示。

本施工便梁主要受力结构为主梁（纵向主受力结构）及横梁（兼作钢枕）。其整体垂向传力途径为：钢轨→横梁→主梁→橡胶垫板→预制 C30 混凝土支座；水平向传力途径为：水平应力→水平顶丝。

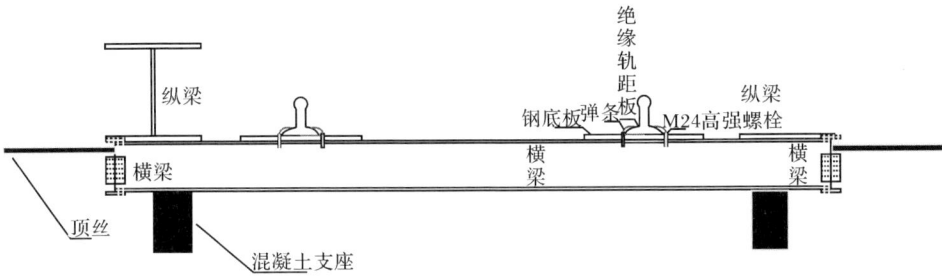

图 6.5.11　下沉式(顶丝＋支座)架空方案示意图

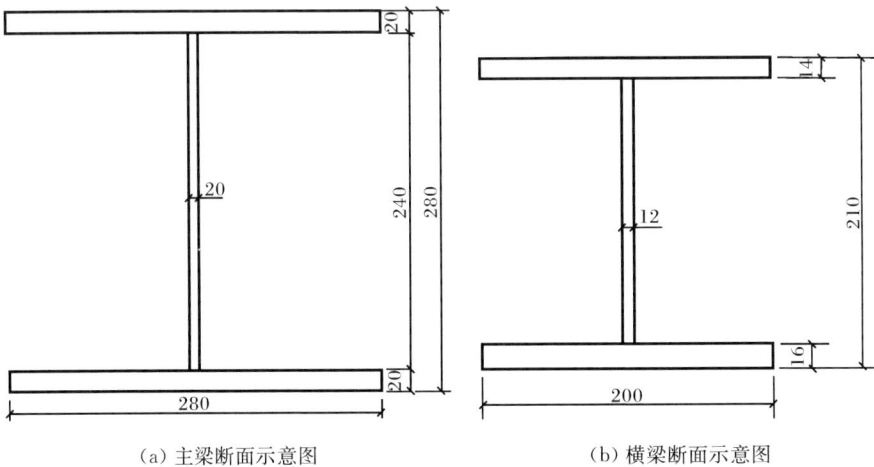

（a）主梁断面示意图　　　　　　　　　（b）横梁断面示意图

图 6.5.12　下沉式(顶丝＋支座)纵、横梁断面图

（2）方案二为无顶丝与横梁混凝土支座(横梁间距 0.9m)。

主梁:为保证隧道铺底结构不与主梁冲突,控制主梁高度为 400mm 及以下,主梁可采用焊接工字型钢梁,尺寸为 400mm×400mm×10mm×20mm,每延米重量为 153.8kg/m。

横梁:横梁高度为 400mm 及以下,主梁可采用焊接工字型钢梁,尺寸为 200mm×210mm×10mm×14mm×14mm,每延米重量为 59kg/m,横梁间距暂定为 900mm 进行试设计。架空方案及主梁、横梁断面如图 6.5.13 和图 6.5.14 所示。

本施工便梁主要受力结构为主梁(纵向主受力结构)及横梁(兼作钢枕)。其整体垂向传力途径为:钢轨→横梁→主梁→预制 C30 灌注桩支座。

3) 施工工艺

D 便梁＋纤维混凝土的施工工艺流程如图 6.5.15 所示。

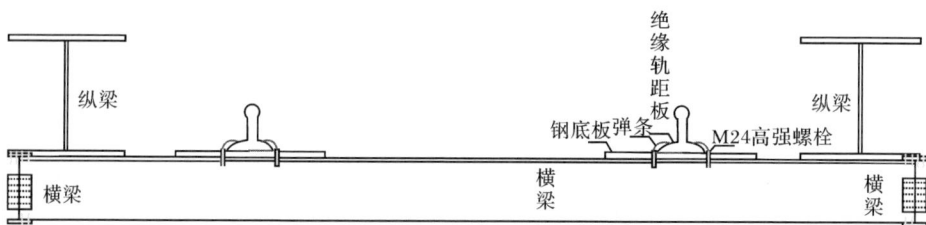

图 6.5.13　下沉式(无顶丝及支座)架空方案示意图

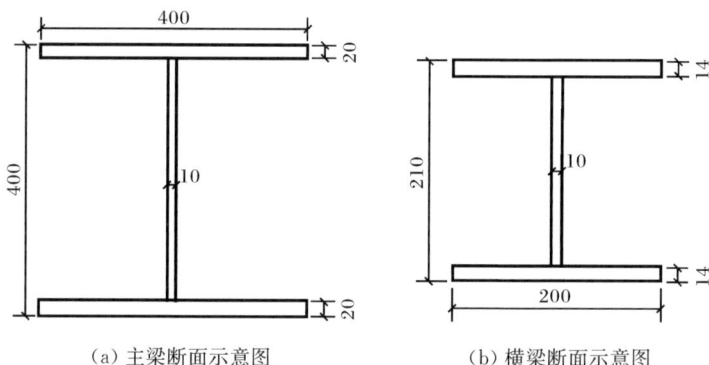

(a) 主梁断面示意图　　　　　(b) 横梁断面示意图

图 6.5.14　下沉式(无顶丝及支座)纵、横梁断面图

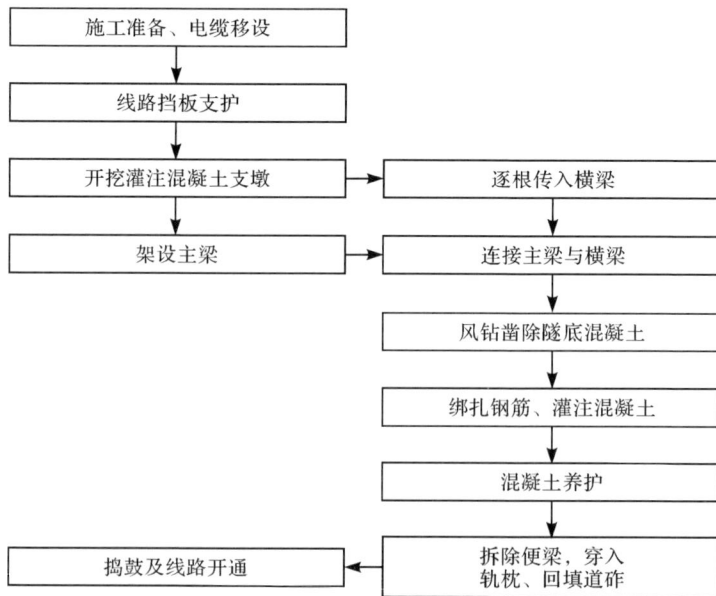

图 6.5.15　施工工艺流程图

6. TGRM 综合灌浆法

1) 基本原理

在基底表层通过深层渗透注浆方式,使用化学浆液形成浆脉稳固土体结构,吸收孔隙水,从而降低土体的含水率,降低土体再次液化翻浆冒泥的可能,同时在基床底层形成一个隔水层,阻止地下水再次渗入。在基底底层通过挤密注浆方式,注入 TGRM 浆液,提高隧道基底围岩的承载力,同时形成密实的浆液固结体,使断裂和"吊空"被锚固、充填,提高隧底承载能力。

2) 关键设计参数

由于是在既有线条件下施工,要特别防止灌浆对基床的"抬动"。灌浆压力不得超过 0.6MPa,为避免灌浆孔穿透道砟,由两枕木头端部钻设灌浆孔,从挡砟墙钻入基床,并沿垂线倾斜 45°～60°,间隔 1m,行距为 40cm,以使灌浆孔穿越道床中心,使隧道基底病害得到全面加固,加固平面布置如图 6.5.16 所示。

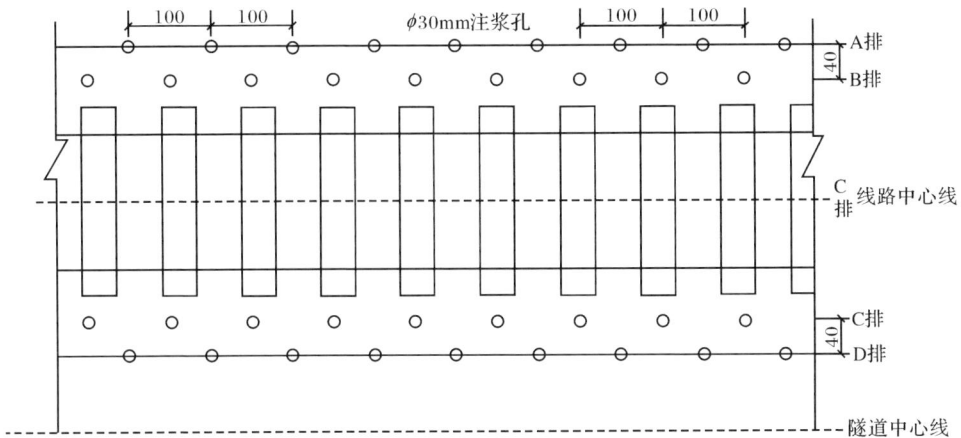

图 6.5.16　TGRM 注浆强化平面布置图

3) 施工工艺

该法施工工艺流程为:扒砟→钻孔→下管→灌浆→补浆。具体施工步序如下:

(1) 扒砟。因道砟中无法成孔,注浆孔需在铺底面向下施钻。为此,需采用扒砟下套筒的方式,在保证成孔的同时还要保证行车安全。在天窗点内用专用工具把道砟挖至铺底面,再埋入 $\phi160 \times 5$ 的 PVC 管,最后捣固密实。

(2) 钻孔。根据设计方案,施做 $\Phi30mm$ 钻孔,孔深 2～3m,间距 1m,行距 40cm。

（3）下管。钻孔完成后下入注浆钢管，并进行清孔和封孔。

（4）灌浆。压浆方式采用后退式压浆，即一次钻至压浆孔底，再从孔底利用止浆塞分段压浆后退至孔口，压浆完成后孔口用水泥砂浆抹平。浆液水灰比一般为 0.5，灌浆压力控制在 0.3～0.5MPa。

（5）补浆。灌浆完成后，每 100m 随机钻取 3 个孔检查压浆效果，如果仍有明显的空洞和孔隙，应重新补浆。

参 考 文 献

[1] 俞翰斌. 开行大轴重列车既有线隧道基底病害的井点降水整治方案研究. 中国铁道科学，2013，34(4)：47—52.

[2] 彭立敏，覃长炳，施成华，等. 铁路隧道基底病害整治现场试验研究. 中国铁道科学，2005，26(2)：39—43.

[3] 王祥秋，杨林德，高文华. 铁路隧道提速列车振动测试与荷载模拟. 振动与冲击，2005，3(24)：99—107.

[4] 李德武，高峰. 金家岩隧道列车振动现场测试与分析. 兰州铁道学院学报，1997，3(16)：7—11.

[5] 中华人民共和国铁道部. 铁路隧道设计规范(TB 10003—2005). 北京：中国铁道出版社，2010：5—10.

[6] 中华人民共和国建设部. 普通混凝土力学性能试验方法标准(GB/T 50081—2002). 北京：中国铁道出版社，2006：1—10.

[7] 中华人民共和国水利部. 水工混凝土力学试验规程(SL 352—2006). 北京：中国铁道出版社，2006：1—15.

[8] 黄娟，彭立敏，陈松洁. 高速移动荷载作用下铁路隧道的动力响应分析. 郑州大学学报：工学版，2008，29(3)：117—121.

[9] 丁祖德. 高速铁路隧道基底软岩动力特性及结构安全性研究(博士学位论文). 长沙：中南大学，2012：40—62.

[10] 朱珍德，张爱军，徐卫亚. 隧洞围岩拉压不同模量弹性理论的解析解. 河海大学学报：自然科学版，2003，31(1)：21—24.

[11] 房倩. 高速铁路隧道支护与围岩作用关系研究(博士学位论文). 北京：北京交通大学，2010：25—45.

[12] 李永强，车惠民. 混凝土弯曲疲劳累积损伤性能研究. 中国铁道科学，1998，19(2)：52—58.

[13] 王哲龙，王起才，马丽娜. 探地雷达在隧道病害检测中的应用. 水利与建筑工程学报，2009，7(4)：123—125.

[14] 铁道部第二勘测设计院. 铁路工程设计技术手册——隧道. 北京：中国铁道出版社，1995：1—20.

[15] 中华人民共和国铁道部. 铁路桥隧建筑物劣化评定标准(TB/T 2820.2—1997). 北京：中国

　　铁道出版社,2004:2-7.

[16] 中华人民共和国铁道部.铁路隧道衬砌质量无损检测规程(TB 10223-2004).北京:中国
　　铁道出版社,2004:2-10.

[17] 中华人民共和国铁道部.铁路运营隧道衬砌安全等级评定暂行规定(铁运函[2004]174
　　号).北京:中国铁道出版社,2004:1-3.

[18] 张文革.阳安线铁路隧道病害整治研究(博士学位论文).成都:西南交通大学,2003:
　　33-60.

[19] 太原铁路局,中国铁道科学研究院.大秦重载铁路隧道基床病害整治关键技术研究报告.
　　太原,北京,2012:5-11.

第7章 30t轴重轨道结构强化技术

神华铁路按我国铁路重型、特重型轨道标准设计,近年来,既有轨道结构已逐步采取了一定的强化措施,但随着运量的逐年增加,尤其是开行万吨列车以来,轨道几何状态恶化速率加快,轨道部件伤损增加,养护维修工作量明显加大,已呈现诸多伤损病害和不适应。如果进一步提高货车轴重至30t及以上,轨道荷载将超出轨道结构和部件设计标准,既有轨道结构和部件首先将面临安全储备下降、耐久性降低、疲劳伤损加剧、使用寿命缩短等问题。其次,神华铁路主要位于我国西部山区,小半径曲线和长大下坡道多,且二者重叠地段也多,在30t轴重下会进一步影响无缝线路横向稳定性。

本章以朔黄铁路为例,针对30t轴重下轨道结构面临的技术问题,结合30t轴重实车试验,提出了轨道结构的荷载特征;基于车辆-轨道耦合动力学理论,仿真分析30t轴重货车作用下轮轨动力学特性;从轨道部件强度、疲劳伤损等方面进行了既有轨道结构的适应性分析;提出了30t轴重运营条件下的轨道结构强化技术。

7.1 既有轨道结构现状

以朔黄铁路为例,调研分析了既有轨道结构现状与存在的问题。

1. 轨道结构现状

1) 钢轨

建设初期采用60kg/m钢轨,随着运量的增加,曲线地段钢轨磨耗严重,且钢轨顶面裂纹、疲劳伤损明显增加,自2005年5月开始逐步更换为75kg/m钢轨,材质为U75V、U78CrV等。无缝线路为区间无缝线路,与道岔未焊联。$R \leqslant 1000$m曲线采用全长热处理钢轨。

2) 轨枕

建设时正线采用J-2型、YⅡ型预应力混凝土轨枕,正线每公里铺设1840根;长度1000m及以上、地基岩石坚固或设有仰拱、排水通畅的隧道(共13座)内采用钢筋混凝土宽枕[专线3199],每公里铺设1760根,因隧道内宽枕轨道道床的清筛、更换相当困难,后经变更设计,仅在水泉湾隧道(K147+800,L-4925m)、西河一号隧道(K148+568,L-1525m)、会里隧道(K161+339,L-1532m)三座隧道内保留钢筋混凝土宽枕,目前已更换为Ⅲ型混凝土轨枕。在跨京深高速公路特大桥

(K332＋819m)L-64m 双线下承式钢桁梁以及跨(K499＋978)L-64m 单线下承式钢桁梁桥上采用木枕、K 形扣件。

为提高轨道结构强度,自 2009 年以来逐步将 Ⅱ 型混凝土轨枕更换为 Ⅲ 型枕,配置根数为 1667 根/km。在 $R \leqslant 600m$ 区段,采取了设置地锚拉杆、轨撑等加强措施,以提高线路的横向稳定性。

3) 扣件

主要为弹条 Ⅱ 型扣件。目前轨下垫板大部分已更换为热塑性弹性体材料的高刚度垫板。

4) 道床

建设时非渗水路基采用双层道床,面层 30cm,垫层 20cm;岩石、渗水路基、有砟桥上采用单层碎石道床,厚度为 30cm;宽枕地段道床厚度为 25cm(面砟带厚度为 5cm,底层厚度为 20cm);道床断面宽度为 3.0m,半径 $R \leqslant 600m$ 曲线地段外侧加宽 0.10m,道床边坡为 1∶1.75。

目前养护维修中补砟采用壹级道砟。道床顶面宽度一般为 3.4m,在 $R \leqslant 800m$ 曲线对道床进行加宽,曲线外侧道床宽度不少于 500mm,砟肩堆高不少于 200mm。道床边坡为 1∶1.75。路基区段道床厚度较大,尤其在高填路基区段,由于路基下沉,部分区段道床厚度达 60cm 以上。

5) 道岔

朔黄线重车线原使用的道岔主要类型为混凝土枕 75kg/m 钢轨 12 号可动心轨单开道岔(图号 SC381),使用条件是货车轴重 $\leqslant 25t$,直向速度 $\leqslant 90km/h$,侧向速度 $\leqslant 50km/h$。伴随着列车密度和列车轴重的提高,可动心轨辙叉目前已不能满足运输要求,朔黄公司已将可动心轨辙叉更换为固定型辙叉。目前使用的固定型辙叉主要为贝氏体组合辙叉。

2. 开行万吨重载列车后轨道结构存在的主要问题

随着朔黄年运量不断增大,轨道结构病害逐渐增多,尤其是万吨重载列车开行后,虽然采取了一定的轨道结构强化措施,还是存在一些亟待解决的问题,主要表现在以下方面。

1) 钢轨与焊接接头伤损

通过对小半径曲线钢轨采取智能车载式润滑等技术措施,外股钢轨侧磨有一定程度减轻[1]。但随着朔黄铁路运量及轴重的不断提高,且没有实施长期有效的润滑措施和预防性打磨(铣磨)作业,R800m 及以下小半径曲线外股钢轨侧磨、内股钢轨剥离掉块、压溃等现象较严重,钢轨焊接接头出现明显凹陷,分别如图 7.1.1～图 7.1.4 所示。

图 7.1.1　小半径曲线钢轨侧磨

图 7.1.2　钢轨顶面疲劳伤损

图 7.1.3　钢轨顶面出现连续擦伤

图 7.1.4　钢轨焊缝凹陷

2）轨枕和扣件伤损

朔黄铁路建设时轨枕主要为Ⅱ型混凝土轨枕，从 2009 年开始，随运量的增加，开始逐步在小半径曲线内采用Ⅲ型混凝土轨枕，且在部分 $R \leqslant 600m$ 曲线采用设置地锚拉杆以及轨撑等强化措施，以提高线路横向稳定性，减小养护维修工作量。但轨枕以及扣件仍出现了扣件螺旋道钉折断、垫板窜动、扣件松弛、轨枕裂纹（Ⅱ型枕）等问题，分别如图 7.1.5～图 7.1.8 所示。

图 7.1.5　扣件伤损

图 7.1.6　轨下垫板窜动

图 7.1.7　扣件调高量过大　　　　　图 7.1.8　扣件松弛,弹条中肢前端间隙大

3) 部分桥梁区段道床厚度不足

随着桥隧两端路基沉降,不断起道补砟,路基地段道床较厚。但在部分桥隧地段存在道床厚度不足及板结现象,道床失去弹性缓冲功能,势必增大对下部基础的冲击作用,轨道几何形位难以保持,增加养护维修难度和工作量[2]。

4) 钢轨接头区伤损

由于重载列车通过钢轨接头时产生较大的轮轨冲击作用,道岔和钢轨伸缩调节器两端钢轨接头区域存在轨枕裂纹及道床泛白现象。当接头位于桥梁地段时,造成轮轨冲击明显增加,大大增加了对桥梁的冲击荷载,易引起道砟粉化、轨枕空吊及轨枕开裂等病害。

5) 辙叉伤损

目前使用贝氏体钢轨组合辙叉的使用量占所有辙叉的 50% 以上,其主要病害集中在辙叉心轨轨头宽 0~50mm 部位,辙叉翼垂直磨耗速度比较快,个别辙叉存在心轨掉块等,其使用寿命不稳定。

7.2　轨道结构荷载特征

为掌握 30t 轴重条件下轨道结构荷载特征,选择北大牛—东冶区间(K65+47~K131+32)建设综合示范段,于 2013 年 7 月 11 日至 2013 年 7 月 28 日进行了 30t 轴重重载列车综合试验。

本次试验采用大轴重试验列车进行动态测试,试验列车编组为:SS4 机车(黄骅港侧)+客车(工作车)+2 节 C96+2 节 C80+2 节 C80+6 节 C80+4 节 C96+2 节 C96+2 节 C96+6 节 KM96B+1 节 KM96+10 节 C70+8 节 C64K+SS4 机车(神池南侧)。

大轴重货车(C96、KM96B/96)采用不同装载重量进行试验,装载重量实行逐步递增,装载后轴重分 25t、27t、30t 三种工况,试验时装载重量根据前一级装载重量试验结果进行安全评估后逐级增加。

试验列车各装载工况下区间试验速度为 65km/h、75km/h、80km/h。12 号道岔侧向通过试验速度为 40km/h、45km/h,每速度档进行 3 次往返试验。

7.2.1 30t 轴重货车与轨道的作用特征

1. 运行安全性

脱轨系数、轮重减载率、轮轴横向力是表征列车运行安全性和轨道稳定性的主要指标,其评判标准见表 7.2.1。

表 7.2.1　轨道结构安全评判标准

安全参数	评定标准	依据
脱轨系数 Q/P	≤1.2	参照 TB/T 2360−93 及 GB 5599−1985
轮重减载率 $\Delta P/P$	≤0.65	参照 TB/T 2360−93 及 GB 5599−1985
轮对横向力/kN	≤0.85$(15+0.5P)$,P 为静轴重	参照 TB/T 2360−93 及 GB 5599−1985

1) 脱轨系数

列车通过不同线下基础时脱轨系数最大值统计结果如图 7.2.1 所示。同时结合测力轮对的测试结果,可以得出以下结论[3]。

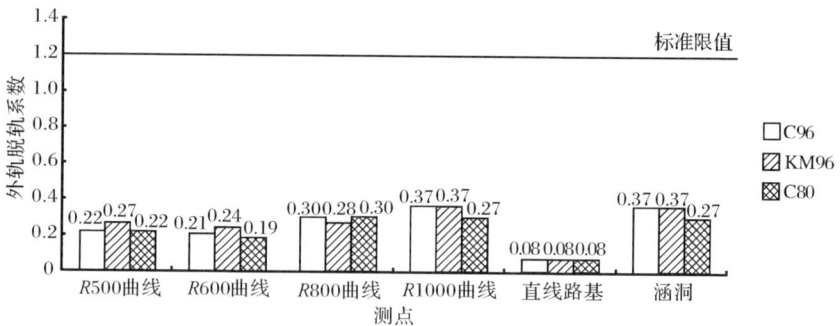

图 7.2.1　C96、KM96 和 C80 列车通过轨道各测点时外轨脱轨系数最大值分布图(轴重 30t,速度 75km/h)

试验期间,不同轴重及不同速度下,试验列车通过不同半径曲线及直线时,各试验货车的实测脱轨系数的最大值在安全限值之内。说明试验期间,大轴重货车的运营是能保证安全的。

测力轮对:测试结果表明,全区段试验 C96 的脱轨系数最大值为 0.54,轮重减载率最大值为 0.27,轮轴横向力最大值为 40.0kN,最大值均出现在小半径曲线,但各参数最大值均未超出相关标准规定的限度值,运行安全稳定性良好。

轴重为 30t 时,R500m 曲线 C96 测力轮对脱轨系数、轮重减载率、轮轴横向力最大值分别为 0.44、0.25、40.0kN;R600m 曲线,C96 测力轮对脱轨系数、轮重减载率、轮轴横向力最大值分别为 0.51、0.24、38.3kN。

地面测试:从脱轨系数实测值来看,曲线脱轨系数比直线大。各试验车型脱轨系数最大值如下:

C96:0.43(轴重 27t);

KM96:0.44(轴重 27t);

C80:0.34;　C80 运营车:0.49;

C70:0.38;　C70 运营车:0.48;

C64:0.48;　C64 运营车:0.56。

由于最大值反映的是测试过程中试验车和运营车的实际运行状态,而通过数理统计的最大可能值则能在一定程度上反映测试样本分布中可能发生的极值,从而对将来运营列车的状态进行数理推断。最大可能值计算方法为

$$最大可能值=平均值+2.5×标准差$$

30t 轴重的 C96 与 KM96 和 25t 轴重的 C80 试验列车以速度 75km/h 通过不同线路基础的脱轨系数最大可能值分布如图 7.2.2 所示。30t 轴重的 C96 与 KM96 和 25t 轴重的 C80 试验车通过各个测点脱轨系数最大可能值分别为 0.36、0.28 和 0.36。在不同测试工点,与 C80 货车相比,大轴重货车的脱轨系数最大可能值有一定程度的增加。

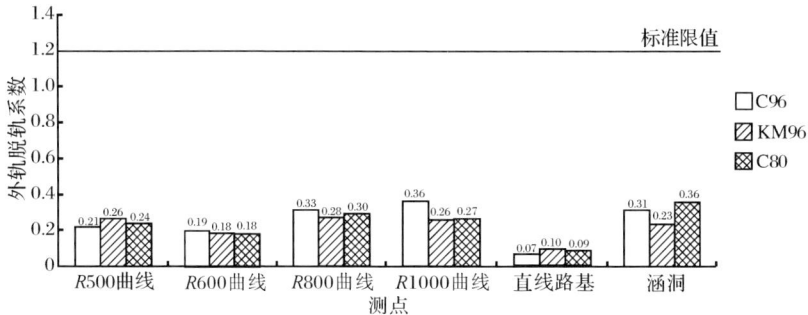

图 7.2.2　C96、KM96 和 C80 列车通过轨道各测点时外轨脱轨系数最大可能值分布图

测试结果中 C80、C70 和 C64 运营车脱轨系数一般大于试验车对应车型的测试结果,这也说明 30t 轴重货车正式运营后,随着车辆和轮对状态的变化,其脱轨系数也会比目前试验列车测试结果有所增大。

试验期间,在部分 C96 车辆上安装了测力轮对,对曲线和道岔等特殊地段进行了连续测量,以评价 30t 轴重列车通过该地段时安全指标和轮轨作用情况。其中测力轮对测量数据为整条曲线(或岔区)该轮对测试的最大值,而地面测点测量

数据为测力轮对所在试验列车通过测点轮轨力断面采集的所有车辆中最大值,对比测力轮对和地面测点测试数据,两者的测试结果量级相当,并且各个参数均在相应安全限值范围内。

2)轮重减载率

不同类型货车在不同运行速度条件下,通过不同线下基础时实测减载率的最大可能值均在安全限制之内。C96、KM96 和 C80 试验车通过各个测点轮重减载率最大可能值分别为 0.23、0.22 和 0.23。从减载率实测值来看,曲线减载率比直线略大,试验列车的车型、轴重(21~30t)和速度(65~80km/h)对减载率实测值影响不大。

C96、KM96 和 C80 试验列车以速度 75km/h 通过不同半径曲线和直线路基时的减载率最大可能值分布如图 7.2.3 所示。可以看出通过不同线下基础时,与 C80 相比,C96 与 KM96 轮重减载率基本相当。

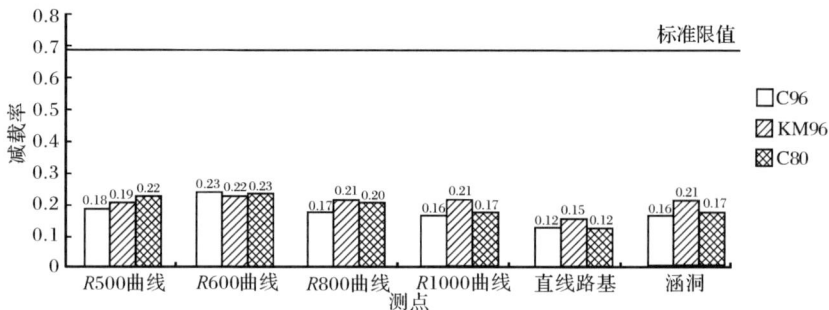

图 7.2.3　C96、KM96 和 C80 列车通过轨道各测点时减载率最大可能值分布图

3)轮轴横向力

不同类型货车在不同运行速度条件下,通过不同线下基础时实测轮轴横向力的最大可能值均在安全限制之内。30t 轴重的 C96 与 KM96 和 25t 轴重的 C80 试验车通过各个测点轮轴横向力最大可能值分别为 48.4kN、47.4kN 和 47.0kN。从轮轴横向力实测值来看,曲线地段轮轴横向力大于直线地段。C96 货车轮轴横向力比 C80 试验货车增加了 6.8%,而 KM96 货车轮轴横向力与 C80 试验货车基本相当。

30t 轴重的 C96 与 KM96 和 25t 轴重的 C80 试验列车以速度 75km/h 通过不同半径曲线和直线时的轮轴横向力最大可能值分布如图 7.2.4 所示。

2. 垂向荷载

列车通过不同线下基础时轮轨垂直力最大值统计结果如图 7.2.5 所示。C96、KM96 和 C80 试验车通过各个测点轮轨垂直力最大值分别为 198.0kN、

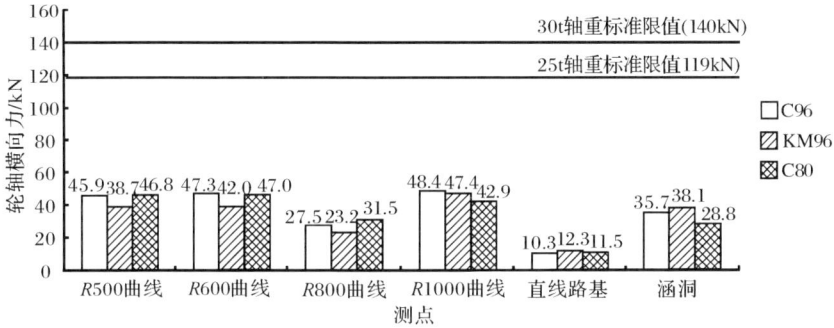

图 7.2.4　C96、KM96 和 C80 列车通过轨道各测点时轮轴横向力最大可能值分布图

200.6kN和 172.3kN。C96 与 KM96 轮轨垂直力最大值分别比 C80 增大了 18.1%、20.3%[4]。

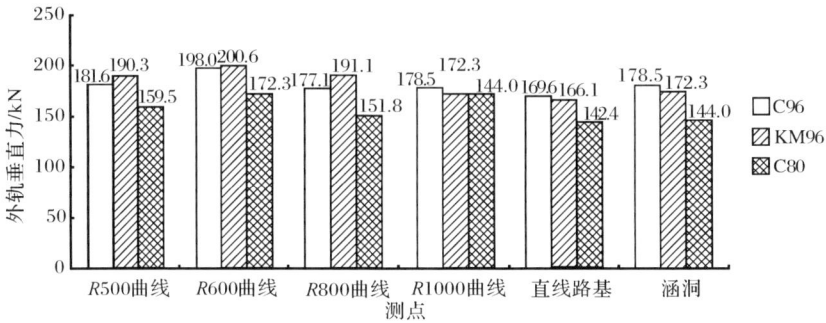

图 7.2.5　C96、KM96 和 C80 列车通过轨道各测点时外轨垂直力最大值分布图

3. 轮轨横向力

列车通过各测点时轮轨横向力最大值统计结果如图 7.2.6 所示。

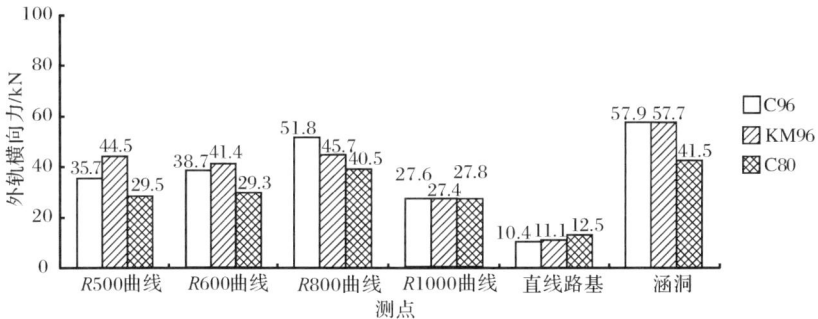

图 7.2.6　C96、KM96 和 C80 列车通过轨道各测点时外轨横向力最大值分布图

（1）试验列车通过不同半径曲线及直线时，C96、KM96、C80 轮轨横向力最大值分别为 68.4kN、66.9kN、50.8kN；与 C80 相比，C96、KM96 分别增大了 34.6%、31.7%。C96 货车测力轮对通过 $R500m$ 曲线时实测轮轨横向力最大值为 85.5kN，各试验车型轮轨横向力最大值如下：

C96：68.4kN（轴重 30t）；85.5kN（测力轮对）；

KM96：66.9kN（轴重 30t）；

C80：50.8kN；C80 运营车：68.0kN；

C70：49.8kN；C70 运营车：62.9kN；

C64：59.9kN；C64 运营车：64.6kN。

（2）曲线地段列车轮轨横向力与速度和轴重均有较大关系，随着轴重的增加，横向力会进一步增大。C96、KM96 轴重由 25t 增加至 30t 时，其轮轨横向力随之增大。

（3）各运营车辆轮轨横向力最大值明显大于试验货车。以 C80 为例，试验货车为 50.8kN，运营货车为 68.0kN，增大了 33.8%。这主要与货车车辆以及车轮状态有关。随货车车辆运营里程的增加，车轮踏面状态必然会进一步恶化，造成轮轨的动力响应增加，其轮轨横向力必然会进一步增大。

在进行大轴重货车试验时，无法进行不同车轮状态的实车对比试验，为方便评估，引入"状态参数"对 C96 和 KM96 车辆进行评价，基于测试数据样本，对 C96 和 KM96 车辆将来运营状态进行定性评估。即状态参数乘以该参数最大可能值得到该参数未来运营状态的最大可能值。状态参数的大小与轮轨的接触状态有关，若运营后期车轮状态、轨道几何状态较差，则状态参数的取值会相对较大。状态参数的大小可通过轮轨动力仿真结果确定或根据实测运营车与试验车的测试结果来确定。30t 轴重实车试验时，状态参数按如下公式进行计算：

$$状态参数 = \frac{1}{3} \times \left(\frac{C80\ 运营车最大值}{C80\ 试验车最大值} + \frac{C70\ 运营车最大值}{C70\ 试验车最大值} + \frac{C64\ 运营车最大值}{C64\ 试验车最大值} \right)$$

采用该状态参数和实测值，可预测大轴重货车在实际运营时的轮轨横向力。以 KM96 货车为例，轮轨横向力实测最大值以及预测值如图 7.2.7 所示，预测值明显大于实测最大值，这也说明 30t 轴重货车正式运营后，随着车辆和轮对状态的变化，轮轨横向力也会比目前试验列车测试结果有所增大。

7.2.2 荷载传递特征

在大轴重列车通过不同线下基础的轨道时，综合轨道结构、路基结构、桥梁结构、隧道结构的系统动力响应，对比分析不同区段的动力响应特征，采用系统分析的方法，掌握大轴重列车作用下不同线下基础的荷载自上而下的传递规律，为目前轨道结构在提高轴重时采取相应的技术措施提供依据。

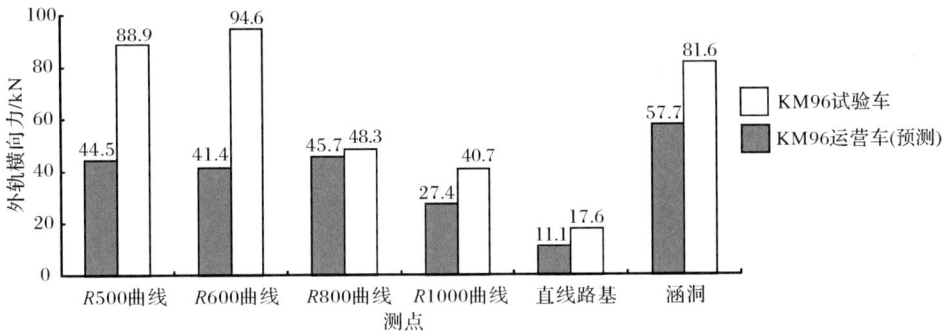

图 7.2.7　KM96 货车通过轨道各测点时外轨横向力最大值与预测值

选取路基、桥梁(道床厚度 20cm、30cm 两个断面)、隧道工点,分析试验车装载 30t,速度 75km/h 时,C80、C96、KM96 通过不同线下基础时的荷载自上而下的传递规律。

不同试验列车通过时,实测垂直力、支点压力、道床应力、路基表层应力如图 7.2.8～图 7.2.11 所示。

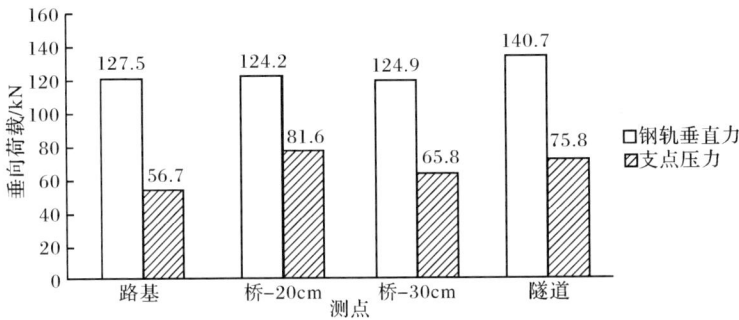

图 7.2.8　不同线下基础垂向荷载传递特征(C80,$v=75$km/h)

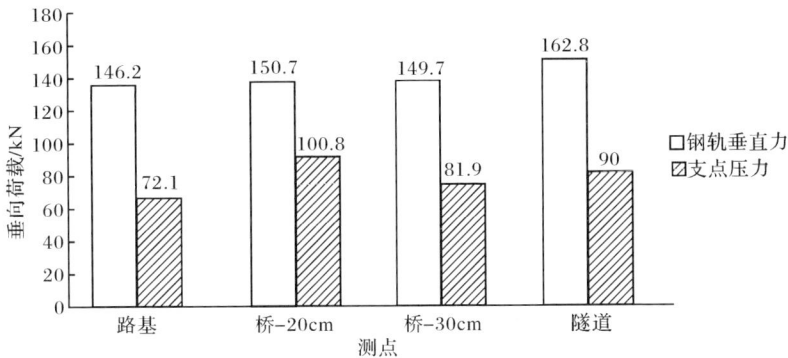

图 7.2.9　不同线下基础垂向荷载传递特征(C96,$v=75$km/h)

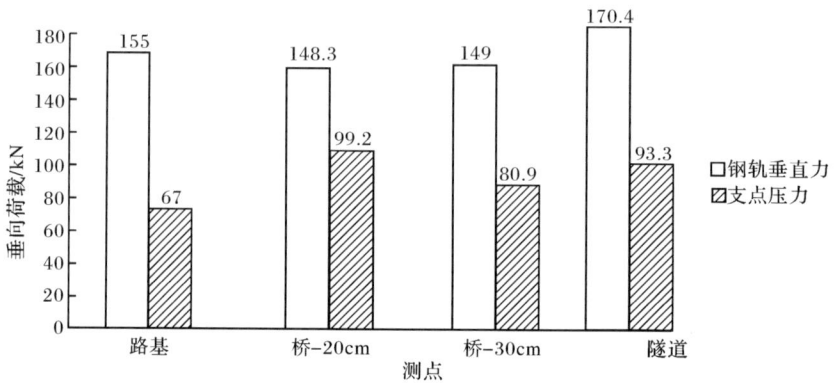

图 7.2.10　不同线下基础垂向荷载传递特征(KM96,$v=75$km/h)

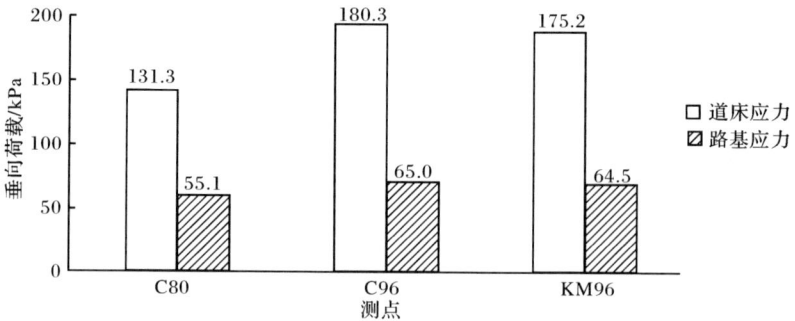

图 7.2.11　不同车型垂向荷载传递特征

由图 7.2.8~图 7.2.11 可见如下规律:

(1) 在同一测试地点,C80、C96 和 KM96 试验货车通过时钢轨至轨枕的分配系数基本相当,分配系数与轴重提高无明显关系。

(2) 朔黄铁路目前采用 75 轨、Ⅲ 型枕、轨枕间距 60cm,当道床刚度为 120kN/mm,垫板刚度为 200kN/mm 时,根据计算钢轨与轨枕间轮轨力的分配系数约为 0.40。

对比计算结果和实测数据,路基地段钢轨至轨枕轮轨力的分配系数实测结果和理论计算相差不大,而桥隧地段,实测结果明显大于路基地段,分析原因主要是桥隧地段基础为刚性基础,其轨枕支承刚度较大,致使传递到轨枕上的荷载明显增大,这就意味着,桥隧地段的轨枕和道床会承受更大的荷载,从而加剧轨枕的疲劳伤损和道砟的粉化。

由桥上轨道测试结果可发现,当道床厚度由 30cm 减少至 20cm 时,支点压力增大了约 42.3%,可见由道床厚度决定的轨枕支承刚度对重载运输的重要性,所以当桥上道床厚度不足时,应当采取措施,提高轨道弹性。

7.3　轮轨动力学仿真分析

轴重越大,轮轨之间的动力作用越强,车辆对线路结构的动力破坏作用也越严重,深入细致地开展 30t 轴重重载车辆与轨道系统动态相互作用研究,显得十分重要。为此,本节基于车辆-轨道耦合动力学理论,针对 30t 轴重的重载车辆与轨道结构,研究 30t 轴重条件下的轮轨动力学性能,分析 30t 轴重货车运行安全性及其对线路的动力作用影响规律。

7.3.1　仿真分析模型

1. 30t 轴重重载货车动力学模型

30t 轴重货车采用“三大件”式转向架,图 7.3.1 给出了 30t 轴重货车车辆动力学模型[5],表 7.3.1 给出了货车车辆各部件的自由度。

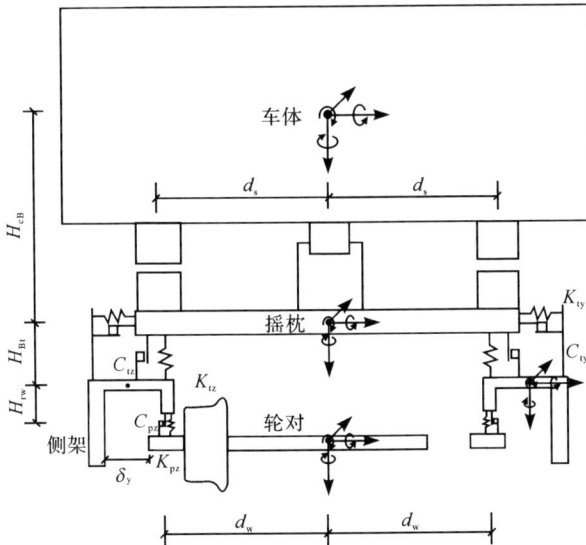

图 7.3.1　四轴货车车辆动力学模型端视图

表 7.3.1　货车车辆动力学模型的自由度

自由度	纵向	横移	沉浮	侧滚	摇头	点头
车体	—	Y_c	Z_c	ϕ_c	ψ_c	β_c
摇枕($i=1,2$)	—	—	—	—	ψ_{bi}	
侧架($i=1,2$)	$X_{t(L,R)i}$	$Y_{t(L,R)i}$	$Z_{t(L,R)i}$	—	$\psi_{t(L,R)i}$	$\beta_{t(L,R)i}$
轮对($i=1\sim4$)	—	Y_{wi}	Z_{wi}	ϕ_{wi}	ψ_{wi}	β_{wi}

2. 有砟轨道动力学模型

有砟轨道由钢轨、扣件、钢筋混凝土轨枕及道床等组成,轨道模型采用了"翟-孙五参数模型"[6],其中,钢轨简化为连续弹性离散点支承上的 Euler 梁,轨枕视为刚体并考虑其垂向、横向运动及转动自由度,钢轨与轨枕以及轨枕与道床之间通过线性弹簧和黏性阻尼连接。道床按轨枕实际间距离散成质量块,考虑其垂向振动[7]。轨枕与道床以及道床与路基之间同样通过线性弹簧和黏性阻尼连接,通过道床质量块之间的剪切刚度和阻尼来模拟道砟的啮合作用。图 7.3.2 和图 7.3.3 给出了有砟轨道振动模型的侧视图和端视图。

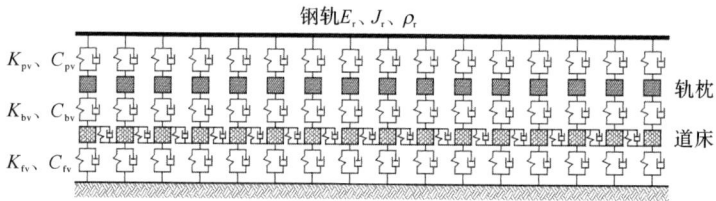

图 7.3.2　有砟轨道振动模型侧视图

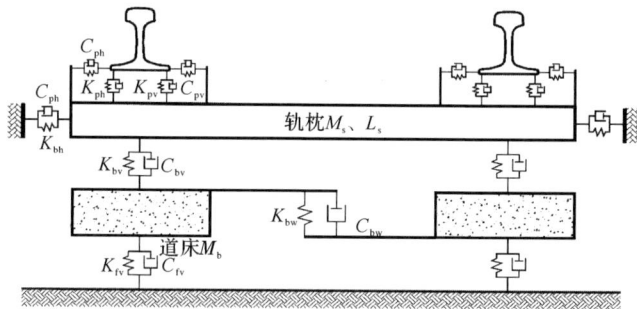

图 7.3.3　有砟轨道振动模型端视图

3. 轮轨相互作用模型

轮轨相互作用模型主要包括轮轨接触几何关系模型、轮轨法向力计算模型以及轮轨蠕滑力计算模型。

1) 轮轨接触几何关系模型

在车辆和轨道的模型中考虑了轮对的多个自由度,而钢轨也存在横向、垂向以及扭转角位移,因此轮轨接触问题是一个非对称的空间接触问题。

轮轨空间接触几何计算通常采用迹线法[8],其基本原理是轮轨空间接触点的集合形成一条在车轮踏面上的空间曲线(迹线),即"车轮踏面上轮轨接触点的轨迹"。因此,可以用一条迹线来代替车轮整个踏面区域,从而利用迹线在一维区域(空间曲线)扫描以代替在两维区域(曲面)内扫描,大大降低了计算工作量。图 7.3.4 为轮轨空间接触几何示意图。

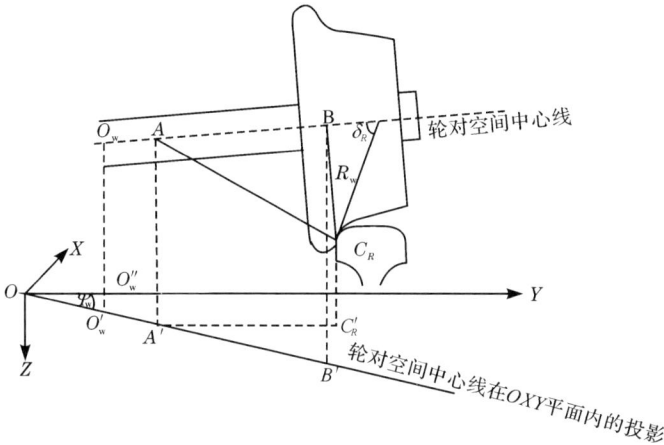

图 7.3.4　轮轨空间接触几何关系(以右侧为例)

当轮对横向位移、摇头角、侧滚角一定时,逐步改变轮对坐标系下车轮踏面各滚动圆的横坐标,就可以构成轮轨空间接触的迹线。由于轨道动力学模型中包含了钢轨振动,在确定轮轨接触点位置时需要实时考虑钢轨动态位移的影响。

2) 轮轨法向力计算模型

轮轨法向力的计算采用著名的 Hertz 非线性弹性接触理论,表示式为

$$N(t) = \left(\frac{1}{G}\delta N(t)\right)^{3/2} \qquad (7.3.1)$$

式中:R 为车轮滚动圆半径;$\delta N(t)$ 为轮轨接触点的法向弹性压缩量;G 是轮轨接触常数,对于锥型踏面车轮:$G=4.57R^{-0.149}\times10^{-8}(\text{m/N}^{2/3})$,对于磨耗型踏面车轮:$G=3.86R^{-0.115}\times10^{-8}(\text{m/N}^{2/3})$。

3) 轮轨蠕滑力计算模型

关于轮轨蠕滑力的计算,总体思路是基于获得的轮轨接触几何参数和轮轨法向力,首先按 Kalker 线性理论计算纵向、横向蠕滑力和自旋蠕滑力矩,然后采用沈氏理论[9]对其进行非线性修正。

Kalker 线性蠕滑理论只适用于小蠕滑率和小自旋的情形,即轮轨接触面主要是由黏着区控制。对于轮轨接触面主要由滑动区控制的大蠕滑、大自旋甚至完全滑动的情况,蠕滑力的线性变化关系将被打破,蠕滑率的继续增大将不能使蠕滑力按同样比例增大,最后趋于库仑(滑动)摩擦力这一饱和极限,如图 7.3.5 所示。

为此,可以进行如下非线性修正:

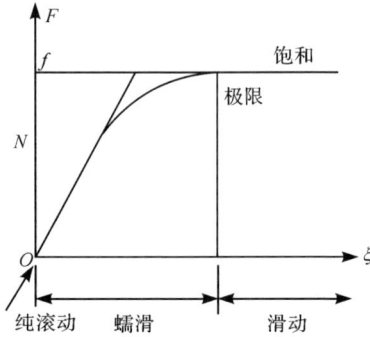

图 7.3.5 轮轨蠕滑力 F 和蠕滑率 ξ 之间关系示意图

将纵向蠕滑力 F_x 和横向蠕滑力 F_y 合成为

$$F = \sqrt{F_x^2 + F_y^2} \tag{7.3.2}$$

令

$$F' = \begin{cases} fN\left[\dfrac{F}{fN} - \dfrac{1}{3}\left(\dfrac{F}{fN}\right)^2 + \dfrac{1}{27}\left(\dfrac{F}{fN}\right)^3\right], & F \leqslant 3fN \\ fN, & F > 3fN \end{cases} \tag{7.3.3}$$

式中: f 是轮轨间摩擦系数。

引入修正系数

$$\varepsilon = \frac{F'}{F} \tag{7.3.4}$$

则得修正后的蠕滑力/力矩为

$$\begin{cases} F'_x = \varepsilon F_x \\ F'_y = \varepsilon F_y \\ M'_z = \varepsilon M_z \end{cases} \tag{7.3.5}$$

式中: M_z 为自旋蠕滑力矩; F'_x、F'_y、M'_z 分别为修正后的纵向蠕滑力、横向蠕滑力、自旋蠕滑力矩。

4. 轮轨系统动力学方程的数值解法

车辆-轨道耦合系统的动力学方程统一写成

$$M\ddot{u} + C\dot{u} + Ku = R \tag{7.3.6}$$

式中: u、$\dot{u}$、$\ddot{u}$ 分别为车辆及轨道系统的广义位移、速度、加速度; M、K、C、R 分别为车辆及轨道动力学系统的质量矩阵、刚度矩阵、阻尼矩阵、荷载向量。

由于车辆-轨道动力学模型中各部件自由度非常庞大,且轮轨接触几何关系、轮轨法向力以及轮轨切向蠕滑力具有明显的非线性特性,求解这样庞大的非线性系统动力学方程,最有效的方法是数值积分法。因此,采用翟方法[10]进行微分方

程的求解,其积分格式为

$$\begin{cases} \boldsymbol{u}_{n+1} = \boldsymbol{u}_n + \dot{\boldsymbol{u}}_n \Delta t + \left(\frac{1}{2} + \psi\right)\ddot{\boldsymbol{u}}_n \Delta t^2 - \psi \ddot{\boldsymbol{u}}_{n-1} \Delta t^2 \\ \dot{\boldsymbol{u}}_{n+1} = \dot{\boldsymbol{u}}_n + (1 + \varphi)\ddot{\boldsymbol{u}}_n \Delta t - \varphi \ddot{\boldsymbol{u}}_{n-1} \Delta t \end{cases} \quad (7.3.7)$$

式中:φ、ψ 为积分参数,取为 0.5;Δt 为时间积分步长。

将式(7.3.7)代入车辆和轨道系统运动方程可得 $n+1$ 时刻的车辆和轨道系统的动力学方程:

$$\ddot{\boldsymbol{u}}_{n+1} = \boldsymbol{M}^{-1}\widetilde{\boldsymbol{R}}_{n+1} \quad (7.3.8)$$

$$\begin{aligned}\widetilde{\boldsymbol{R}}_{n+1} = {}&\boldsymbol{R}_{n+1} - \boldsymbol{K}\boldsymbol{u}_n - (\boldsymbol{C} + \boldsymbol{K}\Delta t)\dot{\boldsymbol{u}}_n \\ &- \left[(1+\varphi)\boldsymbol{C} + \left(\frac{1}{2} + \psi\right)\boldsymbol{K}\Delta t\right]\ddot{\boldsymbol{u}}_n \Delta t + (\varphi\boldsymbol{C} + \psi\boldsymbol{K}\Delta t)\ddot{\boldsymbol{u}}_{n-1}\Delta t\end{aligned}$$

$$(7.3.9)$$

根据系统的初始条件,就可以按积分递推公式(7.3.8)、式(7.3.9)逐步计算出每一时刻车辆和轨道系统的位移、速度和加速度。

5. 动力学参数与轨道不平顺

朔黄重载铁路的钢轨类型为 CHN75 轨,轨枕采用Ⅱ型轨枕、Ⅲ型轨枕和SH-I 型轨枕,三种轨枕的参数列于表 7.3.2。30t 轴重重载货车的动力学参数见表 7.3.3。

表 7.3.2　三种类型轨枕的比较

轨枕类型	轨枕质量/kg	轨枕宽度/mm		轨枕长度/m
		两端	中部	
Ⅱ型轨枕	270	307	247	2.5
Ⅲ型轨枕	360	320	280	2.6
SH-I 型轨枕	390	324	284	2.6

表 7.3.3　某型 30t 轴重货车车辆参数表

名称	单位	参数值	名称	单位	参数值
车体质量	kg	109 200	侧架质量	kg	580
车体重心位置(垂向、距轨面)	m	2.155	侧架重心位置(垂向、距轨面)	m	0.5135
摇枕质量	kg	680	轮对质量	kg	1420
摇枕重心位置(垂向、距轨面)	m	0.515	摇枕绕 x 轴转动惯量	kg·m²	272.9
车体绕 x 轴转动惯量	kg·m²	1.743×10^5	摇枕绕 y 轴转动惯量	kg·m²	18.29

续表

名称	单位	参数值	名称	单位	参数值
车体绕 y 轴转动惯量	kg·m²	$1.25×10^6$	摇枕绕 z 轴转动惯量	kg·m²	276.2
车体绕 z 轴转动惯量	kg·m²	$1.244×10^6$	轮对绕 x 轴转动惯量	kg·m²	703.4
侧架绕 x 轴转动惯量	kg·m²	22.96	轮对绕 y 轴转动惯量	kg·m²	99
侧架绕 y 轴转动惯量	kg·m²	184.4	轮对绕 z 轴转动惯量	kg·m²	703.4
侧架绕 z 轴转动惯量	kg·m²	167.7	二系悬挂横向刚度（摇枕一端）	MN/m	5.317
一系悬挂横向刚度（每轴箱）	MN/m	5~7	二系悬挂纵向刚度（摇枕一端）	MN/m	5.317
一系悬挂纵向刚度（每轴箱）	MN/m	9~11	二系悬挂垂向刚度（摇枕一端）	MN/m	6.640
一系悬挂垂向刚度（每轴箱）	MN/m	35	一系悬挂横向跨距之半	m	1.0033
二系悬挂横向跨距之半	m	1.0033	车辆定距之半	m	4.963
转向架轴距之半	m	0.93	交叉拉杆轴向刚度	MN/m	14.8
旁承预压力	kN	19.8	旁承间距之半	m	0.76
旁承滚子位置（纵向/高）	m	0.143/0.7345	旁承磨耗板位置（纵向/高）	m	0.0/0.7405
心盘等效摩擦矩半径	m	0.133	心盘距轨面距离	m	0.6345
斜楔中心位置（距轨面高/纵向间距）	m	0.58/0.345	斜楔下减震弹簧的刚度	MN/m	0.465
斜楔主、副摩擦面角度	(°)	0、56	交叉杆（距轨面高/横向间距/纵向间距）	m	0.172/2.056/0.96
滚动圆半径	m	0.4575			

系统激扰采用实测的朔黄铁路轨道不平顺，如图 7.3.6 所示。

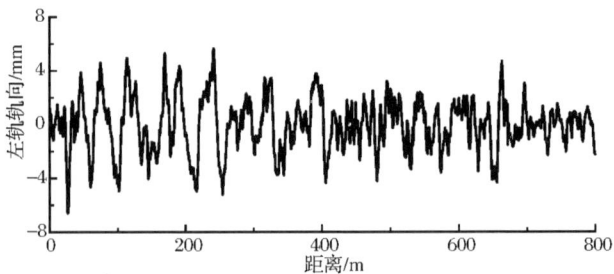

（a）左轨轨向

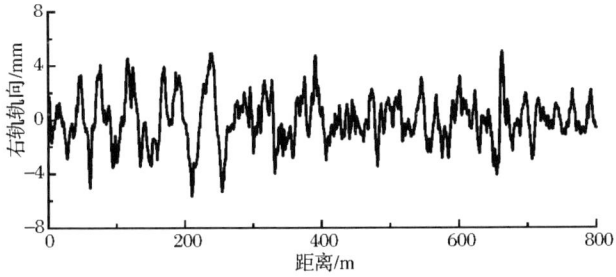

（b）右轨轨向

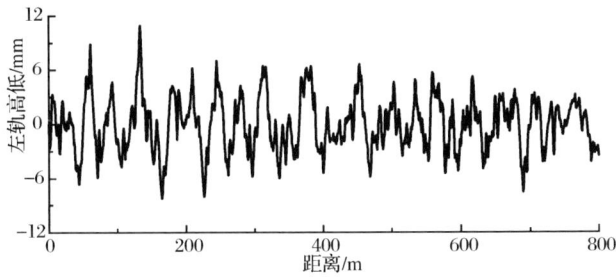

（c）左轨高低

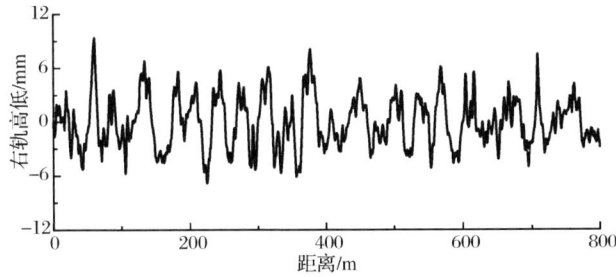

（d）右轨高低

图 7.3.6　朔黄铁路实测不平顺

7.3.2　30t 轴重货车作用下轮轨动力特性

应用 7.3.1 节建立的 30t 轴重货车-轨道耦合动力学模型，针对新型轨道结构（SH-I 型轨枕及配套扣件），深入开展朔黄铁路 30t 轴重作用下的轮轨动态相互作用研究，包括直线运行条件下轮轨动力特性分析、典型小半径曲线轨道上的轮轨动态相互作用特性分析以及不同轴重条件下的轮轨动态相互作用性能对比。

1. 直线运行条件下轮轨动力特性

仿真计算时车辆速度范围为 60～130km/h,为了解 30t 轴重重载车辆在直线、新型轨道结构上运行的动态特性,以 80km/h 速度为例,给出了一组动力学性能指标时间响应的计算结果,如图 7.3.7 所示。

1) 轮轨动态安全性指标

图 7.3.8 统计出了 30t 轴重货车作用下的轮轨垂向力与减载率最大值随速度变化的情况,从图 7.3.8(a)中可以看到,车辆运行速度越高,轮轨垂向力越大。当行车速度小于 90km/h 时,轮轨垂向力增加较缓慢;当速度大于 90km/h 时,轮轨垂向力增加迅速;当速度为 130km/h 时,轮轨垂向力达到 208kN,与 60km/h 速度条件下相比,增大了近 22%。

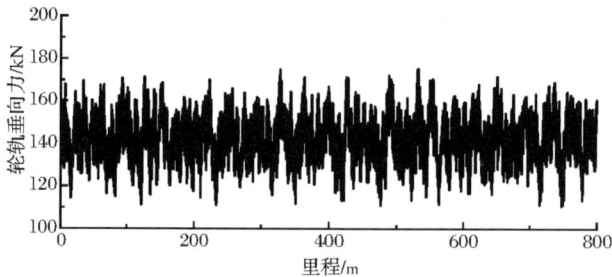

(a) 轮轨垂向力

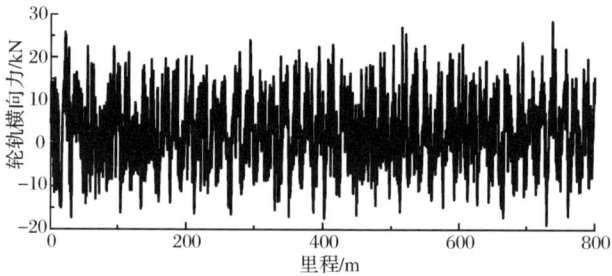

(b) 轮轨横向力

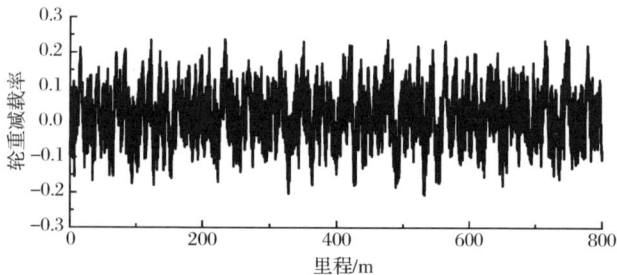

(c) 轮重减载率

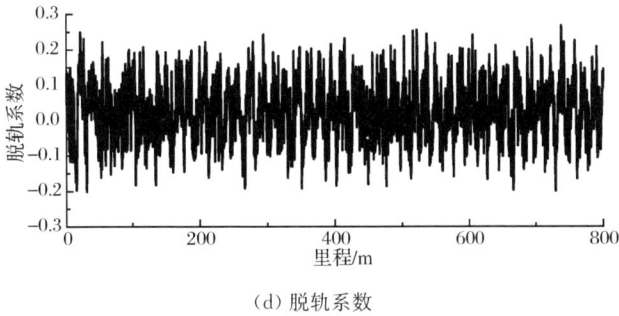

(d) 脱轨系数

图 7.3.7　车辆速度 80km/h 时直线轨道上轮轨动力响应

　　从图 7.3.8(b)可以看到,轮重减载率随行车速度的变化规律与轮轨垂向力类似,在 60～80km/h 速度范围内,轮重减载率变化不大;当行车速度为 80～130km/h 时,轮重减载率变化明显;当行车速度由 60km/h 增大到 130km/h 时,轮重减载率由 0.23 增大到 0.52,增大了一倍多。可见,行车速度的提高对轮重减载率的影响较大。

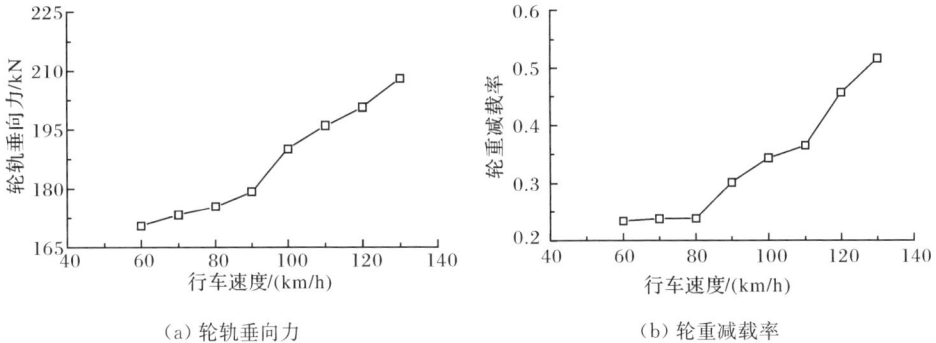

(a) 轮轨垂向力　　　　　　　　　　　　(b) 轮重减载率

图 7.3.8　轮轨垂向力和轮重减载率随行车速度的变化

　　轮轴横向力与脱轨系数最大值随行车速度变化的情况如图 7.3.9 所示。从图中可以看到,当速度低于 90km/h 时,随着速度的提高,轮轴横向力逐渐增大,而在 90～130km/ 范围内,轮轴横向力变化不大(在 32kN 左右)。脱轨系数随速度的增加变化不大,在 0.25～0.3 范围内变化。

　　2) 轨道结构振动响应

　　钢轨横向、垂向位移随行车速度的变化趋势如图 7.3.10 所示。由图可知,钢轨横向位移和钢轨垂向位移均随速度的增加逐渐增大,当速度由 60km/h 增大到 130km/h 时,钢轨横向位移由 0.40mm 增大到 0.59mm,增加了近 48%,钢轨垂向位移由 1.47mm 增大到 1.92mm,增加了约 30%。由此可见,行车速度对钢轨横向、垂向位移有较大的影响。

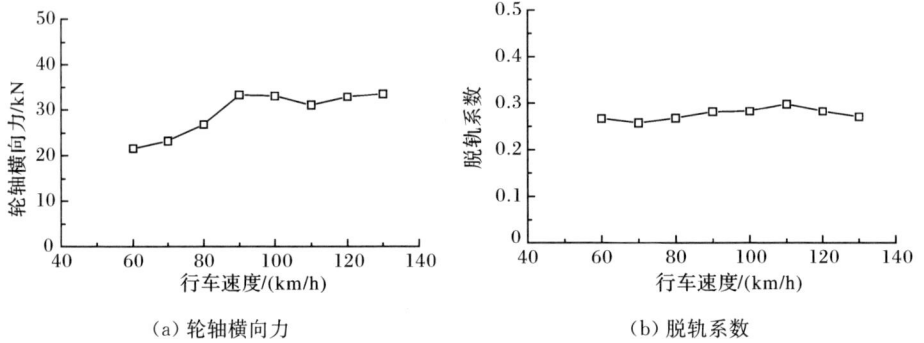

（a）轮轴横向力

（b）脱轨系数

图 7.3.9　轮轴横向力和脱轨系数随行车速度的变化

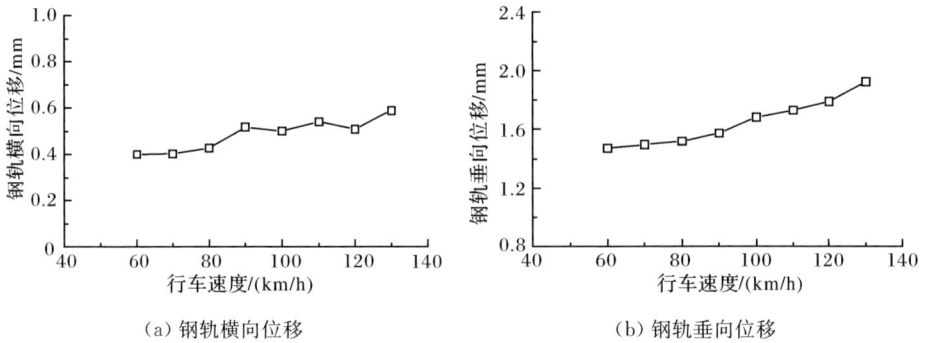

（a）钢轨横向位移

（b）钢轨垂向位移

图 7.3.10　钢轨横向位移和垂向位移随行车速度的变化

　　轨枕横向、垂向位移随行车速度的变化趋势如图 7.3.11 所示。由图可知，轨枕横向位移和轨枕垂向位移均随速度的增加逐渐增大，当速度由 60km/h 增大到 130km/h 时，轨枕横向位移由 0.1mm 增大到 0.2mm，增加了一倍，钢轨垂向位移由 0.53mm 增大到 0.62mm，增加了近 17%。

　　30t 轴重货车作用下，道床垂向加速度随行车速度的变化规律如图 7.3.12 所示。由图可知，速度增加，道床垂向加速度逐渐增大，行车速度由 60km/h 提高到 130km/h 时，道床垂向加速度由 0.7g 增大到 2.0g，增加了约两倍，增大幅度十分明显。根据国内外重复荷载作用下道床累积变形的试验结果，道床顶面残余变形速率与道床振动加速度平方的乘积之间呈近似的线性关系。因此，从控制道床顶面残余变形速率的角度，重载货车行车速度不宜过高。

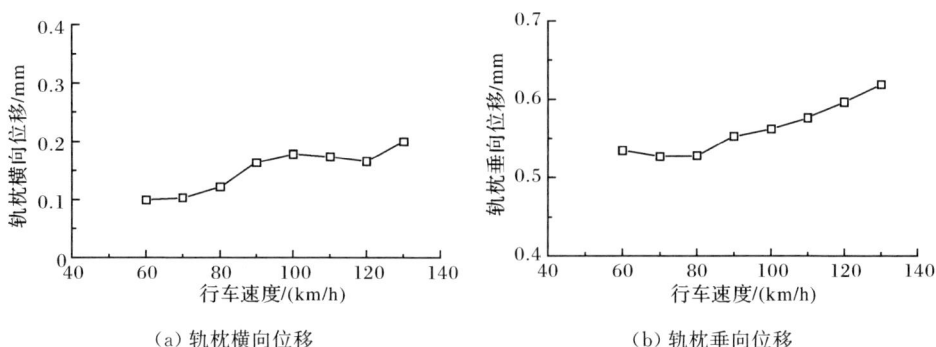

（a）轨枕横向位移　　　　　　　　　（b）轨枕垂向位移

图 7.3.11　轨枕横向位移和垂向位移随行车速度的变化

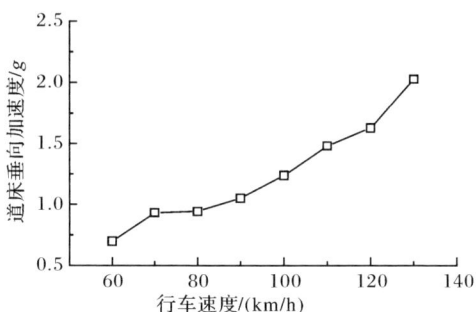

图 7.3.12　道床垂向加速度随行车速度的变化

2. 曲线通过时轮轨动力特性

为了研究 30t 轴重重载货车运行在新型轨道结构曲线上的动力学性能,探讨列车速度对轮轨动态相互作用性能的影响规律。本节将以重载车辆通过 500m 半径的曲线轨道为例,分析介绍车辆与轨道动态相互作用特性。曲线轨道设置为:圆曲线长度为 300m,曲线半径为 500m,缓和曲线长度为 110m,曲线超高为 90mm。30t 轴重货车的行车速度为 60～110km/h,速度等级间隔为 10km/h。

1) 轮轨动态安全性指标

当 30t 轴重货车分别以不同速度通过新型曲线轨道时,轮轨横向力最大值的计算结果如图 7.3.13 所示。由图可见,30t 轴重货车作用下,曲线外股轮轨横向力随速度的增加逐渐增大,在速度为 110km/h 时达到了最大值(80.65kN);内侧轮轨横向力随速度的增加先减小后增加,在速度为 110km/h 时达到了最大值(35.62kN)。需要注意的是,速度由 100km/h 增加到 110km/h,内侧、外侧轮轨横向力分别增加了 63%、50%,增大幅度较大。

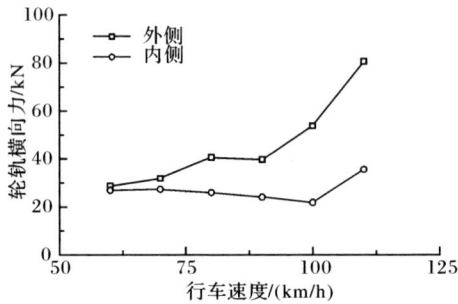

图 7.3.13　轮轨横向力随速度的变化规律

当 30t 轴重货车分别以不同速度通过新型曲线轨道时,轮轨垂向力最大值的计算结果如图 7.3.14 所示。图 7.3.14 结果表明,速度越大,曲线外侧轮轨垂向力越大,曲线内侧轮轨垂向力基本不变。速度由 60km/h 增加到 100km/h 时,外侧轮轨垂向力由 171.2kN 增加到 210.6kN,增加了 23%,增幅较大;而内侧轮轨力变化不显著。

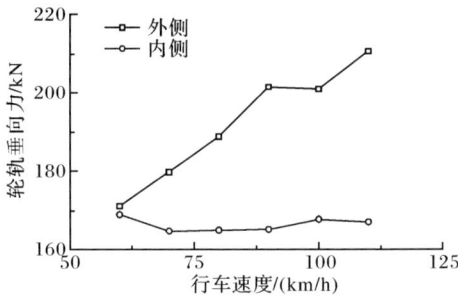

图 7.3.14　轮轨垂向力随速度的变化规律

30t 轴重货车作用下,轮轴横向力随速度的变化规律如图 7.3.15 所示。由图可见,增大速度,轮轴横向力随之增加。当速度由 100km/h 提高到 110km/h 时,轮轴横向力随速度的增长幅度变得非常快,此时,轮轴横向力由 38.3kN 增大为 62.6kN,增大了近 63%。

图 7.3.16 给出了 30t 轴重货车以不同速度通过新型曲线轨道时脱轨系数、轮重减载率最大值的计算结果。由图 7.3.16(a)可见,脱轨系数随行车速度的提高而增加,且外侧的脱轨系数要比内侧大。需要注意的是,速度由 100km/h 提高到 110km/h 时,内侧脱轨系数由 0.27 增加到 0.39,增大了近 44%,外侧由 0.47 增加到 0.71,增大了 51%。由图 7.3.16(b)可见,曲线内侧处的轮重减载率随速度的增加而增加,而曲线外侧处的轮重减载率随速度变化不明显。

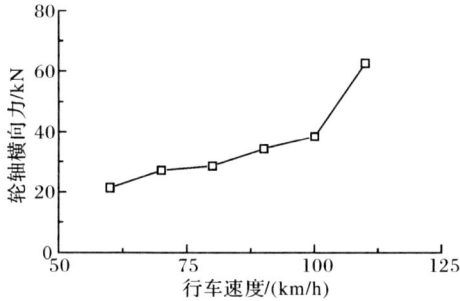

图7.3.15　轮轴横向力随速度的变化规律

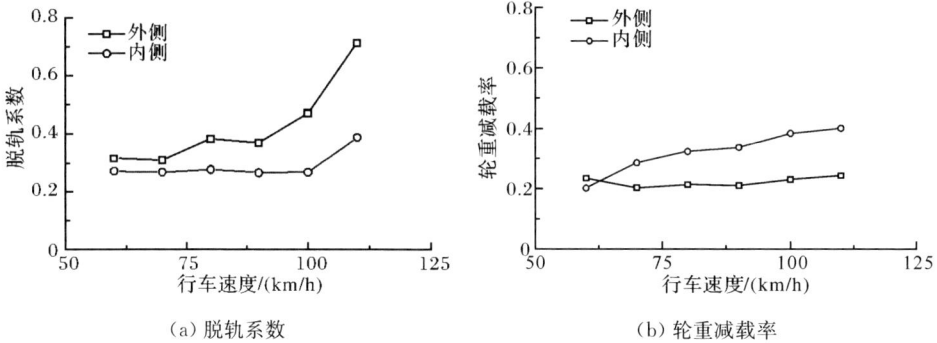

（a）脱轨系数　　　　　　　　　　　（b）轮重减载率

图7.3.16　脱轨系数和轮重减载率随速度的变化

2）轨道结构振动响应

30t轴重货车作用下钢轨横向与垂向位移随速度变化如图7.3.17所示。图7.3.17（a）表明，外侧钢轨的横向位移随速度的增加而增加，而内侧钢轨的横向位移变化不明显，当速度提高到100km/h以后，外侧钢轨横向位移随速度的增长幅度变得非常快，例如，速度由100km/h增加到110km/h，外侧钢轨的横向位移由0.82mm增加到1.32mm，增大了近61%。由图7.3.17（b）可见，外侧钢轨的垂向位移随速度的增加而增加，而内侧钢轨的垂向位移则变化不大，当速度由60km/h增加到110km/h时，外侧钢轨的垂向位移由1.49mm增加到1.92mm，增大了约29%。

30t轴重货车作用下轨枕横向、垂向位移随速度变化趋势如图7.3.18所示。由图7.3.18可见，30t轴重货车作用下轨枕横向位移随速度的增加而增加，速度由100km/h增加到110km/h时，轨枕横向位移变化显著；对于轨枕的垂向位移，随速度的增加，垂向位移变化不大，约为0.5mm。

（a）钢轨横向位移　　　　　　　　　　（b）钢轨垂向位移

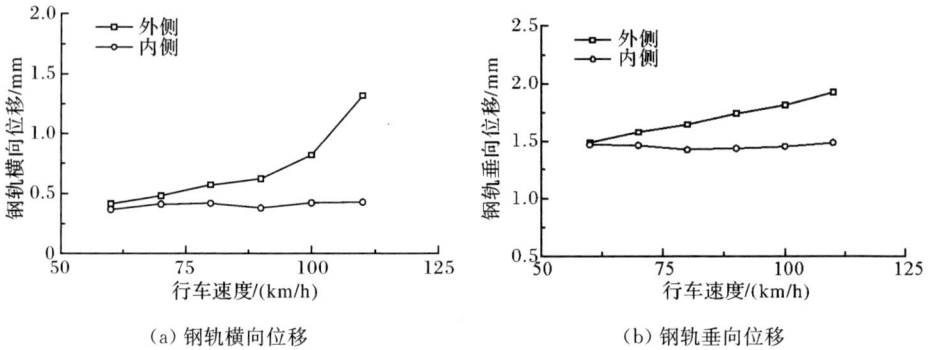

图 7.3.17　钢轨横向和垂向位移随速度的变化

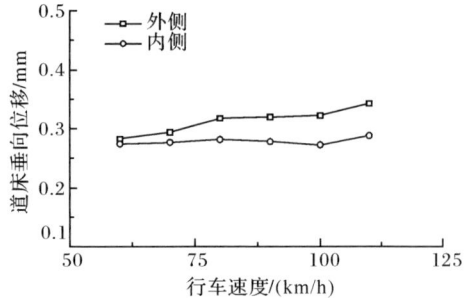

　　30t 轴重货车作用下道床垂向位移随速度变化趋势如图 7.3.19 所示。由图 7.3.19 可见，外侧道床的垂向位移随速度的增加而增加，而内侧道床垂向位移变化不明显，速度由 60km/h 时增加到 110km/h 时，外侧道床的垂向位移由 0.28mm 增加到 0.34mm，内侧道床的垂向位移在 0.27mm 左右。

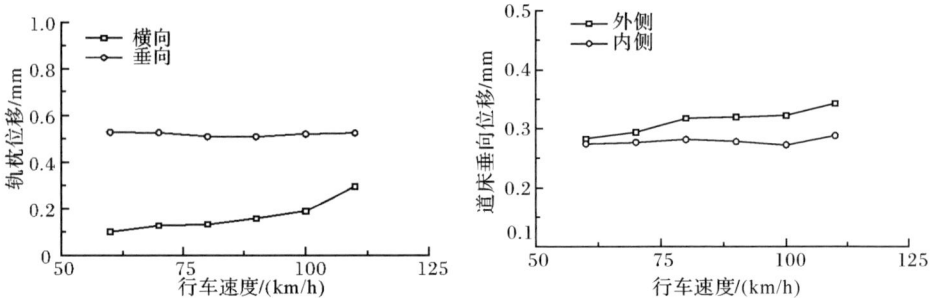

图 7.3.18　轨枕位移随速度的变化　　　　图 7.3.19　道床垂向位移随速度的变化

3）曲线半径对轮轨动力特性的影响

　　为了说明 30t 轴重重载行车条件下曲线半径对轮轨动力特性的影响情况，以 80km/h 速度为例，计算了 30t 轴重重载车辆通过不同半径曲线轨道时的车辆与轨道轮轨动态相互作用性能指标，曲线参数列于表 7.3.4。

表 7.3.4　不同半径的曲线参数

半径/m	缓和曲线长/m	超高/mm	圆曲线长/m
500	110	90	300
600	130	75	300
800	120	70	300

图 7.3.20 给出了主要性能指标的计算结果。由图可见,随着曲线半径的增大,轮轨横向力、轮轨垂向力、轮轴横向力、脱轨系数、轮轴减载率、轨距扩大量、钢轨/轨枕横向位移等指标均随之降低,其中,轮轨横向力和脱轨系数减少幅度最大。例如,曲线半径由 500m 增大到 800m 时,轮轨横向力由 40.6kN 减小为 30.6kN,降低了约 25%;轮轨垂向力由 188.6kN 减小为 176.0kN,降低了约 7%;轮轴横向力由 28.6kN 减小为 24.0kN,降低了 16%;脱轨系数由 0.38 减小为 0.3,降低了 27%;轨距扩大量由 0.92mm 减小为 0.75mm,降低了 19%;钢轨横向位移由 0.57mm 减小为 0.47mm,降低了 18%;轨枕横向位移由 0.12mm 减小为 0.11mm,降低了约 9%。由此可知,曲线半径增加有利于改善轮轨动态相互作用,提升行车安全性。

3. 轴重对轮轨动力特性影响

随着货车轴重的增加,轮轨间的相互作用不断增强,车辆对轨道结构的破坏作用及线路变形的影响也随之加剧[11]。为了研究轴重对轮轨动力特性的影响,本节选取了 25t、27t、30t 三种轴重货车进行分析比较,车辆速度为 80km/h。

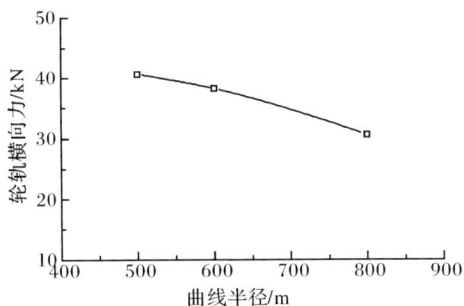

（a）轮轨横向力

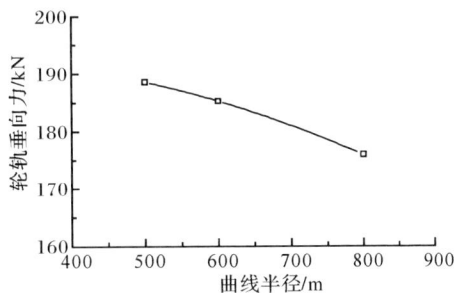

（b）轮轨垂向力

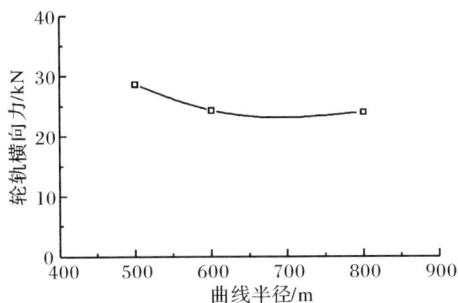

（c）轮轴横向力

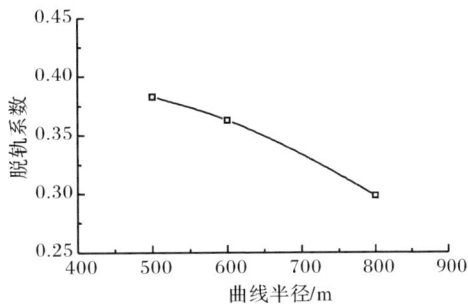

（d）脱轨系数

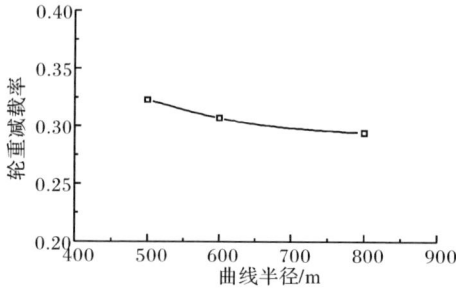

（e）轮重减载率

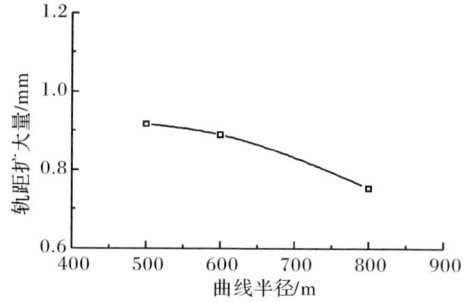

（f）轨距扩大量

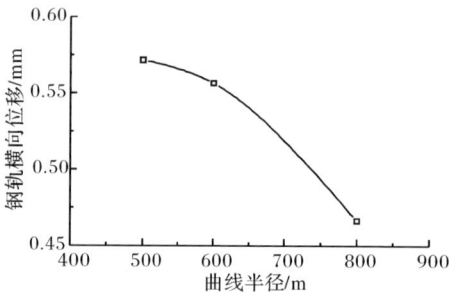

（g）钢轨横向位移

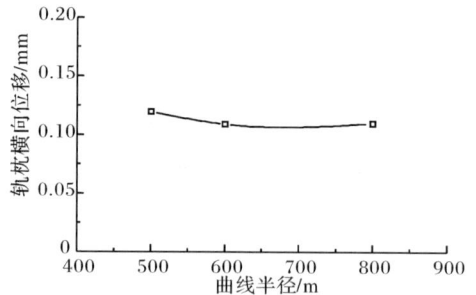

（h）轨枕横向位移

图 7.3.20　曲线半径对轮轨动力性能的影响

1）轮轨动态安全性指标

图 7.3.21 给出了轮轨横向力、轮轨垂向力、轮轴横向力、脱轨系数及轮重减载率随轴重的变化规律。从图中可以发现，随轴重的增加，轮轨横向力、轮轨垂向力、轮轴横向力逐渐增大，且增加幅度较明显，而脱轨系数及轮重减载率变化不明显。

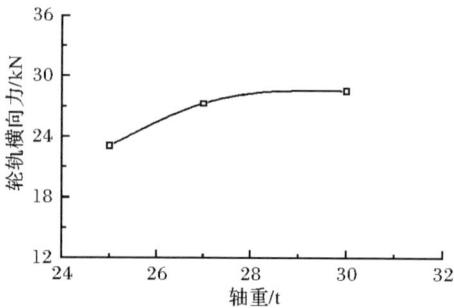

（a）轮轨横向力

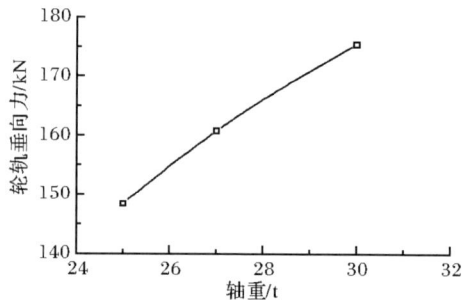

（b）轮轨垂向力

（c）轮轴横向力　　　　　　　　　　　（d）轮重减载率

（e）脱轨系数

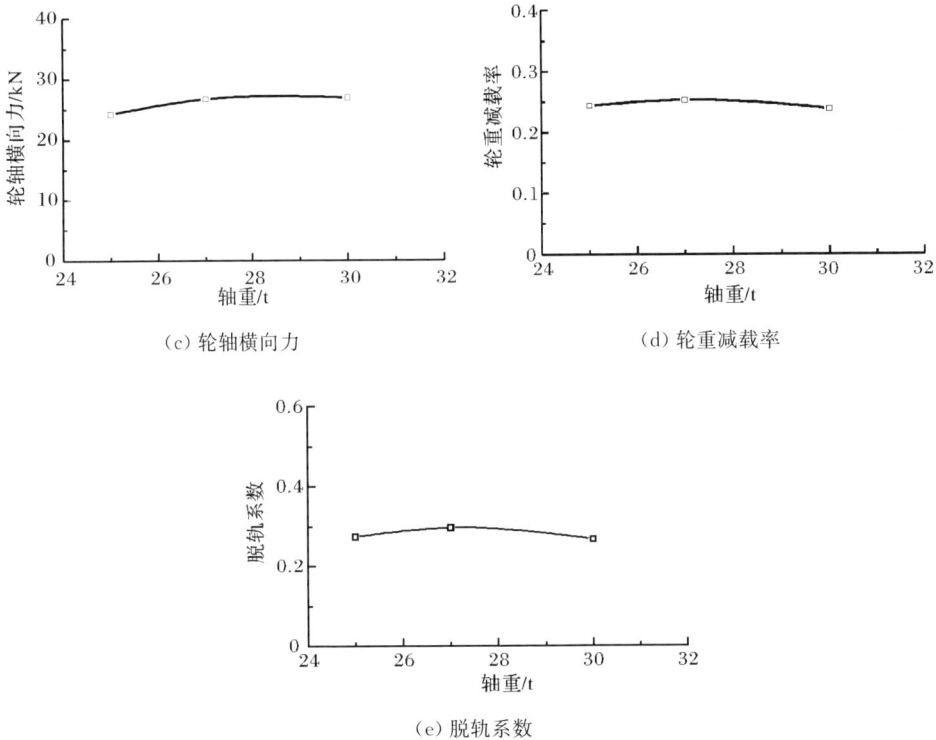

图 7.3.21　轴重对轮轨安全性指标的影响

2）轨道结构振动响应

轴重对钢轨位移的影响如图 7.3.22 所示。由图 7.3.22 可以发现,随着轴重增加,钢轨垂向位移增加较明显,钢轨横向位移略有增加。例如,当轴重由 25t 增加到 30t 时,钢轨垂向位移由 1.33mm 增加到 1.52mm,增大了近 14%,而钢轨横向位移仅增大了 5%。

轨枕位移随轴重的变化规律如图 7.3.23 所示。由图 7.3.23 可见,轴重增加,轨枕垂向位移增加明显,轨枕横向位移变化较小。例如,当轴重由 25t 增加到 30t 时,轨枕垂向位移增大了近 17%,轨枕横向位移仅增大了 6%。

道床垂向位移随轴重的变化规律如图 7.3.24 所示。由图 7.3.24 可知,随着轴重增加,道床振动位移增加显著。轴重由 25t 增加到 30t,道床垂向位移增大了近 14%。

7.3.3　轨道结构参数对轮轨动力特性影响

重载轨道结构包含的参数较多,对重载轮轨系统动力特性的影响程度不尽相

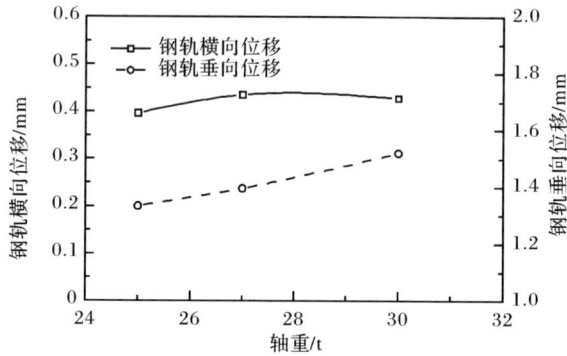

图 7.3.22　钢轨横向、垂向位移随轴重的变化规律

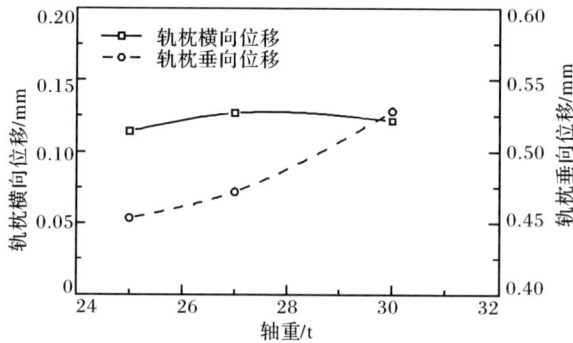

图 7.3.23　轨枕横向、垂向位移随轴重的变化规律

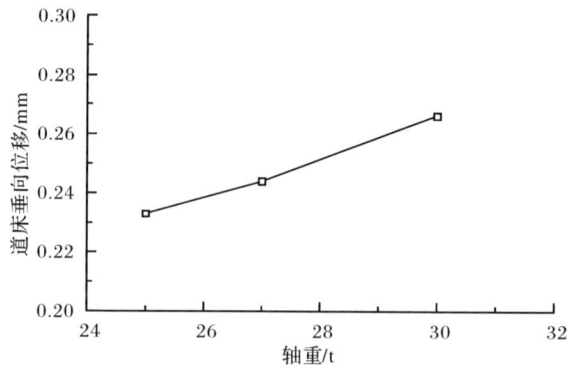

图 7.3.24　道床垂向位移随轴重的变化规律

同,现有研究结果表明,扣件刚度、轨枕类型、轨枕间距和道床厚度对系统振动影响较为明显。为此,本节亦选取上述四个关键参数,作为 30t 轴重重载铁路轨道结构参数分析的主要对象。

1. 轨下胶垫刚度对轮轨动力性能影响

为了研究扣件系统胶垫刚度对新型轨道结构轮轨动力性能影响,轨下胶垫刚度取 80kN/mm、100kN/mm、120kN/mm、140kN/mm、160kN/mm、180kN/mm 六种等级,行车速度设为 80km/h。

图 7.3.25 给出了轨下胶垫刚度对轮轨横向力和轮轨垂向力的影响。从图 7.3.25中可以看出,轨下胶垫刚度变化对轮轨横向力和轮轨垂向力影响不大,在考察的轨下胶垫刚度范围内,轮轨横向力在 30kN 左右,轮轨垂向力在 175kN 左右。

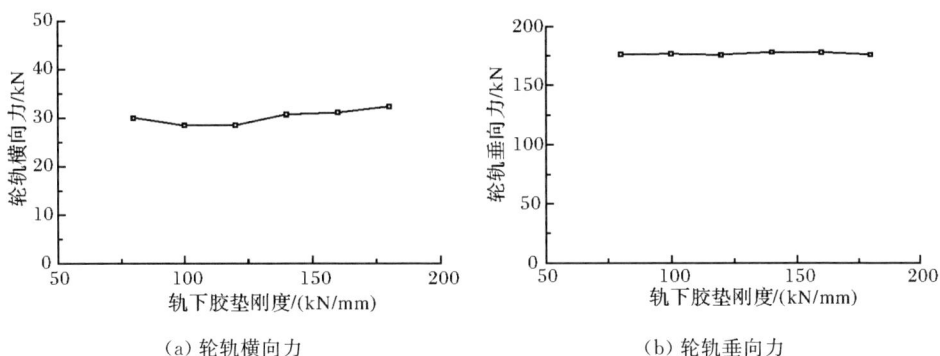

（a）轮轨横向力　　　　　　　　（b）轮轨垂向力

图 7.3.25　扣件刚度对轮轨横向力、轮轨垂向力的影响

30t 轴重作用下,轨道结构振动响应随轨下胶垫刚度的变化规律如图 7.3.26 所示,钢轨垂向位移、道床垂向加速度受轨下胶垫刚度影响较大。

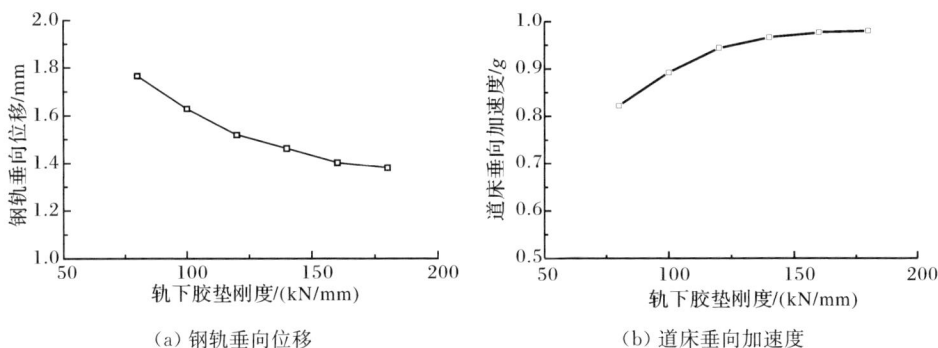

（a）钢轨垂向位移　　　　　　　　（b）道床垂向加速度

图 7.3.26　轨道结构振动响应随轨下胶垫刚度的变化规律

2. 轨枕类型对轮轨动力性能影响

进行不同轨枕类型的轮轨动力性能影响分析时,选取了 3 种轨枕类型,即Ⅱ型轨枕、Ⅲ型轨枕和 SH-Ⅰ 型轨枕,钢轨类型为 CHN75,扣件刚度为 120kN/mm,道床厚度为 35cm,路基基床表层 K_{30} 模量为 190MPa/m,速度为 80km/h。

不同轨枕类型下轮轨动态安全性指标的计算结果如图 7.3.27 所示。从图 7.3.27 中可以看出,Ⅱ型轨枕、Ⅲ型轨枕和 SH-Ⅰ 型轨枕条件下,得到的轮轨垂向力、轮轨横向力、轮轴横向力、轮重减载率和脱轨系数等安全性指标差别不大,其中,SH-Ⅰ 型轨枕条件下的轮轴横向力及轮重减载率等指标略优于Ⅱ型轨枕和Ⅲ型轨枕条件下的值。

不同类型轨枕条件下,轨道结构振动指标计算结果如图 7.3.28 所示。由图 7.3.28 可知,对于钢轨、轨枕和道床的垂向位移,Ⅱ型轨枕最大,SH-Ⅰ 型轨枕最小,Ⅲ型轨枕在两者之间;SH-Ⅰ 型轨枕条件下的钢轨和轨枕横向位移均比Ⅱ型轨枕和Ⅲ型轨枕条件下的要小,说明 SH-Ⅰ 型轨枕可以强化轨道结构,有效提高了道床的横向阻力;三种轨枕条件下的道床加速度相差不大。

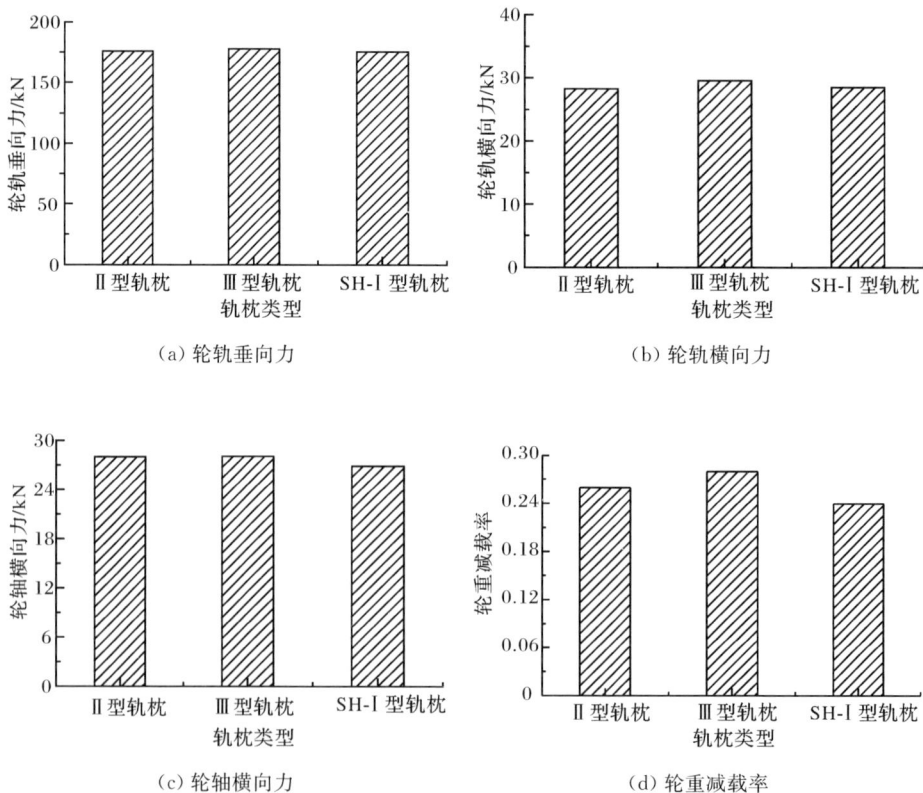

(a) 轮轨垂向力

(b) 轮轨横向力

(c) 轮轴横向力

(d) 轮重减载率

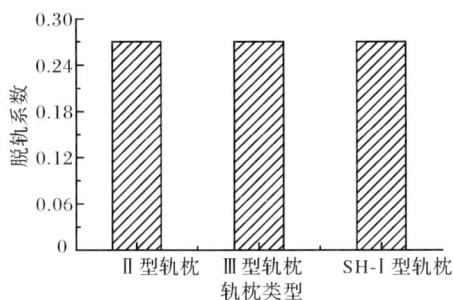

（e）脱轨系数

图 7.3.27　不同轨枕类型下轮轨动态安全性指标的变化

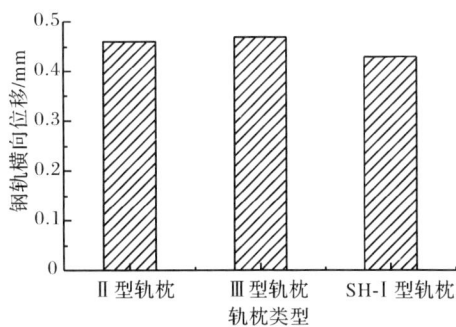

（a）钢轨横向位移

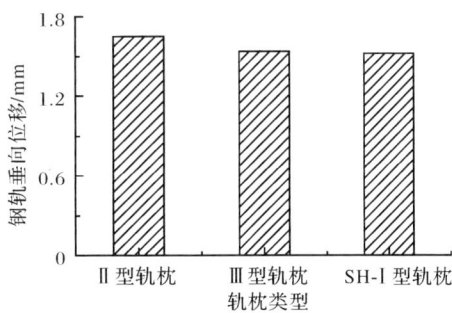

（b）钢轨垂向位移

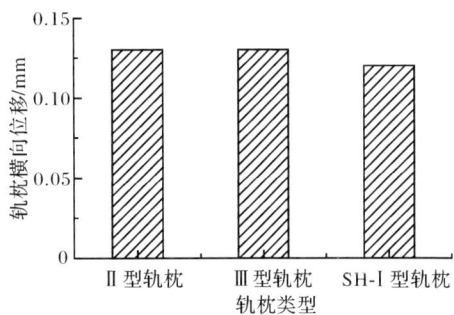

（c）轨枕横向位移

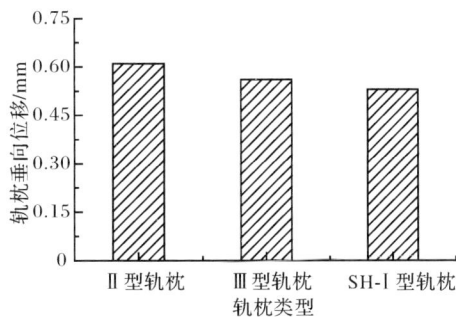

（d）轨枕垂向位移

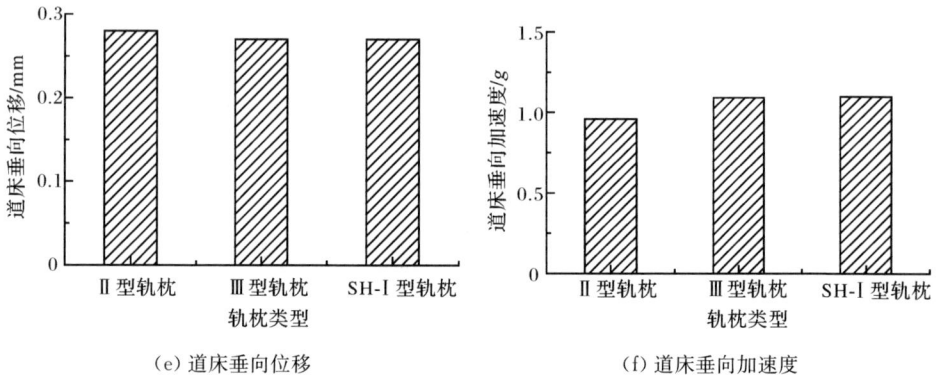

（e）道床垂向位移 （f）道床垂向加速度

图 7.3.28　不同轨枕下轨道振动响应的变化

上述分析表明,新型轨道结构(SH-I 型轨枕)有利于改善轮轨相互作用。较之既有轨道结构,新型轨道结构可有效提高道床的横向阻力,减缓重载运输所产生的道床累积变形,提高线路的稳定性。

3. 轨枕间距对轮轨动力性能影响

轨枕间距与每公里配置的轨枕根数有关,后者应根据运量、行车速度及线路设备条件确定,并和钢轨及道床等综合考虑,合理配套,以求在最经济的条件下,保证轨道具有足够的强度和稳定性。轨枕较密时,道床、路基面、钢轨以及轨枕本身受力都可降低,同时,可使轨距、方向更易于保持,对行车速度高的地段尤为重要。但轨枕过密,净距过小,会在一定程度上影响捣固质量。我国铁路规定,对于木枕轨道,每公里最多为 1920 根,混凝土枕为 1840 根;每公里最少均为 1440 根。当采用跨区间无缝线路时,轨枕间距可按 0.6m 等间距均匀布置,每千米设置 1667 根[12]。

为研究新型轨道结构(SH-I 型轨枕)条件下,轨枕间距对轮轨动力特性的影响规律,取轨枕间距 0.5m、0.55m、0.6m、0.65m、0.7m 五种等级,行车速度设为 80km/h。

30t 轴重作用下,不同轨枕间距的轮轨动态安全性指标计算结果列于表 7.3.5。由表 7.3.5 中结果可知,轨枕间距对轮轨横向力、轮轨垂向力、轮轴横向力、脱轨系数、轮重减载率等指标的影响并不明显[13]。

表 7.3.5　轨枕间距对轮轨动态安全性指标的影响

轨枕间距/m	轮轨横向力/kN	轮轨垂向力/kN	轮轴横向力/kN	脱轨系数	轮重减载率
0.50	28.81	180.16	28.43	0.26	0.28
0.55	32.10	179.84	28.06	0.33	0.28

轨枕间距/m	轮轨横向力/kN	轮轨垂向力/kN	轮轴横向力/kN	脱轨系数	轮重减载率
0.60	28.54	175.42	26.86	0.27	0.24
0.65	32.01	175.34	29.03	0.31	0.26
0.70	29.20	174.02	25.96	0.29	0.26

图 7.3.29 给出了钢轨横向与垂向位移随轨枕间距变化情况。由图 7.3.29 可以发现,随着轨枕间距的增大,钢轨横向位移和钢轨垂向位移均逐渐增大。例如,轨枕间距从 0.5m 增加到 0.7m 时,钢轨横向位移由 0.44mm 增加到 0.49mm,增大了约 11%;钢轨垂向位移由 1.48mm 增加到 1.63mm,增大了约 10%。由此可见,减小轨枕间距,增加每公里配置的轨枕根数,有利于提高轨道结构横向稳定性。

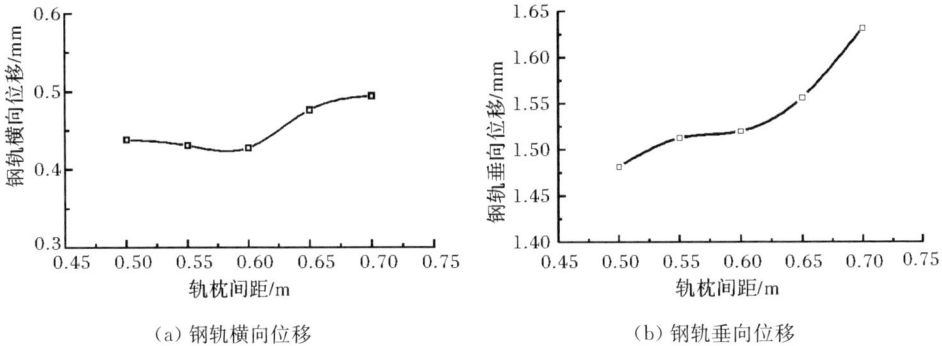

(a) 钢轨横向位移　　　　　　　　　　(b) 钢轨垂向位移

图 7.3.29　轨枕间距对钢轨振动位移的影响

30t 轴重条件下,轨枕支点反力随轨枕间距的变化规律如图 7.3.30 所示。从图 7.3.30 中可发现,轨枕间距对轨枕支点反力的影响较明显,轨枕间距增加,轨枕支点反力基本呈线性增长,如轨枕间距从 0.5m 增加到 0.7m 时,扣件力由 57kN 增大到 68kN,增大了近 20%。

需要指出的是,轨枕支点反力增加,道床应力也会随之增加,道床粉碎、脏污加速,导致日常维修工作量加大、清筛周期缩短。因此,为了降低道床应力,不宜使轨枕间距过大。

综上所述,轨枕间距的变化对轮轨动态安全性指标影响不大,而对钢轨的振动位移及轨道结构受力有明显的影响,因此,新型轨道结构的轨枕间距不宜过大,应在满足维修等工作的前提条件下,合理选择轨枕间距。

4. 道床厚度对轮轨动力性能影响

道床是轨道的重要组成部分,是轨道框架的基础,道床厚度是指直线上钢轨

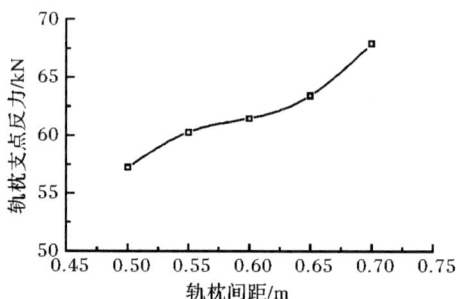

图 7.3.30　轨枕间距对扣件力的影响

或曲线上内轨中轴线下轨枕底面至路基顶面的距离。为研究新型轨道结构
(SH-I 型轨枕)条件下道床厚度对轮轨动力特性的影响规律,取道床厚度 0.25m、
0.3m、0.35m、0.4m、0.45m 五种等级,行车速度设为 80km/h。

表 7.3.6 给出了不同道床厚度条件下,轮轨横向力、轮轨垂向力、轮轴横向
力、脱轨系数、轮重减载率等轮轨安全性指标最大值的计算结果。从表 7.3.6 中
可以发现,在 30t 轴重条件下,随着道床厚度增加,轮轨安全性指标差异不大。由
此表明,道床厚度的变化对轮轨动态安全性指标影响并不显著。

表 7.3.6　道床厚度对轮轨动态安全性指标的影响

道床厚度/m	轮轨横向力/kN	轮轨垂向力/kN	轮轴横向力/kN	脱轨系数	轮重减载率
0.25	29.12	175.89	27.86	0.30	0.27
0.30	35.00	176.88	27.37	0.31	0.27
0.35	28.54	175.54	26.86	0.27	0.24
0.40	28.91	181.80	28.33	0.29	0.29
0.45	30.09	179.20	27.27	0.29	0.27

图 7.3.31 给出了轨道振动指标随道床厚度变化情况。由图 7.3.31(a)和
图 7.3.31(b)可知,随道床厚度增加,钢轨和轨枕垂向位移呈线性增加的规律,例
如,道床厚度由 0.25m 增加到 0.45m,钢轨垂向位移增大大约 6%,轨枕垂向位移增
大近 10%,由此表明,增加道床厚度可提高轨道弹性。由图 7.3.31(c)可知,增加
道床厚度,将减小道床振动,例如,道床厚度由 0.25m 增加到 0.45m,道床振动加
速度由 1.25g 下降到 0.89g,减小了近 30%。因此,增加道床厚度可有效降低道
床振动,从而减缓道床粉碎、脏污速率,降低日常维修周期工作[14]。另外,增加道
床厚度可降低路基面应力,道床厚度由 0.25m 增加到 0.45m,路基面应力由
66.83kPa下降到 37.51kPa,减小了近 45%,如图 7.3.31(d)所示。

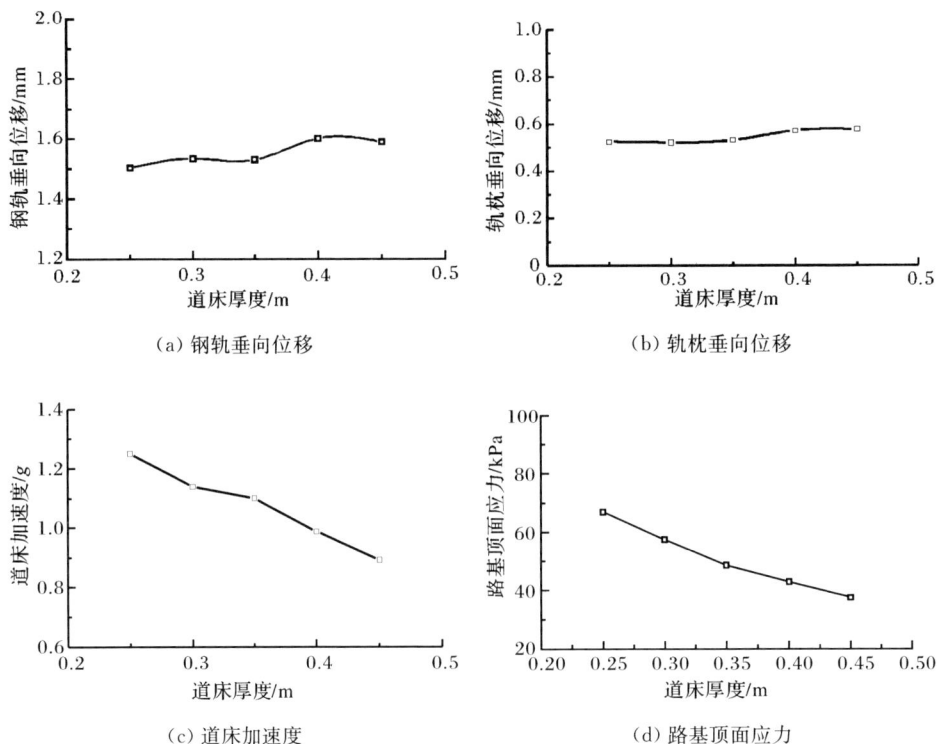

（a）钢轨垂向位移

（b）轨枕垂向位移

（c）道床加速度

（d）路基顶面应力

图 7.3.31　道床厚度对轨道振动响应的影响

　　上述分析结果表明,在 30t 轴重重载铁路新型轨道结构设计及施工过程中,应保证足够的道床厚度。

7.4　既有轨道结构适应性评估

7.4.1　小半径曲线适应性分析

　　对于传统有砟轨道结构,曲线是线路中的一个薄弱环节,尤其对于小半径曲线。由于小半径曲线地段列车传递至左右股钢轨的垂向荷载不均,且横向荷载值较大,因此不仅对扣件及轨枕强度提出更高的要求,而且对其保持轨道几何状态、抵抗线路纵横向位移的能力也提出更高的要求。目前我国大秦和大包等重载铁路的运营实践表明,列车轴重和年运量的增加将带来扣件、轨枕等轨道部件伤损增多、轨道几何状态变化加剧、轨道大中修周期缩短等不利影响,在小半径曲线地段这些影响更为显著。

　　朔黄铁路小半径曲线众多,且小半径与大坡道重叠较多,最小曲线半径为

$R400\text{m}$,线路坡度最大达12‰。朔黄铁路轴重由目前的25t提高至30t,在大轴重长大列车运营条件下,由于列车的纵向动力作用,对小半径曲线会产生径向分力,会对轨道的横向稳定性产生一定的影响。

1. 小半径曲线运营安全性分析

大轴重试验时,分别对不同半径曲线的安全性参数进行了测试,不同类型货车通过不同半径曲线时,其脱轨系数最大值不仅与货车类型以及状态有关,还与曲线半径有关。曲线半径越小,其脱轨系数就相对越大。

$R500\text{m}$曲线实测脱轨系数最大值达0.56,如图7.4.1所示。试验时,该曲线刚换轨不久,曲线的轨道几何状态好。但小半径曲线钢轨磨耗较快,易造成轨道几何状态变化,在实际运营中,由于曲线钢轨的磨耗,造成轨距、方向等不良,且随着货车运行里程的增加,货车车辆与车轮状态也会随之恶化。在轨道、车辆等各种不良因素的影响下,通过小半径曲线时,货车的脱轨系数等安全参数会随之增大,影响列车的安全运营。

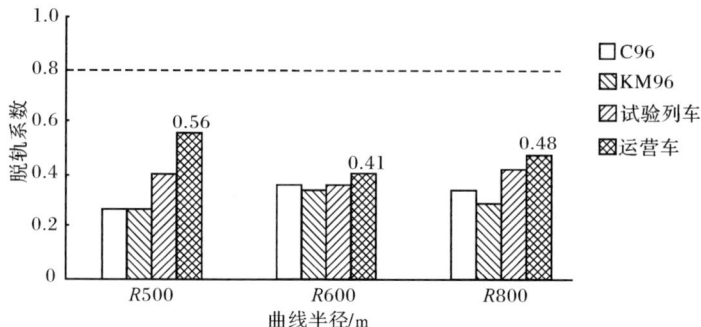

图7.4.1 列车通过轨道各测点时脱轨系数统计图

根据大包、大秦等重载铁路小半径曲线的实践经验,一般认为若货车的脱轨系数接近或超过0.7～0.8,就应分析原因,并采取针对性的强化措施,以保证运营安全。$R500\text{m}$曲线实测脱轨系数最大值已达到0.56,且随着轨道状态以及车辆状态的恶化,其脱轨系数会有进一步增大的趋势,且随着大轴重货车的开行以及运量的增加,线路的维修天窗时间会相应减小。为提高货车运行的安全性,可通过提升轨道结构来进行强化[15]。

2. 轨道部件受力分析

目前我国暂无重载铁路专用扣件和轨枕,朔黄铁路重车线已逐步更换铺设Ⅲ型轨枕及配套弹条Ⅱ型扣件,本次试验针对现场情况,分别在直线、$R500\text{m}$、$R600\text{m}$以及$R800\text{m}$曲线地段分别测试了轨枕轨下截面及枕中截面弯矩、扣件节点横向力、轨距动态扩大。

(1) 实测枕中弯矩最大值为 7.9kN·m,小于Ⅲ型轨枕枕中设计承载弯矩;同一测点枕中弯矩值差异不大,曲线地段枕中弯矩最大值大于直线地段枕中弯矩。

(2) 实测轨下断面弯矩最大值为 10.3kN·m,小于Ⅲ型轨枕轨下设计承载弯矩;轨下弯矩随轴重的增加,提高比较明显。以 $R600m$ 曲线地段测试数据为例,当 30t 轴重 KM96 车辆通过时轨下弯矩平均值为 8.5kN·m,相对于 C80 车辆通过时轨下弯矩平均值(5.6kN·m)提高了约 34%。

(3) 实测扣件横向力最大值为 23.9kN,小于弹条Ⅱ型扣件横向承载能力设计值;由于扣件横向测力挡板与钢轨配合的松紧程度及距离轨撑的远近不同,造成了不同曲线地段扣件横向力无明显变化规律,但曲线地段扣件横向力比直线地段增加明显;30t 轴重 C96 和 KM96 货车通过各工点时,扣件横向力比其他车型略有增加。

(4) 实测动态轨距扩大最大值为 2.49mm,小于有砟轨道动态质量容许偏差管理值;30t 轴重车辆在 $R500m$ 曲线和 $R800m$ 曲线引起的轨距扩大均值比 C80 车辆分别增加 66.1% 和 23.1%,动态增量较为明显。

综合试验结果表明,30t 轴重 C96、KM96 货车通过各工点实测轨下弯矩、扣件横向力和动态轨距扩大均比 C80、C70、C64 货车有一定程度提高,但均小于相应限值,由此可见,Ⅲ型轨枕和弹条Ⅱ型扣件可满足朔黄铁路近期开行 30t 轴重货车的安全性要求。

3. 既有重载线路小半径曲线轨道部件使用情况

目前,我国大秦及大包线重车线已经陆续换铺Ⅲ型轨枕,现场调查表明,直线地段整体使用效果较好,但在部分小半径曲线地段出现轨枕中间截面的横裂及钉孔附近的纵裂,其中枕中截面横裂占有较大的比例,同时轨枕挡肩伤损破坏也较为普遍,如图 7.4.2 和图 7.4.3 所示。其主要原因在于小半径曲线地段轨道结构受到列车横向荷载较大。

另外,在既有重载线路小半径曲线地段,出现轨道结构纵横向阻力不足的现象,影响线路的稳定性,目前,工务部门设置了地锚、轨距拉杆,轨撑及钢轨横向阻力器等多种措施来保持轨道几何状态,但这些仅可作为临时的补救措施,从重载技术长远发展来看,对于开行重载货运铁路,通过优化轨道部件配置来提高轨道结构稳定性,将是线路改造需要解决的一个重要问题。

我国既有重载有砟轨道结构主要采用弹条Ⅱ型扣件,也存在一些亟待解决的问题,如图 7.4.4 所示,主要表现在以下几个方面:

(1) 弹条松弛、扣压力不足。由于重载列车的高密度运营,弹条出现松弛,扣压力不足,弹条中肢前端离缝较大、轨下垫板沿钢轨方向窜动,且该现象较为普

图 7.4.2　小半径曲线地段轨枕中间截面横裂

图 7.4.3　小半径曲线地段轨枕挡肩伤损

遍。说明既有弹条已不能满足大轴重大运量的运营条件,需进一步强化。

（2）扣件调高量较大。在大轴重列车的长期作用下,道床变形严重,在小半径曲线地段需要调整外轨超高,在没有时间进行起道捣固作业的情况下,只能进行轨下加垫垫板作业,因此部分地段扣件调高量过大,个别地方轨下调高量甚至达30mm,轨下用于调高的垫板除标准垫板外还有汽车轮胎之类的非标准垫板。

（3）扣件零部件伤损较为严重。在曲线地段,由于列车轴重较大,轮轨横向作用力较大,使得弹条残变较大、个别弹条折断、轨距挡板接触面磨损、挡板座压溃损坏、胶垫压溃等现象时有发生。

（4）扣件轨距调整量不足。在小半径曲线地段,钢轨侧磨较为严重,为方便调整轨距,需增大扣件轨距调整量。

（5）保持轨距能力不足。为弥补弹条Ⅱ型扣件在小半径曲线地段保持轨距能力不足的问题,部分地段除加装轨撑外还安装有轨距拉杆,进一步增加轨道横向稳定性。

（6）曲线上股轨撑伤损、混凝土挡肩破损。小半径曲线地段安装的轨撑在减小钢轨倾翻的同时由于轨撑为刚性支撑,造成轨撑承担更大的横向力,使得该部位钢轨局部磨耗和挡板座伤损严重,轨枕承轨槽挡肩破损。

　　　　(a) 弹条松弛　　　　　　　　　　　(b) 弹条断裂

　　　　(c) 轨距挡板磨损　　　　　　　　(d) 安装轨撑处伤损

图 7.4.4　小半径曲线扣件现场调研情况

　　因此,基于以上因素综合分析,朔黄铁路长期大量开行 30t 大轴重货车,随着轴重和运量的提高,既有Ⅲ型轨枕及配套弹条Ⅱ型扣件承受的列车疲劳荷载相应增加,其使用寿命将有所降低,尤其对于小半径曲线地段,不仅轨道部件伤损情况会有所加剧,而且轨道几何状态养护维修工作量会相应增加。

　　4. 朔黄铁路小半径、大坡道地段无缝线路轨道强度和稳定性储备计算

　　(1) 计算参数。

　　① 钢轨:75kg/m,U78CrV,允许应力 387MPa。

　　② 列车轴重:30t,速度 80km/h。

　　③ 轨道:有砟道床。

　　④ 轨枕:Ⅲ型枕、重载轨枕(道床横向阻力取Ⅲ型枕的 1.2 倍)。

　　⑤ 曲线半径:$R=500m$、$600m$。

　　⑥ 重载铁路大坡道钢轨制动应力 25MPa(根据本次 30t 轴重货车制动试验

结果)。

⑦ 既有线路无缝线路锁定轨温:28℃。

⑧ 最高轨温 $T_{max}=58℃$,最低轨温 $T_{min}=-30℃$。

(2)计算结果。

根据大秦线 12‰坡底实测结果,在密集重载列车通过且经常制动时,轨温(含最高轨温)为环境温度加 30℃,比设计采用的最高轨温要高出 10℃。

由表 7.4.1～表 7.4.4 可见,采用Ⅲ型枕的大坡道坡底地段,由于受重载列车经常制动的影响,轨温比其他地段要增加 10℃,$R500m$ 及以下曲线地段无缝线路高温稳定性储备量不足;采用重载轨枕的大坡道坡底地段,$R500m$ 曲线地段无缝线路强度和稳定性有一定的富余量。

表 7.4.1　Ⅲ型枕小半径曲线、大坡道坡顶至坡中地段无缝线路强度与稳定性

曲线半径 R/m	允许温降 /℃	允许温升 /℃	锁定轨温 /℃	强度储备量/℃	稳定性储备量/℃	评价
500	62.2	34.6	28	4.2	4.6	无缝线路强度和稳定性有一定的富余量
600	67.1	40.0	28	9.1	10	无缝线路强度和稳定性有一定的富余量

表 7.4.2　重载轨枕小半径曲线、大坡道坡顶至坡中地段无缝线路强度与稳定性

曲线半径 R/m	允许温降 /℃	允许温升 /℃	锁定轨温 /℃	强度储备量/℃	稳定性储备量/℃	评价
500	62.2	42.3	28	4.2	12.3	无缝线路强度和稳定性有一定的富余量
600	67.1	48.5	28	9.1	18.5	无缝线路强度和稳定性有一定的富余量

表 7.4.3　Ⅲ型枕小半径曲线、大坡道坡中至坡底地段无缝线路强度与稳定性

曲线半径 R/m	允许温降 /℃	允许温升 /℃	锁定轨温 /℃	强度储备量/℃	稳定性储备量/℃	评价
500	62.2	34.6	28	4.2	−5.4	高温稳定性储备不足
600	67.1	40.0	28	9.1	0	无缝线路强度有稍许富余量,但稳定性储备降低

表 7.4.4　重载轨枕小半径曲线、大坡道坡中至坡底地段无缝线路强度与稳定性

曲线半径 R/m	允许温降 /℃	允许温升 /℃	锁定轨温 /℃	强度储备 量/℃	稳定性储 备量/℃	评价
500	62.2	42.3	28	4.2	2.3	无缝线路强度和稳定性有一定的富余量
600	67.1	48.5	28	9.1	8.5	无缝线路强度和稳定性有一定的富余量

5. 小结

综合现场测试结果及既有重载铁路运营现状的分析,可得以下结论:

(1)从测试结果看,目前重车线小半径曲线区段铺设Ⅲ型轨枕及弹条Ⅱ型扣件可满足朔黄铁路近期少量开行 30t 轴重货车的运营安全和结构强度的要求。

(2)试验实测 R500m 曲线脱轨系数最大值已达到 0.56,该曲线轨道几何状态较好。随着轨道状态以及车辆状态的恶化,其脱轨系数会有进一步增大的趋势,且随着大轴重货车的开行以及运量的增加,线路的维修天窗时间会相应减小。根据其他重载铁路的强化改造经验,脱轨系数接近或超过 0.7~0.8 时,就应分析原因,并采取针对性的强化措施。为提高朔黄铁路大轴重货车运行的安全性,可通过提升轨道结构来进行强化。

(3)随着轴重和运量的提高,对于小半径曲线地段,由于列车荷载作用的增大,轨枕及扣件伤损情况会有所加剧,同时轨道几何状态恶化、养护维修工作量会相应增加。

(4)采用Ⅲ型枕的 $R \leqslant 500$m 曲线大坡道地段无缝线路高温稳定性储备量不足。

(5)从提高列车运营安全性,增强小半径曲线稳定性,减小轨道养护维修周期等方面考虑,大轴重货物列车长期大量投入运营后,一方面需加强车辆状态的检修和道床状态的维护;另一方面需针对 $R \leqslant 500$m 及其他轨道状态不易保持的区段等,逐步强化轨道结构。

7.4.2　道岔适应性分析

1. 道岔试验数据分析

1)测力轮对测试结果

C96 货车侧向通过 12 号道岔时,最大脱轨系数为 0.58,最大减载率为 0.31,

最大轮轴横向力为53.1kN,最大垂直力为227.9kN,最大轮轨横向力为114.8kN,安全参数均在安全限值范围内。

2)地面测试结果

试验列车直侧向通过12号道岔时,脱轨系数最大值为0.47,轮重减载率最大值为0.44,轮轴横向力最大值为54.2kN;钢轨横向位移最大值为2.06mm,开口量最大值为1.46mm,尖轨轨底应力最大值为122.4MPa;各项实测参数均小于相应限值或参考值,12号道岔能够满足朔黄铁路近期开行30t轴重列车安全运行的需要。

当列车直向通过道岔时,C80和C96垂直力最大值分别为159.9kN、187.8kN。C96比C80的垂直荷载增大了17%。当列车侧向通过道岔时,C80和C96垂直力最大值为188.5kN、218.3kN。C96比C80的垂直荷载增大了15%。岔区轨道承受的垂向荷载普遍增加15%～17%,可见岔区部件尤其是尖轨、心轨和翼轨等薄弱断面接触应力将进一步增大。

当列车侧向通过道岔时,C80、C96水平力最大值的平均值分别为37.7kN、40.1kN,C80、C96水平力最大值分别为39.3kN、51.2kN,平均值和最大值增幅约6.4%和30.3%,横向力的增加将会增加扣件系统的负荷。测力轮对通过道岔时,C96货车导向轮轮轨横向力最大值达到114.8kN,量值较大。鉴于国内其余重载线路如京包、大秦线等既有线岔区轨枕螺栓有一定伤损率,如图7.4.5所示。开行30t轴重列车后,轮轴横向力和横向水平力将会进一步增大,目前岔枕采用预埋套管加螺栓类型的扣件系统很难满足30t大轴重货车长期安全运营的要求。

图7.4.5　国内重载道岔垫板螺栓伤损

2. 既有重载铁路道岔使用现状

朔黄铁路正线道岔养护维修较及时充分,道岔整体使用状况较好。扣件、岔枕等基本正常,无明显大面积的伤损。目前存在的问题主要是固定型辙叉使用寿命较短,正线铺设的贝氏体钢轨组合辙叉伤损的发展亦较快,使用寿命存在不稳定性,部分辙叉使用寿命不足 1 亿 t。伤损主要类型是心轨顶面压溃及肥边、翼轨的剥离掉块等,如图 7.4.6 所示。

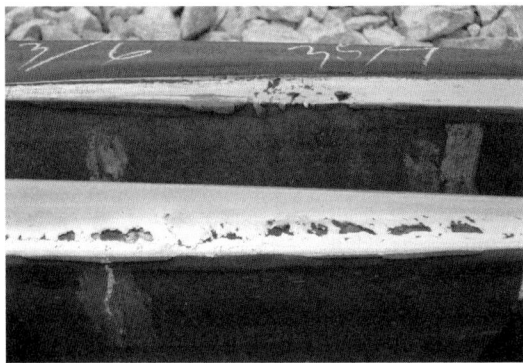

图 7.4.6　12 号道岔辙叉伤损

3. 小结

从现场试验数据可见,朔黄铁路 12 号道岔能够满足近期少量开行 30t 轴重列车安全运行的需要。轨道部件使用寿命是重载道岔的核心问题,重载铁路频繁更换辙叉等关键部件,给养护维修带来很大的工作量和难度。朔黄铁路若长期大量开行 30t 轴重货车,辙叉的使用寿命进一步缩短,将极为频繁地更换辙叉。综合考虑既有道岔强化改造的经济性,建议 30t 轴重货车少量开行初期,在保持现有岔枕等不变条件下,逐步更换强化型辙叉,结合大修,逐步更换铺设新型重载道岔。

7.4.3　轨道部件适应性分析

1. 钢轨

试验列车通过时,钢轨承受的动态荷载与货车轴重、曲线半径以及列车速度等有关。根据不同曲线半径轮轨垂直力的测试结果,分车型、分车轴对垂直力进行统计分析。试验列车速度为 65km/h、75km/h、80km/h 时,C96 货车第一轴外轨垂直力服从于正态分布,其平均值分别为 156.2kN、170.4kN、177.7kN。可见随大轴重货车速度的提高,大轴重货车对钢轨的动态荷载相应增加。

为说明大轴重货车下钢轨垂直力的变化情况,分别采用发生概率为 90% 和 99% 时的钢轨垂直力进行对比分析。根据不同货车通过不同曲线时的分轴统计结果,对垂直力的概率密度以及累计概率进行统计分析,即可计算出累计概率分别为 90%、99% 的钢轨垂直力。曲线半径为 500m,对于 C96 货车,当累计概率为

99％时,钢轨承受的动态荷载为 189kN。C80 货车累计概率为 99％时钢轨垂直力为 156.5kN。累计概率分别为 90％、99％时,C96 货车作用下钢轨承受的动态荷载分别比 C80 增加了 20.7％、20.8％。试验货车通过 R500m、R800m、直线时,大轴重货车对钢轨的动态荷载统计分析见表 7.4.5。与 C80 相比,大轴重货车对钢轨动态荷载增加 18.9％～26.6％。

表 7.4.5　　大轴重货车下钢轨垂直力统计分析表　　　　（单位:kN）

曲线	分布概率/％	C96	KM96	C80	C96 增加比例/％	KM96 增加比例/％
R500m	90	183.9	181.6	152.3	20.7	19.2
	99	189	190.5	156.5	20.8	22.0
R800m	90	172	182	144.5	19.0	26.0
	99	177.5	189	149.3	18.9	26.6
直线	90	165.8	166.4	138.2	20.0	20.4
	99	172.8	176	145	19.2	21.4

轮轨动力荷载的增加,必将会加快曲线钢轨的磨耗、轨顶接触疲劳伤损发展的速率以及钢轨接头的伤损等,使钢轨的养护维修费用增加。

1) 曲线钢轨磨耗

朔黄铁路重车线钢轨为 75kg/m 钢轨,材质主要为 U78CrV、U75V,并在半径 800m 及以下曲线地段铺设了强度等级高的全长淬火钢轨(1180MPa)。为减缓小半径曲线钢轨侧磨,延长钢轨使用寿命,通过提高钢轨的强度、纯净度等技术性能来提升钢轨的抗磨耗以及抗疲劳性能。新型重载钢轨提高了钢轨的强度以及纯净度等技术指标,同时通过强化轨道结构,优化曲线参数配置,推广应用钢轨润滑和钢轨打磨等措施,延长曲线钢轨使用寿命。

为了提高曲线钢轨的耐磨性能,优质钢轨要求钢轨的纯净度(氢氧含量以及夹杂物)、脱碳层深度均满足《250km/h 客运专线 60kg/m 钢轨暂行技术条件》的规定。钢轨硬度达到《热处理钢轨技术条件》(TB/T 2635—2004)中上限。要求钢轨的 A 类(硫化物)夹杂物不应超过 2.0 级,未见 B 类(氧化铝)、C 类(硅酸盐)夹杂物,D 类(球状氧化物)不应超过 1.0～1.5 级。钢轨中的 H 含量不大于 2.5×10^{-6},O 含量不大于 30×10^{-6}。

按 2011 年运量和钢轨使用情况,个别曲线上股钢轨(U78CrV 全长淬火轨)12 个月侧磨量就达到 16mm,管内大部分 $R \leqslant 600m$ 的小半径曲线 18 个月侧磨量就接近或达到 17mm。钢轨使用周期一般为 18 个月,个别地段使用周期更短。

自 2005 年换铺无缝线路以来,历年更换小半径曲线磨耗钢轨(单股)情况见表 7.4.6。

表 7.4.6　历年曲线磨耗钢轨换轨数量

年份	2007	2008	2009	2010	2011
换轨数量/km	13.050	61.350	38.825	56.415	47.325

曲线地段钢轨的磨耗与轮轨动态荷载有关,轮轨动态荷载越大,其曲线磨耗速率越快。在大轴重货车作用下,与 C80 货车相比,其轮轨动态荷载最大增加 26.6%,必将显著加快小半径曲线钢轨的磨耗。若同时年运量增加至 4 亿 t,预计在原平分公司管内,年更换小半径曲线磨耗钢轨数量将超过 100km。

2) 钢轨重伤

随着运量增加以及万吨大列的开行,朔黄铁路重伤钢轨逐年增加,钢轨重伤主要为核伤(轨头白核)、轨头掉块、轨头裂纹、轨腰裂纹、螺孔裂纹等。在重载铁路线,钢轨重伤一般均发生在轨头和轨腰的位置,且核伤所占的比例较高,这与其他重载铁路的钢轨重伤发展统计规律一致。随运量以及轴重的增加,在列车荷载反复作用下,在钢轨轨头内部的非金属夹杂、气泡、偏析等位置,易于发展为核伤,最终发展为横向裂纹或折断。图 7.4.7 为朔黄铁路原平分公司钢轨重伤统计图。

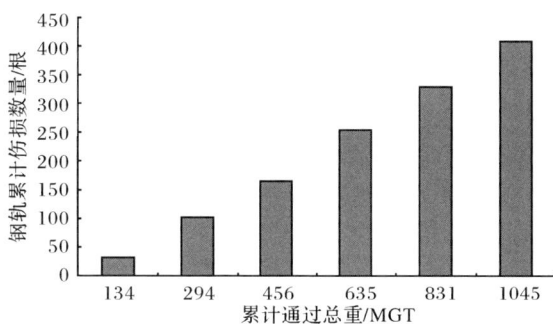

图 7.4.7　原平分公司 75kg/m 钢轨重伤数量统计图

对于重载铁路,货车车轮在钢轨踏面滚动时,轮轨间接触面积很小,造成局部应力的高度集中,大大超过了钢轨的屈服应力,引起钢轨头部压溃、钢轨表面材料的塑性变形以及流动,最终在钢轨表面造成剥落等疲劳伤损。因而轮轨接触应力对钢轨重伤的发展速率起着决定性的作用。朔黄铁路货车轴重提高至 30t 时,其车轮直径增加至 915mm。根据轮轨接触应力计算分析结果,轴重由 25t 增加至 30t 时,轮轨接触应力增加约 1.06 倍。

轴重提高至 30t,若年运量保持 2 亿 t,预计钢轨年重伤数量增加 5%~10%。若年运量提升至 4 亿 t 下,原平分公司管内预计年重伤钢轨数量将增加至 233 根,为既有钢轨伤损数量的 220% 以上。同时随着累计通过总重的增加,钢轨重伤数量逐年增加,在年累计通过总重达 10 亿 t 后,年钢轨疲劳重伤率即可达到 1.0 根/km 以上,年重伤钢轨数量将急剧增加至 200~300 根,更换重伤轨的工作将急剧增加。同时对货物列车的安全运营也带来了一定的隐患。

综上所述,货车轴重由 25t 增加至 30t,大轴重货车对钢轨的动态荷载增加了26.6%。轮轨动力荷载的增加,必将会加快曲线钢轨的磨耗,在大轴重货车下,轮轨接触应力会明显增加,钢轨轨头接触疲劳伤损发展速率加快。随运量的增加,钢轨重伤数量会明显增加,导致重伤钢轨更换工作大量增加,从而给列车运营带来安全隐患。因而建议通过提升轨道结构,加强轮轨管理,重视钢轨打磨和润滑工作,降低轮轨的动力冲击,减缓钢轨接触疲劳伤损,以延长钢轨的使用寿命。

为研究解决朔黄重载铁路曲线钢轨病害问题,延长钢轨使用寿命。朔黄重载铁路发展有限责任公司曾于 2006 年主持研究了原铁道部重大项目"朔黄铁路轮轨关系及延长钢轨使用寿命的试验研究"。通过该项目的深入研究,提出了曲线钢轨非对称型面打磨、曲线钢轨润滑、曲线设置参数优化等延长钢轨使用寿命的技术措施,并在现场实施取得良好效果。在大轴重货车运行条件下,为延长钢轨使用寿命,建议在上一项目研究成果基础上,加强钢轨打磨、润滑以及曲线参数设置的推广应用。一是推广应用小半径曲线钢轨非对称打磨技术。根据大轴重货车的结构特点以及踏面状态,进行小半径曲线钢轨非对称打磨技术进一步深化研究,提出能适用于 30t 轴重运行条件的非对称打磨技术。同时进行直线段钢轨打磨技术的研究,提出直线区段钢轨打磨模板以及打磨周期等。二是着力推广曲线钢轨润滑技术,同时对大轴重下的润滑效果进行进一步的评估分析,提出合理的钢轨润滑周期等。三是推广应用轨道结构强化技术,推广应用定尺长度为 75m 的长定尺优质高强度钢轨,在 $R \leqslant 1200$m 区段采用热处理钢轨,延长钢轨使用寿命。在 $R \leqslant 500$m 区段配置重载轨枕和扣件,在其他区段采用强化型扣件,通过提升轨道结构来降低养护维修工作量,延长钢轨使用寿命。四是推广应用曲线参数配置技术,2013 年 7 月开始,朔黄铁路原平分公司管内已逐步将部分区段的限制速度由 70km/h 提高至 75km/h,随速度的提高,曲线超高已为欠超高,但欠超高的幅度需根据各曲线的实际状态来确定,建议各曲线欠超高控制在 10% 以内。同时推广曲线地段轨底坡优化技术,选择部分曲线,外股轨底坡保持 1:40 不变,将内轨轨底坡调整为 1:20,提升列车曲线通过性能,以减缓钢轨磨耗。

2. 扣件

扣件作为铁路轨道的主要组成部分之一,对保持轨距、增加钢轨横向稳定性及调节轨道刚度等具有重要作用。朔黄铁路采用弹条Ⅱ型扣件和 75kg/m 钢轨,在既有轨道上开行 30t 轴重的重载货运列车在国内尚属首次,因此,测试 30t 轴重重载列车作用下扣件的使用性能,论证弹条Ⅱ型扣件对大轴重的适应性,对保证大轴重列车行车安全具有重要意义。

1）扣件横向荷载

30t 轴重实车试验测试结果表明，30t 轴重货车通过 $R500m$、$R600m$ 和 $R800m$ 曲线作用于扣件横向力均值比 C80 车辆分别增加 37.8%、20.9% 和 32.7%，动态增量较为明显。

2）保持轨距能力

实车试验测试结果表明，30t 轴重货车通过 $R500m$ 和 $R800m$ 曲线引起的轨距扩大均值比 C80 车辆分别增加 66.1% 和 23.1%，动态增量较为明显。

3）轨道垂向受力与变形

支点压力和钢轨垂向位移由列车轴重和轨道刚度共同决定，在列车轴重一定的情况下，轨枕支承刚度越大，钢轨垂向位移越小，支点压力越大；反之，轨枕支承刚度越小，钢轨垂向位移越大，支点压力越小，但钢轨应力会随之增加。因此，合理控制轨枕支承刚度，将支点压力和钢轨垂向位移限定在一个合理范围内，对延长轨道部件寿命、降低运营成本具有重要意义。

（1）30t 轴重车辆在 $R500m$ 曲线、直线路基、20cm 厚道砟的桥梁、30cm 厚道砟的桥梁及隧道地段引起的支点压力均值比 C80 车辆分别增加 10.9%、10.3%、10.9%、12.1% 和 6.2%。

（2）30t 轴重列车作用下枕上压力最大值达 131.0kN，除直线路基段外，支点压力均值均在 70~100kN，将导致轨下橡胶垫板变形量过大。目前弹条 II 型扣件用轨下橡胶垫板在大秦、大包等 25t 轴重重载线路多出现压溃、沿钢轨方向窜动等现象，若在长期大荷载作用下，轨下垫板的疲劳寿命必然会缩短，从而大大增加扣件的养护维修费用，给长期的行车安全也会带来一定的安全隐患。

（3）现场调研发现，朔黄铁路同时也使用部分热塑性轨下垫板（图 7.4.8），此种垫板的材料和结构比原弹条 II 型扣件垫板有较大改变，按照《铁道混凝土枕轨下用橡胶垫板技术条件》（TB/T 2626—1995）进行刚度测试，静刚度较大，均在 220~270kN/mm。大秦线也换铺了同样大刚度的热塑性轨下垫板，发现部分桥上区段承轨槽出现较明显磨损和压痕，轨枕已露出粗骨料，导致支承面不均匀。大刚度的轨下垫板失去弹性缓冲功能，引起支点压力的增加，同时导致轮轨间高频荷载传递至轨枕面和道床中，进而引起轨枕承轨面磨损，加速道砟的粉化和道床的板结。

4）现场调研情况

通过对既有重载铁路调研发现，在现有 25t 轴重大运量列车荷载作用下，弹条 II 型扣件普遍出现弹条残余变形大、扣压力不足、轨距挡板和挡板座磨损严重、轨距调整量不足等一系列问题。其中，低刚度橡胶垫板在使用中多有压溃、沿钢轨方向窜动等现象，如图 7.4.9 所示；高刚度垫板则多出现轨枕承轨面和垫板下底

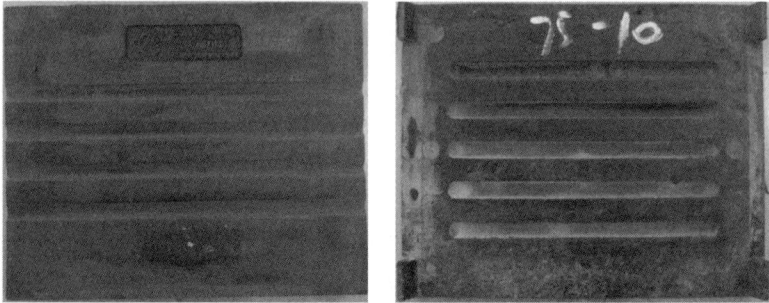

图 7.4.8　朔黄铁路使用的轨下垫板

面接触磨损现象,如图 7.4.10 所示。故垫板刚度过高或过低对扣件的使用寿命均有较大影响。

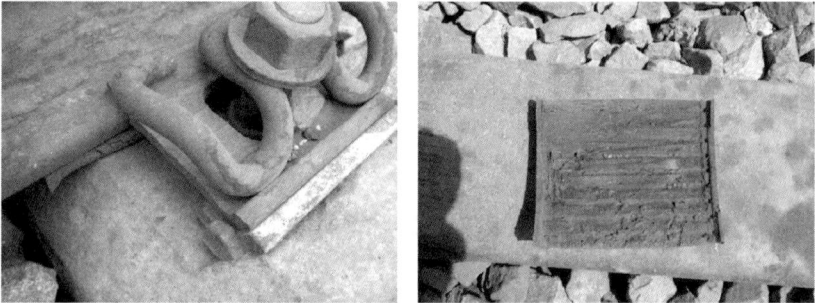

图 7.4.9　低刚度垫板(60—10—17)窜动压溃情况

图 7.4.10　高刚度垫板磨损情况

5) 小结

目前我国无重载铁路专用扣件,重载铁路普遍使用的Ⅱ型弹条是在Ⅰ型扣件 B 型弹条基础上进行的优化设计,提高了扣压力和弹程,但提高幅度不大。

从现场测试结果看,弹条Ⅱ型扣件可满足朔黄铁路近期少量开行 30t 轴重货车的安全运营要求；朔黄铁路若长期大量运行 30t 大轴重货车，扣件伤损和养护维修工作量将大幅增加。通过长期调研我国重载线路发现，弹条 II 型扣件已出现了弹条扣压力不足、易松弛折断、垫板易压溃、尼龙挡板座上窜、维修更换工作量大等一系列问题，需针对弹条 II 型扣件上述问题采取强化措施。

3. 道床

在轨道结构中，道床承受并传递来自轨枕的压力，保持轨道在横向、竖向及纵向的稳定，减缓和吸收轮轨的冲击和振动。而决定轨道维修工作量的轨道结构的几何形变（轨道不平顺状态）、轨道各部件的累积伤损（磨损、裂纹、内部伤损）无不与道床的状态（翻浆、板结、硬化）和道床的累积变形有关，尤其在重载铁路上，这种关系会更为明显，因而，重载铁路的道床尤为重要。

朔黄铁路目前道床采用一级道砟，路基上道床采用 30cm 道砟层＋20cm 砂垫层的双层道床结构，桥隧地段采用单层道床结构，厚度 30cm，但是有些区段受净空的影响，桥上道床厚度不足。结合大轴重实车试验，进行了道床受力和振动的测试，并结合理论计算结果，分析目前道床结构对大轴重运输的适应性，为强化改造提出依据。

1）道床顶面应力

道床顶面应力无法直接测得，可以通过测试支点压力间接评价。

列车通过测试工点时道床顶面应力结果见表 7.4.7，将 C96、KM96、C80 道床顶面应力最大值及理论计算值进行统计，按不同区段作图，如图 7.4.11 所示。

表 7.4.7　车辆通过测点时道床顶面压力计算结果（根据实测支点压力计算结果）

车辆类型	轴重/t	速度/(km/h)	道床顶面应力/kPa							
			路基		桥(道床 20cm)		桥(道床 30cm)		隧道	
			最大值	平均值	最大值	平均值	最大值	平均值	最大值	平均值
C96	30	65	348	315	643	506	452	403	454	330
		75	352	313	643	496	449	403	454	391
		80	329	312	560	468	451	416	433	390
KM96	30	65	337	288	620	497	456	393	473	399
		75	349	291	644	488	465	398	484	405
		80	359	299	554	460	469	406	450	405
C80	25	65	313	248	495	407	419	331	494	332
		75	288	246	480	401	383	323	414	329
		80	274	250	467	398	381	324	429	339

由表 7.4.7 可得以下几点：

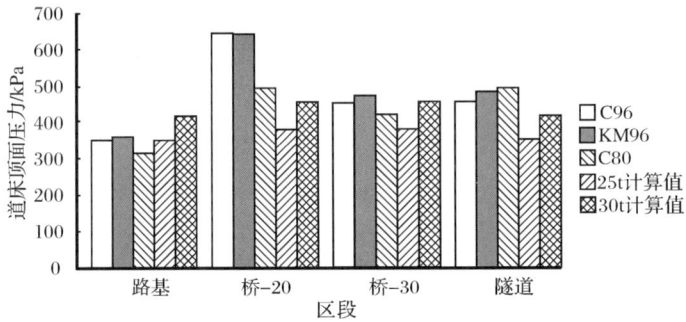

图 7.4.11　不同区段道床顶面应力

（1）理论计算轴重由 25t 提高至 30t，道床顶面应力增加约 20%，实测结果 C96、KM96 列车作用下的道床顶面应力最大值比 C80 试验列车增加 10%～30%。

（2）在路基、隧道、桥梁（道床厚度 30cm）区段，道床顶面应力均未超过《铁路轨道强度检算法》（TB 2034—88）规定的碎石道床顶面允许应力（500kPa），但是桥隧地段在 30t 列车作用下的道床顶面应力已接近限值。

（3）在桥上 20cm 的非正常道床厚度断面，道床顶面应力明显大于其他地段，在 30t 列车作用下，超出了限值，这虽然不会造成道床结构的破坏，但将加剧道砟的粉化，增加养护维修工作量。

2）道床振动

试验列车及通过不同测点时道床振动加速度见表 7.4.8。

表 7.4.8　车辆通过各测点时道床加速度统计表

车辆类型	轴重/t	速度/(km/h)	道床振动加速度/(m/s²)		
			桥上-20cm(K87+790)	桥上-30cm(K87+910)	隧道(K92+000)
试验列车	25	65	41	9	14.8
		75	51	10	3.1
	27	65	48	7	2.3
		75	56	10	23.9
	30	65	43	15	20.2
		75	59	·9	3.8
		80	58	8	3.1
运营列车	25	60	64	50	2.6
	23	58	68	12	2.9
	21	61	58	9	4.6

根据以往经验，接头区道床加速度为 25～75m/s²，非接头区道床加速度为 5～

$15m/s^2$,由表可见,道床厚度 30cm 时引起的道床振动与以往测试相差不大,但当道床厚度为 20cm 时,道床加速度明显增大,与接头区道床振动相当,这对道床是不利的,会加速道砟粉化。

3)小结

(1)朔黄既有道床可满足近期开行 30t 轴重货车的安全运营要求。

(2)根据朔黄铁路桥、隧道床厚度调查情况,目前隧道地段道床厚度都在 30cm 以上,但有相当一部分桥梁道床厚度不足,开行 30t 轴重列车,道床顶面应力就会超限,道床振动明显增大,在 30t 荷载长期作用下,会加速道床的失效,因此建议在 30t 轴重列车运营之前,将道床厚度增加至 30cm。

(3)轴重由 25t 增加至 30t,道床顶面应力增加了 10%~30%,这将使道砟粉化和污染加剧、线路大修周期大大缩短,在桥隧等刚性基础地段会表现得更为明显,因此建议在桥隧地段采取道砟垫或弹性枕等技术措施。

(4)在以后维修过程中,有条件时,逐步更换特级材质、一级级配道砟,以延长道床寿命。

7.5　轨道结构强化技术

7.5.1　曲线轨道强化

综合朔黄铁路 30t 轴重实车现场测试结果及既有重载铁路运营现状,朔黄既有轨道虽然可满足近期少量开行 30t 轴重货车的安全运营要求,但从提高列车运营安全性,增强小半径曲线稳定性,减少轨道养护维修工作量等方面考虑,针对不同半径曲线,采用不同的轨道结构综合强化措施。强化措施包括铺设重载 SH-I 型轨枕与配套 SH-I 扣件、轨枕加密。同时为保证强化措施的顺利进行,分阶段对曲线轨道进行强化。在大轴重货车开行前,重点对 $R \leqslant 500m$ 曲线进行强化;在大轴重货车开行后,对其他曲线进行逐步强化。曲线轨道采用的强化措施如下:

(1)铺设新型重载轨枕与重载扣件。在 $R < 500m$ 曲线,铺设适用于 30t 轴重的重载 SH-I 型轨枕与配套 SH-I 扣件。

(2)轨枕加密。对 $R500m \sim R600m$ 曲线轨枕配置根数由 1667 根/km 变为 1760 根/km,每公里增加 93 根 III 型轨枕,同时采用 SH-J 型重载扣件。

(3)更换 SH-J 型扣件。对于 $R > 600m$ 曲线地段,采用 SH-J 型扣件。

采用轨枕加密、更换 SH-J 型扣件的方案主要是考虑在既有 III 型枕使用时间不长,使用状态较好,先暂时予以保留。在后期大修换枕时,可更换为适用于 30t 轴重的重载 SH-I 型轨枕与配套 SH-I 型扣件。为此,研发了适用于 30t 轴重的重载 SH-I 型轨枕与配套 SH-I 扣件。

1. SH-I 型轨枕

1) 轨枕设计荷载

(1) 动载系数取值。

世界各国在设计混凝土重载轨枕时由于采用的设计方法和试验检验方法不尽相同,在采取的动载系数的含义和具体数值上也有所不同,动载系数一般在 2.5～3.5。

AREMA 规程第 4 部分混凝土枕规程中规定动载系数是对静态荷载的放大,用于预估车轮和钢轨不平顺的动态效应。在其早期设计中,按计算得出的动载系数为 1.5,但是在轨枕铺设使用后发现裂纹较多,此后就将轨枕设计中的动载系数改为 2.5。2003 年的 AREMA 混凝土轨枕规程中将动载系数定义为 3.0,此后更新的版本一直沿用此数值[16]。

澳大利亚轨枕规范中规定车轮垂向荷载包括准静态荷载和动态荷载两部分。准静态荷载是静轮重考虑速度影响后的荷载值,它包括轨道不平顺以及不平衡超高的影响。根据澳大利亚国内既有数据考虑不平衡超高的影响,准静态荷载值一般为 1.4～1.6 倍的静轮重。动态荷载主要由轮轨相互作用以及轨道部件高频振动产生的荷载,至少应为静轮重的 1.5 倍。准静态荷载与动态荷载的组合,其组合垂向荷载的值不应小于 2.5 倍静轮重。因此,准静态与动态设计荷载的综合影响系数不小于 2.5,即动载系数不小于 2.5[17]。

德国里尔·温公司为 44t 轴重重载运输而开发的 UP 04 预应力混凝土枕采用了较高的动载系数 3.24[18,19]。其设计原理按照欧洲 EN 标准的要求进行。

综上所述,各国的轨枕设计动载系数不相同,都是根据自身重载铁路的发展和运营经验制定的,且与各自的设计方法、制造水平、材料性能以及运营条件等相配套。

结合我国 25t 轴重重载铁路的运营经验,参考国外重载轨枕设计标准,并综合考虑 30t 轴重轨道及车辆技术提高和养护运营条件的改善,神华铁路 30t 轴重重载轨枕设计中动载系数取为 2.5。

(2) 轮重分配系数计算。

轮重分配系数是指在轮载作用下单根轨枕承受的单轮垂向荷载分配比例。轮重分配系数与钢轨类型、轨枕间距、车轮轴距以及钢轨支点刚度有关。结合我国前期轨道结构研究成果,考虑钢轨支承在轨枕以及轨枕支承在道床内状态不均匀,使相邻轨枕上的垂直荷载分配不均匀,以及线路上由于钢轨接头冲击、道床坍塌等因素导致的轨枕空吊现象,因此按照单根轨枕失效计算钢轨支点压力的分配系数,在 30t 轴重重载轨枕设计时轮重分配系数取为 0.494。

（3）重载轨枕设计荷载计算。

根据以上确定的动载系数 2.5、轮重分配系数 0.494,按照《预应力混凝土轨枕设计方法》[20] 的规定,静轮重按 150kN 计,由此计算出枕上垂直动压力为 185kN。

轨枕荷载弯矩按照我国《预应力混凝土轨枕设计方法》的规定进行计算。轨下截面荷载弯矩的道床采用支承反力图式,如图 7.5.1(a)所示;中间截面负弯矩采用反力沿轨枕全长均匀分布的图式,如图 7.5.1(b)所示[21]。

采用上述荷载图式,对于普通线路区段,计算出的设计荷载弯矩值为:轨下截面正弯矩 22.21kN·m;枕中截面负弯矩－17.44kN·m。

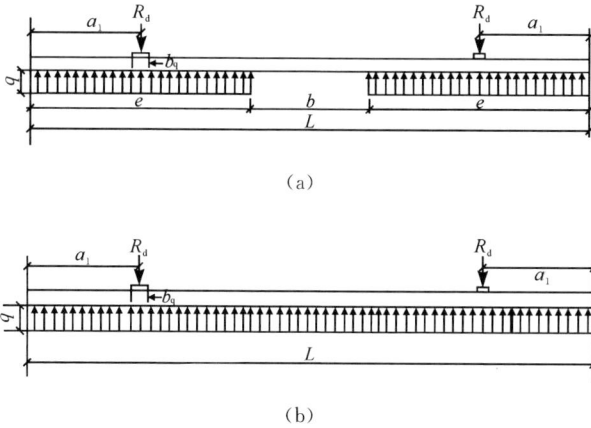

(a)

(b)

图 7.5.1　轨下和枕中截面荷载弯矩的计算图式
L.轨枕长度(m);a_1.承轨槽中心至枕端距离(m);
e.一股钢轨下轨枕的支承长度(m);b_g.枕上压力分布宽度(m)

另外,根据国外重载轨枕的使用经验及我国重载轨道现场调研情况总结得到,轨道在特殊区段,如曲线地段和长大坡度及车辆制动地段,受到的横向力较大,导致枕中截面受到的荷载负弯矩增加,枕中横向裂纹也出现较多。因此在神华铁路 30t 轴重轨枕设计时根据轨枕,考虑横向力引起的枕中截面荷载弯矩的影响,即增加同时考虑垂向力和横向力的工况。

根据轨枕设计经验,考虑在曲线地段由于列车限速降低动力影响,在设计中轨枕承受到较大的横向力(70kN)的同时,垂直方向枕上压力取为 130kN。通过计算分析,由于横向力对枕中截面产生的荷载弯矩为 9.45kN·m;由于垂直方向枕上压力 130kN 产生的枕中截面荷载弯矩为 11.8kN·m,因此,枕中截面承受的荷载弯矩为 21.25kN·m。

综合以上计算分析结果,设计时采用轨下截面荷载正弯矩采用 22.21kN·m,枕中截面荷载负弯矩采用－21.25kN·m,见表 7.5.1。

表 7.5.1　重载轨枕的设计荷载弯矩计算

工况(线路类型)	计算轴重 /kN	动载系数 (1+α)	枕上动压力 /kN	荷载弯矩/(kN·m)	
				轨下截面正弯矩	枕中截面负弯矩
既有线Ⅲ型枕	250	2.5	150	18.0	−14.0
工况 1(普通区段)	300	2.5	185	22.21	−17.44
工况 2(特殊区段)	300	2.5	130+70(横向)	—	−21.25

2) 轨枕结构设计及承载能力计算

(1) 主要结构设计参数。

轨枕生产所用混凝土强度等级为 C60；预应力钢丝抗拉极限强度 $\sigma_b = 1570 \mathrm{kN/mm^2}$，钢丝的抗拉强度设计值 f_{py} 为 $1070 \mathrm{N/mm^2}$，钢丝的抗压强度设计值 f'_{py} 为 $400 \mathrm{N/mm^2}$，钢丝松弛率为Ⅱ级松弛。

在计算轨枕 48h 以内抗裂强度时，混凝土强度等级按 C45 计，其抗拉标准值、抗拉设计值、轴心抗压设计值以及受拉区混凝土塑性影响系数 γ 等均按相关规范及技术要求采用。同时在设计中考虑养护时温差、墩头内缩、钢丝松弛等因素对预应力损失的影响。设计完成的重载轨枕方案如图 7.5.2 所示。

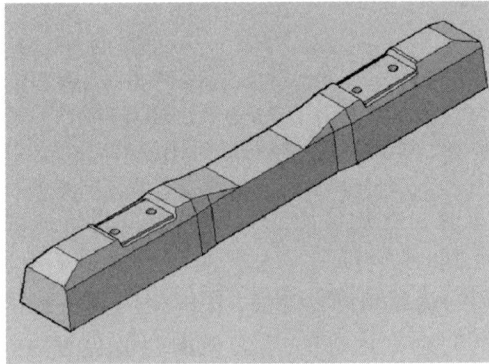

图 7.5.2　重载轨枕外形设计

通过表 7.5.2 中重载轨枕与Ⅲ型枕的对比可以看出，重载轨枕预应力钢筋比Ⅲ型枕增加 2 根，箍筋增加 4 根。轨枕长度与Ⅲ型枕相同；轨下截面高度和枕中截面分别比Ⅲ型枕高 5mm 和 10mm；轨下截面底宽和枕中截面底宽分别比Ⅲ型枕大 10mm 和 4mm。枕中截面上表面钢丝净保护层与Ⅲ型枕相当；重量比Ⅲ型轨枕增加 32kg。另外，重载轨枕在外挡肩位置配置补强箍筋和直筋，提高了在运营过程中挡肩的承载能力，防止重载线路运营过程中轨枕挡肩伤损现象的发生。

表 7.5.2　重载轨枕型式尺寸及配筋

轨枕类型	Ⅲ 型枕		重载枕	
轨枕长度/mm	2600		2600	
截面	轨下	枕中	轨下	枕中
高度/mm	230	185	235	195
顶面宽度/mm	170	220	170	218
底面宽度/mm	314	280	324	284
预应力配筋	10ϕ7.0		12ϕ7.0	
箍筋配筋	13ϕ6.0		17ϕ6.0	
预应力筋最小保护层厚度/mm	28.5		28.5	
轨枕重量/kg	360		392	

（2）承载能力计算结果。

重载轨枕，通过合理的钢筋设置及丝位调整，设计的轨下截面正向和枕中截面负向承载弯矩分别为 22.57kN·m 和 21.33kN·m，承载能力满足荷载弯矩的要求，与Ⅲ型枕相比，轨下截面和枕中截面的承载能力分别提高了 18.5% 和 23.3%（表 7.5.3）。同时计算出轨下截面及枕中截面的永存预应力分别约为 6.8MPa 和 10.6MPa，满足《预应力混凝土轨枕设计方法》（铁科院总编号 TY 字第 0831 号）的规定。

表 7.5.3　重载轨枕结构承载能力计算结果

枕型	配筋	张拉系数	总张拉力/kN	承载能力/(kN·m)		混凝土最大永存预应力/MPa	
				轨下	枕中(负)	轨下	枕中(负)
Ⅲ型枕	10ϕ7mm	0.7	415	19.05	17.30	6.38	10.42
重载枕	12ϕ7mm	0.7	510	22.57	21.33	6.8	10.6

根据重载轨枕的结构设计方法，进一步计算得到轨枕检验标准所要求的静载抗裂和疲劳检验值，见表 7.5.4。

表 7.5.4　静载抗裂检验值和疲劳检验值计算结果

枕型	静载抗裂检验值/kN		疲劳检验值/kN		破坏强度检验值/kN	
	轨下	枕中	轨下	枕中	轨下	枕中
Ⅲ型枕	210	170	230	180	—	—
重载枕	235	200	255	215	400	350

3）提高轨枕稳定性技术措施

重载铁路中，轨道结构各部件除必须满足列车重复作用的承载要求外，确保运行安全和保持轨道稳定的道床阻力特别是横向阻力指标也具有重要的意义。

混凝土轨枕轨道的道床横向阻力与轨枕的重量、轨枕与道床的摩擦力、轨枕的支承表面积，以及道床的质量、密实度等有关。轨道的横向稳定性随着轨枕间距的减小而增大；随着轨枕重量的增加、每单位长度轨枕支承表面积的增加而增大；同时还随着轨枕与道床之间摩擦力的增加而增大。

(1) 道床阻力分析。

目前，国内对各类轨枕轨道横向阻力的评估都是采用实测线路上单枕的道床横向阻力值并通过统计回归分析求得的。日本佐藤吉彦等根据试验轨道上对不同类型轨枕的道床横向阻力试验结果，分析了轨枕外形各个侧面所分担的道床横向阻力的相互关系[22]，提出了下列道床横向阻力的计算式：

$$F = aW + b\gamma G_e + c\gamma G_s \tag{7.5.1}$$

式中：F 为单根轨枕的道床横向阻力，kg；W 为轨枕及以上轨道部件的重量，kg；G_e 为轨枕端部面积对上缘的一次矩，cm³；G_s 为轨枕侧面积对上缘的一次矩，cm³；γ 为道砟的容重，kg/cm³；a、b、c 为系数，混凝土轨枕情况下，$a=0.75$、$b=29$、$c=1.8$。

式(7.5.1)表明，一根轨枕的道床横向阻力由三部分组成：轨枕底部与道床接触面间的摩擦力；轨枕端部道床的主动压力产生的轨枕侧面与道床接触面间的摩擦力；轨枕端部道床的被动压力即抗剪力。

式(7.5.1)计算的道床横向阻力是指标准道床状态下的推算值，在运营线上，由于道床的不同状态，如不同的密实度、不同的粉化和脏污度，以及不同的道床肩宽和堆高等，使实测的道床横向阻力值与计算值会有所出入。日本的实测资料表明，其差值一般在10%左右。此外，式(7.5.1)计算中，三部分的横向阻力值以端部所占的比例最大，约40%；侧面和底面分别占30%左右。而实测的横向阻力中，一般情况下，底面占40%，端部和侧面各占约30%。据此，对不同类型的轨道和轨枕可根据其重量和外形尺寸计算分析轨道的道床横向阻力。

(2) 重载轨枕道床阻力计算。

神华铁路30t轴重重载轨枕设计在前期研究的基础上，通过轨枕的外型尺寸和重量等方面的优化来增加轨枕对道床的横向阻力，从而提高轨道的稳定性。对比新型重载轨枕与既有Ⅲ型轨枕的道床阻力计算结果，见表7.5.5。

表 7.5.5　道床阻力计算

轨枕类型	轨枕重量/kg	侧面积/mm²	端部面积/mm²	底部面积/mm²	计算横向阻力/kN
重载轨枕	392	512000	71098	798413	16.98
Ⅲ型枕	360	481000	68700	772000	14.63

注：侧面积按枕中处的高度计算。

新型重载轨枕的端部面积、底面积和重量等对保持轨道结构稳定性有关的参数均有提高,可达到降低道床平均应力、延缓道砟粉化和道床下沉、提高道床横向阻力的目的。

4) 轨枕试验研究

(1) 静载试验。

按照《预应力混凝土枕静载抗裂试验方法》(TB/T 1879—2002)[23],对重载轨枕进行静载抗裂试验。选取 6 根轨枕的各 3 个截面进行静载抗裂强度试验,试验结果表明研究设计的重载轨枕全部符合试验要求。

(2) 疲劳试验。

对试制的轨枕按《预应力混凝土枕疲劳试验方法》(TB/T 1878—2002)[24]的规定进行疲劳试验,随机抽取 6 根混凝土达到设计强度(28 天)的试验用枕,其中 3 根用于轨下截面疲劳试验、3 根用于枕中截面疲劳试验。

表 7.5.6 中试验结果表明,6 根轨枕各受检截面在经过 200 万次的疲劳加载后,残余裂纹宽度均小于 0.05mm,破坏荷载均大于设计值,而且有较大的富余量,满足试验要求。

表 7.5.6　重载轨枕疲劳试验结果

试验截面	试验截面编号	疲劳荷载值/kN	疲劳荷载循环系数 ρ	疲劳循环次数/万次	残余裂纹宽度/mm	破坏荷载/kN
轨下截面	TBa-1	255	0.2	200	无裂纹	>450
	TBa-2	255	0.2	200	无裂纹	>450
	TBa-3	255	0.2	200	无裂纹	>450
枕中截面	TBa-4	215	0.2	200	0.01	>350
	TBa-5	215	0.2	200	0.03	>350
	TBa-6	215	0.2	200	0.01	>350

(3) 美国 AREMA 标准试验。

为满足研究设计的重载轨枕铺设于美国 TTCI 高吨位试验线上进行现场实车运营试验的要求,同时也为与美国重载轨枕进行横向对比,对新型 30t 轴重重载轨枕按照 AREMA 规程的相关要求进行了全面试验研究。测试的主要内容包括静载、疲劳、磨损、黏结力与极限承载试验等。试验结果表明,所研发的重载轨枕满足 AREMA 相关技术标准的要求,达到北美地区重载铁路线路用混凝土轨枕的承载水平。

2. SH-I 型扣件

1) 重载扣件系统关键技术

由于重载铁路以大轴重、大运量为主要目标,同时还需考虑有砟轨道结构中扣件系统和钢轨、轨下基础之间的相互影响,因此重载扣件需要解决以下关键技术问题。

（1）合理的匹配刚度。

轨道结构的弹性指标以刚度值表征,同样扣件系统的弹性指标也以刚度值表征。有砟轨道结构的刚度由扣件系统刚度、碎石道床刚度、路基刚度串联而成,其中扣件系统刚度和道床刚度所占比例较大。

如果轨道刚度过大,会造成轮轨动力作用增大,轨道结构振动加剧,加速扣件、轨枕和道床的变形失效和破损;如果轨道刚度过小,又会造成轨道结构变形过大,导致钢轨倾翻较大,从而使动态轨距显著增大,引起弹条、弹性垫层应力幅以及钢轨最大应力随之增加,不利于保持轨道的几何状态,增加养护维修费用。

因此,轨道各部件刚度合理匹配,可以充分发挥轨道各部件的工作特性,相对延长轨道结构的使用寿命,降低轨道结构的养护维修作业。在充分借鉴和吸取国外重载铁路相关研究成果的基础上,并结合前期朔黄铁路测试数据,通过全面的理论分析和试验验证从而得出较为合理的扣件弹性垫层刚度。上述研究认为,对于 30t 轴重运营条件,在朔黄铁路既有线路上铺设 30t 轴重有砟轨道结构的扣件弹性垫层刚度合理值为 120kN/mm[25]。

（2）抗横向荷载能力。

重载铁路列车在通过小半径曲线时,扣件系统将承受较大的横向荷载;如何在较大横向荷载作用下,保持轨道结构几何状态的稳定性是扣件系统需要解决的关键技术。

扣件结构按承受横向荷载型式可分为有挡肩扣件和无挡肩扣件。有挡肩扣件是在混凝土轨枕设置承轨槽,由钢轨传递来的轮轨横向荷载主要由混凝土承轨槽的挡肩承受。无挡肩扣件由于混凝土轨枕上不设承轨槽,由钢轨传来的横向荷载主要由埋设挡肩或紧固铁垫板的锚固螺栓承受和摩擦力克服。预埋挡肩的横向承载能力较大,而锚固螺栓紧固的无挡肩扣件结构,由于钢轨横向力主要由铁垫板摩擦力克服,一旦锚固螺栓松弛,横向抵抗能力骤减。

（3）扣件系统与基础的可靠联结。

扣件系统与基础的联结方式主要有三种:锚固螺栓式、预埋套管式和预埋铁座式。其中锚固螺栓式是将螺旋道钉用胶粘剂锚入混凝土孔中,我国典型扣件为弹条Ⅰ、Ⅱ型扣件,这两种扣件已经在我国既有线大量使用,比较有成熟的使用经验。其优点是构造简单、成本低、强度高,缺点是螺栓不能取出,不便进行换轨作业。预埋套管埋设精度高,但存在套管强度和疲劳寿命较差、煤运重载线路煤灰等杂物坠入套管后无法进行扣件安装等缺点;预埋铁座抗横向荷载能力强,但存在轨枕制造困难、绝缘轨距块抗横向荷载能力要求高等特点,此外这种联结方式需满足具有钢轨高低调整能力的要求。

(4) 钢轨高低和左右调整能力。

重载铁路的轨道结构在大轴重、长大编组列车的组合长期作用下,道床将会发生累积变形,在没有时间进行起道捣固作业的情况下,可能造成线路高低发生变化,影响行车平顺性。钢轨在重载铁路尤其在小半径曲线地段,侧磨较大,总结我国大秦和朔黄运煤专线的工程实践经验,有砟轨道扣件系统结构应具有一定的钢轨高低调整能力和轨距调整能力。

(5) 弹条扣压力与疲劳寿命。

在重载列车较大荷载的反复作用下,弹条容易产生松弛现象,造成弹条扣压力衰减较多,导致扣件系统抗钢轨倾翻能力降低,钢轨轨头在横向荷载作用下倾翻较大,给列车的安全运营造成困难。因此,如何减少弹条的扣压力衰减、提高钢轨抗倾翻性能以及延长弹条的疲劳寿命也是技术关键之一。

(6) 弹性垫层强度与疲劳寿命。

弹性垫层是扣件系统提供刚度的关键部件,通过变形吸收车轮对钢轨的冲击能量,降低轮轨之间相互作用力的功能。此外,弹性垫层的变形可以将列车荷载沿纵向分布,使轨道结构局部承受的列车荷载减小。因此,在大轴重作用下,弹性垫层应有合理的变形提供刚度和足够的强度防止压溃,同时又应具有较好的回弹性能和老化性能,保证弹性垫层的合理刚度值和疲劳寿命。

2) 重载扣件设计要求

根据我国重载铁路运营条件的要求,参考国外重载铁路扣件系统技术条件,确定朔黄铁路 30t 轴重有砟轨道扣件系统主要设计要求。

(1) 适用范围。

扣件系统适用于重载铁路有砟轨道结构并满足以下运营条件:货运专线最高速度 120km/h;最大轴重 300kN。最小曲线半径不小于 400m。

(2) 适应钢轨类型。

扣件系统按铺设中国 75kg/m 钢轨设计。

(3) 轨距。

扣件系统组装标准轨距为 1435mm。

(4) 钢轨纵向阻力。

每组扣件钢轨纵向阻力大于 10kN。

(5) 系统弹性。

弹性垫层静刚度为 (120 ± 20) kN/mm。

（6）抗横向疲劳荷载能力。

经 300 万次荷载循环后各零部件不得伤损，轨距扩大不得大于 6mm。

（7）绝缘电阻。

两轨间绝缘电阻大于 3kΩ。

（8）扣压件的扣压力及疲劳振幅。

单个弹条扣压力大于 11kN，疲劳振幅为 +0.5～−1.0mm。

（9）预埋件抗拔力。

预埋件在轨枕中的抗拔力不小于 60kN。

（10）钢轨位置调整能力。

轨距调整范围不小于 −12～+8mm，钢轨高低位置调整量不小于 10mm。

3）扣件结构设计

（1）结构组成。

朔黄铁路 30t 轴重改造用扣件系统如图 7.5.3 所示，扣件由螺母、平垫圈、弹条、轨距挡板、挡板座、轨下垫板和螺旋道钉组成；此外，为满足钢轨高低调整的需要，还包括调高垫板。

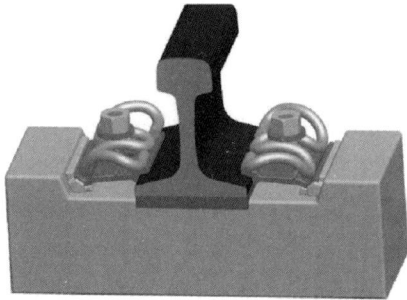

图 7.5.3　朔黄铁路 30t 轴重改造用扣件

（2）关键结构设计。

① 减小轨枕挡肩倾斜角。

弹条 Ⅱ 型扣件配套的 Ⅲ 型预应力混凝土枕承轨槽挡肩倾斜角为 120°，将其减小为 110°，如图 7.5.4 所示。轨枕挡肩倾斜角的减小，有利于减小挡板座承受横向力作用下的竖向分力，有效防止扣件沿轨枕挡肩上滑，提高轨道结构整体稳定性，可靠保持轨距。分析计算结果表明，在相同横向力作用下，挡肩倾斜角 110° 的扣件上滑力约仅为 120° 的 30%，说明减小挡肩倾角可以大幅度降低扣件上滑力。

② 加长轨枕承轨槽和轨距挡板的长度。

将 Ⅲ 型枕的承轨槽长度由 305mm 加长到 334mm，如图 7.5.5 所示。在轨枕承轨槽加长的前提下，相应加长轨距挡板的长度。计算结果表明，加长轨距挡板

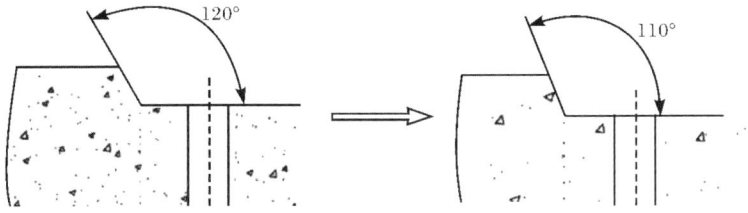

图 7.5.4　承轨槽挡肩角度变化

改善了螺栓的受力状态,可减小钢轨调高时轨距挡板的旋转角度,降低由钢轨轨底对轨距挡板的横向力矩,提高了扣件系统横向强度和稳定性。同时调高后弹条倾斜角也减小,改善了紧固弹条螺栓的偏向受力状态。

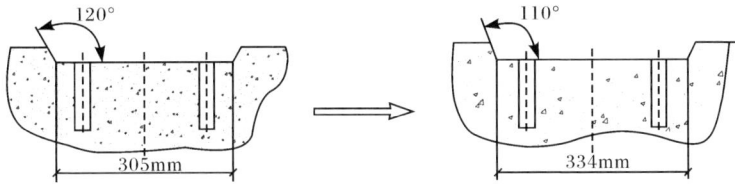

图 7.5.5　承轨槽长度变化

③ 弹条设计。

通过增大弹条扣压力可提高扣件系统的抗横向荷载能力,但还需综合考虑现场安装螺母扭矩、材料许用应力和经济性等诸多因素,将该扣件的弹条扣压力确定为 12.5kN。在确定弹条扣压力情况下进行弹条设计,以弹程最大、工作应力最小为设计目标。

表 7.5.7 弹条的分析计算结果表明,新设计的 W4 型弹条扣压力(12.5kN)比 Ⅱ 型弹条(10kN)增大 25%,弹程(12mm)比 Ⅱ 型弹条(10mm)提高 20%,可有效保证弹条松弛后的扣压力满足扣件系统抗大横向荷载要求;弹条最大工作应力为 1423MPa,小于材料的强度极限(1600MPa),有较大的安全储备,且低于 Ⅱ 型弹条的最大工作应力,可避免大扣压力情况下弹条折断现象的发生;弹条在额定疲劳振幅下的应力幅度差为 178MPa,小于 Ⅱ 型弹条(229MPa),可提高疲劳强度,降低弹条的残余变形,防止运营过程中弹条松弛现象的发生。

表 7.5.7　W4 型弹条和 Ⅱ 型弹条性能对比

弹条类型	Ⅱ 型弹条	W4 型弹条
扣压力/kN	10.0	12.5
弹程/mm	10	12
安装状态最大应力/MPa	1526	1423

续表

弹条类型	Ⅱ型弹条	W4型弹条
疲劳振幅/mm	额定 +0.5 −1.0	额定 +0.5 −1.0
额定疲劳振幅下应力幅度/MPa	1602 1373 229	1482 1304 178
直径/mm	13	15
质量/kg	0.48	0.78

④ 轨距挡板设计。

轨距挡板是保持轨距的关键部件,同时它还起调整轨距的作用。本设计通过加大轨距挡板长度和宽度,增大轨距挡板的整体结构刚度,保持其有足够的强度,如图 7.5.6 所示。同时加高轨距挡板抵靠钢轨轨底侧棱的挡肋,比原来加高 2mm,减少轨距挡板骑上钢轨轨底的发生可能。

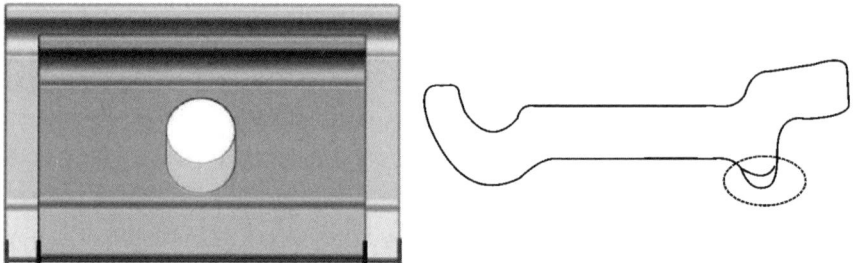

图 7.5.6　轨距挡板设计

⑤ 挡板座设计。

尼龙挡板座具有缓冲钢轨横向力对混凝土枕挡肩的冲击作用,同时具有良好的绝缘性能,满足重载铁路对轨道电路的技术要求,本设计增大挡板座的厚度和宽度,从而增大了挡板座与轨枕挡肩的接触面积,降低挡板座的承压应力,提高了挡板座的强度,改善了其受力状态,如图 7.5.7 所示。

⑥ 轨下垫板设计。

为防止轨下垫板压溃现象的发生,轨下垫板采用既有线强化用扣件的轨下垫板,材质为热塑性聚酯弹性体,设计刚度为 $100\sim140\text{kN/mm}$。

4)扣件组装性能试验

为考察扣件系统的组装性能,进行了各项性能试验,包括组装扣压力、钢轨纵向阻力、组装疲劳性能、绝缘性能和抗拔力等试验[26]。

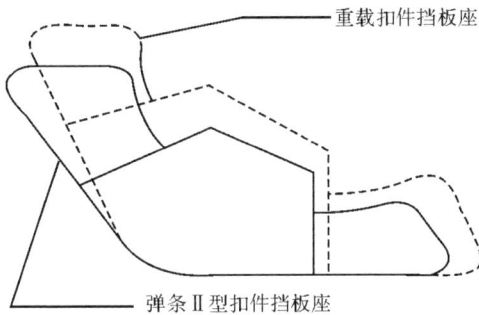

图 7.5.7　挡板座对比

（1）组装扣压力试验。

组装扣压力的测试按欧洲标准《铁路应用-轨道-扣件系统试验方法——第 7 部分：扣压力的测定》（EN 13146-7）的规定进行[27]。组装扣压力试验照片如图 7.5.8 所示。试验结果表明，朔黄铁路 30t 轴重改造用扣件组装扣压力最小为 25.5kN，满足技术条件要求。

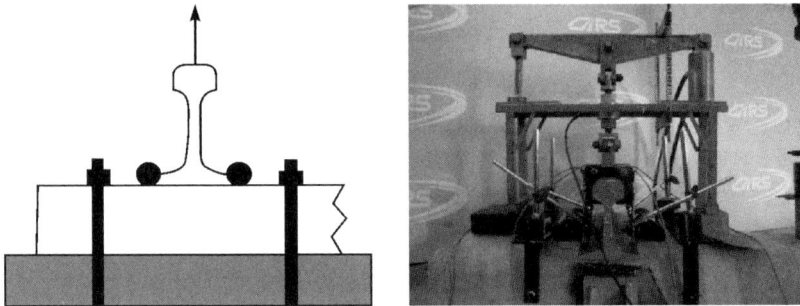

图 7.5.8　组装扣压力试验

（2）钢轨纵向阻力试验。

钢轨纵向阻力的测试按欧洲标准《铁路应用-轨道-扣件系统试验方法——第 1 部分：钢轨纵向阻力的测定》（EN 13146-1）的规定进行[28]。钢轨纵向阻力试验如图 7.5.9 所示。试验结果表明，朔黄铁路 30t 轴重改造用扣件钢轨纵向阻力最小为 12.6kN，满足技术条件要求。

（3）组装疲劳性能试验。

① 疲劳试验方法。

扣件组装疲劳性能试验的目的是在室内模拟现场实际工况，考察整套扣件系统保持轨距能力和各零部件在重复荷载作用下使用性能的保持能力。大秦线现场调研情况显示，目前弹条 Ⅱ 型扣件在大轴重列车运营时的突出问题是弹条松弛

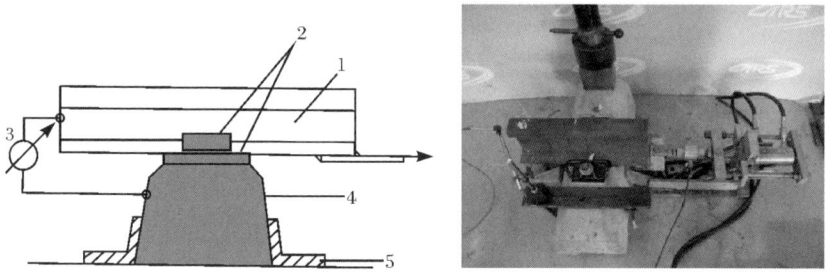

图 7.5.9　钢轨纵向阻力试验

和轨下垫板压溃现象,而目前既有《扣件组装疲劳试验方法》(TB/T 2491−1994)采用 100mm 矮轨,不能完全模拟重载铁路钢轨倾翻现象。因此需在借鉴国外重载铁路扣件的疲劳试验方法的基础上,结合我国线路实际应用情况制定新的疲劳试验方法。

　　各国的疲劳试验方法类似,其受力图示如图 7.5.10 所示,扣件组装后在钢轨轨头同时施加垂向荷载和横向荷载进行疲劳试验,只是各国根据运营条件和线路条件制定不同的荷载、方向及试验钢轨高度,具体数据见表 7.5.8。

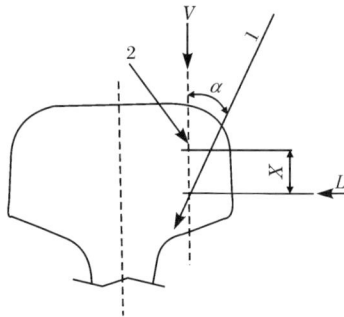

图 7.5.10　扣件组装疲劳试验受力图示

表 7.5.8　世界各国扣件组装疲劳试验参数

序号	国家或组织	轴重/t	垂向力 V/kN	横向力 L/kN	角度 α/(°)	钢轨截短高度 X/mm	疲劳次数 /万次
1	欧洲铁路联盟	22.5	69.6	45.2	33	15	300
2	美国	35	125.4	45.7	20	0	300
3	澳大利亚	32	90	47.7	28	15	300
4	中国	23	70	70	45	92	200

按上述参数对组装疲劳时扣件承受的倾翻力矩进行了计算,计算图示如

图7.5.11所示,钢轨倾翻点按钢轨轨底中心点计算,则钢轨承受的倾翻力矩 M 为

$$M = Lh - Ve \quad (\text{钢轨轨底中心点翻转}) \quad (7.5.2)$$

式中: L 为钢轨承受的横向力; h 为横向力作用线距轨底面高度; V 为钢轨承受的垂向力; e 为垂向力 V 与钢轨中心线的偏心距。

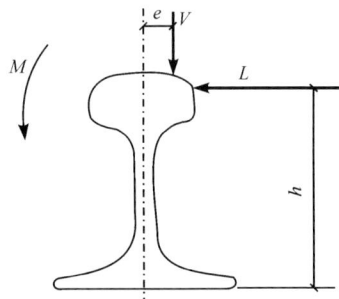

图7.5.11　疲劳试验时钢轨受力图示

根据上述公式,计算结果见表7.5.9。由计算结果可知,欧洲铁路联盟和澳大利亚的倾翻力矩基本一致,美国其次,中国的倾翻力矩最小。

表7.5.9　各国扣件组装疲劳试验时钢轨倾翻力矩

序号	国家或组织	轴重/t	倾翻力矩 $M/(\text{N}\cdot\text{m})$
1	欧洲铁路联盟	22.5	5802
2	美国	35	5396
3	澳大利亚	32	5808
4	中国	23	4389

按600mm轨枕间距及垫板刚度140kN/mm计算得知,每个扣件节点的分配系数为0.40,同时考虑1.5的动力系数,扣件承受的垂向荷载为90kN。按上述计算的最大倾翻力矩及我国重载扣件配用75kg/m钢轨类型的高度192mm截短15mm计算横向荷载应为46kN。上述荷载参数和澳大利亚标准基本一致,同时考虑我国重载列车轴重30t和澳大利亚重载32t基本相当,因此疲劳荷载参数按澳大利亚标准选取。即垂直力 $P_V = 90$ kN、横向力 $P_L = 47.7$ kN、横向力作用线下移值 $X = 15$ mm,荷载循环300万次。为考察扣件抵抗大横线荷载能力,选取 $P_V = 90$ kN, $P_L = 70$ kN,试验轨高100mm,扣件在最大调高状态下进行10万次大横向荷载试验。

②疲劳试验结果。

试验结果表明,经300万次疲劳试验后,朔黄铁路30t轴重改造用扣件的静态

轨距扩大量均小于 6.0mm，未发现零部件伤损现象，满足技术条件要求。

③ 大横向荷载疲劳试验。

朔黄铁路 30t 轴重改造用扣件在分别调高 10mm 工况下进行了大横向荷载疲劳试验，经 10 万次荷载循环后均未发现零部件伤损现象。

（4）绝缘性能试验。

为考察扣件系统的绝缘性能，参照欧洲标准 EN 13146-5 的规定进行了试验[29]。试验结果（表 7.5.10）表明，朔黄铁路 30t 轴重改造用扣件绝缘电阻和弹条 Ⅱ 扣件相当，最小值为 7kΩ。

表 7.5.10　扣件绝缘电阻试验结果

扣件类型	实测交流电阻 （50Hz）/kΩ	折合电导率为 33mS/m 后 扣件系统电阻/kΩ	水的电导率/（mS/m）
弹条 Ⅱ 型	5.68	6.83	39.7
SH-Ⅰ 型	5.89	7.00	39.2

（5）预埋件抗拔力试验。

为了验证预埋件与混凝土轨枕的黏结强度，对朔黄铁路 30t 轴重改造用扣件的螺旋道钉进行了抗拔力试验。试验结果表明，对预埋件施加 60kN 轴向上拔力后，预埋件未出现永久变形，混凝土未开裂，只在预埋件周边出现少量砂浆剥离。

（6）美国 AREMA 标准试验。

为满足研究设计的重载扣件铺设于美国 TTCI 的高吨位试验线上进行现场实车运营试验的要求，同时也为与美国扣件标准进行对比，按照 AREMA 的相关要求对朔黄铁路 30t 轴重改造用扣件进行了全面试验研究。测试的主要内容包括上抬力、纵向阻力、300 万次疲劳、横向抗力、预埋件抗拔力、绝缘等性能试验，均满足 AREMA 标准规定。

3. 美国 TTCI 运营考核

1）试验段情况

为考察研究轨枕扣件对大轴重货车的适应性，在美国 TTCI 试铺了试制的轨枕和扣件，进行了大轴重下的运营考核，以考察大轴重下轨枕扣件的使用状态。

试验段铺设在 TTCI 的高吨位环线上，试验段长 181.2m，分别为直线、缓和曲线和圆曲线，铺设轨枕 300 根，配套重载扣件 600 套，垫板有橡胶、TPEE 和 PU 三种材料类型。具体铺设方案见表 7.5.11 和图 7.5.12。

表 7.5.11　美国 TTCI 铺设区段线路概况

项目		区段		
		1	2	3
线路情况	钢轨	136RE(68kg/m)		
	线路平面	直线	缓和曲线	R350(超高 102mm)
	长度/m	52.4	71.5	1111
试验段概况	长度/m	40.2	71.5	69.5
	轨枕数量	66	118	116

图 7.5.12　试验段铺设

试验段自 2012 年 9 月 24 日开通以来,运行车辆轴重最小 32.5t,最大 36.6t,主要为 35t 左右,编组最短为 40 节,最长 134 节,至 2014 年 9 月,通过总重已累计至 2.2 亿 t。

2)试验段轨道状态观测

(1)保持轨距能力。

试验段运营期间对轨距进行了测试,观测数据表明铺设试验段轨距变化量平均为 1.1mm,最大不超过 2.5mm,扣件和轨枕保持轨距能力较强。

(2)轨枕横向阻力试验。

按试验计划,分别于 2012 年 9 月 18 日(0)和 2012 年 10 月 3 日(1.07 亿 t)进行了轨枕横向阻力试验。横向阻力测试由美国 TTCI 测试,与国内测试原理基本相同,如图 7.5.13 所示。

经测试,线路刚开通时,对应 2mm 横向阻力平均值为 15.4kN;通过总重 1.07 亿 t 后,对应 2mm 横向阻力平均值为 21.7kN。随着列车的不断碾压,道床不断密实,横向阻力也随之增加,相对开通时,横向阻力分别增加了 40.9%。

为便于和同一条曲线上北美铁路混凝土轨枕横向阻力测试结果对比,读取轨枕横向位移 0.5in(12.7mm)内对应的值,经对比,线路开通时和通过总重

图 7.5.13　轨枕横向阻力现场测试照片

1.07 亿 t 后,中国轨枕的横向阻力比同一条曲线上北美铁路混凝土轨枕横向阻力分别大 10% 和 30%。

(3)试验区段钢轨情况。

试验区段钢轨表面状态良好,未出现明显的疲劳伤损;光带宽度均匀一致,且光带位置较为稳定,上股钢轨光带集中在轨距侧,下股钢轨光带集中在轨顶。

3)试验段扣件轨枕状态观测

(1)弹条残余变形。

对不同地段弹条的残余变形进行了抽测,通过总重 60 亿 t、120 亿 t 时的弹条高程变化如图 7.5.14 所示。由观测数据可以看出,经 1.2 亿 t 运量后弹条弹性衰减不超过 10%,弹条弹性保持能力较强。

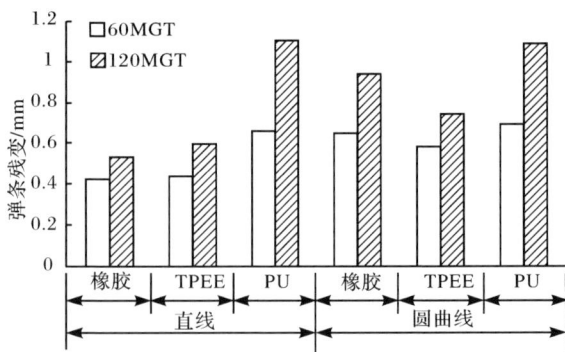

图 7.5.14　弹条残余变形

(2)轨下垫板变化。

经过 1.32 亿 t 通过总重后的 TPEE 材料垫板和 PU 材料垫板外观无明显变形和伤损。橡胶材料的垫板出现不同程度的鼓曲现象,如图 7.5.15 所示。

不同种类、不同材料的轨下垫板经 1.32 亿 t 运量后,经测试发现,橡胶材料垫板静刚度变化率明显高出其他两种材料,TPEE 材料垫板的静刚度几乎没有变

图 7.5.15　SH-I 型扣件橡胶垫板

化,静刚度值最为稳定。

由此表明,在大轴重荷载长期作用下,TPEE 材料的垫板可保持良好的弹性,满足使用要求;橡胶材料垫板出现鼓曲,刚度变化较大,对于大轴重列车适应性较差。

(3) 扣件轨枕使用状态。

经 1.61 亿 t 的运营考验,扣件整体使用状态良好,除橡胶垫板鼓曲外,尚未出现零部件压溃和伤损。在通过总重达到 1.11 亿 t 时,发现了弹条中肢离缝现象(此前尚未出现),但离缝较小,最大不超过 0.9mm,平均为 0.20mm,弹条扣压状态保持较好,也未发现垫板窜动、道钉变形以及预埋件周边轨枕裂纹或掉块。

目前为止,尚未发现轨枕伤损现象,轨下、枕中等各部位均未出现裂纹。

目前的运营实践表明,SH-I 型重载轨枕及配套的 SH-I 型重载扣件可满足 30~35t 轴重荷载长期作用下的强度、弹性和稳定性的要求,也适应 350m 小半径曲线轨道的使用。

4) 动力学测试

(1) 动态试验列车。

2013 年 5 月在试验段通过总重达到 9.1 亿 t 时,进行了动力学测试。试验列车编组 113 节,由 3 节机车牵引,轴重最小 32.5t,最大 36.6t,大部分列车轴重为 35~36t,列车运行速度约 64km/h。

(2) 轮轨力。

轮轨力测试采用剪应力法,试验前用加载车进行静态标定,数据分析时对每个车轴进行了统计。

① 垂直力。

不同区段垂直力统计如图 7.5.16 所示。由图 7.5.16 可见,三个区段垂直力相差不大,外股比内股垂直力稍大,实测最大值为 292.7kN。

② 水平力。

不同区段水平力统计如图 7.5.17 所示。由图 7.5.17 可见,三个区段缓和曲

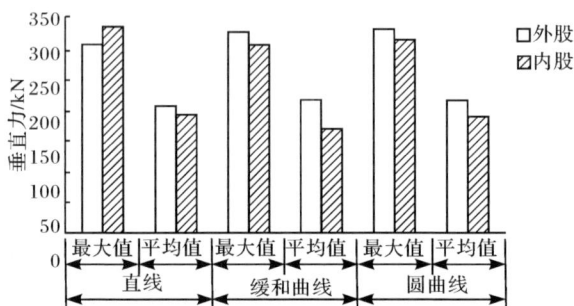

图 7.5.16　不同区段垂直力对比图

线实测水平力最大,圆曲线次之,直线最小。外股水平力大于内股水平力。实测水平力最大值为 70.2kN。

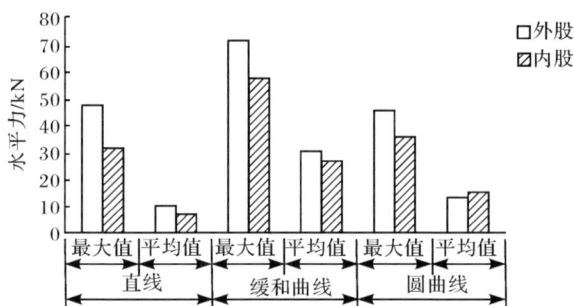

图 7.5.17　不同区段水平力对比图

（3）钢轨轨头横移。

测试钢轨轨头相对轨枕的横向位移,目的是考察扣件抗横向变形的能力。缓和曲线地段轨头横移最大,最大值为 2.31mm;圆曲线次之,最大值为 1.02mm;直线最小,最大值为 0.64mm。

（4）扣件节点横向力。

扣件横向节点力是在轨距挡板上贴应变片,并在室内进行标定后,安装在现场测试,实测扣件节点横向力最大值为 44.2kN。

（5）轨枕弯矩。

轨枕弯矩的测试包括轨下截面正弯矩和枕中截面负弯矩,是在轨枕特定的位置安装应变片,并在室内进行标定,现场测试时,在相同位置安装应变片,并采用室内标定值。其测试目的是考察轨枕在大荷载作用下的承载能力。

① 轨下截面正弯矩。

直线段轨下截面正弯矩较大,三个区段实测轨下截面正弯矩最大值为

17.2kN•m,小于设计承载能力(22.57kN•m)。

②枕中截面负弯矩。

圆曲线枕中截面负弯矩较大,三个区段实测枕中截面负弯矩最大值为15.7kN•m,小于设计承载能力(21.33kN•m)。

7.5.2　直线轨道强化

朔黄铁路自 2009 年逐步将Ⅱ型混凝土轨枕更换为Ⅲ型混凝土轨枕,扣件采用弹条Ⅱ型扣件。在重载列车荷载频繁作用下弹条松弛现象普遍存在,由于行车密度大,天窗作业时间有限,扣件得不到及时复拧,影响轨道的整体工作状态。既有线扣件强化应在保持原有轨枕不更换的前提下采取强化措施,对弹条、轨下垫板、轨距挡板等部件进行强化以提高弹条扣压力保持能力,增大扣件抵抗钢轨倾翻能力并减少养护维修工作量。

1. 强化措施

1) 弹条强化措施

增大弹条扣压力是弹条强化的主要目标,由于安装空间限制,增大弹条扣压力的有效途径是增大弹条的直径,弹条结构不改变仅直径由 13mm 增大为 14mm,弹条的弹性将减小,如保持相同的弹程(10mm),扣压力由 10kN 增大为 13.8kN,此时标准状态(弹条三点接触)安装时工作应力大幅加大,由 1526MPa 增大到1643MPa,超过材料的屈服极限[30]。一方面造成弹条使用时扣压力易出现较大的衰减;另一方面由于弹条应力的增大,出现弹条强度不足发生折断伤损,同时扭矩增大,现场养护施工人员很难将弹条紧固到位。

因此,弹条强化应同时考虑增大扣压力,适当提高安装扭矩、保持弹程、减小工作应力,提高弹条疲劳强度等几方面的因素。

Ⅱ型弹条扣压力为 10kN,弹程为 10mm,最大应力为 1526MPa。通过加大弹条直径、增大弹条侧肢外撇尺寸和拱高(图 7.5.18)以增大弹条扣压力、保持弹条弹程并降低最大应力。

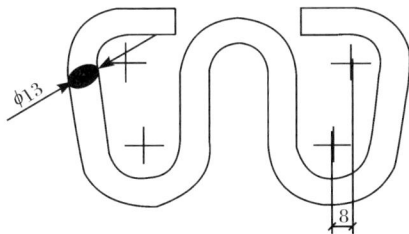

(a) 原Ⅱ型弹条

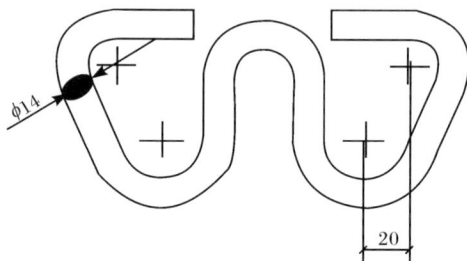

（b）强化后弹条

图 7.5.18　弹条强化（单位：mm）

弹条分析计算分别采用弹性力学曲梁单元有限元法和弹塑性力学 20 节点固体单元有限单元法分析。表 7.5.12 为弹条的分析计算结果，图 7.5.19 为弹条有限元分析图。

表 7.5.12　强化后弹条与 Ⅱ 型弹条的性能比较

弹条类型	直径/mm	扣压力/kN	弹条紧固螺栓力/kN	紧固扭矩/(N·m)	弹程/mm	安装状态最大应力/MPa	额定疲劳振幅下应力幅度/MPa
Ⅱ型弹条	13	10	20.6	120	10	1526	229
强化后弹条	14	11.5	23.7	140	10	1377	208

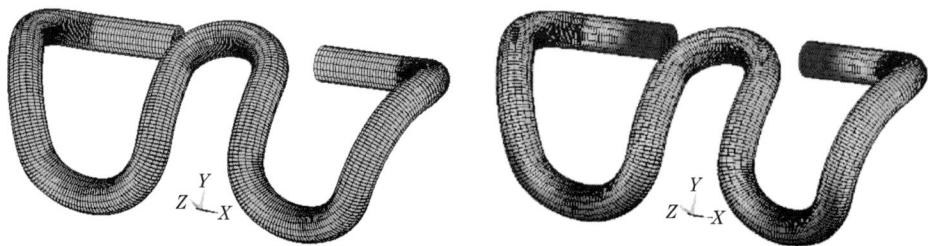

图 7.5.19　强化后弹条有限元分析

计算分析结果表明以下几点：

（1）强化后弹条扣压力由 10kN 增大为 11.5kN，且保持弹程（10mm）不变，减缓弹条松弛从而减少养护维修工作量。

（2）强化后弹条在安装状态的最大工作应力为 1377MPa，比 Ⅱ 型弹条的最大工作应力（1526MPa）降低约 10%，提高了弹条强度的安全储备。在相同疲劳振幅下，强化后弹条应力幅度小于 Ⅱ 型弹条，提高了疲劳强度。

（3）安装扭矩仅增大 15%，现场养护施工人员适当增大扭力可将弹条紧固到位。达到了提高弹条扣压力和扣件抗钢轨倾翻能力的强化目标。

2）轨下垫板强化措施

轨下垫板的研究是长期的项目,世界各国重载铁路也在不断深化研究,采取过各种材料和各种结构的轨下垫板,部分垫板起到了良好的作用,部分垫板还不尽如意。例如,一些重载运输国家开始采用静刚度较大的塑料材质垫板代替橡胶垫板,垫板使用寿命得到提高,但高刚度垫板的应用对轨道状态的影响还有待进一步深入分析。从原理上说,轨下垫板刚度增大,轨道振动、枕上压力会相应增加,从而恶化了道床受力状态,不利于轨道状态的保持。因此垫板的深入研究应综合考虑轨道各部件的受力状态,尽量进行匹配。在南非等一些重载铁路,从 20世纪 90 年代开始应用 Hytrel 垫板,其材料为热塑性弹性体(TPEE),垫板寿命得到很大提高[32]。我国也在大秦线等重载线路尝试应用此技术,垫板寿命也同样得到提高。

热塑性弹性体是一种嵌段共聚物,由较长的软链段和适当的硬链段组成,呈两相缔合结构。具有高韧性和高回弹性、优良的抗冲击性、耐蠕变性、抗疲劳性、耐磨及耐老化性,尤其是优异的高低温性能和相当宽的温度使用范围[33]。在前期国内外相关研究基础上对该垫板进行深化研究,以更好满足重载铁路的需要。

根据热塑性弹性体材料特性,弹性垫层采用棱台结构,如图 7.5.20 所示,该结构通过挠曲和剪切形变提供高的回弹力,弹性恢复速度快,且在垂向力的作用下横向形变小而均匀,在动态力的作用下,形变振幅大,动刚度低,能充分发挥弹性垫层的综合使用效果。并且引入"二次棱台"概念,即在原棱台结构的棱台空心中引入若干个具有一定高度的二次棱台,这样在不影响挠曲形变快速恢复的减振作用同时,大大提升了垫层在超大负荷下的承载力。

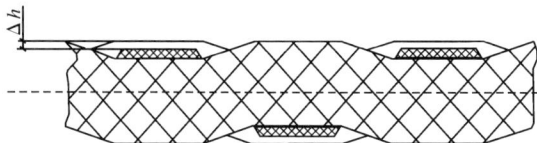

图 7.5.20　热塑性弹性体轨下垫板结构

3）其他部件结构强化措施

与弹条强化配套对其他部件也进行了强化,包括轨距挡板和尼龙挡板座。

当钢轨承受异常横向荷载时,如果扣件松弛严重,会导致钢轨横移,外侧轨距挡板爬上钢轨轨底上表面,内侧轨距挡板脱落钢轨,出现钢轨倾倒,如图 7.5.21所示。

与弹条侧肢外撇加大配套需适当加大轨距挡板宽度,以安装强化后的弹条。另外为减少轨距挡板骑上钢轨轨底的发生可能,适当加高轨距挡板抵靠钢轨轨底

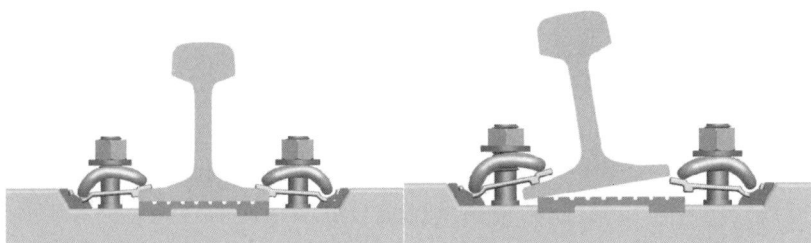

图 7.5.21　钢轨倾翻图示

侧棱的挡肋,如图 7.5.22 所示。同时配套加长挡板座,降低挡板座承压应力,以减缓对轨枕挡肩的作用。

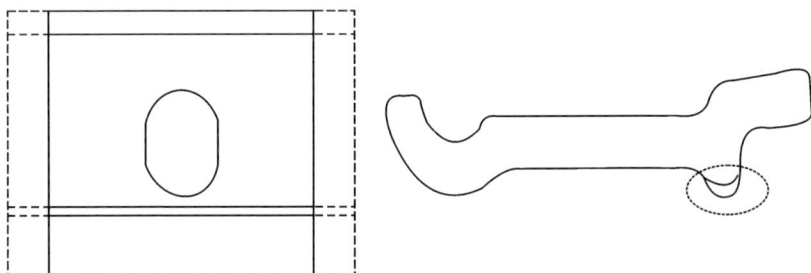

图 7.5.22　轨距挡板强化

2. 疲劳试验

按 7.5 节规定的组装疲劳性能试验方法,$P_V=90\text{kN}$,$P_L=47.7\text{kN}$,试验轨高 177mm,经 300 万次疲劳试验(图 7.5.23)后,静态轨距扩大 3mm,各零部件未损坏,满足强度要求。

图 7.5.23　疲劳强度试验

7.5.3　刚性基础轨道结构优化

针对神华铁路桥隧地段基础弹性差、轮轨冲击力大、道砟易粉化、养护维修困难等特点,研发了道砟垫和弹性轨枕,以改善轨道结构。其中道砟垫主要用于桥梁地段,弹性轨枕主要用于隧道地段。

1. 道砟垫

1) 技术参数

道砟垫的设计原则之一是采用道砟垫后,使桥上的轨道刚度应与路基上的轨道刚度一致。朔黄铁路路基地段道床刚度一般为 80kN/mm,桥上道床刚度一般为 170kN/mm。根据轨道弹性理论,计算道砟垫的当量支承刚度为 151kN/mm。半根轨枕下砟下胶垫的受力面积取 $0.78m^2$,道砟垫的面刚度为 $0.194N/mm^3$。

根据国内外道砟垫技术资料和计算分析,初步提出我国重载铁路用道砟垫刚度技术参数:静态模量$(0.15\pm0.01)N/mm^3$;动态模量与静态模量比不大于2.4(5Hz)。

对于疲劳性能,要求疲劳试验后道砟垫不得损坏,且静态模量变化不大于10%。试验时,取两块 1000mm×500mm 道砟垫铺于道砟下进行试验,施加荷载10～75.15kN,循环次数 400 万次,以及施加荷载 10～95kN,循环次数 250 万次,加载频率 3～4Hz。

考虑制造和铺设,道砟垫总厚度取$(15\pm1)mm$,底部钉高取$(6\pm0.5)mm$,道砟垫宽度$(1250\pm50)mm$,另外道砟垫表面采用帘子布等防止破损的措施。道砟垫设计型式尺寸如图 7.5.24 所示。

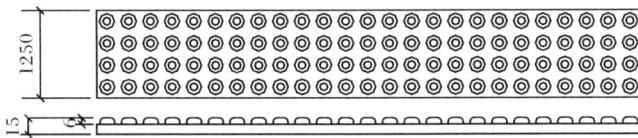

图 7.5.24　道砟垫设计型式尺寸(单位:mm)

2) 室内试验

(1)道砟垫静动刚度试验。

道砟垫模量分别取 0.02～0.10N/mm² 和 0.02～0.20N/mm² 的割线模量进行道砟垫静动刚度试验,试验结果表明,0.02～0.10N/mm² 对应的道砟垫割线模量为 0.140～0.154N/mm³,满足静态模量$(0.15\pm0.01)N/mm^3$的技术要求,5Hz荷载作用下的动静刚度比为 1.30～1.58,满足小于 2.4 的技术要求。

（2）道砟垫疲劳性能试验。

按 30t 轴重换算荷载进行了道砟垫的疲劳性能试验（图 7.5.25），疲劳试验前后道砟垫静态模量变化率为 3.76%，未超过要求的 10%。试验后未发现有明显破损，道砟垫接头也未发现伤损。

图 7.5.25　道砟垫疲劳试验

（3）道砟垫使用效果试验。

为测试道砟垫使用效果，结合疲劳荷载试验测试了试验前后道砟粒径级配、道砟粉化、道床刚度和累积变形。

试验前后道砟粒径级配曲线变化如图 7.5.26 所示。由试验结果可见，试验前后道砟粒径级配均无明显变化，道砟损失率仅为 1.02%，但室内试验由于设备限制，不能完全模拟现场的高频冲击，具体使用效果还需现场试验进一步验证。

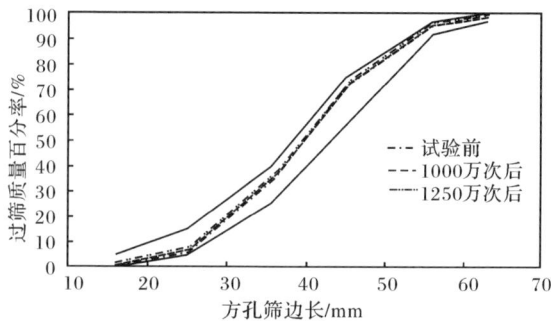

图 7.5.26　疲劳试验前后道砟粒径级配曲线

试验前后道床累积统计如图 7.5.27 所示。由图可见，在初始时道床还不稳定，道床累积变形较大，在加载 10 万次以后，累积变形开始趋于收敛，与普通有砟轨道有类似的规律。

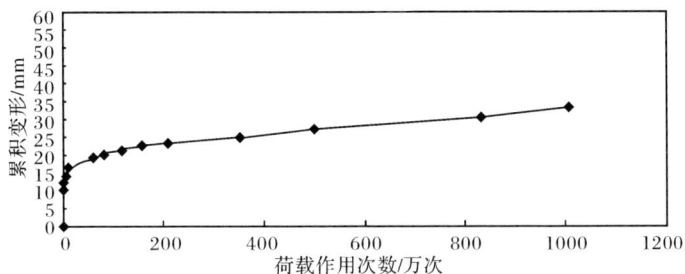

图 7.5.27　疲劳试验前后累积变形

道床静、动刚度变化统计如图 7.5.28 和图 7.5.29 所示。由测试结果可见,铺设道砟垫后的道床始终保持良好的轨道弹性。

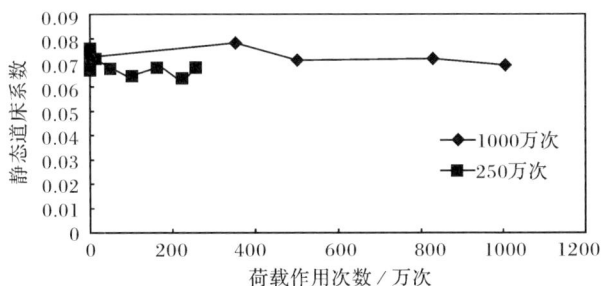

图 7.5.28　道床静刚度变化

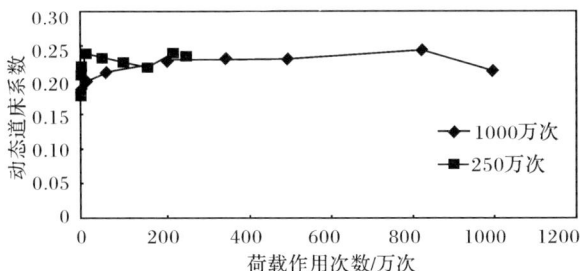

图 7.5.29　道床动刚度变化

道砟垫室内试验结果表明以下几点:

(1)针对神华铁路研究提出的重载有砟轨道桥梁地段用道砟垫,相关厂家进行了试制,外观尺寸满足提出的技术要求。

(2)道砟垫静态模量测试结果为 0.140~0.154N/mm³,满足(0.15±0.01)N/mm³ 的技术要求;5Hz 荷载作用下的动静刚度比为 1.30~1.58,满足小于 2.4 的技术要求。

（3）疲劳试验结果表明，试验前后道砟垫静态模量变化率为 3.76%，未超过要求的 10%，试验后未发现有明显的破损，道砟垫接头也未发现伤损。

（4）室内试铺试验表明，铺设道砟垫后的道床道砟粉碎率很小，轨道弹性保持能力较好，累积变形与有砟轨道类似。

（5）受加载模型和加载频率等条件的局限性，室内试验结果不能完全代表现场情况，对于道砟垫的现场使用效果，还需通过现场试铺试验进一步验证。

3）现场试铺

道砟垫铺设前应将基础清扫干净；道砟垫铺设宽度每股钢轨下为 125cm，以钢轨为中心线铺设；纵向连续铺设。2014 年 7 月，在朔黄铁路跨北同蒲特大桥重车线入桥端第二和第三跨完成了道砟垫的试铺试验，试验段长度为 64m。

2. 弹性轨枕

在轨枕底设置弹性垫层可有效降低轮轨相互作用，减小养护维修工作量，是减缓道砟粉化速率的一种技术措施。据已有的工程应用经验，在枕底设置弹性垫层对轨枕的横向阻力会有一定程度的降低。在桥梁地段钢轨自身温度变化较大，并且桥梁结构传递的伸缩、挠曲及制动等工况会对轨道结构产生附加纵向力，这些都对桥上轨道稳定性提出更高的要求。相较而言，隧道地段温差变化小，也不存在下部基础的纵向附加作用，隧道内排水沟边墙会提供轨道一定的横向阻力，这为弹性轨枕铺设应用提供了良好的外部环境条件。

1）垫板刚度取值

针对隧道内刚性基础条件，采用弹性轨枕来提高轨道结构的弹性，从而改善重载列车与轨道结构的相互作用，因此枕下垫板的合理刚度的选择应以改善隧道内轨道结构刚度使之与路基轨道结构刚度相近为原则。根据《铁路路基设计规范》(TB 10001—2005，J 447—2005)，不同填料类型的路基压实标准不同，其中厚度为 0.5m 的级配碎石或级配砂砾石的基床表层地基系数 K_{30} 不应小于 150MPa/m，实际线路中路基的地基系数一般大于这个数值，按 200MPa/m 计。隧道内基底采用素混凝土充填层或钢筋混凝土底板的结构型式刚度较大，可以忽略其对轨道结构弹性的贡献，因此，路基上道床和路基综合刚度在隧道内等效为道床和枕下底板的综合刚度，若考虑隧道内与路基上道床厚度相同，则枕下垫板合理的刚度取值应与路基刚度相当。需要注意的是，通过室内的试验分析结果得出，枕下垫板的弹性特征与加载范围及下部支承状态有关，在重载条件下道床内进行试验所得的垫板静刚度值为无道床工况的 1/4～1/6，枕下垫板的静态模量范围可确定为 800～1200MPa/m，即静态模量为 0.8～1.2N/mm³。若枕下垫板的刚度取值过小，则在大轴重荷载作用下钢轨挠曲变形较大，且对于轨枕的阻力值也会造成一定的减弱。综合考虑枕下垫板的静态模量选择为 (1.2 ± 0.2)N/mm³，换算至实际工况中,枕下垫板的刚度为 60～84kN/mm。

2) 结构设计

弹性轨枕(图 7.5.30)由混凝土轨枕和枕下弹性垫层通过黏结剂粘接或者锚固成为一体,轨枕为 SH-Ⅰ 型轨枕。

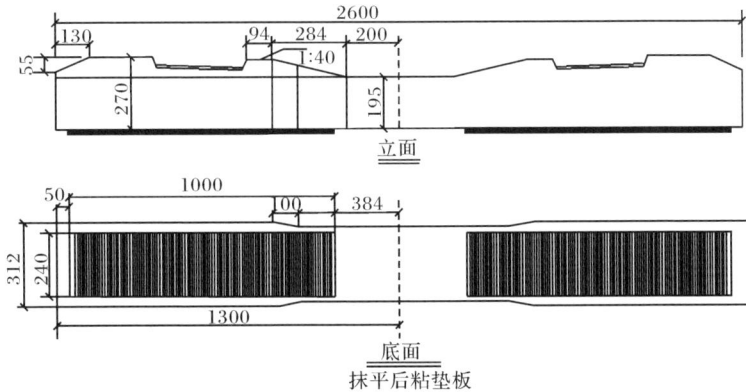

图 7.5.30　弹性轨枕结构方案

结合重载铁路的线路特点和运营条件,弹性轨枕垫板(图 7.5.31)的设计应遵循以下原则:

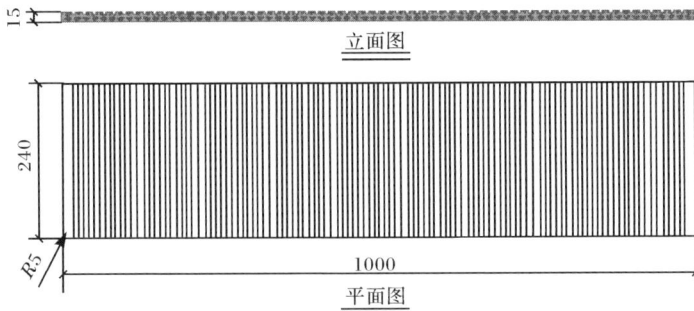

图 7.5.31　弹性轨枕下垫板设计方案

(1)垫板的上下表面设计不仅要考虑与轨枕底面具有很好的粘接性能,同时考虑与道床的接触面具有一定摩擦阻力。

(2)枕下垫板的刚度取值合理,尽可能降低因弹性垫板的设置而影响轨道横向阻力。

(3)枕下垫板在重载列车疲劳荷载作用下,应能防止道砟挤压引起的磨损破坏。

(4)设计中考虑确保弹性材料具有良好的耐久性能,同时具备低成本化和少用量化,更好地节约生产成本。

依据以上设计原则,在枕下垫板型式尺寸设计过程中,为尽量减少成本,仅在轨枕底面两端的主要承载范围内设置。垫板形状为矩形,主要型式尺寸为 1000mm(长)×240mm(宽)×15mm(厚)。

在枕下垫板材料选择过程中,从耐磨、耐棱、耐水、抗老化性能优异,弹性、抗永久变形性能等特性综合研究分析,选定三元乙丙(EPDM)橡胶材料作为枕下垫板的基材,并在配方中添加一定比例的炭黑、陶土、钙粉等辅料。

另外,设计中为提高枕下垫板在列车荷载作用下的耐久性,在垫板与道砟接触面设置耐穿刺和耐磨损性能的材料,同时在垫板与道砟接触面设计凸凹槽来提高弹性轨枕底面与道床之间的摩擦阻力,从而保证轨道结构的横向稳定性。在垫板与轨枕粘接面设计有一定的粗糙度,进一步提高垫板与轨枕底面的粘接性能。

3) 室内试验

(1) 弹性轨枕垫板静刚度试验。

试制垫板的静刚度进行了试验,实测静态模量为 1.13～1.17N/mm³,满足提出的(1.2±0.2)N/mm³ 的技术要求。

(2) 弹性轨枕垫板黏结性能试验。

为了研究枕下垫板的黏结性能,在室内通过剥离试验考察其黏结性能。实测剥离强度为 33.9N/cm,满足提出的剥离强度≥30N/cm 的技术要求。

为进一步提高弹性垫板与混凝土轨枕的连接性能,还提出了另一种连接方案,即采用黏结剂粘接与锚钉共同连接的方案,如图 7.5.32 所示。这种方案除要求枕底平整光滑利于黏结以外,还在轨枕中设置了 8 个预留孔,在垫板通过黏结剂粘接至轨枕底面后,在弹性垫板相应位置钻孔,通过锚钉将弹性垫板进一步锚固于轨枕中。

图 7.5.32　弹性轨枕垫板粘接并锚固连接方案

（3）弹性轨枕疲劳试验。

试验设备采用 500kN 疲劳试验机，试验加载频率为 4～6Hz，疲劳荷载加载值上限为 150kN，下限为 30kN。经 400 万次的疲劳试验，枕下垫板的外观无严重磨损或撕裂和穿透现象，其垫板与轨枕底面粘接牢固，没有出现脱离分开的情况，满足试验要求，如图 7.5.33 所示。

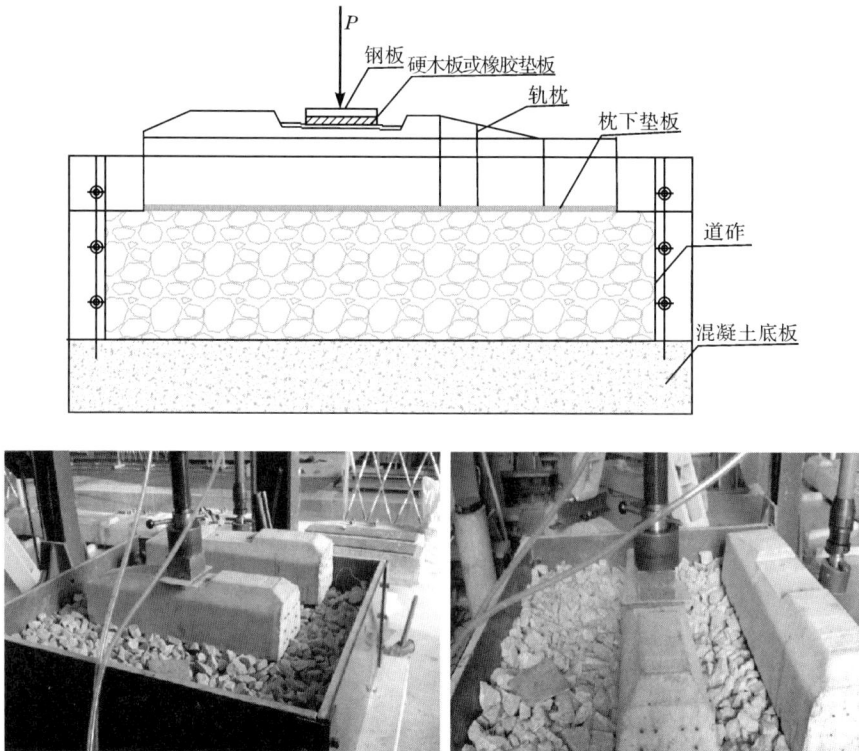

图 7.5.33　弹性轨枕疲劳试验

钢板一面具有 1∶40 坡度，外形尺寸为 250mm×150mm×25mm；

硬木板或橡胶垫板外形尺寸为 250mm×150mm×25mm

4）现场试铺

2014 年 9 月，在朔黄铁路石河口隧道内重车线完成了弹性轨枕试铺试验，共铺设弹性轨枕 200 根，试验段长度 120m。

7.5.4　道岔强化

朔黄铁路重车线主要采用 75-12 号固定辙叉道岔，在目前运输条件下，道岔尖轨、辙叉使用寿命短，养护维修量大。针对 30t 轴重下的道岔强化从两个方面考虑:一是研发适用于 30t 轴重的新型 75-12、75-18 号道岔,结合线路大修,逐步将既有道岔更换为新型重载道岔;二是在不更换整组既有重载道岔的前提下,通过强化尖轨、辙叉等技术措施,来提高重载道岔的使用寿命,结合道岔伤损部件的更换,对既有道岔进行强化改造。

1. 新型重载铁路道岔强化研究

研制新型高强度、长寿命 75kg/m 钢轨 12 号和 18 号固定型辙叉单开道岔,以适应朔黄铁路 30t 轴重运输的要求。道岔采用全新的线型、结构、扣件、岔枕,采用延长道岔使用寿命的结构创新技术[34]。该方法适用于线路大修。研制新型道岔有如下几个原则:

(1) 借鉴国外重载道岔结构设计和运营实践经验,在道岔设计中进行技术创新,显著提高道岔使用寿命。

(2) 道岔及其部件应长寿命,以延长更换周期,减少对行车的影响。

(3) 道岔及其部件应易于更换,易维修或免维修以适应高密度的行车条件,减少更换作业和维修作业时间,减小作业强度。适应重载铁路养护维修的现状,不应因维修不及时而严重影响其寿命。

(4) 研制新型道岔扣件系统(包括弹条扣件、紧固螺栓及垫板),其强度应能够同时满足现有运营条件要求和未来轴重提高的预期要求。且扣件系统能够适当提高轨道的弹性。Ⅲ型岔枕的强度和寿命能够满足现有使用要求,但需进行 30t 轴重条件下岔枕结构的研究。

(5) 固定型辙叉造价低、易更换、维修工作量小,比较适应朔黄铁路养护维修的现状。拼装式合金钢固定型辙叉在既有线使用良好,在重载铁路已经进行了初步试用,使用寿命高于固定型高锰钢辙叉,为选用结构之一。基于高锰钢材料的特性和爆炸硬化技术的应用,拼装式高锰钢辙叉为选用结构之一。

(6) 重载铁路可动心轨辙叉的平均使用寿命远远低于普通线路,只是略长于固定型辙叉,没有发挥其使用寿命长的特点,不能适应重载铁路的运营条件和养护维修的现状。而且可动心轨道岔造价高,难于更换,对维修的要求苛刻。因此如果采用可动心道岔方案,必须对道岔结构和材料进行大的革新和改动。目前暂不考虑选用可动心轨辙叉。

(7) 朔黄铁路采用 75kg/m 钢轨配Ⅲ型枕的轨道结构,由于 75kg/m 钢轨的抗弯刚度远大于 60kg/m 钢轨,所以在相同的钢轨支点刚度的条件下,轨道的整体刚度大幅度提高。在动轮载的作用下,轨道的变形小,造成轮轨接触应力急剧增大,区间钢轨的磨耗、剥离、掉块严重。在道岔区的翼轨跟部,间隔铁联结翼轨和心轨使得轨道刚度突变,造成轨顶面的压塌及磨耗增加。应对重载铁路道岔(75kg/m 钢轨)特有的刚度问题开展研究,并对弹性垫层进行设计优化,选取合适的扣件系统刚度和轨道刚度,解决刚度过大和刚度突变问题,从而解决重载铁路道岔特有的垂磨、侧磨、压溃、掉块严重的问题。

(8) 提高曲线尖轨使用寿命是需要重点解决的问题,提高尖轨的粗壮度、轨距加宽和使用新材料是提高曲线尖轨使用寿命的主要措施。

1) 重载道岔设计指标

(1) 运营条件。

考虑到朔黄线货物列车可能会提速至 100km/h,货车轴重会提高到 30t,因此新设计的重载 12 号和 18 号道岔的运行条件如下:

① 静轴重≤300kN(按 350kN 轴重校核)。

② 运行速度。75kg/m 钢轨 12 号固定型单开道岔,货物列车:直向≤100km/h,侧向≤45km/h。75kg/m 钢轨 18 号固定型单开道岔,货物列车:直向≤100km/h,侧向≤80km/h。

③ 无缝线路年最大轨温差:100℃。

(2) 使用寿命期望值。

使用寿命是重载道岔的核心问题,解决该问题的难度不亚于解决高速道岔的平顺性。重载铁路上曲线尖轨和可动心轨辙叉的使用寿命远低于其在普通线路上的使用寿命。道岔关键部件的使用寿命列于表 7.5.13。

表 7.5.13　使用寿命期望值　　　　　(单位:亿 t)

部件名称		普通线路	重载线路现状	新研制或优化道岔使用寿命期望值
曲线尖轨		0.2~0.5	0.2~0.4	0.5~0.8
合金钢组合辙叉	普通型	1.5~2.0	1.0~2.0	—
	翼轨加强型	2.0~3.0	1.5~2.5	3.0(心轨加宽)
高锰钢组合辙叉		美国平均 5.6		3.0(心轨加宽)

2) 道岔结构特点

(1) 道岔容许通过速度。

直向:货车(轴重 30t)100km/h。

侧向:货车(轴重 30t)12 号道岔 45km/h;18 号道岔 80km/h。

(2) 道岔主要平面尺寸。

① 12 号道岔(图号:研线 1121)全长 37.800m,前长 16.592m,后长 21.208m,导曲线半径为 350m(图 7.5.34)。道岔前长与 SC381 保持一致,但全长和后长有所差别,可采用延长岔后线路钢轨的方法,与既有道岔实现整体互换(道岔中心位置保持不变)。

② 18 号道岔(图号:研线 1320)全长 60m,前长 28.6m,后长 31.4m,导曲线半

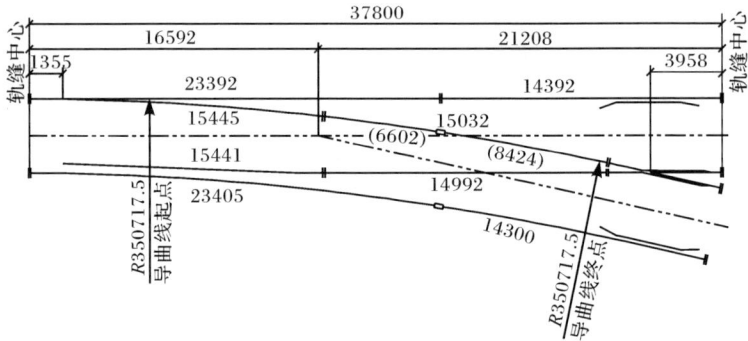

图 7.5.34　75kg/m 钢轨 12 号单开道岔平面线型(单位:mm)

径为 1050m(图 7.5.35)。道岔全长与专线 4223A 一致,但前后长有所差别,可采用截短岔前线路钢轨、延长岔后线路钢轨的方法,与既有道岔实现整体互换(道岔中心位置保持不变)。同时,转辙机需向岔前方向改变位置。

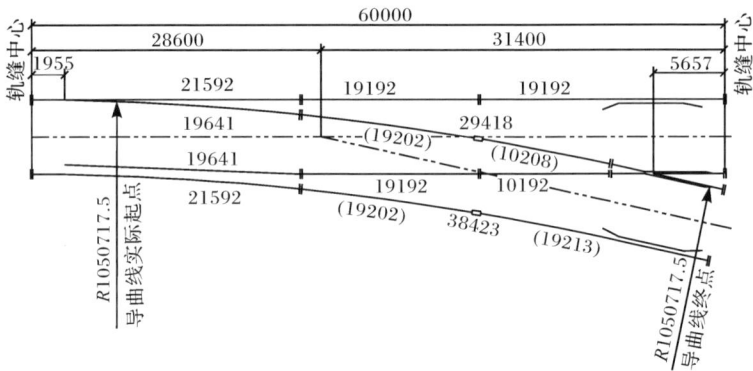

图 7.5.35　75kg/m 钢轨 18 号单开道岔平面线型(单位:mm)

　　(3) 为增加尖轨厚度,道岔采用相离单圆曲线线型,并在基本轨和尖轨密贴段将基本轨工作边一侧刨切,以增加尖轨厚度,延长尖轨使用寿命。其中,12 号道岔仅刨切直基本轨工作边 5mm,曲基本轨未作刨切;18 号道岔直、曲基本轨工作边均刨切了 5mm。

　　① 12 号道岔导曲线半径 350m,相离值 40.8mm,在曲尖轨顶宽 71.8mm 处做半切,对应冲击角为 0°41′52″(图 7.5.36)。

　　② 18 号道岔导曲线半径 1050m,相离值 7.1mm,在曲尖轨顶宽 32.6mm 处做半切,对应冲击角为 0°21′29″(图 7.5.37)。

　　由于基本轨工作边水平刨切 5mm,导致在刨切范围内轨距发生了变化,各位置轨距详见表 7.5.14 和表 7.5.15。

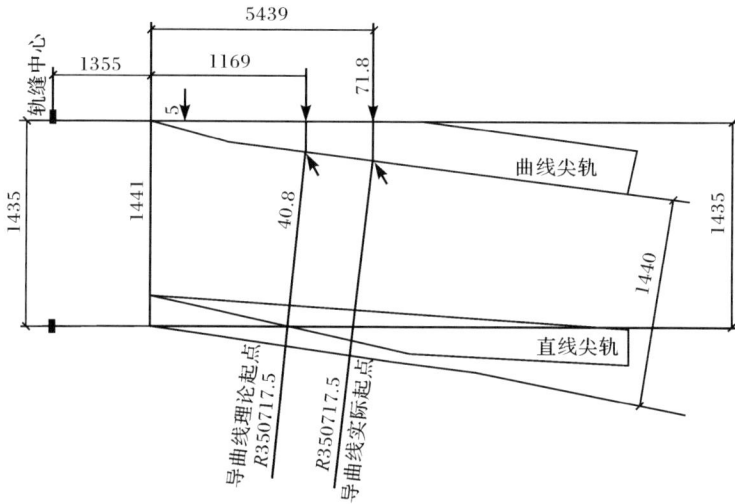

图 7.5.36　道岔尖轨尖端尺寸示意图

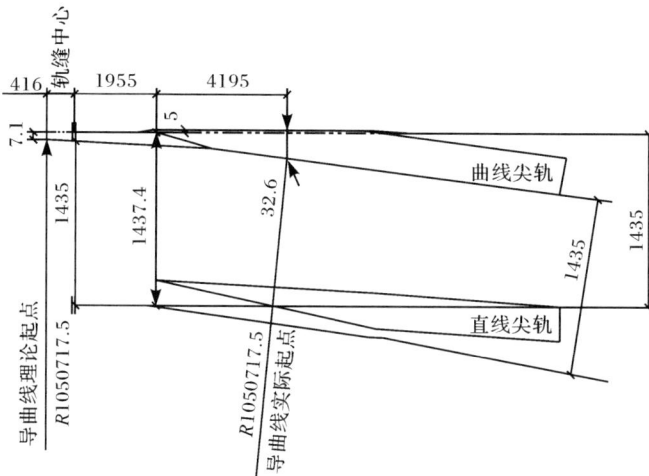

图 7.5.37　道岔尖轨尖端尺寸示意图

表 7.5.14　75-12 号单开道岔直股、侧股轨距

岔枕号	直股轨距/mm	侧股轨距/mm	岔枕号	直股轨距/mm	侧股轨距/mm
1	1436	—	16	1436.9	1440
2	1438.4	—	17	1435.4	1440
3~14	1440	1440	18~48	1435	1440
15	1438.5	1440	49	1435	1439.4

续表

岔枕号	直股轨距/mm	侧股轨距/mm	岔枕号	直股轨距/mm	侧股轨距/mm
50	1435	1437.7	59～75	1435	1435
51～57	1435	1435	76～81	1435	—
58	1433.8(1431.4)	1433.8(1431.4)	82～87	—	1435

注:括号内尺寸为采用合金钢辙叉时轨距。

表 7.5.15　75-18 号单开道岔直股、侧股轨距

岔枕号	直股轨距/mm	侧股轨距/mm	岔枕号	直股轨距/mm	侧股轨距/mm
02、01	1435	—	26～91	1435	1435
1～3	1435	—	92	1431.6|1431|	1431.6|1431|
4	1436.1	1436.1	93	1433.7|1431.51|	1433.7|1431.3|
5	1439.4	1439.3	94	1435|1432.7|	1435|1432.2|
6～21	1440	1440	95	1435|1433.9|	1435|1433.4|
22	1439.8	1439.8	96～120	1435	1435
23	1438.3	1438.7	121～127	1435	—
24	1436.8	1437.2	128～134	—	1435
25	1435.3	1435.4	—	—	—

注:括号内尺寸为采用合金钢辙叉时轨距。

（4）道岔采用弹性夹扣压基本轨（图 7.5.38），拆装弹性夹时,需采用配备的弹性夹安装工具。

图 7.5.38　滑床板结构

（5）道岔采用分动钩型外锁闭装置。

①12 号道岔转辙器部分设两个牵引点,动程分别为 160mm 和 80mm,转换力分别为 2000N 和 4000N。

②18 号道岔转辙器部分设三个牵引点,动程分别为 160mm、117mm 和

72mm,转换力分别为 2000N、3000N 和 4000N。

（6）转辙器跟端采用大位移量限位器,子母块间隙 15mm(图 7.5.39)。

图 7.5.39　限位器结构

（7）辙叉按嵌入式高锰钢辙叉和合金钢辙叉两种型式设计。嵌入式高锰钢组合辙叉,叉心连铸镶嵌翼轨,叉心外侧与叉跟轨、翼轨通过高强螺栓组装成固定型结构辙叉,结构紧凑。高锰钢叉心采用心轨加宽、轨顶行车表面三次爆炸硬化等新技术。

合金钢组合辙叉,翼轨采用加强型合金钢焊接式和心轨翼轨贝氏体钢轨组合式辙叉,心轨采用加宽技术,提高其稳定性。

本辙叉心轨轨头宽 20～50mm 断面查照间隔要求为 1391mm;采用心轨加宽后,心轨轨头宽 28～58mm 断面查照间隔要求为 1388mm。两种辙叉型式的辙叉趾端、跟端均为 75kg/m 钢轨。当用于无缝线路时,需对辙叉趾、跟端各加长600mm,满足铝热焊的空间要求。

（8）护轨采用 UIC33 槽形制造,高出基本轨顶面 12mm,采用弹性夹扣压基本轨(图 7.5.40)。

图 7.5.40　护轨结构

（9）扣件采用弹性分开式Ⅱ型弹条扣件,垫板无螺栓孔两侧均安装 12 号绝缘轨距块,轨距调整时,使用 8 号、12 号、16 号绝缘轨距块,配合轨距块可进行轨距调整。10 号、14 号绝缘轨距块为备用轨距块(图 7.5.41)。在拆装时,需配备两种规格扳手,一种用于拆装 M24 盖型螺母,另一种用于拆装限位螺母(外径与 M30 螺母相近)。

图 7.5.41　垫板结构

(10) 道岔钢轨设置 1∶40 轨底坡或轨顶坡。

(11) 混凝土岔枕底宽 310mm,顶宽为 260mm,高为 230mm。岔枕上预埋铁座,用绝缘轨距块、Ⅱ型弹条、T 形螺栓等联结件与垫板固定(图 7.5.42)。

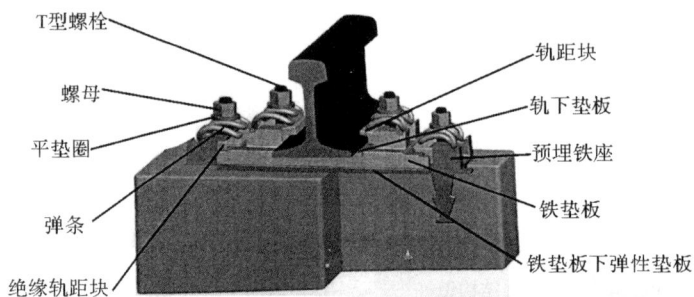

图 7.5.42　混凝土岔枕预埋铁座结构

(12) 导曲线部分设置轨撑(图 7.5.43)。

图 7.5.43　轨撑垫板结构

（13）防松结构。

① 顶铁。螺母侧采用钢轨垫圈防转片结构。该结构由钢轨垫圈、竖插式防转片、开口销组成。钢轨垫圈紧贴钢轨轨腰安装,然后紧固螺母。竖插式防转片向下插入钢轨垫圈的槽口内与螺母侧面相互配合,限制螺母转动,实现防松。为防止竖插式防转片脱落,在其下部穿入开口销增加稳定性(图7.5.44)。

图7.5.44　顶铁螺母防松

② 限位器。限位器设有防转台,螺母侧采用双层防转片结构。该结构分两层,上层12角梅花口与螺母相互咬合,限制螺母转动;下层安装在螺母下,具有定位的功能,同时具备平垫圈的功能(图7.5.45)。

图7.5.45　限位器用螺母防松

③ 嵌入式高锰钢组合辙叉。嵌入式高锰钢叉心和钢轨栓接时,组装采用扭矩为900～990N•m的ϕ35方头螺栓及螺母,与其相配套的防转垫圈和弹簧垫圈起防松效果(图7.5.46)。拆装时,采用专用维护扳手。

④ 合金钢辙叉。合金钢叉心与钢轨栓接时,采用高强螺栓,螺栓、螺母侧采用点焊到钢轨垫圈上的方式,防止螺栓、螺母松动(图7.5.47)。

3）重载铁路道岔及辙叉的厂内试制

中铁宝桥和北京特冶承担了道岔厂内试制试铺任务,中铁宝桥生产75kg/m

图 7.5.46　高锰钢辙叉用螺栓、螺母防松

图 7.5.47　合金钢辙叉螺栓、螺母防松

钢轨 12 号道岔和 18 号道岔各一组,12 号和 18 号道岔可采用爆炸硬化辙叉或合金钢组合辙叉。北京特冶生产 75kg/m 钢轨 12 号道岔和 18 号道岔各一组,12 号和 18 号道岔均采用合金钢组合辙叉。太原电务器材厂负责道岔电务转换设备的生产,浙江贝尔通信有限责任公司负责作为备件的焊接式翼轨加强型合金钢组合辙叉制造,光明铁道负责混凝土岔枕制造。

(1) 宝桥厂内道岔试制试铺。

宝桥厂内试制试铺的 75kg/m 钢轨 12 号道岔如图 7.5.48 所示。2013 年 7 月 16 日,朔黄铁路公司在宝鸡组织召开了 75kg/m 钢轨 12 号和 18 号单开道岔厂内试制试铺验收审查会。会议同意 75kg/m 钢轨 12 号和 18 号单开道岔试制及厂内试铺通过审查,可以上道试铺。

(2) 北京特冶厂内试制试铺。

北京特冶厂内试制试铺的 75kg/m 钢轨 18 号道岔如图 7.5.49 所示。2013 年 9 月 13 日,朔黄铁路公司在北京特冶景县工厂组织召开了 75kg/m 钢轨 12 号和 18 号单开道岔厂内试制试铺验收审查会。会议同意 75kg/m 钢轨 12 号和 18 号单开道岔试制及厂内试铺通过审查,可以上道试铺。

4) 新型重载铁路道岔应用实践

在东冶站铺设了 2 组新研制的 75kg/m 钢轨 12 号道岔,在肃宁北站和柳科站

图 7.5.48　75-12 号道岔宝桥厂内试铺

图 7.5.49　75-18 号道岔北京特冶厂内试铺——合金钢组合辙叉及整组道岔

铺设 2 组 18 号道岔，4 组道岔铺设岔位见表 7.5.16。图 7.5.50 是 2013 年 11 月 12 日铺设于东冶站 16 号岔位进行试验的 75kg/m 钢轨 12 号道岔。

图 7.5.50　东冶站 16 号岔位 75kg/m 钢轨 12 号道岔

　　道岔铺设后对道岔进行了尖轨、辙叉磨耗量的跟踪观测，研究尖轨和辙叉心轨和翼轨磨耗量和运量的关系，辙叉翼轨和心轨磨耗的先后顺序及磨耗量的对比，为辙叉优化设计提供依据。16 号岔位使用的贝氏体钢轨组合辙叉状态良好，截至 2014 年 4 月，心轨 28～58mm 断面磨耗值在 0.9～1.4mm。

表 7.5.16　朔黄线试铺的新型道岔

铺设位置	东冶 12 号岔位	16 号岔位	肃宁北 14 号岔位	柳科 2 号岔位
道岔轨型号码	75kg/m 钢轨 12 号道岔(图号:研线 1121)	75kg/m 钢轨 12 号道岔(图号:研线 1121)	75kg/m 钢轨 18 号道岔(图号:研线 1320)	75kg/m 钢轨 18 号道岔(图号:研线 1320)
铺设时间	2013 年 11 月 5 日	2013 年 11 月 12 日	2014 年 4 月 10 日	2014 年 5 月 29 日

2. 既有道岔辙叉和尖轨强化技术

为解决朔黄线等重载铁路既有道岔现有问题,提出了既有道岔强化对策。思路是在不更换整组既有重载道岔的前提下,通过提高道岔关键部件的使用寿命,来提高重载道岔的使用寿命,该方法适用于线路维修。

(1) 设计新型长寿命辙叉,在保持既有岔枕不动的条件下,用以更换既有的辙叉,延长辙叉使用寿命和更换周期。

(2) 选用 U75V 在线热处理钢轨或其他更高强度等级的在线热处理钢轨,或采用贝氏体材质钢轨制造尖轨,不应选用离线热处理钢轨。

1) 更换新型辙叉

在不更换岔枕的前提下,更换新结构和新材料的辙叉,提高辙叉使用寿命,延长辙叉更换周期。该办法是针对辙叉使用寿命短的特点,研发新材料、新结构的辙叉。

目前合金钢组合辙叉已经发展到第二代,即翼轨加强型合金钢组合辙叉,其使用寿命长于第一代合金钢组合辙。设计了 4 种 75kg/m 钢轨 12 号翼轨加强型合金钢组合辙叉,代替既有 75-12 重载道岔(图号:SC559)辙叉。辙叉的名称、图号、结构特点和适用道岔图号参见表 7.5.17 和表 7.5.18。高锰钢组合辙叉已上道试用,取得了较好的效果。

表 7.5.17　替换既有辙叉设计图

辙叉	序号	辙叉图号	适用道岔图号	结构特点
75-12 辙叉 系列	1	研线 1015-B	SC559	翼轨焊接,见表 7.5.18 方案一
	2	研线 1209	SC559	心轨和翼轨一体,采用奥贝体钢制造,见表 7.5.18 方案二
	3	研线 1208	SC559	翼轨采用在线热处理钢轨或贝氏体钢轨制造,见表 7.5.18 方案三
	4	研线 1219	SC559	心轨和翼轨一体,采用高锰钢制造,锰钢心轨采用爆炸硬化技术提高工作面硬度,见表 7.5.18 方案四

表 7.5.18　75-12 合金钢组合辙叉和高锰钢组合辙叉结构方案

	结构简图	特征描述
方案一		①心轨由奥-贝氏体钢锻造而成 ②翼轨由合金钢段(由咽喉至心轨 50mm 断面以后)与前后 U75V 或 U78CrV 材质标准钢轨焊接而成 ③叉跟轨为 U75V 或 U78CrV 材质标准钢轨制造 ④合金钢用量最小
方案二		①轮载过渡范围翼轨和心轨一体,由奥-贝氏体钢锻造而成 ②翼轨采用 U75V 或 U78CrV 材质标准钢轨制造 ③叉跟轨采用 U75V 或 U78CrV 材质标准钢轨制造 ④合金钢用量最小
方案三		①心轨由奥-贝氏体钢锻造而成 ②翼轨采用贝氏体材质标准钢轨制造 ③叉跟轨采用 U75V 或 U78CrV 材质标准钢轨制造 ④合金钢用量最大
方案四		①轮载过渡范围翼轨和心轨一体,由高锰钢铸造而成 ②翼轨采用 U75V 或 U78CrV 材质标准钢轨制造 ③叉跟轨采用 U75V 或 U78CrV 材质标准钢轨制造 ④锰钢心轨采用爆炸硬化技术提高工作面硬度

新型辙叉采用的创新技术简述如下:

(1) 根据最新轮轨接触研究成果,使用"在用车轮拟合磨耗踏面"设计辙叉的心轨降低值、翼轨抬高值,优化辙叉轨件顶面轮廓,以提高列车过岔的平顺性,减小车轮在有害空间处对翼轨和心轨的冲击[35]。

(2) 辙叉采用心轨加宽技术。

(3) 优化辙叉的连接结构,使受力更加合理,减小应力集中,延长辙叉关键的使用寿命。

(4) 选用新材料,提高材料的强度和韧性。

(5) 锰钢辙叉心轨采用爆炸硬化技术提高工作面硬度。

2) 更换新材质曲线尖轨

对于侧向过车频繁的道岔,选用 U75V 在线热处理钢轨或其他更高强度等级的在线热处理钢轨(U78Cr、U77MnCr、U76CrRE),或采用贝氏体材质钢轨制造尖轨,禁止选用离线热处理钢轨制造尖轨,以提高曲线尖轨的使用寿命。

上述办法是针对列车侧向通过较为频繁的道岔(位于编组站、货场,数量较少)曲线尖轨使用寿命短的特点,设计新材质曲线尖轨,代替现有的 U71Mn 或

U75V 材质的离线热处理曲线尖轨。新材质尖轨几何尺寸和重载道岔在用尖轨完全相同,只是材料不同,可直接替换在用尖轨。

2012 年 6 月 5 日,朔黄铁路发展有限责任公司在北京主持召开了"神华铁路大轴重重载运输成套技术研究——重载道岔合金钢组合辙叉设计审查会",审查委员会认为"课题组研究的思路正确,提出的辙叉基础参数和结构合理,具有创新和突破,可以在辙叉设计中使用。同意通过设计审查,可以进行试制和上道试铺。"

3) 辙叉铺设应用实践

在西柏坡站铺设了 3 组新研制的固定辙叉,代替现有辙叉进行试验,3 组辙叉铺设岔位见表 7.5.19。2012 年 9 月 3 日在西柏坡站 24 号岔位铺设了我国第一组采用心轨加宽技术的辙叉。

表 7.5.19　西柏坡站铺设的新型辙叉

岔位	2 号岔位	11 号岔位	24 号岔位
铺设日期	2013 年 8 月 22 日	2013 年 10 月 10 日	2012 年 9 月 3 日
结构特征	翼轨为整根贝氏体钢轨	翼轨焊接一段奥贝体钢轨	翼轨焊接一段奥贝体钢轨

7.5.5　75kg/m 钢轨移动闪光焊

目前我国重载铁路钢轨现场焊接方式主要为气压焊和铝热焊,随运量及轴重的不断增加,工地焊接接头伤损日趋严重。工地焊接接头的伤损比例明显高于厂焊接头,气压焊的年度伤损比例最高达 1.71%。焊接接头主要伤损形式为轨头白核、裂纹。钢轨焊接接头平直度明显变差,现场实测焊接接头最大凹陷达 0.9mm,已超出《铁路线路修理规程》的要求(焊缝凹陷不能超过 0.5mm)。随着轴重进一步增加至 30t,年运量增加至 4 亿 t,钢轨焊接接头的伤损必将明显增加,尤其是气压焊、铝热焊等工地焊接接头,由于其技术性能指标相对较低[36],焊接接头的伤损数量必将大幅度增加,无法满足大轴重、大运量重载铁路的运营要求。移动闪光焊焊接性能稳定、焊接质量高,与气压焊、铝热焊等相比,具有明显的优势[37],但我国重载铁路尚未采用移动闪光焊,因此需进行重载铁路移动式闪光焊焊接工艺试验研究,以提高焊接质量,延长焊接接头的使用寿命,减小接头折断率,保证重载列车的安全运营。

针对朔黄铁路主要采用的 75kg/m 的 U78CrV 钢轨,在 60kg/m 钢轨移动闪光焊焊接工艺参数基础上,结合目前国外重载铁路的发展现状,研究提出重载铁路移动闪光焊焊接工艺参数,通过了《钢轨焊接》(TB/T 1632—2014)的型式试验。最终提出朔黄铁路主要采用的 75kg/m 的 U78CrV 钢轨移动闪光焊焊接工艺参数以及工地施工方法。

1. 焊接设备选型及适应性研制

1) 焊机

选用由南车戚墅堰机车车辆工艺研究所有限公司生产的 LR1200 型钢轨闪光焊机,如图 7.5.51 所示。主要技术参数和基本性能如下:

图 7.5.51　LR1200 型钢轨闪光焊机头

(1) 额定电压:电网(380±10%)V(50Hz);发电机组 400V(50Hz)。

额定初级电流(50%负载):540Amps。

额定功率:210kV·A。

额定顶锻力:1200kN。

额定夹持力:2900kN。

可焊接钢轨的最大横截面面积:10000mm² 。

(2) 焊机头内增设独立的推瘤油缸,在拉伸情况下可焊接特长钢轨。

(3) 机头配有自动推凸装置,焊后在热态下立即完成推瘤工作。

(4) 夹紧时沿轨头和断面自动对中。

(5) 可根据各种轨型配置导电钳口及插件。

(6) 焊接接头质量符合《钢轨焊接》(TB/T 1632—2014)要求。

(7) 自动控制连续和脉动闪光焊接参数的计算机控制系统。

(8) 判定焊缝是否合格的计算机监控系统(操作系统),每条焊缝完工后打印输出详细分析数据。

(9) 夹紧油缸水平动作,保证夹紧力均匀一致,与导电钳口磨损无关。

由于目前国内外 75kg/m 钢轨采用移动闪光焊尚属空白,基于 LR1200 型钢轨闪光焊机平台,需研制与 75kg/m 钢轨相配套的钳口、推瘤刀和刀座。

2) 钳口设计

在 LR1200 型钢轨闪光焊机中,钳口的作用是把电流导通到被焊工件(钢轨)的焊接部位上,所以其必须具备良好的导电性、较高的热强度和耐磨性能,才可以保证在高压、高温条件下能正常工作。因此 75kg/m 钢轨的夹紧钳口的设计主要要求夹紧弧面要与钢轨轨腰接触良好,贴合更紧密,增加导电性[38]。

3) 推瘤刀及刀座设计

焊机顶锻阶段完成后接头处会产生焊瘤,需通过推瘤刀对焊瘤进行加工(即推瘤),此目的既可以减少焊接后人工打磨余量,又可以使焊接接头外形成型美观。

因为 75kg/m 钢轨的截面大于 60kg/m 钢轨,其所需要的顶锻力和推瘤力均大于 60kg/m 钢轨。通过理论计算及现场试验,需将 75kg/m 钢轨焊接时的工作压力提高至 15MPa,推瘤压应力提高至 19～20MPa。因此 75kg/m 钢轨的推瘤刀及刀座设计主要是提高强度,防止出现弯曲变形问题。

2. 焊后热处理设备选型及热处理工艺参数

1) 钢轨焊接接头热处理作用

钢轨焊接完成后由于热影响使焊接接头过热区的金属显微组织晶粒粗大,力学性能大幅度下降,反映焊接接头综合性能的落锤试验难以通过现行标准中的要求,严重影响无缝线路的安全使用[39]。

钢轨焊接接头通过焊后热处理,一方面可以细化焊接过热区组织晶粒,提高接头韧性,以保证焊接接头的服役性能要求;另一方面对于热处理钢轨可以对接头再次欠速淬火,恢复接头硬度,降低接头部位的磨耗[40]。为此,我国铁路《钢轨焊接标准》(TB/T 1632—2014)要求:闪光焊和气压焊接头必须进行焊后热处理。

2) 分离式火焰加热

现阶段,我国铁路建设单位和工务养护单位进行现场接头热处理时主要采用气压焊加热器进行氧乙炔火焰正火,如图 7.5.52 所示。人工操作实现加热器挂载、对位、点火、调节气体配比及流量,采用手动或自动摆火,通过人工测温或测量加热时间来控制加热温度,正火后人工摘下加热器并恢复设备。

试验初期,采用 75kg/m 分离式火焰加热器进行钢轨热处理。试验表明,由于 75kg/m 钢轨的截面大于 60kg/m 钢轨,更易造成区域加热不均匀或者部分大截面部位心部无法达到加热温度,出现"未正透"的情况,如图 7.5.53 所示。

这种情况通常出现在轨头和轨底三角区,该区域内部组织没有全部或部分相变,晶粒较粗;硬度检验发现整个截面硬度不均匀;同时由于需要人工控制摆火的宽度及频率,也导致接头质量受影响,尤其是沿钢轨纵向的硬度分布差异突出,甚至有的出现 2 个热影响区(正火区域过窄),致使性能变差。另外现场火焰正火过

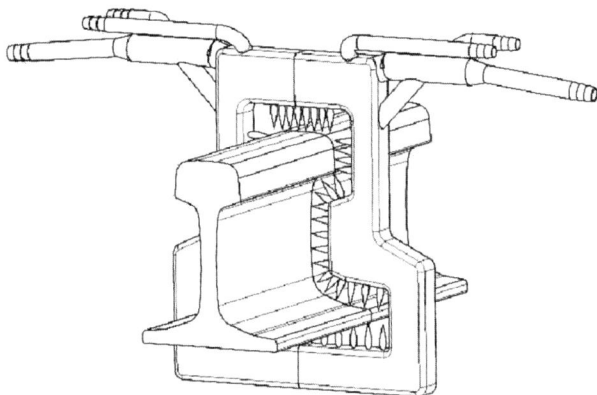

图 7.5.52　分离式火焰加热器示意图

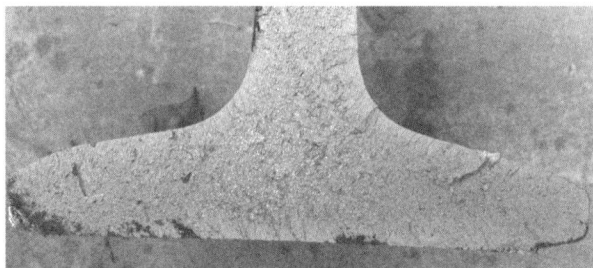

图 7.5.53　火焰正火未正透断面

程中,温度控制主要通过光电测温仪或红外测温仪进行测温或者比对加热时间是否在范围内来进行。由于受火焰的影响,测温结果和实际值相比波动很大,无法有效控制加热效果。另外,各地各批次的氧气和乙炔的纯度和压力均有差异,进行过一些接头的正火之后,气瓶有时也无法提供流量稳定的气体,特别是在野外施工时,温度较低也会影响气体的稳定性,同样无法有效控制加热效果。由于现场工况和作业环境差,钢轨正火时的加热速度和冷却速度受人为因素影响较多,导致正火质量波动大,另有部分施工单位控制正火温度主要通过工人"看火"来掌握加热状态,受外界环境及人为经验影响极大。此外,火焰正火需要工人不断地搬运气瓶、冷水柜、氧气带以及加热器等,劳动强度很大。乙炔气瓶属于装运危险品的压力容器,在火焰正火时还经常发生回火等,这都给乙炔的使用带来很大的危险因素。氧气乙炔的消耗很快,也为后勤保障带来了很大的压力,增加了施工成本。

　　3) 中频感应线圈加热

　　为改变现场接头热处理落后现状,中国铁道科学研究院与南车戚墅堰机车车

辆工艺研究所有限公司成功联合研制出中频感应线圈加热焊后热处理设备,于
2012 年 9 月 5 日通过铁道部评审,并在济南局获得试用好评。该设备提供一种可
以使感应线圈快速分离或闭合的钢轨焊接接头感应加热的装置,使钢轨焊接接头
感应加热线圈在不使用时可以左右分离,这样分开的线圈可以跨越钢轨,从而解
决了现场钢轨焊接接头感应线圈的安装与拆卸问题。采用液压方式,将感应加热
线圈自动闭合,确保线圈回路通过中频强电流,从而获得所需要的加热效果,保证
钢轨焊接接头焊缝加热过程的均匀性。

　　与火焰正火相对比,感应正火采用涡流加热,通过改变正火频率,可快速提高
加热速度,并能避免钢轨内部加热不到位的问题[41]。感应加热采用非接触式红外
探头测量正火温度,由于感应加热没有火焰干扰,所以测温准确,温度一旦达到要
求,即可停止加热,从而保证了正火温度的重现性和可控性。感应正火一般仅需3～
4min 即可完成,热效率高,生产效率高,使用的为清洁能源,也符合我国环保策略。
同时,感应正火改善了设备可维护性,减少人为干扰因素,降低了工人的劳动强度。

　　4）正火工艺参数

　　移动式钢轨接头热处理系统可形象地观察钢轨加热温度、频率、加热时间、功
率及正火日期,热处理系统操作界面如图 7.5.54 所示。图 7.5.55 中正火操作系
统细分为 10 个阶段,满足钢轨不同截面厚度均能均匀受热,每个阶段可单独设定
温度及时间。正火操作系统记录试件数据并绘制曲线,如图 7.5.56 所示。通过
红外测温仪采集实时钢轨加热温度来控制正火装置动作,待温度合适后,控制关
闭中频电源,开始快速喷风以满足《钢轨焊接》(TB/T 1632－2014)中钢轨硬度指
标要求。

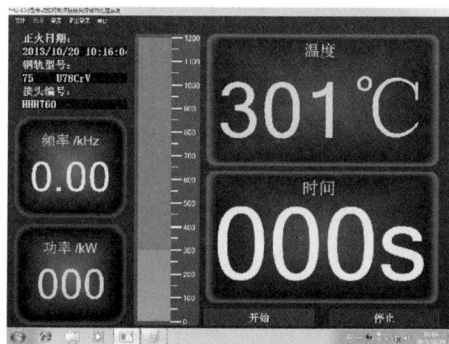

图 7.5.54　钢轨热处理系统操作界面

　　考虑涡流的集肤效应,在钢轨表面富集电流产生热量,故轨角先热而轨头通
过表面热传导加热。YZH-160 感应正火装置的红外测温设备采集轨头温度,优选
对比后,选用轨头 820℃作为正火终了温度。

图 7.5.55　正火型检工艺参数

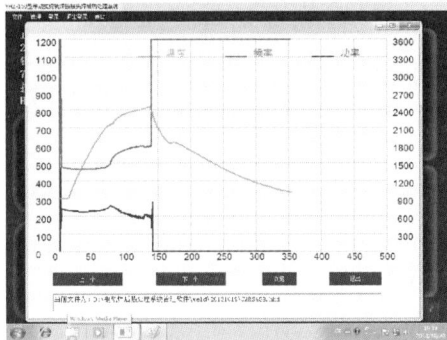

图 7.5.56　正火记录曲线

3. 移动式闪光焊焊接工艺参数研究

1) 母材化学成分分析

攀钢集团有限公司(简称攀钢)先后研制成功了 60kg/m 和 75kg/mU78CrV 钢轨,采用铬、钒等合金元素强化钢轨。75kg/m U78CrV 热处理钢轨在小半经曲线铺设使用,其耐磨性能明显优于 U75V 热处理钢轨[42]。U78CrV 钢轨的化学成分见表 7.5.20。

表 7.5.20　U78CrV 钢轨化学成分[43]

牌号	化学成分/%									
	C	Si	Mn	P	S	V+Nb+Ti+ Cr+Ni+Mo	Cu	Sn	Sb	Cu+ 10Sn
U78CrV	0.72 ~0.82	0.50 ~0.80	0.70 ~1.05	≤0.025	≤0.025	≤0.70	≤0.15	≤0.040	≤0.020	≤0.35

钢轨抗拉强度、耐磨性及硬度随着含碳量的增加而增加,含碳量是影响钢轨焊接工艺的主要因素,含碳量高,激发闪光时就需要较大的接触电压。为了获得良好的加热效果,采用快速送进及较长时间的加热方式,这一点对调整工艺参数时具有参考价值。

锰可以提高钢的强度和韧性,去除有害的氧化铁和硫夹杂物,硅易与氧化合,故能去除钢中气泡,增加密度,使钢质密实细致。磷与硫在钢中均属有害成分,残留元素含量超标容易对焊接质量产生影响,尤其是 P、S 元素超标,容易引发焊接缺陷。

2) 焊接工艺的选择

通过对钢轨化学成分及力学性能的分析,以脉动闪光焊工艺为主体,前期加热采用预热闪光焊工艺,二者相结合作为本次参数调试的基准。

焊接工艺参数是指焊接时为保证焊接质量而选定的各物理量的总称。LR1200 焊接工艺参数包含位移、时间、电压、电流、速度、顶端量等。这些工艺参数选择正确与否,直接影响着焊缝形状和尺寸、焊接质量及生产率。LR1200 闪光焊机工艺参数设置界面如图 7.5.57 所示。

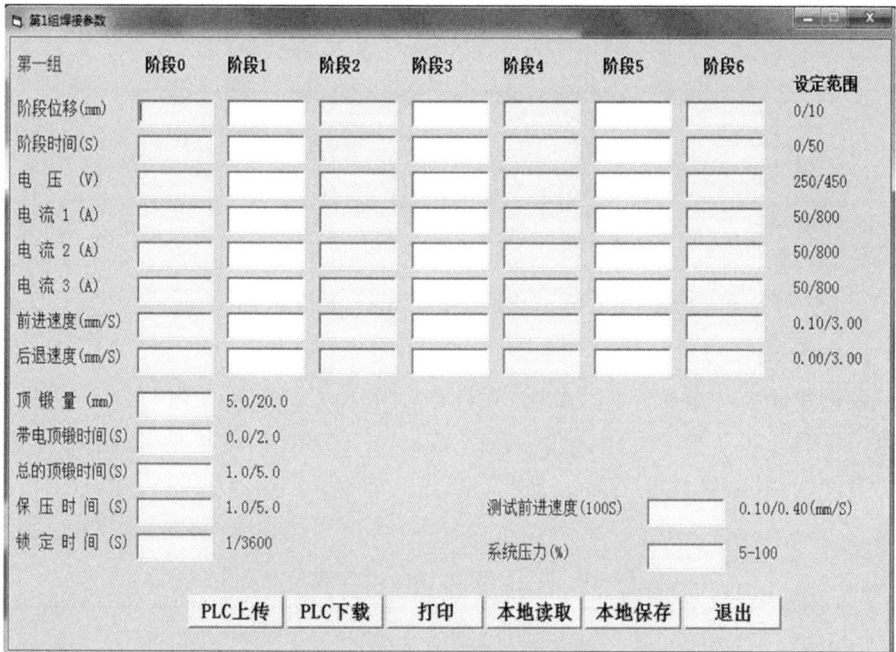

图 7.5.57　工艺参数设置界面

焊接过程的整体控制方式包括三种:阶段位移控制、阶段时间控制和二者联合控制。

（1）阶段位移控制。

采用阶段位移控制时，阶段时间可设置为最大值，屏蔽阶段时间的控制。阶段位移是焊接过程中位移传感器的变化量，可以理解为钢轨在此阶段的烧化量，它是根据每个阶段的位移变化量（烧化量）执行焊接过程，当焊接过程中的钢轨烧化量达到参数的设置值时，焊接自动进入下一个阶段，直至钢轨的烧化量达到七个阶段设置的阶段位移总和，进入顶锻阶段。特点是焊接完成时间不同，阶段位移量不易掌握，端面温度状态及梯度不易掌握，受待焊钢轨的端面垂直度影响较大。参数调试过程中一般不采取此方式。

（2）阶段时间控制。

采用阶段时间控制时，阶段位移可设置为最大值，屏蔽阶段位移的控制。阶段时间是焊接过程每个阶段完成时间，它是根据每个阶段的时间多少执行焊接过程，当焊接过程中的时间达到参数设置值时，焊接自动进入下一个阶段，直至焊接时间达到七个阶段设置的阶段时间总和，进入顶锻阶段。特点是阶段位移量（烧化量）不同，端面温度状态及梯度容易掌握，参数调试过程中一般采取此方式。

（3）阶段位移和阶段时间联合控制。

采用阶段位移和阶段时间联合控制时，可设定阶段位移和阶段时间都在允许数值范围内，焊接过程中，有一个参数达到设定值时焊接自动进入下一个阶段直至焊接完成，进入顶锻阶段。特点是双重控制模式，过程不易掌握，参数调试过程中一般不采取此方式。

3）焊接工艺参数调试

（1）调试思路。

针对重载轨及现场需要克服 500m 长轨拉力，提高输出压力参数百分比（50%升至 60%），增加夹紧油缸与顶锻油缸输出压力，而顶锻压力提高将影响整个焊接过程，脉动电流及顶端量都会相应升高。母材含碳量提高，钢轨的可焊范围就变窄，调试工艺特点初设为前期脉动投入大热量，低速加热闪平烧化，延长大电流顶锻时间保证接头温度，配以大顶锻量完成焊缝间原子弥散结合实现焊接。

调试中提取某一关键工艺因素，其余参数不变的前提下，综合分析缺陷、金相及断口撕裂状态，对比选取最佳工艺参数组合以满足落锤型式检验要求。

（2）工艺参数调试。

首先根据经验判断焊接曲线是否正常，避免出现断火、短路、打滑及断闪等异常故障，然后宏观观察断口组织晶粒粗细大小及灰斑等缺陷，理论分析其形成原因；其次在焊头落锤试验的断口可以直观地看到灰斑缺陷，灰斑多出现在钢轨轨腰以下部位，尤其轨底两侧出现概率高。采用较慢的烧化速度，降低二次电压，保证激烈而稳定的闪光过程，提高顶锻量和顶锻力等均有利于减少灰斑的出现概率和个体大小；同时要避免在试验过程中出现夹杂问题。钢轨焊缝的夹杂缺陷源于母材,焊接端面顶锻前状况不良时也会产生夹杂缺陷。焊缝中的夹杂物主要有氧化物和硫化物。氧化物的夹杂主要成分是 SiO_2 以及 MnO、Al_2O_3 等,多以硅酸盐形式存在,常会引发焊缝热裂纹。接头中存在夹杂成分,落锤往往一锤断或者母材断裂。

在工厂内进行约 150 根接头的试焊,提出的焊接工艺参数见表 7.5.21。

表 7.5.21　焊接工艺参数

项　目	阶段 0	阶段 1	阶段 2	阶段 3	阶段 4	阶段 5	加速	顶锻量/mm	11.5
阶段位移/mm	10	10	10	7	5	6	1.2	带电顶锻时间/s	0.5
阶段时间/s	35	40	50	6	10	5	2	总的顶锻时间/s	3
电压/V	400	370	345	360	380	380	380	保压时间/s	3
电流 1/A	250	300	230	200	200	200	250	锁定时间/s	3
电流 2/A	400	550	400	300	450	550	550	—	
电流 3/A	500	650	500	500	550	650	650	—	
前进速度/(mm/s)	1.4	3	2.5	0.8	0.4	0.7	1.2	测试前进(100s)	0.2
后退速度/(mm/s)	0.7	1.6	1.2	0.35	0.1	0.1	0.1	系统压力/%	60

4) 型式检验

采用戚墅堰焊接试验中连续 15 根未断工艺,进行试焊落锤[44],分析断口进一步优化工艺参数。分析其中两根不合格试件,检查断面轨角底部均存有过烧组织,且 092801 试件中过渡阶段 3 出现断闪现象,故利用增加顶锻量排挤出焊缝残留过烧组织,延长阶段 3 时间减小闪光过程中断闪概率,修改后参数见表 7.5.22,其落锤试验结果见表 7.5.23。通过焊接工艺参数微调确定型检参数,在落锤过程中连续 15 根未断,通过落锤型式检验。

表 7.5.22　焊接型检参数

项目	阶段 0	阶段 1	阶段 2	阶段 3	阶段 4	阶段 5	加速	顶锻量/mm	12.5
阶段位移/mm	10	10	10	7	5	6	1.2	带电顶锻时间/s	0.5
阶段时间/s	35	40	52	15	6	5	2	总的顶锻时间/s	3
电压/V	400	370	345	360	380	380	380	保压时间/s	3
电流 1/A	250	300	230	200	200	200	250	锁定时间/s	3
电流 2/A	400	550	400	300	450	550	550	—	
电流 3/A	500	650	500	500	550	650	650	—	
前进速度/(mm/s)	1.4	3	2.5	0.8	0.5	0.8	1.2	测试前进(100s)	0.2
后退速度/(mm/s)	0.7	1.6	1.2	0.35	0.1	0.1	0.1	系统压力/%	60

表 7.5.23　焊接接头落锤结果

接头编号	落锤结果	断口	是否正火	高度/m
092705	2 锤未断	无	是	6.4
092706	2 锤未断	无	是	6.4
092707	2 锤断	母材断	是	6.4
092708	2 锤断	焊缝未断	是	6.4
092709	2 锤断	母材断	是	6.4
092800	4 锤未断	无	是	3.8
092801	4 锤断	轨中 2 * 6	是	3.8
092802	5 锤断	无灰斑	是	3.8
落锤型式检验				
092906	2 锤未断	无	是	3.8
092907	2 锤未断	无	是	3.8
092908	2 锤未断	无	是	3.8
093001	2 锤未断	无	是	3.8
093003	2 锤未断	无	是	3.8
093004	2 锤未断	无	是	3.8
093005	2 锤未断	无	是	3.8
093006	2 锤未断	无	是	3.8
093007	2 锤未断	无	是	3.8
093008	2 锤未断	无	是	3.8
093101	2 锤未断	无	是	3.8
093102	2 锤未断	无	是	3.8
093103	2 锤未断	无	是	3.8
093104	4 锤断	无灰斑	是	3.8
093105	4 锤断	无灰斑	是	3.8

4. 钢轨焊接现场试验

为验证提出的移动闪光焊焊接参数,在朔黄公司选择一试验段进行钢轨焊接试验。试验段为一条曲线,其曲线参数见表 7.5.24。

表 7.5.24　焊接接头试验段曲线

起讫里程	半径/m	长度/m	缓和曲线/m	超高/mm	坡度/‰
K66+160.84 ~K66+777.34	600	616.5	140	75	10.8

焊接施工方案采用 25m 轨线下焊接与线上锁定焊接方案。线下焊接:将 25m 钢轨在线下焊接成长轨条。将 25m 钢轨预先放置在砟肩,然后逐个焊接。在一个封锁点(4h)内可焊接 8～10 个接头,钢轨的热处理、精磨在下个封锁点内完成,约需 6 个天窗。在整个长轨条焊接完成后,开始进行线上锁定焊接。线上锁定焊接:在天窗点换铺长轨条,并将长轨条焊联入无缝线路,在长轨条的始终端与已铺相邻单元轨条直接焊连,线上锁定焊接需 2 个天窗。整个焊接施工需 8～10 个天窗[45]。

1) 线下焊接

利用天窗时间将 25m 钢轨在线下焊接成长轨条,共焊接约 60 个接头。线下焊接、正火与精磨采用流水作业,在一个天窗点内进行焊接,同时对上一天窗内的焊接接头进行正火处理和精磨作业。线下焊接施工工艺流程如图 7.5.58 所示。线下钢轨焊接、热处理如图 7.5.59 和图 7.5.60 所示。

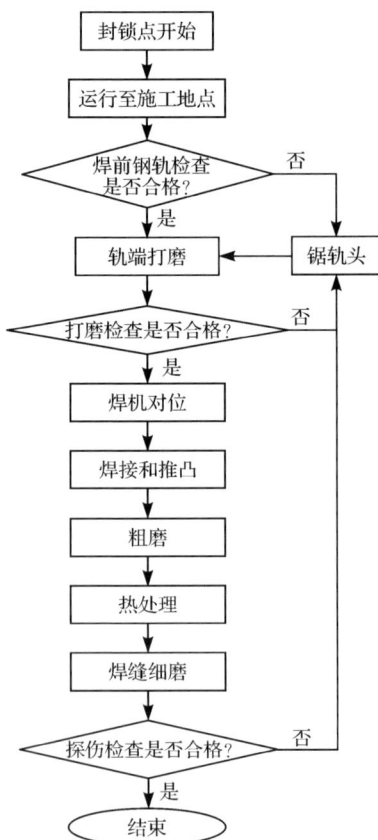

图 7.5.58　线下钢轨移动闪光焊工艺流程图

图 7.5.59　线下钢轨焊接

图 7.5.60　线下焊接接头热处理

2) 工地锁定焊接

线下将 25m 钢轨焊接成长轨条后,利用天窗时间进行无缝线路长轨条的铺设,并将新铺单元轨条的始终端与已铺相邻单元轨条始端或终端直接焊连。利用下一个天窗进行焊接接头的正火处理与精磨工作。

工地焊接锁定时,轨温应在锁定轨温范围内,并与相邻两单元轨条的锁定轨温差不超过 5℃。原平分公司管内无缝线路锁定轨温为(28±5)℃,在进行焊接锁定时,需在轨温适宜时方可进行锁定焊接。工地锁定焊轨作业步骤与要求同线下焊接,始端钢轨焊接可采用移动闪光焊,终端钢轨焊接工具天窗时间选择移动闪光焊或铝热焊。在本次试验中,由于天窗时间限制,终端钢轨焊接采用铝热焊。

工地焊接锁定施工流程如图 7.5.61 所示。

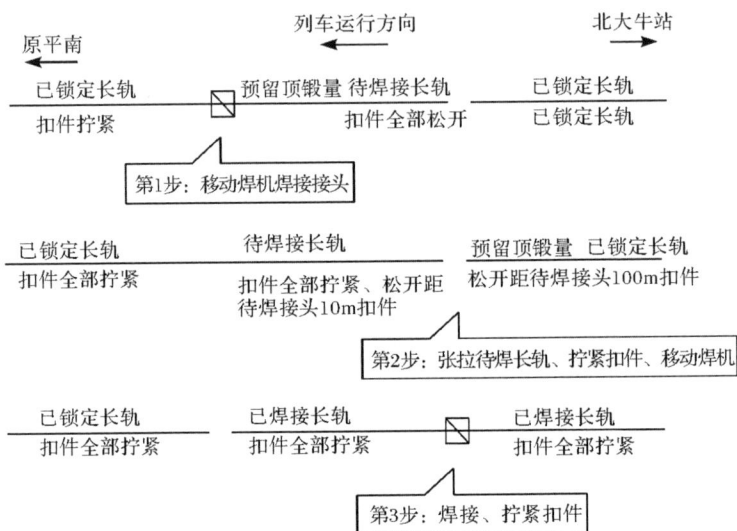

图 7.5.61　工地焊接锁定施工流程

5. 小结

随运量的增加,朔黄铁路钢轨焊接接头已出现一定程度的伤损。工地焊接接头的伤损比例明显高于厂焊接头,钢轨焊接接头平直度明显变差,现场实测焊接接头最大凹陷达 0.9mm,已无法满足重载铁路的运营要求。

针对朔黄铁路主要采用的 75kg/m 的 U78CrV 钢轨,在 60kg/m 钢轨移动闪光焊焊接工艺参数基础上,结合目前国外重载铁路的发展现状,研究提出重载铁路移动闪光焊焊接工艺参数,并结合试验段的实际现状,提出了工地锁定焊接施工技术方案和技术要求。

(1)结合国内 LR1200 型钢轨闪光焊机,设计提出了与 75kg/m 钢轨相匹配的钳口夹紧钳口与钢轨轨腰接触、贴合更紧密,增加导电性。

(2)提高了推瘤刀及刀座强度,防止出现弯曲变形问题,既减少焊接后人工打磨余量,又可以使焊接接头外形成型美观。

(3)焊接接头热处理采用中频感应线圈加热焊后热处理技术,保证钢轨焊接接头焊缝加热过程的均匀性,提出了针对 75kg/m 钢轨的正火技术参数,对钢轨加热温度、频率、加热时间、功率等各参数进行了调整,通过大量的试验对比,选择轨头 820℃作为正火温度,可提高焊接接头的显微组织和晶粒度。

(4)结合 75kg/m 钢轨的材质和断面特点,对焊接参数进行了优化调整,提出了焊接参数中合理的阶段位移、时间、电压、电流、速度、顶端量,减小断面灰斑产生概率,提高了焊接质量。

（5）提出了移动闪光焊焊接工艺技术要求,对钢轨焊前检查与处理、焊前除锈、焊接与推凸、粗磨、精磨以及平直度提出了严格的控制指标,可提高焊接接头的焊接质量。

（6）在朔黄铁路 $R600m$ 曲线进行了钢轨焊接试验,共焊接了 50 个接头,其中线下焊接接头 48 个,线上焊接接头 2 个,于 2013 年 10 月 31 日进行了上道焊接施工,目前使用状态良好。

7.5.6　轮轨型面匹配

以朔黄铁路直线为例,采用实践与理论分析相结合的方式,通过现场调研、型面测量和分析,确定当前型面匹配中存在的主要问题。针对具体问题进行钢轨型面设计,继而进行静、动态接触评估,验证所设计型面的力学特性。

1. 轮轨型面现状

通过多次对朔黄铁路轮轨型面状态现场调研[46],发现以下问题:

（1）直线和曲线区段钢轨表面均存在明显的接触疲劳,部分直线区段,轨距角形成明显的塑性流动或侧面磨耗。

（2）部分区段轮轨型面匹配出现较高的等效锥度（>0.5）,这不仅降低车辆直线稳定性,而且增加轨下基础所承担的横向荷载。

（3）新 75kg/m 钢轨与新车轮踏面和磨耗后的车轮踏面匹配时,均表现出不合理的匹配参数。

（4）直线钢轨寿命约为北美铁路钢轨平均寿命的 53%。小半径曲线（$R\leqslant$ 600m）钢轨寿命约为北美同类使用条件下钢轨寿命的 40%,钢轨侧磨是决定钢轨寿命的主要原因。

（5）钢轨打磨、润滑等维修技术手段不能及时应用。

（6）车轮踏面存在明显的不对称磨耗,缩短镟轮周期,降低使用寿命。

2. 钢轨表面状态和型面测量

1）钢轨表面状态

图 7.5.62 展示了钢轨轨距角和轨肩处的接触疲劳和塑性变形,由此说明列车通过时在此处形成较大的接触应力和切向力。在多个区段发现类似问题,主要原因归结于较扁平的轨顶。

为消除钢轨表面病害,朔黄铁路配备了钢轨铣磨车,对钢轨顶面进行铣磨。铣磨刀盘外形相对固定,且难以消除对轨距角伤损,图 7.5.63 展示了铣磨后的钢轨表面。因此,有必要设计合理的钢轨打磨模板,消除轨距角和轨肩伤损,并利用钢轨打磨设备（打磨车）实现设计模板。

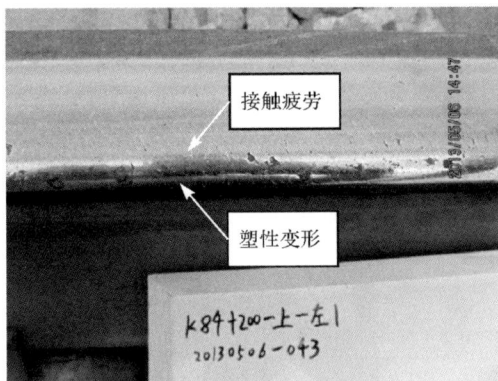

图 7.5.62　钢轨表面状态

图 7.5.63　铣磨后钢轨表面

现场调研中未发现车轮踏面扁疤,但车轮踏面的不对称磨耗异常明显,这势必影响车辆在直线和曲线上的动力学性能[47]。

2)型面测量

为全面分析现有的轮轨接触状态,测量 C64、C70 和 C80 三种车辆类型的车轮踏面,表 7.5.25 列出了测试车辆类型和数量。表 7.5.26 列出了原平分公司和肃宁分公司管内的钢轨型面测量里程和数量,涵盖了多处不同下部基础结构的直线区段,以及不同半径曲线区段。所测轮轨型面数据能够反映朔黄铁路车轮和钢轨型面磨耗和分布特点。

表 7.5.25　踏面类型和数量

类型	C64	C70	C80	新轮	碹修前	碹修后	总数
踏面数量	160	200	200	10	20	40	630

表 7.5.26　钢轨型面和位置

原平分公司				肃宁分公司			
里程	线型	数量	上下行	里程	线型	数量	上下行
K68	$R600$	6	上	K384+900	$R1000$	6	上
K68+600	直线	6	上	K385+500	$R1000$	6	上
K68+600	直线	6	下	K386+200	直线	6	上
K69+200	$R1000$	6	上	K391+200	$R1000$	6	上
K72+000	直线	6	上	K392+800	$R1000$	6	上
K73+600	$R2000$	6	上	K393+500	直线	6	上
K73+600	$R2000$	6	下	K395+400	直线	6	上
K77+200	$R800$	6	上	K412	$R800$	6	上
K84+200	直线	6	上	K412+700	直线	6	上
K86+500	$R500$	6	上	K412+700	直线	6	下
K87+800	直线	6	上	K414+400	$R2000$	6	上
K87+800	直线	6	下	K414+400	$R2000$	6	下
K89+400	直线	6	上	K492+550	$R5000$	6	上
K91+300	$R1000$	6	上	K492+550	$R5000$	6	下
K100+800	直线	6	上	K493+300	直线	6	上
K100+800	直线	6	下	K506+400	直线	6	上
K105	直线	6	上	K516+600	直线	6	上
K108+200	直线	6	上	K516+600	直线	6	下
K108+200	直线	6	下	K519+700	直线	6	上
K113	直线	6	上	K519+700	直线	6	下
总数	—	120	—	总数	—	120	

3. 型面分析

1) 车轮型面

轮缘厚度和高度是车轮踏面外形的主要评价参数。以名义滚动圆位置(距轮背 70mm 处)为参考点计算轮缘高度,轮缘顶以下 14mm 处为参考点计算轮缘厚度。图 7.5.64 展示了 3 种车型车轮踏面评价参数的分布规律。由图可见,3 种车型轮缘高度普遍大于设计值(27mm),说明轮缘顶部磨耗轻微,踏面磨耗占主导。C64 车轮轮缘高度普遍高于 C70 和 C80,说明 C64 车轮踏面磨耗较为严重。部分

C70 车轮轮缘高度小于设计值,预示着轮缘顶部磨耗。此外,C70 车轮轮缘厚度明显小于 C64 和 C80,今后将继续测量 C70 车轮踏面,进一步关注 C70 横向稳定性问题。

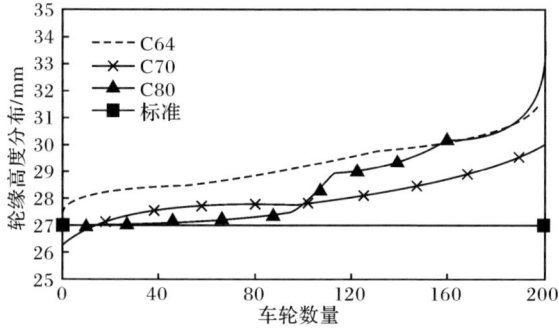

(a) 轮缘高度

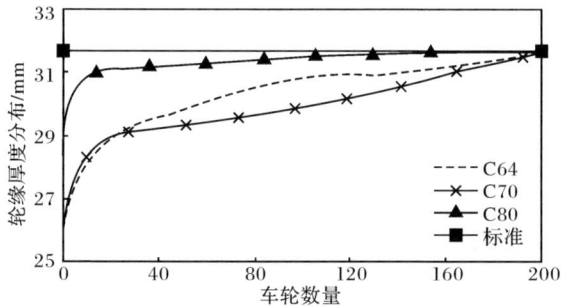

(b) 轮缘厚度

图 7.5.64 车轮踏面评价参数的分布

车轮踏面磨耗外形存在明显的对称性,如图 7.5.65 所示。同一轴上左右侧车轮名义滚动圆差约为 1mm,轮缘厚度差约为 2mm,轮根部差约为 4mm。以此轮对为例,若磨耗严重的轮缘根部与曲线外股接触,将无法提供足够的轮径差引导轮对顺利通过曲线。

目前尚没有维修标准对不对称外形的限值进行规定。据北美资料介绍,车轮踏面产生不对称磨耗后,车轮寿命降低 30%。

2) 钢轨型面

图 7.5.66 所示钢轨更换于 2007 年 11 月,钢轨垂向磨耗 2~3mm,轨肩处金属堆积,形成明显的塑性变形和接触疲劳,这是轨顶过于扁平、轮缘根部频繁接触轨肩所致。

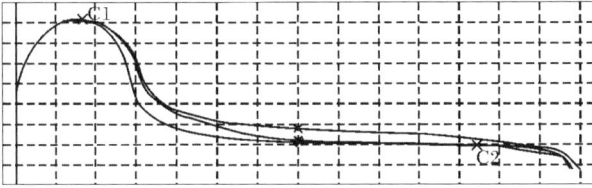

图 7.5.65　踏面非对称磨耗

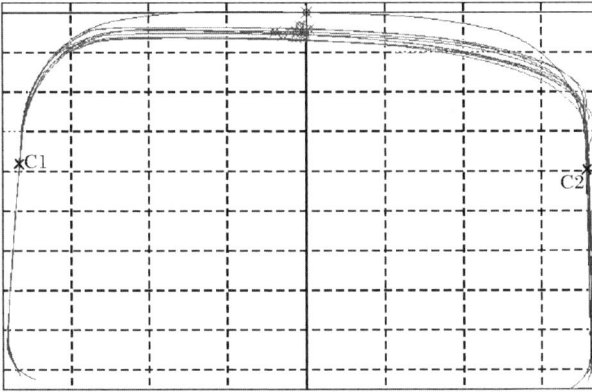

（a）钢轨型面

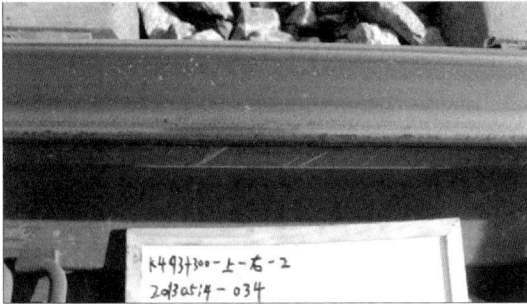

（b）钢轨表面

图 7.5.66　钢轨型面

　　2012 年更换的钢轨表现出类似的磨耗特征，因此，迫切要求设计合理的钢轨型面，减小此类不合理接触伤损的不断发展，以免影响行车安全。

4. 型面设计

　　钢轨打磨一般主要实现以下目的[48]：①消除钢轨波磨；②去除钢轨表面伤损；

③恢复钢轨外形。

根据朔黄铁路轮轨型面现状,设计适用于直线和大半径曲线($R>3000\mathrm{m}$)区段的钢轨型面。设计目标如下:

(1)多数车轮踏面与目标钢轨型面接触时,应保持适当的等效锥度,保证稳定性。

(2)多数车轮踏面与目标钢轨型面接触时,接触应力应低于目前新轨水平,降低磨耗和接触疲劳。

(3)现有型面与目标差异不宜较大,避免过多的金属被去掉。

基于以上设计目标,设计出钢轨打磨模板,如图 7.5.67 所示。以 K100+800里程处钢轨为例,对比现有钢轨型面与打磨模板间的差异,轨肩形成塑性变形的钢轨型面与打磨模板具有明显差异。

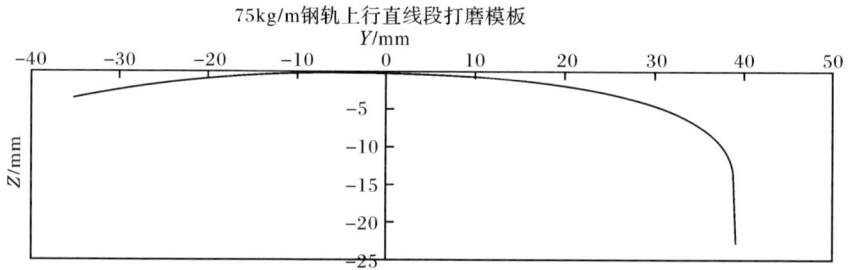

图 7.5.67　钢轨打磨模板

车轮与现有钢轨型面接触时,接触点位于轨肩处;车轮与打磨模板接触时,接触点位于轨顶中心,如图 7.5.68 所示。

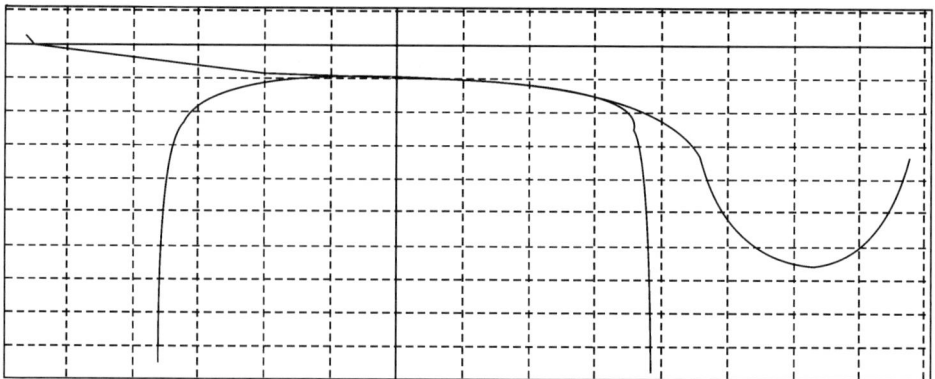

(a)车轮与现有钢轨型面

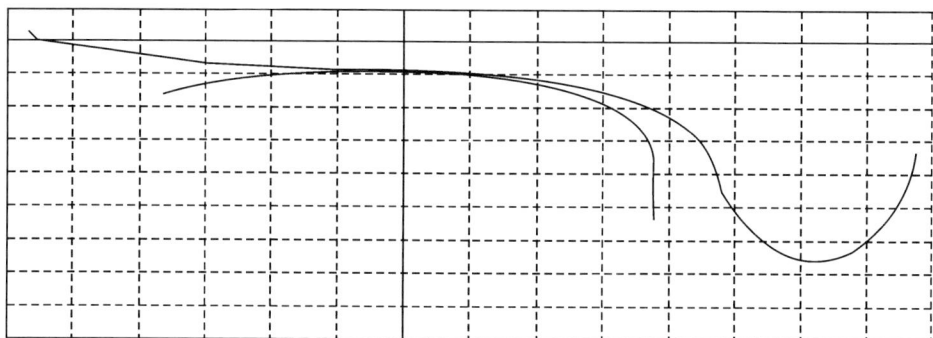

（b）车轮与打磨模板

图 7.5.68　接触模式对比

5. 接触评估

为分析打磨模板的力学性能，选取 K105、K113 和 K519 三处既有钢轨型面和新 75kg/m 为对比基准，对比分析上述四种钢轨型面和打磨模板与车轮型面接触时的等效锥度、接触应力和安定极限。

1）等效锥度

等效锥度是车辆稳定性的重要指标之一，其计算方法如式(7.5.3)所示，通常用其评估列车直线稳定性，较大的等效锥度将降低车辆稳定性[49]。

$$\lambda_e = \frac{r_R - r_L}{2y_w} \qquad (7.5.3)$$

为保证列车具有良好的稳定性，等效锥度一般处于 0.3～0.35。图 7.5.69 展示了三种类型车辆车轮踏面与五种钢轨型面对比时，等效锥度分布规律。图中横坐标为等效锥度，纵坐标为小于某锥度的车轮踏面百分比。可见，80% 的车轮与打磨模板接触时，等效锥度不大于 0.2。大部分车轮踏面与新轨接触时，等效锥度处于 0.2～0.3，对 C80、C70 和 C64 车轮踏面与新轨接触时，分别有 27%、17% 和 42% 的车轮踏面超过 0.3。车轮踏面与磨耗后钢轨型面接触时，产生的等效锥度更大，部分已超过 0.5。

2）接触应力

直线区段运营过程中轮对在一定范围内横移，计算横移 5mm 范围内与钢轨的接触应力。采用赫兹接触计算轮轨间的接触应力，计算公式为[50]

$$P_0 = \frac{2N}{3\pi ab} \qquad (7.5.4)$$

式中：N 为荷载；πab 为接触面积。

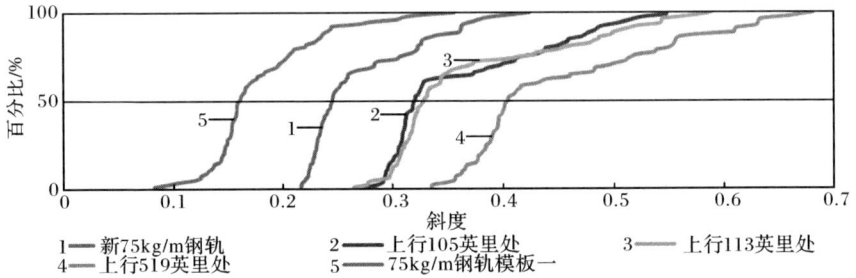

1━新75kg/m钢轨　　　　　2━上行105英里处　　　　　3━上行113英里处
4━上行519英里处　　　　　5━75kg/m钢轨模板一

(a) C80

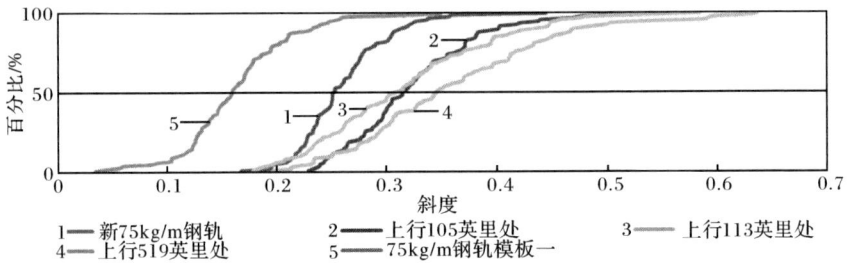

1━新75kg/m钢轨　　　　　2━上行105英里处　　　　　3━上行113英里处
4━上行519英里处　　　　　5━75kg/m钢轨模板一

(b) C70

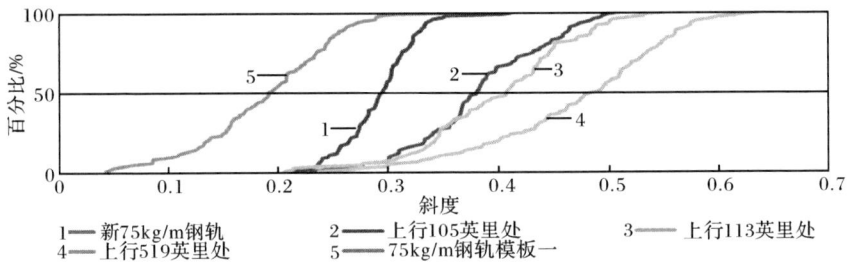

1━新75kg/m钢轨　　　　　2━上行105英里处　　　　　3━上行113英里处
4━上行519英里处　　　　　5━75kg/m钢轨模板一

(c) C64

图7.5.69　等效锥度分布

　　图7.5.70描述了车轮分别与打磨模板和新轨接触时接触应力幅值和分布。与打磨模板接触时,接触点主要分布于轨顶中间,分布范围约为20mm,接触应力绝大部分小于1500MPa。与新轨接触时,接触点主要分布于轨肩,分布范围约为10mm,绝大部分接触应力处于1500~2250MPa,最大值达4000MPa。

　　图7.5.71详细描述了打磨模板、新轨和K113+400三种钢轨型面接触应力比例分布规律。由图可见,打磨模板可有效降低接触应力,减缓接触疲劳的形成。

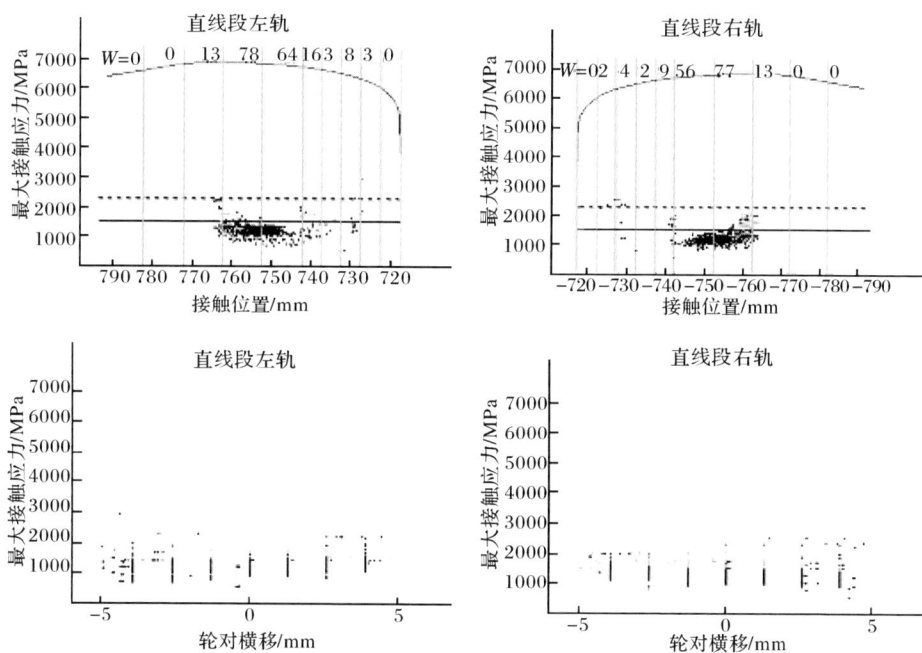

（a）车轮型面与打磨模板接触

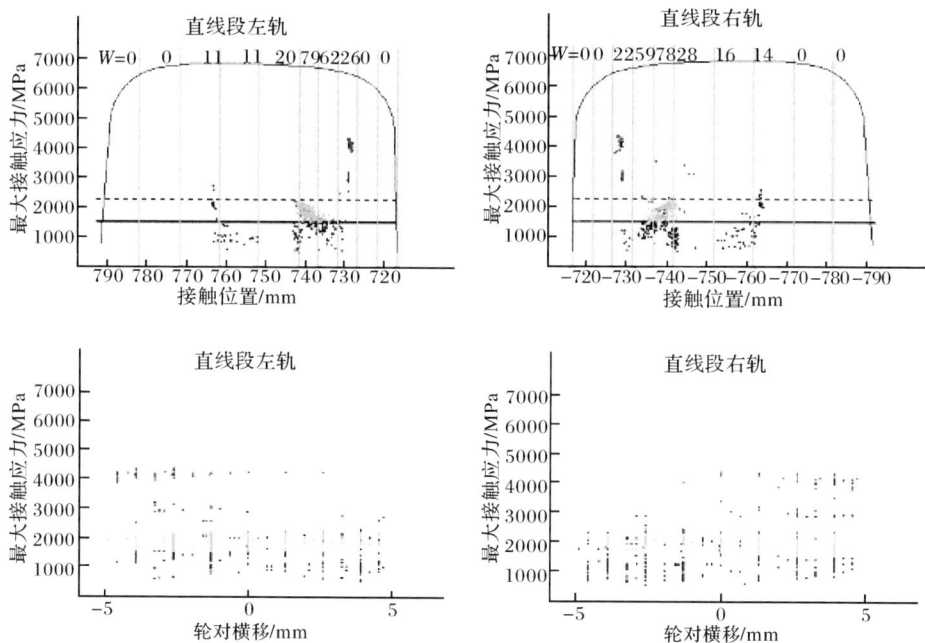

（b）车轮型面与新轨接触

图 7.5.70　接触应力

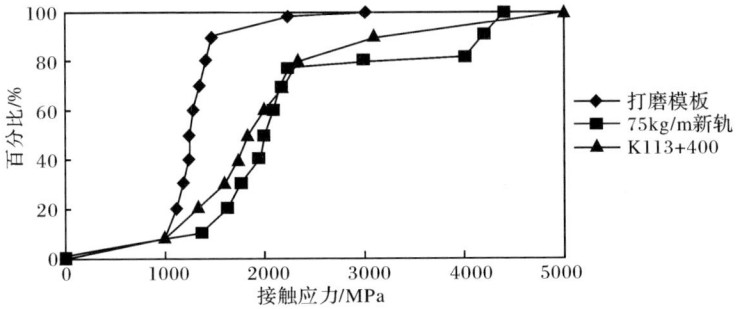

图 7.5.71　接触应力比例

3) 安定极限

轮轨接触应力属三向压应力,不宜将屈服极限直接作为接触疲劳的判定标准。通常采用安定极限法评价钢轨表面发生接触疲劳破坏的概率[51],如图 7.5.72 所示,图中横坐标为切向力与法向力之比,纵坐标为接触应力与剪切屈服极限之比。

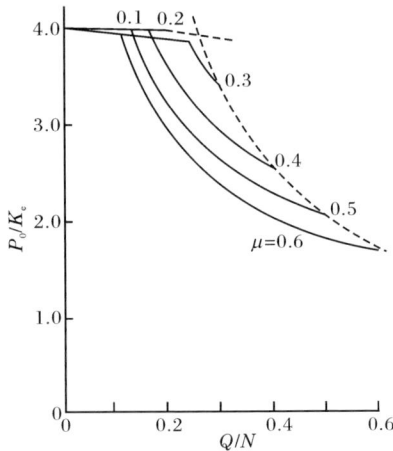

图 7.5.72　安定极限

图 7.5.73 描述了新轨、K113、K519 和打磨模板四种钢轨型面的安定极限计算结果,由图可见,与打磨模板接触时,83%的接触工况小于安定极限;与新轨接触时,仅有 38%的接触工况小于安定极限。打磨模板可有效减缓接触疲劳的形成。

6. 仿真计算

采用动力学软件 NUCARS 建立货车模型,对比分析打磨模板的动力学性能。货车悬挂参数、轮轨型面和轨道几何不平顺是动力学分析的关键输入参数。

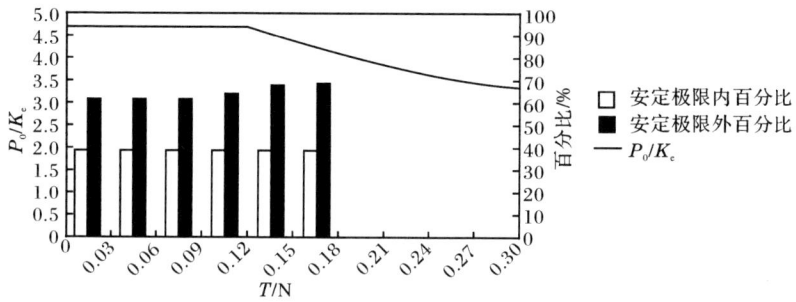

（a）新轨

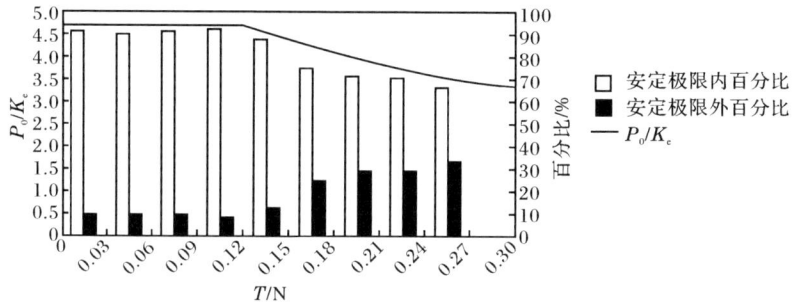

（b）K113

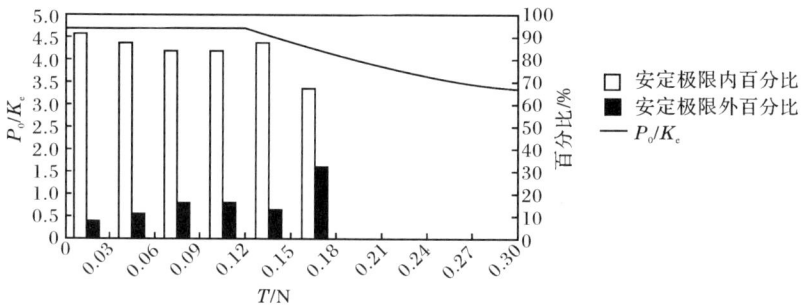

（c）K519

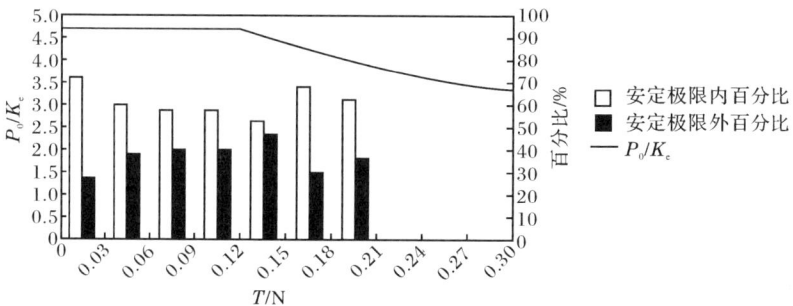

（d）打磨模板

图 7.5.73　安定极限结果

1) 货车悬挂参数

在车辆厂内进行振动试验,通过测取车体不同振型及其频率确定以下动力学参数[52]:

(1) 车体转动惯量、质心。

(2) 二系横向和垂向刚度。

(3) 一系横向和垂向刚度。

2) 轮轨型面

选取代表性轮轨型面进行动力学计算,如图 7.5.74 所示。

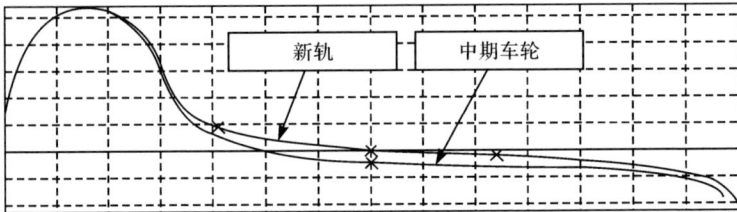

图 7.5.74　车轮型面

钢轨型面分为四种:①新轨;②K113;③K519;④打磨模板。

3) 轨道不平顺

分析轨检车测试数据,根据不平顺幅值,将轨道不平顺分为平均和较差。K254~K255+800 里程范围的不平顺数据作为平均等级不平顺。

以上动力学参数确定后,以轮轨横向力、轮轨垂向力、减载率、脱轨系数和车体加速度作为动力学指标,评价打磨模板的动力学性能。

图 7.5.75 展示了计算结果。可见,轮轨型面组合对横向动力学指标的影响程度明显大于垂向。在各速度范围内,打磨模板对应的轮轨横向力明显小于其他钢轨型面,脱轨系数和横向加速度不同程度地小于其他钢轨型面,因此,打磨模板具有良好的动力学性能。

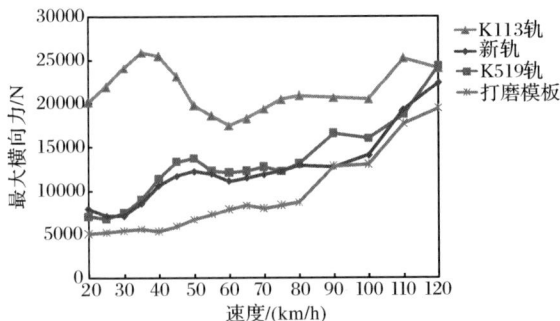

(a) 最大横向力

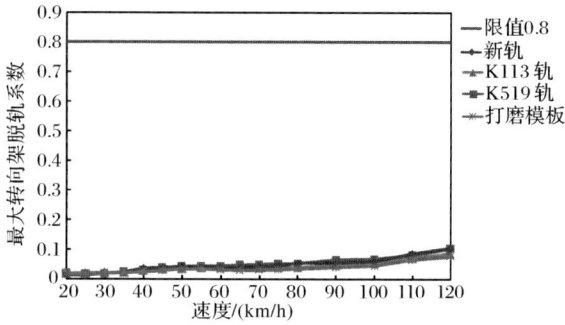

（b）最大转向架脱轨系数

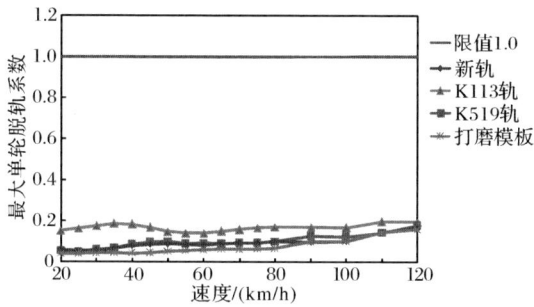

（c）最大单轮脱轨系数

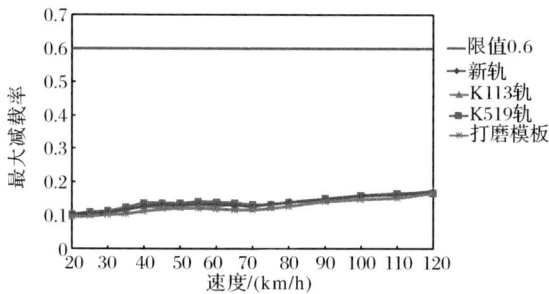

（d）最大减载率

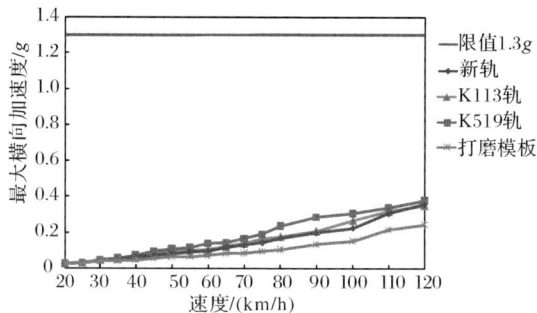

（e）最大横向加速度

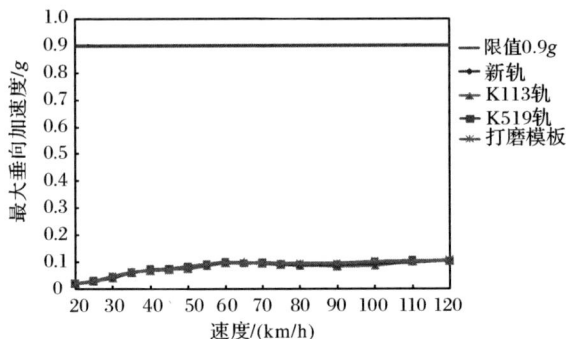

(f) 最大垂向加速度

图 7.5.75　动力学指标

7. 小结

现场调研朔黄铁路轮轨型面状态,并测取一定数量的轮轨型面,确定现有钢轨型面存在的问题,针对性地设计出钢轨打磨模板,并进行静、动态分析,得出以下结论:

(1) 直线区段钢轨轨肩具有明显的塑性变形和表面接触疲劳,车轮踏面不对称磨耗严重。

(2) 保持适当的等效锥度、减低接触应力是此次打磨模板设计的主要目标。

(3) 与新轨和磨耗轨相比,设计的打磨模板保持了适当的等效锥度降低了接触应力,有效减缓了接触疲劳的形成。

(4) 钢轨打磨模板对横向动力学指标的影响程度明显大于垂向。在各速度范围内,打磨模板对应的轮轨横向力、脱轨系数和横向加速度均不同程度明显小于其他钢轨型面,打磨模板具有良好的动力学性能。

参 考 文 献

[1] 薛继连. 朔黄重载铁路轮轨关系. 北京:中国铁道出版社,2013:39~43.

[2] 中国铁道科学研究院. 朔黄铁路轨道结构调研报告. 北京,2012:28—58.

[3] 中国铁道科学研究院. 轴重 30t 以上煤炭运输重载铁路关键技术与核心装备研制——朔黄铁路轨道结构强化技术研究报告. 北京,2014:67—117.

[4] 薛继连. 30t 轴重下朔黄铁路轨道结构强化技术试验研究. 铁道学报,2015,37(3):100—105.

[5] 翟婉明. 车辆-轨道耦合动力学,北京:科学出版社,2007:67—89.

[6] Zhai W M,Sun X. A detailed model for investigating vertical interaction between railway

vehicle and track. Vehicle System Dynamics,1994,23(S1):603－615.

［7］翟婉明,林建辉,王开云. 铁路道床振动的理论模拟与试验研究. 振动工程学报,2003,16(4):404－408.

［8］王开文. 车轮接触点迹线及轮轨接触几何参数的计算. 西南交通大学学报,1984,(1):89－99.

［9］Shen Z Y,Hedrick J K,Elkins J A. A comparison of alternative creep force models for rail vehicle dynamic analysis// Proceeding of the 8th IAVSD Symposium. Cambridge,1983:591－605.

［10］Zhai W M. Two simple fast integration methods for large-scale dynamic problems in engineering. International Journal for Numerical Methods in Engineering,1996,39(24):4199－4214.

［11］杨春雷,李苒,付茂海,等. 重载货车轴重与速度匹配关系研究. 中国铁道科学,2012,33(3):93－96.

［12］易思蓉. 铁道工程. 北京:中国铁道出版社,2000:103－118.

［13］和振兴,陈磐超,翟婉明,等. 城市轨道交通轨枕间距调整对车辆轨道系统的动力学影响. 铁道建筑,2010,(3):86－88.

［14］杨吉忠,韩义涛,潘自立. 委内瑞拉 Tinaco-Anaco 铁路有砟道床厚度研究. 铁道工程学报,2013,183(12):33－35.

［15］中国铁道科学研究院. 神华铁路大轴重重载运输成套技术研究——基础设施检测、评估和强化改造技术研究综合试验试验报告. 北京,2013:56－68.

［16］AREMA Specification. American railway engineering and maintenance-of-way association:Chapter 30 concrete ties. Version 2011. American,2011,30-4-12-30-4-15.

［17］Standards Australia. Railway track materials,Part 14:Railway prestressed concrete sleepers. AS1085. 14. Australia,2012,6－8.

［18］Freudenstein S. Concrete ties designed for high dynamic loads// American Railway Engineering and Maintenance-of-way Association (AREMA). Maryland,2007:4－6.

［19］European Committee for Standardisation. EN 13230 railway applications track concrete sleepers and bearers. England,2009:10－19.

［20］中国铁道科学研究院. 预应力混凝土轨枕设计方法. 北京:中国铁道科学研究院,1994:20－24.

［21］陈秀方. 轨道工程. 北京:中国建筑工业出版社,2005:107－139.

［22］佐藤吉彦. 新轨道力学. 徐涌,译. 北京:中国铁道出版社,2001:188－203.

［23］中华人民共和国铁道部. 预应力混凝土枕静载抗裂试验方法(TB/T 1879－2002). 北京:中国铁道出版社,2002:2－7.

［24］中华人民共和国铁道部. 预应力混凝土枕疲劳试验方法(TB/T 1878－2002). 北京:中国铁道出版社,2002:2－5.

［25］李子睿,李炜红,司道林,等. 30t 轴重重载铁路轨道刚度研究. 铁道建筑,2014,(6):135－137.

[26] 中华人民共和国铁道部. 弹条Ⅱ型扣件 第1部分:组装与配置(TB/T 3065.1—2002). 北京:中国铁道出版社,2002:1—5.

[27] European Committee for Standardisation. EN 13146-7. Railway applications. Track. Test methods for fastening systems—Part 7:Determination of clamping force. 2012:1—8.

[28] European Committee for Standardisation. EN 13146-1. Railway applications. Track. Test methods for fastening systems—Part 1:Determination of longitudinal rail restraint. 2012:1—13.

[29] 中华人民共和国铁道部. 弹条Ⅱ型扣件 第2部分:弹条(TB/T 3065.2—2002). 北京:中国铁道出版社,2002:2—4.

[30] European Committee for Standardisation. EN 13146-5. Railway applications. Track. Test methods for fastening systems—Part 5:Determination of electrical resistance. 2012:1—9.

[31] 中国铁道科学研究院. 大秦重载铁路线路强化及监测关键技术研究——重载铁路扣件系统和轨枕试验研究研究 分报告之三 重载铁路扣件研究与开发. 北京,2011:73—82.

[32] 中国铁道科学研究院. 30t 轴重重载铁路有砟轨道关键技术研究 分报告之二 30t 轴重重载铁路有砟轨道设计理论——关键设计参数研究. 北京,2013:60—71.

[33] 廖双泉,赵艳芳. 热塑性弹性体及其应用. 北京:中国石化出版社,2014:78—109.

[34] 王树国,葛晶,王猛. 重载道岔技术现状与发展. 中国铁路,2013,(11):16—20.

[35] 葛晶,王树国,王猛. 重载线路固定型合金钢组合辙叉受力研究. 铁道建筑,2013,(4):117—120.

[36] 广钟岩,高慧安. 铁路无缝线路. 3版. 北京:中国铁道出版社,2001:136—158.

[37] Leon Z. Continuous welded rail using the mobile flash butt welding machine. Civil Engineering,2007,15(5):20—24.

[38] 中国铁道科学研究院. 朔黄铁路 75kg/m 钢轨移动闪光焊焊接技术研究报告. 北京,2013:36—68.

[39] 俞喆,张银花,周清跃. U75V 钢轨移动闪光焊焊后热处理工艺研究. 铁道建筑,2012,(10):130—132.

[40] Tawfik D ,Mutton P J ,Chiu W K. Experimental and numerical investigations:alleviating tensile residual stresses in flash-butt welds by localised rapid post-weld heat treatment. Journal of Materials Processing Technology,2008,196(1-3):279—291.

[41] Mansouri H,Monshi A,Hadavinia H. Effect of local induction heat treatment on the induced residual stresses in the web region of a welded rail. The Journal of Strain Analysis for Engineering Design,2004,39(3):45—49.

[42] 张银花,李闯,周清跃,等. 我国重载铁路用过共析钢轨的试验研究. 中国铁道科学,2013,34(6):1—7.

[43] 张银花,周清跃,陈朝阳,等. 重载铁路高强度钢轨的试验研究. 中国铁道科学,2010,31(4):20—26.

[44] 中华人民共和国铁道部. 钢轨焊接(TB/T 1632—2014). 北京:中国铁道出版社,2014.

[45] 贾晋中,程建平. 重载铁路 75kg/m 钢轨移动闪光焊焊接施工技术. 铁道建筑,2014,(7):

143—146.

[46] Wu H M,Hoy R,Tunna J. Preliminary investigation for increasing axle load on Shuohuang railroad. Proprietary report submitted to Shuohuang by Transportation Technology Center, Inc. 2009:25—41.

[47] Wu H,Madrill B. Effect and formation of asymmetrically worn wheels. Technology Digest, 2008,(21):10—14.

[48] Wu H,Woody S,Blank B. Optimization of rail grinding on a north american heavy haul railroad line ∥ Proceedings of 2005 International Heavy Haul Association Conference. Rio deJanerio,2005:1—9.

[49] Wilson N,Wu H,Tournay H,et al. Effects of wheel/rail contact patterns and vehicle parameters on lateral stability ∥ Proceedings of the 21st IAVSD Symposium. Stockholm, 2010:487—503.

[50] Halling J. Principles of Tribology. London:Macmillan Education Ltd,1989.

[51] Johnson K L. Contact mechanics and the wear of metals. Wear,1995,190(2):162—170.

[52] Wilson N G,Urban C L,Burnett M S. Rail vehicle dynamic parameter identification ∥ ASME-IEEE Joint Railroad Conference. Boston,1997:3—6.

第8章 神华铁路30t轴重重载运输技术创新

神华铁路30t轴重重载运输是一项复杂的系统工程,通过"十二五"国家科技支撑计划"轴重30t以上煤炭运输重载铁路关键技术与核心装备研制"项目的实施,结合神华铁路朔黄线扩能改造,开展了系统的技术研发和自主创新,实现了多项技术创新,在既有重载铁路基础设施评估与强化技术、载重100t级大轴重底开门货车、大功率交流传动电力机车、重载列车同步操纵、第四代铁路移动通信技术(TD-LTE)等方面取得重大技术突破,在国际上首次实现了基于TD-LTE的轴重30t、牵引重量25200t重载列车开行,为近年来国际重载铁路运输领域的重大技术创新。构建了我国既有铁路30t轴重重载运输技术体系,大幅度提升了我国重载铁路装备、线路和运营管理的技术水平,推动了我国大轴重重载铁路的发展。

8.1 技术装备创新

8.1.1 大功率机车技术

1) 系统集成技术

基于系统性能最优利用集成技术理论,针对神华铁路运用环境宽广的需求,合理配置牵引传动系统、辅助系统、网络控制系统、制动系统,按照模块化、标准化、系列化的要求进行简统设计,实现了牵引变流器、控制系统和制动机等关键部件的自主创新研制,攻克了复杂大系统集成技术,成功搭建了国内首个具有完全自主知识产权的大功率交流传动八轴货运电力机车技术平台。

集成智能传感技术、通信技术和信息融合技术,成功研制了系统化、平台化的机车车载安全防护系统,实现了机车重要系统与关键部件全方位动态监测、数据集中、信息共享、综合分析、提前预警,提高了机车运用安全的可靠性。

2) 牵引传动技术

掌握并突破了IGBT器件应用选择技术、功率电路拓扑结构、黏着利用控制技术、牵引传动系统故障保护、记录/诊断技术,攻克了八轴机车牵引传动系统集成技术,构建了高性价比、高可靠性的八轴电力机车牵引传动系统;首次在国内货运电力机车上装用完全自主知识产权的牵引变流系统,完成了关键部件技术与性能提升。

突破并掌控了低感母排技术、电磁兼容EMC技术、小型轻量化技术、四象限脉冲整流器控制、异步牵引电机矢量控制、黏着利用控制技术,成功实现了大功率牵引变流器的应用,其技术性能、可靠性等指标已达到国际先进水平。采用轴控技术、再生电制动技术和主辅一体化牵引变流器,降低了机车牵引力的损失,节能效果显著,分相区通过时辅助机组不断电,提高了列车运行速度。

3) 异步牵引电机技术

突破并掌控牵引变压器全退耦、高绝缘等核心技术,使牵引变压器效率达到96%;采用超低压器身真空干燥技术,研制了大容量、全分裂、高可靠性牵引变压器。运用高开关频率 IGBT 元件及高磁密高漏抗电磁结构,实现高频谐波抑制、平抑尖峰电流,有效提高了电机效率和绝缘可靠性。基于电磁计算技术、多物理场分析技术、一体化驱动技术,攻克了牵引电传动控制特性的匹配、磁路不对称及电机绝缘失效等技术难题,采用高抗挠度鼠笼转子端部结构、高强度复合焊接结构,研制了轻量化、高效能、大功率 VVVF 变频异步牵引电机。国内首次采用一体化驱动系统及带弹性联轴节的轴承配置结构,极大延长轴承寿命,有效降低全寿命周期成本。

4) 分布式机车网络控制技术

基于国际先进的分布式微机网络控制理论、TCN 国际网络标准,成功搭建了适用于双节重联机车的主从总线式两级网络架构,实现了双节重联机车通信网络数据传输的实时性和稳定性,构建了具有网络控制、在线故障专家诊断与安全监测技术等功能的双节重联机车网络控制平台。

5) 重载钩缓技术

首次将模块设计应用到车体设计中,采用世界最先进的 EN 12663 标准,通过有限元对力流传递分析、承载部件结构优化设计,开发了带中央贯通式纵梁的高强度、高可靠性、高安全性八轴重载货运机车车体,承受 3000kN 纵向压缩载荷、2500kN 纵向拉伸载荷而不会产生永久变形。基于冲击碰撞理论、弹(塑)性力学理论,提出了机车冲击碰撞时三级吸能技术,解决了重载钩缓系统部件的匹配集成问题,开发出低成本、高性能的全新机车安全防碰撞系统,三级吸能结构共同发生作用时,可吸收 665kJ 能量,而不损坏车体。

6) 转向架技术

攻克了先进的整体构架不退火工艺,创新集成了 H 型构架、滚动抱轴承传动、单轴箱拉杆轮对定位、二系高抗钢弹簧横向布置、中间斜拉杆推挽式牵引装置、整体免维护轴箱轴承、高标准焊接等先进技术,实现了重载牵引 Bo 转向架的高寿命、高可靠性和高制动效率,保证机车在重载牵引条件下具有高黏着利用和良好的动力学性能,轴箱实现 120 万 km 免维护。

7) DK-2 型制动机

基于微机网络控制、神经网络 PID 控制技术,解决了制动机闭环模拟控制、在线故障智能诊断等难题,构建了统一的、标准的轴功率 1200kW 八轴机车制动技术平台及供风系统集成技术平台,掌握并实现了大功率交流传动电力机车制动机国产化关键技术,国内首次在货运电力机车上大批量装用自主研制的 DK-2 型制动机,填补了国内机车制动机多项技术空白。

8.1.2　30t 轴重煤炭漏斗车技术

1) 车体轻量化设计技术

运用新材料、新技术、等强度设计和细部优化设计等手段,仿真分析与试验研究相结合,对车体主要承载结构、关键连接节点、疲劳薄弱部位的结构可靠性进行了系统研究,最大限度地减轻车辆自重、提高车辆单车载重,漏斗车名义载重 98t,最大载重可达 100t,自重约 22t,自重轻、载重大,提高运输经济性能。

2) 集成创新应用车体设计技术

为缩短车辆长度,提高每延米载重能力,对既有技术进行了集成创新,通过优化端墙角度、充分利用限界、降低侧柱及漏斗高度、缩减检修空间、采用缩短型牵引杆等技术的应用,使车辆平均长度缩减到 14m,载重 100t 时每延米重 8.71t/m,在 1700m 站场长度条件下,每列车比 C80 型敞车多运输 1720t 煤炭,运能提高 18.5%。

3) 可靠性设计技术

结合国内外既有货车存在的主要问题,应用可靠性理论分析和试验方法,对关键部位和节点进行局部细化设计,提高结构整体承载能力;采用整体铸造牵引梁,避免冲击座、上心盘与中梁连接焊缝处及在前、后从板座间加焊补强板结构而产生的疲劳裂纹隐患,提高牵引梁结构可靠性,合理分配铸造牵引梁各部位尺寸、壁厚;KM98 采用国内外成熟的铝合金铆接、侧柱外置车体,技术成熟、运用可靠,且车体内部平滑,卸净率高,有利于防范冬季冻煤,保障车辆运行安全。KM98H 采用以搅拌摩擦焊接等新工艺、铝合金等新材料、新方法制造车辆,强化车辆主要承载结构、走行部、制动系统的结构设计及可靠性。

4) 自卸式底门机构技术

自卸式底门机构可与既有地面升降式碰头相匹配,实现正反向行驶边走边卸、底门自动开闭;每组底门机构仅设有一个开门臂和一个关门臂,结构简单、质量轻,可有效提高车辆载重能力,减小检修工作量;设有二级锁闭功能,安全可靠性高。

5) 列车纵向低动力作用技术

应用了 FD-1 型牵引杆、120-1 型控制阀、HM-1 型大容量缓冲器三项关键技术,减少了车钩连接间的纵向间隙,缩短了列车前后部车辆的制动时间差,提高了车辆制动的同步性能,显著改善了长大重载列车纵向动力学性能,降低了列车纵向冲动,从车辆方面解决了由于 2 万 t 重载列车长度和牵引重量增加而产生的列车纵向冲动过大的技术难题。同时,实现制动系统的集成化、模块化,简化车辆基础制动结构,减轻自重,提高制动效率,改善轮瓦作用关系。

6) 转向架低动力作用技术

DZ4 型交叉支撑转向架和 DZ5 型摆式转向架具有低动力、准径向、无焊接、轻磨耗四大特点,对基础设施损伤小,更适合于神华既有线改造使用,更适应于神华既有检修设施。

8.1.3　新型无线通信技术

1) 多业务系统与 LTE 融合技术

全球首次在 LTE 系统下实现了重载铁路机车同步操控、可控列尾、列车调度集群语音通信、调度命令及无线车次号校核、车地移动视频传输等铁路应用业务,具有可靠性高、数据业务速率和频谱利用率高、数据传输时延小等优点。

2) LTE 冗余组网技术

基于 3GPP TDD-LTE 网络架构,LTE 系统创新应用了双网负荷分担和基站 CPRI 接口冗余热备等冗余组网技术,充分保障分布式牵引动力同步操控等安全业务在出现单点故障时获得不间断的可靠数据传输。两套 LTE 核心网采用负荷分担方式工作,当一层网络的核心网或所属基站出现故障时,终端可通过接入另一层网络将业务转移到另外一个核心网。基站 eNodeB 分布式基带处理单元(BBU)与射频拉远单元(RRU)之间采取冗余连接方式,每个 RRU 配置 2 个 CPRI 端口,分别与 BBU 的 2 个互为冗余的基带单板连接,当 1 路 CPRI 端口故障或者光纤故障时,将自动倒接到另一路冗余热备的 CPRI 接口连接上,业务中断时间小于 1s。

3) 多业务 QoS 保障技术

LTE 创新性端到端 QoS 保障机制实现同一 LTE 网络平台承载不同优先级混合业务。针对重载运输业务需求,利用 LTE 端到端 QoS 保障机制设计出了适合机车同步操控、语音、调度命令车次号、视频监控等不同业务在同一 LTE 网络平台承载的 QoS 保障机制,完全满足神华铁路多业务同网承载的技术要求。

4) LTE 端到端数据直通和统一 IP 地址分配技术

LTE 端到端数据直通和统一 IP 地址分配的技术实现,更好地满足神华铁路业务实际需求。端到端数据直通技术可在 LTE 网络下实现终端和终端之间直接传送数据而不需要外部应用系统,该技术的实现让机车间同步操控业务数据传输延时更低,更具效率,同时由于不再通过地面应用服务器而减少了故障点,更安全可靠。统一 IP 地址分配技术可以让所有的终端都根据统一的编号规则获得唯一不变的 IP 地址,避免业务激活期间系统失去目标业务终端的 IP 地址,保证了数据的安全实时传输,也为机车同步操控业务不通过地面应用服务器直接编组创造了条件。

5) 基于 LTE 的无线重联实现技术

无线重联编组应用服务器通过 SGW/PGW 接入 TD-LTE 网络,主控机车、从控机车和可控列尾均采用冗余配置,每台机车 A 端和 B 端分别安装一套无线重联车载数据通信设备,可控列尾内部安装 2 套可控列尾车载通信设备,所有通信设备均同时工作,提供冗余的无线传输链路,有效地保证无线通信系统的安全性。无线重联系统根据 LTE 网络数据传输特性进行了自身机制的完善和创新,系统运行更安全有效。无线重联系统通过 LTE 网络实现端到端数据直接传输,不再通过地面应用服务器,减少了设备故障点,数据传输更加有效和可靠;重联机车相互实时显示编组内其他机车的运行工况信息的功能,更有利于编组列车安全运行;LTE 下数据传输的延时和乱序等特点,给传输数据带上了时间戳并采取了有效措施保障数据的实时有效性。

6) 基于 LTE 的 VoIP 列车调度集群语音通信技术

首次实现了承载在 LTE 网络上、基于 VoIP 的列车调度集群语音通信系统。LTE 网路承载的列调集群语音业务,利用 LTE 的 QoS 保障机制实现了原 CS 业务在 PS 域内的可靠承载,并优化了个呼、组呼、铁路紧急呼叫、呼叫权限控制及优先级抢占控制等流程。另外,通过 SIP 网关与既有 FAS 交换中心连接,实现了有线无线调度一体化,同时也做到了分域互通和可靠性提升。

8.1.4 新型重载列控技术

1) 无线重联控制技术

TEC-TROMS 系统远程无线重联控制时,基于发明的重载列车牵引/制动力特性调节控制策略,主控系统可实时检测主控机车司机操纵指令并将指令数字化处理后通过数字电台进行无线传输。本列车编组内的所有从控机车在接收到主控机车的控制指令后,可自动按照主控指令要求调节各自工作状态,控制重联机车的牵引/制动运行,从而实现列车编组内所有机车同步操纵的要求。对机车运行时的牵引力发挥进行实时调节,减小重载组合列车车钩纵向冲击力,比普通重载列车降低近 26%,保证列车运行平稳。

2) 无线数据传输保障技术

TEC-TROMS 系统根据数字电台的发送/接收特性,结合组合列车同步控制需要,创新提出了列车级无线重联通信协议和无线路由管理机制,通过 800MHz 无线电台通信和接触网导线 400kHz 无线感应通信两种方式相结合来传输主控指令和从控反馈信息,提高了无线数据传输的可靠性和稳定性,并预留宽带通信。在复杂地形条件下运行时基本消除了因地形或线路变化所造成的通信盲区,提高了列车运行的安全性。

3) 无线重联同步保障技术

TEC-TROMS 系统利用现代人工智能技术和生物进化算法,创新提出了机车无线重联同步控制策略,使得各从控机车能够及时响应主控机车控制指令,并及时反馈工作状态,保证各重联机车的运行同步性,可方便地实现多达四台机车分布式的列车编组组合,组合列车的主从控机车进行万吨牵引具有良好的同步性。在不同车型的混合控制领域,在深入分析各种不同车型之间的运行特征差异的基础上,提出交直车之间以及交直车与交直交车之间的指导性混合控制策略,现场线路试验验证了控制策略的有效性。

4) 制动安全控制技术

TEC-TROMS 系统采用列车管系压力闭环控制策略,优化控制参数,从而将压力误差降低在安全范围以内;重载组合列车采用单元制动信息无线同步传输及网络闭环控制技术,缩短重载组合列车中各单元制动动作的延时;采用故障导向安全策略,保障重载组合列车制动系统在出现故障情况下自动导向安全;利用无线重载组合列车制动系统数据的存储、读取技术,协同状态检测和故障预警系统的可靠准确运行,保障重载列车安全运行。

8.1.5　分散自律调度集中技术

1) 分散自律调度集中实现技术

神华重载铁路运输组织方案是大量开行万吨、2 万 t 重载列车,开行方式包括固定编组、在装车地与卸车地之间往返运行的单元列车或由两列或两列以上普通列车连挂合并而成的组合列车,其运输特点是车流密度很大,车站的技术作业比较复杂,万吨、2 万 t 等多车种和不同能的牵引机车混编。通过分散自律调度集中系统的统一指挥控制,各车站自动完成接发车进路的控制,通过四显示 ZPW-2000自动闭塞系统使各列车以最小安全距离进行追踪运行,主体机车信号加列车运行监控记录装置(LKJ)为司机提供安全的行车凭证,综合无线移动通信网络提供调度中心与各移动列车间调度指挥语音及数据通信。

2) 调度指挥自动化技术

分散自律调度集中系统(CTC)综合了运输组织、计算机、网络通信和现代控制技术,采用智能化分散自律设计原则,通过对运输生产中的调度指挥工作流程优化分析处理,并转化为计算机控制程序,使运输组织指挥达到自动化、智能化,最大程度地解放调度员和车站值班员烦琐的工作,提高了系统的使用效率,实现了调度指挥系统的高度自动化。

3) 列车运行计划自动调整技术

分散自律调度集中系统(CTC)实现了列车运行计划自动调整,实际运行图自动描绘,行车日志自动记录,调度命令电子化传输并且为统计分析提供原始数据,在此基础上进一步实现了车站信号设备的集中控制、列车进路的按图排路功能。从技术装备上支持神华铁路实现集中指挥、统一管理、高效运作的现代化运输体系。CTC 系统集智能调度决策、实时遥控、故障安全和信息安全技术为一体。在系统的硬件选型、结构设计、软件模块、冗余设计、故障安全等方面体现了先进性、可靠性、安全性和模块化设计。

8.2　基础设施强化技术创新

8.2.1　桥涵结构加固技术

1) 桥涵强化改造列车活载标准

根据朔黄铁路桥涵结构重载适应性分析,采用既有中-活载图式设计的桥涵结构不能适应 30t 轴重重载列车的开行要求,需要结合各类桥涵结构的特点进行强化改造。研究中根据我国铁路大轴重货车的技术现状和发展趋势,重点分析了神华铁路 30t 轴重 KM98 和 KM98H 煤炭漏斗车对桥涵结构的整体作用特征和车辆间小邻轴距(1.50m)的影响;提出将铁路 ZH 活载图式中特种活载量值由 250kN 修订为 280kN 基础上,采用 1.2 倍 ZH 活载图式作为 30t 轴重条件下桥涵强化改造活载标准。改造后的桥涵结构能够满足 30t 轴重 KM98 和 KM98H 煤炭漏斗车开行要求,并具有 10% 以上的活载储备量。与我国新建山西中南部通道、蒙西至华中地区煤运通道等新建重载铁路取用的活载标准相比,提高了中小跨度桥涵对于重载运输的适应性。

2) 预应力碳纤维板加固技术

朔黄铁路 32m、24m、20m 和 16m 预应力混凝土梁所占比例达 94% 以上,均按全预应力结构设计。提高梁体抗裂性能、适应重载运输需求是普通高度预应力混凝土梁强化改造的技术核心。通过 1∶6 模型梁试验验证了梁体开裂后裂缝衍生、稳定发展和疲劳破坏三阶段破坏规律;通过更换重载线上 32m 实体梁进行了正常状态、开裂和重裂试验,准确掌握了梁体结构刚度和预应力度。为提高预应力混凝土梁的抗裂性能,系统比较体外预应力钢束和体外碳纤维板两种体外预应力加固方法,基于节省了锚固横梁和转向器等构造、降低了加固体系的自重,可在不同截面灵活分散锚固、有效降低锚后应力,预应力板材与梁体的黏结有效降低了锚固端活载应力幅,具有更好的材料耐久性能和轻质高强性能等优点,优选出体外碳纤维板加固方案,并创造性开展了体外预应力碳纤维板加固技术体系理论、试验研究和工程应用。

为改善重载运输条件下朔黄铁路双片式钢筋混凝土梁疲劳性能,提高承载能力,创造性地将体外预应力碳纤维板应用于钢筋混凝土梁的强化改造。施加体外预应力后,结构受力特征由钢筋混凝土结构变为部分预应力混凝土结构,钢筋和混凝土恒载应力、活载疲劳应力幅均相应降低,梁体结构刚度、承载力相应提升。该技术进行了工程应用,加固效果显著。

3) 荷载调配式辅助钢梁加固技术

朔黄铁路部分跨度 32m、24m 梁采用超低高度预应力混凝土结构,该部分梁体除应满足抗裂性外,尚应提高梁体的刚度。在传统增设辅助钢梁技术的基础上,创造性提出了通过主动辅助钢梁预顶升,将既有混凝土梁体的部分恒载转移至钢梁结构;重载列车作用下,辅助钢梁与既有混凝土梁协同工作,分配相应的活载。改造后的梁部结构整体刚度、既有预应力混凝土梁抗裂性满足重载列车开行要求。该技术进行了工程应用,加固效果显著。

4) 基于"速度锁定器"桥梁下部结构加固技术

30t 轴重条件下不同类型桥墩理论分析和试验验证结果表明,重载列车作用下桥梁下部结构承受较大的纵向力,提升桥梁纵向承载能力至为关键。考虑到神华铁路网中西部集运线、部分疏运线属于典型的山区铁路,受地形、施工环境等因素影响,按常规方法实施桥墩加固具有较大难度,且费用高。为此,从重载列车纵向力在桥梁间传递体系及相应支撑体系入手,创造性提出了利用"速度锁定器"装置来优化桥梁纵向力传递途径,增强重载列车制动力在不同桥跨间传递,通过加固少量墩台、桥台来承担主要纵向力,减少桥梁墩台加固数量,实现经济合理的桥梁下部结构强化。

8.2.2 轨道结构强化技术

1) 长大坡道与小半径曲线轨道强化技术

对于无缝线路稳定性储备不足的长大坡道与小半径曲线重叠区段,$R<500m$ 曲线采用换铺新型重载轨枕与扣件,对 $R=500\sim600m$ 曲线采用Ⅲ型轨枕加密、更换强化型扣件,$R>600m$ 曲线、直线采用强化型扣件。SH-Ⅰ型轨枕承载能力、横向阻力明显提高,可有效降低道床平均应力、延缓道砟粉化和道床下沉、提高道床横向阻力,SH-Ⅰ型扣件可提高扣件抗横向荷载能力,增加轨距调整能力,降低部件受力。SH-Ⅰ型轨枕及扣件系统均通过 30t 轴重强度和疲劳试验、美国 AREMA(2011)标准型式试验、美国 TTCI 轴重 35.4t 实车验证考核。

2) 钢轨移动闪光焊技术

针对 75kg/m 钢轨现场焊接接头伤损比例高、严重威胁重载列车运行安全性问题,创新提出采用焊接性能稳定、焊接质量高的移动闪光焊,并通过技术攻关,掌握了全套 75kg/m U78CrV 钢轨现场移动闪光焊技术,包括焊接参数、焊接工艺和焊接设备与工装,现场试焊取得良好效果,可完全满足 30t 轴重的运行要求,并通过铁道部产品质量监督检验中心的型式检验。

3）重载道岔技术

针对道岔使用中易出现心轨伤损、尖轨侧磨、垫板螺栓松动等突出问题，采用刨切基本轨加厚尖轨，延长尖轨使用寿命；采用辙叉心轨加宽技术，通过心轨加厚减缓心轨磨耗速率；采用轮轨动力学仿真优化技术，对辙叉心轨降低值、翼轨抬高值及顶面轮廓进行合理优化，降低心轨处轮轨接触应力；采用锰钢组合辙叉，优化完善爆炸硬化工艺；采用新型重载道岔扣件，采用预埋铁座连接铁垫板和岔枕、弹性夹扣压转辙器部位和护轨部位基本轨、导曲线外侧设置轨撑；采用新型重载岔枕，提高轨枕的承载能力。创新设计和研制成功新型 75-12、75-18 号重载道岔，取得良好应用效果，有效延长了道岔的使用寿命。

4）重载钢轨型面优化技术

针对朔黄铁路直线区段 75kg/m 钢轨轨肩易出现塑性变形和钢轨表面易产生接触疲劳，严重影响钢轨的使用寿命等问题，从轮轨接触几何关系、接触应力、疲劳分析和轮轨动力等方面，提出了重载铁路轮轨匹配评估分析以及钢轨打磨模板设计方法；应用提出的方法，对既有轨道的轮轨关系进行了评估分析；提出了保持适当的等效锥度、减低接触应力是既有轮轨关系条件下钢轨打磨的主要目标；设计的直线钢轨打磨模板保持等效锥度处于 0.2～0.3 范围内，轮轨接触点主要分布于轨顶中间，分布范围约为 20mm，接触应力绝大部分小于 1500MPa，同时明显降低了轮轨间的动态荷载。该打磨模板已在朔黄铁路应用，取得了良好效果。

8.2.3　路基状态评估与加固技术

1）路基状态检测评估技术

创新提出了基于 TLV 移动加载、探地雷达检测与原位测试相结合的路基基床和边坡状态检测评估技术。采用车载探地雷达进行路基状态普查，结合轨道几何状态、轨道刚度数据的辅助分析，对路基状态进行分等分级。在此基础上，通过现场原位检测和动态综合测试，实测路基基床面动荷载空间三向分布状态和幅值大小，采用地基极限承载力破坏模型或者采用 CBR 试验评价基床面的抵抗破坏能力，通过路基侧向变形监测，判断路基边坡长期稳定性。路基基床状态和边坡稳定性评估方法、指标体系成功应用于神华铁路不同路基区段基床和边坡状态评估，并用于指导路基基床、边坡加固示范工程，取得良好应用效果。

2）"加筋水泥土桩"加固技术

针对路基结构薄弱环节，首次提出并实施了采用"加筋水泥土桩"提高路基基床承载能力的加固措施，实践验证该加固技术可充分发挥加筋体作用，均化路基荷载，控制沉降变形。同时，基于围压对路堤的有利作用，提出和实施了斜向钢花管框架梁增强路基边坡稳定性的强化技术，工程示范表明，这一加固措施可有效增加边坡抗滑和抗变形能力,提高边坡稳定性。

8.2.4 隧道基底状态评估与加固技术

1) 隧道基底状态评估技术

基于隧道结构现场调查、地质雷达检测、基底材料强度测试、30t 轴重作用下基底荷载分布特性与隧道结构受力检算、典型区段 30t 轴重实车和 35t 轴重定点加载条件下隧道基底动力性能测试,创新建立了完善的隧道基底状态综合评估方法,并根据 30t 轴重荷载作用下直接影响隧道结构状态和重载列车运行安全的关键因素分析,提出了 30t 轴重条件下隧道结构强化的重点在于隧道基底承载能力补强和基底病害整治。隧道基底状态综合评估方法成功应用于神华铁路不同围岩级别、不同病害类型的隧道基底状态评估,取得良好应用效果。

2) 隧道基底加固技术

针对不同结构类型隧道基底和围岩级别、病害类型,创新提出了多种隧道基底加固技术。针对隧道基底厚度不足和吊空病害,采用"树根桩＋注浆"法和"高分子树脂锚注加固技术"整治;针对隧道基底破损病害,采用"D 便梁下沉式架空"基底修复法;针对道床翻浆冒泥病害,采用"井点降水＋注浆法"等。这些不同类型隧道基底加固技术,经过典型隧道病害整治示范,取得良好应用效果,性价比高,经济效益显著。

8.3　应用前景

"十二五"初期,神华集团确立并实施了"科学发展,再造神华,五年实现经济总量翻番"的发展战略,其中规划 2015 年年底神华铁路运营里程达到 3000km,煤炭外运主通道——朔黄铁路运能提高到 4 亿 t 以上。为实现这一战略目标,神华铁路立足于自主创新,进一步完善了 30t 轴重重载运输技术体系,在神华路网大力推广应用自主研发的 30t 轴重重载技术,为神华铁路整个路网运能提升提供重要支撑。

具体而言,神华铁路要继续以朔黄铁路扩能改造工程为依托,优化和完善 30t 轴重重载技术体系,在线路基础设施强化改造示范工程基础上,完成全线线路、桥涵、隧道和路基不适应区段强化改造;同时,在逐步和规模化开行 30t 轴重、编组 2 万 t 及以上重载列车情况下,针对行车密度大、运量大、轴重大、维修天窗数量和时间少等特点,重点攻关线路基础设施状态检查与监测新技术、新装备,推行以先进检测技术和装备保安全的科学理念,推进重载线路设备养护维修修程、修制创新,确保线路设备质量状态均衡、轨道几何状态长期处于优良水平。

在朔黄铁路 30t 轴重重载运输成功实践的基础上,逐步在神华铁路集疏运线路推广应用 30t 轴重重载运输成套技术，重点仍放在线路基础设施强化改造，尤其是神朔线、包神线、大准线，其线路山区特征极为典型，长大坡道多、坡道大，小半径曲线多，高桥墩和曲线桥多，高陡边坡和深挖路堑比例大，隧道病害类型多且地质条件复杂，基于朔黄铁路研发的线桥隧设备强化措施，可能不完全覆盖所有方面，因此，对于通用强化措施与技术，可直接采用，而对一些特殊结构强化和病害类型整治，需进一步根据现场条件进行再创新。

后　　记

　　大轴重重载运输一方面运能大、效率高、运输成本低,另一方面可显著提高机车车辆运转效率,减少机车车辆数量,同时降低牵引能耗、机车车辆维护费用和设备占用时间等,目前已成为大宗货物最为经济有效的运输方式。神华铁路在既有线发展 30t 及以上大轴重运输是一项艰巨复杂的系统工程,研究团队立足自主创新,在大轴重货车、大功率机车、新型移动宽带通信技术、线路基础设施强化改造技术等方面进行了一系列技术创新,形成了具有自主知识产权的神华既有铁路 30t 轴重重载运输成套技术体系。书中部分研究方法开创了国内既有铁路发展大轴重运输的先河,取得的成果得到了国内外重载铁路同行的赞许和认可,为我国重载铁路技术的全面提升奠定了坚实的基础。

　　为全面总结神华铁路大轴重重载运输技术创新工作,使各专业技术的描述更加完整,特邀多位专家参加本书的相关工作,参加人员有徐涌、杜彬、孟宪洪、柯在田、马战国、胡所亭等。

　　因本人水平有限,书中难免有疏漏、不足之处,敬请批评指正。

彩图2.1.1 神华铁路集疏系统示意图

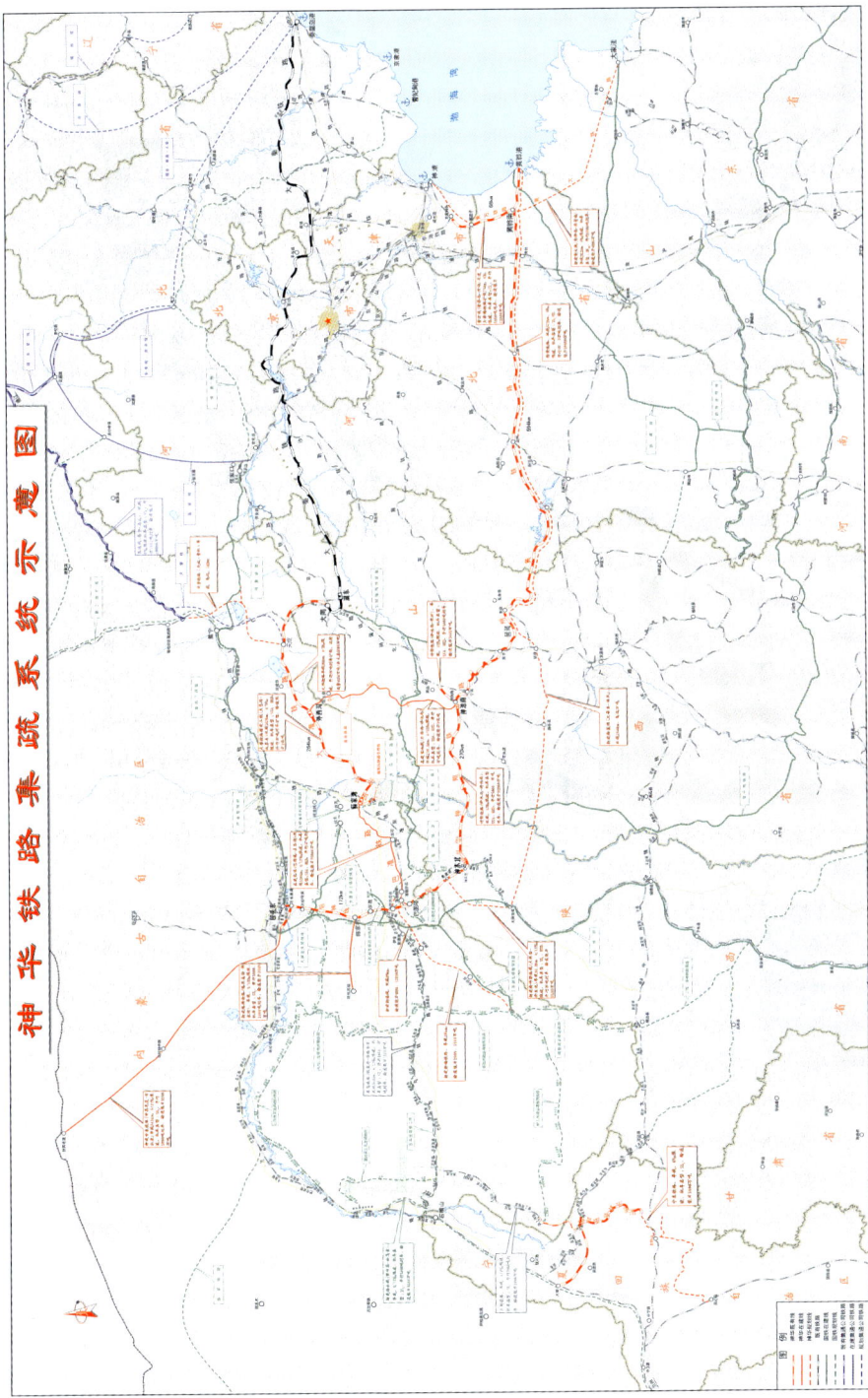